Armin Pulic (Hrsg.)

Logistikrecht
– Gesetzestexte für die Weiterbildung –

2025

Armin Pulic (Hrsg.)

Logistikrecht

– Gesetzestexte für die Weiterbildung –

2025

Info, Aktualisierungen, Ideen, Wünsche, Kritik:

↗ www.gesetze-logistikrecht.de

 ✉ www.gesetze-weiterbildung.de/kontakt

Alle Gesetzestexte für die Fort- und Weiterbildung unter
www.gesetze-weiterbildung.de

Bibliografische Information der Deutschen Nationalbibliothek:
Die Deutsche Nationalbibliothek verzeichnet diese Publikation in der Deutschen
Nationalbibliografie; detaillierte bibliografische Daten sind im Internet
über http://dnb.dnb.de abrufbar.

© 2025 Armin Pulic (Hrsg.)

Titelgestaltung: Armin Pulic
Titelfoto: © sk_design – Fotolia.com

Verlag: BoD · Books on Demand GmbH,
In de Tarpen 42, 22848 Norderstedt, bod@bod.de
Druck: Libri Plureos GmbH, Friedensallee 273, 22763 Hamburg
ISBN-13: 978-3-7693-5474-4
Auflage: 8. aktualisierte Auflage | Erscheinungsjahr: 2025

Inhalt

▶ Transportlogistik in der Luft

▶ Entsorgungslogistik

▶ Zoll

▶ Anhang

Abkürzungsverzeichnis

AbfVerbrG	Abfallverbringungsgesetz
ABl.	Amtsblatt der Europäischen Union
ABl. L	Amtsblatt der Europäischen Union - Rechtsvorschriften
ABl. C	Amtsblatt der Europäischen Union - Mitteilungen und Bekanntmachungen
Abs.	Absatz
ADSp	Allgemeine Deutsche Spediteurbedingungen
AETR	Accord Européen sur les Transports Routiers (franz.; dt.: Europäisches Übereinkommen über die Arbeit des im internationalen Straßenverkehr beschäftigten Fahrpersonals)
AO	Abgabenordnung
ArbZG	Arbeitszeitgesetz
Art.	Artikel
ATLAS	Automatisiertes Tarif- und Lokales Zollabwicklungssystem
AufenthG	Aufenthaltsgesetz (Gesetz über den Aufenthalt, die Erwerbstätigkeit und die Integration von Ausländern im Bundesgebiet)
BALM	Bundesamt für Logistik und Mobilität
BDSG	Bundesdatenschutzgesetz
BGB	Bürgerliches Gesetzbuch
BGBl.	Bundesgesetzblatt
BGBl. I	Bundesgesetzblatt Teil I (Bundesgesetze, Verordnungen...)
BGBl. II	Bundesgesetzblatt Teil II (Völkerrechtlichen Übereinkünfte und Verträge...)
BSI	Bundesamt für Sicherheit in der Informationstechnik
CEMT	Conférence Européenne des Ministres des Transports (franz.; dt.: Europäische Verkehrsministerkonferenz)
CIM	Règles uniformes concernant le contrat de transport international ferroviaire des marchandises (franz.; dt.: Einheitliche Rechtsvorschriften für den Vertrag über die internationale Eisenbahnbeförderung von Gütern)
CMNI	Convention de Budapest relative au contract de transport de marchandises en navigation intérieure (franz.; dt.: Budapester Übereinkommen über den Vertrag über die Güterbeförderung in der Binnenschifffahrt)
CMR	Convention relative au Contrat de transport international de marchandises par route (franz.; dt.: Übereinkommen über den Beförderungsvertrag im internationalen Straßengüterverkehr)
DS-GVO	Datenschutz-Grundverordnung (Verordnung (EU) 2016/679 zum Schutz natürlicher Personen bei der Verarbeitung personenbezogener Daten, zum freien Datenverkehr...)
DVO	Durchführungsverordnung
EGHGB	Einführungsgesetz zum Handelsgesetzbuch
EUV	Vertrag über die Europäische Union
FPersG	Fahrpersonalgesetz (Gesetz über das Fahrpersonal von Kraftfahrzeugen und Straßenbahnen)

FPersV	Fahrpersonalverordnung (Verordnung zur Durchführung des Fahrpersonalgesetzes)
GüKG	Güterkraftverkehrsgesetz
GüKGrKabotageV	Verordnung über den grenzüberschreitenden Güterkraftverkehr und den Kabotageverkehr
HGB	Handelsgesetzbuch
KBA	Kraftfahrt-Bundesamt
KrFArbZG	Gesetz zur Regelung der Arbeitszeit von selbständigen Kraftfahrern
KrWG	Kreislaufwirtschaftsgesetz (Gesetz zur Förderung der Kreislaufwirtschaft und Sicherung der umweltverträglichen Bewirtschaftung von Abfällen)
MontÜG	Montrealer-Übereinkommen-Durchführungsgesetz
MÜ	Montrealer Übereinkommen
m.W.v.	mit Wirkung vom
Nr.	Nummer
RGBl.	Reichsgesetzblatt
S.	Seite
StVG	Straßenverkehrsgesetz
StVO	Straßenverkehrs-Ordnung
StVZO	Straßenverkehrs-Zulassungs-Ordnung
TARIC	Tarif Intégré des Communautés Européennes (franz.; dt.: Integrierter Tarif der Europäischen Gemeinschaften; vgl. Verordnung (EWG) Nr. 2658/87)
TIR	Transports Internationaux Routiers (franz.; dt.: Internationaler Straßengütertransport)
UStG	Umsatzsteuergesetz
UZK	Zollkodex der Union (Verordnung (EU) Nr. 952/2013)
VerpackG	Verpackungsgesetz (Gesetz über das Inverkehrbringen, die Rücknahme und die hochwertige Verwertung von Verpackungen)
vgl.	Vergleiche
VO	Verordnung
WHG	Wasserhaushaltsgesetz (Gesetz zur Ordnung des Wasserhaushalts)

Handelsgesetzbuch (HGB)

Handelsgesetzbuch
zuletzt geändert durch Art. 1 Gesetz vom 23.10.2024 (BGBl. 2024 I Nr. 323) m.W.v. 01.01.2025
– Nichtamtliche Fassung (Auszug) –

Erstes Buch
Handelsstand

Erster Abschnitt
Kaufleute

§ 1

(1) Kaufmann im Sinne dieses Gesetzbuchs ist, wer ein Handelsgewerbe betreibt.

(2) Handelsgewerbe ist jeder Gewerbebetrieb, es sei denn, daß das Unternehmen nach Art oder Umfang einen in kaufmännischer Weise eingerichteten Geschäftsbetrieb nicht erfordert.

§ 2

[1]Ein gewerbliches Unternehmen, dessen Gewerbebetrieb nicht schon nach § 1 Abs. 2 Handelsgewerbe ist, gilt als Handelsgewerbe im Sinne dieses Gesetzbuchs, wenn die Firma des Unternehmens in das Handelsregister eingetragen ist. [2]Der Unternehmer ist berechtigt, aber nicht verpflichtet, die Eintragung nach den für die Eintragung kaufmännischer Firmen geltenden Vorschriften herbeizuführen. [3]Ist die Eintragung erfolgt, so findet eine Löschung der Firma auch auf Antrag des Unternehmers statt, sofern nicht die Voraussetzung des § 1 Abs. 2 eingetreten ist.

§ 3

(1) Auf den Betrieb der Land- und Forstwirtschaft finden die Vorschriften des § 1 keine Anwendung.

(2) Für ein land- oder forstwirtschaftliches Unternehmen, das nach Art und Umfang einen in kaufmännischer Weise eingerichteten Geschäftsbetrieb erfordert, gilt § 2 mit der Maßgabe, daß nach Eintragung in das Handelsregister eine Löschung der Firma nur nach den allgemeinen Vorschriften stattfindet, welche für die Löschung kaufmännischer Firmen gelten.

(3) Ist mit dem Betrieb der Land- oder Forstwirtschaft ein Unternehmen verbunden, das nur ein Nebengewerbe des land- oder forstwirtschaftlichen Unternehmens darstellt, so finden auf das im Nebengewerbe betriebene Unternehmen die Vorschriften der Absätze 1 und 2 entsprechende Anwendung.

§ 5

Ist eine Firma im Handelsregister eingetragen, so kann gegenüber demjenigen, welcher sich auf die Eintragung beruft, nicht geltend gemacht werden, daß das unter der Firma betriebene Gewerbe kein Handelsgewerbe sei.

[...]

Erster Abschnitt
Handelsfirma

§ 17

(1) Die Firma eines Kaufmanns ist der Name, unter dem er seine Geschäfte betreibt und die Unterschrift abgibt.

(2) Ein Kaufmann kann unter seiner Firma klagen und verklagt werden.

[...]

Drittes Buch
Handelsbücher

Erster Abschnitt
Vorschriften für alle Kaufleute

Erster Unterabschnitt
Buchführung. Inventar

§ 238 Buchführungspflicht

(1) [1]Jeder Kaufmann ist verpflichtet, Bücher zu führen und in diesen seine Handelsgeschäfte und die Lage seines Vermögens nach den Grundsätzen ordnungsmäßiger Buchführung ersichtlich zu machen. [2]Die Buchführung muß so beschaffen sein, daß sie einem sachverständigen Dritten innerhalb angemessener Zeit einen Überblick über die Geschäftsvorfälle und über die Lage des Unternehmens vermitteln kann. [3]Die Geschäftsvorfälle müssen sich in ihrer Entstehung und Abwicklung verfolgen lassen.

(2) Der Kaufmann ist verpflichtet, eine mit der Urschrift übereinstimmende Wiedergabe der abgesandten Handelsbriefe (Kopie, Abdruck, Abschrift oder sonstige Wiedergabe des Wortlauts auf einem Schrift-, Bild- oder anderen Datenträger) zurückzubehalten.

§ 239 Führung der Handelsbücher

(1) [1]Bei der Führung der Handelsbücher und bei den sonst erforderlichen Aufzeichnungen hat sich der Kaufmann einer lebenden Sprache zu bedienen. [2]Werden Abkürzungen, Ziffern, Buchstaben oder Symbole verwendet, muß im Einzelfall deren Bedeutung eindeutig festliegen.

(2) Die Eintragungen in Büchern und die sonst erforderlichen Aufzeichnungen müssen vollständig, richtig, zeitgerecht und geordnet vorgenommen werden.

(3) [1]Eine Eintragung oder eine Aufzeichnung darf nicht in einer Weise verändert werden, daß der ursprüngliche Inhalt nicht mehr feststellbar ist. [2]Auch solche Veränderungen dürfen nicht vorgenommen werden, deren Beschaffenheit es ungewiß läßt, ob sie ursprünglich oder erst später gemacht worden sind.

(4) [1]Die Handelsbücher und die sonst erforderlichen Aufzeichnungen können auch in der geordneten Ablage von Belegen bestehen oder auf Datenträgern geführt werden, soweit diese Formen der Buchführung einschließlich des dabei angewandten Verfahrens den Grundsätzen ordnungsmäßiger Buchführung

entsprechen. [2]Bei der Führung der Handelsbücher und der sonst erforderlichen Aufzeichnungen auf Datenträgern muß insbesondere sichergestellt sein, daß die Daten während der Dauer der Aufbewahrungsfrist verfügbar sind und jederzeit innerhalb angemessener Frist lesbar gemacht werden können. [3]Absätze 1 bis 3 gelten sinngemäß.

§ 240 Inventar

(1) Jeder Kaufmann hat zu Beginn seines Handelsgewerbes seine Grundstücke, seine Forderungen und Schulden, den Betrag seines baren Geldes sowie seine sonstigen Vermögensgegenstände genau zu verzeichnen und dabei den Wert der einzelnen Vermögensgegenstände und Schulden anzugeben.

(2) [1]Er hat demnächst für den Schluß eines jeden Geschäftsjahrs* ein solches Inventar aufzustellen. [2]Die Dauer des Geschäftsjahrs darf zwölf Monate nicht überschreiten. [3]Die Aufstellung des Inventars ist innerhalb der einem ordnungsmäßigen Geschäftsgang entsprechenden Zeit zu bewirken.

(3) [1]Vermögensgegenstände des Sachanlagevermögens sowie Roh-, Hilfs- und Betriebsstoffe können, wenn sie regelmäßig ersetzt werden und ihr Gesamtwert für das Unternehmen von nachrangiger Bedeutung ist, mit einer gleichbleibenden Menge und einem gleichbleibenden Wert angesetzt werden, sofern ihr Bestand in seiner Größe, seinem Wert und seiner Zusammensetzung nur geringen Veränderungen unterliegt. [2]Jedoch ist in der Regel alle drei Jahre eine körperliche Bestandsaufnahme durchzuführen.

(4) Gleichartige Vermögensgegenstände des Vorratsvermögens sowie andere gleichartige oder annähernd gleichwertige bewegliche Vermögensgegenstände und Schulden können jeweils zu einer Gruppe zusammengefaßt und mit dem gewogenen Durchschnittswert angesetzt werden.

§ 241 Inventurvereinfachungsverfahren

(1) [1]Bei der Aufstellung des Inventars darf der Bestand der Vermögensgegenstände nach Art, Menge und Wert auch mit Hilfe anerkannter mathematisch-statistischer Methoden auf Grund von Stichproben ermittelt werden. [2]Das Verfahren muß den Grundsätzen ordnungsmäßiger Buchführung entsprechen. [3]Der Aussagewert des auf diese Weise aufgestellten Inventars muß dem Aussagewert eines auf Grund einer körperlichen Bestandsaufnahme aufgestellten Inventars gleichkommen.

(2) Bei der Aufstellung des Inventars für den Schluß eines Geschäftsjahrs bedarf es einer körperlichen Bestandsaufnahme der Vermögensgegenstände für diesen Zeitpunkt nicht, soweit durch Anwendung eines den Grundsätzen ordnungsmäßiger Buchführung entsprechenden anderen Verfahrens gesichert ist, daß der Bestand der Vermögensgegenstände nach Art, Menge und Wert auch ohne die körperliche Bestandsaufnahme für diesen Zeitpunkt festgestellt werden kann.

(3) In dem Inventar für den Schluß eines Geschäftsjahrs brauchen Vermögensgegenstände nicht verzeichnet zu werden, wenn

    1.   der Kaufmann ihren Bestand auf Grund einer körperlichen Bestandsaufnahme oder auf Grund eines nach Absatz 2 zulässigen anderen Verfahrens nach Art, Menge und Wert in einem

---

* vgl. R 5.3 Abs. 1 EStR (Zu § 5 EStG)

besonderen Inventar verzeichnet hat, das für einen Tag innerhalb der <u>letzten drei Monate vor</u> <u>oder</u> der <u>ersten beiden Monate nach dem Schluß des Geschäftsjahrs</u> aufgestellt ist, und

2. auf Grund des besonderen Inventars durch Anwendung eines den Grundsätzen ordnungsmäßiger Buchführung entsprechenden <u>Fortschreibungs- oder Rückrechnungsverfahrens</u> gesichert ist, daß der am Schluß des Geschäftsjahrs vorhandene Bestand der Vermögensgegenstände für diesen Zeitpunkt ordnungsgemäß bewertet werden kann.

§ 241a Befreiung von der Pflicht zur Buchführung und Erstellung eines Inventars

[1]Einzelkaufleute, die an den Abschlussstichtagen von <u>zwei aufeinander folgenden Geschäftsjahren</u> <u>nicht</u> <u>mehr als jeweils 800 000 Euro Umsatzerlöse</u> und <u>jeweils 80 000 Euro Jahresüberschuss</u> aufweisen, brauchen die §§ 238 bis 241 <u>nicht anzuwenden</u>. [2]Im Fall der <u>Neugründung</u> treten die Rechtsfolgen schon ein, wenn die Werte des Satzes 1 am ersten Abschlussstichtag nach der Neugründung nicht überschritten werden.

Zweiter Unterabschnitt
Eröffnungsbilanz. Jahresabschluß

Erster Titel
Allgemeine Vorschriften

§ 242 Pflicht zur Aufstellung

(1) [1]Der Kaufmann hat <u>zu Beginn</u> seines Handelsgewerbes <u>und für den Schluß</u> eines <u>jeden Geschäftsjahrs</u> einen das Verhältnis seines Vermögens und seiner Schulden darstellenden <u>Abschluß</u> (Eröffnungsbilanz, Bilanz) <u>aufzustellen</u>. [2]Auf die Eröffnungsbilanz sind die für den Jahresabschluß geltenden Vorschriften entsprechend anzuwenden, soweit sie sich auf die Bilanz beziehen.

(2) Er hat für den <u>Schluß</u> eines <u>jeden Geschäftsjahrs</u> eine Gegenüberstellung der Aufwendungen und Erträge des Geschäftsjahrs (<u>Gewinn- und Verlustrechnung</u>) aufzustellen.

(3) Die <u>Bilanz</u> und die <u>Gewinn- und Verlustrechnung</u> bilden den <u>Jahresabschluß</u>.

(4) [1]Die Absätze 1 bis 3 sind auf Einzelkaufleute im Sinn des § 241a nicht anzuwenden. [2]Im Fall der Neugründung treten die Rechtsfolgen nach Satz 1 schon ein, wenn die Werte des § 241a Satz 1 am ersten Abschlussstichtag nach der Neugründung nicht überschritten werden.

§ 243 Aufstellungsgrundsatz

(1) Der <u>Jahresabschluß</u> ist nach den <u>Grundsätzen ordnungsmäßiger Buchführung</u> aufzustellen.

(2) Er muß <u>klar und übersichtlich</u> sein.

(3) Der Jahresabschluß ist innerhalb der einem ordnungsmäßigen Geschäftsgang entsprechenden Zeit aufzustellen.

§ 244 Sprache. Währungseinheit

Der <u>Jahresabschluß</u> ist in <u>deutscher Sprache</u> und in <u>Euro</u> aufzustellen.

§ 245 Unterzeichnung

[1]Der Jahresabschluß ist vom Kaufmann unter Angabe des Datums zu unterzeichnen. [2]Sind mehrere persönlich haftende Gesellschafter vorhanden, so haben sie alle zu unterzeichnen.

[...]

Dritter Titel
Bewertungsvorschriften

§ 252 Allgemeine Bewertungsgrundsätze

(1) Bei der Bewertung der im Jahresabschluß ausgewiesenen Vermögensgegenstände und Schulden gilt insbesondere folgendes:

1. Die Wertansätze in der Eröffnungsbilanz des Geschäftsjahrs müssen mit denen der Schlußbilanz des vorhergehenden Geschäftsjahrs übereinstimmen.

2. Bei der Bewertung ist von der Fortführung der Unternehmenstätigkeit auszugehen, sofern dem nicht tatsächliche oder rechtliche Gegebenheiten entgegenstehen.

3. Die Vermögensgegenstände und Schulden sind zum Abschlußstichtag einzeln zu bewerten.

4. Es ist vorsichtig zu bewerten, namentlich sind alle vorhersehbaren Risiken und Verluste, die bis zum Abschlußstichtag entstanden sind, zu berücksichtigen, selbst wenn diese erst zwischen dem Abschlußstichtag und dem Tag der Aufstellung des Jahresabschlusses bekanntgeworden sind; Gewinne sind nur zu berücksichtigen, wenn sie am Abschlußstichtag realisiert sind.

5. Aufwendungen und Erträge des Geschäftsjahrs sind unabhängig von den Zeitpunkten der entsprechenden Zahlungen im Jahresabschluß zu berücksichtigen.

6. Die auf den vorhergehenden Jahresabschluss angewandten Bewertungsmethoden sind beizubehalten.

(2) Von den Grundsätzen des Absatzes 1 darf nur in begründeten Ausnahmefällen abgewichen werden.

§ 253 Zugangs- und Folgebewertung

(1) [1]Vermögensgegenstände sind höchstens mit den Anschaffungs- oder Herstellungskosten, vermindert um die Abschreibungen nach den Absätzen 3 bis 5, anzusetzen. [2]Verbindlichkeiten sind zu ihrem Erfüllungsbetrag und Rückstellungen in Höhe des nach vernünftiger kaufmännischer Beurteilung notwendigen Erfüllungsbetrages anzusetzen. [3]Soweit sich die Höhe von Altersversorgungsverpflichtungen ausschließlich nach dem beizulegenden Zeitwert von Wertpapieren im Sinn des § 266 Abs. 2 A. III. 5 bestimmt, sind Rückstellungen hierfür zum beizulegenden Zeitwert dieser Wertpapiere anzusetzen, soweit er einen garantierten Mindestbetrag übersteigt. [4]Nach § 246 Abs. 2 Satz 2 zu verrechnende Vermögensgegenstände sind mit ihrem beizulegenden Zeitwert zu bewerten. [5]Kleinstkapitalgesellschaften (§ 267a) dürfen eine Bewertung zum beizulegenden Zeitwert nur vornehmen, wenn sie von keiner der in § 264 Absatz 1 Satz 5, § 266 Absatz 1 Satz 4, § 275 Absatz 5 und § 326 Absatz 2 vorgesehenen Erleichterungen Gebrauch machen. [6]Macht eine Kleinstkapitalgesellschaft von mindestens einer der in Satz 5 genannten Erleichterungen Gebrauch, erfolgt die Bewertung der

Vermögensgegenstände nach Satz 1, auch soweit eine Verrechnung nach § 246 Absatz 2 Satz 2 vorgesehen ist.

(2) [1]Rückstellungen mit einer Restlaufzeit von mehr als einem Jahr sind abzuzinsen mit dem ihrer Restlaufzeit entsprechenden durchschnittlichen Marktzinssatz, der sich im Falle von Rückstellungen für Altersversorgungsverpflichtungen aus den vergangenen zehn Geschäftsjahren und im Falle sonstiger Rückstellungen aus den vergangenen sieben Geschäftsjahren ergibt. [2]Abweichend von Satz 1 dürfen Rückstellungen für Altersversorgungsverpflichtungen oder vergleichbare langfristig fällige Verpflichtungen pauschal mit dem durchschnittlichen Marktzinssatz abgezinst werden, der sich bei einer angenommenen Restlaufzeit von 15 Jahren ergibt. [3]Die Sätze 1 und 2 gelten entsprechend für auf Rentenverpflichtungen beruhende Verbindlichkeiten, für die eine Gegenleistung nicht mehr zu erwarten ist. [4]Der nach den Sätzen 1 und 2 anzuwendende Abzinsungszinssatz wird von der Deutschen Bundesbank nach Maßgabe einer Rechtsverordnung ermittelt und monatlich bekannt gegeben. [5]In der Rechtsverordnung nach Satz 4, die nicht der Zustimmung des Bundesrates bedarf, bestimmt das Bundesministerium der Justiz im Benehmen mit der Deutschen Bundesbank das Nähere zur Ermittlung der Abzinsungszinssätze, insbesondere die Ermittlungsmethodik und deren Grundlagen, sowie die Form der Bekanntgabe.

(3) [1]Bei Vermögensgegenständen des Anlagevermögens, deren Nutzung zeitlich begrenzt ist, sind die Anschaffungs- oder die Herstellungskosten um planmäßige Abschreibungen zu vermindern. [2]Der Plan muss die Anschaffungs- oder Herstellungskosten auf die Geschäftsjahre verteilen, in denen der Vermögensgegenstand voraussichtlich genutzt werden kann. [3]Kann in Ausnahmefällen die voraussichtliche Nutzungsdauer eines selbst geschaffenen immateriellen Vermögensgegenstands des Anlagevermögens nicht verlässlich geschätzt werden, sind planmäßige Abschreibungen auf die Herstellungskosten über einen Zeitraum von zehn Jahren vorzunehmen. [4]Satz 3 findet auf einen entgeltlich erworbenen Geschäfts- oder Firmenwert entsprechende Anwendung. [5]Ohne Rücksicht darauf, ob ihre Nutzung zeitlich begrenzt ist, sind bei Vermögensgegenständen des Anlagevermögens bei voraussichtlich dauernder Wertminderung außerplanmäßige Abschreibungen vorzunehmen, um diese mit dem niedrigeren Wert anzusetzen, der ihnen am Abschlussstichtag beizulegen ist. [6]Bei Finanzanlagen können außerplanmäßige Abschreibungen auch bei voraussichtlich nicht dauernder Wertminderung vorgenommen werden.

(4) [1]Bei Vermögensgegenständen des Umlaufvermögens sind Abschreibungen vorzunehmen, um diese mit einem niedrigeren Wert anzusetzen, der sich aus einem Börsen- oder Marktpreis am Abschlussstichtag ergibt. [2]Ist ein Börsen- oder Marktpreis nicht festzustellen und übersteigen die Anschaffungs- oder Herstellungskosten den Wert, der den Vermögensgegenständen am Abschlussstichtag beizulegen ist, so ist auf diesen Wert abzuschreiben.

(5) [1]Ein niedrigerer Wertansatz nach Absatz 3 Satz 5 oder 6 und Absatz 4 darf nicht beibehalten werden, wenn die Gründe dafür nicht mehr bestehen. [2]Ein niedriger Wertansatz eines entgeltlich erworbenen Geschäfts- oder Firmenwertes ist beizubehalten.

(6) [1]Im Falle von Rückstellungen für Altersversorgungsverpflichtungen ist der Unterschiedsbetrag zwischen dem Ansatz der Rückstellungen nach Maßgabe des entsprechenden durchschnittlichen Marktzinssatzes aus

den vergangenen zehn Geschäftsjahren und dem Ansatz der Rückstellungen nach Maßgabe des entsprechenden durchschnittlichen Marktzinssatzes aus den vergangenen sieben Geschäftsjahren in jedem Geschäftsjahr zu ermitteln. [2]Gewinne dürfen nur ausgeschüttet werden, wenn die nach der Ausschüttung verbleibenden frei verfügbaren Rücklagen zuzüglich eines Gewinnvortrags und abzüglich eines Verlustvortrags mindestens dem Unterschiedsbetrag nach Satz 1 entsprechen. [3]Der Unterschiedsbetrag nach Satz 1 ist in jedem Geschäftsjahr im Anhang oder unter der Bilanz darzustellen.

§ 254 Bildung von Bewertungseinheiten

[1]Werden Vermögensgegenstände, Schulden, schwebende Geschäfte oder mit hoher Wahrscheinlichkeit erwartete Transaktionen zum Ausgleich gegenläufiger Wertänderungen oder Zahlungsströme aus dem Eintritt vergleichbarer Risiken mit Finanzinstrumenten zusammengefasst (Bewertungseinheit), sind § 249 Abs. 1, § 252 Abs. 1 Nr. 3 und 4, § 253 Abs. 1 Satz 1 und § 256a in dem Umfang und für den Zeitraum nicht anzuwenden, in dem die gegenläufigen Wertänderungen oder Zahlungsströme sich ausgleichen. [2]Als Finanzinstrumente im Sinn des Satzes 1 gelten auch Termingeschäfte über den Erwerb oder die Veräußerung von Waren.

§ 255 Bewertungsmaßstäbe

(1) [1]Anschaffungskosten sind die Aufwendungen, die geleistet werden, um einen Vermögensgegenstand zu erwerben und ihn in einen betriebsbereiten Zustand zu versetzen, soweit sie dem Vermögensgegenstand einzeln zugeordnet werden können. [2]Zu den Anschaffungskosten gehören auch die Nebenkosten sowie die nachträglichen Anschaffungskosten. [3]Anschaffungspreisminderungen, die dem Vermögensgegenstand einzeln zugeordnet werden können, sind abzusetzen.

(2) [1]Herstellungskosten sind die Aufwendungen, die durch den Verbrauch von Gütern und die Inanspruchnahme von Diensten für die Herstellung eines Vermögensgegenstands, seine Erweiterung oder für eine über seinen ursprünglichen Zustand hinausgehende wesentliche Verbesserung entstehen. [2]Dazu gehören die Materialkosten, die Fertigungskosten und die Sonderkosten der Fertigung sowie angemessene Teile der Materialgemeinkosten, der Fertigungsgemeinkosten und des Werteverzehrs des Anlagevermögens, soweit dieser durch die Fertigung veranlasst ist. [3]Bei der Berechnung der Herstellungskosten dürfen angemessene Teile der Kosten der allgemeinen Verwaltung sowie angemessene Aufwendungen für soziale Einrichtungen des Betriebs, für freiwillige soziale Leistungen und für die betriebliche Altersversorgung einbezogen werden, soweit diese auf den Zeitraum der Herstellung entfallen. [4]Forschungs- und Vertriebskosten dürfen nicht einbezogen werden.

(2a) [1]Herstellungskosten eines selbst geschaffenen immateriellen Vermögensgegenstands des Anlagevermögens sind die bei dessen Entwicklung anfallenden Aufwendungen nach Absatz 2. [2]Entwicklung ist die Anwendung von Forschungsergebnissen oder von anderem Wissen für die Neuentwicklung von Gütern oder Verfahren oder die Weiterentwicklung von Gütern oder Verfahren mittels wesentlicher Änderungen. [3]Forschung ist die eigenständige und planmäßige Suche nach neuen wissenschaftlichen oder technischen Erkenntnissen oder Erfahrungen allgemeiner Art, über deren technische Verwertbarkeit und wirtschaftliche

Erfolgsaussichten grundsätzlich keine Aussagen gemacht werden können. [4]Können Forschung und Entwicklung nicht verlässlich voneinander unterschieden werden, ist eine Aktivierung ausgeschlossen.

(3) [1]Zinsen für Fremdkapital gehören nicht zu den Herstellungskosten. [2]Zinsen für Fremdkapital, das zur Finanzierung der Herstellung eines Vermögensgegenstands verwendet wird, dürfen angesetzt werden, soweit sie auf den Zeitraum der Herstellung entfallen; in diesem Falle gelten sie als Herstellungskosten des Vermögensgegenstands.

(4) [1]Der beizulegende Zeitwert entspricht dem Marktpreis. Soweit kein aktiver Markt besteht, anhand dessen sich der Marktpreis ermitteln lässt, ist der beizulegende Zeitwert mit Hilfe allgemein anerkannter Bewertungsmethoden zu bestimmen. [2]Lässt sich der beizulegende Zeitwert weder nach Satz 1 noch nach Satz 2 ermitteln, sind die Anschaffungs- oder Herstellungskosten gemäß § 253 Abs. 4 fortzuführen. [3]Der zuletzt nach Satz 1 oder 2 ermittelte beizulegende Zeitwert gilt als Anschaffungs- oder Herstellungskosten im Sinn des Satzes 3.

§ 256 Bewertungsvereinfachungsverfahren

[1]Soweit es den Grundsätzen ordnungsmäßiger Buchführung entspricht, kann für den Wertansatz gleichartiger Vermögensgegenstände des Vorratsvermögens unterstellt werden, daß die zuerst oder daß die zuletzt angeschafften oder hergestellten Vermögensgegenstände zuerst verbraucht oder veräußert worden sind. [2]§ 240 Abs. 3 und 4 ist auch auf den Jahresabschluß anwendbar.

§ 256a Währungsumrechnung

[1]Auf fremde Währung lautende Vermögensgegenstände und Verbindlichkeiten sind zum Devisenkassamittelkurs am Abschlussstichtag umzurechnen. [2]Bei einer Restlaufzeit von einem Jahr oder weniger sind § 253 Abs. 1 Satz 1 und § 252 Abs. 1 Nr. 4 Halbsatz 2 nicht anzuwenden.

Dritter Unterabschnitt

Aufbewahrung und Vorlage

§ 257 Aufbewahrung von Unterlagen. Aufbewahrungsfristen *

(1) Jeder Kaufmann ist verpflichtet, die folgenden Unterlagen geordnet aufzubewahren:

1. Handelsbücher, Inventare, Eröffnungsbilanzen, Jahresabschlüsse, Einzelabschlüsse nach § 325 Abs. 2a, Lageberichte, Konzernabschlüsse, Konzernlageberichte sowie die zu ihrem Verständnis erforderlichen Arbeitsanweisungen und sonstigen Organisationsunterlagen,
2. die empfangenen Handelsbriefe,
3. Wiedergaben der abgesandten Handelsbriefe,
4. Belege für Buchungen in den von ihm nach § 238 Abs. 1 zu führenden Büchern (Buchungsbelege).

(2) Handelsbriefe sind nur Schriftstücke, die ein Handelsgeschäft betreffen.

---

* vgl. § 147 AO

(3) ¹Mit Ausnahme der Eröffnungsbilanzen und Abschlüsse können die in Absatz 1 aufgeführten Unterlagen auch als Wiedergabe auf einem Bildträger oder auf anderen Datenträgern aufbewahrt werden, wenn dies den Grundsätzen ordnungsmäßiger Buchführung entspricht und sichergestellt ist, daß die Wiedergabe oder die Daten

1. mit den empfangenen Handelsbriefen und den Buchungsbelegen bildlich und mit den anderen Unterlagen inhaltlich übereinstimmen, wenn sie lesbar gemacht werden,
2. während der Dauer der Aufbewahrungsfrist verfügbar sind und jederzeit innerhalb angemessener Frist lesbar gemacht werden können.

²Sind Unterlagen auf Grund des § 239 Abs. 4 Satz 1 auf Datenträgern hergestellt worden, können statt des Datenträgers die Daten auch ausgedruckt aufbewahrt werden; die ausgedruckten Unterlagen können auch nach Satz 1 aufbewahrt werden.

(4) Die in Absatz 1 Nummer 1 aufgeführten Unterlagen sind zehn Jahre, die in Absatz 1 Nummer 4 aufgeführten Unterlagen acht Jahre und die sonstigen in Absatz 1 aufgeführten Unterlagen sechs Jahre aufzubewahren.

(5) Die Aufbewahrungsfrist beginnt mit dem Schluß des Kalenderjahrs, in dem die letzte Eintragung in das Handelsbuch gemacht, das Inventar aufgestellt, die Eröffnungsbilanz oder der Jahresabschluß festgestellt, der Einzelabschluss nach § 325 Abs. 2a oder der Konzernabschluß aufgestellt, der Handelsbrief empfangen oder abgesandt worden oder der Buchungsbeleg entstanden ist.

[…]

§ 377 Unverzügliche Mängelrüge

(1) Ist der Kauf für beide Teile ein Handelsgeschäft*, so hat der Käufer die Ware unverzüglich nach der Ablieferung durch den Verkäufer, soweit dies nach ordnungsmäßigem Geschäftsgange tunlich ist, zu untersuchen und, wenn sich ein Mangel zeigt, dem Verkäufer unverzüglich Anzeige zu machen.

(2) Unterlässt der Käufer die Anzeige, so gilt die Ware als genehmigt, es sei denn, dass es sich um einen Mangel handelt, der bei der Untersuchung nicht erkennbar war.

(3) Zeigt sich später ein solcher Mangel, so muss die Anzeige unverzüglich nach der Entdeckung gemacht werden; andernfalls gilt die Ware auch in Ansehung dieses Mangels als genehmigt.

(4) Zur Erhaltung der Rechte des Käufers genügt die rechtzeitige Absendung der Anzeige.

(5) Hat der Verkäufer den Mangel arglistig verwiegen, so kann er sich auf diese Vorschriften nicht berufen.

[…]

---

* § 343 Abs. 1 HGB: «Handelsgeschäfte sind alle Geschäfte eines Kaufmanns, die zum Betrieb seines Handelsgewerbes gehören.» | § 344 Abs. 1 HGB: «Die von einem Kaufmanne vorgenommenen Rechtsgeschäfte gelten im Zweifel als zum Betriebe seines Handelsgewerbes gehörig.»

Vierter Abschnitt
Frachtgeschäft

Erster Unterabschnitt
Allgemeine Vorschriften

§ 407 Frachtvertrag

(1) Durch den Frachtvertrag wird der Frachtführer verpflichtet, das Gut zum Bestimmungsort zu befördern und dort an den Empfänger abzuliefern.

(2) Der Absender wird verpflichtet, die vereinbarte Fracht zu zahlen.

(3) [1]Die Vorschriften dieses Unterabschnitts gelten, wenn

1. das Gut zu Lande, auf Binnengewässern oder mit Luftfahrzeugen befördert werden soll und
2. die Beförderung zum Betrieb eines gewerblichen Unternehmens gehört.

[2]Erfordert das Unternehmen nach Art oder Umfang einen in kaufmännischer Weise eingerichteten Geschäftsbetrieb nicht und ist die Firma des Unternehmens auch nicht nach § 2 in das Handelsregister eingetragen, so sind in Ansehung des Frachtgeschäfts auch insoweit die Vorschriften des Ersten Abschnitts des Vierten Buches ergänzend anzuwenden; dies gilt jedoch nicht für die §§ 348 bis 350.

§ 408 Frachtbrief. Verordnungsermächtigung

(1) [1]Der Frachtführer kann die Ausstellung eines Frachtbriefs mit folgenden Angaben verlangen: *

1. Ort und Tag der Ausstellung;
2. Name und Anschrift des Absenders;
3. Name und Anschrift des Frachtführers;
4. Stelle und Tag der Übernahme des Gutes sowie die für die Ablieferung vorgesehene Stelle;
5. Name und Anschrift des Empfängers und eine etwaige Meldeadresse;
6. die übliche Bezeichnung der Art des Gutes und die Art der Verpackung, bei gefährlichen Gütern ihre nach den Gefahrgutvorschriften vorgesehene, sonst ihre allgemein anerkannte Bezeichnung;
7. Anzahl, Zeichen und Nummern der Frachtstücke;
8. das Rohgewicht oder die anders angegebene Menge des Gutes;
9. die bei Ablieferung geschuldete Fracht und die bis zur Ablieferung anfallenden Kosten sowie einen Vermerk über die Frachtzahlung;
10. den Betrag einer bei der Ablieferung des Gutes einzuziehenden Nachnahme;
11. Weisungen für die Zoll- und sonstige amtliche Behandlung des Gutes;
12. eine Vereinbarung über die Beförderung in offenem, nicht mit Planen gedecktem Fahrzeug oder auf Deck.

[2]In den Frachtbrief können weitere Angaben eingetragen werden, die die Parteien für zweckmäßig halten.

---

* vgl. Art. 6 CMR, Art. 7 CIM, Art. 11 CMNI, Art. 5 MÜ

(2) [1]Der Frachtbrief wird in <u>drei Originalausfertigungen</u> ausgestellt, die vom Absender unterzeichnet werden. [2]Der Absender kann verlangen, daß auch der Frachtführer den Frachtbrief unterzeichnet. [3]Nachbildungen der eigenhändigen Unterschriften durch Druck oder Stempel genügen. [4]Eine Ausfertigung ist für den Absender bestimmt, eine begleitet das Gut, eine behält der Frachtführer.

(3) [1]Dem Frachtbrief <u>gleichgestellt ist eine elektronische Aufzeichnung</u>, die dieselben Funktionen erfüllt wie der Frachtbrief, sofern sichergestellt ist, dass die Authentizität und die Integrität der Aufzeichnung gewahrt bleiben (<u>elektronischer Frachtbrief</u>). [2]Das Bundesministerium der Justiz wird ermächtigt, im Einvernehmen mit dem Bundesministerium des Innern und für Heimat durch Rechtsverordnung, die nicht der Zustimmung des Bundesrates bedarf, die Einzelheiten der Ausstellung, des Mitführens und der Vorlage eines elektronischen Frachtbriefs sowie des Verfahrens einer nachträglichen Eintragung in einen elektronischen Frachtbrief zu regeln.

§ 409 Beweiskraft des Frachtbriefs

(1) Der <u>von beiden Parteien unterzeichnete Frachtbrief</u> dient bis <u>zum Beweis</u> des Gegenteils als Nachweis für Abschluß und Inhalt des Frachtvertrages sowie für die Übernahme des Gutes durch den Frachtführer.

(2) [1]Der von <u>beiden Parteien</u> <u>unterzeichnete Frachtbrief</u> begründet ferner die <u>Vermutung</u>, daß das <u>Gut und seine Verpackung</u> <u>bei der Übernahme</u> durch den Frachtführer <u>in äußerlich gutem Zustand</u> waren <u>und</u> daß die <u>Anzahl der Frachtstücke</u> <u>und</u> ihre <u>Zeichen und Nummern</u> <u>mit den Angaben im Frachtbrief</u> übereinstimmen. [2]Der Frachtbrief begründet diese Vermutung jedoch nicht, wenn der Frachtführer einen begründeten Vorbehalt in den Frachtbrief eingetragen hat; der Vorbehalt kann auch damit begründet werden, daß dem Frachtführer keine angemessenen Mittel zur Verfügung standen, die Richtigkeit der Angaben zu überprüfen.

(3) [1]Ist das Rohgewicht oder die anders angegebene Menge des Gutes oder der Inhalt der Frachtstücke vom Frachtführer überprüft und das Ergebnis der Überprüfung in den von beiden Parteien unterzeichneten Frachtbrief eingetragen worden, so begründet dieser auch die Vermutung, daß Gewicht, Menge oder Inhalt mit den Angaben im Frachtbrief übereinstimmt. [2]Der Frachtführer ist verpflichtet, Gewicht, Menge oder Inhalt zu überprüfen, wenn der Absender dies verlangt und dem Frachtführer angemessene Mittel zur Überprüfung zur Verfügung stehen; der Frachtführer hat Anspruch auf Ersatz seiner Aufwendungen für die Überprüfung.

§ 410 Gefährliches Gut

(1) Soll <u>gefährliches Gut</u> befördert werden, so hat der <u>Absender dem Frachtführer</u> <u>rechtzeitig</u> in <u>Textform</u> die genaue <u>Art der Gefahr</u> und, soweit erforderlich, zu ergreifende <u>Vorsichtsmaßnahmen</u> mitzuteilen.

(2) Der Frachtführer kann, sofern ihm nicht bei Übernahme des Gutes die Art der Gefahr bekannt war oder jedenfalls mitgeteilt worden ist,

1. gefährliches Gut ausladen, einlagern, zurückbefördern oder soweit erforderlich, vernichten oder unschädlich machen, ohne dem Absender deshalb ersatzpflichtig zu werden, und
2. vom Absender wegen dieser Maßnahmen Ersatz der erforderlichen Aufwendungen verlangen.

§ 411 Verpackung. Kennzeichnung

[1]Der Absender hat das Gut, soweit dessen Natur unter Berücksichtigung der vereinbarten Beförderung einer Verpackung erfordert, so zu verpacken, daß es vor Verlust und Beschädigung geschützt ist und daß auch dem Frachtführer keine Schäden entstehen. [2]Soll das Gut in einem Container, auf einer Palette oder in oder auf einem sonstigen Lademittel, das zur Zusammenfassung von Frachtstücken verwendet wird, zur Beförderung übergeben werden, hat der Absender das Gut auch in oder auf dem Lademittel beförderungssicher * zu stauen und zu sichern. [3]Der Absender hat das Gut ferner, soweit dessen vertragsgemäße Behandlung dies erfordert, zu kennzeichnen.

§ 412 Verladen und Entladen. Verordnungsermächtigung

(1) [1]Soweit sich aus den Umständen oder der Verkehrssitte nicht etwas anderes ergibt, hat der Absender das Gut beförderungssicher zu laden, zu stauen und zu befestigen (verladen) sowie zu entladen. [2]Der Frachtführer hat für die betriebssichere Verladung* zu sorgen.

(2) Für die Lade- und Entladezeit, die sich mangels abweichender Vereinbarung nach einer den Umständen des Falles angemessenen Frist bemißt, kann keine besondere Vergütung erlangt werden.

(3) Wartet der Frachtführer auf Grund vertraglicher Vereinbarung oder aus Gründen, die nicht seinem Risikobereich zuzurechnen sind, über die Lade- oder Entladezeit hinaus, so hat er Anspruch auf eine angemessene Vergütung (Standgeld).

(4) Das Bundesministerium der Justiz wird ermächtigt, im Einvernehmen mit dem Bundesministerium für Digitales und Verkehr durch Rechtsverordnung, die nicht der Zustimmung des Bundesrates bedarf, für die Binnenschiffahrt unter Berücksichtigung der Art der zur Beförderung bestimmten Fahrzeuge, der Art und Menge der umzuschlagenden Güter, der beim Güterumschlag zur Verfügung stehenden technischen Mittel und der Erfordernisse eines beschleunigten Verkehrsablaufs die Voraussetzungen für den Beginn der Lade- und Entladezeit, deren Dauer sowie die Höhe des Standgeldes zu bestimmen.

§ 413 Begleitpapiere

(1) Der Absender hat dem Frachtführer alle Urkunden zur Verfügung zu stellen und Auskünfte zu erteilen, die für eine amtliche Behandlung, insbesondere eine Zollabfertigung, vor der Ablieferung des Gutes erforderlich sind.

(2) [1]Der Frachtführer ist für den Schaden verantwortlich, der durch Verlust oder Beschädigung der ihm übergebenen Urkunden oder durch deren unrichtige Verwendung verursacht worden ist, es sei denn, daß der Verlust, die Beschädigung oder die unrichtige Verwendung auf Umständen berührt, die der Frachtführer nicht vermeiden und deren Folgen er nicht abwenden konnte. [2]Seine Haftung ist jedoch auf den Betrag begrenzt, der bei Verlust des Gutes zu zahlen wäre.

---

* vgl. §§ 22, 23 StVO, § 31 StVZO
* vgl. §§ 22, 23 StVO, § 31 StVZO

§ 414 Verschuldensunabhängige Haftung des Absenders in besonderen Fällen

(1) Der Absender hat, auch wenn ihn kein Verschulden trifft, dem Frachtführer Schäden und Aufwendungen zu ersetzen, die verursacht werden durch

1. ungenügende Verpackung oder Kennzeichnung,
2. Unrichtigkeit oder Unvollständigkeit der in den Frachtbrief aufgenommenen Angaben,
3. Unterlassen der Mitteilung über die Gefährlichkeit des Gutes oder
4. Fehlen, Unvollständigkeit oder Unrichtigkeit der in § 413 Abs. 1 genannten Urkunden oder Auskünfte.

(2) Hat bei der Verursachung der Schäden oder Aufwendungen ein Verhalten des Frachtführers mitgewirkt, so hängen die Verpflichtung zum Ersatz sowie der Umfang des zu leistenden Ersatzes davon ab, inwieweit dieses Verhalten zu den Schäden und Aufwendungen beigetragen hat.

(3) Ist der Absender ein Verbraucher, so hat er dem Frachtführer Schäden und Aufwendungen nach den Absätzen 1 und 2 nur zu ersetzen, soweit ihn ein Verschulden trifft.

§ 415 Kündigung durch den Absender

(1) Der Absender kann den Frachtvertrag jederzeit kündigen.

(2) [1]Kündigt der Absender, so kann der Frachtführer entweder

1. die vereinbarte Fracht, das etwaige Standgeld sowie zu ersetzende Aufwendungen unter Anrechnung dessen, was er infolge der Aufhebung des Vertrages an Aufwendungen erspart oder anderweitig erwirbt oder zu erwerben böswillig unterläßt, oder
2. ein Drittel der vereinbarten Fracht (Fautfracht)

verlangen. [2]Beruht die Kündigung auf Gründen, die dem Risikobereich des Frachtführers zuzurechnen sind, so entfällt der Anspruch auf Fautfracht nach Satz 1 Nr. 2; in diesem Falle entfällt auch der Anspruch nach Satz 1 Nr. 1, soweit die Beförderung für den Absender nicht von Interesse ist.

(3) [1]Wurde vor der Kündigung bereits Gut verladen, so kann der Frachtführer auf Kosten des Absenders Maßnahmen entsprechend § 419 Abs. 3 Satz 2 bis 4 ergreifen oder vom Absender verlangen, daß dieser das Gut unverzüglich entlädt. [2]Der Frachtführer braucht das Entladen des Gutes nur zu dulden, soweit dies ohne Nachteile für seinen Betrieb und ohne Schäden für die Absender oder Empfänger anderer Sendungen möglich ist. [3]Beruht die Kündigung auf Gründen, die dem Risikobereich des Frachtführers zuzurechnen sind, so ist abweichend von den Sätzen 1 und 2 der Frachtführer verpflichtet, das Gut, das bereits verladen wurde, unverzüglich auf eigene Kosten zu entladen.

§ 416 Anspruch auf Teilbeförderung

[1]Wird das Gut nur teilweise verladen, so kann der Absender jederzeit verlangen, dass der Frachtführer mit der Beförderung des bereits verladenen Teils des Gutes beginnt. [2]In diesem Fall gebührt dem Frachtführer die volle Fracht, das etwaige Standgeld sowie Ersatz der Aufwendungen, die ihm durch das Fehlen eines Teils des Gutes entstehen; von der vollen Fracht kommt jedoch die Fracht für dasjenige Gut in Abzug, welches der Frachtführer mit demselben Beförderungsmittel anstelle des nicht verladenen Gutes befördert. [3]Der

Frachtführer ist außerdem berechtigt, soweit ihm durch das Fehlen eines Teils des Gutes die Sicherheit für die volle Fracht entgeht, die Bestellung einer anderweitigen Sicherheit zu fordern. [4]Beruht die Unvollständigkeit der Verladung auf Gründen, die dem Risikobereich des Frachtführers zuzurechnen sind, so steht diesem der Anspruch nach den Sätzen 2 und 3 nur insoweit zu, als tatsächlich Gut befördert wird.

§ 417 Rechte des Frachtführers bei Nichteinhaltung der Ladezeit

(1) Verlädt der Absender das Gut nicht innerhalb der Ladezeit oder stellt er, wenn ihm das Verladen nicht obliegt, das Gut nicht innerhalb der Ladezeit zur Verfügung, so kann ihm der Frachtführer eine angemessene Frist setzen, innerhalb derer das Gut verladen oder zur Verfügung gestellt werden soll.

(2) Wird bis zum Ablauf der nach Absatz 1 gesetzten Frist kein Gut verladen oder zur Verfügung gestellt oder ist offensichtlich, dass innerhalb dieser Frist kein Gut verladen oder zur Verfügung gestellt wird, so kann der Frachtführer den Vertrag kündigen und die Ansprüche nach § 415 Abs. 2 geltend machen.

(3) Wird das Gut bis zum Ablauf der nach Absatz 1 gesetzten Frist nur teilweise verladen oder zur Verfügung gestellt, so kann der Frachtführer mit der Beförderung des bereits verladenen Teils des Gutes beginnen und die Ansprüche nach § 416 Satz 2 und 3 geltend machen.

(4) [1]Der Frachtführer kann die Rechte nach Absatz 2 oder 3 auch ohne Fristsetzung ausüben, wenn der Absender sich ernsthaft und endgültig weigert, das Gut zu verladen oder zur Verfügung zu stellen. [2]Er kann ferner den Vertrag nach Absatz 2 auch ohne Fristsetzung kündigen, wenn besondere Umstände vorliegen, die ihm unter Abwägung der beiderseitigen Interessen die Fortsetzung des Vertragsverhältnisses unzumutbar machen.

(5) Dem Frachtführer stehen die Rechte nicht zu, wenn die Nichteinhaltung der Ladezeit auf Gründen beruht, die seinem Risikobereich zuzurechnen sind.

§ 418 Nachträgliche Weisungen

(1) [1]Der Absender ist berechtigt, über das Gut zu verfügen. [2]Er kann insbesondere verlangen, daß der Frachtführer das Gut nicht weiterbefördert oder es an einem anderen Bestimmungsort, an einer anderen Ablieferungsstelle oder an einen anderen Empfänger abliefert. [3]Der Frachtführer ist nur insoweit zur Befolgung solcher Weisungen verpflichtet, als deren Ausführung weder Nachteile für den Betrieb seines Unternehmens noch Schäden für die Absender oder Empfänger anderer Sendungen mit sich zu bringen droht. [4]Er kann vom Absender Ersatz seiner durch die Ausführung der Weisung entstehenden Aufwendungen sowie eine angemessene Vergütung verlangen; der Frachtführer kann die Befolgung der Weisung von einem Vorschuß abhängig machen.

(2) [1]Das Verfügungsrecht des Absenders erlischt nach Ankunft des Gutes an der Ablieferungsstelle. [2]Von diesem Zeitpunkt an steht das Verfügungsrecht nach Absatz 1 dem Empfänger zu. [3]Macht der Empfänger von diesem Recht Gebrauch, so hat er dem Frachtführer die entstehenden Mehraufwendungen zu ersetzen sowie eine angemessene Vergütung zu zahlen; der Frachtführer kann die Befolgung der Weisung von einem Vorschuß abhängig machen.

(3) Hat der Empfänger in Ausübung seines Verfügungsrechts die Ablieferung des Gutes an einen Dritten angeordnet, so ist dieser nicht berechtigt, seinerseits einen anderen Empfänger zu bestimmen.

(4) Ist ein Frachtbrief ausgestellt und von beiden Parteien unterzeichnet worden, so kann der Absender sein Verfügungsrecht nur gegen Vorlage der Absenderausfertigung des Frachtbriefs ausüben, sofern dies im Frachtbrief vorgeschrieben ist.

(5) Beabsichtigt der Frachtführer, eine ihm erteilte Weisung nicht zu befolgen, so hat er denjenigen, der die Weisung gegeben hat, unverzüglich zu benachrichtigen.

(6) [1]Ist die Ausübung des Verfügungsrechts von der Vorlage des Frachtbriefs abhängig gemacht worden und führt der Frachtführer eine Weisung aus, ohne sich die Absenderausfertigung des Frachtbriefs vorlegen zu lassen, so haftet er dem Berechtigten für den daraus entstehenden Schaden. [2]Die Haftung ist auf den Betrag begrenzt, der bei Verlust des Gutes zu zahlen wäre.

§ 419 Beförderungs- und Ablieferungshindernisse

(1) [1]Wird nach Übernahme des Gutes erkennbar, dass die Beförderung oder Ablieferung nicht vertragsgemäß durchgeführt werden kann, so hat der Frachtführer Weisungen des nach § 418 oder § 446 Verfügungsberechtigten einzuholen. [2]Ist der Empfänger verfügungsberechtigt und ist er nicht zu ermitteln oder verweigert er die Annahme des Gutes, so ist, wenn ein Ladeschein nicht ausgestellt ist, Verfügungsberechtigter nach Satz 1 der Absender; ist die Ausübung des Verfügungsrechts von der Vorlage eines Frachtbriefs abhängig gemacht worden, so bedarf es in diesem Fall der Vorlage des Frachtbriefs nicht. [3]Der Frachtführer ist, wenn ihm Weisungen erteilt worden sind und das Hindernis nicht seinem Risikobereich zuzurechnen ist, berechtigt, Ansprüche nach § 418 Abs. 1 Satz 4 geltend zu machen.

(2) Tritt das Beförderungs- oder Ablieferungshindernis ein, nachdem der Empfänger auf Grund seiner Verfügungsbefugnis nach § 418 die Weisung erteilt hat, das Gut an einen Dritten abzuliefern, so nimmt bei der Anwendung des Absatzes 1 der Empfänger die Stelle des Absenders und der Dritte die des Empfängers ein.

(3) [1]Kann der Frachtführer Weisungen, die er nach § 418 Abs. 1 Satz 3 befolgen müßte, innerhalb angemessener Zeit nicht erlangen, so hat er die Maßnahmen zu ergreifen, die im Interesse des Verfügungsberechtigten die besten zu sein scheinen. [2]Er kann etwa das Gut entladen und verwahren, für Rechnung des nach § 418 oder § 446 Verfügungsberechtigten einem Dritten zur Verwahrung anvertrauen oder zurückbefördern; vertraut der Frachtführer das Gut einem Dritten an, so haftet er nur für die sorgfältige Auswahl des Dritten. [3]Der Frachtführer kann das Gut auch gemäß § 373 Abs. 2 bis 4 verkaufen lassen, wenn es sich um verderbliche Ware handelt oder der Zustand des Gutes eine solche Maßnahme rechtfertigt oder wenn die andernfalls entstehenden Kosten in keinem angemessenen Verhältnis zum Wert des Gutes stehen. [4]Unverwertbares Gut darf der Frachtführer vernichten. [5]Nach dem Entladen des Gutes gilt die Beförderung als beendet.

(4) Der Frachtführer hat wegen der nach Absatz 3 ergriffenen Maßnahmen Anspruch auf Ersatz der erforderlichen Aufwendungen und auf angemessene Vergütung, es sei denn, daß das Hindernis seinem Risikobereich zuzurechnen ist.

§ 420 Zahlung. Frachtberechnung

(1) Die <u>Fracht ist bei Ablieferung des Gutes zu zahlen</u>. Der Frachtführer hat über die Fracht hinaus einen <u>Anspruch auf Ersatz von Aufwendungen</u>, soweit diese für das Gut gemacht wurden und er sie den Umständen nach für erforderlich halten durfte.

(2) [1]Der <u>Anspruch auf die Fracht entfällt</u>, soweit die <u>Beförderung unmöglich</u> ist. [2]Wird die Beförderung infolge eines Beförderungs- oder Ablieferungshindernisses vorzeitig beendet, so gebührt dem Frachtführer die anteilige Fracht für den zurückgelegten Teil der Beförderung, wenn diese für den Absender von Interesse ist.

(3) [1]Abweichend von Absatz 2 behält der Frachtführer den Anspruch auf die Fracht, wenn die Beförderung aus Gründen unmöglich ist, die dem Risikobereich des Absenders zuzurechnen sind oder die zu einer Zeit eintreten, zu welcher der Absender im Verzug der Annahme ist. [2]Der Frachtführer muss sich jedoch das, was er an Aufwendungen erspart oder anderweitig erwirbt oder zu erwerben böswillig unterlässt, anrechnen lassen.

(4) Tritt <u>nach Beginn der Beförderung</u> und <u>vor Ankunft</u> an der <u>Ablieferungsstelle</u> <u>eine Verzögerung</u> ein und beruht die Verzögerung auf <u>Gründen</u>, die dem <u>Risikobereich des Absenders</u> zuzurechnen sind, so gebührt dem <u>Frachtführer</u> <u>neben der Fracht</u> eine <u>angemessene Vergütung</u>.

(5) Ist die Fracht nach Zahl, Gewicht oder anders angegebener Menge des Gutes vereinbart, so wird für die Berechnung der Fracht vermutet, daß Angaben hierzu im Frachtbrief oder Ladeschein zutreffen; dies gilt auch dann, wenn zu diesen Angaben ein Vorbehalt eingetragen ist, der damit begründet ist, daß keine angemessenen Mittel zur Verfügung standen, die Richtigkeit der Angaben zu überprüfen.

§ 421 Rechte des Empfängers. Zahlungspflicht

(1) [1]<u>Nach Ankunft des Gutes</u> an der Ablieferungsstelle ist der <u>Empfänger berechtigt</u>, vom Frachtführer zu verlangen, ihm das Gut gegen Erfüllung der Verpflichtungen aus dem Frachtvertrag abzuliefern. [2]Ist das <u>Gut beschädigt oder verspätet abgeliefert</u> worden <u>oder verlorengegangen</u>, so <u>kann der Empfänger</u> die <u>Ansprüche aus dem Frachtvertrag</u> im <u>eigenen Namen gegen</u> den <u>Frachtführer</u> geltend machen; der <u>Absender</u> bleibt zur <u>Geltendmachung</u> dieser Ansprüche <u>befugt</u>. [3]Dabei macht es keinen Unterschied, ob Empfänger oder Absender im eigenen oder fremden Interesse handeln.

(2) [1]Der <u>Empfänger</u>, der sein <u>Recht nach Absatz 1 Satz 1 geltend macht</u>, hat die <u>noch geschuldete Fracht</u> bis zu dem Betrag zu <u>zahlen</u>, der aus dem Frachtbrief hervorgeht. [2]Ist ein Frachtbrief nicht ausgestellt oder dem Empfänger nicht vorgelegt worden oder ergibt sich aus dem Frachtbrief nicht die Höhe der zu zahlenden Fracht, so hat der Empfänger die mit dem Absender vereinbarte Fracht zu zahlen, soweit diese nicht unangemessen ist.

(3) Der <u>Empfänger</u>, der sein <u>Recht nach Absatz 1 Satz 1</u> geltend macht, hat ferner ein <u>Standgeld</u> oder eine <u>Vergütung</u> nach § 420 Absatz 4 zu zahlen, ein Standgeld wegen Überschreitung der Ladezeit und eine Vergütung nach § 420 Absatz 4 jedoch nur, wenn ihm der geschuldete Betrag bei Ablieferung des Gutes mitgeteilt worden ist.

(4) Der <u>Absender</u> bleibt zur <u>Zahlung</u> der <u>nach dem Vertrag</u> geschuldeten <u>Beträge</u> <u>verpflichtet</u>.

§ 422 Nachnahme

(1) Haben die Parteien <u>vereinbart</u>, daß das <u>Gut nur gegen Einziehung einer Nachnahme</u> an den <u>Empfänger</u> <u>abgeliefert</u> werden <u>darf</u>, so ist anzunehmen, daß der Betrag in bar oder in Form eines gleichwertigen Zahlungsmittels einzuziehen ist.

(2) Das auf Grund der Einziehung Erlangte gilt im Verhältnis zu den Gläubigern des Frachtführers als auf den Absender übertragen.

(3) Wird das Gut dem Empfänger <u>ohne Einziehung der Nachnahme</u> <u>abgeliefert</u>, so <u>haftet</u> der <u>Frachtführer</u>, auch wenn ihn kein Verschulden trifft, dem Absender für den daraus entstehenden Schaden, jedoch nur <u>bis</u> <u>zur Höhe des Betrages der Nachnahme</u>.

§ 423 Lieferfrist

Der Frachtführer ist verpflichtet, das <u>Gut innerhalb der vereinbarten Frist</u> <u>oder</u> <u>mangels Vereinbarung</u> innerhalb der Frist abzuliefern, die einem <u>sorgfältigen Frachtführer</u> unter Berücksichtigung der Umstände vernünftigerweise zuzubilligen ist (<u>Lieferfrist</u>).

§ 424 Verlustvermutung

(1) Der Anspruchsberechtigte kann das <u>Gut als verloren betrachten</u>, <u>wenn</u> es <u>weder innerhalb der Lieferfrist</u> noch <u>innerhalb eines weiteren Zeitraums abgeliefert</u> wird, der der Lieferfrist entspricht, <u>mindestens aber zwanzig Tage</u>, bei einer <u>grenzüberschreitenden Beförderung</u> <u>dreißig Tage</u> beträgt.

(2) Erhält der <u>Anspruchsberechtigte</u> eine <u>Entschädigung für den Verlust</u> des Gutes, so kann er bei deren Empfang verlangen, daß er unverzüglich benachrichtigt wird, wenn das Gut wiederaufgefunden wird.

(3) [1]Der <u>Anspruchsberechtigte</u> kann <u>innerhalb eines Monats</u> nach Empfang der Benachrichtigung von dem Wiederauffinden des Gutes verlangen, daß ihm das Gut <u>Zug um Zug gegen Erstattung</u> der Entschädigung, gegebenenfalls abzüglich der in der Entschädigung enthaltenen Kosten, abgeliefert wird. [2]Eine etwaige Pflicht zur Zahlung der Fracht sowie Ansprüche auf Schadenersatz bleiben unberührt.

(4) Wird das Gut nach <u>Zahlung einer Entschädigung</u> <u>wiederaufgefunden</u> und hat der Anspruchsberechtigte eine Benachrichtigung nicht verlangt oder macht er nach Benachrichtigung seinen Anspruch auf Ablieferung nicht geltend, so kann der Frachtführer über das Gut frei verfügen.

§ 425 Haftung für Güter- und Verspätungsschäden. Schadensteilung

(1) Der <u>Frachtführer</u> <u>haftet für den Schaden</u>, der durch <u>Verlust oder Beschädigung</u> des Gutes in der <u>Zeit von der Übernahme</u> zur Beförderung <u>bis zur Ablieferung</u> oder durch <u>Überschreitung der Lieferfrist</u> entsteht.

(2) Hat bei der <u>Entstehung des Schadens</u> ein <u>Verhalten des Absenders</u> <u>oder</u> des <u>Empfängers</u> <u>oder</u> ein <u>besonderer Mangel des Gutes</u> mitgewirkt, so hängen die Verpflichtung zum Ersatz sowie der Umfang des zu leistenden Ersatzes davon ab, inwieweit diese Umstände zu dem Schaden beigetragen haben.

§ 426 Haftungsausschluß

Der Frachtführer ist von der Haftung befreit, soweit der Verlust, die Beschädigung oder die Überschreitung der Lieferfrist auf Umständen beruht, die der Frachtführer auch bei größter Sorgfalt nicht vermeiden und deren Folgen er nicht abwenden konnte.

§ 427 Besondere Haftungsausschlußgründe

(1) Der Frachtführer ist von seiner Haftung befreit, soweit der Verlust, die Beschädigung oder die Überschreitung der Lieferfrist auf eine der folgenden Gefahren zurückzuführen ist:

1. vereinbarte oder der Übung entsprechende Verwendung von offenen, nicht mit Planen gedeckten Fahrzeugen oder Verladung auf Deck;
2. ungenügende Verpackung durch den Absender;
3. Behandeln, Verladen oder Entladen des Gutes durch den Absender oder den Empfänger;
4. natürliche Beschaffenheit des Gutes, die besonders leicht zu Schäden, insbesondere durch Bruch, Rost, inneren Verderb, Austrocknen, Auslaufen, normalen Schwund, führt;
5. ungenügende Kennzeichnung der Frachtstücke durch den Absender;
6. Beförderung lebender Tiere.

(2) [1]Ist ein Schaden eingetreten, der nach den Umständen des Falles aus einer der in Absatz 1 bezeichneten Gefahren entstehen konnte, so wird vermutet, daß der Schaden aus dieser Gefahr entstanden ist. [2]Diese Vermutung gilt im Falle des Absatzes 1 Nr. 1 nicht bei außergewöhnlich großem Verlust.

(3) Der Frachtführer kann sich auf Absatz 1 Nr. 1 nur berufen, soweit der Verlust, die Beschädigung oder die Überschreitung der Lieferfrist nicht darauf zurückzuführen ist, daß der Frachtführer besondere Weisungen des Absenders im Hinblick auf die Beförderung des Gutes nicht beachtet hat.

(4) Ist der Frachtführer nach dem Frachtvertrag verpflichtet, das Gut gegen die Einwirkung von Hitze, Kälte, Temperaturschwankungen, Luftfeuchtigkeit, Erschütterungen oder ähnlichen Einflüssen besonders zu schützen, so kann er sich auf Absatz 1 Nr. 4 nur berufen, wenn er alle ihm nach den Umständen obliegenden Maßnahmen, insbesondere hinsichtlich der Auswahl, Instandhaltung und Verwendung besonderer Einrichtungen, getroffen und besondere Weisungen beachtet hat.

(5) Der Frachtführer kann sich auf Absatz 1 Nr. 6 nur berufen, wenn er alle ihm nach den Umständen obliegenden Maßnahmen getroffen und besondere Weisungen beachtet hat.

§ 428 Haftung für andere

[1]Der Frachtführer hat Handlungen und Unterlassungen seiner Leute in gleichem Umfange zu vertreten wie eigene Handlungen und Unterlassungen, wenn die Leute in Ausübung ihrer Verrichtungen handeln. [2]Gleiches gilt für Handlungen und Unterlassungen anderer Personen, deren er sich bei Ausführung der Beförderung bedient.

§ 429 Wertersatz

(1) Hat der Frachtführer für gänzlichen oder teilweisen Verlust des Gutes Schadenersatz zu leisten, so ist der Wert am Ort und zur Zeit der Übernahme zur Beförderung zu ersetzen.

(2) [1]Bei Beschädigung des Gutes ist der Unterschied zwischen dem Wert des unbeschädigten Gutes am Ort und zur Zeit der Übernahme zur Beförderung und dem Wert zu ersetzen, den das beschädigte Gut am Ort und zur Zeit der Übernahme gehabt hätte. [2]Es wird vermutet, daß die zur Schadensminderung und Schadensbehebung aufzuwendenden Kosten dem nach Satz 1 zu ermittelnden Unterschiedsbetrag entsprechen.

(3) [1]Der Wert des Gutes bestimmt sich nach dem Marktpreis, sonst nach dem gemeinen Wert von Gütern gleicher Art und Beschaffenheit. [2]Ist das Gut unmittelbar vor Übernahme zur Beförderung verkauft worden, so wird vermutet, daß der in der Rechnung des Verkäufers ausgewiesene Kaufpreis abzüglich darin enthaltener Beförderungskosten der Marktpreis ist.

§ 430 Schadensfeststellungskosten

Bei Verlust oder Beschädigung des Gutes hat der Frachtführer über den nach § 429 zu leistenden Ersatz hinaus die Kosten der Feststellung des Schadens zu tragen.

§ 431 Haftungshöchstbetrag

(1) Die nach den §§ 429 und 430 zu leistende Entschädigung wegen Verlust oder Beschädigung ist auf einen Betrag von 8,33 Rechnungseinheiten für jedes Kilogramm des Rohgewichts des Gutes begrenzt.

(2) Besteht das Gut aus mehreren Frachtstücken (Sendung) und sind nur einzelne Frachtstücke verloren oder beschädigt worden, so ist der Berechnung nach Absatz 1

1. die gesamte Sendung zu Grunde zu legen, wenn die gesamte Sendung entwertet ist, oder
2. der entwertete Teil der Sendung zu Grunde zu legen, wenn nur ein Teil der Sendung entwertet ist.

(3) Die Haftung des Frachtführers wegen Überschreitung der Lieferfrist ist auf den dreifachen Betrag der Fracht begrenzt.

(4) [1]Die in den Absätzen 1 und 2 genannte Rechnungseinheit ist das Sonderziehungsrecht des Internationalen Währungsfond. [2]Der Betrag wird in Euro entsprechend dem Wert des Euro gegenüber dem Sonderziehungsrecht am Tag der Übernahme des Gutes zur Beförderung oder an dem von den Parteien vereinbarten Tag umgerechnet. [3]Der Wert des Euro gegenüber dem Sonderziehungsrecht wird nach der Berechnungsmethode ermittelt, die der Internationale Währungsfonds an dem betreffenden Tag für seine Operationen und Transaktionen anwendet.

§ 432 Ersatz sonstiger Kosten

Haftet der Frachtführer wegen Verlust oder Beschädigung, so hat er über den nach den §§ 429 bis 431 zu leistenden Ersatz hinaus die Fracht, öffentliche Abgaben und sonstige Kosten aus Anlaß der Beförderung des Gutes zu erstatten, im Fall der Beschädigung jedoch nur in dem nach § 429 Abs. 2 zu ermittelnden Wertverhältnis. Weiteren Schaden hat er nicht zu ersetzen.

§ 433 Haftungshöchstbetrag bei sonstigen Vermögensschäden

Haftet der Frachtführer wegen der Verletzung einer mit der Ausführung der Beförderung des Gutes zusammenhängenden vertraglichen Pflicht für Schäden, die nicht durch Verlust oder Beschädigung des Gutes oder durch Überschreitung der Lieferfrist entstehen, und handelt es sich um andere Schäden als Sach- oder Personenschäden, so ist auch in diesem Falle die Haftung begrenzt, und zwar auf das Dreifache des Betrages, der bei Verlust des Gutes zu zahlen wäre.

§ 434 Außervertragliche Ansprüche

(1) Die in diesem Unterabschnitt und im Frachtvertrag vorgesehenen Haftungsbefreiungen und Haftungsbegrenzungen gelten auch für einen außervertraglichen Anspruch des Absenders oder des Empfängers gegen den Frachtführer wegen Verlust oder Beschädigung des Gutes oder wegen Überschreitung der Lieferfrist.

(2) [1]Der Frachtführer kann auch gegenüber außervertraglichen Ansprüchen Dritter wegen Verlust oder Beschädigung des Gutes die Einwendungen nach Absatz 1 geltend machen. [2]Die Einwendungen können jedoch nicht geltend gemacht werden, wenn

1. sie auf eine Vereinbarung gestützt werden, die von den in § 449 Absatz 1 Satz 1 genannten Vorschriften zu Lasten des Absenders abweicht,

2. der Dritte der Beförderung nicht zugestimmt hat und der Frachtführer die fehlende Befugnis des Absenders, das Gut zu versenden, kannte oder infolge grober Fahrlässigkeit nicht kannte oder

3. das Gut vor Übernahme zur Beförderung dem Dritten oder einer Person, die von diesem ihr Recht zum Besitz ableitet, abhanden gekommen ist.

[3]Satz 2 Nummer 1 gilt jedoch nicht für eine nach § 449 zulässige Vereinbarung über die Begrenzung der vom Frachtführer zu leistenden Entschädigung wegen Verlust oder Beschädigung des Gutes auf einen niedrigeren als den gesetzlich vorgesehenen Betrag, wenn dieser den Betrag von 2 Rechnungseinheiten nicht unterschreitet.

§ 435 Wegfall der Haftungsbefreiungen und -begrenzungen

Die in diesem Unterabschnitt und im Frachtvertrag vorgesehenen Haftungsbefreiungen und Haftungsbegrenzungen gelten nicht, wenn der Schaden auf eine Handlung oder Unterlassung zurückzuführen ist, die der Frachtführer oder eine in § 428 genannte Person vorsätzlich oder leichtfertig und in dem Bewußtsein, daß ein Schaden mit Wahrscheinlichkeit eintreten werde, begangen hat.

§ 436 Haftung der Leute

[1]Werden Ansprüche aus außervertraglicher Haftung wegen Verlust oder Beschädigung des Gutes oder wegen Überschreitung der Lieferfrist gegen einen der Leute des Frachtführers erhoben, so kann sich auch jener auf die in diesem Unterabschnitt und im Frachtvertrag vorgesehenen Haftungsbefreiungen und -begrenzungen berufen. [2]Dies gilt nicht, wenn er vorsätzlich oder leichtfertig und in dem Bewußtsein, daß ein Schaden mit Wahrscheinlichkeit eintreten werde, gehandelt hat.

§ 437 Ausführender Frachtführer

(1) [1]Wird die Beförderung ganz oder teilweise durch einen Dritten ausgeführt (ausführender Frachtführer), so haftet dieser für den Schaden, der durch Verlust oder Beschädigung des Gutes oder durch Überschreitung der Lieferfrist während der durch ihn ausgeführten Beförderung entsteht, so, als wäre er der Frachtführer. [2]Vertragliche Vereinbarungen mit dem Absender oder Empfänger, durch die der Frachtführer seine Haftung erweitert, wirken gegen den ausführenden Frachtführer nur, soweit er ihnen in Textform zugestimmt hat.

(2) Der ausführende Frachtführer kann alle Einwendungen und Einreden geltend machen, die dem Frachtführer aus dem Frachtvertrag zustehen.

(3) Frachtführer und ausführender Frachtführer haften als Gesamtschuldner.

(4) Werden die Leute des ausführenden Frachtführers in Anspruch genommen, so gilt für diese § 436 entsprechend.

§ 438 Schadensanzeige

(1) [1]Ist ein Verlust oder eine Beschädigung des Gutes äußerlich erkennbar und zeigt der Empfänger oder der Absender dem Frachtführer Verlust oder Beschädigung nicht spätestens bei Ablieferung des Gutes an, so wird vermutet, daß das Gut vollständig und unbeschädigt abgeliefert worden ist. [2]Die Anzeige muß den Verlust oder die Beschädigung hinreichend deutlich kennzeichnen.

(2) Die Vermutung nach Absatz 1 gilt auch, wenn der Verlust oder die Beschädigung äußerlich nicht erkennbar war und nicht innerhalb von sieben Tagen nach Ablieferung angezeigt worden ist.

(3) Ansprüche wegen Überschreitung der Lieferfrist erlöschen, wenn der Empfänger dem Frachtführer die Überschreitung der Lieferfrist nicht innerhalb von einundzwanzig Tagen nach Ablieferung anzeigt.

(4) [1]Eine Schadensanzeige nach Ablieferung ist in Textform zu erstatten. [2]Zur Wahrung der Frist genügt die rechtzeitige Absendung.

(5) Werden Verlust, Beschädigung oder Überschreitung der Lieferfrist bei Ablieferung angezeigt, so genügt die Anzeige gegenüber demjenigen, der das Gut abliefert.

§ 439 Verjährung

(1) [1]Ansprüche aus einer Beförderung, die den Vorschriften dieses Unterabschnitts unterliegt, verjähren in einem Jahr. [2]Bei Vorsatz oder bei einem dem Vorsatz nach § 435 gleichstehenden Verschulden beträgt die Verjährungsfrist drei Jahre.

(2) [1]Die Verjährung beginnt mit Ablauf des Tages, an dem das Gut abgeliefert wurde. [2]Ist das Gut nicht abgeliefert worden, beginnt die Verjährung mit dem Ablauf des Tages, an dem das Gut hätte abgeliefert werden müssen. [3]Abweichend von den Sätzen 1 und 2 beginnt die Verjährung von Rückgriffsansprüchen mit dem Tag des Eintritts der Rechtskraft des Urteils gegen den Rückgriffsgläubiger oder, wenn kein rechtskräftiges Urteil vorliegt, mit dem Tag, an dem der Rückgriffsgläubiger den Anspruch befriedigt hat, es sei denn, der Rückgriffsschuldner wurde nicht innerhalb von drei Monaten, nachdem der Rückgriffsgläubiger Kenntnis von dem Schaden und der Person des Rückgriffsschuldners erlangt hat, über diesen Schaden unterrichtet.

(3) [1]Die Verjährung eines Anspruchs gegen den Frachtführer wird auch durch eine Erklärung des Absenders oder Empfängers, mit der dieser Ersatzansprüche erhebt, bis zu dem Zeitpunkt gehemmt, in dem der Frachtführer die Erfüllung des Anspruchs ablehnt. [2]Die Erhebung der Ansprüche sowie die Ablehnung bedürfen der Textform. [3]Eine weitere Erklärung, die denselben Ersatzanspruch zum Gegenstand hat, hemmt die Verjährung nicht erneut.

(4) Die Verjährung von Schadensersatzansprüchen wegen Verlust oder Beschädigung des Gutes oder wegen Überschreitung der Lieferfrist kann nur durch Vereinbarung, die im einzelnen ausgehandelt ist, auch wenn sie für eine Mehrzahl von gleichartigen Verträgen zwischen denselben Vertragsparteien getroffen ist, erleichtert oder erschwert werden.

§ 440 Pfandrecht des Frachtführers

(1) [1]Der Frachtführer hat für alle Forderungen aus dem Frachtvertrag ein Pfandrecht an dem ihm zur Beförderung übergebenen Gut des Absenders oder eines Dritten, der der Beförderung des Gutes zugestimmt hat. [2]An dem Gut des Absenders hat der Frachtführer auch ein Pfandrecht für alle unbestrittenen Forderungen aus anderen mit dem Absender abgeschlossenen Fracht-, Seefracht-, Speditions- und Lagerverträgen. [3]Das Pfandrecht nach den Sätzen 1 und 2 erstreckt sich auf die Begleitpapiere.

(2) Das Pfandrecht besteht, solange der Frachtführer das Gut in seinem Besitz hat, insbesondere solange er mittels Konnossements, Ladescheins oder Lagerscheins darüber verfügen kann.

(3) Das Pfandrecht besteht auch nach der Ablieferung fort, wenn der Frachtführer es innerhalb von drei Tagen nach der Ablieferung gerichtlich geltend macht und das Gut noch im Besitz des Empfängers ist.

(4) [1]Die in § 1234 Abs. 1 des Bürgerlichen Gesetzbuchs bezeichnete Androhung des Pfandverkaufs sowie die in den §§ 1237 und 1241 des Bürgerlichen Gesetzbuchs vorgesehenen Benachrichtigungen sind an den nach § 418 oder § 446 verfügungsberechtigten Empfänger zu richten. [2]Ist dieser nicht zu ermitteln oder verweigert er die Annahme des Gutes, so haben die Androhung und die Benachrichtigung gegenüber dem Absender zu erfolgen.

§ 441 Nachfolgender Frachtführer

(1) [1]Hat im Falle der Beförderung durch mehrere Frachtführer der letzte bei der Ablieferung die Forderungen der vorhergehenden Frachtführer einzuziehen, so hat er die Rechte der vorhergehenden Frachtführer, insbesondere auch das Pfandrecht, auszuüben. [2]Das Pfandrecht jedes vorhergehenden Frachtführers bleibt so lange bestehen wie das Pfandrecht des letzten Frachtführers.

(2) Wird ein vorhergehender Frachtführer von einem nachgehenden befriedigt, so gehen Forderung und Pfandrecht des ersteren auf den letzteren über.

(3) Die Absätze 1 und 2 gelten auch für die Forderungen und Rechte eines Spediteurs, der an der Beförderung mitgewirkt hat.

§ 442 Rang mehrerer Pfandrechte

(1) Bestehen an demselben Gut mehrere nach den §§ 397, 440, 464, 475b und 495 begründete Pfandrechte, so geht unter denjenigen Pfandrechten, die durch die Versendung oder durch die Beförderung des Gutes entstanden sind, das später entstandene dem früher entstandenen vor.

(2) Diese Pfandrechte haben Vorrang vor dem nicht aus der Versendung entstandenen Pfandrecht des Kommissionärs und des Lagerhalters sowie vor dem Pfandrecht des Spediteurs, des Frachtführers und des Verfrachters für Vorschüsse.

§ 443 Ladeschein. Verordnungsermächtigung

(1) [1]Über die Verpflichtung zur Ablieferung des Gutes kann von dem Frachtführer ein Ladeschein ausgestellt werden, der die in § 408 Abs. 1 genannten Angaben enthalten soll. [2]Der Ladeschein ist vom Frachtführer zu unterzeichnen; eine Nachbildung der eigenhändigen Unterschrift durch Druck oder durch Stempel genügt.

(2) [1]Ist der Ladeschein an Order gestellt, so soll er den Namen desjenigen enthalten, an dessen Order das Gut abgeliefert werden soll. [2]Wird der Name nicht angegeben, so ist der Ladeschein als an Order des Absenders gestellt anzusehen.

(3) [1]Dem Ladeschein gleichgestellt ist eine elektronische Aufzeichnung, die dieselben Funktionen erfüllt wie der Ladeschein, sofern sichergestellt ist, dass die Authentizität und die Integrität der Aufzeichnung gewahrt bleiben (elektronischer Ladeschein). [2]Das Bundesministerium der Justiz wird ermächtigt, im Einvernehmen mit dem Bundesministerium des Innern und für Heimat durch Rechtsverordnung, die nicht der Zustimmung des Bundesrates bedarf, die Einzelheiten der Ausstellung, Vorlage, Rückgabe und Übertragung eines elektronischen Ladescheins sowie die Einzelheiten des Verfahrens einer nachträglichen Eintragung in einen elektronischen Ladeschein zu regeln.

§ 444 Wirkung des Ladescheins. Legitimation

(1) Der Ladeschein begründet die Vermutung, dass der Frachtführer das Gut so übernommen hat, wie es im Ladeschein beschrieben ist; § 409 Absatz 2 und 3 Satz 1 gilt entsprechend.

(2) [1]Gegenüber einem im Ladeschein benannten Empfänger, an den der Ladeschein begeben wurde, kann der Frachtführer die Vermutung nach Absatz 1 nicht widerlegen, es sei denn, dem Empfänger war im Zeitpunkt der Begebung des Ladescheins bekannt oder infolge grober Fahrlässigkeit unbekannt, dass die Angaben im Ladeschein unrichtig sind. [2]Gleiches gilt gegenüber einem Dritten, dem der Ladeschein übertragen wurde. [3]Die Sätze 1 und 2 gelten nicht, wenn der aus dem Ladeschein Berechtigte den ausführenden Frachtführer nach § 437 in Anspruch nimmt und der Ladeschein weder vom ausführenden Frachtführer noch von einem für ihn zur Zeichnung von Ladescheinen Befugten ausgestellt wurde.

(3) [1]Die im Ladeschein verbrieften frachtvertraglichen Ansprüche können nur von dem aus dem Ladeschein Berechtigten geltend gemacht werden. Zugunsten des legitimierten Besitzers des Ladescheins wird vermutet, dass er der aus dem Ladeschein Berechtigte ist. [2]Legitimierter Besitzer des Ladescheins ist, wer einen Ladeschein besitzt, der

1.   auf den Inhaber lautet,

2. an Order lautet und den Besitzer als Empfänger benennt oder durch eine ununterbrochene Reihe von Indossamenten ausweist oder

3. auf den Namen des Besitzers lautet.

§ 445 Ablieferung gegen Rückgabe des Ladescheins

(1) <u>Nach Ankunft</u> des Gutes <u>an der Ablieferungsstelle</u> ist der legitimierte Besitzer des Ladescheins berechtigt, vom Frachtführer die Ablieferung des Gutes zu verlangen. Macht er von diesem Recht Gebrauch, ist er entsprechend § 421 Absatz 2 und 3 zur Zahlung der Fracht und einer sonstigen Vergütung verpflichtet.

(2) [1]Der <u>Frachtführer</u> ist zur <u>Ablieferung</u> des Gutes <u>nur gegen Rückgabe des Ladescheins</u>, auf dem die <u>Ablieferung bescheinigt</u> ist, <u>und</u> gegen <u>Leistung der noch ausstehenden</u>, nach § 421 Absatz 2 und 3 geschuldeten Zahlungen verpflichtet. [2]Er darf das Gut jedoch nicht dem legitimierten Besitzer des Ladescheins abliefern, wenn ihm bekannt oder infolge grober Fahrlässigkeit unbekannt ist, dass der legitimierte Besitzer des Ladescheins nicht der aus dem Ladeschein Berechtigte ist.

(3) [1]<u>Liefert der Frachtführer</u> das Gut <u>einem anderen als dem legitimierten Besitzer</u> des Ladescheins <u>oder</u>, im Falle des Absatzes 2 Satz 2, einem <u>anderen als dem aus dem Ladeschein Berechtigten</u> ab, haftet er für den Schaden, der dem aus dem Ladeschein Berechtigten daraus entsteht. [2]Die Haftung ist auf den Betrag begrenzt, der bei Verlust des Gutes zu zahlen wäre.

§ 446 Befolgung von Weisungen

(1) [1]Das <u>Verfügungsrecht nach den §§ 418 und 419</u> steht, wenn ein Ladeschein ausgestellt worden ist, ausschließlich dem legitimierten Besitzer des Ladescheins zu. [2]Der Frachtführer darf Weisungen nur gegen Vorlage des Ladescheins ausführen. [3]Weisungen des legitimierten Besitzers des Ladescheins darf er jedoch nicht ausführen, wenn ihm bekannt oder infolge grober Fahrlässigkeit unbekannt ist, dass der legitimierte Besitzer des Ladescheins nicht der aus dem Ladeschein Berechtigte ist.

(2) [1]Befolgt der Frachtführer Weisungen, ohne sich den Ladeschein vorlegen zu lassen, haftet er dem aus dem Ladeschein Berechtigten für den Schaden, der diesem daraus entsteht. [2]Die Haftung ist auf den Betrag begrenzt, der bei Verlust des Gutes zu zahlen wäre.

§ 447 Einwendungen

(1) [1]Dem aus dem Ladeschein Berechtigten kann der Frachtführer nur solche Einwendungen entgegensetzen, die die Gültigkeit der Erklärungen im Ladeschein betreffen oder sich aus dem Inhalt des Ladescheins ergeben oder dem Frachtführer unmittelbar gegenüber dem aus dem Ladeschein Berechtigten zustehen. [2]Eine Vereinbarung, auf die im Ladeschein lediglich verwiesen wird, ist nicht Inhalt des Ladescheins.

(2) Wird ein ausführender Frachtführer nach § 437 von dem aus dem Ladeschein Berechtigten in Anspruch genommen, kann auch der ausführende Frachtführer die Einwendungen nach Absatz 1 geltend machen.

§ 448 Traditionswirkung des Ladescheins

Die Begebung des Ladescheins an den darin benannten Empfänger hat, sofern der Frachtführer das Gut im Besitz hat, für den Erwerb von Rechten an dem Gut dieselbe Wirkungen wie die Übergabe des Gutes. Gleiches gilt für die Übertragung des Ladescheins an Dritte.

§ 449 Abweichende Vereinbarungen über die Haftung

(1) Soweit der Frachtvertrag nicht die Beförderung von Briefen oder briefähnlichen Sendungen zum Gegenstand hat, kann von den Haftungsvorschriften in § 413 Absatz 2, den §§ 414, 418 Absatz 6, § 422 Absatz 3, den §§ 425 bis 438, 445 Absatz 3 und § 446 Absatz 2 nur durch Vereinbarung abgewichen werden, die im Einzelnen ausgehandelt wird, auch wenn sie für eine Mehrzahl von gleichartigen Verträgen zwischen denselben Vertragsparteien getroffen wird. Der Frachtführer kann sich jedoch auf eine Bestimmung im Ladeschein, die von den in Satz 1 genannten Vorschriften zu Lasten des aus dem Ladeschein Berechtigten abweicht, nicht gegenüber einem im Ladeschein benannten Empfänger, an den der Ladeschein begeben wurde, sowie gegenüber einem Dritten, dem der Ladeschein übertragen wurde, berufen.

(2) [1]Abweichend von Absatz 1 kann die vom Frachtführer zu leistende Entschädigung wegen Verlust oder Beschädigung des Gutes auch durch vorformulierte Vertragsbedingungen auf einen anderen als den in § 431 Absatz 1 und 2 vorgesehenen Betrag begrenzt werden, wenn dieser Betrag

1. zwischen 2 und 40 Rechnungseinheiten liegt und der Verwender der vorformulierten Vertragsbedingungen seinen Vertragspartner in geeigneter Weise darauf hinweist, dass diese einen anderen als den gesetzlich vorgesehenen Betrag vorsehen, oder

2. für den Verwender der vorformulierten Vertragsbedingungen ungünstiger ist als der in § 431 Absatz 1 und 2 vorgesehene Betrag.

[2]Ferner kann abweichend von Absatz 1 durch vorformulierte Vertragsbedingungen die vom Absender nach § 414 zu leistende Entschädigung der Höhe nach beschränkt werden.

(3) Ist der Absender ein Verbraucher, so kann in keinem Fall zu seinem Nachteil von den in Absatz 1 Satz 1 genannten Vorschriften abgewichen werden, es sei denn, der Frachtvertrag hat die Beförderung von Briefen oder briefähnlichen Sendungen zum Gegenstand.

(4) Unterliegt der Frachtvertrag ausländischem Recht, so sind die Absätze 1 bis 3 gleichwohl anzuwenden, wenn nach dem Vertrag sowohl der Ort der Übernahme als auch der Ort der Ablieferung des Gutes im Inland liegen.

§ 450 Anwendung von Seefrachtrecht

Hat der Frachtvertrag die Beförderung des Gutes ohne Umladung sowohl auf Binnen- als auch auf Seegewässern zum Gegenstand, so ist auf den Vertrag Seefrachtrecht anzuwenden, wenn

1. ein Konnossement ausgestellt ist oder

2. die auf Seegewässern zurückzulegende Strecke die größere ist.

Zweiter Unterabschnitt
Beförderung von Umzugsgut

§ 451 Umzugsvertrag

Hat der Frachtvertrag die Beförderung von Umzugsgut zum Gegenstand, so sind auf den Vertrag die Vorschriften des Ersten Unterabschnitts anzuwenden, soweit die folgenden besonderen Vorschriften oder anzuwendende internationale Übereinkommen nichts anderes bestimmen.

§ 451a Pflichten des Frachtführers

(1) Die Pflichten des Frachtführers umfassen auch das Ab- und Aufbauen der Möbel sowie das Ver- und Entladen des Umzugsgutes.

(2) Ist der Absender ein Verbraucher, so zählt zu den Pflichten des Frachtführers ferner die Ausführung sonstiger auf den Umzug bezogener Leistungen wie die Verpackung und Kennzeichnung des Umzugsgutes.

§ 451b Frachtbrief. Gefährliches Gut. Begleitpapiere. Mitteilungs- und Auskunftspflichten

(1) Abweichend von § 408 ist der Absender nicht verpflichtet, einen Frachtbrief auszustellen.

(2) [1]Zählt zu dem Umzugsgut gefährliches Gut und ist der Absender ein Verbraucher, so ist er abweichend von § 410 lediglich verpflichtet, den Frachtführer über die von dem Gut ausgehende Gefahr allgemein zu unterrichten; die Unterrichtung bedarf keiner Form. [2]Der Frachtführer hat den Absender über dessen Pflicht nach Satz 1 zu unterrichten.

(3) [1]Der Frachtführer hat den Absender, wenn dieser ein Verbraucher ist, über die zu beachtenden Zoll- und sonstigen Verwaltungsvorschriften zu unterrichten. [2]Er ist jedoch nicht verpflichtet zu prüfen, ob vom Absender zur Verfügung gestellte Urkunden und erteile Auskünfte richtig und vollständig sind.

§ 451c (weggefallen)

§ 451d Besondere Haftungsausschlußgründe

(1) Abweichend von § 427 ist der Frachtführer von seiner Haftung befreit, soweit der Verlust oder die Beschädigung auf eine der folgenden Gefahren zurückzuführen ist:

1. Beförderung von Edelmetallen, Juwelen, Edelsteinen, Geld, Briefmarken, Münzen, Wertpapieren oder Urkunden;

2. ungenügende Verpackung oder Kennzeichnung durch den Absender;

3. Behandeln, Verladen oder Entladen des Gutes durch den Absender;

4. Beförderung von nicht vom Frachtführer verpacktem Gut in Behältern;

5. Verladen oder Entladen von Gut, dessen Größe oder Gewicht den Raumverhältnissen an der Ladestelle oder Entladestelle nicht entspricht, sofern der Frachtführer den Absender auf die Gefahr einer Beschädigung vorher hingewiesen und der Absender auf der Durchführung der Leistung bestanden hat;

6. Beförderung lebender Tiere oder von Pflanzen;

7. natürliche oder mangelhafte Beschaffenheit des Gutes, der zufolge es besonders leicht Schäden, insbesondere durch Bruch, Funktionsstörungen, Rost, inneren Verderb oder Auslaufen, erleidet.

(2) Ist ein Schaden eingetreten, der nach den Umständen des Falles aus einer der in Absatz 1 bezeichneten Gefahren entstehen konnte, so wird vermutet, daß der Schaden aus dieser Gefahr entstanden ist.

(3) Der Frachtführer kann sich auf Absatz 1 nur berufen, wenn er alle ihm nach den Umständen obliegenden Maßnahmen getroffen und besondere Weisungen beachtet hat.

§ 451e Haftungshöchstbetrag

Abweichend von § 431 Abs. 1 und 2 ist die Haftung des Frachtführers wegen Verlust oder Beschädigung auf einen Betrag von 620 Euro je Kubikmeter Laderaum, der zur Erfüllung des Vertrages benötigt wird, beschränkt.

§ 451f Schadensanzeige

Abweichend von § 438 Abs. 1 und 2 erlöschen Ansprüche wegen Verlust oder Beschädigung des Gutes,

1. wenn der Verlust oder die Beschädigung des Gutes äußerlich erkennbar war und dem Frachtführer nicht spätestens am Tag nach der Ablieferung angezeigt worden ist,

2. wenn der Verlust oder die Beschädigung äußerlich nicht erkennbar war und dem Frachtführer nicht innerhalb von vierzehn Tagen nach Ablieferung angezeigt worden ist.

§ 451g Wegfall der Haftungsbefreiungen und -begrenzungen

¹Ist der Absender ein Verbraucher, so kann sich der Frachtführer oder eine in § 428 genannte Person

1. auf die in den §§ 451d und 451e sowie in dem Ersten Unterabschnitt vorgesehenen Haftungsbefreiungen und Haftungsbegrenzungen nicht berufen, soweit der Frachtführer es unterläßt, den Absender bei Abschluß des Vertrages über die Haftungsbestimmungen zu unterrichten und auf die Möglichkeiten hinzuweisen, eine weitergehende Haftung zu vereinbaren oder das Gut zu versichern,

2. auf § 451f in Verbindung mit § 438 nicht berufen, soweit der Frachtführer es unterläßt, den Empfänger spätestens bei der Ablieferung des Gutes über die Form und Frist der Schadensanzeige sowie die Rechtsfolgen bei Unterlassen der Schadensanzeige zu unterrichten.

²Die Unterrichtung nach Satz 1 Nr. 1 muß in drucktechnisch deutlicher Gestaltung besonders hervorgehoben sein.

§ 451h Abweichende Vereinbarungen

(1) Ist der Absender ein Verbraucher, so kann von den die Haftung des Frachtführers und des Absenders regelnden Vorschriften dieses Unterabschnitts sowie den danach auf den Umzugsvertrag anzuwendenden Vorschriften des Ersten Unterabschnitts nicht zum Nachteil des Absenders abgewichen werden.

(2) ¹In allen anderen als den in Absatz 1 genannten Fällen kann von den darin genannten Vorschriften nur durch Vereinbarung abgewichen werden, die im einzelnen ausgehandelt ist, auch wenn sie für eine Mehrzahl von gleichartigen Verträgen zwischen denselben Vertragsparteien getroffen ist. ²Die vom Frachtführer zu leistende Entschädigung wegen Verlust oder Beschädigung des Gutes kann jedoch auch durch vorformulierte

Vertragsbedingungen auf einen anderen als den in § 451e vorgesehenen Betrag begrenzt werden, wenn der Verwender der vorformulierten Vertragsbedingungen seinen Vertragspartner in geeigneter Weise darauf hinweist, dass diese einen anderen als den gesetzlich vorgesehenen Betrag vorsehen. [3]Ferner kann durch vorformulierte Vertragsbedingungen die vom Absender nach § 414 zu leistende Entschädigung der Höhe nach beschränkt werden.

(3) Unterliegt der Umzugsvertrag ausländischem Recht, so sind die Absätze 1 und 2 gleichwohl anzuwenden, wenn nach dem Vertrag der Ort der Übernahme und der Ort der Ablieferung des Gutes im Inland liegen.

Dritter Unterabschnitt
Beförderung mit verschiedenartigen Beförderungsmitteln

§ 452 Frachtvertrag über eine Beförderung mit verschiedenartigen Beförderungsmitteln

[1]Wird die Beförderung des Gutes auf Grund eines einheitlichen Frachtvertrags mit verschiedenartigen Beförderungsmitteln durchgeführt und wären, wenn über jeden Teil der Beförderung mit jeweils einem Beförderungsmittel (Teilstrecke) zwischen den Vertragsparteien ein gesonderter Vertrag abgeschlossen worden wäre, mindestens zwei dieser Verträge verschiedenen Rechtsvorschriften unterworfen, so sind auf den Vertrag die Vorschriften des Ersten Unterabschnitts anzuwenden, soweit die folgenden besonderen Vorschriften oder anzuwendende internationale Übereinkommen nichts anderes bestimmen. [2]Dies gilt auch dann, wenn ein Teil der Beförderung über See durchgeführt wird.

§ 452a Bekannter Schadensort

[1]Steht fest, daß der Verlust, die Beschädigung oder das Ereignis, das zu einer Überschreitung der Lieferfrist geführt hat, auf einer bestimmten Teilstrecke eingetreten ist, so bestimmt sich die Haftung des Frachtführers abweichend von den Vorschriften des Ersten Unterabschnitts nach den Rechtsvorschriften, die auf einen Vertrag über eine Beförderung auf dieser Teilstrecke anzuwenden wären. [2]Der Beweis dafür, daß der Verlust, die Beschädigung oder das zu einer Überschreitung der Lieferfrist führende Ereignis auf einer bestimmten Teilstrecke eingetreten ist, obliegt demjenigen, der dies behauptet.

§ 452b Schadensanzeige. Verjährung

(1) [1]§ 438 ist unabhängig davon anzuwenden, ob der Schadensort unbekannt ist, bekannt ist oder später bekannt wird. [2]Die für die Schadensanzeige vorgeschriebene Form und Frist ist auch gewahrt, wenn die Vorschriften eingehalten werden, die auf einen Vertrag über eine Beförderung auf der letzten Teilstrecke anzuwenden wären.

(2) [1]Für den Beginn der Verjährung des Anspruchs wegen Verlust, Beschädigung oder Überschreitung der Lieferfrist ist, wenn auf den Ablieferungszeitpunkt abzustellen ist, der Zeitpunkt der Ablieferung an den Empfänger maßgebend. [2]Der Anspruch verjährt auch bei bekanntem Schadensort frühestens nach Maßgabe des § 439.

§ 452c Umzugsvertrag über eine Beförderung mit verschiedenartigen Beförderungsmitteln

[1]Hat der Frachtvertrag die Beförderung von Umzugsgut mit verschiedenartigen Beförderungsmitteln zum Gegenstand, so sind auf den Vertrag die Vorschriften des Zweiten Unterabschnitts anzuwenden. [2]§ 452a ist nur anzuwenden, soweit für die Teilstrecke, auf der der Schaden eingetreten ist, Bestimmungen eines für die Bundesrepublik Deutschland verbindlichen internationalen Übereinkommens gelten.

§ 452d Abweichende Vereinbarungen

(1) [1]Von der Regelung des § 452b Abs. 2 Satz 1 kann nur durch Vereinbarung abgewichen werden, die im einzelnen ausgehandelt ist, auch wenn diese für eine Mehrzahl von gleichartigen Verträgen zwischen denselben Vertragsparteien getroffen ist. [2]Von den übrigen Regelungen dieses Unterabschnitts kann nur insoweit durch vertragliche Vereinbarung abgewichen werden, als die darin in Bezug genommenen Vorschriften abweichende Vereinbarungen zulassen.

(2) Abweichend von Absatz 1 kann jedoch auch durch vorformulierte Vertragsbedingungen vereinbart werden, daß sich die Haftung bei bekanntem Schadensort (§ 452a)

    1.   unabhängig davon, auf welcher Teilstrecke der Schaden eintreten wird, oder

    2.   für den Fall des Schadenseintritts auf einer in der Vereinbarung genannten Teilstrecke

nach den Vorschriften des Ersten Unterabschnitts bestimmt.

(3) Vereinbarungen, die die Anwendung der für eine Teilstrecke zwingend geltenden Bestimmungen eines für die Bundesrepublik Deutschland verbindlichen internationalen Übereinkommens ausschließen, sind unwirksam.

Fünfter Abschnitt
Speditionsgeschäft

§ 453 Speditionsvertrag

(1) Durch den Speditionsvertrag wird der Spediteur verpflichtet, die Versendung des Gutes zu besorgen.

(2) Der Versender wird verpflichtet, die vereinbarte Vergütung zu zahlen.

(3) [1]Die Vorschriften dieses Abschnitts gelten nur, wenn die Besorgung der Versendung zum Betrieb eines gewerblichen Unternehmens gehört. [2]Erfordert das Unternehmen nach Art oder Umfang einen in kaufmännischer Weise eingerichteten Geschäftsbetrieb nicht und ist die Firma des Unternehmens auch nicht nach § 2 in das Handelsregister eingetragen, so sind in Ansehung des Speditionsgeschäfts auch insoweit die Vorschriften des Ersten Abschnitts des Vierten Buches ergänzend anzuwenden; dies gilt jedoch nicht für die §§ 348 bis 350.

§ 454 Besorgung der Versendung

(1) Die Pflicht, die Versendung zu besorgen, umfaßt die Organisation der Beförderung, insbesondere

    1.   die Bestimmung des Beförderungsmittels und des Beförderungsweges,

2. die Auswahl ausführender Unternehmer, den Abschluß der für die Versendung erforderlichen Fracht-, Lager- und Speditionsverträge sowie die Erteilung von Informationen und Weisungen an die ausführenden Unternehmer und

3. die Sicherung von Schadensersatzansprüchen des Versenders.

(2) ¹Zu den Pflichten des Spediteurs zählt ferner die Ausführung sonstiger vereinbarter auf die Beförderung bezogener Leistungen wie die Versicherung und Verpackung des Gutes, seine Kennzeichnung und die Zollbehandlung. ²Der Spediteur schuldet jedoch nur den Abschluß der zur Erbringung dieser Leistungen erforderlichen Verträge, wenn sich dies aus der Vereinbarung ergibt.

(3) Der Spediteur schließt die erforderlichen Verträge im eigenen Namen oder, sofern er hierzu bevollmächtigt ist, im Namen des Versenders ab.

(4) Der Spediteur hat bei Erfüllung seiner Pflichten das Interesse des Versenders wahrzunehmen und dessen Weisungen zu befolgen.

§ 455 Behandlung des Gutes, Begleitpapiere, Mitteilungs- und Auskunftspflichten

(1) ¹Der Versender ist verpflichtet, das Gut, soweit erforderlich, zu verpacken und zu kennzeichnen und Urkunden zur Verfügung zu stellen sowie alle Auskünfte zu erteilen, deren der Spediteur zur Erfüllung seiner Pflichten bedarf. ²Soll gefährliches Gut versendet werden, so hat der Versender dem Spediteur rechtzeitig in Textform die genaue Art der Gefahr und, soweit erforderlich, zu ergreifende Vorsichtsmaßnahmen mitzuteilen.

(2) ¹Der Versender hat, auch wenn ihn kein Verschulden trifft, dem Spediteur Schäden und Aufwendungen zu ersetzen, die verursacht werden durch

1. ungenügende Verpackung oder Kennzeichnung,

2. Unterlassen der Mitteilung über die Gefährlichkeit des Gutes oder

3. Fehlen, Unvollständigkeit oder Unrichtigkeit der Urkunden oder Auskünfte, die für eine amtliche Behandlung des Gutes erforderlich sind.

²§ 414 Absatz 2 ist entsprechend anzuwenden.

(3) Ist der Versender ein Verbraucher*, so hat er dem Spediteur Schäden und Aufwendungen nach Absatz 2 nur zu ersetzen, soweit ihn ein Verschulden trifft.

§ 456 Fälligkeit der Vergütung

Die Vergütung ist zu zahlen, wenn das Gut dem Frachtführer oder Verfrachter übergeben worden ist.

§ 457 Forderungen des Versenders

¹Der Versender kann Forderungen aus einem Vertrag, den der Spediteur für Rechnung des Versenders im eigenen Namen abgeschlossen hat, erst nach der Abtretung geltend machen. ²Solche Forderungen sowie das in Erfüllung solcher Forderungen Erlangte gelten jedoch im Verhältnis zu den Gläubigern des Spediteurs als auf den Versender übertragen.

---

* § 13 BGB: «Verbraucher ist jede natürliche Person, die ein Rechtsgeschäft zu Zwecken abschließt, die überwiegend weder ihrer gewerblichen noch ihrer selbständigen beruflichen Tätigkeit zugerechnet werden können.»

§ 458 Selbsteintritt

[1]Der Spediteur ist befugt, die Beförderung des Gutes durch Selbsteintritt auszuführen. [2]Macht er von dieser Befugnis Gebrauch, so hat er hinsichtlich der Beförderung die Rechte und Pflichten eines Frachtführers oder Verfrachters. [3]In diesem Fall kann er neben der Vergütung für seine Tätigkeit als Spediteur die gewöhnliche Fracht verlangen.

§ 459 Spedition zu festen Kosten

[1]Soweit als Vergütung ein bestimmter Betrag vereinbart ist, der Kosten für die Beförderung einschließt, hat der Spediteur hinsichtlich der Beförderung die Rechte und Pflichten eines Frachtführers oder Verfrachters. [2]In diesem Fall hat er Anspruch auf Ersatz seiner Aufwendungen nur, soweit dies üblich ist.

§ 460 Sammelladung

(1) Der Spediteur ist befugt, die Versendung des Gutes zusammen mit Gut eines anderen Versenders auf Grund eines für seine Rechnung über eine Sammelladung geschlossenen Frachtvertrages zu bewirken.

(2) [1]Macht der Spediteur von dieser Befugnis Gebrauch, so hat er hinsichtlich der Beförderung in Sammelladung die Rechte und Pflichten eines Frachtführers oder Verfrachters. [2]In diesem Fall kann der Spediteur eine den Umständen nach angemessene Vergütung verlangen, höchstens aber die für die Beförderung des einzelnen Gutes gewöhnliche Fracht.

§ 461 Haftung des Spediteurs

(1) [1]Der Spediteur haftet für den Schaden, der durch Verlust oder Beschädigung des in seiner Obhut befindlichen Gutes entsteht. [2]Die §§ 426, 427, 429, 430, 431 Abs. 1, 2 und 4, die §§ 432, 434 bis 436 sind entsprechend anzuwenden.

(2) [1]Für Schaden, der nicht durch Verlust oder Beschädigung des in der Obhut des Spediteurs befindlichen Gutes entstanden ist, haftet der Spediteur, wenn er eine ihm nach § 454 obliegende Pflicht verletzt. [2]Von dieser Haftung ist er befreit, wenn der Schaden durch die Sorgfalt eines ordentlichen Kaufmanns nicht abgewendet werden konnte.

(3) Hat bei der Entstehung des Schadens ein Verhalten des Versenders oder ein besonderer Mangel des Gutes mitgewirkt, so hängen die Verpflichtung zum Ersatz sowie der Umfang des zu leistenden Ersatzes davon ab, inwieweit diese Umstände zu dem Schaden beigetragen haben.

§ 462 Haftung für andere

[1]Der Spediteur hat Handlungen und Unterlassungen seiner Leute in gleichem Umfang zu vertreten wie eigene Handlungen und Unterlassungen, wenn die Leute in Ausübung ihrer Verrichtungen handeln. [2]Gleiches gilt für Handlungen und Unterlassungen anderer Personen, deren er sich bei Erfüllung seiner Pflicht, die Versendung zu besorgen, bedient.

§ 463 Verjährung

Auf die Verjährung der Ansprüche aus einer Leistung, die den Vorschriften dieses Abschnitts unterliegt, ist § 439 entsprechend anzuwenden.

§ 464 Pfandrecht des Spediteurs

[1]Der Spediteur hat für alle Forderungen aus dem Speditionsvertrag ein Pfandrecht an dem ihm zur Versendung übergebenen Gut des Versenders oder eines Dritten, der der Versendung des Gutes zugestimmt hat. [2]An dem Gut des Versenders hat der Spediteur auch ein Pfandrecht für alle unbestrittenen Forderungen aus anderen mit dem Versender abgeschlossenen Speditions-, Fracht-, Seefracht- und Lagerverträgen. [3]§ 440 Absatz 1 Satz 3 und Absatz 2 bis 4 ist entsprechend anzuwenden.

§ 465 Nachfolgender Spediteur

(1) Wirkt an einer Beförderung neben dem Frachtführer auch ein Spediteur mit und hat dieser die Ablieferung zu bewirken, so ist auf den Spediteur § 441 Absatz 1 entsprechend anzuwenden.

(2) Wird ein vorhergehender Frachtführer oder Spediteur von einem nachfolgenden Spediteur befriedigt, so gehen Forderung und Pfandrecht des ersteren auf den letzteren über.

§ 466 Abweichende Vereinbarungen über die Haftung

(1) Soweit der Speditionsvertrag nicht die Versendung von Briefen oder briefähnlichen Sendungen zum Gegenstand hat, kann von den Haftungsvorschriften in § 455 Absatz 2 und 3, § 461 Absatz 1 sowie in den §§ 462 und 463 nur durch Vereinbarung abgewichen werden, die im Einzelnen ausgehandelt wird, auch wenn sie für eine Mehrzahl von gleichartigen Verträgen zwischen denselben Vertragsparteien getroffen wird.

(2) [1]Abweichend von Absatz 1 kann die vom Spediteur zu leistende Entschädigung wegen Verlust oder Beschädigung des Gutes auch durch vorformulierte Vertragsbedingungen auf einen anderen als den in § 431 Absatz 1 und 2 vorgesehenen Betrag begrenzt werden, wenn dieser Betrag

1. zwischen 2 und 40 Rechnungseinheiten liegt und der Verwender der vorformulierten Vertragsbedingungen seinen Vertragspartner in geeigneter Weise darauf hinweist, dass diese einen anderen als den gesetzlich vorgesehenen Betrag vorsehen, oder

2. für den Verwender der vorformulierten Vertragsbedingungen ungünstiger ist als der in § 431 Absatz 1 und 2 vorgesehene Betrag.

[2]Ferner kann durch vorformulierte Vertragsbedingungen die vom Versender nach § 455 Absatz 2 oder 3 zu leistende Entschädigung der Höhe nach beschränkt werden.

(3) Von § 458 Satz 2, § 459 Satz 1 und § 460 Absatz 2 Satz 1 kann nur insoweit durch vertragliche Vereinbarung abgewichen werden, als die darin in Bezug genommenen Vorschriften abweichende Vereinbarungen zulassen.

(4) Ist der Versender ein Verbraucher, so kann in keinem Fall zu seinem Nachteil von den in Absatz 1 genannten Vorschriften abgewichen werden, es sei denn, der Speditionsvertrag hat die Beförderung von Briefen oder briefähnlichen Sendungen zum Gegenstand.

(5) Unterliegt der Speditionsvertrag ausländischem Recht, so sind die Absätze 1 bis 4 gleichwohl anzuwenden, wenn nach dem Vertrag sowohl der Ort der Übernahme als auch der Ort der Ablieferung des Gutes im Inland liegen.

Sechster Abschnitt
Lagergeschäft

§ 467 Lagergeschäft

(1) Durch den Lagervertrag wird der Lagerhalter verpflichtet, das Gut zu lagern und aufzubewahren.

(2) Der Einlagerer wird verpflichtet, die vereinbarte Vergütung zu zahlen.

(3) [1]Die Vorschriften dieses Abschnitts gelten nur, wenn die Lagerung und Aufbewahrung zum Betrieb eines gewerblichen Unternehmens gehören. [2]Erfordert das Unternehmen nach Art oder Umfang einen in kaufmännischer Weise eingerichteten Geschäftsbetrieb nicht und ist die Firma des Unternehmens auch nicht nach § 2 in das Handelsregister eingetragen, so sind in Ansehung des Lagergeschäfts auch insoweit die Vorschriften des Ersten Abschnitts des Vierten Buches ergänzend anzuwenden; dies gilt jedoch nicht für die §§ 348 bis 350.

§ 468 Behandlung des Gutes, Begleitpapiere, Mitteilungs- und Auskunftspflichten

(1) [1]Der Einlagerer ist verpflichtet, dem Lagerhalter, wenn gefährliches Gut eingelagert werden soll, rechtzeitig in Textform die genaue Art der Gefahr und, soweit erforderlich, zu ergreifende Vorsichtsmaßnahmen mitzuteilen. [2]Er hat ferner das Gut, soweit erforderlich, zu verpacken und zu kennzeichnen und Urkunden zur Verfügung zu stellen sowie alle Auskünfte zu erteilen, die der Lagerhalter zur Erfüllung seiner Pflichten benötigt.

(2) [1]Ist der Einlagerer ein Verbraucher, so ist abweichend von Absatz 1

1.   der Lagerhalter verpflichtet, das Gut, soweit erforderlich, zu verpacken und zu kennzeichnen,

2.   der Einlagerer lediglich verpflichtet, den Lagerhalter über die von dem Gut ausgehende Gefahr allgemein zu unterrichten; die Unterrichtung bedarf keiner Form.

[2]Der Lagerhalter hat in diesem Falle den Einlagerer über dessen Pflicht nach Satz 1 Nr. 2 sowie über die von ihm zu beachtenden Verwaltungsvorschriften über eine amtliche Behandlung des Gutes zu unterrichten.

(3) [1]Der Einlagerer hat, auch wenn ihn kein Verschulden trifft, dem Lagerhalter Schäden und Aufwendungen zu ersetzen, die verursacht werden durch

1.   ungenügende Verpackung oder Kennzeichnung,

2.   Unterlassen der Mitteilung über die Gefährlichkeit des Gutes oder

3.   Fehlen, Unvollständigkeit oder Unrichtigkeit der Urkunden oder Auskünfte, die für eine amtliche Behandlung des Gutes erforderlich sind.

[2]§ 414 Absatz 2 ist entsprechend anzuwenden.

(4) Ist der Einlagerer ein Verbraucher, so hat er dem Lagerhalter Schäden und Aufwendungen nach Absatz 3 nur zu ersetzen, soweit ihn ein Verschulden trifft.

§ 469 Sammellagerung

(1) Der Lagerhalter ist nur berechtigt, vertretbare Sachen mit anderen Sachen gleicher Art und Güte zu vermischen, wenn die beteiligten Einlagerer ausdrücklich einverstanden sind.

(2) Ist der Lagerhalter berechtigt, Gut zu vermischen, so steht vom Zeitpunkt der Einlagerung ab den Eigentümern der eingelagerten Sachen Miteigentum nach Bruchteilen zu.

(3) Der Lagerhalter kann jedem Einlagerer den ihm gebührenden Anteil ausliefern, ohne daß er hierzu der Genehmigung der übrigen Beteiligten bedarf.

§ 470 Empfang des Gutes

Befindet sich Gut, das dem Lagerhalter zugesandt ist, beim Empfang in einem beschädigten oder mangelhaften Zustand, der äußerlich erkennbar ist, so hat der Lagerhalter Schadenersatzansprüche des Einlagerers zu sichern und dem Einlagerer unverzüglich Nachricht zu geben.

§ 471 Erhaltung des Gutes

(1) [1]Der Lagerhalter hat dem Einlagerer die Besichtigung des Gutes, die Entnahme von Proben und die zur Erhaltung des Gutes notwendigen Handlungen während der Geschäftsstunden zu gestatten. [2]Er ist jedoch berechtigt und im Falle der Sammellagerung auch verpflichtet, die zur Erhaltung des Gutes erforderlichen Arbeiten selbst vorzunehmen.

(2) [1]Sind nach dem Empfang Veränderungen an dem Gut entstanden oder zu befürchten, die den Verlust oder die Beschädigung des Gutes oder Schäden des Lagerhalters erwarten lassen, so hat der Lagerhalter dies dem Einlagerer oder, wenn ein Lagerschein ausgestellt ist, dem letzten ihm bekannt gewordenen legitimierten Besitzer des Scheins unverzüglich anzuzeigen und dessen Weisungen einzuholen. [2]Kann der Lagerhalter innerhalb angemessener Zeit Weisungen nicht erlangen, so hat er die angemessen erscheinenden Maßnahmen zu ergreifen. [3]Er kann insbesondere das Gut gemäß § 373 verkaufen lassen; macht er von dieser Befugnis Gebrauch, so hat der Lagerhalter, wenn ein Lagerschein ausgestellt ist, die in § 373 Abs. 3 vorgesehene Androhung des Verkaufs sowie die in Absatz 5 derselben Vorschriften vorgesehenen Benachrichtigungen an den letzten ihm bekannt gewordenen legitimierten Besitzer des Lagerscheins zu richten.

§ 472 Versicherung, Einlagerung bei einem Dritten

(1) [1]Der Lagerhalter ist verpflichtet, das Gut auf Verlangen des Einlagerers zu versichern. [2]Ist der Einlagerer ein Verbraucher, so hat ihn der Lagerhalter auf die Möglichkeit hinzuweisen, das Gut zu versichern.

(2) Der Lagerhalter ist nur berechtigt, das Gut bei einem Dritten einzulagern, wenn der Einlagerer ihm dies ausdrücklich gestattet hat.

§ 473 Dauer der Lagerung

(1) [1]Der Einlagerer kann das Gut jederzeit herausverlangen. [2]Ist der Lagervertrag auf unbestimmte Zeit geschlossen, so kann er den Vertrag jedoch nur unter Einhaltung einer Kündigungsfrist von einem Monat kündigen, es sei denn, es liegt ein wichtiger Grund vor, der zur Kündigung des Vertrags ohne Einhaltung der Kündigungsfrist berechtigt.

(2) [1]Der Lagerhalter kann die Rücknahme des Gutes nach Ablauf der vereinbarten Lagerzeit oder bei Einlagerung auf unbestimmte Zeit nach Kündigung des Vertrags unter Einhaltung einer Kündigungsfrist von einem Monat verlangen. [2]Liegt ein wichtiger Grund vor, so kann der Lagerhalter auch vor Ablauf der Lagerzeit und ohne Einhaltung einer Kündigungsfrist die Rücknahme des Gutes verlangen.

(3) Ist ein Lagerschein ausgestellt, so sind die Kündigung und das Rücknahmeverlangen an den letzten dem Lagerhalter bekannt gewordenen legitimierten Besitzer des Lagerscheins zu richten.

§ 474 Aufwendungsersatz

Der Lagerhalter hat Anspruch auf Ersatz seiner für das Gut gemachten Aufwendungen, soweit er sie den Umständen nach für erforderlich halten durfte.

§ 475 Haftung für Verlust oder Beschädigung

[1]Der Lagerhalter haftet für den Schaden, der durch Verlust oder Beschädigung des Gutes in der Zeit von der Übernahme zur Lagerung bis zur Auslieferung entsteht, es sei denn, daß der Schaden durch die Sorgfalt eines ordentlichen Kaufmanns nicht abgewendet werden konnte. [2]Dies gilt auch dann, wenn der Lagerhalter gemäß § 472 Abs. 2 das Gut bei einem Dritten einlagert.

§ 475a Verjährung

Auf die Verjährung von Ansprüchen aus einer Lagerung, die den Vorschriften dieses Abschnitts unterliegt, findet § 439 entsprechende Anwendung. Im Falle des gänzlichen Verlusts beginnt die Verjährung mit Ablauf des Tages, an dem der Lagerhalter dem Einlagerer oder, wenn ein Lagerschein ausgestellt ist, dem letzten ihm bekannt gewordenen legitimierten Besitzer des Lagerscheins den Verlust anzeigt.

§ 475b Pfandrecht des Lagerhalters

(1) [1]Der Lagerhalter hat für alle Forderungen aus dem Lagervertrag ein Pfandrecht an dem ihm zur Lagerung übergebenen Gut des Einlagerers oder eines Dritten, der der Lagerung zugestimmt hat. [2]An dem Gut des Einlagerers hat der Lagerhalter auch ein Pfandrecht für alle unbestrittenen Forderungen aus anderen mit dem Einlagerer abgeschlossenen Lager-, Fracht-, Seefracht- und Speditionsverträgen. [3]Das Pfandrecht erstreckt sich auch auf die Forderung aus einer Versicherung sowie auf die Begleitpapiere.

(2) Ist ein Orderlagerschein durch Indossament übertragen worden, so besteht das Pfandrecht dem legitimierten Besitzer des Lagerscheins gegenüber nur wegen der Vergütungen und Aufwendungen, die aus dem Lagerschein ersichtlich sind oder ihm bei Erwerb des Lagerscheins bekannt oder infolge grober Fahrlässigkeit unbekannt waren.

(3) Das Pfandrecht besteht, solange der Lagerhalter das Gut in seinem Besitz hat, insbesondere solange er mittels Konnossements, Ladescheins oder Lagerscheins darüber verfügen kann.

§ 475c Lagerschein. Verordnungsermächtigung

(1) Über die Verpflichtung zur Auslieferung des Gutes kann von dem Lagerhalter, nachdem er das Gut erhalten hat, ein Lagerschein ausgestellt werden, der die folgenden Angaben enthalten soll:

    1.   Ort und Tag der Ausstellung des Lagerscheins;

2.   Name und Anschrift des Einlagerers;
3.   Name und Anschrift des Lagerhalters;
4.   Ort und Tag der Einlagerung;
5.   die übliche Bezeichnung der Art des Gutes und die Art der Verpackung, bei gefährlichen Gütern ihre nach den Gefahrgutvorschriften vorgesehene, sonst ihr allgemein anerkannte Bezeichnung;
6.   Anzahl, Zeichen und Nummern der Packstücke;
7.   Rohgewicht oder die anders angegebene Menge des Gutes;
8.   im Falle der Sammellagerung einen Vermerk hierüber.

(2) In den Lagerschein können weiter Angaben eingetragen werden, die der Lagerhalter für zweckmäßig hält.

(3) [1]Der Lagerschein ist vom Lagerhalter zu unterzeichnen. [2]Eine Nachbildung der eigenhändigen Unterschrift durch Druck oder Stempel genügt.

(4) [1]Dem Lagerschein gleichgestellt ist eine elektronische Aufzeichnung, die dieselben Funktionen erfüllt wie der Lagerschein, sofern sichergestellt ist, dass die Authentizität und die Integrität der Aufzeichnung gewahrt bleiben (elektronischer Lagerschein). [2]Das Bundesministerium der Justiz wird ermächtigt, im Einvernehmen mit dem Bundesministerium des Innern und für Heimat durch Rechtsverordnung, die nicht der Zustimmung des Bundesrates bedarf, die Einzelheiten der Ausstellung, Vorlage, Rückgabe und Übertragung eines elektronischen Lagerscheins sowie die Einzelheiten des Verfahrens über nachträgliche Eintragungen in einen elektronischen Lagerschein zu regeln.

§ 475d Wirkung des Lagerscheins. Legitimation

(1) [1]Der Lagerschein begründet die Vermutung, dass das Gut und seine Verpackung in Bezug auf den äußerlich erkennbaren Zustand sowie auf Anzahl, Zeichen und Nummern der Packstücke wie im Lagerschein beschrieben übernommen worden sind. [2]Ist das Rohgewicht oder die anders angegebene Menge des Gutes oder der Inhalt vom Lagerhalter überprüft und das Ergebnis der Überprüfung in den Lagerschein eingetragen worden, so begründet dieser auch die Vermutung, dass Gewicht, Menge oder Inhalt mit den Angaben im Lagerschein übereinstimmt.

(2) [1]Wird der Lagerschein an eine Person begeben, die darin als zum Empfang des Gutes berechtigt benannt ist, kann der Lagerhalter ihr gegenüber die Vermutung nach Absatz 1 nicht widerlegen, es sei denn, der Person war im Zeitpunkt der Begebung des Lagerscheins bekannt oder infolge grober Fahrlässigkeit unbekannt, dass die Angaben im Lagerschein unrichtig sind. [2]Gleiches gilt gegenüber einem Dritten, dem der Lagerschein übertragen wird.

(3) [1]Die im Lagerschein verbrieften lagervertraglichen Ansprüche können nur von dem aus dem Lagerschein Berechtigten geltend gemacht werden. [2]Zugunsten des legitimierten Besitzers des Lagerscheins wird vermutet, dass er der aus dem Lagerschein Berechtigte ist. [3]Legitimierter Besitzer des Lagerscheins ist, wer einen Lagerschein besitzt, der

1.   auf den Inhaber lautet,

2. an Order lautet und den Besitzer als denjenigen, der zum Empfang des Gutes berechtigt ist, benennt oder durch eine ununterbrochene Reihe von Indossamenten ausweist oder

3. auf den Namen des Besitzers lautet.

§ 475e Auslieferung gegen Rückgabe des Lagerscheins

(1) Der legitimierte Besitzer des Lagerscheins ist berechtigt, vom Lagerhalter die Auslieferung des Gutes zu verlangen.

(2) [1]Ist ein Lagerschein ausgestellt, so ist der Lagerhalter zur Auslieferung des Gutes nur gegen Rückgabe des Lagerscheins, auf dem die Auslieferung bescheinigt ist, verpflichtet. [2]Der Lagerhalter ist nicht verpflichtet, die Echtheit der Indossamente zu prüfen. [3]Er darf das Gut jedoch nicht dem legitimierten Besitzer des Lagerscheins ausliefern, wenn ihm bekannt oder infolge grober Fahrlässigkeit unbekannt ist, dass der legitimierte Besitzer des Lagerscheins nicht der aus dem Lagerschein Berechtigte ist.

(3) [1]Die Auslieferung eines Teils des Gutes erfolgt gegen Abschreibung auf dem Lagerschein. [2]Der Abschreibungsvermerk ist vom Lagerhalter zu unterschreiben.

(4) Der Lagerhalter haftet dem aus dem Lagerschein Berechtigten für den Schaden, der daraus entsteht, daß er das Gut ausgeliefert hat, ohne sich den Lagerschein zurückgeben zu lassen oder ohne einen Abschreibungsvermerk einzutragen.

§ 475f Einwendungen

[1]Dem aus dem Lagerschein Berechtigten kann der Lagerhalter nur solche Einwendungen entgegensetzen, die die Gültigkeit der Erklärungen im Lagerschein betreffen oder sich aus dem Inhalt des Lagerscheins ergeben oder dem Lagerhalter unmittelbar gegenüber dem aus dem Lagerschein Berechtigten zustehen. [2]Eine Vereinbarung, auf die im Lagerschein lediglich verwiesen wird, ist nicht Inhalt des Lagerscheins.

§ 475g Traditionswirkung des Lagerscheins

[1]Die Begebung des Lagerscheins an denjenigen, der darin als der zum Empfang des Gutes Berechtigte benannt ist, hat, sofern der Lagerhalter das Gut im Besitz hat, für den Erwerb von Rechten an dem Gut dieselben Wirkungen wie die Übergabe des Gutes. [2]Gleiches gilt für die Übertragung des Lagerscheins an Dritte.

§ 475h Abweichende Vereinbarungen

Ist der Einlagerer ein Verbraucher, so kann nicht zu dessen Nachteil von den §§ 475a und 475e Absatz 4 abgewichen werden.

Fünftes Buch
Seehandel

Erster Abschnitt
Personen der Schifffahrt

§ 476 Reeder

Reeder ist der Eigentümer eines von ihm zum Erwerb durch Seefahrt betriebenen Schiffes.

§ 477 Ausrüster

(1) Ausrüster ist, wer ein ihm nicht gehörendes Schiff zum Erwerb durch Seefahrt betreibt.

(2) Der Ausrüster wird im Verhältnis zu Dritten als Reeder angesehen.

(3) Wird der Eigentümer eines Schiffes von einem Dritten als Reeder in Anspruch genommen, so kann er sich dem Dritten gegenüber nur dann darauf berufen, dass nicht er, sondern ein Ausrüster das Schiff zum Erwerb durch Seefahrt betreibt, wenn er dem Dritten unverzüglich nach Geltendmachung des Anspruchs den Namen und die Anschrift des Ausrüsters mitteilt.

§ 478 Schiffsbesatzung

Die Schiffsbesatzung besteht aus dem Kapitän, den Schiffsoffizieren, der Schiffsmannschaft sowie allen sonstigen im Rahmen des Schiffsbetriebs tätigen Personen, die vom Reeder oder Ausrüster des Schiffes angestellt sind oder dem Reeder oder Ausrüster von einem Dritten zur Arbeitsleistung im Rahmen des Schiffsbetriebs überlassen werden und die den Anordnungen des Kapitäns unterstellt sind.

§ 479 Rechte des Kapitäns. Tagebuch

(1) [1]Der Kapitän ist befugt, für den Reeder alle Geschäfte und Rechtshandlungen vorzunehmen, die der Betrieb des Schiffes gewöhnlich mit sich bringt. [2]Diese Befugnis erstreckt sich auch auf den Abschluss von Frachtverträgen und die Ausstellung von Konnossementen. [3]Eine Beschränkung dieser Befugnis braucht ein Dritter nur dann gegen sich gelten zu lassen, wenn er sie kannte oder kennen musste.

(2) [1]Ist auf dem Schiff ein Tagebuch zu führen, so hat der Kapitän alle Unfälle einzutragen, die sich während der Reise ereignen und die das Schiff, Personen oder die Ladung betreffen oder sonst einen Vermögensnachteil zur Folge haben können. [2]Die Unfälle sind unter Angabe der Mittel zu beschreiben, die zur Abwendung oder Verringerung der Nachteile angewendet wurden. [3]Die durch den Unfall Betroffenen können eine Abschrift der Eintragungen zum Unfall sowie eine Beglaubigung dieser Abschrift verlangen.

§ 480 Verantwortlichkeit des Reeders für Schiffsbesatzung und Lotsen

[1]Hat sich ein Mitglied der Schiffsbesatzung oder ein an Bord tätiger Lotse in Ausübung seiner Tätigkeit einem Dritten gegenüber schadensersatzpflichtig gemacht, so haftet auch der Reeder für den Schaden. [2]Der Reeder haftet jedoch einem Ladungsbeteiligten für einen Schaden wegen Verlust oder Beschädigung von Gut, das mit dem Schiff befördert wird, nur so, als wäre er der Verfrachter; § 509 ist entsprechend anzuwenden.

Zweiter Abschnitt
Beförderungsverträge

Erster Unterabschnitt
Seefrachtverträge

Erster Titel
Stückgutfrachtvertrag

Erster Untertitel
Allgemeine Vorschriften

§ 481 Hauptpflichten. Anwendungsbereich

(1) Durch den Stückgutfrachtvertrag wird der Verfrachter verpflichtet, das Gut mit einem Schiff über See zum Bestimmungsort zu befördern und dort dem Empfänger abzuliefern.

(2) Der Befrachter wird verpflichtet, die vereinbarte Fracht zu zahlen.

(3) [1]Die Vorschriften dieses Titels gelten, wenn die Beförderung zum Betrieb eines gewerblichen Unternehmens gehört. [2]Erfordert das Unternehmen nach Art oder Umfang einen in kaufmännischer Weise eingerichteten Geschäftsbetrieb nicht und ist die Firma des Unternehmens auch nicht nach § 2 in das Handelsregister eingetragen, so sind in Ansehung des Stückgutfrachtvertrags auch insoweit die Vorschriften des Ersten Abschnitts des Vierten Buches ergänzend anzuwenden; dies gilt jedoch nicht für die §§ 348 bis 350.

§ 482 Allgemeine Angaben zum Gut

(1) [1]Der Befrachter hat dem Verfrachter vor Übergabe des Gutes die für die Durchführung der Beförderung erforderlichen Angaben zum Gut zu machen. [2]Insbesondere hat der Befrachter in Textform Angaben über Maß, Zahl oder Gewicht sowie über Merkzeichen und die Art des Gutes zu machen.

(2) Übergibt ein vom Befrachter benannter Dritter dem Verfrachter das Gut zur Beförderung, so kann der Verfrachter auch von diesem die in Absatz 1 Satz 2 genannten Angaben verlangen.

§ 483 Gefährliches Gut

(1) Soll gefährliches Gut befördert werden, so haben der Befrachter und der in § 482 Absatz 2 genannte Dritte dem Verfrachter rechtzeitig in Textform die genaue Art der Gefahr und, soweit erforderlich, zu ergreifende Vorsichtsmaßnahmen mitzuteilen.

(2) [1]Der Verfrachter kann, sofern ihm, dem Kapitän oder dem Schiffsagenten nicht bei Übernahme des Gutes die Art der Gefahr bekannt war oder jedenfalls mitgeteilt worden ist, gefährliches Gut ausladen, einlagern, zurückbefördern oder, soweit erforderlich, vernichten oder unschädlich machen, ohne dem Befrachter deshalb ersatzpflichtig zu werden. [2]War dem Verfrachter, dem Kapitän oder dem Schiffsagenten bei Übernahme des Gutes die Art der Gefahr bekannt oder war sie ihm jedenfalls mitgeteilt worden, so kann der Verfrachter nur dann die Maßnahmen nach Satz 1 ergreifen, ohne dem Befrachter deshalb ersatzpflichtig zu werden, wenn

das gefährliche Gut Schiff oder Ladung gefährdet und die Gefahr nicht durch ein Verschulden des Verfrachters herbeigeführt worden ist.

(3) Der Verfrachter kann vom Befrachter und dem in § 482 Absatz 2 genannten Dritten, sofern dieser bei der Abladung unrichtige oder unvollständige Angaben gemacht hat, wegen der nach Absatz 2 Satz 1 ergriffenen Maßnahmen Ersatz der erforderlichen Aufwendungen verlangen.

§ 484 Verpackung. Kennzeichnung

¹Der Befrachter hat das Gut, soweit dessen Natur unter Berücksichtigung der vereinbarten Beförderung eine Verpackung erfordert, so zu verpacken, dass es vor Verlust und Beschädigung geschützt ist und dass auch dem Verfrachter keine Schäden entstehen. ²Soll das Gut in einem Container, auf einer Palette oder in oder auf einem sonstigen Lademittel zur Beförderung übergeben werden, das zur Zusammenfassung von Frachtstücken verwendet wird, hat der Befrachter das Gut auch in oder auf dem Lademittel beförderungssicher zu stauen und zu sichern. ³Der Befrachter hat das Gut ferner, soweit dessen vertragsgemäße Behandlung dies erfordert, zu kennzeichnen.

§ 485 See- und Ladungstüchtigkeit

Der Verfrachter hat dafür zu sorgen, dass das Schiff in seetüchtigem Stand, gehörig eingerichtet, ausgerüstet, bemannt und mit genügenden Vorräten versehen ist (Seetüchtigkeit) sowie dass sich die Laderäume einschließlich der Kühl- und Gefrierräume sowie alle anderen Teile des Schiffs, in oder auf denen Güter verladen werden, in dem für die Aufnahme, Beförderung und Erhaltung der Güter erforderlichen Zustand befinden (Ladungstüchtigkeit).

§ 486 Abladen. Verladen. Umladen. Löschen

(1) ¹Der Befrachter hat die Übergabe des Gutes an den Verfrachter zur Beförderung (Abladung) innerhalb der vertraglich vereinbarten Zeit zu bewirken. ²Der Verfrachter hat demjenigen, der das Gut ablädt, auf dessen Verlangen ein Empfangsbekenntnis in Textform zu erteilen. ³Das Empfangsbekenntnis kann auch in einem Konnossement oder Seefrachtbrief erteilt werden.

(2) Soweit sich aus den Umständen oder der Verkehrssitte nichts anderes ergibt, hat der Verfrachter das Gut in das Schiff zu laden und dort zu stauen und zu sichern (verladen) sowie das Gut zu löschen.

(3) Befindet sich das Gut in einem Container, ist der Verfrachter befugt, den Container umzuladen.

(4) ¹Der Verfrachter darf das Gut ohne Zustimmung des Befrachters nicht auf Deck verladen. ²Wird ein Konnossement ausgestellt, ist die Zustimmung des Abladers (§ 513 Absatz 2) erforderlich. ³Das Gut darf jedoch ohne Zustimmung auf Deck verladen werden, wenn es sich in oder auf einem Lademittel befindet, das für die Beförderung auf Deck tauglich ist, und wenn das Deck für die Beförderung eines solchen Lademittels ausgerüstet ist.

§ 487 Begleitpapiere

(1) Der Befrachter hat dem Verfrachter alle Urkunden zur Verfügung zu stellen und Auskünfte zu erteilen, die für eine amtliche Behandlung, insbesondere eine Zollabfertigung, vor der Ablieferung erforderlich sind.

(2) [1]Der Verfrachter ist für den Schaden verantwortlich, der durch Verlust oder Beschädigung der ihm übergebenen Urkunden oder durch deren unrichtige Verwendung verursacht worden ist, es sei denn, der Schaden hätte durch die Sorgfalt eines ordentlichen Verfrachters nicht abgewendet werden können. [2]Die Haftung ist auf den Betrag begrenzt, der bei Verlust des Gutes zu zahlen wäre. [3]Eine Vereinbarung, durch die die Haftung erweitert oder weiter verringert wird, ist nur wirksam, wenn sie im Einzelnen ausgehandelt wird, auch wenn sie für eine Mehrzahl von gleichartigen Verträgen zwischen denselben Vertragsparteien getroffen wird. [4]Eine Bestimmung im Konnossement, durch die die Haftung weiter verringert wird, ist jedoch Dritten gegenüber unwirksam.

§ 488 Haftung des Befrachters und Dritter

(1) [1]Der Befrachter hat dem Verfrachter Schäden und Aufwendungen zu ersetzen, die verursacht werden durch

1. Unrichtigkeit oder Unvollständigkeit der erforderlichen Angaben zum Gut,
2. Unterlassen der Mitteilung über die Gefährlichkeit des Gutes,
3. ungenügende Verpackung oder Kennzeichnung oder
4. Fehlen, Unvollständigkeit oder Unrichtigkeit der in § 487 Absatz 1 genannten Urkunden oder Auskünfte.

[2]Der Befrachter ist jedoch von seiner Haftung befreit, wenn er die Pflichtverletzung nicht zu vertreten hat.

(2) [1]Macht der in § 482 Absatz 2 genannte Dritte unrichtige oder unvollständige Angaben bei der Abladung oder unterlässt er es, den Verfrachter über die Gefährlichkeit des Gutes zu unterrichten, so kann der Verfrachter auch von diesem Ersatz der hierdurch verursachten Schäden und Aufwendungen verlangen. [2]Dies gilt nicht, wenn der Dritte die Pflichtverletzung nicht zu vertreten hat.

(3) [1]Wird ein Konnossement ausgestellt, so haben der Befrachter und der Ablader (§ 513 Absatz 2), auch wenn sie kein Verschulden trifft, dem Verfrachter Schäden und Aufwendungen zu ersetzen, die verursacht werden durch

1. Unrichtigkeit oder Unvollständigkeit der in das Konnossement aufgenommenen Angaben nach § 515 Absatz 1 Nummer 8 über Maß, Zahl oder Gewicht sowie über Merkzeichen des Gutes oder
2. Unterlassen der Mitteilung über die Gefährlichkeit des Gutes.

[2]Jeder von ihnen haftet jedoch dem Verfrachter nur für die Schäden und Aufwendungen, die aus der Unrichtigkeit oder Unvollständigkeit seiner jeweiligen Angaben entstehen.

(4) Hat bei der Verursachung der Schäden oder Aufwendungen ein Verhalten des Verfrachters mitgewirkt, so hängen die Verpflichtung des Befrachters und des Abladers nach Absatz 3 zum Ersatz sowie der Umfang des zu leistenden Ersatzes davon ab, inwieweit dieses Verhalten zu den Schäden und Aufwendungen beigetragen hat.

(5) [1]Eine Vereinbarung, durch die die Haftung nach Absatz 1, 2 oder 3 ausgeschlossen wird, ist nur wirksam, wenn sie im Einzelnen ausgehandelt wird, auch wenn sie für eine Mehrzahl von gleichartigen Verträgen zwischen denselben Vertragsparteien getroffen wird. [2]Abweichend von Satz 1 kann jedoch die vom Befrachter

oder Ablader zu leistende Entschädigung der Höhe nach auch durch vorformulierte Vertragsbedingungen beschränkt werden.

§ 489 Kündigung durch den Befrachter

(1) Der Befrachter kann den Stückgutfrachtvertrag jederzeit kündigen.

(2) [1]Kündigt der Befrachter, so kann der Verfrachter Folgendes verlangen:

    1.   die vereinbarte Fracht sowie zu ersetzende Aufwendungen unter Anrechnung dessen, was der Verfrachter infolge der Aufhebung des Vertrags an Aufwendungen erspart oder anderweitig erwirbt oder zu erwerben böswillig unterlässt, oder

    2.   ein Drittel der vereinbarten Fracht (Fautfracht).

[2]Beruht die Kündigung auf Gründen, die dem Risikobereich des Verfrachters zuzurechnen sind, so entfällt der Anspruch auf Fautfracht nach Satz 1 Nummer 2; in diesem Falle entfällt auch der Anspruch nach Satz 1 Nummer 1, soweit die Beförderung für den Befrachter nicht von Interesse ist.

(3) [1]Wurde vor der Kündigung bereits Gut verladen, so kann der Verfrachter auf Kosten des Befrachters Maßnahmen entsprechend § 492 Absatz 3 Satz 2 bis 4 ergreifen. [2]Beruht die Kündigung auf Gründen, die dem Risikobereich des Verfrachters zuzurechnen sind, so sind abweichend von Satz 1 die Kosten vom Verfrachter zu tragen.

§ 490 Rechte des Verfrachters bei säumiger Abladung

(1) Bewirkt der Befrachter die Abladung des Gutes nicht oder nicht vollständig innerhalb der vertraglich vereinbarten Zeit, so kann der Verfrachter dem Befrachter eine angemessene Frist setzen, innerhalb derer das Gut abgeladen werden soll.

(2) Wird das Gut bis zum Ablauf der nach Absatz 1 gesetzten Frist nicht abgeladen oder ist offensichtlich, dass die Abladung innerhalb dieser Frist nicht bewirkt werden wird, so kann der Verfrachter den Vertrag kündigen und die Ansprüche nach § 489 Absatz 2 geltend machen.

(3) [1]Wird das Gut bis zum Ablauf der nach Absatz 1 gesetzten Frist nur teilweise abgeladen, so kann der Verfrachter den bereits verladenen Teil des Gutes befördern und die volle Fracht sowie Ersatz der Aufwendungen verlangen, die ihm durch das Fehlen eines Teils des Gutes entstehen. [2]Von der vollen Fracht ist jedoch die Fracht für die Beförderung desjenigen Gutes abzuziehen, welches der Verfrachter mit demselben Schiff anstelle des nicht verladenen Gutes befördert. [3]Soweit dem Verfrachter durch das Fehlen eines Teils des Gutes die Sicherheit für die volle Fracht entgeht, kann er außerdem eine anderweitige Sicherheit verlangen.

(4) [1]Der Verfrachter kann die Rechte nach Absatz 2 oder 3 auch ohne Fristsetzung ausüben, wenn der Befrachter oder der in § 482 Absatz 2 genannte Dritte die Abladung ernsthaft und endgültig verweigert. [2]Er kann ferner den Vertrag nach Absatz 2 auch ohne Fristsetzung kündigen, wenn besondere Umstände vorliegen, die ihm unter Abwägung der beiderseitigen Interessen die Fortsetzung des Vertragsverhältnisses unzumutbar machen.

(5) Dem Verfrachter stehen die Rechte nicht zu, soweit das Gut aus Gründen, die dem Risikobereich des Verfrachters zuzurechnen sind, nicht innerhalb der vertraglich vereinbarten Zeit abgeladen wird.

§ 491 Nachträgliche Weisungen

(1) [1]Soweit § 520 Absatz 1 nichts Abweichendes bestimmt, ist der Befrachter berechtigt, über das Gut zu verfügen. [2]Er kann insbesondere verlangen, dass der Verfrachter das Gut nicht weiterbefördert, es zu einem anderen Bestimmungsort befördert oder es an einem anderen Löschplatz oder einem anderen Empfänger abliefert. [3]Der Verfrachter ist nur insoweit zur Befolgung solcher Weisungen verpflichtet, als deren Ausführung weder Nachteile für den Betrieb seines Unternehmens noch Schäden für die Befrachter oder Empfänger anderer Sendungen mit sich zu bringen droht. [4]Er kann vom Befrachter Ersatz seiner durch die Ausführung der Weisung entstehenden Aufwendungen sowie eine angemessene Vergütung verlangen; der Verfrachter kann die Befolgung der Weisung von einem Vorschuss abhängig machen.

(2) [1]Das Verfügungsrecht des Befrachters erlischt nach Ankunft des Gutes am Löschplatz. [2]Von diesem Zeitpunkt an steht das Verfügungsrecht nach Absatz 1 dem Empfänger zu. [3]Macht der Empfänger von diesem Recht Gebrauch, so hat er dem Verfrachter die dadurch entstehenden Aufwendungen zu ersetzen sowie eine angemessene Vergütung zu zahlen; der Verfrachter kann die Befolgung der Weisung von einem Vorschuss abhängig machen.

(3) Ist ein Seefrachtbrief ausgestellt worden, so kann der Befrachter sein Verfügungsrecht nur gegen Vorlage der für ihn bestimmten Ausfertigung des Seefrachtbriefs ausüben, sofern dies darin vorgeschrieben ist.

(4) Beabsichtigt der Verfrachter, eine ihm erteilte Weisung nicht zu befolgen, so hat er denjenigen, der die Weisung gegeben hat, unverzüglich zu benachrichtigen.

(5) [1]Ist die Ausübung des Verfügungsrechts von der Vorlage eines Seefrachtbriefs abhängig gemacht worden und führt der Verfrachter eine Weisung aus, ohne sich die Ausfertigung des Seefrachtbriefs vorlegen zu lassen, so haftet er dem Berechtigten für den daraus entstehenden Schaden. [2]Die Haftung ist auf den Betrag begrenzt, der bei Verlust des Gutes zu zahlen wäre. [3]Eine Vereinbarung, durch die die Haftung erweitert oder weiter verringert wird, ist nur wirksam, wenn sie im Einzelnen ausgehandelt wird, auch wenn sie für eine Mehrzahl von gleichartigen Verträgen zwischen denselben Vertragsparteien getroffen wird.

§ 492 Beförderungs- und Ablieferungshindernisse

(1) [1]Wird nach Übernahme des Gutes erkennbar, dass die Beförderung oder Ablieferung nicht vertragsgemäß durchgeführt werden kann, so hat der Verfrachter Weisungen des nach § 491 oder § 520 Verfügungsberechtigten einzuholen. [2]Ist der Empfänger verfügungsberechtigt und ist er nicht zu ermitteln oder verweigert er die Annahme des Gutes, so ist, wenn ein Konnossement nicht ausgestellt ist, Verfügungsberechtigter nach Satz 1 der Befrachter; ist die Ausübung des Verfügungsrechts von der Vorlage eines Seefrachtbriefs abhängig gemacht worden, so bedarf es der Vorlage des Seefrachtbriefs nicht. [3]Der Verfrachter ist, wenn ihm Weisungen erteilt worden sind und das Hindernis nicht seinem Risikobereich zuzurechnen ist, berechtigt, Ansprüche nach § 491 Absatz 1 Satz 4 geltend zu machen.

(2) Tritt das Beförderungs- oder Ablieferungshindernis ein, nachdem der Empfänger auf Grund seiner Verfügungsbefugnis nach § 491 die Weisung erteilt hat, das Gut einem Dritten abzuliefern, so nimmt bei der Anwendung des Absatzes 1 der Empfänger die Stelle des Befrachters und der Dritte die des Empfängers ein.

(3) [1]Kann der Verfrachter Weisungen, die er nach § 491 Absatz 1 Satz 3 befolgen müsste, innerhalb angemessener Zeit nicht erlangen, so hat er die Maßnahmen zu ergreifen, die im Interesse des Verfügungsberechtigten die besten zu sein scheinen. [2]Er kann etwa das Gut löschen und verwahren, für Rechnung des nach § 491 oder § 520 Verfügungsberechtigten einem Dritten zur Verwahrung anvertrauen oder zurückbefördern; vertraut der Verfrachter das Gut einem Dritten an, so haftet er nur für die sorgfältige Auswahl des Dritten. [3]Der Verfrachter kann das Gut auch gemäß § 373 Absatz 2 bis 4 verkaufen lassen, wenn es sich um verderbliche Ware handelt oder der Zustand des Gutes eine solche Maßnahme rechtfertigt oder wenn die andernfalls entstehenden Kosten in keinem angemessenen Verhältnis zum Wert des Gutes stehen. [4]Unverwertbares Gut darf der Verfrachter vernichten. Nach dem Löschen des Gutes gilt die Beförderung als beendet.

(4) Der Verfrachter hat wegen der nach Absatz 3 ergriffenen Maßnahmen Anspruch auf Ersatz der erforderlichen Aufwendungen und auf angemessene Vergütung, es sei denn, dass das Hindernis seinem Risikobereich zuzurechnen ist.

§ 493 Zahlung. Frachtberechnung

(1) Die Fracht ist bei Ablieferung des Gutes zu zahlen. Der Verfrachter hat über die Fracht hinaus einen Anspruch auf Ersatz von Aufwendungen, soweit diese für das Gut gemacht wurden und er sie den Umständen nach für erforderlich halten durfte.

(2) [1]Der Anspruch auf die Fracht entfällt, soweit die Beförderung unmöglich ist. [2]Wird die Beförderung infolge eines Beförderungs- oder Ablieferungshindernisses vorzeitig beendet, so gebührt dem Verfrachter die anteilige Fracht für den zurückgelegten Teil der Beförderung, wenn diese für den Befrachter von Interesse ist.

(3) [1]Abweichend von Absatz 2 behält der Verfrachter den Anspruch auf die Fracht, wenn die Beförderung aus Gründen unmöglich ist, die dem Risikobereich des Befrachters zuzurechnen sind oder die zu einer Zeit eintreten, zu welcher der Befrachter im Verzug der Annahme ist. [2]Der Verfrachter muss sich jedoch das, was er an Aufwendungen erspart oder anderweitig erwirbt oder zu erwerben böswillig unterlässt, anrechnen lassen.

(4) Tritt nach Beginn der Beförderung und vor Ankunft am Löschplatz eine Verzögerung ein und beruht die Verzögerung auf Gründen, die dem Risikobereich des Befrachters zuzurechnen sind, so gebührt dem Verfrachter neben der Fracht eine angemessene Vergütung.

(5) Ist die Fracht nach Zahl, Gewicht oder anders angegebener Menge des Gutes vereinbart, so wird für die Berechnung der Fracht vermutet, dass Angaben hierzu im Seefrachtbrief oder Konnossement zutreffen; dies gilt auch dann, wenn zu diesen Angaben ein Vorbehalt eingetragen ist, der damit begründet ist, dass keine angemessenen Mittel zur Verfügung standen, die Richtigkeit der Angaben zu überprüfen.

§ 494 Rechte des Empfängers. Zahlungspflicht

(1) [1]Nach Ankunft des Gutes am Löschplatz ist der Empfänger berechtigt, vom Verfrachter zu verlangen, ihm das Gut gegen Erfüllung der Verpflichtungen aus dem Stückgutfrachtvertrag abzuliefern. [2]Ist das Gut beschädigt oder verspätet abgeliefert worden oder verloren gegangen, so kann der Empfänger die Ansprüche aus dem Stückgutfrachtvertrag im eigenen Namen gegen den Verfrachter geltend machen; der Befrachter bleibt zur Geltendmachung dieser Ansprüche befugt. [3]Dabei macht es keinen Unterschied, ob der Empfänger oder der Befrachter im eigenen oder fremden Interesse handelt.

(2) [1]Der Empfänger, der sein Recht nach Absatz 1 Satz 1 geltend macht, hat die noch geschuldete Fracht bis zu dem Betrag zu zahlen, der aus dem Beförderungsdokument hervorgeht. [2]Ist ein Beförderungsdokument nicht ausgestellt oder dem Empfänger nicht vorgelegt worden oder ergibt sich aus dem Beförderungsdokument nicht die Höhe der zu zahlenden Fracht, so hat der Empfänger die mit dem Befrachter vereinbarte Fracht zu zahlen, soweit diese nicht unangemessen ist.

(3) Der Empfänger, der sein Recht nach Absatz 1 Satz 1 geltend macht, hat ferner eine Vergütung nach § 493 Absatz 4 zu zahlen, wenn ihm der geschuldete Betrag bei Ablieferung des Gutes mitgeteilt worden ist.

(4) Der Befrachter bleibt zur Zahlung der nach dem Vertrag geschuldeten Beträge verpflichtet.

§ 495 Pfandrecht des Verfrachters

(1) [1]Der Verfrachter hat für alle Forderungen aus dem Stückgutfrachtvertrag ein Pfandrecht an dem ihm zur Beförderung übergebenen Gut des Befrachters, des Abladers oder eines Dritten, der der Beförderung des Gutes zugestimmt hat. [2]An dem Gut des Befrachters hat der Verfrachter auch ein Pfandrecht für alle unbestrittenen Forderungen aus anderen mit dem Befrachter abgeschlossenen Seefracht-, Fracht-, Speditions- und Lagerverträgen. [3]Das Pfandrecht erstreckt sich auf die Begleitpapiere.

(2) Das Pfandrecht besteht, solange der Verfrachter das Gut in seinem Besitz hat, insbesondere solange er mittels Konnossements, Ladescheins oder Lagerscheins darüber verfügen kann.

(3) Das Pfandrecht besteht auch nach der Ablieferung fort, wenn der Verfrachter es innerhalb von zehn Tagen nach der Ablieferung gerichtlich geltend macht und das Gut noch im Besitz des Empfängers ist.

(4) [1]Die in § 1234 Absatz 1 des Bürgerlichen Gesetzbuchs bezeichnete Androhung des Pfandverkaufs sowie die in den §§ 1237 und 1241 des Bürgerlichen Gesetzbuchs vorgesehenen Benachrichtigungen sind an den nach § 491 oder § 520 verfügungsberechtigten Empfänger zu richten. [2]Ist dieser nicht zu ermitteln oder verweigert er die Annahme des Gutes, so sind die Androhung und die Benachrichtigungen an den Befrachter zu richten.

§ 496 Nachfolgender Verfrachter

(1) [1]Hat im Falle der Beförderung durch mehrere Verfrachter der letzte bei der Ablieferung die Forderungen vorhergehender Verfrachter einzuziehen, so hat er die Rechte der vorhergehenden Verfrachter, insbesondere auch das Pfandrecht, auszuüben. [2]Das Pfandrecht jedes vorhergehenden Verfrachters bleibt so lange bestehen wie das Pfandrecht des letzten Verfrachters.

(2) Wird ein vorhergehender Verfrachter von einem nachfolgenden befriedigt, so gehen Forderung und Pfandrecht des ersteren auf den letzteren über.

(3) Die Absätze 1 und 2 gelten auch für die Forderungen und Rechte eines Spediteurs, der an der Beförderung mitgewirkt hat.

§ 497 Rang mehrerer Pfandrechte

Bestehen an demselben Gut mehrere nach den §§ 397, 440, 464, 475b und 495 begründete Pfandrechte, so bestimmt sich der Rang dieser Pfandrechte untereinander nach § 442.

Zweiter Untertitel
Haftung wegen Verlust oder Beschädigung des Gutes

§ 498 Haftungsgrund

(1) Der Verfrachter haftet für den Schaden, der durch Verlust oder Beschädigung des Gutes in der Zeit von der Übernahme zur Beförderung bis zur Ablieferung entsteht.

(2) [1]Der Verfrachter ist von seiner Haftung nach Absatz 1 befreit, soweit der Verlust oder die Beschädigung auf Umständen beruht, die durch die Sorgfalt eines ordentlichen Verfrachters nicht hätten abgewendet werden können. [2]Wurde das Gut mit einem seeuntüchtigen oder ladungsuntüchtigen Schiff befördert und ist nach den Umständen des Falles wahrscheinlich, dass der Verlust oder die Beschädigung auf dem Mangel der See- oder Ladungstüchtigkeit beruht, so ist der Verfrachter jedoch nur dann nach Satz 1 von seiner Haftung befreit, wenn er auch beweist, dass der Mangel der See- oder Ladungstüchtigkeit bei Anwendung der Sorgfalt eines ordentlichen Verfrachters bis zum Antritt der Reise nicht zu entdecken war.

(3) Hat bei der Entstehung des Schadens ein Verschulden des Beschädigten mitgewirkt, so hängt die Verpflichtung zum Ersatz sowie der Umfang des zu leistenden Ersatzes von den Umständen, insbesondere davon ab, inwieweit der Schaden vorwiegend von dem einen oder dem anderen Teil verursacht worden ist.

§ 499 Besondere Schadensursachen

(1) [1]Der Verfrachter haftet nicht, soweit der Verlust oder die Beschädigung auf einem der folgenden Umstände beruht:

1. Gefahren oder Unfällen der See und anderer schiffbarer Gewässer,
2. kriegerischen Ereignissen, Unruhen, Handlungen öffentlicher Feinde oder Verfügungen von hoher Hand sowie Quarantänebeschränkungen,
3. gerichtlicher Beschlagnahme,
4. Streik, Aussperrung oder sonstiger Arbeitsbehinderung,
5. Handlungen oder Unterlassungen des Befrachters oder Abladers, insbesondere ungenügender Verpackung oder ungenügender Kennzeichnung der Frachtstücke durch den Befrachter oder Ablader,

6. der natürlichen Art oder Beschaffenheit des Gutes, die besonders leicht zu Schäden, insbesondere durch Bruch, Rost, inneren Verderb, Austrocknen, Auslaufen, normalen Schwund an Raumgehalt oder Gewicht, führt,
7. der Beförderung lebender Tiere,
8. Maßnahmen zur Rettung von Menschen auf Seegewässern,
9. Bergungsmaßnahmen auf Seegewässern.

[2]Satz 1 gilt nicht, wenn der Schaden durch die Sorgfalt eines ordentlichen Verfrachters hätte abgewendet werden können.

(2) Ist nach den Umständen des Falles wahrscheinlich, dass der Verlust oder die Beschädigung auf einem der in Absatz 1 Satz 1 aufgeführten Umstände beruht, so wird vermutet, dass der Schaden auf diesem Umstand beruht. Satz 1 gilt nicht, wenn das Gut mit einem seeuntüchtigen oder ladungsuntüchtigen Schiff befördert wurde.

(3) Ist der Verfrachter nach dem Stückgutfrachtvertrag verpflichtet, das Gut gegen die Einwirkung von Hitze, Kälte, Temperaturschwankungen, Luftfeuchtigkeit, Erschütterungen oder ähnlichen Einflüssen besonders zu schützen, so kann er sich auf Absatz 1 Satz 1 Nummer 6 nur berufen, wenn er alle ihm nach den Umständen obliegenden Maßnahmen, insbesondere hinsichtlich der Auswahl, Instandhaltung und Verwendung besonderer Einrichtungen, getroffen und besondere Weisungen beachtet hat.

(4) Der Verfrachter kann sich auf Absatz 1 Satz 1 Nummer 7 nur berufen, wenn er alle ihm nach den Umständen obliegenden Maßnahmen getroffen und besondere Weisungen beachtet hat.

§ 500 Unerlaubte Verladung auf Deck

[1]Hat der Verfrachter ohne die nach § 486 Absatz 4 erforderliche Zustimmung des Befrachters oder des Abladers Gut auf Deck verladen, haftet er, auch wenn ihn kein Verschulden trifft, für den Schaden, der dadurch entsteht, dass das Gut auf Grund der Verladung auf Deck verloren gegangen ist oder beschädigt wurde. [2]Im Falle von Satz 1 wird vermutet, dass der Verlust oder die Beschädigung des Gutes darauf zurückzuführen ist, dass das Gut auf Deck verladen wurde.

§ 501 Haftung für andere

[1]Der Verfrachter hat ein Verschulden seiner Leute und der Schiffsbesatzung in gleichem Umfang zu vertreten wie eigenes Verschulden. [2]Gleiches gilt für das Verschulden anderer Personen, deren er sich bei Ausführung der Beförderung bedient.

§ 502 Wertersatz

(1) Hat der Verfrachter nach den Bestimmungen dieses Untertitels für gänzlichen oder teilweisen Verlust des Gutes Schadensersatz zu leisten, so ist der Wert zu ersetzen, den das verlorene Gut bei fristgemäßer Ablieferung am vertraglich vereinbarten Bestimmungsort gehabt hätte.

(2) [1]Hat der Verfrachter nach den Bestimmungen dieses Untertitels für die Beschädigung des Gutes Schadensersatz zu leisten, so ist der Unterschied zwischen dem Wert des beschädigten Gutes am Ort und zur Zeit der Ablieferung und dem Wert zu ersetzen, den das unbeschädigte Gut am Ort und zur Zeit der Ablieferung

gehabt hätte. [2]Es wird vermutet, dass die zur Schadensminderung und Schadensbehebung aufzuwendenden Kosten dem nach Satz 1 zu ermittelnden Unterschiedsbetrag entsprechen.

(3) [1]Der Wert des Gutes bestimmt sich nach dem Marktpreis, sonst nach dem gemeinen Wert von Gütern gleicher Art und Beschaffenheit. [2]Ist das Gut unmittelbar vor der Übernahme zur Beförderung verkauft worden, so wird vermutet, dass der in der Rechnung des Verkäufers ausgewiesene Kaufpreis einschließlich darin enthaltener Beförderungskosten der Marktpreis ist.

(4) Von dem nach den vorstehenden Absätzen zu ersetzenden Wert ist der Betrag abzuziehen, der infolge des Verlusts oder der Beschädigung an Zöllen und sonstigen Kosten sowie im Falle des Verlusts an Fracht erspart ist.

§ 503 Schadensfeststellungskosten

Bei Verlust oder Beschädigung des Gutes hat der Verfrachter über den nach § 502 zu leistenden Ersatz hinaus die Kosten der Feststellung des Schadens zu tragen.

§ 504 Haftungshöchstbetrag bei Güterschäden

(1) [1]Die nach den §§ 502 und 503 zu leistende Entschädigung wegen Verlust oder Beschädigung ist auf einen Betrag von 666,67 Rechnungseinheiten für das Stück oder die Einheit oder einen Betrag von 2 Rechnungseinheiten für das Kilogramm des Rohgewichts des Gutes begrenzt, je nachdem, welcher Betrag höher ist. [2]Wird ein Container, eine Palette oder ein sonstiges Lademittel verwendet, das zur Zusammenfassung von Frachtstücken verwendet wird, so gilt jedes Stück und jede Einheit, welche in einem Beförderungsdokument als in einem solchen Lademittel enthalten angegeben sind, als Stück oder Einheit im Sinne des Satzes 1. [3]Soweit das Beförderungsdokument solche Angaben nicht enthält, gilt das Lademittel als Stück oder Einheit.

(2) Besteht das Gut aus mehreren Frachtstücken (Ladung) und sind nur einzelne Frachtstücke verloren oder beschädigt worden, so ist der Berechnung der Begrenzung nach Absatz 1
1. die gesamte Ladung zu Grunde zu legen, wenn die gesamte Ladung entwertet ist, oder
2. der entwertete Teil der Ladung zu Grunde zu legen, wenn nur ein Teil der Ladung entwertet ist.

§ 505 Rechnungseinheit

[1]Die in diesem Untertitel genannte Rechnungseinheit ist das Sonderziehungsrecht des Internationalen Währungsfonds. [2]Der Betrag wird in Euro entsprechend dem Wert des Euro gegenüber dem Sonderziehungsrecht am Tag der Ablieferung des Gutes oder an dem von den Parteien vereinbarten Tag umgerechnet. [3]Der Wert des Euro gegenüber dem Sonderziehungsrecht wird nach der Berechnungsmethode ermittelt, die der Internationale Währungsfonds an dem betreffenden Tag für seine Operationen und Transaktionen anwendet.

§ 506 Außervertragliche Ansprüche

(1) Die in diesem Untertitel und im Stückgutfrachtvertrag vorgesehenen Haftungsbefreiungen und Haftungsbegrenzungen gelten auch für einen außervertraglichen Anspruch des Befrachters oder des Empfängers gegen den Verfrachter wegen Verlust oder Beschädigung des Gutes.

(2) [1]Der Verfrachter kann auch gegenüber außervertraglichen Ansprüchen Dritter wegen Verlust oder Beschädigung des Gutes die Einwendungen nach Absatz 1 geltend machen. [2]Die Einwendungen können jedoch nicht geltend gemacht werden, wenn

1. sie auf eine Vereinbarung gestützt werden, die von den Vorschriften dieses Untertitels zu Lasten des Befrachters abweicht,

2. der Dritte der Beförderung nicht zugestimmt hat und der Verfrachter die fehlende Befugnis des Befrachters, das Gut zu versenden, kannte oder infolge grober Fahrlässigkeit nicht kannte oder

3. das Gut dem Dritten oder einer Person, die von diesem ihr Recht zum Besitz ableitet, vor Übernahme zur Beförderung abhanden gekommen ist.

[3]Satz 2 Nummer 1 gilt jedoch nicht für eine nach § 512 Absatz 2 Nummer 1 zulässige Vereinbarung über die Haftung des Verfrachters für einen Schaden, der durch ein Verhalten bei der Führung oder der sonstigen Bedienung des Schiffes oder durch Feuer oder Explosion an Bord des Schiffes entstanden ist.

§ 507 Wegfall der Haftungsbefreiungen und -begrenzungen

Die in diesem Untertitel und im Stückgutfrachtvertrag vorgesehenen Haftungsbefreiungen und Haftungsbegrenzungen gelten nicht, wenn

1. der Schaden auf eine Handlung oder Unterlassung zurückzuführen ist, die der Verfrachter selbst vorsätzlich oder leichtfertig und in dem Bewusstsein begangen hat, dass ein Schaden mit Wahrscheinlichkeit eintreten werde, oder

2. der Verfrachter mit dem Befrachter oder dem Ablader vereinbart hat, dass das Gut unter Deck befördert wird, und der Schaden darauf zurückzuführen ist, dass das Gut auf Deck verladen wurde.

§ 508 Haftung der Leute und der Schiffsbesatzung

(1) [1]Werden Ansprüche aus außervertraglicher Haftung wegen Verlust oder Beschädigung des Gutes gegen einen der Leute des Verfrachters geltend gemacht, so kann sich auch jener auf die in diesem Untertitel und im Stückgutfrachtvertrag vorgesehenen Haftungsbefreiungen und Haftungsbegrenzungen berufen. [2]Gleiches gilt, wenn die Ansprüche gegen ein Mitglied der Schiffsbesatzung geltend gemacht werden.

(2) Eine Berufung auf die Haftungsbefreiungen und Haftungsbegrenzungen nach Absatz 1 ist ausgeschlossen, wenn der Schuldner vorsätzlich oder leichtfertig und in dem Bewusstsein gehandelt hat, dass ein Schaden mit Wahrscheinlichkeit eintreten werde.

(3) Sind für den Verlust oder die Beschädigung des Gutes sowohl der Verfrachter als auch eine der in Absatz 1 genannten Personen verantwortlich, so haften sie als Gesamtschuldner.

§ 509 Ausführender Verfrachter

(1) Wird die Beförderung ganz oder teilweise durch einen Dritten ausgeführt, der nicht der Verfrachter ist, so haftet der Dritte (ausführender Verfrachter) für den Schaden, der durch Verlust oder Beschädigung des Gutes während der durch ihn ausgeführten Beförderung entsteht, so, als wäre er der Verfrachter.

(2) Vertragliche Vereinbarungen mit dem Befrachter oder Empfänger, durch die der Verfrachter seine Haftung erweitert, wirken gegen den ausführenden Verfrachter nur, soweit er ihnen in Textform zugestimmt hat.

(3) Der ausführende Verfrachter kann alle Einwendungen und Einreden geltend machen, die dem Verfrachter aus dem Stückgutfrachtvertrag zustehen.

(4) Verfrachter und ausführender Verfrachter haften als Gesamtschuldner.

(5) Wird einer der Leute des ausführenden Verfrachters oder ein Mitglied der Schiffsbesatzung in Anspruch genommen, so ist § 508 entsprechend anzuwenden.

§ 510 Schadensanzeige

(1) ¹Ist ein Verlust oder eine Beschädigung des Gutes äußerlich erkennbar und zeigt der Empfänger oder der Befrachter dem Verfrachter Verlust oder Beschädigung nicht spätestens bei Ablieferung des Gutes an, so wird vermutet, dass das Gut vollständig und unbeschädigt abgeliefert worden ist. ²Die Anzeige muss den Verlust oder die Beschädigung hinreichend deutlich kennzeichnen.

(2) Die Vermutung nach Absatz 1 gilt auch, wenn der Verlust oder die Beschädigung äußerlich nicht erkennbar war und nicht innerhalb von drei Tagen nach Ablieferung angezeigt worden ist.

(3) ¹Die Schadensanzeige ist in Textform zu erstatten. ²Zur Wahrung der Frist genügt die rechtzeitige Absendung.

(4) Wird Verlust oder Beschädigung bei Ablieferung angezeigt, so genügt die Anzeige gegenüber demjenigen, der das Gut abliefert.

§ 511 Verlustvermutung

(1) ¹Der Anspruchsberechtigte kann das Gut als verloren betrachten, wenn es nicht innerhalb eines Zeitraums abgeliefert wird, der dem Zweifachen der vereinbarten Lieferfrist entspricht, mindestens aber 30 Tage, bei einer grenzüberschreitenden Beförderung 60 Tage beträgt. ²Satz 1 gilt nicht, wenn der Verfrachter das Gut wegen eines Zurückbehaltungsrechts oder eines Pfandrechts nicht abzuliefern braucht oder wenn an dem Gut ein Pfandrecht für eine Forderung auf einen Beitrag zur Großen Haverei besteht und das Gut daher nicht ausgeliefert werden darf.

(2) Erhält der Anspruchsberechtigte eine Entschädigung für den Verlust des Gutes, so kann er bei deren Empfang verlangen, dass er unverzüglich benachrichtigt wird, wenn das Gut wieder aufgefunden wird.

(3) ¹Der Anspruchsberechtigte kann innerhalb eines Monats nach Empfang der Benachrichtigung von dem Wiederauffinden des Gutes verlangen, dass ihm das Gut Zug um Zug gegen Erstattung der Entschädigung, gegebenenfalls abzüglich der in der Entschädigung enthaltenen Kosten, abgeliefert wird. ²Eine etwaige Pflicht zur Zahlung der Fracht sowie Ansprüche auf Schadensersatz bleiben unberührt.

(4) Wird das Gut nach Zahlung einer Entschädigung wieder aufgefunden und hat der Anspruchsberechtigte eine Benachrichtigung nicht verlangt oder macht er nach Benachrichtigung seinen Anspruch auf Ablieferung nicht geltend, so kann der Verfrachter über das Gut frei verfügen.

§ 512 Abweichende Vereinbarungen

(1) Von den Vorschriften dieses Untertitels kann nur durch Vereinbarung abgewichen werden, die im Einzelnen ausgehandelt wird, auch wenn sie für eine Mehrzahl von gleichartigen Verträgen zwischen denselben Vertragsparteien getroffen wird.

(2) Abweichend von Absatz 1 kann jedoch auch durch vorformulierte Vertragsbedingungen bestimmt werden, dass

1. der Verfrachter ein Verschulden seiner Leute und der Schiffsbesatzung nicht zu vertreten hat, wenn der Schaden durch ein Verhalten bei der Führung oder der sonstigen Bedienung des Schiffes, jedoch nicht bei der Durchführung von Maßnahmen, die überwiegend im Interesse der Ladung getroffen wurden, oder durch Feuer oder Explosion an Bord des Schiffes entstanden ist,

2. die Haftung des Verfrachters wegen Verlust oder Beschädigung auf höhere als die in § 504 vorgesehenen Beträge begrenzt ist.

Dritter Untertitel
Beförderungsdokumente

§ 513 Anspruch auf Ausstellung eines Konnossements

(1) ¹Der Verfrachter hat, sofern im Stückgutfrachtvertrag nicht etwas Abweichendes vereinbart ist, dem Ablader auf dessen Verlangen ein Orderkonnossement auszustellen, das nach Wahl des Abladers an dessen Order, an die Order des Empfängers oder lediglich an Order zu stellen ist; im letzteren Fall ist unter der Order die Order des Abladers zu verstehen. ²Der Kapitän und jeder andere zur Zeichnung von Konnossementen für den Reeder Befugte sind berechtigt, das Konnossement für den Verfrachter auszustellen.

(2) ¹Ablader ist, wer das Gut dem Verfrachter zur Beförderung übergibt und vom Befrachter als Ablader zur Eintragung in das Konnossement benannt ist. ²Übergibt ein anderer als der Ablader das Gut oder ist ein Ablader nicht benannt, gilt der Befrachter als Ablader.

§ 514 Bord- und Übernahmekonnossement

(1) ¹Das Konnossement ist auszustellen, sobald der Verfrachter das Gut übernommen hat. ²Durch das Konnossement bestätigt der Verfrachter den Empfang des Gutes und verpflichtet sich, es zum Bestimmungsort zu befördern und dem aus dem Konnossement Berechtigten gegen Rückgabe des Konnossements abzuliefern.

(2) ¹Ist das Gut an Bord genommen worden, so hat der Verfrachter das Konnossement mit der Angabe auszustellen, wann und in welches Schiff das Gut an Bord genommen wurde (Bordkonnossement). ²Ist bereits vor dem Zeitpunkt, in dem das Gut an Bord genommen wurde, ein Konnossement ausgestellt worden (Übernahmekonnossement), so hat der Verfrachter auf Verlangen des Abladers im Konnossement zu vermerken, wann und in welches Schiff das Gut an Bord genommen wurde, sobald dies geschehen ist (Bordvermerk).

(3) Das Konnossement ist in der vom Ablader geforderten Anzahl von Originalausfertigungen auszustellen.

§ 515 Inhalt des Konnossements

(1) Das Konnossement soll folgende Angaben enthalten:

1. Ort und Tag der Ausstellung,
2. Name und Anschrift des Abladers,
3. Name des Schiffes,
4. Name und Anschrift des Verfrachters,

5. Abladungshafen und Bestimmungsort,

6. Name und Anschrift des Empfängers und eine etwaige Meldeadresse,

7. Art des Gutes und dessen äußerlich erkennbare Verfassung und Beschaffenheit,

8. Maß, Zahl oder Gewicht des Gutes und dauerhafte und lesbare Merkzeichen,

9. die bei Ablieferung geschuldete Fracht, bis zur Ablieferung anfallende Kosten sowie einen Vermerk über die Frachtzahlung,

10. Zahl der Ausfertigungen.

(2) Die Angaben nach Absatz 1 Nummer 7 und 8 sind auf Verlangen des Abladers so aufzunehmen, wie er sie dem Verfrachter vor der Übernahme des Gutes in <u>Textform</u> mitgeteilt hat.

§ 516 Form des Konnossements. Verordnungsermächtigung

(1) Das Konnossement ist <u>vom Verfrachter zu unterzeichnen</u>; eine <u>Nachbildung</u> der eigenhändigen <u>Unterschrift durch Druck oder Stempel</u> genügt.

(2) Dem Konnossement <u>gleichgestellt</u> ist eine <u>elektronische Aufzeichnung</u>, die dieselben Funktionen erfüllt wie das Konnossement, sofern sichergestellt ist, dass die Authentizität und die Integrität der Aufzeichnung gewahrt bleiben (<u>elektronisches Konnossement</u>).

(3) Das Bundesministerium der Justiz wird ermächtigt, im Einvernehmen mit dem Bundesministerium des Innern und für Heimat durch Rechtsverordnung, die nicht der Zustimmung des Bundesrates bedarf, die Einzelheiten der Ausstellung, Vorlage, Rückgabe und Übertragung eines elektronischen Konnossements sowie die Einzelheiten des Verfahrens einer nachträglichen Eintragung in ein elektronisches Konnossement zu regeln.

§ 517 Beweiskraft des Konnossements

(1) [1]Das Konnossement begründet die Vermutung, dass der Verfrachter das Gut so übernommen hat, wie es nach § 515 Absatz 1 Nummer 7 und 8 beschrieben ist. [2]Bezieht sich die Beschreibung auf den Inhalt eines geschlossenen Lademittels, so begründet das Konnossement jedoch nur dann die Vermutung nach Satz 1, wenn der Inhalt vom Verfrachter überprüft und das Ergebnis der Überprüfung im Konnossement eingetragen worden ist. [3]Enthält das Konnossement keine Angabe über die äußerlich erkennbare Verfassung oder Beschaffenheit des Gutes, so begründet das Konnossement die Vermutung, dass der Verfrachter das Gut in äußerlich erkennbar guter Verfassung und Beschaffenheit übernommen hat.

(2) [1]Das Konnossement begründet die Vermutung nach Absatz 1 nicht, soweit der Verfrachter einen Vorbehalt in das Konnossement eingetragen hat. [2]Aus dem Vorbehalt muss sich ergeben,

1. in welcher Verfassung das Gut bei seiner Übernahme durch den Verfrachter war oder wie das Gut bei seiner Übernahme beschaffen war,

2. welche Angabe im Konnossement unrichtig ist und wie die richtige Angabe lautet,

3. welchen Grund der Verfrachter zu der Annahme hatte, dass die Angabe unrichtig ist, oder

4. weshalb der Verfrachter keine ausreichende Gelegenheit hatte, die Angabe nachzuprüfen.

§ 518 Stellung des Reeders bei mangelhafter Verfrachterangabe

Ist in einem Konnossement, das vom Kapitän oder von einem anderen zur Zeichnung von Konnossementen für den Reeder Befugten ausgestellt wurde, der Verfrachter nicht angegeben oder ist in diesem Konnossement als Verfrachter eine Person angegeben, die nicht der Verfrachter ist, so ist aus dem Konnossement anstelle des Verfrachters der Reeder berechtigt und verpflichtet.

§ 519 Berechtigung aus dem Konnossement. Legitimation

[1]Die im Konnossement verbrieften seefrachtvertraglichen Ansprüche können nur von dem aus dem Konnossement Berechtigten geltend gemacht werden. [2]Zugunsten des legitimierten Besitzers des Konnossements wird vermutet, dass er der aus dem Konnossement Berechtigte ist. [3]Legitimierter Besitzer des Konnossements ist, wer ein Konnossement besitzt, das

1. auf den Inhaber lautet,

2. an Order lautet und den Besitzer als Empfänger benennt oder durch eine ununterbrochene Reihe von Indossamenten ausweist oder

3. auf den Namen des Besitzers lautet.

§ 520 Befolgung von Weisungen

(1) [1]Ist ein Konnossement ausgestellt, so steht das Verfügungsrecht nach den §§ 491 und 492 ausschließlich dem legitimierten Besitzer des Konnossements zu. [2]Der Verfrachter darf Weisungen nur gegen Vorlage sämtlicher Ausfertigungen des Konnossements ausführen. [3]Weisungen eines legitimierten Besitzers des Konnossements darf der Verfrachter jedoch nicht ausführen, wenn ihm bekannt oder infolge grober Fahrlässigkeit unbekannt ist, dass der legitimierte Besitzer des Konnossements nicht der aus dem Konnossement Berechtigte ist.

(2) [1]Befolgt der Verfrachter Weisungen, ohne sich sämtliche Ausfertigungen des Konnossements vorlegen zu lassen, haftet er dem aus dem Konnossement Berechtigten für den Schaden, der diesem daraus entsteht. [2]Die Haftung ist auf den Betrag begrenzt, der bei Verlust des Gutes zu zahlen wäre.

§ 521 Ablieferung gegen Rückgabe des Konnossements

(1) [1]Nach Ankunft des Gutes am Löschplatz ist der legitimierte Besitzer des Konnossements berechtigt, vom Verfrachter die Ablieferung des Gutes zu verlangen. [2]Macht der legitimierte Besitzer des Konnossements von diesem Recht Gebrauch, ist er entsprechend § 494 Absatz 2 und 3 zur Zahlung der Fracht und einer sonstigen Vergütung verpflichtet.

(2) [1]Der Verfrachter ist zur Ablieferung des Gutes nur gegen Rückgabe des Konnossements, auf dem die Ablieferung bescheinigt ist, und gegen Leistung der noch ausstehenden, nach § 494 Absatz 2 und 3 geschuldeten Zahlungen verpflichtet. [2]Er darf das Gut jedoch nicht dem legitimierten Besitzer des Konnossements abliefern, wenn ihm bekannt oder infolge grober Fahrlässigkeit unbekannt ist, dass der legitimierte Besitzer des Konnossements nicht der aus dem Konnossement Berechtigte ist.

(3) [1]Sind mehrere Ausfertigungen des Konnossements ausgestellt, so ist das Gut dem legitimierten Besitzer auch nur einer Ausfertigung des Konnossements abzuliefern. [2]Melden sich mehrere legitimierte Besitzer, so

hat der Verfrachter das Gut in einem öffentlichen Lagerhaus oder in sonst sicherer Weise zu hinterlegen und die Besitzer, die sich gemeldet haben, unter Angabe der Gründe seines Verfahrens hiervon zu benachrichtigen. [3]Der Verfrachter kann in diesem Fall das Gut gemäß § 373 Absatz 2 bis 4 verkaufen lassen, wenn es sich um verderbliche Ware handelt oder der Zustand des Gutes eine solche Maßnahme rechtfertigt oder wenn die andernfalls zu erwartenden Kosten in keinem angemessenen Verhältnis zum Wert des Gutes stehen.

(4) [1]Liefert der Verfrachter das Gut einem anderen als dem legitimierten Besitzer des Konnossements oder, im Falle des Absatzes 2 Satz 2, einem anderen als dem aus dem Konnossement Berechtigten ab, haftet er für den Schaden, der dem aus dem Konnossement Berechtigten daraus entsteht. [2]Die Haftung ist auf den Betrag begrenzt, der bei Verlust des Gutes zu zahlen wäre.

§ 522 Einwendungen

(1) [1]Dem aus dem Konnossement Berechtigten kann der Verfrachter nur solche Einwendungen entgegensetzen, die die Gültigkeit der Erklärungen im Konnossement betreffen oder sich aus dem Inhalt des Konnossements ergeben oder dem Verfrachter unmittelbar gegenüber dem aus dem Konnossement Berechtigten zustehen. [2]Eine Vereinbarung, auf die im Konnossement lediglich verwiesen wird, ist nicht Inhalt des Konnossements.

(2) [1]Gegenüber einem im Konnossement benannten Empfänger, an den das Konnossement begeben wurde, kann der Verfrachter die Vermutungen nach § 517 nicht widerlegen, es sei denn, dem Empfänger war im Zeitpunkt der Begebung des Konnossements bekannt oder infolge grober Fahrlässigkeit unbekannt, dass die Angaben im Konnossement unrichtig sind. [2]Gleiches gilt gegenüber einem Dritten, dem das Konnossement übertragen wurde.

(3) [1]Wird ein ausführender Verfrachter nach § 509 von dem aus dem Konnossement Berechtigten in Anspruch genommen, kann auch der ausführende Verfrachter die Einwendungen nach Absatz 1 geltend machen. [2]Abweichend von Absatz 2 kann der ausführende Verfrachter darüber hinaus die Vermutungen nach § 517 widerlegen, wenn das Konnossement weder von ihm noch von einem für ihn zur Zeichnung von Konnossementen Befugten ausgestellt wurde.

§ 523 Haftung für unrichtige Konnossementsangaben

(1) [1]Der Verfrachter haftet für den Schaden, der dem aus dem Konnossement Berechtigten dadurch entsteht, dass die in das Konnossement nach den §§ 515 und 517 Absatz 2 aufzunehmenden Angaben und Vorbehalte fehlen oder die in das Konnossement aufgenommenen Angaben oder Vorbehalte unrichtig sind. [2]Dies gilt insbesondere dann, wenn das Gut bei Übernahme durch den Verfrachter nicht in äußerlich erkennbar guter Verfassung war und das Konnossement hierüber weder eine Angabe nach § 515 Absatz 1 Nummer 7 noch einen Vorbehalt nach § 517 Absatz 2 enthält. [3]Die Haftung nach den Sätzen 1 und 2 entfällt, wenn der Verfrachter weder gewusst hat noch bei Anwendung der Sorgfalt eines ordentlichen Verfrachters hätte wissen müssen, dass die Angaben fehlen oder unrichtig oder unvollständig sind.

(2) Wird ein Bordkonnossement ausgestellt, bevor der Verfrachter das Gut übernommen hat, oder wird in das Übernahmekonnossement ein Bordvermerk aufgenommen, bevor das Gut an Bord genommen wurde, so

haftet der Verfrachter, auch wenn ihn kein Verschulden trifft, für den Schaden, der dem aus dem Konnossement Berechtigten daraus entsteht.

(3) [1]Ist in einem Konnossement, das vom Kapitän oder von einem anderen zur Zeichnung von Konnossementen für den Reeder Befugten ausgestellt wurde, der Name des Verfrachters unrichtig angegeben, so haftet auch der Reeder für den Schaden, der dem aus dem Konnossement Berechtigten aus der Unrichtigkeit der Angabe entsteht. [2]Die Haftung nach Satz 1 entfällt, wenn der Aussteller des Konnossements weder gewusst hat noch bei Anwendung der Sorgfalt eines ordentlichen Verfrachters hätte wissen müssen, dass der Name des Verfrachters nicht oder unrichtig angegeben ist.

(4) Die Haftung nach den Absätzen 1 bis 3 ist auf den Betrag begrenzt, der bei Verlust des Gutes zu zahlen wäre.

§ 524 Traditionswirkung des Konnossements

[1]Die Begebung des Konnossements an den darin benannten Empfänger hat, sofern der Verfrachter das Gut im Besitz hat, für den Erwerb von Rechten an dem Gut dieselben Wirkungen wie die Übergabe des Gutes. [2]Gleiches gilt für die Übertragung des Konnossements an Dritte.

§ 525 Abweichende Bestimmung im Konnossement

[1]Eine Bestimmung im Konnossement, die von den Haftungsvorschriften in den §§ 498 bis 511 oder in § 520 Absatz 2, § 521 Absatz 4 oder § 523 abweicht, ist nur wirksam, wenn die Voraussetzungen des § 512 erfüllt sind. [2]Der Verfrachter kann sich jedoch auf eine Bestimmung im Konnossement, die von den in Satz 1 genannten Haftungsvorschriften zu Lasten des aus dem Konnossement Berechtigten abweicht, nicht gegenüber einem im Konnossement benannten Empfänger, an den das Konnossement begeben wurde, sowie gegenüber einem Dritten, dem das Konnossement übertragen wurde, berufen. [3]Satz 2 gilt nicht für eine Bestimmung nach § 512 Absatz 2 Nummer 1.

§ 526 Seefrachtbrief. Verordnungsermächtigung

(1) [1]Der Verfrachter kann, sofern er nicht ein Konnossement ausgestellt hat, einen Seefrachtbrief ausstellen. [2]Auf den Inhalt des Seefrachtbriefs ist § 515 entsprechend anzuwenden mit der Maßgabe, dass an die Stelle des Abladers der Befrachter tritt.

(2) [1]Der Seefrachtbrief dient bis zum Beweis des Gegenteils als Nachweis für Abschluss und Inhalt des Stückgutfrachtvertrages sowie für die Übernahme des Gutes durch den Verfrachter. [2]§ 517 ist entsprechend anzuwenden.

(3) Der Seefrachtbrief ist vom Verfrachter zu unterzeichnen; eine Nachbildung der eigenhändigen Unterschrift durch Druck oder Stempel genügt.

(4) [1]Dem Seefrachtbrief gleichgestellt ist eine elektronische Aufzeichnung, die dieselben Funktionen erfüllt wie der Seefrachtbrief, sofern sichergestellt ist, dass die Authentizität und die Integrität der Aufzeichnung gewahrt bleiben (elektronischer Seefrachtbrief). [2]Das Bundesministerium der Justiz wird ermächtigt, im Einvernehmen mit dem Bundesministerium des Innern und für Heimat durch Rechtsverordnung, die nicht der Zustimmung des Bundesrates bedarf, die Einzelheiten der Ausstellung und der Vorlage eines elektronischen

Seefrachtbriefs sowie die Einzelheiten des Verfahrens über nachträgliche Eintragungen in einen elektronischen Seefrachtbrief zu regeln.

Zweiter Titel
Reisefrachtvertrag

§ 527 Reisefrachtvertrag

(1) [1]Durch den Reisefrachtvertrag wird der Verfrachter verpflichtet, das Gut mit einem bestimmten Schiff im Ganzen, mit einem verhältnismäßigen Teil eines bestimmten Schiffes oder in einem bestimmt bezeichneten Raum eines solchen Schiffes auf einer oder mehreren bestimmten Reisen über See zum Bestimmungsort zu befördern und dort dem Empfänger abzuliefern. [2]Jede Partei kann die schriftliche Beurkundung des Reisefrachtvertrags verlangen.

(2) Auf den Reisefrachtvertrag sind die §§ 481 bis 511 und 513 bis 525 entsprechend anzuwenden, soweit die §§ 528 bis 535 nichts anderes bestimmen.

§ 528 Ladehafen. Ladeplatz

(1) Der Verfrachter hat das Schiff zur Einnahme des Gutes an den im Reisefrachtvertrag benannten oder an den vom Befrachter nach Abschluss des Reisefrachtvertrags zu benennenden Ladeplatz hinzulegen.

(2) Ist ein Ladehafen oder ein Ladeplatz im Reisefrachtvertrag nicht benannt und hat der Befrachter den Ladehafen oder Ladeplatz nach Abschluss des Reisefrachtvertrags zu benennen, so muss er mit der gebotenen Sorgfalt einen sicheren Ladehafen oder Ladeplatz auswählen.

§ 529 Anzeige der Ladebereitschaft

(1) [1]Der Verfrachter hat, sobald das Schiff am Ladeplatz zur Einnahme des Gutes bereit ist, dem Befrachter die Ladebereitschaft anzuzeigen. [2]Hat der Befrachter den Ladeplatz noch zu benennen, kann der Verfrachter die Ladebereitschaft bereits anzeigen, wenn das Schiff den Ladehafen erreicht hat.

(2) [1]Die Ladebereitschaft muss während der am Ladeplatz üblichen Geschäftsstunden angezeigt werden. [2]Wird die Ladebereitschaft außerhalb der ortsüblichen Geschäftsstunden angezeigt, so gilt die Anzeige mit Beginn der auf sie folgenden ortsüblichen Geschäftsstunde als zugegangen.

§ 530 Ladezeit. Überliegezeit

(1) Mit dem auf die Anzeige folgenden Tag beginnt die Ladezeit.

(2) Für die Ladezeit kann, sofern nichts Abweichendes vereinbart ist, keine besondere Vergütung verlangt werden.

(3) [1]Wartet der Verfrachter auf Grund vertraglicher Vereinbarung oder aus Gründen, die nicht seinem Risikobereich zuzurechnen sind, über die Ladezeit hinaus (Überliegezeit), so hat er Anspruch auf eine angemessene Vergütung (Liegegeld). [2]Macht der Empfänger nach Ankunft des Schiffes am Löschplatz sein Recht entsprechend § 494 Absatz 1 Satz 1 geltend, so schuldet auch er das Liegegeld, wenn ihm der geschuldete Betrag bei Ablieferung des Gutes mitgeteilt worden ist.

(4) ¹Die Ladezeit und die Überliegezeit bemessen sich mangels abweichender Vereinbarung nach einer den Umständen des Falles angemessenen Frist. ²Bei der Berechnung der Lade- und Überliegezeit werden die Tage in ununterbrochen fortlaufender Reihenfolge unter Einschluss der Sonntage und der Feiertage gezählt. ³Nicht in Ansatz kommt die Zeit, in der das Verladen des Gutes aus Gründen, die dem Risikobereich des Verfrachters zuzurechnen sind, unmöglich ist.

§ 531 Verladen

(1) ¹Soweit sich aus den Umständen oder der Verkehrssitte nicht etwas anderes ergibt, hat der Befrachter das Gut zu verladen. ²Die Verantwortung des Verfrachters für die Seetüchtigkeit des beladenen Schiffes bleibt unberührt.

(2) Der Verfrachter ist nicht befugt, das Gut umzuladen.

§ 532 Kündigung durch den Befrachter

(1) Der Befrachter kann den Reisefrachtvertrag jederzeit kündigen.

(2) Kündigt der Befrachter, so kann der Verfrachter, wenn er einen Anspruch nach § 489 Absatz 2 Satz 1 Nummer 1 geltend macht, auch ein etwaiges Liegegeld verlangen.

§ 533 Teilbeförderung

(1) ¹Der Befrachter kann jederzeit verlangen, dass der Verfrachter nur einen Teil des Gutes befördert. ²Macht der Befrachter von diesem Recht Gebrauch, gebühren dem Verfrachter die volle Fracht, das etwaige Liegegeld sowie Ersatz der Aufwendungen, die ihm durch das Fehlen eines Teils des Gutes entstehen. ³Ist der Verfrachter nach dem Reisefrachtvertrag berechtigt, mit demselben Schiff anstelle der nicht verladenen Frachtstücke anderes Gut zu befördern, und macht er von diesem Recht Gebrauch, so ist von der vollen Fracht die Fracht für die Beförderung dieses anderen Gutes abzuziehen. ⁴Soweit dem Verfrachter durch das Fehlen eines Teils des Gutes die Sicherheit für die volle Fracht entgeht, kann er außerdem eine anderweitige Sicherheit verlangen. ⁵Unterbleibt die Beförderung der vollständigen Ladung aus Gründen, die dem Risikobereich des Verfrachters zuzurechnen sind, steht dem Verfrachter der Anspruch nach den Sätzen 2 bis 4 nur insoweit zu, als tatsächlich Gut befördert wird.

(2) ¹Verlädt der Befrachter das Gut nicht oder nicht vollständig innerhalb der Ladezeit und einer vereinbarten Überliegezeit oder wird das Gut, wenn dem Befrachter die Verladung nicht obliegt, nicht oder nicht vollständig innerhalb dieser Zeit abgeladen, so kann der Verfrachter dem Befrachter eine angemessene Frist setzen, innerhalb derer das Gut verladen oder abgeladen werden soll. ²Wird das Gut bis zum Ablauf der Frist nur teilweise verladen oder abgeladen, kann der Verfrachter die bereits verladenen oder abgeladenen Frachtstücke befördern und die Ansprüche nach Absatz 1 Satz 2 bis 4 geltend machen. ³§ 490 Absatz 4 ist entsprechend anzuwenden.

§ 534 Kündigung durch den Verfrachter

(1) Verlädt der Befrachter kein Gut innerhalb der Ladezeit und einer vereinbarten Überliegezeit oder wird, wenn dem Befrachter die Verladung nicht obliegt, kein Gut innerhalb dieser Zeit abgeladen, so kann der

Verfrachter den Vertrag nach Maßgabe des § 490 kündigen und die Ansprüche nach § 489 Absatz 2 in Verbindung mit § 532 Absatz 2 geltend machen.

(2) Der Verfrachter kann den Vertrag bereits vor Ablauf der Ladezeit und einer vereinbarten Überliegezeit nach Maßgabe des § 490 kündigen, wenn offensichtlich ist, dass das Gut nicht verladen oder abgeladen wird.

§ 535 Löschen

(1) ¹Die §§ 528 bis 531 über Ladehafen und Ladeplatz, Anzeige der Ladebereitschaft, Ladezeit und Verladen sind entsprechend auf Löschhafen und Löschplatz, Anzeige der Löschbereitschaft, Löschzeit und Löschen anzuwenden. ²Abweichend von § 530 Absatz 3 Satz 2 schuldet der Empfänger jedoch auch dann Liegegeld wegen Überschreitung der Löschzeit, wenn ihm der geschuldete Betrag bei Ablieferung des Gutes nicht mitgeteilt worden ist.

(2) Ist der Empfänger dem Verfrachter unbekannt, so ist die Anzeige der Löschbereitschaft durch öffentliche Bekanntmachung in ortsüblicher Weise zu bewirken.

Zweiter Unterabschnitt
Personenbeförderungsverträge

§ 536 Anwendungsbereich

(1) ¹Für Schäden, die bei der Beförderung von Fahrgästen und ihrem Gepäck über See durch den Tod oder die Körperverletzung eines Fahrgasts oder durch den Verlust, die Beschädigung oder verspätete Aushändigung von Gepäck entstehen, haften der Beförderer und der ausführende Beförderer nach den Vorschriften dieses Unterabschnitts. ²Das Recht, eine Beschränkung der Haftung nach den §§ 611 bis 617 oder den §§ 4 bis 5n des Binnenschifffahrtsgesetzes geltend zu machen, bleibt unberührt.

(2) ¹Die Vorschriften dieses Unterabschnitts gelten nicht, soweit die folgenden Regelungen maßgeblich sind:

1. unmittelbar anwendbare Regelungen der Europäischen Union in ihrer jeweils geltenden Fassung, insbesondere die Verordnung (EG) Nr. 392/2009 des Europäischen Parlaments und des Rates vom 23. April 2009 über die Unfallhaftung von Beförderern von Reisenden auf See (ABl. L 131 vom 28.5.2009, S. 24), oder

2. unmittelbar anwendbare Regelungen in völkerrechtlichen Übereinkünften.

²Die Haftungsvorschriften dieses Unterabschnitts gelten ferner nicht, wenn der Schaden auf einem von einer Kernanlage ausgehenden nuklearen Ereignis beruht und der Inhaber der Kernanlage nach den Vorschriften des Übereinkommens vom 29. Juli 1960 über die Haftung gegenüber Dritten auf dem Gebiet der Kernenergie in der Fassung der Bekanntmachung vom 5. Februar 1976 (BGBl. 1976 II S. 310, 311) und des Protokolls vom 16. November 1982 (BGBl. 1985 II S. 690) oder des Atomgesetzes haftet.

§ 537 Begriffsbestimmungen

Im Sinne dieses Unterabschnitts ist

1. ein Beförderer eine Person, die einen Vertrag über die Beförderung eines Fahrgasts über See (Personenbeförderungsvertrag) schließt;

2. ein Fahrgast eine Person, die

    1. auf Grund eines Personenbeförderungsvertrags befördert wird oder

    2. mit Zustimmung des Beförderers ein Fahrzeug oder lebende Tiere, die auf Grund eines See-frachtvertrags befördert werden, begleitet;

3. Gepäck jeder Gegenstand, der auf Grund eines Personenbeförderungsvertrags befördert wird, ausgenommen lebende Tiere;

4. Kabinengepäck das Gepäck, das ein Fahrgast in seiner Kabine oder sonst in seinem Besitz hat, einschließlich des Gepäcks, das ein Fahrgast in oder auf seinem Fahrzeug hat;

5. ein Schifffahrtsereignis ein Schiffbruch, ein Kentern, ein Zusammenstoß oder eine Strandung des Schiffes, eine Explosion oder ein Feuer im Schiff oder ein Mangel des Schiffes;

6. ein Mangel des Schiffes eine Funktionsstörung, ein Versagen oder eine Nichteinhaltung von anwendbaren Sicherheitsvorschriften in Bezug auf einen Teil des Schiffes oder seiner Ausrüstung, wenn dieser Teil oder diese Ausrüstung verwendet wird

    a) für das Verlassen des Schiffes, die Evakuierung oder die Ein- und Ausschiffung der Fahrgäste, für den Schiffsantrieb, die Ruderanlage, die sichere Schiffsführung, das Festmachen, das Ankern, das Anlaufen oder Verlassen des Liege- oder Ankerplatzes oder die Lecksicherung nach Wassereinbruch oder

    b) für das Aussetzen von Rettungsmitteln.

§ 538 Haftung des Beförderers für Personenschäden

(1) [1]Der Beförderer haftet für den Schaden, der durch den Tod oder die Körperverletzung eines Fahrgasts entsteht, wenn das den Schaden verursachende Ereignis während der Beförderung eingetreten ist und auf einem Verschulden des Beförderers beruht. [2]Ist das den Schaden verursachende Ereignis ein Schifffahrtsereignis, wird das Verschulden vermutet.

(2) [1]Abweichend von Absatz 1 haftet der Beförderer ohne Verschulden für den Schaden, der durch den Tod oder die Körperverletzung eines Fahrgasts auf Grund eines Schifffahrtsereignisses während der Beförderung entsteht, soweit der Schaden den Betrag von 250 000 Rechnungseinheiten nicht übersteigt. [2]Der Beförderer ist jedoch von dieser Haftung befreit, wenn das Ereignis

1. infolge von Feindseligkeiten, einer Kriegshandlung, eines Bürgerkriegs, eines Aufstands oder eines außergewöhnlichen, unvermeidlichen und unabwendbaren Naturereignisses eingetreten ist oder

2. ausschließlich durch eine Handlung oder Unterlassung verursacht wurde, die von einem Dritten in der Absicht, das Ereignis zu verursachen, begangen wurde.

(3) [1]Die Beförderung im Sinne der Absätze 1 und 2 umfasst

1. den Zeitraum, in dem sich der Fahrgast an Bord des Schiffes befindet, einschließlich des Zeitraums, in dem er ein- und ausgeschifft wird, sowie

2. den Zeitraum, in dem der Fahrgast auf dem Wasserweg vom Land auf das Schiff oder umgekehrt befördert wird, wenn die Kosten dieser Beförderung im Beförderungsentgelt inbegriffen sind oder

wenn das für diese zusätzliche Beförderung benutzte Wasserfahrzeug dem Fahrgast vom Beförderer zur Verfügung gestellt worden ist. [2]Nicht erfasst ist der Zeitraum, in dem sich der Fahrgast in einer Hafenstation, auf einem Kai oder in oder auf einer anderen Hafenanlage befindet.

§ 539 Haftung des Beförderers für Gepäck- und Verspätungsschäden

(1) [1]Der Beförderer haftet für den Schaden, der durch Verlust oder Beschädigung von Kabinengepäck oder von anderem Gepäck entsteht, wenn das den Schaden verursachende Ereignis während der Beförderung eingetreten ist und auf einem Verschulden des Beförderers beruht. [2]Bei Verlust oder Beschädigung von Kabinengepäck auf Grund eines Schifffahrtsereignisses und bei Verlust oder Beschädigung anderen Gepäcks wird das Verschulden vermutet.

(2) [1]Der Beförderer haftet entsprechend Absatz 1 auch für den Schaden, der daraus entsteht, dass das Gepäck dem Fahrgast nicht innerhalb einer angemessenen Frist nach Ankunft des Schiffes, auf dem das Gepäck befördert worden ist oder hätte befördert werden sollen, wieder ausgehändigt worden ist. [2]Die Haftung ist jedoch ausgeschlossen, wenn die verspätete Aushändigung auf Arbeitsstreitigkeiten zurückzuführen ist.

(3) Abweichend von den Absätzen 1 und 2 haftet der Beförderer nicht für den Schaden, der durch Verlust, Beschädigung oder verspätete Aushändigung von Geld, begebbaren Wertpapieren, Gold, Silber, Juwelen, Schmuck, Kunstgegenständen oder sonstigen Wertsachen entsteht, es sei denn, dass solche Wertsachen bei dem Beförderer zur sicheren Aufbewahrung hinterlegt worden sind.

(4) Die Beförderung im Sinne des Absatzes 1 umfasst folgende Zeiträume:
1. hinsichtlich des Kabinengepäcks mit Ausnahme des Gepäcks, das der Fahrgast in oder auf seinem Fahrzeug hat,
   a) den Zeitraum, in dem sich das Kabinengepäck an Bord des Schiffes befindet, einschließlich des Zeitraums, in dem das Kabinengepäck ein- und ausgeschifft wird,
   b) den Zeitraum, in dem das Kabinengepäck auf dem Wasserweg vom Land auf das Schiff oder umgekehrt befördert wird, wenn die Kosten dieser Beförderung im Beförderungspreis inbegriffen sind oder wenn das für diese zusätzliche Beförderung benutzte Wasserfahrzeug dem Fahrgast vom Beförderer zur Verfügung gestellt worden ist, sowie
   c) den Zeitraum, in dem sich der Fahrgast in einer Hafenstation, auf einem Kai oder in oder auf einer anderen Hafenanlage befindet, wenn das Kabinengepäck von dem Beförderer oder seinen Bediensteten oder Beauftragten übernommen und dem Fahrgast nicht wieder ausgehändigt worden ist;
2. hinsichtlich anderen Gepäcks als des in Nummer 1 genannten Kabinengepäcks den Zeitraum von der Übernahme durch den Beförderer an Land oder an Bord bis zur Wiederaushändigung.

§ 540 Haftung für andere

[1]Der Beförderer hat ein Verschulden seiner Leute und der Schiffsbesatzung in gleichem Umfang zu vertreten wie eigenes Verschulden, wenn die Leute und die Schiffsbesatzung in Ausübung ihrer Verrichtungen

handeln. [2]Gleiches gilt für ein Verschulden anderer Personen, deren er sich bei der Ausführung der Beförderung bedient.

§ 541 Haftungshöchstbetrag bei Personenschäden

(1) [1]Die Haftung des Beförderers wegen Tod oder Körperverletzung eines Fahrgasts ist in jedem Fall auf einen Betrag von 400 000 Rechnungseinheiten je Fahrgast und Schadensereignis beschränkt. [2]Dies gilt auch für den Kapitalwert einer als Entschädigung zu leistenden Rente.

(2) Abweichend von Absatz 1 ist die Haftung des Beförderers auf einen Betrag von 250 000 Rechnungseinheiten je Fahrgast und Schadensereignis beschränkt, wenn der Tod oder die Körperverletzung auf einem der folgenden Umstände beruht:

1. Krieg, Bürgerkrieg, Revolution, Aufruhr, Aufständen oder dadurch veranlassten inneren Unruhen oder feindlichen Handlungen durch oder gegen eine Krieg führende Macht,

2. Beschlagnahme, Pfändung, Arrest, Verfügungsbeschränkung oder Festhalten sowie deren Folgen oder dahingehenden Versuchen,

3. zurückgelassenen Minen, Torpedos, Bomben oder sonstigen zurückgelassenen Kriegswaffen,

4. Anschlägen von Terroristen oder Personen, die die Anschläge böswillig oder aus politischen Beweggründen begehen, und Maßnahmen, die zur Verhinderung oder Bekämpfung solcher Anschläge ergriffen werden,

5. Einziehung und Enteignung.

(3) Bei Tod oder Körperverletzung mehrerer Fahrgäste tritt bei Anwendung des Absatzes 2 an die Stelle des darin genannten Betrages von 250 000 Rechnungseinheiten je Fahrgast und Schadensereignis der Betrag von 340 Millionen Rechnungseinheiten je Schiff und Schadensereignis, wenn dieser Betrag niedriger ist und unter den Geschädigten im Verhältnis der Höhe ihrer Ansprüche und in Form einer einmaligen Zahlung oder in Form von Teilzahlungen aufgeteilt werden kann.

§ 542 Haftungshöchstbetrag bei Gepäck- und Verspätungsschäden

(1) Die Haftung des Beförderers wegen Verlust, Beschädigung oder verspäteter Aushändigung von Kabinengepäck ist, soweit Absatz 2 nichts Abweichendes bestimmt, auf einen Betrag von 2 250 Rechnungseinheiten je Fahrgast und Beförderung beschränkt.

(2) Die Haftung des Beförderers wegen Verlust, Beschädigung oder verspäteter Aushändigung von Fahrzeugen, einschließlich des in oder auf dem Fahrzeug beförderten Gepäcks, ist auf einen Betrag von 12 700 Rechnungseinheiten je Fahrzeug und je Beförderung beschränkt.

(3) Die Haftung des Beförderers wegen Verlust, Beschädigung oder verspäteter Aushändigung allen anderen als des in den Absätzen 1 und 2 erwähnten Gepäcks ist auf einen Betrag von 3 375 Rechnungseinheiten je Fahrgast und je Beförderung beschränkt.

(4) [1]Soweit nicht Wertsachen betroffen sind, die beim Beförderer zur sicheren Aufbewahrung hinterlegt sind, können der Beförderer und der Fahrgast vereinbaren, dass der Beförderer einen Teil des Schadens nicht zu erstatten hat. [2]Dieser Teil darf jedoch bei Beschädigung eines Fahrzeugs den Betrag von 330

Rechnungseinheiten und bei Verlust, Beschädigung oder verspäteter Aushändigung anderen Gepäcks den Betrag von 149 Rechnungseinheiten nicht übersteigen.

(5) Abweichend von den Absätzen 1 bis 4 hat der Beförderer bei Verlust oder Beschädigung von Mobilitätshilfen oder anderer Spezialausrüstung, die von einem Fahrgast mit eingeschränkter Mobilität verwendet wird, den Wiederbeschaffungswert der betreffenden Ausrüstungen oder gegebenenfalls die Reparaturkosten zu ersetzen.

§ 543 Zinsen und Verfahrenskosten

Zinsen und Verfahrenskosten sind über die in den §§ 538, 541 und 542 genannten Haftungshöchstbeträge hinaus zu erstatten.

§ 544 Rechnungseinheit

[1]Die in den §§ 538, 541 und 542 genannte Rechnungseinheit ist das Sonderziehungsrecht des Internationalen Währungsfonds. [2]Der Betrag wird in Euro entsprechend dem Wert des Euro gegenüber dem Sonderziehungsrecht am Tag des Urteils oder an dem von den Parteien vereinbarten Tag umgerechnet. [3]Der Wert des Euro gegenüber dem Sonderziehungsrecht wird nach der Berechnungsmethode ermittelt, die der Internationale Währungsfonds an dem betreffenden Tag für seine Operationen und Transaktionen anwendet.

§ 545 Wegfall der Haftungsbeschränkung

Die in den §§ 541 und 542 sowie im Personenbeförderungsvertrag vorgesehenen Haftungshöchstbeträge gelten nicht, wenn der Schaden auf eine Handlung oder Unterlassung zurückzuführen ist, die vom Beförderer selbst entweder in der Absicht, einen solchen Schaden herbeizuführen, oder leichtfertig und in dem Bewusstsein begangen wurde, dass ein solcher Schaden mit Wahrscheinlichkeit eintreten werde.

§ 546 Ausführender Beförderer

(1) [1]Wird die Beförderung ganz oder teilweise durch einen Dritten ausgeführt, der nicht der Beförderer ist, so haftet der Dritte (ausführender Beförderer) für den Schaden, der durch den Tod oder die Körperverletzung eines Fahrgasts oder durch Verlust, Beschädigung oder verspätete Aushändigung von Gepäck eines Fahrgasts während der vom ausführenden Beförderer durchgeführten Beförderung entsteht, so, als wäre er der Beförderer. [2]Vertragliche Vereinbarungen, durch die der Beförderer seine Haftung erweitert, wirken gegen den ausführenden Beförderer nur, soweit er ihnen in Textform zugestimmt hat.

(2) Der ausführende Beförderer kann alle Einwendungen und Einreden geltend machen, die dem Beförderer aus dem Personenbeförderungsvertrag zustehen.

(3) Der Beförderer und der ausführende Beförderer haften als Gesamtschuldner.

§ 547 Haftung der Leute und der Schiffsbesatzung

(1) [1]Wird einer der Leute des Beförderers oder des ausführenden Beförderers wegen Tod oder Körperverletzung eines Fahrgasts oder wegen Verlust, Beschädigung oder verspäteter Aushändigung von Gepäck eines Fahrgasts in Anspruch genommen, so kann auch er sich auf die für den Beförderer oder den ausführenden

Beförderer geltenden Einreden und Haftungsbeschränkungen berufen, wenn er in Ausübung seiner Verrichtungen gehandelt hat. [2]Gleiches gilt, wenn ein Mitglied der Schiffsbesatzung in Anspruch genommen wird.

(2) Eine Berufung auf die Haftungsbeschränkungen nach Absatz 1 ist ausgeschlossen, wenn der Schuldner selbst vorsätzlich oder leichtfertig und in dem Bewusstsein gehandelt hat, dass ein solcher Schaden mit Wahrscheinlichkeit eintreten werde.

(3) Sind für den Schaden sowohl der Beförderer oder der ausführende Beförderer als auch eine der in Absatz 1 genannten Personen verantwortlich, haften sie als Gesamtschuldner.

§ 548 Konkurrierende Ansprüche

Ansprüche wegen Tod oder Körperverletzung eines Fahrgasts oder wegen Verlust, Beschädigung oder verspäteter Aushändigung von Gepäck können gegen den Beförderer oder den ausführenden Beförderer nur auf der Grundlage der Vorschriften dieses Unterabschnitts geltend gemacht werden.

§ 549 Schadensanzeige

(1) [1]Zeigt der Fahrgast dem Beförderer eine Beschädigung oder einen Verlust seines Gepäcks nicht rechtzeitig an, so wird vermutet, dass er das Gepäck unbeschädigt erhalten hat. [2]Einer Anzeige bedarf es jedoch nicht, wenn der Zustand des Gepäcks im Zeitpunkt seines Empfangs von den Parteien gemeinsam festgestellt oder geprüft worden ist.

(2) Die Anzeige ist rechtzeitig, wenn sie spätestens in folgendem Zeitpunkt erstattet wird:
1. bei äußerlich erkennbarer Beschädigung von Kabinengepäck im Zeitpunkt der Ausschiffung des Fahrgasts,
2. bei äußerlich erkennbarer Beschädigung von anderem Gepäck als Kabinengepäck im Zeitpunkt seiner Aushändigung und
3. bei äußerlich nicht erkennbarer Beschädigung von Gepäck oder bei dessen Verlust 15 Tage nach der Ausschiffung oder Aushändigung oder nach dem Zeitpunkt, in dem die Aushändigung hätte erfolgen sollen.

(3) [1]Die Schadensanzeige bedarf der Textform. [2]Zur Wahrung der Frist genügt die rechtzeitige Absendung.

§ 550 Erlöschen von Schadensersatzansprüchen

Ein Schadensersatzanspruch wegen Tod oder Körperverletzung eines Fahrgasts oder wegen Verlust, Beschädigung oder verspäteter Aushändigung von Gepäck erlischt, wenn er nicht innerhalb einer der folgenden Fristen gerichtlich geltend gemacht wird:
1. drei Jahre, gerechnet von dem Tag, an dem der Gläubiger von dem Tod oder der Körperverletzung oder von dem Verlust, der Beschädigung oder der verspäteten Aushändigung Kenntnis erlangt hat oder normalerweise hätte erlangen müssen, oder
2. fünf Jahre, gerechnet von dem Tag, an dem die Ausschiffung des Fahrgasts erfolgt ist
3. oder hätte erfolgen sollen, je nachdem, welches der spätere Zeitpunkt ist.

§ 551 Abweichende Vereinbarungen

Soweit in § 542 Absatz 4 nichts Abweichendes bestimmt ist, ist jede Vereinbarung unwirksam, die vor Eintritt des Ereignisses getroffen wird, das den Tod oder die Körperverletzung des Fahrgasts oder den Verlust, die Beschädigung oder die verspätete Aushändigung seines Gepäcks verursacht hat, und durch die die Haftung wegen Tod oder Körperverletzung des Fahrgasts oder wegen Verlust, Beschädigung oder verspäteter Aushändigung seines Gepäcks ausgeschlossen oder eingeschränkt wird.

§ 552 Pfandrecht des Beförderers

(1) Der Beförderer hat für seine Forderung auf das Beförderungsentgelt ein Pfandrecht an dem Gepäck des Fahrgasts.

(2) Das Pfandrecht besteht nur, solange das Gepäck zurückbehalten oder hinterlegt ist.

Dritter Abschnitt
Schiffsüberlassungsverträge

Erster Unterabschnitt
Schiffsmiete

§§ 553 bis 554 (weggefallen)

§ 553 Schiffsmietvertrag

(1) Durch den Schiffsmietvertrag (Bareboat Charter) wird der Vermieter verpflichtet, dem Mieter ein bestimmtes Seeschiff ohne Besatzung zu überlassen und ihm den Gebrauch dieses Schiffes während der Mietzeit zu gewähren.

(2) [1]Der Mieter wird verpflichtet, die vereinbarte Miete zu zahlen. [2]Die Miete ist mangels anderer Vereinbarung halbmonatlich im Voraus zu entrichten.

(3) [1]Die Vorschriften dieses Unterabschnitts gelten, wenn der Mieter den Vertrag abschließt, um das Schiff zum Erwerb durch Seefahrt zu betreiben. [2]Betreibt der Mieter kein Handelsgewerbe im Sinne von § 1 Absatz 2 und ist seine Firma auch nicht nach § 2 in das Handelsregister eingetragen, so sind in Ansehung des Schiffsmietvertrags auch insoweit die Vorschriften des Ersten Abschnitts des Vierten Buches ergänzend anzuwenden; dies gilt jedoch nicht für die §§ 348 bis 350.

§ 554 Übergabe und Rückgabe des Schiffes. Instandhaltung

(1) Der Vermieter hat dem Mieter das Schiff zur vereinbarten Zeit am vereinbarten Ort in einem zum vertragsgemäßen Gebrauch geeigneten Zustand zu übergeben.

(2) [1]Der Mieter hat das Schiff während der Mietzeit in einem zum vertragsgemäßen Gebrauch geeigneten Zustand zu erhalten. [2]Nach Beendigung des Mietverhältnisses ist er verpflichtet, das Schiff in demselben Zustand unter Berücksichtigung der Abnutzung infolge vertragsgemäßen Gebrauchs zurückzugeben.

§ 555 Sicherung der Rechte des Vermieters

Der Mieter hat die Rechte des Vermieters gegenüber Dritten für den Vermieter zu sichern.

§ 556 Kündigung

[1]Ein auf unbestimmte Zeit eingegangenes Mietverhältnis kann spätestens am ersten Werktag einer Woche zum Ablauf des folgenden Sonnabends gekündigt werden. [2]Ist die Miete nach Monaten oder längeren Zeitabschnitten bemessen, ist die ordentliche Kündigung zum Ablauf eines Kalendervierteljahrs zulässig.

Zweiter Unterabschnitt
Zeitcharter

§ 557 Zeitchartervertrag

(1) Durch den Zeitchartervertrag wird der Zeitvercharterer verpflichtet, dem Zeitcharterer zu dessen Verwendung ein bestimmtes Seeschiff mit Besatzung auf Zeit zu überlassen und mit diesem Schiff Güter oder Personen zu befördern oder andere vereinbarte Leistungen zu erbringen.

(2) Der Zeitcharterer wird verpflichtet, die vereinbarte Zeitfracht zu zahlen.

(3) [1]Die Vorschriften dieses Unterabschnitts gelten, wenn der Zeitcharterer den Vertrag abschließt, um das Schiff zum Erwerb durch Seefahrt zu betreiben. [2]Betreibt der Zeitcharterer kein Handelsgewerbe im Sinne von § 1 Absatz 2 und ist seine Firma auch nicht nach § 2 in das Handelsregister eingetragen, so sind in Ansehung des Zeitchartervertrags auch insoweit die Vorschriften des Ersten Abschnitts des Vierten Buches ergänzend anzuwenden; dies gilt jedoch nicht für die §§ 348 bis 350.

§ 558 Beurkundung

Jede Partei des Zeitchartervertrags kann die schriftliche Beurkundung dieses Vertrags verlangen.

§ 559 Bereitstellung des Schiffes

(1) Das Schiff ist dem Zeitcharterer zur vereinbarten Zeit am vereinbarten Ort in einem zum vertragsgemäßen Gebrauch geeigneten Zustand bereitzustellen.

(2) Ist vereinbart, dass das Schiff zu einem bestimmten Termin oder innerhalb einer bestimmten Frist bereitgestellt werden soll, so kann der Zeitcharterer ohne Fristsetzung vom Vertrag zurücktreten, wenn die Vereinbarung nicht erfüllt wird oder offensichtlich ist, dass sie nicht erfüllt werden wird.

§ 560 Erhaltung des vertragsgemäßen Zustands des Schiffes

[1]Der Zeitvercharterer hat das Schiff während der Dauer des Zeitchartervertrags in einem zum vertragsgemäßen Gebrauch geeigneten Zustand zu erhalten. [2]Er hat insbesondere dafür zu sorgen, dass das Schiff seetüchtig und, wenn das Schiff zur Beförderung von Gütern verwendet wird, ladungstüchtig ist.

§ 561 Verwendung des Schiffes

(1) Der <u>Zeitcharterer</u> bestimmt über die <u>Verwendung</u> des Schiffes. Er ist verpflichtet, mit der <u>gebotenen</u> <u>Sorgfalt</u> einen <u>sicheren Hafen</u> oder <u>Liegeplatz</u> auszuwählen, wenn er den Zeitvercharterer anweist, einen bestimmten Hafen oder Liegeplatz anzulaufen.

(2) Der <u>Zeitvercharterer</u> ist für die <u>Führung</u> und die <u>sonstige Bedienung</u> des Schiffes <u>verantwortlich</u>.

(3) Der <u>Zeitcharterer</u> ist <u>berechtigt</u>, das <u>Schiff</u> <u>an</u> einen <u>Dritten</u> zu <u>verchartern</u>.

§ 562 Unterrichtungspflichten

<u>Zeitvercharterer und Zeitcharterer</u> sind verpflichtet, sich <u>gegenseitig</u> über <u>alle das Schiff</u> <u>und</u> die <u>Reisen betreffenden Umstände</u> von Bedeutung <u>zu unterrichten</u>.

§ 563 Verladen und Löschen

(1) Der <u>Zeitcharterer</u> hat, wenn das <u>Schiff zur Beförderung von Gütern</u> verwendet wird, diese zu <u>verladen</u> und zu <u>löschen</u>.

(2) Der Zeitvercharterer hat dafür zu sorgen, dass die <u>Verladung</u> die <u>Seetüchtigkeit</u> des Schiffes <u>nicht beeinträchtigt</u>.

§ 564 Kosten für den Betrieb des Schiffes

(1) Der <u>Zeitvercharterer</u> hat die <u>fixen Kosten des Schiffsbetriebs</u> zu <u>tragen</u>, insbesondere die Kosten der Besatzung, Ausrüstung, Unterhaltung und Versicherung des Schiffes.

(2) [1]Der <u>Zeitcharterer</u> hat die <u>variablen Kosten des Schiffsbetriebs</u> zu <u>tragen</u>, insbesondere Hafengebühren, Lotsengelder, Schlepperhilfen und Prämien für eine weiter gehende Versicherung des Schiffes. [2]Der Zeitcharterer hat ferner den für den Betrieb des Schiffes erforderlichen Treibstoff in handelsüblicher Qualität zu beschaffen.

§ 565 Zeitfracht

(1) Die Zeitfracht ist <u>mangels anderer Vereinbarung</u> <u>halbmonatlich</u> <u>im Voraus</u> zu zahlen.

(2) [1]Die <u>Pflicht zur Zahlung</u> der Zeitfracht <u>entfällt</u> für die Zeit, in der das <u>Schiff infolge von Mängeln oder</u> <u>sonstigen Umständen</u>, die dem <u>Risikobereich des Zeitvercharterers</u> zuzurechnen sind, dem <u>Zeitcharterer nicht</u> <u>zur vertragsgemäßen Verwendung</u> zur Verfügung steht. [2]Ist die vertragsgemäße Verwendung des Schiffes gemindert, ist eine angemessen herabgesetzte Zeitfracht zu zahlen.

§ 566 Pfandrecht des Zeitvercharterers

(1) [1]Der <u>Zeitvercharterer hat</u> für seine Forderungen aus dem Zeitchartervertrag ein <u>Pfandrecht an den an</u> <u>Bord des Schiffes befindlichen Sachen</u> einschließlich des Treibstoffs, soweit diese Sachen im Eigentum des Zeitcharterers stehen. [2]Die für den gutgläubigen Erwerb des Eigentums geltenden §§ 932, 934 und 935 des Bürgerlichen Gesetzbuchs sind nicht anzuwenden.

(2) [1]Der Zeitvercharterer hat ferner für seine Forderungen aus dem Zeitchartervertrag ein <u>Pfandrecht an den</u> <u>Forderungen des Zeitcharterers aus von diesem abgeschlossenen Fracht- und Unterzeitcharterverträgen</u>, die mit dem Schiff erfüllt werden. [2]Der Schuldner der Forderung kann, sobald er Kenntnis von dem Pfandrecht

hat, nur an den Zeitvercharterer leisten. [3]Er ist jedoch zur Hinterlegung berechtigt, solange ihm der Zeitcharterer das Pfandrecht nicht anzeigt.

(3) Abweichend von den Absätzen 1 und 2 hat der Zeitvercharterer kein Pfandrecht für künftige Entschädigungsforderungen sowie für nicht fällige Ansprüche auf Zeitfracht.

§ 567 Pflichtverletzung

Verletzt eine Partei des Zeitchartervertrags eine Pflicht aus diesem Vertrag, so bestimmen sich die Rechtsfolgen nach den allgemeinen für Schuldverhältnisse geltenden Vorschriften des Bürgerlichen Gesetzbuchs, soweit nicht in diesem Unterabschnitt etwas anderes bestimmt ist.

§ 568 Zurückbehaltungsrecht

Der Zeitvercharterer kann die von ihm geschuldeten Leistungen, einschließlich der Einnahme von Gut und der Ausstellung von Konnossementen, verweigern, solange der Zeitcharterer einen fälligen Anspruch auf Zeitfracht nicht erfüllt.

§ 569 Rückgabe des Schiffes

(1) Nach Beendigung des Vertragsverhältnisses hat der Zeitcharterer das Schiff am vereinbarten Ort zurückzugeben.

(2) [1]Wird das Vertragsverhältnis durch eine außerordentliche Kündigung beendet, so hat der Zeitcharterer abweichend von Absatz 1 das Schiff dort zurückzugeben, wo es sich in dem Zeitpunkt befindet, in dem die Kündigung wirksam wird. [2]Die Partei, die den Grund für die außerordentliche Kündigung zu vertreten hat, hat jedoch der anderen Partei den durch die vorzeitige Beendigung des Vertragsverhältnisses entstandenen Schaden zu ersetzen.

Vierter Abschnitt

Schiffsnotlagen

Erster Unterabschnitt

Schiffszusammenstoß

§ 570 Schadensersatzpflicht

[1]Im Falle eines Zusammenstoßes von Seeschiffen haftet der Reeder des Schiffes, das den Zusammenstoß verursacht hat, für den Schaden, der durch den Zusammenstoß an dem anderen Schiff und den an Bord der Schiffe befindlichen Personen und Sachen verursacht wurde. [2]Die Ersatzpflicht tritt jedoch nur ein, wenn den Reeder jenes Schiffes oder eine in § 480 genannte Person ein Verschulden trifft.

§ 571 Mitverschulden

(1) [1]Sind die Reeder mehrerer am Zusammenstoß beteiligter Schiffe zum Schadensersatz verpflichtet, so bestimmt sich der Umfang des von einem Reeder zu leistenden Ersatzes nach dem Verhältnis der Schwere

seines Verschuldens zu dem der anderen Reeder. [2]Kann ein solches Verhältnis nicht festgesetzt werden, so haften die Reeder zu gleichen Teilen.

(2) [1]Abweichend von Absatz 1 haften die Reeder mehrerer am Zusammenstoß beteiligter Schiffe für den Schaden, der durch den Tod oder die Körperverletzung einer an Bord befindlichen Person entsteht, als Gesamtschuldner. [2]Im Verhältnis zueinander sind die Reeder nach Maßgabe des Absatzes 1 verpflichtet.

§ 572 Fernschädigung

Fügt ein Schiff durch Ausführung oder Unterlassung eines Manövers oder durch Nichtbeachtung einer Schifffahrtsregel einem anderen Schiff oder den an Bord der Schiffe befindlichen Personen oder Sachen einen Schaden zu, ohne dass ein Zusammenstoß stattfindet, so sind die §§ 570 und 571 entsprechend anzuwenden.

§ 573 Beteiligung eines Binnenschiffs

Die Vorschriften dieses Unterabschnitts sind entsprechend anzuwenden, wenn an dem Unfall ein Binnenschiff beteiligt ist.

Zweiter Unterabschnitt

Bergung

§ 574 Pflichten des Bergers und sonstiger Personen

(1) Berger ist, wer folgenden Schiffen oder Vermögensgegenständen Hilfe leistet:

1. einem in Seegewässern in Gefahr befindlichen See- oder Binnenschiff oder sonstigen Vermögensgegenstand,
2. einem in Binnengewässern in Gefahr befindlichen Seeschiff oder
3. einem in Binnengewässern in Gefahr befindlichen Binnenschiff oder sonstigen Vermögensgegenstand, wenn ihm von einem Seeschiff aus Hilfe geleistet wird.

(2) [1]Als Schiff im Sinne von Absatz 1 ist auch ein schwimmendes Gerät oder schwimmfähiges Bauwerk anzusehen. Vermögensgegenstand im Sinne von Absatz 1 ist auch ein gefährdeter Anspruch auf Fracht. [2]Nicht als Schiff oder Vermögensgegenstand im Sinne von Absatz 1 gelten dagegen

1. eine auf Dauer und absichtlich an der Küste oder am Ufer befestigte Sache sowie
2. eine feste oder schwimmende Plattform oder eine der Küste vorgelagerte bewegliche Bohreinrichtung, die sich zur Erforschung, Ausbeutung oder Gewinnung mineralischer Ressourcen des Meeresbodens vor Ort im Einsatz befindet.

(3) Der Berger ist gegenüber den Eigentümern des Schiffes sowie der sonstigen Vermögensgegenstände, denen er Hilfe leistet, verpflichtet, die Leistung mit der gebotenen Sorgfalt durchzuführen, andere Berger um Unterstützung zu bitten, wenn die Umstände dies bei vernünftiger Betrachtungsweise erfordern, und das Eingreifen anderer Berger hinzunehmen, wenn von dem Schiffer oder Kapitän oder dem Eigentümer des in Gefahr befindlichen Schiffes oder dem Eigentümer des sonstigen in Gefahr befindlichen Vermögensgegenstands vernünftigerweise darum ersucht wird.

(4) [1]Der Eigentümer und der Schiffer oder Kapitän eines in Gefahr befindlichen Schiffes sowie der Eigentümer eines sonstigen in Gefahr befindlichen Vermögensgegenstands sind gegenüber dem Berger verpflichtet, mit diesem während der Bergungsmaßnahmen in jeder Hinsicht zusammenzuarbeiten. [2]Wurde das Schiff oder ein sonstiger Vermögensgegenstand in Sicherheit gebracht, so sind die in Satz 1 genannten Personen auf vernünftiges Ersuchen des Bergers auch verpflichtet, das Schiff oder den sonstigen Vermögensgegenstand zurückzunehmen.

§ 575 Verhütung oder Begrenzung von Umweltschäden

(1) [1]Der Berger ist gegenüber dem Eigentümer des in Gefahr befindlichen Schiffes sowie gegenüber dem Eigentümer eines sonstigen in Gefahr befindlichen Vermögensgegenstands verpflichtet, während der Bergungsmaßnahmen die gebotene Sorgfalt anzuwenden, um Umweltschäden zu verhüten oder zu begrenzen. [2]Die gleiche Pflicht trifft den Eigentümer und den Schiffer oder Kapitän des in Gefahr befindlichen Schiffes sowie den Eigentümer eines sonstigen in Gefahr befindlichen Vermögensgegenstands gegenüber dem Berger. [3]Eine abweichende Vereinbarung ist nichtig.

(2) Ein Umweltschaden ist eine erhebliche physische Schädigung der menschlichen Gesundheit oder der Tier- und Pflanzenwelt des Meeres oder der Meeresressourcen in Küsten- und Binnengewässern oder angrenzenden Gebieten, die durch Verschmutzung, Verseuchung, Feuer, Explosion oder ähnliche schwerwiegende Ereignisse verursacht wird.

§ 576 Bergelohnanspruch

(1) [1]Sind die Bergungsmaßnahmen erfolgreich, hat der Berger einen Anspruch auf Zahlung eines Bergelohns. [2]Der Anspruch besteht auch dann, wenn sowohl das geborgene Schiff als auch das Schiff, von dem aus die Bergungsmaßnahmen durchgeführt wurden, demselben Eigentümer gehören.

(2) [1]Der Bergelohn umfasst zugleich den Ersatz der Aufwendungen, die zum Zweck des Bergens gemacht wurden. [2]Nicht im Bergelohn enthalten sind Kosten und Gebühren der Behörden, zu entrichtende Zölle und sonstige Abgaben, Kosten der Aufbewahrung, Erhaltung, Abschätzung und Veräußerung der geborgenen Gegenstände (Bergungskosten).

(3) Zur Zahlung des Bergelohns und der Bergungskosten sind der Schiffseigentümer sowie die Eigentümer der sonstigen geborgenen Vermögensgegenstände im Verhältnis des Wertes des Schiffes und der Vermögensgegenstände zueinander anteilig verpflichtet.

§ 577 Höhe des Bergelohns

(1) [1]Bergelohn ist, wenn die Parteien seine Höhe nicht vereinbart haben, so festzusetzen, dass er einen Anreiz für Bergungsmaßnahmen schafft. [2]Bei der Festsetzung sind zugleich die folgenden Kriterien ohne Rücksicht auf die nachstehend aufgeführte Reihenfolge zu berücksichtigen:

1. der Wert des geborgenen Schiffes und der sonstigen geborgenen Vermögensgegenstände;
2. die Sachkunde und die Anstrengungen des Bergers in Bezug auf die Verhütung oder Begrenzung von Umweltschäden (§ 575 Absatz 2);
3. das Ausmaß des vom Berger erzielten Erfolgs;

4. Art und Erheblichkeit der Gefahr;

5. die Sachkunde und die Anstrengungen des Bergers in Bezug auf die Bergung des Schiffes und der sonstigen Vermögensgegenstände sowie auf die Rettung von Menschenleben;

6. die vom Berger aufgewendete Zeit sowie die ihm entstandenen Unkosten und Verluste;

7. die Haftungs- oder sonstige Gefahr, der der Berger oder seine Ausrüstung ausgesetzt war;

8. die Unverzüglichkeit, mit der die Leistungen erbracht wurden;

9. die Verfügbarkeit und der Einsatz von Schiffen oder anderen Ausrüstungsgegenständen, die für Bergungsmaßnahmen bestimmt waren;

10. die Einsatzbereitschaft und Tauglichkeit der Ausrüstung des Bergers sowie deren Wert.

(2) Der Bergelohn ohne Zinsen, Bergungskosten und erstattungsfähige Verfahrenskosten darf den Wert des geborgenen Schiffes und der sonstigen geborgenen Vermögensgegenstände nicht übersteigen.

§ 578 Sondervergütung

(1) [1]Hat der Berger <u>Bergungsmaßnahmen für ein Schiff durchgeführt</u>, das als solches oder durch seine Ladung eine Gefahr für die Umwelt darstellte, so kann er von dem Eigentümer des Schiffes die Zahlung einer Sondervergütung verlangen, soweit diese den Bergelohn übersteigt, der dem Berger zusteht. [2]Der Anspruch auf Sondervergütung besteht auch dann, wenn das geborgene Schiff und das Schiff, von dem aus die Bergungsmaßnahmen durchgeführt wurden, demselben Eigentümer gehören.

(2) [1]Die Sondervergütung entspricht den dem Berger <u>entstandenen Unkosten</u>. [2]Unkosten im Sinne von Satz 1 sind die im Rahmen der Bergungsmaßnahmen vernünftigerweise aufgewendeten Auslagen sowie ein angemessener Betrag für Ausrüstung und Personal, die tatsächlich und vernünftigerweise für die Bergungsmaßnahme eingesetzt worden sind. [3]Bei der Bestimmung der Angemessenheit des für Ausrüstung und Personal anzusetzenden Betrages sind die in § 577 Absatz 1 Satz 2 Nummer 8 bis 10 genannten Kriterien zu berücksichtigen.

(3) [1]Hat der Berger <u>durch</u> seine <u>Bergungsmaßnahmen</u> einen <u>Umweltschaden</u> (§ 575 Absatz 2) <u>verhütet oder begrenzt</u>, so kann die nach Absatz 2 festzusetzende Sondervergütung um bis zu 30 Prozent erhöht werden. [2]Abweichend von Satz 1 kann die Sondervergütung unter Berücksichtigung der in § 577 Absatz 1 Satz 2 genannten Kriterien um bis zu 100 Prozent erhöht werden, wenn dies billig und gerecht erscheint.

§ 579 Ausschluss des Vergütungsanspruchs

(1) Der Berger kann für durchgeführte Bergungsmaßnahmen keine Vergütung nach den Vorschriften dieses Unterabschnitts verlangen, soweit die Maßnahmen nicht über das hinausgehen, was bei vernünftiger Betrachtung als ordnungsgemäße Erfüllung eines vor Eintritt der Gefahr eingegangenen Vertrags angesehen werden kann.

(2) Der Berger kann ferner dann keine Vergütung nach den Vorschriften dieses Unterabschnitts verlangen, wenn er entgegen dem ausdrücklichen und vernünftigen Verbot des Eigentümers, Schiffers oder Kapitäns des Schiffes oder des Eigentümers eines sonstigen in Gefahr befindlichen Vermögensgegenstands, der sich nicht an Bord des Schiffes befindet oder befunden hat, Bergungsmaßnahmen durchführt.

§ 580 Fehlverhalten des Bergers

(1) Der Bergelohn kann herabgesetzt oder gänzlich versagt werden, wenn Bergungsmaßnahmen durch Verschulden des Bergers notwendig oder schwieriger geworden sind oder wenn sich der Berger des Betrugs oder eines anderen unredlichen Verhaltens schuldig gemacht hat.

(2) Die Sondervergütung kann ganz oder teilweise versagt werden, wenn einer der in Absatz 1 genannten Gründe vorliegt oder wenn der Berger nachlässig gehandelt und es dadurch versäumt hat, Umweltschäden (§ 575 Absatz 2) zu verhüten oder zu begrenzen.

§ 581 Ausgleichsanspruch

(1) Wird ein Schiff oder dessen Ladung ganz oder teilweise von einem anderen Schiff geborgen, so wird der Bergelohn oder die Sondervergütung zwischen dem Schiffseigner oder Reeder, dem Schiffer oder Kapitän und der übrigen Besatzung des anderen Schiffes in der Weise verteilt, dass zunächst dem Schiffseigner oder Reeder die Schäden am Schiff und die Unkosten ersetzt werden und dass von dem Rest der Schiffseigner oder Reeder zwei Drittel, der Schiffer oder Kapitän und die übrige Besatzung je ein Sechstel erhalten.

(2) [1]Der auf die Schiffsbesatzung mit Ausnahme des Schiffers oder Kapitäns entfallende Betrag wird unter besonderer Berücksichtigung der sachlichen und persönlichen Leistungen eines jeden Mitglieds der Schiffsbesatzung verteilt. [2]Die Verteilung erfolgt durch den Schiffer oder Kapitän mittels eines Verteilungsplans. [3]Darin wird der Bruchteil festgesetzt, der jedem Beteiligten zukommt. [4]Der Verteilungsplan ist vor Beendigung der Reise der Besatzung bekannt zu geben.

(3) Von den Absätzen 1 und 2 abweichende Vereinbarungen zu Lasten des Schiffers oder Kapitäns oder der übrigen Schiffsbesatzung sind nichtig.

(4) Die Absätze 1 bis 3 sind nicht anzuwenden, wenn die Bergungsmaßnahmen von einem Bergungs- oder Schleppschiff aus durchgeführt werden.

§ 582 Mehrheit von Bergern

(1) [1]Wirken mehrere Berger an der Bergung mit, so kann jeder Berger nur einen Anteil am Bergelohn verlangen. [2]Auf die Bestimmung des Verhältnisses der Anteile der Berger am Bergelohn zueinander ist § 577 Absatz 1 entsprechend anzuwenden; § 581 bleibt unberührt.

(2) Abweichend von Absatz 1 kann jedoch ein Berger Bergelohn in voller Höhe verlangen, wenn er das Eingreifen der anderen Berger auf Ersuchen des Eigentümers des in Gefahr befindlichen Schiffes oder eines sonstigen in Gefahr befindlichen Vermögensgegenstands hingenommen hat und sich das Ersuchen als nicht vernünftig erweist.

§ 583 Rettung von Menschen

(1) Menschen, denen das Leben gerettet worden ist, haben weder einen Bergelohn noch eine Sondervergütung zu entrichten.

(2) [1]Abweichend von Absatz 1 kann derjenige, der bei Bergungsmaßnahmen Handlungen zur Rettung von Menschenleben unternimmt, von dem Berger, dem für die Bergung des Schiffes oder eines sonstigen Vermögensgegenstands oder für die Verhütung oder Begrenzung von Umweltschäden (§ 575 Absatz 2) nach den

Vorschriften dieses Unterabschnitts eine Vergütung zusteht, einen angemessenen Anteil an der Vergütung verlangen. [2]Steht dem Berger aus den in § 580 genannten Gründen keine oder nur eine verminderte Vergütung zu, kann der Anspruch auf einen angemessenen Anteil an der Vergütung in Höhe des Betrags, um den sich der Anteil mindert, unmittelbar gegen die Eigentümer des geborgenen Schiffes und der sonstigen geborgenen Vermögensgegenstände geltend gemacht werden; § 576 Absatz 3 ist entsprechend anzuwenden.

§ 584 Abschluss und Inhaltskontrolle eines Bergungsvertrags

(1) [1]Sowohl der Eigentümer als auch der Schiffer oder Kapitän des in Gefahr befindlichen Schiffes sind berechtigt, im Namen der Eigentümer der an Bord des Schiffes befindlichen Vermögensgegenstände Verträge über Bergungsmaßnahmen abzuschließen. [2]Der Schiffer oder Kapitän dieses Schiffes ist darüber hinaus berechtigt, auch im Namen des Schiffseigentümers Verträge über Bergungsmaßnahmen abzuschließen.

(2) Der Bergungsvertrag oder einzelne seiner Bestimmungen können auf Antrag durch Urteil für nichtig erklärt oder abgeändert werden, wenn

1. der Vertrag infolge unzulässiger Beeinflussung oder unter dem Einfluss der Gefahr eingegangen worden ist und seine Bestimmungen unbillig sind oder

2. die vertraglich vereinbarte Vergütung im Verhältnis zu den tatsächlich erbrachten Leistungen übermäßig hoch oder übermäßig gering ist.

§ 585 Pfandrecht. Zurückbehaltungsrecht

(1) Der Gläubiger einer Forderung auf Bergelohn, auf Sondervergütung oder auf Bergungskosten hat nach § 596 Absatz 1 Nummer 4 für seine Forderung die Rechte eines Schiffsgläubigers an dem geborgenen Schiff.

(2) An den übrigen geborgenen Sachen steht dem Gläubiger für seine Forderung auf Bergelohn oder Bergungskosten ein Pfandrecht zu und, soweit der Gläubiger Alleinbesitzer der Sache ist, auch ein Zurückbehaltungsrecht.

(3) Der Gläubiger darf das nach Absatz 1 oder 2 gewährte Pfandrecht und Zurückbehaltungsrecht nicht geltend machen oder ausüben,

1. wenn ihm für seine Forderung einschließlich Zinsen und Kosten ausreichende Sicherheit in gehöriger Weise angeboten oder geleistet worden ist,

2. soweit das geborgene Schiff oder die sonstige geborgene Sache einem Staat gehört oder, im Falle eines Schiffes, von einem Staat betrieben wird, und das Schiff oder die sonstige Sache nichtgewerblichen Zwecken dient und im Zeitpunkt der Bergungsmaßnahmen nach den allgemein anerkannten Grundsätzen des Völkerrechts Staatenimmunität genießt,

3. soweit es sich um geborgene Ladung handelt, die von einem Staat für humanitäre Zwecke gespendet wurde, vorausgesetzt, der Staat hat sich bereit erklärt, die im Hinblick auf diese Ladung erbrachten Bergungsleistungen zu bezahlen.

§ 586 Rangfolge der Pfandrechte

(1) Pfandrechte an den geborgenen Sachen nach § 585 Absatz 2 haben den Vorrang vor allen anderen an den Sachen begründeten Pfandrechten, auch wenn diese früher entstanden sind.

(2) ¹Bestehen an einer Sache mehrere Pfandrechte nach § 585 Absatz 2, so geht das Pfandrecht für die später entstandene Forderung dem für die früher entstandene Forderung vor; Pfandrechte für gleichzeitig entstandene Forderungen sind gleichberechtigt; § 603 Absatz 3 gilt entsprechend. ²Das Gleiche gilt im Verhältnis eines Pfandrechts nach § 585 Absatz 2 zu einem wegen desselben Ereignisses begründeten Pfandrechts für eine Forderung auf einen Beitrag zur Großen Haverei nach § 594 Absatz 1.

(3) Pfandrechte an den geborgenen Sachen nach § 585 Absatz 2 erlöschen ein Jahr nach Entstehung der Forderung; § 600 Absatz 2 gilt entsprechend.

(4) ¹Die Befriedigung des Gläubigers aus den geborgenen Sachen wegen des Pfandrechts nach § 585 Absatz 2 erfolgt nach den für die Zwangsvollstreckung geltenden Vorschriften. ²Die Klage ist bei Sachen, die noch nicht ausgeliefert sind, gegen den Schiffer oder Kapitän zu richten; das gegen den Schiffer oder Kapitän ergangene Urteil ist auch gegenüber dem Eigentümer wirksam.

§ 587 Sicherheitsleistung

(1) ¹Der Berger kann für seine Forderung auf Bergelohn oder Sondervergütung einschließlich Zinsen und Kosten von dem Schuldner die Leistung einer ausreichenden Sicherheit verlangen. ²Satz 1 gilt jedoch nicht, wenn die Bergungsmaßnahmen für ein Schiff durchgeführt wurden, das einem Staat gehört oder von ihm betrieben wird, nichtgewerblichen Zwecken dient und im Zeitpunkt der Bergungsmaßnahmen nach den allgemein anerkannten Grundsätzen des Völkerrechts Staatenimmunität genießt.

(2) Der Eigentümer des geborgenen Schiffes hat unbeschadet des Absatzes 1 nach besten Kräften sicherzustellen, dass die Eigentümer der Ladung eine ausreichende Sicherheit für die gegen sie gerichteten Forderungen einschließlich Zinsen und Kosten leisten, bevor die Ladung freigegeben wird.

(3) Das geborgene Schiff und die sonstigen geborgenen Sachen dürfen vor Befriedigung oder Sicherstellung der Forderungen des Bergers nicht ohne dessen Zustimmung von dem Hafen oder Ort entfernt werden, den sie nach Beendigung der Bergungsmaßnahmen zuerst erreicht haben.

(4) ¹Liefert der Schiffer oder Kapitän entgegen Absatz 3 geborgene Ladung aus, so haftet er für den Schaden, der durch sein Verschulden dem Berger entsteht. ²Dies gilt auch dann, wenn der Schiffer auf Anweisung des Schiffseigners oder der Kapitän auf Anweisung des Reeders gehandelt hat.

Dritter Unterabschnitt
Große Haverei

§ 588 Errettung aus gemeinsamer Gefahr

(1) Werden das Schiff, der Treibstoff, die Ladung oder mehrere dieser Sachen zur Errettung aus einer gemeinsamen Gefahr auf Anordnung des Kapitäns vorsätzlich beschädigt oder aufgeopfert oder werden zu diesem Zweck auf Anordnung des Kapitäns Aufwendungen gemacht (Große Haverei), so werden die hierdurch entstandenen Schäden und Aufwendungen von den Beteiligten gemeinschaftlich getragen.

(2) Beteiligter ist derjenige, der im Zeitpunkt des Havereifalls Eigentümer des Schiffes oder Eigentümer des Treibstoffs ist oder der die Gefahr trägt, dass ein zur Ladung gehörendes Frachtstück oder eine Frachtforderung untergeht.

§ 589 Verschulden eines Beteiligten oder eines Dritten

(1) [1]Die Anwendung der Vorschriften über die Große Haverei wird nicht dadurch ausgeschlossen, dass die Gefahr durch Verschulden eines Beteiligten oder eines Dritten herbeigeführt ist. [2]Der Beteiligte, dem ein solches Verschulden zur Last fällt, kann jedoch wegen eines ihm entstandenen Schadens keine Vergütung verlangen.

(2) Ist die Gefahr durch ein Verschulden eines Beteiligten herbeigeführt worden, so ist dieser den Beitragspflichtigen zum Ersatz des Schadens verpflichtet, den sie dadurch erleiden, dass sie die Schäden und Aufwendungen, die zur Errettung aus der Gefahr entstanden sind, gemeinschaftlich tragen müssen.

§ 590 Bemessung der Vergütung

(1) Die Vergütung für die Aufopferung des Schiffes, dessen Zubehörs, des Treibstoffs und der zur Ladung gehörenden Frachtstücke bemisst sich nach dem Verkehrswert, den die Sachen am Ort und zur Zeit der Beendigung der Reise gehabt hätten.

(2) [1]Die Vergütung für die Beschädigung der in Absatz 1 genannten Sachen bemisst sich nach dem Unterschied zwischen dem Verkehrswert der beschädigten Sachen am Ort und zur Zeit der Beendigung der Reise und dem Verkehrswert, den die Sachen in unbeschädigtem Zustand an diesem Ort und zu dieser Zeit gehabt hätten. [2]Sind Sachen nach dem Havereifall repariert worden, so wird vermutet, dass die für eine Reparatur der Sachen aufgewendeten Kosten dem Wertverlust entsprechen.

(3) Die Vergütung für den Untergang einer Frachtforderung bemisst sich nach dem Betrag, der dem Verfrachter infolge der Großen Haverei nicht geschuldet ist.

(4) War die aufgeopferte oder beschädigte Sache unmittelbar vor Beginn der Reise Gegenstand eines Kaufvertrags, so wird vermutet, dass der in der Rechnung des Verkäufers ausgewiesene Kaufpreis der Verkehrswert dieser Sache ist.

§ 591 Beitrag

(1) Die Beteiligten, mit Ausnahme der Schiffsbesatzung und der Fahrgäste, haben zur Zahlung der Vergütung einen Beitrag zu leisten.

(2) [1]Die Beiträge zur Großen Haverei bemessen sich nach dem Wert der Gegenstände, die sich in gemeinsamer Gefahr befanden. [2]Maßgebend für den Wert des Schiffes, des Treibstoffs und der zur Ladung gehörenden Frachtstücke ist der Verkehrswert am Ende der Reise zuzüglich einer etwaigen Vergütung für eine Beschädigung oder Aufopferung der betreffenden Sache in Großer Haverei. [3]Maßgebend für den Wert einer Frachtforderung ist der Bruttobetrag der am Ende der Reise geschuldeten Fracht zuzüglich einer etwaigen Vergütung für einen Untergang der Frachtforderung wegen Havereimaßnahmen.

§ 592 Verteilung

(1) [1]Die Höhe der Vergütung, die ein Beteiligter wegen der Aufopferung oder Beschädigung eines ihm nach § 588 Absatz 2 zuzurechnenden Gegenstands beanspruchen kann, sowie die Höhe des Beitrags, den ein Beteiligter zu zahlen hat, bestimmen sich nach dem Verhältnis der gesamten, allen Beteiligten zustehenden

Vergütung zu der Summe der von allen Beteiligten zu leistenden Beiträge. [2]Liegt ein nach § 590 ermittelter anteiliger Wertverlust über dem nach Satz 1 errechneten Anteil, so hat der von dem Wertverlust betroffene Beteiligte in Höhe der Differenz Anspruch auf eine Vergütung. [3]Liegt ein nach § 590 ermittelter anteiliger Wertverlust unter dem nach Satz 1 errechneten Anteil, muss der von dem Wertverlust betroffene Beteiligte in Höhe der Differenz einen Beitrag zahlen.

(2) Jeder Beitragspflichtige haftet jedoch nur bis zur Höhe des Wertes des geretteten Gegenstands, der ihm nach § 588 Absatz 2 zuzurechnen ist.

§ 593 Schiffsgläubigerrecht

Die Vergütungsberechtigten haben nach § 596 Absatz 1 Nummer 4 für ihre Beitragsforderungen gegen den Eigentümer des Schiffes sowie den Gläubiger der Fracht die Rechte eines Schiffsgläubigers an dem Schiff.

§ 594 Pfandrecht der Vergütungsberechtigten. Nichtauslieferung

(1) Die Vergütungsberechtigten haben für ihre Beitragsforderungen ein Pfandrecht an dem Treibstoff und der Ladung der Beitragspflichtigen.

(2) [1]Das Pfandrecht hat Vorrang vor allen anderen an diesen Sachen begründeten Pfandrechten, auch wenn diese früher entstanden sind. [2]Bestehen an einer Sache mehrere Pfandrechte nach Absatz 1 oder besteht an einer Sache auch ein Pfandrecht nach § 585 Absatz 2, so geht das Pfandrecht für die später entstandene Forderung dem für die früher entstandene Forderung vor. [3]Pfandrechte für gleichzeitig entstandene Forderungen sind gleichberechtigt. [4]§ 603 Absatz 3 ist entsprechend anzuwenden.

(3) [1]Pfandrechte nach Absatz 1 erlöschen ein Jahr nach Entstehung der Forderung. [2]§ 600 Absatz 2 ist entsprechend anzuwenden.

(4) [1]Das Pfandrecht wird für die Vergütungsberechtigten durch den Reeder ausgeübt. [2]Auf die Geltendmachung des Pfandrechts an der Ladung sind die §§ 368 und 495 Absatz 4 entsprechend anzuwenden.

(5) [1]Der Kapitän darf die Sachen, an denen Pfandrechte nach Absatz 1 bestehen, vor der Berichtigung oder Sicherstellung der Beiträge nicht ausliefern. [2]Liefert der Kapitän die Sachen entgegen Satz 1 aus, so haftet er für den Schaden, der den Vergütungsberechtigten durch sein Verschulden entsteht. [3]Dies gilt auch dann, wenn der Kapitän auf Anweisung des Reeders gehandelt hat.

§ 595 Aufmachung der Dispache

(1) [1]Jeder Beteiligte ist berechtigt, die Aufmachung der Dispache am Bestimmungsort oder, wenn dieser nicht erreicht wird, in dem Hafen, in dem die Reise endet, zu veranlassen. [2]Wurde Treibstoff oder Ladung vorsätzlich beschädigt oder aufgeopfert, ist der Reeder verpflichtet, die Aufmachung der Dispache an dem in Satz 1 genannten Ort unverzüglich zu veranlassen; unterlässt er dies, so ist er den Beteiligten für den daraus entstehenden Schaden verantwortlich.

(2) Die Dispache wird durch einen öffentlich bestellten Sachverständigen oder eine vom Gericht besonders ernannte sachverständige Person (Dispacheur) aufgemacht.

(3) Jeder Beteiligte hat die in seinen Händen befindlichen Urkunden, die zur Aufmachung der Dispache erforderlich sind, dem Dispacheur zur Verfügung zu stellen.

Fünfter Abschnitt
Schiffsgläubiger

§ 596 Gesicherte Forderungen

(1) Die Gläubiger folgender Forderungen haben die Rechte eines Schiffsgläubigers:

1. Heuerforderungen des Kapitäns und der übrigen Personen der Schiffsbesatzung;
2. öffentliche Schiffs-, Schifffahrts- und Hafenabgaben sowie Lotsgelder;
3. Schadensersatzforderungen wegen der Tötung oder Verletzung von Menschen sowie wegen des Verlusts oder der Beschädigung von Sachen, sofern diese Forderungen aus der Verwendung des Schiffes entstanden sind; ausgenommen sind jedoch Forderungen wegen des Verlusts oder der Beschädigung von Sachen, wenn die Forderungen aus einem Vertrag hergeleitet werden oder auch aus einem Vertrag hergeleitet werden können;
4. Forderungen auf Bergelohn, auf Sondervergütung und auf Bergungskosten; Forderungen gegen den Eigentümer des Schiffes und gegen den Gläubiger der Fracht auf einen Beitrag zur Großen Haverei; Forderungen wegen der Beseitigung des Wracks;
5. Forderungen der Träger der Sozialversicherung einschließlich der Arbeitslosenversicherung gegen den Reeder.

(2) Absatz 1 Nummer 3 ist nicht auf Ansprüche anzuwenden, die auf die radioaktiven Eigenschaften oder eine Verbindung der radioaktiven Eigenschaften mit giftigen, explosiven oder sonstigen gefährlichen Eigenschaften von Kernbrennstoffen oder radioaktiven Erzeugnissen oder Abfällen zurückzuführen sind.

§ 597 Pfandrecht der Schiffsgläubiger

(1) ¹Die Schiffsgläubiger haben für ihre Forderungen ein gesetzliches Pfandrecht an dem Schiff. ²Das Pfandrecht kann gegen jeden Besitzer des Schiffes verfolgt werden.

(2) Das Schiff haftet auch für die gesetzlichen Zinsen der Forderungen sowie für die Kosten der die Befriedigung aus dem Schiff bezweckenden Rechtsverfolgung.

§ 598 Gegenstand des Pfandrechts der Schiffsgläubiger

(1) Das Pfandrecht der Schiffsgläubiger erstreckt sich auf das Zubehör des Schiffes mit Ausnahme der Zubehörstücke, die nicht in das Eigentum des Schiffseigentümers gelangt sind.

(2) ¹Das Pfandrecht erstreckt sich auch auf einen Ersatzanspruch, der dem Reeder wegen des Verlusts oder der Beschädigung des Schiffes gegen einen Dritten zusteht. ²Das Gleiche gilt hinsichtlich der Vergütung für Schäden am Schiff in Fällen der Großen Haverei.

(3) Das Pfandrecht erstreckt sich nicht auf eine Forderung aus einer Versicherung, die der Reeder für das Schiff genommen hat.

§ 599 Erlöschen der Forderung

Erlischt die durch das Pfandrecht eines Schiffsgläubigers gesicherte Forderung, so erlischt auch das Pfandrecht.

§ 600 Zeitablauf

(1) Das <u>Pfandrecht eines Schiffsgläubigers</u> <u>erlischt</u> <u>ein Jahr nach Entstehung</u> der Forderung.

(2) [1]Das Pfandrecht <u>erlischt nicht, wenn</u> der Gläubiger innerhalb der Frist des Absatzes 1 die Beschlagnahme des Schiffes wegen des Pfandrechts erwirkt, sofern das Schiff später im Wege der Zwangsvollstreckung veräußert wird, ohne dass das Schiff in der Zwischenzeit von einer Beschlagnahme zugunsten dieses Gläubigers frei geworden ist. [2]Das Gleiche gilt für das Pfandrecht eines Gläubigers, der wegen seines Pfandrechts dem Zwangsvollstreckungsverfahren innerhalb dieser Frist beitritt.

(3) [1]Ein Zeitraum, währenddessen ein Gläubiger rechtlich daran gehindert ist, sich aus dem Schiff zu befriedigen, wird in die Frist nicht eingerechnet. [2]Eine Hemmung, eine Ablaufhemmung oder ein Neubeginn der Frist aus anderen Gründen ist ausgeschlossen.

§ 601 Befriedigung des Schiffsgläubigers

(1) Die Befriedigung des Schiffsgläubigers aus dem Schiff erfolgt nach den Vorschriften über die Zwangsvollstreckung.

(2) [1]Die Klage auf Duldung der Zwangsvollstreckung kann außer gegen den Eigentümer des Schiffes auch gegen den Ausrüster gerichtet werden. [2]Das gegen den Ausrüster gerichtete Urteil ist auch gegenüber dem Eigentümer wirksam.

(3) [1]Zugunsten des Schiffsgläubigers gilt als Eigentümer, wer im Schiffsregister als Eigentümer eingetragen ist. [2]Das Recht des nicht eingetragenen Eigentümers, die ihm gegen das Pfandrecht zustehenden Einwendungen geltend zu machen, bleibt unberührt.

§ 602 Vorrang der Pfandrechte der Schiffsgläubiger

Die Pfandrechte der Schiffsgläubiger haben Vorrang vor allen anderen Pfandrechten am Schiff. Sie haben Vorrang auch insoweit, als zoll- und steuerpflichtige Sachen nach gesetzlichen Vorschriften als Sicherheit für öffentliche Abgaben dienen.

§ 603 Allgemeine Rangordnung der Pfandrechte der Schiffsgläubiger

(1) Die Rangordnung der Pfandrechte der Schiffsgläubiger bestimmt sich nach der Reihenfolge der Nummern, unter denen die Forderungen in § 596 aufgeführt sind.

(2) Die Pfandrechte für die in § 596 Absatz 1 Nummer 4 aufgeführten Forderungen haben jedoch den Vorrang vor den Pfandrechten aller anderen Schiffsgläubiger, deren Forderungen früher entstanden sind.

(3) Beitragsforderungen zur Großen Haverei gelten als im Zeitpunkt des Havereifalls, Forderungen auf Bergelohn, auf Sondervergütung und auf Bergungskosten als im Zeitpunkt der Beendigung der Bergungsmaßnahmen und Forderungen wegen der Beseitigung des Wracks als im Zeitpunkt der Beendigung der Wrackbeseitigung entstanden.

§ 604 Rangordnung der Pfandrechte unter derselben Nummer

(1) Von den Pfandrechten für die in § 596 Absatz 1 Nummer 1 bis 3 und 5 aufgeführten Forderungen haben die Pfandrechte für die unter derselben Nummer genannten Forderungen ohne Rücksicht auf den Zeitpunkt ihrer Entstehung den gleichen Rang.

(2) Pfandrechte für die in § 596 Absatz 1 Nummer 3 aufgeführten Forderungen wegen Personenschäden gehen Pfandrechten für die unter derselben Nummer aufgeführten Forderungen wegen Sachschäden vor.

(3) [1]Von den Pfandrechten für die in § 596 Absatz 1 Nummer 4 aufgeführten Forderungen geht das für die später entstandene Forderung dem für die früher entstandene Forderung vor. [2]Pfandrechte wegen gleichzeitig entstandener Forderungen sind gleichberechtigt.

Sechster Abschnitt
Verjährung

§ 605 Einjährige Verjährungsfrist

Folgende Ansprüche verjähren in einem Jahr:

1. Ansprüche aus einem Seefrachtvertrag und aus einem Konnossement;
2. Ansprüche aus Schiffsüberlassungsverträgen;
3. Ansprüche auf Beiträge zur Großen Haverei;
4. Ansprüche, die den Reedern untereinander nach § 571 Absatz 2 zustehen.

§ 606 Zweijährige Verjährungsfrist

Folgende Ansprüche verjähren in zwei Jahren:

1. Schadensersatzansprüche wegen Tod oder Körperverletzung eines Fahrgasts oder wegen Verlust, Beschädigung oder verspäteter Aushändigung von Gepäck, soweit die Ansprüche den Vorschriften dieses Buches unterworfen sind;
2. Schadensersatzansprüche aus dem Zusammenstoß von Schiffen oder aus einem unter § 572 fallenden Ereignis;
3. Ansprüche auf Bergelohn, auf Sondervergütung und auf Bergungskosten;
4. Ansprüche wegen der Beseitigung eines Wracks.

§ 607 Beginn der Verjährungsfristen

(1) [1]Die Verjährungsfrist für die in § 605 Nummer 1 genannten Ansprüche beginnt mit dem Tag, an dem das Gut abgeliefert wurde, oder, wenn das Gut nicht abgeliefert wurde, mit dem Tag, an dem das Gut hätte abgeliefert werden müssen. [2]Handelt es sich um Ansprüche aus einem Reisefrachtvertrag, ist auf das Gut abzustellen, das am Ende der letzten Reise abgeliefert wurde oder hätte abgeliefert werden müssen.

(2) [1]Abweichend von Absatz 1 beginnt die Verjährungsfrist für Rückgriffsansprüche des Schuldners eines in § 605 Nummer 1 genannten Anspruchs mit dem Tag des Eintritts der Rechtskraft des Urteils gegen den Rückgriffsgläubiger oder, wenn kein rechtskräftiges Urteil vorliegt, mit dem Tag, an dem der Rückgriffsgläubiger den Anspruch befriedigt hat. [2]Satz 1 gilt nicht, wenn der Rückgriffsschuldner innerhalb von drei Monaten,

nachdem der Rückgriffsgläubiger Kenntnis von dem Schaden und der Person des Rückgriffsschuldners erlangt hat, nicht über diesen Schaden unterrichtet wurde.

(3) [1]Die Verjährungsfrist für die in § 605 Nummer 2 genannten Ansprüche aus Schiffsüberlassungsverträgen beginnt mit dem Schluss des Jahres, in dem der Anspruch entstanden ist. [2]Auf die Verjährung von Rückgriffsansprüchen des Schuldners eines Anspruchs aus einem Zeitchartervertrag ist Absatz 2 entsprechend anzuwenden.

(4) Die Verjährungsfrist für die in § 605 Nummer 3 und 4 genannten Ansprüche beginnt mit dem Schluss des Jahres, in dem der Anspruch entstanden ist.

(5) Die Verjährungsfrist für die in § 606 Nummer 1 genannten Schadensersatzansprüche beginnt wie folgt:

1. für Ansprüche wegen Körperverletzung eines Fahrgasts mit dem Tag der Ausschiffung des Fahrgasts;

2. für Ansprüche wegen des Todes eines Fahrgasts mit dem Tag, an dem der Fahrgast hätte ausgeschifft werden sollen, oder, wenn der Tod nach der Ausschiffung eingetreten ist, mit dem Tag des Todes, spätestens jedoch ein Jahr nach der Ausschiffung des Fahrgasts;

3. für Ansprüche wegen Verlust, Beschädigung oder verspäteter Auslieferung von Gepäck mit dem Tag der Ausschiffung oder mit dem Tag, an dem die Ausschiffung hätte erfolgen sollen, je nachdem, welches der spätere Zeitpunkt ist.

(6) Die Verjährungsfrist für die in § 606 Nummer 2 genannten Schadensersatzansprüche aus einem Zusammenstoß von Schiffen oder aus einem unter § 572 fallenden Ereignis beginnt mit dem den Schaden auslösenden Ereignis.

(7) [1]Die Verjährungsfrist für die in § 606 Nummer 3 und 4 genannten Ansprüche beginnt mit Beendigung der Bergungs- oder Wrackbeseitigungsmaßnahmen. [2]Auf die Verjährung von Rückgriffsansprüchen des Schuldners dieser Ansprüche ist Absatz 2 entsprechend anzuwenden.

§ 608 Hemmung der Verjährung

[1]Die Verjährung der in den §§ 605 und 606 genannten Ansprüche wird auch durch eine Erklärung des Gläubigers, mit der dieser Ersatzansprüche erhebt, bis zu dem Zeitpunkt gehemmt, in dem der Schuldner die Erfüllung des Anspruchs ablehnt. [2]Die Erhebung der Ansprüche sowie die Ablehnung bedürfen der Textform. [3]Eine weitere Erklärung, die denselben Ersatzanspruch zum Gegenstand hat, hemmt die Verjährung nicht erneut.

§ 609 Vereinbarungen über die Verjährung

(1) [1]Die Verjährung von Schadensersatzansprüchen aus einem Stückgutfrachtvertrag oder aus einem Konnossement wegen Verlust oder Beschädigung von Gut kann nur durch Vereinbarung, die im Einzelnen ausgehandelt ist, auch wenn sie für eine Mehrzahl von gleichartigen Verträgen zwischen denselben Vertragsparteien getroffen ist, erleichtert oder erschwert werden. [2]Eine Bestimmung im Konnossement, die die Verjährung der Schadensersatzansprüche erleichtert, ist jedoch Dritten gegenüber unwirksam.

(2) [1]Die Verjährung der in § 606 Nummer 1 genannten Ansprüche wegen Personen-, Gepäck- oder Verspätungsschäden kann nur durch Erklärung des Beförderers oder durch Vereinbarung der Parteien nach der Entstehung des Anspruchsgrunds verlängert werden. [2]Erklärung und Vereinbarung bedürfen der Textform. [3]Eine Erleichterung der Verjährung, insbesondere eine Verkürzung der Verjährungsfrist, ist unzulässig.

§ 610 Konkurrierende Ansprüche

Treffen vertragliche Schadensersatzansprüche, die den Vorschriften dieses Abschnitts unterworfen sind, mit konkurrierenden außervertraglichen Schadensersatzansprüchen zusammen, so gelten auch für die außervertraglichen Ansprüche die Vorschriften dieses Abschnitts.

Siebter Abschnitt
Allgemeine Haftungsbeschränkung

§ 611 Übereinkommen über die Haftungsbeschränkung

(1) [1]Die Haftung für Seeforderungen kann nach den Bestimmungen des Übereinkommens vom 19. November 1976 über die Beschränkung der Haftung für Seeforderungen (BGBl. 1986 II S. 786), geändert durch das Protokoll vom 2. Mai 1996 (BGBl. 2000 II S. 790), in seiner jeweiligen für die Bundesrepublik Deutschland geltenden Fassung (Haftungsbeschränkungsübereinkommen) beschränkt werden. [2]Dies gilt auch für die Haftung für Bunkerölverschmutzungsschäden nach dem Internationalen Übereinkommen von 2001 über die zivilrechtliche Haftung für Bunkerölverschmutzungsschäden (BGBl. 2006 II S. 578) (Bunkeröl-Übereinkommen).

(2) Die Haftung nach dem Internationalen Übereinkommen von 1992 über die zivilrechtliche Haftung für Ölverschmutzungsschäden (BGBl. 1994 II S. 1150, 1152) (Haftungsübereinkommen von 1992) kann nach den Bestimmungen dieses Übereinkommens beschränkt werden.

(3) [1]Werden Ansprüche wegen Verschmutzungsschäden im Sinne des Artikels I Nummer 6 des Haftungsübereinkommens von 1992 geltend gemacht und ist das Haftungsübereinkommen von 1992 nicht anzuwenden, so können die in Artikel 1 des Haftungsbeschränkungsübereinkommens bezeichneten Personen ihre Haftung für diese Ansprüche in entsprechender Anwendung der Bestimmungen des Haftungsbeschränkungsübereinkommens beschränken. [2]Sind aus demselben Ereignis sowohl Ansprüche der in Satz 1 bezeichneten Art als auch Ansprüche entstanden, für welche die Haftung nach Absatz 1 beschränkt werden kann, so gelten die im Haftungsbeschränkungsübereinkommen bestimmten Haftungshöchstbeträge jeweils gesondert für die Gesamtheit der in Satz 1 bezeichneten Ansprüche und für die Gesamtheit derjenigen Ansprüche, für welche die Haftung nach Absatz 1 beschränkt werden kann.

(4) Die Haftung kann nicht beschränkt werden für

1. die in Artikel 3 Buchstabe e des Haftungsbeschränkungsübereinkommens bezeichneten Ansprüche, sofern der Dienstvertrag inländischem Recht unterliegt;
2. Ansprüche auf Ersatz der Kosten der Rechtsverfolgung.

(5) Ergänzend zu den Bestimmungen des Haftungsbeschränkungsübereinkommens und des Haftungsübereinkommens von 1992 gelten die §§ 612 bis 617.

§ 612 Haftungsbeschränkung für Ansprüche aus Wrackbeseitigung

(1) [1]Das Haftungsbeschränkungsübereinkommen (§ 611 Absatz 1 Satz 1) ist auf folgende Ansprüche mit der Maßgabe anzuwenden, dass für sie unabhängig davon, auf welcher Rechtsgrundlage sie beruhen, ein gesonderter Haftungshöchstbetrag gilt:

1. Ansprüche auf Erstattung der Kosten für die Hebung, Beseitigung, Vernichtung oder Unschädlichmachung eines gesunkenen, havarierten, gestrandeten oder verlassenen Schiffes, samt allem, was sich an Bord eines solchen Schiffes befindet oder befunden hat, und

2. Ansprüche auf Erstattung der Kosten für die Beseitigung, Vernichtung oder Unschädlichmachung der Ladung des Schiffes.

[2]Die in Satz 1 angeführten Ansprüche unterliegen jedoch nicht der Haftungsbeschränkung, soweit sie ein mit dem Haftpflichtigen vertraglich vereinbartes Entgelt betreffen.

(2) [1]Der Haftungshöchstbetrag nach Absatz 1 errechnet sich nach Artikel 6 Absatz 1 Buchstabe b des Haftungsbeschränkungsübereinkommens. [2]Der Haftungshöchstbetrag gilt für die Gesamtheit der in Absatz 1 bezeichneten Ansprüche, die aus demselben Ereignis gegen Personen entstanden sind, die dem gleichen Personenkreis im Sinne des Artikels 9 Absatz 1 Buchstabe a, b oder c des Haftungsbeschränkungsübereinkommens angehören. [3]Er steht ausschließlich zur Befriedigung der in Absatz 1 bezeichneten Ansprüche zur Verfügung; Artikel 6 Absatz 2 und 3 des Haftungsbeschränkungsübereinkommens ist nicht anzuwenden.

§ 613 Haftungsbeschränkung für kleine Schiffe

Für ein Schiff mit einem Raumgehalt bis zu 250 Tonnen wird der nach Artikel 6 Absatz 1 Buchstabe b des Haftungsbeschränkungsübereinkommens (§ 611 Absatz 1 Satz 1) zu errechnende Haftungshöchstbetrag auf die Hälfte des für ein Schiff mit einem Raumgehalt von 2 000 Tonnen geltenden Haftungshöchstbetrags festgesetzt.

§ 614 Haftungsbeschränkung für Schäden an Häfen und Wasserstraßen

Unbeschadet des Rechts nach Artikel 6 Absatz 2 des Haftungsbeschränkungsübereinkommens (§ 611 Absatz 1 Satz 1) in Bezug auf Ansprüche wegen Tod oder Körperverletzung haben Ansprüche wegen Beschädigung von Hafenanlagen, Hafenbecken, Wasserstraßen und Navigationshilfen Vorrang vor sonstigen Ansprüchen nach Artikel 6 Absatz 1 Buchstabe b des Haftungsbeschränkungsübereinkommens.

§ 615 Beschränkung der Haftung des Lotsen

(1) Die in Artikel 6 Absatz 1 Buchstabe a und b des Haftungsbeschränkungsübereinkommens (§ 611 Absatz 1 Satz 1) bestimmten Haftungshöchstbeträge gelten für Ansprüche gegen einen an Bord tätigen Lotsen mit der Maßgabe, dass der Lotse, falls der Raumgehalt des gelotsten Schiffes 2 000 Tonnen übersteigt, seine Haftung auf die Beträge beschränken kann, die sich unter Zugrundelegung eines Raumgehalts von 2 000 Tonnen errechnen.

(2) Der in Artikel 7 Absatz 1 des Haftungsbeschränkungsübereinkommens bestimmte Haftungshöchstbetrag gilt für Ansprüche gegen einen an Bord tätigen Lotsen mit der Maßgabe, dass der Lotse, falls das Schiff nach

dem Schiffszeugnis mehr als zwölf Fahrgäste befördern darf, seine Haftung auf den Betrag beschränken kann, der sich unter Zugrundelegung einer Anzahl von zwölf Fahrgästen errechnet.

(3) [1]Die Errichtung und Verteilung eines Fonds in Höhe der nach Absatz 1 oder 2 zu errechnenden Beträge sowie die Wirkungen der Errichtung eines solchen Fonds bestimmen sich nach den Vorschriften über die Errichtung, die Verteilung und die Wirkungen der Errichtung eines Fonds im Sinne des Artikels 11 des Haftungsbeschränkungsübereinkommens. [2]Jedoch ist Artikel 11 Absatz 3 des Haftungsbeschränkungsübereinkommens nicht anzuwenden, wenn im Falle des Absatzes 1 der Raumgehalt des gelotsten Schiffes 2 000 Tonnen übersteigt oder im Falle des Absatzes 2 das Schiff nach dem Schiffszeugnis mehr als zwölf Fahrgäste befördern darf.

(4) Ein Lotse, der nicht an Bord des gelotsten Schiffes tätig ist, kann seine Haftung für die in Artikel 2 des Haftungsbeschränkungsübereinkommens angeführten Ansprüche in entsprechender Anwendung des § 611 Absatz 1, 3 und 4 sowie der §§ 612 bis 614 und 617 mit der Maßgabe beschränken, dass für diese Ansprüche ein gesonderter Haftungshöchstbetrag gilt, der sich nach Absatz 1 oder 2 errechnet und der ausschließlich zur Befriedigung der Ansprüche gegen den Lotsen zur Verfügung steht.

§ 616 Wegfall der Haftungsbeschränkung

(1) [1]Ist der Schuldner eine juristische Person oder eine Personenhandelsgesellschaft, so kann er seine Haftung nicht beschränken, wenn

1. der Schaden auf eine Handlung oder Unterlassung eines Mitglieds des zur Vertretung berechtigten Organs oder eines zur Vertretung berechtigten Gesellschafters zurückzuführen ist und

2. durch eine solche Handlung oder Unterlassung die Beschränkung der Haftung nach Artikel 4 des Haftungsbeschränkungsübereinkommens (§ 611 Absatz 1 Satz 1) oder nach Artikel V Absatz 2 des Haftungsübereinkommens von 1992 (§ 611 Absatz 2) ausgeschlossen ist.

[2]Gleiches gilt, wenn der Schuldner ein Mitreeder ist und der Schaden auf eine Handlung oder Unterlassung des Korrespondentreeders zurückzuführen ist.

(2) Ist der Schuldner eine Personenhandelsgesellschaft, so kann jeder Gesellschafter seine persönliche Haftung für Ansprüche beschränken, für welche auch die Gesellschaft ihre Haftung beschränken kann.

§ 617 Verfahren der Haftungsbeschränkung

(1) Die Errichtung und Verteilung eines Fonds im Sinne des Artikels 11 des Haftungsbeschränkungsübereinkommens (§ 611 Absatz 1 Satz 1) oder im Sinne des Artikels V Absatz 3 des Haftungsübereinkommens von 1992 (§ 611 Absatz 2) bestimmt sich nach den Vorschriften der Schifffahrtsrechtlichen Verteilungsordnung.

(2) [1]Die Beschränkung der Haftung nach dem Haftungsbeschränkungsübereinkommen kann auch dann geltend gemacht werden, wenn ein Fonds im Sinne des Artikels 11 des Haftungsbeschränkungsübereinkommens nicht errichtet worden ist. [2]§ 305a der Zivilprozessordnung bleibt unberührt.

Achter Abschnitt
Verfahrensvorschriften

§ 618 Einstweilige Verfügung eines Bergers

[1]Auf Antrag eines Bergers (§ 574 Absatz 1) kann das für die Hauptsache zuständige Gericht unter Berücksichtigung der Umstände des Falles nach billigem Ermessen durch einstweilige Verfügung regeln, dass der Schuldner des Anspruchs auf Bergelohn oder Sondervergütung dem Berger einen als billig und gerecht zu erachtenden Betrag als Abschlagszahlung zu leisten hat und zu welchen Bedingungen die Leistung zu erbringen ist. [2]Die einstweilige Verfügung kann erlassen werden, auch wenn die in den §§ 935 und 940 der Zivilprozessordnung bezeichneten Voraussetzungen nicht zutreffen.

§ 619 Zustellungen an den Kapitän oder Schiffer

Eine Klage eines Schiffsgläubigers auf Duldung der Zwangsvollstreckung in ein Schiff sowie ein Urteil oder ein Beschluss in einem Verfahren über einen Arrest in ein Schiff können dem Kapitän dieses Schiffes oder, soweit ein Binnenschiff betroffen ist, dem Schiffer zugestellt werden.

Abgabenordnung (AO)

Abgabenordnung (AO)
zuletzt geändert durch Art. 17 Gesetz vom 02.12.2024 (BGBl. 2024 I Nr. 387) m.W.v. 01.01.2025
– Nichtamtliche Fassung (Auszug) –

[...]

Zweiter Abschnitt
Mitwirkungspflichten

1. Unterabschnitt
Führung von Büchern und Aufzeichnungen

§ 140 Buchführungs- und Aufzeichnungspflichten nach anderen Gesetzen

Wer nach anderen Gesetzen als den Steuergesetzen Bücher und Aufzeichnungen zu führen hat, die für die Besteuerung von Bedeutung sind, hat die Verpflichtungen, die ihm nach den anderen Gesetzen obliegen, auch für die Besteuerung zu erfüllen.

§ 141 Buchführungspflicht bestimmter Steuerpflichtiger

(1) [1]Gewerbliche Unternehmer sowie Land- und Forstwirte, die nach den Feststellungen der Finanzbehörde für den einzelnen Betrieb

1. einen Gesamtumsatz im Sinne des § 19 Absatz 2 Satz 1 des Umsatzsteuergesetzes von mehr als 800 000 Euro im Kalenderjahr oder
2. (weggefallen)
3. (weggefallen)
4. einen Gewinn aus Gewerbebetrieb von mehr als 80 000 Euro im Wirtschaftsjahr oder
5. einen Gewinn aus Land- und Forstwirtschaft von mehr als 80 000 Euro im Kalenderjahr

gehabt haben, sind auch dann verpflichtet, für diesen Betrieb Bücher zu führen und auf Grund jährlicher Bestandsaufnahmen Abschlüsse zu machen, wenn sich eine Buchführungspflicht nicht aus § 140 ergibt. [2]Die §§ 238, 240, 241, 242 Abs. 1 und die §§ 243 bis 256 des Handelsgesetzbuchs gelten sinngemäß, sofern sich nicht aus den Steuergesetzen etwas anderes ergibt.

(2) [1]Die Verpflichtung nach Absatz 1 ist vom Beginn des Wirtschaftsjahrs an zu erfüllen, das auf die Bekanntgabe der Mitteilung folgt, durch die die Finanzbehörde auf den Beginn dieser Verpflichtung hingewiesen hat. [2]Die Verpflichtung endet mit dem Ablauf des Wirtschaftsjahrs, das auf das Wirtschaftsjahr folgt, in dem die Finanzbehörde feststellt, dass die Voraussetzungen nach Absatz 1 nicht mehr vorliegen.

(3) ¹Die Buchführungspflicht geht auf denjenigen über, der den Betrieb im Ganzen zur Bewirtschaftung als Eigentümer oder Nutzungsberechtigter übernimmt. ²Ein Hinweis nach Absatz 2 auf den Beginn der Buchführungspflicht ist nicht erforderlich.

[…]

§ 143 Aufzeichnung des Wareneingangs

(1) Gewerbliche Unternehmer müssen den Wareneingang gesondert aufzeichnen.

(2) ¹Aufzuzeichnen sind alle Waren einschließlich der Rohstoffe, unfertigen Erzeugnisse, Hilfsstoffe und Zutaten, die der Unternehmer im Rahmen seines Gewerbebetriebs zur Weiterveräußerung oder zum Verbrauch entgeltlich oder unentgeltlich, für eigene oder für fremde Rechnung, erwirbt; dies gilt auch dann, wenn die Waren vor der Weiterveräußerung oder dem Verbrauch be- oder verarbeitet werden sollen. ²Waren, die nach Art des Betriebs üblicherweise für den Betrieb zur Weiterveräußerung oder zum Verbrauch erworben werden, sind auch dann aufzuzeichnen, wenn sie für betriebsfremde Zwecke verwendet werden.

(3) Die Aufzeichnungen müssen die folgenden Angaben enthalten:
1. den Tag des Wareneingangs oder das Datum der Rechnung,
2. den Namen oder die Firma und die Anschrift des Lieferers,
3. die handelsübliche Bezeichnung der Ware,
4. den Preis der Ware,
5. einen Hinweis auf den Beleg.

§ 144 Aufzeichnung des Warenausgangs

(1) Gewerbliche Unternehmer, die nach der Art ihres Geschäftsbetriebs Waren regelmäßig an andere gewerbliche Unternehmer zur Weiterveräußerung oder zum Verbrauch als Hilfsstoffe liefern, müssen den erkennbar für diese Zwecke bestimmten Warenausgang gesondert aufzeichnen.

(2) ¹Aufzuzeichnen sind auch alle Waren, die der Unternehmer
1. auf Rechnung (auf Ziel, Kredit, Abrechnung oder Gegenrechnung), durch Tausch oder unentgeltlich liefert, oder
2. gegen Barzahlung liefert, wenn die Ware wegen der abgenommenen Menge zu einem Preis veräußert wird, der niedriger ist als der übliche Preis für Verbraucher.

²Dies gilt nicht, wenn die Ware erkennbar nicht zur gewerblichen Weiterverwendung bestimmt ist.

(3) Die Aufzeichnungen müssen die folgenden Angaben enthalten:
1. den Tag des Warenausgangs oder das Datum der Rechnung,
2. den Namen oder die Firma und die Anschrift des Abnehmers,
3. die handelsübliche Bezeichnung der Ware,
4. den Preis der Ware,
5. einen Hinweis auf den Beleg.

(4) ¹Der Unternehmer muss über jeden Ausgang der in den Absätzen 1 und 2 genannten Waren einen Beleg erteilen, der die in Absatz 3 bezeichneten Angaben sowie seinen Namen oder die Firma und seine

Anschrift enthält. [2]Dies gilt insoweit nicht, als nach § 14 Abs. 2* des Umsatzsteuergesetzes durch die dort bezeichneten Leistungsempfänger eine Gutschrift erteilt wird oder auf Grund des § 14 Abs. 6 des Umsatzsteuergesetzes Erleichterungen gewährt werden.

(5) Die Absätze 1 bis 4 gelten auch für Land- und Forstwirte, die nach § 141 buchführungspflichtig sind.

§ 145 Allgemeine Anforderungen an die Buchführung und Aufzeichnungen

(1) [1]Die Buchführung muss so beschaffen sein, dass sie einem sachverständigen Dritten innerhalb angemessener Zeit einen Überblick über die Geschäftsvorfälle und über die Lage des Unternehmens vermitteln kann. [2]Die Geschäftsvorfälle müssen sich in ihrer Entstehung und Abwicklung verfolgen lassen.

(2) Aufzeichnungen sind so vorzunehmen, dass der Zweck, den sie für die Besteuerung erfüllen sollen, erreicht wird.

[...]

---

* § 14 Abs. 2 UStG: «[1]Führt der Unternehmer eine Lieferung oder eine sonstige Leistung nach § 1 Absatz 1 Nummer 1 aus, ist er berechtigt, eine Rechnung auszustellen. [2]In den folgenden Fällen ist er zur Ausstellung einer Rechnung innerhalb von sechs Monaten nach Ausführung der Leistung verpflichtet, wenn der Umsatz nicht nach § 4 Nummer 8 bis 29 steuerfrei ist:

1. für eine Leistung an einen anderen Unternehmer für dessen Unternehmen; die Rechnung ist als elektronische Rechnung nach Absatz 1 Satz 3 und 6 auszustellen, wenn der leistende Unternehmer und der Leistungsempfänger im Inland oder in einem der in § 1 Absatz 3 bezeichneten Gebiete ansässig sind;
2. für eine Leistung an eine juristische Person, die nicht Unternehmer ist;
3. für eine steuerpflichtige Werklieferung (§ 3 Absatz 4 Satz 1) oder sonstige Leistung im Zusammenhang mit einem Grundstück an einen anderen als in den Nummern 1 oder 2 genannten Empfänger.

[3]Ein im Inland oder in einem der in § 1 Absatz 3 bezeichneten Gebiete ansässiger Unternehmer ist ein Unternehmer, der in einem dieser Gebiete seinen Sitz, seine Geschäftsleitung, eine Betriebsstätte, die an dem Umsatz beteiligt ist, oder in Ermangelung eines Sitzes seinen Wohnsitz oder gewöhnlichen Aufenthalt hat. [4]§ 14a bleibt unberührt. [5]Unbeschadet der Verpflichtungen nach Satz 2 kann eine Rechnung von einem in Satz 2 Nummer 1 oder 2 bezeichneten Leistungsempfänger für eine Lieferung oder sonstige Leistung des Unternehmers ausgestellt werden, sofern dies vorher vereinbart wurde (Gutschrift). [6]Die Gutschrift verliert die Wirkung einer Rechnung, sobald der Empfänger der Gutschrift dem ihm übermittelten Dokument widerspricht. [7]Eine Rechnung kann im Namen und für Rechnung des Unternehmers oder eines in Satz 2 Nummer 1 oder 2 bezeichneten Leistungsempfängers von einem Dritten ausgestellt werden.»

§ 147 Ordnungsvorschriften für die Aufbewahrung von Unterlagen

(1) Die folgenden Unterlagen sind geordnet aufzubewahren:

1. Bücher und Aufzeichnungen, Inventare, Jahresabschlüsse, Lageberichte, die Eröffnungsbilanz sowie die zu ihrem Verständnis erforderlichen Arbeitsanweisungen und sonstigen Organisationsunterlagen,

2. die empfangenen Handels- oder Geschäftsbriefe,

3. Wiedergaben der abgesandten Handels- oder Geschäftsbriefe,

4. Buchungsbelege,

4a. Unterlagen nach Artikel 15 Absatz 1 und Artikel 163 des Zollkodex der Union,

5. sonstige Unterlagen, soweit sie für die Besteuerung von Bedeutung sind.

(2) Mit Ausnahme der Jahresabschlüsse, der Eröffnungsbilanz und der Unterlagen nach Absatz 1 Nummer 4a, sofern es sich bei letztgenannten Unterlagen um amtliche Urkunden oder handschriftlich zu unterschreibende nicht förmliche Präferenznachweise handelt, können die in Absatz 1 aufgeführten Unterlagen auch als Wiedergabe auf einem Bildträger oder auf anderen Datenträgern aufbewahrt werden, wenn dies den Grundsätzen ordnungsmäßiger Buchführung entspricht und sichergestellt ist, dass die Wiedergabe oder die Daten

1. mit den empfangenen Handels- oder Geschäftsbriefen und den Buchungsbelegen bildlich und mit den anderen Unterlagen inhaltlich übereinstimmen, wenn sie lesbar gemacht werden,

2. während der Dauer der Aufbewahrungsfrist jederzeit verfügbar sind, unverzüglich lesbar gemacht und maschinell ausgewertet werden können.

(3) [1]Die in Absatz 1 Nummer 1 und 4a aufgeführten Unterlagen sind zehn Jahre, die in Absatz 1 Nummer 4 aufgeführten Unterlagen acht Jahre und die sonstigen in Absatz 1 aufgeführten Unterlagen sechs Jahre aufzubewahren, sofern nicht in anderen Steuergesetzen kürzere Aufbewahrungsfristen zugelassen sind. [2]Kürzere Aufbewahrungsfristen nach außersteuerlichen Gesetzen lassen die in Satz 1 bestimmte Frist unberührt. [3]Bei empfangenen Lieferscheinen, die keine Buchungsbelege nach Absatz 1 Nummer 4 sind, endet die Aufbewahrungsfrist mit dem Erhalt der Rechnung. [4]Für abgesandte Lieferscheine, die keine Buchungsbelege nach Absatz 1 Nummer 4 sind, endet die Aufbewahrungsfrist mit dem Versand der Rechnung. [5]Die Aufbewahrungsfrist läuft jedoch nicht ab, soweit und solange die Unterlagen für Steuern von Bedeutung sind, für welche die Festsetzungsfrist noch nicht abgelaufen ist; § 169 Abs. 2 Satz 2 gilt nicht.

(4) Die Aufbewahrungsfrist beginnt mit dem Schluss des Kalenderjahrs, in dem die letzte Eintragung in das Buch gemacht, das Inventar, die Eröffnungsbilanz, der Jahresabschluss oder der Lagebericht aufgestellt, der Handels- oder Geschäftsbrief empfangen oder abgesandt worden oder der Buchungsbeleg entstanden ist, ferner die Aufzeichnung vorgenommen worden ist oder die sonstigen Unterlagen entstanden sind.

(5) Wer aufzubewahrende Unterlagen in der Form einer Wiedergabe auf einem Bildträger oder auf anderen Datenträgern vorlegt, ist verpflichtet, auf seine Kosten diejenigen Hilfsmittel zur Verfügung zu stellen, die erforderlich sind, um die Unterlagen lesbar zu machen; auf Verlangen der Finanzbehörde hat er auf seine

Kosten die Unterlagen unverzüglich ganz oder teilweise auszudrucken oder ohne Hilfsmittel lesbare Reproduktionen beizubringen.

(6) [1]Sind die Unterlagen nach Absatz 1 <u>mit Hilfe eines Datenverarbeitungssystems erstellt</u> worden, kann die Finanzbehörde im Rahmen einer Außenprüfung

1.   Einsicht in die gespeicherten Daten nehmen und das Datenverarbeitungssystem zur Prüfung dieser Unterlagen zu nutzen,

2.   verlangen, dass die Daten nach ihren Vorgaben maschinell ausgewertet zur Verfügung gestellt werden, oder

3.   verlangen, dass die Daten nach ihren Vorgaben in einem maschinell auswertbaren Format an sie übertragen werden.

[2]Teilt der Steuerpflichtige der Finanzbehörde mit, dass sich seine Daten nach Absatz 1 bei einem Dritten befinden, so hat der Dritte

1.   der Finanzbehörde Einsicht in die für den Steuerpflichtigen gespeicherten Daten zu gewähren oder

2.   diese Daten nach den Vorgaben der Finanzbehörde maschinell auszuwerten oder

3.   ihr nach ihren Vorgaben die für den Steuerpflichtigen gespeicherten Daten in einem maschinell auswertbaren Format zu übertragen.

[3]Die Kosten trägt der Steuerpflichtige. [4]In Fällen des Satzes 3 hat der mit der Außenprüfung betraute Amtsträger den in § 3 und § 4 Nummer 1 und 2 des Steuerberatungsgesetzes bezeichneten Personen sein Erscheinen in angemessener Frist anzukündigen. [5]Sofern noch nicht mit einer Außenprüfung begonnen wurde, ist es im Fall eines Wechsels des Datenverarbeitungssystems oder im Fall der Auslagerung von aufzeichnungs- und aufbewahrungspflichtigen Daten aus dem Produktivsystem in ein anderes Datenverarbeitungssystem ausreichend, wenn der Steuerpflichtige nach Ablauf des fünften Kalenderjahres, das auf die Umstellung oder Auslagerung folgt, diese Daten ausschließlich auf einem maschinell lesbaren und maschinell auswertbaren Datenträger vorhält.

(7) [1]Die Verarbeitung und Aufbewahrung der nach Absatz 6 zur Verfügung gestellten Daten ist auch auf mobilen Datenverarbeitungssystemen der Finanzbehörden unabhängig von deren Einsatzort zulässig. [2]Die Finanzbehörde darf die nach Absatz 6 zur Verfügung gestellten und gespeicherten Daten bis zur Unanfechtbarkeit der die Daten betreffenden Verwaltungsakte auch auf den mobilen Datenverarbeitungssystemen unabhängig von deren Einsatzort aufbewahren.

[...]

Verordnung (EG) Nr. 593/2008 („Rom I")

Verordnung (EG) Nr. 593/2008 des Europäischen Parlaments und des Rates vom 17. Juni 2008 über das auf vertragliche Schuldverhältnisse anzuwendende Recht (Rom I)
– Nichtamtliche Fassung (Auszug) –

KAPITEL I
ANWENDUNGSBEREICH

Artikel 1
Anwendungsbereich

(1) [1]Diese Verordnung gilt für vertragliche Schuldverhältnisse in Zivil- und Handelssachen, die eine Verbindung zum Recht verschiedener Staaten aufweisen.
[2]Sie gilt insbesondere nicht für Steuer- und Zollsachen sowie verwaltungsrechtliche Angelegenheiten.

(2) Vom Anwendungsbereich dieser Verordnung ausgenommen sind:

    a)   der Personenstand sowie die Rechts-, Geschäfts- und Handlungsfähigkeit von natürlichen Personen, unbeschadet des Artikels 13;

    b)   Schuldverhältnisse aus einem Familienverhältnis oder aus Verhältnissen, die nach dem auf diese Verhältnisse anzuwendenden Recht vergleichbare Wirkungen entfalten, einschließlich der Unterhaltspflichten;

    c)   Schuldverhältnisse aus ehelichen Güterständen, aus Güterständen aufgrund von Verhältnissen, die nach dem auf diese Verhältnisse anzuwendenden Recht mit der Ehe vergleichbare Wirkungen entfalten, und aus Testamenten und Erbrecht;

    d)   Verpflichtungen aus Wechseln, Schecks, Eigenwechseln und anderen handelbaren Wertpapieren, soweit die Verpflichtungen aus diesen anderen Wertpapieren aus deren Handelbarkeit entstehen;

    e)   Schieds- und Gerichtsstandsvereinbarungen;

    f)   Fragen betreffend das Gesellschaftsrecht, das Vereinsrecht und das Recht der juristischen Personen, wie die Errichtung durch Eintragung oder auf andere Weise, die Rechts- und Handlungsfähigkeit, die innere Verfassung und die Auflösung von Gesellschaften, Vereinen und juristischen Personen sowie die persönliche Haftung der Gesellschafter und der Organe für die Verbindlichkeiten einer Gesellschaft, eines Vereins oder einer juristischen Person;

    g)   die Frage, ob ein Vertreter die Person, für deren Rechnung er zu handeln vorgibt, Dritten gegenüber verpflichten kann, oder ob ein Organ einer Gesellschaft, eines Vereins oder einer anderen juristischen Person diese Gesellschaft, diesen Verein oder diese juristische Person gegenüber Dritten verpflichten kann;

h)   die Gründung von „Trusts" sowie die dadurch geschaffenen Rechtsbeziehungen zwischen den Verfügenden, den Treuhändern und den Begünstigten;

i)   Schuldverhältnisse aus Verhandlungen vor Abschluss eines Vertrags;

j)   Versicherungsverträge aus von anderen Einrichtungen als den in Artikel 2 der Richtlinie 2002/83/EG des Europäischen Parlaments und des Rates vom 5. November 2002 über Lebensversicherungen ([1]) genannten Unternehmen durchgeführten Geschäften, deren Zweck darin besteht, den unselbstständig oder selbstständig tätigen Arbeitskräften eines Unternehmens oder einer Unternehmensgruppe oder den Angehörigen eines Berufes oder einer Berufsgruppe im Todes- oder Erlebensfall oder bei Arbeitseinstellung oder bei Minderung der Erwerbstätigkeit oder bei arbeitsbedingter Krankheit oder Arbeitsunfällen Leistungen zu gewähren.

(3)   Diese Verordnung gilt unbeschadet des Artikels 18 nicht für den Beweis und das Verfahren.

(4)   [1]Im Sinne dieser Verordnung bezeichnet der Begriff „Mitgliedstaat" die Mitgliedstaaten, auf die diese Verordnung anwendbar ist. [2]In Artikel 3 Absatz 4 und Artikel 7 bezeichnet der Begriff jedoch alle Mitgliedstaaten.

Artikel 2
Universelle Anwendung

Das nach dieser Verordnung bezeichnete Recht ist auch dann anzuwenden, wenn es nicht das Recht eines Mitgliedstaats ist.

KAPITEL II
EINHEITLICHE KOLLISIONSNORMEN

Artikel 3
Freie Rechtswahl

(1)   [1]Der Vertrag unterliegt dem von den Parteien gewählten Recht. [2]Die Rechtswahl muss ausdrücklich erfolgen oder sich eindeutig aus den Bestimmungen des Vertrags oder aus den Umständen des Falles ergeben. [3]Die Parteien können die Rechtswahl für ihren ganzen Vertrag oder nur für einen Teil desselben treffen.

(2)   [1]Die Parteien können jederzeit vereinbaren, dass der Vertrag nach einem anderen Recht zu beurteilen ist als dem, das zuvor entweder aufgrund einer früheren Rechtswahl nach diesem Artikel oder aufgrund anderer Vorschriften dieser Verordnung für ihn maßgebend war. [2]Die Formgültigkeit des Vertrags im Sinne des Artikels 11 und Rechte Dritter werden durch eine nach Vertragsschluss erfolgende Änderung der Bestimmung des anzuwendenden Rechts nicht berührt.

(3)   Sind alle anderen Elemente des Sachverhalts zum Zeitpunkt der Rechtswahl in einem anderen als demjenigen Staat belegen, dessen Recht gewählt wurde, so berührt die Rechtswahl der Parteien nicht die

---

[1] ABl. L 345 vom 19.12.2002, S. 1. Zuletzt geändert durch die Richtlinie 2008/19/EG (ABl. L 76 vom 19.3.2008, S. 44).

Anwendung derjenigen Bestimmungen des Rechts dieses anderen Staates, von denen nicht durch Vereinbarung abgewichen werden kann.

(4) Sind alle anderen Elemente des Sachverhalts zum Zeitpunkt der Rechtswahl in einem oder mehreren Mitgliedstaaten belegen, so berührt die Wahl des Rechts eines Drittstaats durch die Parteien nicht die Anwendung der Bestimmungen des Gemeinschaftsrechts – gegebenenfalls in der von dem Mitgliedstaat des angerufenen Gerichts umgesetzten Form –, von denen nicht durch Vereinbarung abgewichen werden kann.

(5) Auf das Zustandekommen und die Wirksamkeit der Einigung der Parteien über das anzuwendende Recht finden die Artikel 10, 11 und 13 Anwendung.

Artikel 4
Mangels Rechtswahl anzuwendendes Recht

(1) Soweit die Parteien keine Rechtswahl gemäß Artikel 3 getroffen haben, bestimmt sich das auf den Vertrag anzuwendende Recht unbeschadet der Artikel 5 bis 8 wie folgt:

   a) Kaufverträge über bewegliche Sachen unterliegen dem Recht des Staates, in dem der Verkäufer seinen gewöhnlichen Aufenthalt hat.

   b) Dienstleistungsverträge unterliegen dem Recht des Staates, in dem der Dienstleister seinen gewöhnlichen Aufenthalt hat.

   c) Verträge, die ein dingliches Recht an unbeweglichen Sachen sowie die Miete oder Pacht unbeweglicher Sachen zum Gegenstand haben, unterliegen dem Recht des Staates, in dem die unbewegliche Sache belegen ist.

   d) Ungeachtet des Buchstabens c unterliegt die Miete oder Pacht unbeweglicher Sachen für höchstens sechs aufeinander folgende Monate zum vorübergehenden privaten Gebrauch dem Recht des Staates, in dem der Vermieter oder Verpächter seinen gewöhnlichen Aufenthalt hat, sofern der Mieter oder Pächter eine natürliche Person ist und seinen gewöhnlichen Aufenthalt in demselben Staat hat.

   e) Franchiseverträge unterliegen dem Recht des Staates, in dem der Franchisenehmer seinen gewöhnlichen Aufenthalt hat.

   f) Vertriebsverträge unterliegen dem Recht des Staates, in dem der Vertriebshändler seinen gewöhnlichen Aufenthalt hat.

   g) Verträge über den Kauf beweglicher Sachen durch Versteigerung unterliegen dem Recht des Staates, in dem die Versteigerung abgehalten wird, sofern der Ort der Versteigerung bestimmt werden kann.

   h) Verträge, die innerhalb eines multilateralen Systems geschlossen werden, das die Interessen einer Vielzahl Dritter am Kauf und Verkauf von Finanzinstrumenten im Sinne von Artikel 4 Absatz 1 Nummer 17 der Richtlinie 2004/39/EG nach nicht diskretionären Regeln und nach Maßgabe eines einzigen Rechts zusammenführt oder das Zusammenführen fördert, unterliegen diesem Recht.

(2) Fällt der Vertrag nicht unter Absatz 1 oder sind die Bestandteile des Vertrags durch mehr als einen der Buchstaben a bis h des Absatzes 1 abgedeckt, so unterliegt der Vertrag dem Recht des Staates, in dem die

Partei, welche die für den Vertrag charakteristische Leistung zu erbringen hat, ihren gewöhnlichen Aufenthalt hat.

(3) Ergibt sich aus der Gesamtheit der Umstände, dass der Vertrag eine offensichtlich engere Verbindung zu einem anderen als dem nach Absatz 1 oder 2 bestimmten Staat aufweist, so ist das Recht dieses anderen Staates anzuwenden.

(4) Kann das anzuwendende Recht nicht nach Absatz 1 oder 2 bestimmt werden, so unterliegt der Vertrag dem Recht des Staates, zu dem er die engste Verbindung aufweist.

Artikel 5
Beförderungsverträge

(1) [1]Soweit die Parteien in Bezug auf einen Vertrag über die Beförderung von Gütern keine Rechtswahl nach Artikel 3 getroffen haben, ist das Recht des Staates anzuwenden, in dem der Beförderer seinen gewöhnlichen Aufenthalt hat, sofern sich in diesem Staat auch der Übernahmeort oder der Ablieferungsort oder der gewöhnliche Aufenthalt des Absenders befindet. [2]Sind diese Voraussetzungen nicht erfüllt, so ist das Recht des Staates des von den Parteien vereinbarten Ablieferungsorts anzuwenden.

(2) [1]Soweit die Parteien in Bezug auf einen Vertrag über die Beförderung von Personen keine Rechtswahl nach Unterabsatz 2 getroffen haben, ist das anzuwendende Recht das Recht des Staates, in dem die zu befördernde Person ihren gewöhnlichen Aufenthalt hat, sofern sich in diesem Staat auch der Abgangsort oder der Bestimmungsort befindet. [2]Sind diese Voraussetzungen nicht erfüllt, so ist das Recht des Staates anzuwenden, in dem der Beförderer seinen gewöhnlichen Aufenthalt hat.

[3]Als auf einen Vertrag über die Beförderung von Personen anzuwendendes Recht können die Parteien im Einklang mit Artikel 3 nur das Recht des Staates wählen,

a) in dem die zu befördernde Person ihren gewöhnlichen Aufenthalt hat oder

b) in dem der Beförderer seinen gewöhnlichen Aufenthalt hat oder

c) in dem der Beförderer seine Hauptverwaltung hat oder

d) in dem sich der Abgangsort befindet oder

e) in dem sich der Bestimmungsort befindet.

(3) Ergibt sich aus der Gesamtheit der Umstände, dass der Vertrag im Falle fehlender Rechtswahl eine offensichtlich engere Verbindung zu einem anderen als dem nach Absatz 1 oder 2 bestimmten Staat aufweist, so ist das Recht dieses anderen Staates anzuwenden.

[...]

Artikel 19
Gewöhnlicher Aufenthalt

(1) [1]Für die Zwecke dieser Verordnung ist der Ort des gewöhnlichen Aufenthalts von Gesellschaften, Vereinen und juristischen Personen der Ort ihrer Hauptverwaltung.

[2]Der gewöhnliche Aufenthalt einer natürlichen Person, die im Rahmen der Ausübung ihrer beruflichen Tätigkeit handelt, ist der Ort ihrer Hauptniederlassung.

(2) Wird der Vertrag im Rahmen des Betriebs einer Zweigniederlassung, Agentur oder sonstigen Niederlassung geschlossen oder ist für die Erfüllung gemäß dem Vertrag eine solche Zweigniederlassung, Agentur oder sonstigen Niederlassung verantwortlich, so steht der Ort des gewöhnlichen Aufenthalts dem Ort gleich, an dem sich die Zweigniederlassung, Agentur oder sonstige Niederlassung befindet.

(3) Für die Bestimmung des gewöhnlichen Aufenthalts ist der Zeitpunkt des Vertragsschlusses maßgebend.

[...]

Artikel 25
Verhältnis zu bestehenden internationalen Übereinkommen

(1) Diese Verordnung berührt nicht die Anwendung der internationalen Übereinkommen, denen ein oder mehrere Mitgliedstaaten zum Zeitpunkt der Annahme dieser Verordnung angehören und die Kollisionsnormen für vertragliche Schuldverhältnisse enthalten.

(2) Diese Verordnung hat jedoch in den Beziehungen zwischen den Mitgliedstaaten Vorrang vor den ausschließlich zwischen zwei oder mehreren Mitgliedstaaten geschlossenen Übereinkommen, soweit diese Bereiche betreffen, die in dieser Verordnung geregelt sind.

[...]

Art. 28
Zeitliche Anwendbarkeit

Diese Verordnung wird auf Verträge angewandt, die ab dem 17. Dezember 2009 geschlossen werden.

BSI-Gesetz (BSIG)

Gesetz über das Bundesamt für Sicherheit in der Informationstechnik (BSI-Gesetz)
zuletzt geändert durch Art. 12 Gesetz vom 23.06.2021 (BGBl. I S. 1982) m.W.v. 01.12.2021
– Nichtamtliche Fassung (Auszug) –

§ 1 Bundesamt für Sicherheit in der Informationstechnik

[1]Das Bundesamt für Sicherheit in der Informationstechnik (Bundesamt) ist eine Bundesoberbehörde im Geschäftsbereich des Bundesministeriums des Innern, für Bau und Heimat. [2]Es ist die zentrale Stelle für Informationssicherheit auf nationaler Ebene. [3]Aufgaben gegenüber den Bundesministerien führt das Bundesamt auf Grundlage wissenschaftlich-technischer Erkenntnisse durch.

§ 2 Begriffsbestimmungen

(1) Die Informationstechnik im Sinne dieses Gesetzes umfasst alle technischen Mittel zur Verarbeitung von Informationen.

(2) [1]Informationen sowie informationsverarbeitende Systeme, Komponenten und Prozesse sind besonders schützenswert. [2]Der Zugriff auf diese darf ausschließlich durch autorisierte Personen oder Programme erfolgen. [3]Die Sicherheit in der Informationstechnik und der damit verbundene Schutz von Informationen und informationsverarbeitenden Systemen vor Angriffen und unautorisierten Zugriffen im Sinne dieses Gesetzes erfordert die Einhaltung bestimmter Sicherheitsstandards zur Gewährleistung der informationstechnischen Grundwerte und Schutzziele. [4]Sicherheit in der Informationstechnik im Sinne dieses Gesetzes bedeutet die Einhaltung bestimmter Sicherheitsstandards, die die Verfügbarkeit, Integrität oder Vertraulichkeit von Informationen betreffen, durch Sicherheitsvorkehrungen

    1. in informationstechnischen Systemen, Komponenten oder Prozessen oder

    2. bei der Anwendung von informationstechnischen Systemen, Komponenten oder Prozessen.

(3) [1]Kommunikationstechnik des Bundes im Sinne dieses Gesetzes ist die Informationstechnik, die von einer oder mehreren Bundesbehörden oder im Auftrag einer oder mehrerer Bundesbehörden betrieben wird und der Kommunikation oder dem Datenaustausch innerhalb einer Bundesbehörde, der Bundesbehörden untereinander oder der Bundesbehörden mit Dritten dient. [2]Kommunikationstechnik des Bundesverfassungsgerichts, der Bundesgerichte, soweit sie nicht öffentlich-rechtliche Verwaltungsaufgaben wahrnehmen, des Bundestages, des Bundesrates, des Bundespräsidenten und des Bundesrechnungshofes ist nicht Kommunikationstechnik des Bundes, soweit sie ausschließlich in deren eigener Zuständigkeit betrieben wird.

(4) [1]Schnittstellen der Kommunikationstechnik des Bundes im Sinne dieses Gesetzes sind sicherheitsrelevante Netzwerkübergänge innerhalb der Kommunikationstechnik des Bundes sowie zwischen dieser und der Informationstechnik der einzelnen Bundesbehörden, Gruppen von Bundesbehörden oder Dritter. [2]Dies gilt

nicht für die Komponenten an den Netzwerkübergängen, die in eigener Zuständigkeit der in Absatz 3 Satz 2 genannten Gerichte und Verfassungsorgane betrieben werden.

(5) Schadprogramme im Sinne dieses Gesetzes sind Programme und sonstige informationstechnische Routinen und Verfahren, die dem Zweck dienen, unbefugt Daten zu nutzen oder zu löschen oder die dem Zweck dienen, unbefugt auf sonstige informationstechnische Abläufe einzuwirken.

(6) Sicherheitslücken im Sinne dieses Gesetzes sind Eigenschaften von Programmen oder sonstigen informationstechnischen Systemen, durch deren Ausnutzung es möglich ist, dass sich Dritte gegen den Willen des Berechtigten Zugang zu fremden informationstechnischen Systemen verschaffen oder die Funktion der informationstechnischen Systeme beeinflussen können.

(7) Zertifizierung im Sinne dieses Gesetzes ist die Feststellung durch eine Zertifizierungsstelle, dass ein Produkt, ein Prozess, ein System, ein Schutzprofil (Sicherheitszertifizierung), eine Person (Personenzertifizierung) oder ein IT-Sicherheitsdienstleister bestimmte Anforderungen erfüllt.

(8) [1]Protokolldaten im Sinne dieses Gesetzes sind Steuerdaten eines informationstechnischen Protokolls zur Datenübertragung, die unabhängig vom Inhalt eines Kommunikationsvorgangs übertragen oder auf den am Kommunikationsvorgang beteiligten Servern gespeichert werden und zur Gewährleistung der Kommunikation zwischen Empfänger und Sender notwendig sind. [2]Protokolldaten können Verkehrsdaten gemäß § 3 Nummer 70 des Telekommunikationsgesetzes und Nutzungsdaten nach § 2 Absatz 2 Nummer 3 des Telekommunikation-Telemedien-Datenschutz-Gesetzes enthalten.

(8a) Protokollierungsdaten im Sinne dieses Gesetzes sind Aufzeichnungen über technische Ereignisse oder Zustände innerhalb informationstechnischer Systeme.

(9) Datenverkehr im Sinne dieses Gesetzes sind die mittels technischer Protokolle übertragenen Daten. [2]Der Datenverkehr kann Telekommunikationsinhalte nach § 3 Absatz 1 des Telekommunikation-Telemedien-Datenschutz-Gesetzes und Nutzungsdaten nach § 2 Absatz 2 Nummer 3 des Telekommunikation-Telemedien-Datenschutz-Gesetzes enthalten.

(9a) IT-Produkte im Sinne dieses Gesetzes sind Software, Hardware sowie alle einzelnen oder miteinander verbundenen Komponenten, die Informationen informationstechnisch verarbeiten.

(9b) [1]Systeme zur Angriffserkennung im Sinne dieses Gesetzes sind durch technische Werkzeuge und organisatorische Einbindung unterstützte Prozesse zur Erkennung von Angriffen auf informationstechnische Systeme. [2]Die Angriffserkennung erfolgt dabei durch Abgleich der in einem informationstechnischen System verarbeiteten Daten mit Informationen und technischen Mustern, die auf Angriffe hindeuten.

(10) [1]Kritische Infrastrukturen im Sinne dieses Gesetzes sind Einrichtungen, Anlagen oder Teile davon, die

1. den Sektoren Energie, Informationstechnik und Telekommunikation, Transport und Verkehr, Gesundheit, Wasser, Ernährung, Finanz- und Versicherungswesen sowie Siedlungsabfallentsorgung angehören und

2. von hoher Bedeutung für das Funktionieren des Gemeinwesens sind, weil durch ihren Ausfall oder ihre Beeinträchtigung erhebliche Versorgungsengpässe oder Gefährdungen für die öffentliche Sicherheit eintreten würden.

²Die Kritischen Infrastrukturen im Sinne dieses Gesetzes werden durch die Rechtsverordnung nach § 10 Absatz 1 näher bestimmt.

(11) Digitale Dienste im Sinne dieses Gesetzes sind Dienste im Sinne von Artikel 1 Absatz 1 Buchstabe b der Richtlinie (EU) 2015/1535 des Europäischen Parlaments und des Rates vom 9. September 2015 über ein Informationsverfahren auf dem Gebiet der technischen Vorschriften und der Vorschriften für die Dienste der Informationsgesellschaft (ABI. L 241 vom 17.9.2015, S. 1), und die

1. es Verbrauchern oder Unternehmern im Sinne des Artikels 4 Absatz 1 Buchstabe a beziehungs-weise Buchstabe b der Richtlinie 2013/11/EU des Europäischen Parlaments und des Rates vom 21. Mai 2013 über die alternative Beilegung verbraucherrechtlicher Streitigkeiten und zur Ände-rung der Verordnung (EG) Nr. 2006/2004 und der Richtlinie 2009/22/EG (Richtlinie über alterna-tive Streitbeilegung in Verbraucherangelegenheiten) (ABI. L 165 vom 18.6.2013, S. 63) ermögli-chen, Kaufverträge oder Dienstleistungsverträge mit Unternehmern entweder auf der Webseite dieser Dienste oder auf der Webseite eines Unternehmers, die von diesen Diensten bereitge-stellte Rechendienste verwenden, abzuschließen (Online-Marktplätze);

2. es Nutzern ermöglichen, Suchen grundsätzlich auf allen Webseiten oder auf Webseiten in einer bestimmten Sprache anhand einer Abfrage zu einem beliebigen Thema in Form eines Stichworts, einer Wortgruppe oder einer anderen Eingabe vorzunehmen, die daraufhin Links anzeigen, über die der Abfrage entsprechende Inhalte abgerufen werden können (Online-Suchmaschinen);

3. den Zugang zu einem skalierbaren und elastischen Pool gemeinsam nutzbarer Rechenressour-cen ermöglichen (Cloud-Computing-Dienste),

und nicht zum Schutz grundlegender staatlicher Funktionen eingerichtet wordn sind oder für diese genutzt werden.

(12) „Anbieter digitaler Dienste" im Sinne dieses Gesetzes ist eine juristische Person, die einen digitalen Dienst anbietet.

(13) ¹Kritische Komponenten im Sinne dieses Gesetzes sind IT-Produkte,

1. die in Kritischen Infrastrukturen eingesetzt werden,

2. bei denen Störungen der Verfügbarkeit, Integrität, Authentizität und Vertraulichkeit zu einem Aus-fall oder zu einer erheblichen Beeinträchtigung der Funktionsfähigkeit Kritischer Infrastrukturen oder zu Gefährdungen für die öffentliche Sicherheit führen können und

3. die auf Grund eines Gesetzes unter Verweis auf diese Vorschrift

   a) als kritische Komponente bestimmt werden oder

   b) eine auf Grund eines Gesetzes als kritisch bestimmte Funktion realisieren.

²Werden für einen der in Absatz 10 Satz 1 Nummer 1 genannten Sektoren keine kritischen Komponenten und keine kritischen Funktionen, aus denen kritische Komponenten abgeleitet werden können, auf Grund ei-nes Gesetzes unter Verweis auf diese Vorschrift bestimmt, gibt es in diesem Sektor keine kritischen Kompo-nenten im Sinne dieses Gesetzes.

(14) [1]Unternehmen im besonderen öffentlichen Interesse sind Unternehmen, die nicht Betreiber Kritischer Infrastrukturen nach Absatz 10 sind und

1. die Güter nach § 60 Absatz 1 Nummer 1 und 3 der Außenwirtschaftsverordnung in der jeweils geltenden Fassung herstellen oder entwickeln,

2. die nach ihrer inländischen Wertschöpfung zu den größten Unternehmen in Deutschland gehören und daher von erheblicher volkswirtschaftlicher Bedeutung für die Bundesrepublik Deutschland sind oder die für solche Unternehmen als Zulieferer wegen ihrer Alleinstellungsmerkmale von wesentlicher Bedeutung sind oder

3. die Betreiber eines Betriebsbereichs der oberen Klasse im Sinne der Störfall-Verordnung in der jeweils geltenden Fassung sind oder nach § 1 Absatz 2 der Störfall-Verordnung diesen gleichgestellt sind.

[2]Die Unternehmen im besonderen öffentlichen Interesse nach Satz 1 Nummer 2 werden durch die Rechtsverordnung nach § 10 Absatz 5 bestimmt, in der festgelegt wird, welche wirtschaftlichen Kennzahlen maßgeblich dafür sind, dass ein Unternehmen zu den größten Unternehmen in Deutschland im Sinne der Nummer 2 gehört und welche Alleinstellungsmerkmale maßgeblich dafür sind, dass Zulieferer für solche Unternehmen von wesentlicher Bedeutung sind.

[...]

§ 7 Warnungen

(1) [1]Zur Erfüllung seiner Aufgaben nach § 3 Absatz 1 Satz 2 Nummer 14 und 14a kann das Bundesamt

1. die folgenden Warnungen und Informationen an die Öffentlichkeit oder an die betroffenen Kreise richten:

    a) Warnungen vor Sicherheitslücken in informationstechnischen Produkten und Diensten,

    b) Warnungen vor Schadprogrammen,

    c) Warnungen bei einem Verlust oder einem unerlaubten Zugriff auf Daten und

    d) Informationen über sicherheitsrelevante IT-Eigenschaften von Produkten.

2. Sicherheitsmaßnahmen sowie den Einsatz bestimmter Sicherheitsprodukte empfehlen.

[2]Das Bundesamt kann zur Wahrnehmung der Aufgaben nach Satz 1 Dritte einbeziehen, wenn dies für eine wirksame und rechtzeitige Warnung erforderlich ist.

(1a) [1]Die Hersteller betroffener Produkte sind rechtzeitig vor Veröffentlichung der Warnungen zu informieren. [2]Diese Informationspflicht besteht nicht,

1. wenn hierdurch die Erreichung des mit der Maßnahme verfolgten Zwecks gefährdet wird oder

2. wenn berechtigterweise davon ausgegangen werden kann, dass der Hersteller an einer vorherigen Benachrichtigung kein Interesse hat.

[3]Soweit entdeckte Sicherheitslücken oder Schadprogramme nicht allgemein bekannt werden sollen, um eine Weiterverbreitung oder rechtswidrige Ausnutzung zu verhindern oder weil das Bundesamt gegenüber Dritten zur Vertraulichkeit verpflichtet ist, kann es den Kreis der zu warnenden Personen einschränken. [4]Kriterien für

die Auswahl des zu warnenden Personenkreises nach Satz 3 sind insbesondere die besondere Gefährdung bestimmter Einrichtungen oder die besondere Zuverlässigkeit des Empfängers.

(2) [1]Zur Erfüllung seiner Aufgaben nach § 3 Absatz 1 Satz 2 Nummer 14 und 14a kann das Bundesamt die Öffentlichkeit unter Nennung der Bezeichnung und des Herstellers des betroffenen Produkts und Dienstes vor Sicherheitslücken in informationstechnischen Produkten und Diensten und vor Schadprogrammen warnen, wenn hinreichende Anhaltspunkte dafür vorliegen, dass Gefahren für die Sicherheit in der Informationstechnik hiervon ausgehen, oder Sicherheitsmaßnahmen sowie den Einsatz bestimmter informationstechnischer Produkte und Dienste empfehlen. [2]Stellen sich die an die Öffentlichkeit gegebenen Informationen im Nachhinein als falsch oder die zugrunde liegenden Umstände als unzutreffend wiedergegeben heraus, ist dies unverzüglich öffentlich bekannt zu machen.

[...]

§ 8a Sicherheit in der Informationstechnik Kritischer Infrastrukturen

(1) [1]Betreiber Kritischer Infrastrukturen sind verpflichtet, spätestens bis zum ersten Werktag, der darauf folgt, dass diese erstmalig oder erneut als Betreiber einer Kritischen Infrastruktur nach der Rechtsverordnung nach § 10 Absatz 1 gelten, angemessene organisatorische und technische Vorkehrungen zur Vermeidung von Störungen der Verfügbarkeit, Integrität, Authentizität und Vertraulichkeit ihrer informationstechnischen Systeme, Komponenten oder Prozesse zu treffen, die für die Funktionsfähigkeit der von ihnen betriebenen Kritischen Infrastrukturen maßgeblich sind. [2]Dabei soll der Stand der Technik eingehalten werden. [3]Organisatorische und technische Vorkehrungen sind angemessen, wenn der dafür erforderliche Aufwand nicht außer Verhältnis zu den Folgen eines Ausfalls oder einer Beeinträchtigung der betroffenen Kritischen Infrastruktur steht.

(1a) [1]Die Verpflichtung nach Absatz 1 Satz 1, angemessene organisatorische und technische Vorkehrungen zu treffen, umfasst ab dem 1. Mai 2023 auch den Einsatz von Systemen zur Angriffserkennung. [2]Die eingesetzten Systeme zur Angriffserkennung müssen geeignete Parameter und Merkmale aus dem laufenden Betrieb kontinuierlich und automatisch erfassen und auswerten. [3]Sie sollten dazu in der Lage sein, fortwährend Bedrohungen zu identifizieren und zu vermeiden sowie für eingetretene Störungen geeignete Beseitigungsmaßnahmen vorzusehen. [4]Absatz 1 Satz 2 und 3 gilt entsprechend.

(2) [1]Betreiber Kritischer Infrastrukturen und ihre Branchenverbände können branchenspezifische Sicherheitsstandards zur Gewährleistung der Anforderungen nach den Absätzen 1 und 1a vorschlagen. [2]Das Bundesamt stellt auf Antrag fest, ob diese geeignet sind, die Anforderungen nach den Absätzen 1 und 1a zu gewährleisten. [3]Die Feststellung erfolgt

1. im Benehmen mit dem Bundesamt für Bevölkerungsschutz und Katastrophenhilfe,
2. im Einvernehmen mit der zuständigen Aufsichtsbehörde des Bundes.

(3) [1]Betreiber Kritischer Infrastrukturen haben die Erfüllung der Anforderungen nach den Absätzen 1 und 1a spätestens zwei Jahre nach dem in Absatz 1 genannten Zeitpunkt und anschließend alle zwei Jahre dem Bundesamt nachzuweisen. [2]Der Nachweis kann durch Sicherheitsaudits, Prüfungen oder Zertifizierungen

erfolgen. [3]Die Betreiber übermitteln dem Bundesamt die Ergebnisse der durchgeführten Audits, Prüfungen oder Zertifizierungen einschließlich der dabei aufgedeckten Sicherheitsmängel. [4]Das Bundesamt kann die Vorlage der Dokumentation, die der Überprüfung zugrunde gelegt wurde, verlangen. [5]Es kann bei Sicherheitsmängeln im Einvernehmen mit der zuständigen Aufsichtsbehörde des Bundes oder im Benehmen mit der sonst zuständigen Aufsichtsbehörde die Beseitigung der Sicherheitsmängel verlangen.

(4) [1]Das Bundesamt kann beim Betreiber Kritischer Infrastrukturen die Einhaltung der Anforderungen nach den Absätzen 1 und 1a überprüfen; es kann sich bei der Durchführung der Überprüfung eines qualifizierten unabhängigen Dritten bedienen. [2]Der Betreiber Kritischer Infrastrukturen hat dem Bundesamt und den in dessen Auftrag handelnden Personen zum Zweck der Überprüfung das Betreten der Geschäfts- und Betriebsräume während der üblichen Betriebszeiten zu gestatten und auf Verlangen die in Betracht kommenden Aufzeichnungen, Schriftstücke und sonstigen Unterlagen in geeigneter Weise vorzulegen, Auskunft zu erteilen und die erforderliche Unterstützung zu gewähren. [3]Für die Überprüfung erhebt das Bundesamt Gebühren und Auslagen bei dem jeweiligen Betreiber Kritischer Infrastrukturen nur, sofern das Bundesamt auf Grund von Anhaltspunkten tätig geworden ist, die berechtigte Zweifel an der Einhaltung der Anforderungen nach den Absätzen 1 und 1a begründeten.

(5) Das Bundesamt kann zur Ausgestaltung des Verfahrens der Sicherheitsaudits, Prüfungen und Zertifizierungen nach Absatz 3 Anforderungen an die Art und Weise der Durchführung, an die hierüber auszustellenden Nachweise sowie fachliche und organisatorische Anforderungen an die prüfende Stelle nach Anhörung von Vertretern der betroffenen Betreiber und der betroffenen Wirtschaftsverbände festlegen.

§ 8b Zentrale Stelle für die Sicherheit in der Informationstechnik Kritischer Infrastrukturen

(1) Das Bundesamt ist die zentrale Meldestelle für Betreiber Kritischer Infrastrukturen in Angelegenheiten der Sicherheit in der Informationstechnik.

(2) Das Bundesamt hat zur Wahrnehmung dieser Aufgabe

1. die für die Abwehr von Gefahren für die Sicherheit in der Informationstechnik wesentlichen Informationen zu sammeln und auszuwerten, insbesondere Informationen zu Sicherheitslücken, zu Schadprogrammen, zu erfolgten oder versuchten Angriffen auf die Sicherheit in der Informationstechnik und zu der dabei beobachteten Vorgehensweise,

2. deren potentielle Auswirkungen auf die Verfügbarkeit der Kritischen Infrastrukturen in Zusammenarbeit mit den zuständigen Aufsichtsbehörden und dem Bundesamt für Bevölkerungsschutz und Katastrophenhilfe zu analysieren,

3. das Lagebild bezüglich der Sicherheit in der Informationstechnik der Kritischen Infrastrukturen oder der Unternehmen im besonderen öffentlichen Interesse kontinuierlich zu aktualisieren und

4. unverzüglich

   a) die Betreiber Kritischer Infrastrukturen und die Unternehmen im besonderen öffentlichen Interesse über sie betreffende Informationen nach den Nummern 1 bis 3,

   b) die zuständigen Aufsichtsbehörden und die sonst zuständigen Behörden des Bundes über die zur Erfüllung ihrer Aufgaben erforderlichen Informationen nach den Nummern 1 bis 3,

    c)   die zuständigen Aufsichtsbehörden der Länder oder die zu diesem Zweck dem Bundesamt von den Ländern als zentrale Kontaktstellen benannten Behörden über die zur Erfüllung ihrer Aufgaben erforderlichen Informationen nach den Nummern 1 bis 3 sowie

    d)   die zuständigen Behörden eines anderen Mitgliedstaats der Europäischen Union über nach Absatz 4 oder nach vergleichbaren Regelungen gemeldete erhebliche Störungen, die Auswirkungen in diesem Mitgliedstaat haben,

zu unterrichten.

(3) [1]Betreiber Kritischer Infrastrukturen sind verpflichtet, spätestens bis zum ersten Werktag, der darauf folgt, dass diese erstmalig oder erneut als Betreiber einer Kritischen Infrastruktur nach der Rechtsverordnung nach § 10 Absatz 1 gelten, die von ihnen betriebenen Kritischen Infrastrukturen beim Bundesamt zu registrieren und eine Kontaktstelle zu benennen. [2]Die Registrierung eines Betreibers einer Kritischen Infrastruktur kann das Bundesamt auch selbst vornehmen, wenn der Betreiber seine Pflicht zur Registrierung nicht erfüllt. [3]Nimmt das Bundesamt eine solche Registrierung selbst vor, informiert es die zuständige Aufsichtsbehörde des Bundes darüber. [4]Die Betreiber haben sicherzustellen, dass sie über die benannte oder durch das Bundesamt festgelegte Kontaktstelle jederzeit erreichbar sind. [5]Die Übermittlung von Informationen durch das Bundesamt nach Absatz 2 Nummer 4 erfolgt an diese Kontaktstelle.

(3a) Rechtfertigen Tatsachen die Annahme, dass ein Betreiber seine Pflicht zur Registrierung nach Absatz 3 nicht erfüllt, so hat der Betreiber dem Bundesamt auf Verlangen die für die Bewertung aus Sicht des Bundesamtes erforderlichen Aufzeichnungen, Schriftstücke und sonstigen Unterlagen in geeigneter Weise vorzulegen und Auskunft zu erteilen, soweit nicht Geheimschutzinteressen oder überwiegende Sicherheitsinteressen entgegenstehen.

(4) [1]<u>Betreiber Kritischer Infrastrukturen</u> haben die <u>folgenden Störungen</u> <u>unverzüglich</u> über die Kontaktstelle an das Bundesamt zu <u>melden</u>:

    1.   Störungen der Verfügbarkeit, Integrität, Authentizität und Vertraulichkeit ihrer informationstechnischen Systeme, Komponenten oder Prozesse, die zu einem Ausfall oder zu einer erheblichen Beeinträchtigung der Funktionsfähigkeit der von ihnen betriebenen Kritischen Infrastrukturen geführt haben,

    2.   erhebliche Störungen der Verfügbarkeit, Integrität, Authentizität und Vertraulichkeit ihrer informationstechnischen Systeme, Komponenten oder Prozesse, die zu einem Ausfall oder zu einer erheblichen Beeinträchtigung der Funktionsfähigkeit der von ihnen betriebenen Kritischen Infrastrukturen führen können.

[2]Die Meldung muss Angaben zu der Störung, zu möglichen grenzübergreifenden Auswirkungen sowie zu den technischen Rahmenbedingungen, insbesondere der vermuteten oder tatsächlichen Ursache, der betroffenen Informationstechnik, der Art der betroffenen Einrichtung oder Anlage sowie zur erbrachten kritischen Dienstleistung und zu den Auswirkungen der Störung auf diese Dienstleistung enthalten. [3]Die Nennung des Betreibers ist nur dann erforderlich, wenn die Störung tatsächlich zu einem Ausfall oder einer Beeinträchtigung der Funktionsfähigkeit der Kritischen Infrastruktur geführt hat.

(4a) [1]Während einer erheblichen Störung gemäß Absatz 4 Satz 1 Nummer 2, § 8f Absatz 7 Satz 1 Nummer 2 oder Absatz 8 Satz 1 Nummer 2 kann das Bundesamt im Einvernehmen mit der jeweils zuständigen Aufsichtsbehörde des Bundes von den betroffenen Betreibern Kritischer Infrastrukturen oder den Unternehmen im besonderen öffentlichen Interesse die Herausgabe der zur Bewältigung der Störung notwendigen Informationen einschließlich personenbezogener Daten verlangen. [2]Betreiber Kritischer Infrastrukturen und Unternehmen im besonderen öffentlichen Interesse sind befugt, dem Bundesamt auf Verlangen die zur Bewältigung der Störung notwendigen Informationen einschließlich personenbezogener Daten zu übermitteln, soweit dies zur Bewältigung einer erheblichen Störung gemäß Absatz 4 Satz 1 Nummer 2, § 8f Absatz 7 Satz 1 Nummer 2 oder Absatz 8 Satz 1 Nummer 2 erforderlich ist.

(5) [1]Zusätzlich zu ihrer Kontaktstelle nach Absatz 3 können Betreiber Kritischer Infrastrukturen, die dem gleichen Sektor angehören, eine gemeinsame übergeordnete Ansprechstelle benennen. [2]Wurde eine solche benannt, erfolgt der Informationsaustausch zwischen den Kontaktstellen und dem Bundesamt in der Regel über die gemeinsame Ansprechstelle.

(6) [1]Soweit erforderlich kann das Bundesamt vom Hersteller der betroffenen informationstechnischen Produkte und Systeme die Mitwirkung an der Beseitigung oder Vermeidung einer Störung nach Absatz 4, oder § 8f Absatz 7 oder 8 verlangen. [2]Satz 1 gilt für Störungen bei Betreibern und Genehmigungsinhabern im Sinne von § 8d Absatz 3 entsprechend.

(7) [1]Soweit im Rahmen dieser Vorschrift personenbezogene Daten verarbeitet werden, ist eine über die vorstehenden Absätze hinausgehende Verarbeitung zu anderen Zwecken unzulässig. [2]§ 5 Absatz 7 Satz 3 bis 8 ist entsprechend anzuwenden.

[...]

§ 10 Ermächtigung zum Erlass von Rechtsverordnungen*

(1) [1]Das Bundesministerium des Innern, für Bau und Heimat bestimmt durch Rechtsverordnung, die nicht der Zustimmung des Bundesrates bedarf, nach Anhörung von Vertretern der Wissenschaft, der betroffenen Betreiber und der betroffenen Wirtschaftsverbände im Einvernehmen mit dem Bundesministerium für Wirtschaft und Energie, dem Bundesministerium der Justiz und für Verbraucherschutz, dem Bundesministerium der Finanzen, dem Bundesministerium für Arbeit und Soziales, dem Bundesministerium für Ernährung und Landwirtschaft, dem Bundesministerium für Gesundheit, dem Bundesministerium für Verkehr und digitale Infrastruktur, dem Bundesministerium der Verteidigung und dem Bundesministerium für Umwelt, Naturschutz und nukleare Sicherheit unter Festlegung der in den jeweiligen Sektoren im Hinblick auf § 2 Absatz 10 Satz 1 Nummer 2 wegen ihrer Bedeutung als kritisch anzusehenden Dienstleistungen und deren als bedeutend anzusehenden Versorgungsgrads, welche Einrichtungen, Anlagen oder Teile davon als Kritische Infrastrukturen im Sinne dieses Gesetzes gelten. [2]Der nach Satz 1 als bedeutend anzusehende Versorgungsgrad ist anhand von branchenspezifischen Schwellenwerten für jede wegen ihrer Bedeutung als kritisch anzusehende

---

* vgl. BSI-Kritisverordnung (BSI-KritisV)

Dienstleistung im jeweiligen Sektor zu bestimmen. [3]Zugang zu Akten, die die Erstellung oder Änderung dieser Verordnung betreffen, wird nicht gewährt.

(2) Das Bundesministerium des Innern, für Bau und Heimat bestimmt nach Anhörung der betroffenen Wirtschaftsverbände und im Einvernehmen mit dem Bundesministerium für Wirtschaft und Energie durch Rechtsverordnung, die nicht der Zustimmung des Bundesrates bedarf, das Nähere über das Verfahren der Erteilung von Sicherheitszertifikaten und Anerkennungen nach § 9 und deren Inhalt.

(3) Das Bundesministerium des Innern, für Bau und Heimat bestimmt durch Rechtsverordnung, die nicht der Zustimmung des Bundesrates bedarf, nach Anhörung der betroffenen Wirtschaftsverbände im Einvernehmen mit dem Bundesministerium für Wirtschaft und Energie und dem Bundesministerium der Justiz und für Verbraucherschutz die Einzelheiten der Gestaltung, des Inhalts und der Verwendung des IT-Sicherheitskennzeichens nach § 9c, um eine einheitliche Gestaltung des Kennzeichens und eine eindeutige Erkennbarkeit der gekennzeichneten informationstechnischen Produkte zu gewährleisten, sowie die Einzelheiten des Verfahrens zur Feststellung der Eignung branchenabgestimmter IT-Sicherheitsvorgaben und des Antragsverfahrens auf Freigabe einschließlich der diesbezüglichen Fristen und der beizufügenden Unterlagen sowie das Verfahren und die Gestaltung des Verweises auf Sicherheitsinformationen.

(4) Das Soweit die Durchführungsrechtsakte der Kommission nach Artikel 16 Absatz 8 und 9 der Richtlinie (EU) 2016/1148 keine abschließenden Bestimmungen über die von Anbietern digitaler Dienste nach § 8c Absatz 2 zu treffenden Maßnahmen oder über die Parameter zur Beurteilung der Erheblichkeit der Auswirkungen von Sicherheitsvorfällen nach § 8c Absatz 3 Satz 2 oder über Form und Verfahren der Meldungen nach § 8c Absatz 3 Satz 4 enthalten, werden diese Bestimmungen vom Bundesministerium des Innern, für Bau und Heimat im Einvernehmen mit den jeweils betroffenen Ressorts durch Rechtsverordnung, die nicht der Zustimmung des Bundesrates bedarf, getroffen.

(5) [1]Das Bundesministerium des Innern, für Bau und Heimat bestimmt durch Rechtsverordnung, die nicht der Zustimmung des Bundesrates bedarf, nach Anhörung von Vertretern der Wissenschaft, der betroffenen Unternehmen und der betroffenen Wirtschaftsverbände im Einvernehmen mit dem Bundesministerium für Wirtschaft und Energie, dem Bundesministerium der Justiz und für Verbraucherschutz, dem Bundesministerium für Gesundheit, dem Bundesministerium für Verkehr und digitale Infrastruktur, dem Bundesministerium der Verteidigung und dem Bundesministerium für Umwelt, Naturschutz und nukleare Sicherheit, welche wirtschaftlichen Kennzahlen bei der Berechnung der inländischen Wertschöpfung heranzuziehen sind, wie die Berechnung mit Hilfe der Methodik der direkten Wertschöpfungsstaffel zu erfolgen hat und welche Schwellenwerte maßgeblich dafür sind, dass ein Unternehmen zu den größten Unternehmen in Deutschland im Sinne des § 2 Absatz 14 Satz 1 Nummer 2 gehört. [2]Unter den Voraussetzungen nach Satz 1 kann das Bundesministerium des Innern, für Bau und Heimat durch Rechtsverordnung bestimmen, welche Alleinstellungsmerkmale maßgeblich dafür sind, dass Zulieferer für Unternehmen, die nach ihrer inländischen Wertschöpfung zu den größten Unternehmen in Deutschland gehören, von wesentlicher Bedeutung im Sinne des § 2 Absatz 14 Satz 1 Nummer 2 sind.

[...]

BSI-Kritisverordnung (BSI-KritisV)

Verordnung zur Bestimmung Kritischer Infrastrukturen nach dem BSI-Gesetz (BSI-Kritisverordnung)
zuletzt geändert durch Art. 1 VO vom 29.11.2023 (BGBl. 2023 I Nr. 339) m.W.v. 01.01.2024
– Nichtamtliche Fassung (Auszug) –

§ 1 Begriffsbestimmungen

(1) Im Sinne dieser Verordnung ist oder sind

1. Anlagen
   a) Betriebsstätten und sonstige ortsfeste Einrichtungen,
   b) Maschinen, Geräte und sonstige ortsveränderliche Einrichtungen oder
   c) Software und IT-Dienste,
   die für die Erbringung einer kritischen Dienstleistung notwendig sind,

2. Betreiber
   eine natürliche oder juristische Person, die unter Berücksichtigung der rechtlichen, wirtschaftlichen und tatsächlichen Umstände bestimmenden Einfluss auf die Beschaffenheit und den Betrieb einer Anlage oder Teilen davon ausübt,

3. kritische Dienstleistung
   eine Dienstleistung zur Versorgung der Allgemeinheit in den Sektoren nach den §§ 2 bis 8, deren Ausfall oder Beeinträchtigung zu erheblichen Versorgungsengpässen oder zu Gefährdungen der öffentlichen Sicherheit führen würde,

4. Versorgungsgrad
   ein Wert, mittels dessen der Beitrag einer Anlage oder Teilen davon im jeweiligen Sektor zur Versorgung der Allgemeinheit mit einer kritischen Dienstleistung bestimmt wird,

5. Schwellenwert
   ein Wert, bei dessen Erreichen oder dessen Überschreitung der Versorgungsgrad einer Anlage oder Teilen davon als bedeutend im Sinne von § 10 Absatz 1 Satz 1 des BSI-Gesetzes anzusehen ist.

(2) [1]Einer Anlage sind alle vorgesehenen Anlagenteile und Verfahrensschritte zuzurechnen, die zum Betrieb notwendig sind, sowie Nebeneinrichtungen, die mit den Anlagenteilen und Verfahrensschritten in einem betriebstechnischen Zusammenhang stehen und die für die Erbringung einer kritischen Dienstleistung notwendig sind. [2]Mehrere Anlagen derselben Kategorie, die durch einen betriebstechnischen Zusammenhang verbunden sind, gelten als gemeinsame Anlage, wenn sie gemeinsam zur Erbringung derselben kritischen Dienstleistung notwendig sind. [3]Betreiben zwei oder mehr Personen gemeinsam eine Anlage, so ist jeder für die Erfüllung der Pflichten als Betreiber verantwortlich.

[...]

§ 8 Sektor Transport und Verkehr

(1) Wegen ihrer <u>besonderen Bedeutung</u> für das <u>Funktionieren des Gemeinwesens</u> ist im <u>Sektor Transport und Verkehr</u> die <u>Versorgung der Allgemeinheit</u> mit Leistungen zum <u>Transport von Personen und Gütern</u> (Personen- und Güterverkehr) <u>kritische Dienstleistung</u> im Sinne des § 10 Absatz 1 Satz 1 des BSI-Gesetzes.

(2) Der <u>Personen- und Güterverkehr</u> wird in den Bereichen <u>Luftverkehr</u>, <u>Eisenbahnverkehr</u>, <u>See- und Binnenschifffahrt</u>, <u>Straßenverkehr</u>, <u>öffentlicher Personennahverkehr</u> (ÖPNV) und <u>Logistik</u> sowie <u>verkehrsträgerübergreifend</u> erbracht.

(3) Im Sektor Transport und Verkehr sind Kritische Infrastrukturen solche Anlagen oder Teile davon, die

1. den in Anhang 7 Teil 3 Spalte B genannten Kategorien zuzuordnen sind und
2. den Schwellenwert nach Anhang 7 Teil 3 Spalte D erreichen oder überschreiten.

§ 9 Sektor Siedlungsabfallentsorgung

(1) Wegen ihrer <u>besonderen Bedeutung</u> für das <u>Funktionieren des Gemeinwesens</u> ist im <u>Sektor Siedlungsabfallentsorgung</u> die Entsorgung von Siedlungsabfällen <u>kritische Dienstleistung</u> im Sinne des § 10 Absatz 1 Satz 1 des BSI-Gesetzes.

(2) Die Siedlungsabfallentsorgung wird in den Bereichen '<u>Abfallsammlung und -beförderung</u>' und '<u>Abfallverwertung und -beseitigung</u>' erbracht.

(3) Im Sektor Siedlungsabfallentsorgung sind Kritische Infrastrukturen solche Anlagen oder Teile davon, die

1. den in Anhang 8 Teil 3 Spalte B genannten Kategorien zuzuordnen sind und
2. den Schwellenwert nach Anhang 8 Teil 3 Spalte D erreichen oder überschreiten

[...]

Anhang 7 (zu § 1 Nummer 4 und 5, § 8 Absatz 3 Nummer 1 und 2)
Anlagenkategorien und Schwellenwerte im Sektor Transport und Verkehr

Teil 1
Grundsätze und Fristen

1. Im Sinne von Anhang 7 ist oder sind
   1.1) <u>Anlage oder System zur Passagierabfertigung an Flugplätzen</u>
   eine Anlage oder ein System für die Passagier- oder Gepäckabfertigung im Sinne von § 2 Nummer 4 in Verbindung mit Anlage 1 Nummer 2 oder 3 der Bodenabfertigungsdienst-Verordnung.
   1.2) <u>Anlage oder System zur Frachtabfertigung an Flugplätzen</u>
   eine Anlage oder ein System zur Abfertigung von Fracht im Luftverkehr im Sinne von § 2 Nummer 4 in Verbindung mit Anlage 1 Nummer 4 der Bodenabfertigungsdienst-Verordnung.
   1.3) <u>Infrastrukturbetrieb eines Flugplatzes</u>
   die Gesamtheit aller Anlagen oder Systeme zur Erbringung von sonstigen Bodenabfertigungsdiensten nach § 2 Nummer 4 in Verbindung mit Anlage 1 Nummer 5, 7, 9 oder 10 der Bodenabfertigungsdienst-Verordnung.
   1.4) <u>Anlage zur Erbringung von Flugsicherungsdiensten</u>

eine Anlage oder ein System der Flugsicherungsdienste nach der Durchführungsverordnung (EU) 2017/373 der Kommission vom 1. März 2017 zur Festlegung gemeinsamer Anforderungen an Flugverkehrsmanagementanbieter und Anbieter von Flugsicherungsdiensten sowie sonstiger Funktionen des Flugverkehrsmanagementnetzes und die Aufsicht hierüber sowie zur Aufhebung der Verordnung (EG) Nr. 482/2008, der Durchführungsverordnungen (EU) Nr. 1034/2011, (EU) Nr. 1035/2011 und (EU) 2016/1377 und zur Änderung der Verordnung (EU) Nr. 677/2011 (ABl. L 62 vom 8.3.2017, S. 1; L 15 vom 20.1.2020, S. 9), die durch die Durchführungsverordnung (EU) 2020/469 (ABl. L 104 vom 3.4.2020, S. 1) geändert worden ist.

1.5) Verkehrszentrale einer Fluggesellschaft
eine Anlage oder ein System einer Fluggesellschaft zur Planung, Steuerung oder Überwachung des Flugbetriebs, zur Disposition von Personal oder zur Disposition des Wartungsbetriebs.

1.6) Flughafenleitungsorgan
eine Anlage oder ein System zur Verwaltung oder zum Betrieb der Einrichtungen eines Flughafens oder Flughafennetzes oder zur Koordinierung oder Überwachung der Tätigkeiten der verschiedenen Akteure auf einem Flughafen oder in einem Flughafennetz.

1.7) Personenbahnhof der Eisenbahn
ein Bahnhof zur Abwicklung des Reiseverkehrs gemäß § 4 Absatz 1 und 2 der Eisenbahn-Bau- und Betriebsordnung.

1.8) Güterbahnhof
ein Bahnhof zur Abwicklung des Güterverkehrs gemäß § 4 Absatz 1 und 2 der Eisenbahn-Bau- und Betriebsordnung.

1.9) Zugbildungsbahnhof
ein Bahnhof zur Bildung von Zügen (Einzelwagen, Ganzzüge sowie kombinierter Verkehr).

1.10) Schienennetz und Stellwerke der Eisenbahn
ein Schienennetz gemäß § 4 Absatz 3 bis 7 und 10 bis 11 der Eisenbahn-Bau- und Betriebsordnung einschließlich der zugehörigen Stellwerke.

1.11) Verkehrssteuerungs- und Leitsystem der Eisenbahn
die zentrale Einrichtung des Eisenbahninfrastrukturbetreibers, die den Zugbetrieb vorausschauend und bei unerwartet eintretenden Ereignissen disponiert.

1.12) Leitzentrale der Eisenbahn
eine regionale oder überregionale zentrale Einrichtung des Eisenbahnverkehrsunternehmens zur Überwachung des betrieblichen Ist-Zustandes, zur Einleitung von Maßnahmen bei Verspätungen oder Störungsfällen oder zur Disposition der unternehmenseigenen Züge, des Personals oder der Instandhaltung der Fahrzeuge.

1.13) Anlage oder System zum Betrieb von Bundeswasserstraßen
eine Anlage oder ein System zum sicheren Betrieb einer Wasserstraße nach § 1 Absatz 4 Nummer 1 des Bundeswasserstraßengesetzes.

1.14) Verkehrssteuerungs- und Leitsystem der See- und Binnenschifffahrt
Revier- und Verkehrszentralen der Wasserstraßen- und Schifffahrtsverwaltung des Bundes.

1.15) Leitzentrale von Betreibern und Verkehrsunternehmen der Seeschifffahrt
eine Anlage oder ein System zur operativen Steuerung oder zur Disposition des Schiffsraums von Seeschiffen.

1.16) Leitzentrale von Betreibern und Verkehrsunternehmen der Binnenschifffahrt (nur Güterverkehr) eine Anlage oder ein System zur operativen Steuerung oder zur Disposition des Schiffsraums der Binnenschifffahrtsflotte.

1.17) Umschlaganlage in See- und Binnenhäfen
eine Umschlaganlage in einem See- oder Binnenhafen, in der Container oder lose, unverpackte Güter zwischen Verkehrsträgern (auch den gleichen) be- und entladen, umgeschlagen, sortiert oder zwischenabgestellt werden.

1.18) Hafenleitungsorgan (nur Güterverkehr)
eine Anlage oder ein System zur Koordinierung des Hafenverkehrs, zur Verwaltung des Hafenverkehrs oder zur Koordinierung oder zur Überwachung der Tätigkeiten der Akteure in dem betreffenden Hafen.

1.19) Hafeninformationssystem
eine Anlage oder ein System einer übergreifenden IT-Plattform, welches als Port Community System (PCS), Cargo Community System (CCS) oder Single Submission Portal (SSP) oder der Erfüllung der gesetzlichen Anforderungen an die Hafenanmeldungen nach Artikel 4 der Richtlinie 2010/65/EU des Europäischen Parlaments und des Rates vom 20. Oktober 2010 über Meldeformalitäten für Schiffe beim Einlaufen in und/oder Auslaufen aus Häfen der Mitgliedstaaten und zur Aufhebung der Richtlinie 2002/6/EG (ABl. L 283 vom 29.10.2010, S. 1), die zuletzt durch die Richtlinie (EU) 2019/883 (ABl. L 151 vom 7.6.2019, S. 116) geändert worden ist, dient.

1.20) Verkehrssteuerungs- und Leitsystem
eine Anlage oder ein System zur Verkehrsbeeinflussung im Straßenverkehr einschließlich der in § 1 Absatz 4 Nummer 1, 3 und 4 des Bundesfernstraßengesetzes genannten Einrichtungen, zum Beispiel Verkehrs-, Betriebs- und Tunnelleitzentralen, Entwässerungsanlagen, intelligente Verkehrssysteme und Fachstellen für Informationstechnik und -sicherheit im Straßenbau, sowie der Telekommunikationsnetze der Bundesautobahnen.

1.21) Verkehrssteuerungs- und Leitsystem im kommunalen Straßenverkehr
ein System für die kommunale Steuerung und Überwachung von Lichtsignalanlagen, von Verkehrsbeeinflussungsanlagen sowie von Verkehrswarn- und Informationssystemen.

1.22) Intelligentes Verkehrssystem
ein intelligentes Verkehrssystem im Sinne des § 2 Nummer 1 des Intelligente Verkehrssysteme Gesetz.

1.23) Schienennetz und Stellwerke des öffentlichen Straßenpersonenverkehrs (ÖSPV)
das schienengebundene Netz des ÖSPV im Sinne des § 4 Absatz 1 bis 3 des Personenbeförderungsgesetzes einschließlich der zu diesen Strecken und Haltestellen gehörenden Stellwerke und Beeinflussungsanlagen sowie der Fahrstromversorgung.

1.24) Leitzentrale des ÖSPV
eine Anlage oder ein System zur betreiberseitigen Überwachung und Steuerung des Verkehrs einschließlich Systeme für die Fahrgastsicherheit und Fahrgastinformation, zur Personaldisposition und Fahrzeugdisposition, auch zur Fahrzeugbereitstellung im Betriebshof, sowie der Flottentelematik. Systeme für die Fahrgastsicherheit und Fahrgastinformation sowie zur Personaldisposition und Fahrzeugdisposition sind nur insoweit erfasst, als deren Störung das Potenzial aufweist, die kritische Dienstleistung erheblich kapazitiv zu beeinträchtigen, oder sie zur Evakuierung im Notfall kritisch sind, insbesondere in unterirdischen Verkehrsanlagen.

1.25) Anlage oder System zur Erbringung operativer Logistikleistungen eine Anlage oder ein System zur Bereitstellung, Verteilung, Lagerung, Bearbeitung oder zum Transport oder Umschlag von Gütern in den Segmenten Massengut, Ladungsverkehr, Stückgut, Kontraktlogistik sowie See- und Luftfracht.

1.26) IT-System zur Logistiksteuerung oder -verwaltung

ein betreiberseitiges, zentrales IT-System zur Gesamtkoordinierung und -steuerung von Logistik-dienstleistungen in den Segmenten Massengut, Ladungsverkehr, Stückgut, Kontraktlogistik sowie See- und Luftfracht.

1.27) Anlage zur Wettervorhersage, zur Gezeitenvorhersage oder zur Wasserstandsmeldung

eine Anlage oder ein System zur Erbringung von Wettervorhersagen, insbesondere im Kürzest-fristbereich (bis zu 12 Stunden), sowie zur Messung von Gezeiten- und Wasserstand (Pegelsta-tion).

1.28) Bodenstation eines europäischen Satellitennavigationssystems

eine Bodenstation im Sinne des Artikels 28 der Verordnung (EU) Nr. 1285/2013 des Europäi-schen Parlaments und des Rates vom 11. Dezember 2013 betreffend den Aufbau und den Be-trieb der europäischen Satellitennavigationssysteme und zur Aufhebung der Verordnung (EG) Nr. 876/2002 des Rates und der Verordnung (EG) Nr. 683/2008 des Europäischen Parlaments und des Rates (ABl. L 347 vom 20.12.2013, S. 1).

2. Eine Anlage, die einer in Teil 3 Spalte B genannten Anlagenkategorie zuzuordnen ist, gilt ab dem 1. April des Kalenderjahres, das auf das Kalenderjahr folgt, in dem ihr Versorgungsgrad den in Teil 3 Spalte D genannten Schwellenwert erstmals erreicht oder überschreitet, als Kritische Infrastruktur. Nicht mehr als Kritische Infrastruktur gilt eine solche Anlage ab dem 1. April des Kalenderjahres, das auf das Kalender-jahr folgt, in dem ihr Versorgungsgrad den genannten Schwellenwert unterschreitet.

3. Der Betreiber hat den Versorgungsgrad seiner Anlage für das zurückliegende Kalenderjahr jeweils bis zum 31. März des Folgejahres zu ermitteln.

4. Stehen mehrere Anlagen derselben Art in einem engen räumlichen und betrieblichen Zusammenhang (gemeinsame Anlage) und erreichen oder überschreiten die in Teil 3 Spalte D genannten Schwellen-werte zusammen, gilt die gemeinsame Anlage als Kritische Infrastruktur. Ein enger räumlicher und be-trieblicher Zusammenhang ist gegeben, wenn die Anlagen

a) auf demselben Betriebsgelände liegen,

b) mit gemeinsamen Betriebseinrichtungen verbunden sind,

c) einem vergleichbaren technischen Zweck dienen und

d) unter gemeinsamer Leitung stehen.

Teil 2
Berechnungsformeln zur Ermittlung der Schwellenwerte

5. Der für die Anlagenkategorie des Teils 3 Nummer 1.1.4 genannte Schwellenwert ist unter Annahme von durchschnittlich 0,035 Flugbewegungen zur Versorgung einer Person pro Jahr und eines Regelschwel-lenwertes von 500 000 versorgten Personen wie folgt berechnet:

17 500 Flugbewegungen/Jahr = 0,035 Flugbewegungen/Jahr x 500 000

6. Der für die Anlagenkategorien des Teils 3 Nummer 1.2.2 und 1.2.3 genannte Schwellenwert ist unter An-nahme einer durchschnittlichen disponierten Transportleistung im Schienengüterverkehr von 1 460 Ton-nenkilometern zur Versorgung einer Person, eines Regelschwellenwertes von 500 000 versorgten Per-sonen sowie einer durchschnittlichen Transportleistung von 32 000 Tonnenkilometern pro Güterzug pro Jahr wie folgt berechnet:

23 000 Züge/Jahr ≈ (1 460 tkm/Jahr x 500 000) / (32 000 tkm/Zug)

7. Der für die <u>Anlagenkategorie des Teils 3 Nummer 1.2.6</u> genannte Schwellenwert ist unter Annahme einer durchschnittlichen disponierten Transportleistung im Güterschienenverkehr von 1 460 Tonnenkilometern zur Versorgung einer Person pro Jahr und eines Regelschwellenwertes von 500 000 versorgten Personen wie folgt berechnet:

730 000 000 tkm/Jahr = 1 460 tkm/Jahr x 500 000

8. Der für die <u>Anlagenkategorie des Teils 3 Nummer 1.3.5</u> genannte Schwellenwert ist unter Annahme einer durchschnittlichen Gesamttransportmenge der Binnenschifffahrt von 223 000 000 Tonnen und einer durchschnittlichen Güterumschlagsmenge in deutschen Seehäfen von 300 000 000 Tonnen für einen Regelschwellenwert von 500 000 versorgten Personen bei einer Gesamtbevölkerung von 80 000 000 wie folgt berechnet:

3 270 000 t/Jahr ≈ (223 000 000 t/Jahr + 300 000 000 t/Jahr) / (80 000 000/500 000)

9. Der für die <u>Anlagenkategorie des Teils 3 Nummer 1.3.6</u> genannte Schwellenwert ist unter Annahme einer durchschnittlichen Frachtmenge der Seeschifffahrtsflotte von 3,75 Tonnen zur Versorgung einer Person pro Jahr und eines Regelschwellenwertes von 500 000 versorgten Personen wie folgt berechnet:

1 875 000 t/Jahr = 3,75 t/Jahr x 500 000

10. Der für die <u>Anlagenkategorie des Teils 3 Nummer 1.3.7</u> genannte Schwellenwert ist unter Annahme einer durchschnittlichen Transportleistung der durch die Binnenschifffahrtsflotte transportierten Fracht von 691 Tonnenkilometern zur Versorgung einer Person pro Jahr und eines Regelschwellenwertes von 500 000 versorgten Personen wie folgt berechnet:

345 500 000 tkm/Jahr = 691 tkm/Jahr x 500 000

11. Der für die <u>Anlagenkategorien des Teils 3 Nummer 1.6.1 und 1.6.2</u> genannte Schwellenwert ist unter Annahme einer durchschnittlichen Gütermenge im Straßenverkehr von 35,1 Tonnen pro Jahr zur Versorgung einer Person und eines Regelschwellenwertes von 500 000 versorgten Personen wie folgt berechnet:

17 550 000 t/Jahr = 35,1 t/Jahr x 500 000

Das ermittelte Gewicht von 17 550 000 Tonnen pro Jahr entspricht unter Annahme eines durchschnittlichen Gewichts einer Stückgutsendung von 330 Kilogramm der Anzahl von 53 200 000 Sendungen pro Jahr:

53 200 000 Sendungen/Jahr ≈ (17 550 000 t/Jahr) / (0,33t/Sendung)

Teil 3
Anlagenkategorien und Schwellenwerte

Spalte A	Spalte B	Spalte C	Spalte D
Nr.	Anlagenbezeichnung	Bemessungskriterium	Schwellenwert
1.	**Personen- und Güterverkehr**		
1.1	Luftverkehr		
1.1.1	Anlage oder System zur Passagierabfertigung an Flugplätzen	Anzahl der Passagiere/Jahr	20 000 000
1.1.2	Anlage oder System zur Frachtabfertigung an Flugplätzen	Gütermenge in Tonnen/Jahr	750 000
1.1.3	Infrastrukturbetrieb eines Flugplatzes	Gütermenge in Tonnen/Jahr oder	750 000
		Anzahl der Passagiere/Jahr	20 000 000

Spalte A	Spalte B	Spalte C	Spalte D
Nr.	Anlagenbezeichnung	Bemessungskriterium	Schwellenwert
1.1.4	Anlage zur Erbringung von Flugsicherungsdiensten	Anzahl Flugbewegungen/Jahr	17 500
1.1.5	Verkehrszentrale einer Fluggesellschaft	Anzahl der Passagiere/Jahr oder	20 000 000
		Gütermenge in Tonnen/Jahr	750 000
1.1.6	Flughafenleitungsorgan	Anzahl der Passagiere/Jahr oder	20 000 000
		Gütermenge in Tonnen/Jahr	750 000

1.2	Eisenbahnverkehr		
1.2.1	Personenbahnhof der Eisenbahn	Bahnhofskategorie	jeweils höchste Kategorie
1.2.2	Güterbahnhof	Anzahl ausgehender Züge/Jahr	23 000
1.2.3	Zugbildungsbahnhof	Anzahl gebildete Züge/Jahr	23 000
1.2.4	Schienennetz und Stellwerke der Eisenbahn	Einordnung des Schienennetzes nach der Verordnung (EU) Nr. 1315/2013 des Europäischen Parlaments und des Rats vom 11. Dezember 2013 über Leitlinien der Union für den Aufbau eines transeuropäischen Verkehrsnetzes und zur Aufhebung des Beschlusses Nr. 661/2010/EU (ABl. L 348 vom 20.12.2013, S. 1), die zuletzt durch die Delegierte Verordnung (EU) 2019/254 (ABl. L 43 vom 14.2.2019, S. 1) geändert worden ist	Deutscher Teil des Kernnetzes
1.2.5	Verkehrssteuerungs- und Leitsystem der Eisenbahn	Einordnung des zu dem System gehörenden Schienennetzes nach der Verordnung (EU) Nr. 1315/2013	Deutscher Teil des Kernnetzes
1.2.6	Leitzentrale der Eisenbahn	Disponierte Transportleistung (Personenverkehr) in	8 200 000

Spalte A	Spalte B	Spalte C	Spalte D
Nr.	Anlagenbezeichnung	Bemessungskriterium	Schwellenwert
		Zugkilometer/Jahr pro Netz/Teilnetz oder	
		disponierte Transportleistung (Güterverkehr) in Tonnenkilometer/Jahr	730 000 000
1.3	See- und Binnenschifffahrt		
1.3.1	Anlage oder System zum Betrieb von Bundeswasserstraßen	Güterverkehrsdichte in Tonnen	17 000 000
1.3.2	Verkehrssteuerungs- und Leitsystem der See- und Binnenschifffahrt	Güterverkehrsdichte in Tonnen	17 000 000
1.3.3	Hafenleitungsorgan (nur Güterverkehr)	Gesamtmenge der bereitgestellten, verteilten, gelagerten oder umgeschlagenen Güter im Zuständigkeitsbereich des Hafens in Tonnen/Jahr	50 000 000
1.3.4	Hafeninformationssystem	Gesamtmenge der bereitgestellten, verteilten, gelagerten oder umgeschlagenen Güter im Zuständigkeitsbereich des Hafens, in dem die Anlage oder das System eingesetzt wird, in Tonnen/Jahr	50 000 000
1.3.5	Umschlaganlage in See- und Binnenhäfen	Abgefertigte Fracht in Tonnen/Jahr	3 270 000
1.3.6	Leitzentrale von Betreibern und Verkehrsunternehmen der Seeschifffahrt	Disponierte Frachtmenge der Seeschiffe des Betreibers einschließlich gecharterter Schiffe in Tonnen/Jahr	1 875 000
1.3.7	Leitzentrale von Betreibern und Verkehrsunternehmen der Binnenschifffahrt (nur Güterverkehr)	Disponierte Transportleistung der Binnenschiffe des Betreibers einschließlich gecharterter Schiffe in Tonnenkilometer/Jahr	345 500 000
1.4	Straßenverkehr		
1.4.1	Verkehrssteuerungs- und Leitsystem	Art der zu dem Verkehrssteuerungs- und Leitsystem gehörenden Bundesfernstraßen	Bundesautobahn
1.4.2	Verkehrssteuerungs- und Leitsystem im kommunalen Straßenverkehr	Anzahl Einwohner der versorgten Stadt	500 000

Spalte A	Spalte B	Spalte C	Spalte D
Nr.	Anlagenbezeichnung	Bemessungskriterium	Schwellenwert
1.4.3	Intelligentes Verkehrssystem	Anzahl angeschlossener Nutzer oder durchschnittlich im Versorgungsgebiet versorgter Nutzer	500 000
1.5	ÖPNV		
1.5.1	Schienennetz und Stellwerke des öffentlichen Straßenpersonenverkehrs (ÖSPV)	Anzahl unternehmensbezogene Fahrgastfahrten/Jahr	125 000 000
1.5.2	Leitzentrale des ÖSPV	Anzahl unternehmensbezogene Fahrgastfahrten/Jahr	125 000 000
1.6	Logistik		
1.6.1	Anlage oder System zum Betrieb eines Logistikzentrums in den Segmenten Massengut-, Ladungs-, Stückgut-, Kontrakt-, See- oder Luftfrachtlogistik	Transportmengen im Im- und Export, sowie im Binnenverkehr in Tonnen/Jahr, soweit diese im Unternehmen erfasst werden, im Übrigen	17 550 000
		Anzahl der Sendungen pro Jahr	53 200 000
1.6.2	Anlage oder IT-System zur Logistiksteuerung oder -verwaltung in den Segmenten Massengut, Ladungsverkehr, Stückgut, Kontraktlogistik sowie See- und Luftfracht	Gesamtmenge bereitgestellte, verteilte, gelagerte, bearbeitete oder umgeschlagene Transporte im Im- und Export, sowie im Binnenverkehr in Tonnen/Jahr, soweit diese im Unternehmen erfasst werden, im Übrigen	17 550 000
		Anzahl der Sendungen pro Jahr	53 200 000
1.7	Verkehrsträgerübergreifende Anlagen		
1.7.1	Anlage zur Wettervorhersage, zur Gezeitenvorhersage oder zur Wasserstandsvorhersage	Einsatz der Anlage zur Erbringung von Wettervorhersagen insbesondere im Kürzestfristbereich (bis zu 12 Stunden) zur Erfüllung der gesetzlichen Aufgaben nach § 4 Absatz 1 des Gesetzes über den Deutschen Wetterdienst oder	zur Aufgabenerfüllung eingesetzte Anlage
		Einsatz der Anlage zur Erfüllung der gesetzlichen	zur Aufgabenerfüllung eingesetzte Anlage

Spalte A	Spalte B	Spalte C	Spalte D
Nr.	Anlagenbezeichnung	Bemessungskriterium	Schwellenwert
		Aufgaben nach § 1 Nummer 9 des Seeaufgabengesetzes	
1.7.2	Bodenstation eines Satellitennavigationssystems	Einordnung der Anlage nach der Verordnung (EU) Nr. 1285/2013	Bodenstationen

Güterkraftverkehrsgesetz (GüKG)

Güterkraftverkehrsgesetz
zuletzt geändert durch Art. 39 Gesetz vom 15.07.2024 (BGBl. 2024 I Nr. 236) m.W.v. 19.07.2024
– Nichtamtliche Fassung –

1. Abschnitt
Allgemeine Vorschriften

§ 1 Begriffsbestimmungen

(1) Güterkraftverkehr ist die geschäftsmäßige oder entgeltliche Beförderung von Gütern mit Kraftfahrzeugen, die einschließlich Anhänger ein höheres zulässiges Gesamtgewicht als 3,5 Tonnen haben.

(2) Werkverkehr ist Güterkraftverkehr für eigene Zwecke eines Unternehmens, wenn folgende Voraussetzungen erfüllt sind:

1. Die beförderten Güter müssen Eigentum des Unternehmens oder von ihm verkauft, gekauft, vermietet, gemietet, hergestellt, erzeugt, gewonnen, bearbeitet oder instand gesetzt worden sein.
2. Die Beförderung muß der Anlieferung der Güter zum Unternehmen, ihrem Versand vom Unternehmen, ihrer Verbringung innerhalb oder – zum Eigengebrauch – außerhalb des Unternehmens dienen.
3. Die für die Beförderung verwendeten Kraftfahrzeuge müssen vom eigenen Personal des Unternehmens geführt werden oder von Personal, das dem Unternehmen im Rahmen einer vertraglichen Verpflichtung zur Verfügung gestellt worden ist.
4. Die Beförderung darf nur eine Hilfstätigkeit im Rahmen der gesamten Tätigkeit des Unternehmens darstellen.

(3) Den Bestimmungen über den Werkverkehr unterliegt auch die Beförderung von Gütern durch Handelsvertreter*, Handelsmakler** und Kommissionäre***, soweit

1. deren geschäftliche Tätigkeit sich auf diese Güter bezieht,
2. die Voraussetzungen nach Absatz 2 Nr. 2 bis 4 vorliegen und
3. ein Kraftfahrzeug verwendet wird, dessen Nutzlast einschließlich der Nutzlast eines Anhängers 4 Tonnen nicht überschreiten darf.

(4) Güterkraftverkehr, der nicht Werkverkehr im Sinne der Absätze 2 und 3 darstellt, ist gewerblicher Güterkraftverkehr.

§ 2 Ausnahmen

(1) Die Vorschriften dieses Gesetzes finden keine Anwendung auf

1. die gelegentliche, nichtgewerbsmäßige Beförderung von Gütern durch Vereine für ihre Mitglieder oder für gemeinnützige Zwecke,
2. die Beförderung von Gütern durch Körperschaften, Anstalten und Stiftungen des öffentlichen Rechts im Rahmen ihrer öffentlichen Aufgaben,
3. die Beförderung von beschädigten oder reparaturbedürftigen Fahrzeugen aus Gründen der Verkehrssicherheit oder zum Zwecke der Rückführung,
4. die Beförderung von Gütern bei der Durchführung von Verkehrsdiensten, die nach dem Personenbeförderungsgesetz in der Fassung der Bekanntmachung vom 8. August 1990 (BGBl. I S. 1690) in der jeweils geltenden Fassung genehmigt wurden,
5. die Beförderung von Medikamenten, medizinischen Geräten und Ausrüstungen sowie anderen zur Hilfeleistung in dringenden Notfällen bestimmten Gütern,
6. die Beförderung von Milch und Milcherzeugnissen für andere zwischen landwirtschaftlichen Betrieben, Milchsammelstellen und Molkereien durch landwirtschaftliche Unternehmer im Sinne des Gesetzes über die Alterssicherung der Landwirte vom 29. Juli 1994 (BGBl. I S. 1890) in der jeweils geltenden Fassung,
7. die in land- und forstwirtschaftlichen Betrieben übliche Beförderung von land- und forstwirtschaftlichen Bedarfsgütern oder Erzeugnissen
   a) für eigene Zwecke,

---

* vgl. § 84 Abs. 1 HGB: „Handelsvertreter ist, wer als selbständiger Gewerbetreibender ständig damit betraut ist, für einen anderen Unternehmer (Unternehmer) Geschäfte zu vermitteln oder in dessen Namen abzuschließen. Selbständig ist, wer im wesentlichen frei seine Tätigkeit gestalten und seine Arbeitszeit bestimmen kann."

** vgl. § 93 Abs. 1 HGB: „Wer gewerbsmäßig für andere Personen, ohne von ihnen auf Grund eines Vertragsverhältnisses ständig damit betraut zu sein, die Vermittlung von Verträgen über Anschaffung oder Veräußerung von Waren oder Wertpapieren, über Versicherungen, Güterbeförderungen, Schiffsmiete oder sonstige Gegenstände des Handelsverkehrs übernimmt, hat die Rechte und Pflichten eines Handelsmaklers."

*** vgl. § 383 Abs. 1 HGB: „Kommissionär ist, wer es gewerbsmäßig übernimmt, Waren oder Wertpapiere für Rechnung eines anderen (des Kommittenten) in eigenem Namen zu kaufen oder zu verkaufen."

b)   für andere Betriebe dieser Art

aa) im Rahmen der Nachbarschaftshilfe oder

bb) im Rahmen eines Maschinenringes oder eines vergleichbaren wirtschaftlichen Zusammenschlusses, sofern die Beförderung innerhalb eines Umkreises von 75 Kilometern in der Luftlinie um den regelmäßigen Standort des Kraftfahrzeugs, den Wohnsitz oder den Sitz des Halters im Sinne des § 6 Absatz 4 Nummer 1 der Fahrzeug-Zulassungsverordnung mit Zugmaschinen oder Sonderfahrzeugen durchgeführt wird, die nach § 3 Nr. 7 des Kraftfahrzeugsteuergesetzes in der Fassung der Bekanntmachung vom 26. September 2002 (BGBl. I S. 3818), von der Kraftfahrzeugsteuer befreit sind,

c)   mit land- und forstwirtschaftlichen Fahrzeugen mit einer bauartbedingten Höchstgeschwindigkeit von bis zu 40 km/h,

8.   die im Rahmen der Gewerbeausübung erfolgende Beförderung von Betriebseinrichtungen für eigene Zwecke sowie

9.   die Beförderung von Postsendungen im Rahmen von Universaldienstleistungen durch Postdienstleister gemäß § 16 Absatz 1 der Postgesetzes.

(1a) [1]Werden bei Beförderungen nach Absatz 1 Nr. 7 nicht von der Kraftfahrzeugsteuer befreite Fahrzeuge eingesetzt, hat der Beförderer dafür zu sorgen, dass während der Beförderung ein Begleitpapier oder ein sonstiger Nachweis mitgeführt wird, in dem das beförderte Gut, Be- und Entladeort sowie der land- und forstwirtschaftliche Betrieb, für den die Beförderung erfolgt, angegeben werden. [2]Das Fahrpersonal muss das Begleitpapier oder den sonstigen Nachweis nach Satz 1 während der Beförderung mitführen und Kontrollberechtigten auf Verlangen zur Prüfung aushändigen oder in anderer Weise zugänglich machen.

(2) § 14 bleibt unberührt.

2. Abschnitt
Gewerblicher Güterkraftverkehr

§ 3 Erlaubnispflicht

(1) Der gewerbliche Güterkraftverkehr ist erlaubnispflichtig, soweit sich nicht aus dem unmittelbar geltenden europäischen Gemeinschaftsrecht etwas anderes ergibt.

(2) Die Erlaubnis wird einem Unternehmer, dessen Unternehmen seinen Sitz im Inland hat, für die Dauer von bis zu zehn Jahren erteilt, wenn er die in Artikel 3 Absatz 1 der Verordnung (EG) Nr. 1071/2009 des Europäischen Parlaments und des Rates vom 21. Oktober 2009 zur Festlegung gemeinsamer Regeln für die Zulassung zum Beruf des Kraftverkehrsunternehmers und zur Aufhebung der Richtlinie 96/26/EG (ABl. L 300 vom 14.11.2009, S. 51) genannten Voraussetzungen für die Ausübung des Berufs eines Kraftverkehrsunternehmers erfüllt.

(3) [1]Der Erlaubnisinhaber erhält auf Antrag neben der Erlaubnis so viele Erlaubnisausfertigungen, wie ihm weitere Fahrzeuge und die für diese erforderliche finanzielle Leistungsfähigkeit nach der Verordnung (EG) Nr. 1071/2009 in der jeweils geltenden Fassung zur Verfügung stehen. [2]Eigenkapital und Reserven, auf Grund

deren beglaubigte Kopien der Gemeinschaftslizenz nach der Verordnung (EG) Nr. 1072/2009 des Europäischen Parlaments und des Rates vom 21. Oktober 2009 über gemeinsame Regeln für den Zugang zum Markt des grenzüberschreitenden Güterkraftverkehrs (ABl. L 300 vom 14.11.2009, S. 72) in der jeweils geltenden Fassung erteilt wurden, können im Verfahren auf Erteilung der Erlaubnis und Erlaubnisausfertigung nicht nochmals in Ansatz gebracht werden. [3]Verringert sich nach der Ausstellung von Ausfertigungen der Erlaubnis der Fahrzeugbestand nicht nur vorübergehend, so hat das Unternehmen überzählige Ausfertigungen an die zuständige Behörde zurückzugeben. [4]Stellt das Unternehmen den Betrieb endgültig ein, so hat es die Erlaubnis und alle Ausfertigungen unverzüglich zurückzugeben.

(4) Die Erlaubnis kann befristet, unter Bedingungen oder mit Auflagen erteilt werden.

(5) [1]Eine Erlaubnis ist zurückzunehmen, wenn nachträglich bekannt wird, dass die Erlaubnis hätte versagt werden müssen. [2]Eine Erlaubnis ist zu widerrufen, wenn nachträglich Tatsachen eintreten, die zur Versagung hätten führen müssen. [3]Die Finanzbehörden dürfen die nach Landesrecht zuständigen Behörden davon in Kenntnis setzen, dass der Unternehmer die ihm obliegenden steuerrechtlichen Verpflichtungen wiederholt nicht erfüllt hat oder eine eidesstattliche Versicherung nach § 284 der Abgabenordnung abgegeben hat.

(5a) [1]Rechtzeitig vor der Entscheidung über die Erteilung, die Rücknahme oder den Widerruf der Erlaubnis und von Erlaubnisausfertigungen gibt die nach Landesrecht zuständige Behörde dem Bundesamt für Logistik und Mobilität, den beteiligten Verbänden des Verkehrsgewerbes, der fachlich zuständigen Gewerkschaft und der zuständigen Industrie- und Handelskammer Gelegenheit zur Stellungnahme. [2]Vor der Entscheidung über die Erteilung, die Rücknahme oder den Widerruf von Erlaubnisausfertigungen kann die nach Landesrecht zuständige Behörde hiervon absehen.

(5b) [1]Rechtfertigen Tatsachen die Annahme, dass der Unternehmer oder der Verkehrsleiter die Voraussetzungen hinsichtlich der Zuverlässigkeit nach Artikel 6 der Verordnung (EG) Nr. 1071/2009 nicht erfüllt, kann dem Unternehmer oder dem Verkehrsleiter die Führung von Güterkraftverkehrsgeschäften untersagt werden. [2]Das Untersagungsverfahren gegen diese Personen kann unabhängig vom Verlauf eines Verfahrens auf Widerruf der Erlaubnis fortgesetzt werden. [3]Auf Antrag ist dem Unternehmer oder dem Verkehrsleiter die Führung von Güterkraftverkehrsgeschäften wieder zu gestatten, wenn Tatsachen die Annahme rechtfertigen, dass eine Unzuverlässigkeit im Sinne des Satzes 1 nicht mehr vorliegt. [4]Vor Ablauf eines Jahres nach Bestandskraft der Untersagungsverfügung kann die Wiederaufnahme nur gestattet werden, wenn hierfür besondere Gründe vorliegen. [5]Rechtzeitig vor der Entscheidung über die Untersagung der Führung von Güterkraftverkehrsgeschäften gegenüber dem Unternehmer oder dem Verkehrsleiter gibt die nach Landesrecht zuständige Behörde dem Bundesamt für Logistik und Mobilität Gelegenheit zur Stellungnahme.

(6) Das Bundesministerium für Verkehr und digitale Infrastruktur wird ermächtigt, mit Zustimmung des Bundesrates durch Rechtsverordnung Vorschriften zu erlassen, durch die

1. die Anforderungen an die Berufszugangsvoraussetzungen zur Gewährleistung eines hohen Niveaus näher bestimmt werden und

2.

    a)   das Verfahren zur Erteilung, zur Rücknahme und zum Widerruf der Erlaubnis und zur Erteilung und Einziehung der Erlaubnisausfertigungen einschließlich der Durchführung von Anhörungen,

    b)   Form und Inhalt, insbesondere die Geltungsdauer der Erlaubnis und der Ausfertigungen,

    c)   das Verfahren bei Eintritt wesentlicher Änderungen nach Erteilung der Erlaubnis und der Ausfertigungen,

3.   die Voraussetzungen für die Erteilung zusätzlicher beglaubigter Kopien nach Maßgabe der Verordnung (EG) Nr. 1071/2009 in der jeweils geltenden Fassung sowie

4.   die Voraussetzungen zur Rücknahme und zum Widerruf der Entscheidung über die Erteilung der beglaubigten Kopien entsprechend Artikel 12 Absatz 1 der Verordnung (EG) Nr. 1072/2009 in der jeweils geltenden Fassung

geregelt werden.

(7) ¹Die nach Landesrecht zuständigen Behörden führen dieses Gesetz, die Verordnungen (EG) Nr. 1071/2009 und (EG) Nr. 1072/2009 und die auf diesem Gesetz beruhenden Verordnungen aus, soweit nicht etwas anderes bestimmt ist. ²Örtlich zuständig ist die Behörde, in deren Zuständigkeitsbereich das Unternehmen seine Niederlassung im Sinne von Artikel 5 der Verordnung (EG) Nr. 1071/2009 hat. ³Soweit keine Niederlassung besteht, richtet sich die Zuständigkeit nach dem Wohnsitz des Betroffenen.

§ 4 Unterrichtung der Berufsgenossenschaft

¹Die nach Landesrecht zuständige <u>Behörde</u> hat der <u>zuständigen Berufsgenossenschaft</u> unverzüglich die <u>Erteilung der Erlaubnis</u> mitzuteilen. ²Die Anzeigepflicht des Unternehmers nach § 192 des Siebten Buches Sozialgesetzbuch bleibt unberührt.

§ 5 Erlaubnispflicht und Gemeinschaftslizenz

Die Gemeinschaftslizenz nach Artikel 3 und 4 der Verordnung (EG) Nr. 1072/2009 gilt für Unternehmer, deren Unternehmenssitz im Inland liegt, als Erlaubnis nach § 3, es sei denn, es handelt sich um eine Beförderung zwischen dem Inland und einem Staat, der weder Mitglied der Europäischen Union noch anderer Vertragsstaaten des Abkommens über den Europäischen Wirtschaftsraum, noch die Schweiz ist.

§ 6 Grenzüberschreitender Güterkraftverkehr durch Gebietsfremde

¹Ein Unternehmer, dessen Unternehmen seinen <u>Sitz nicht im Inland</u> hat, ist für den grenzüberschreitenden gewerblichen Güterkraftverkehr von der Erlaubnispflicht nach § 3 befreit, soweit er Inhaber der jeweils erforderlichen Berechtigung ist. ²Berechtigungen sind die

1.   <u>Gemeinschaftslizenz</u>,

2.   Genehmigung auf Grund der Resolution des Rates der Europäischen Konferenz der Verkehrsminister (<u>CEMT-Resolution</u>) vom 14. Juni 1973 (BGBl. 1974 II S. 298) nach Maßgabe der Verordnung über den grenzüberschreitenden Güterkraftverkehr und den Kabotageverkehr (GüKGrKabotageV) vom 28. Dezember 2011 (BGBl. 2012 I S. 42) in der jeweils geltenden Fassung,

3. CEMT-Umzugsgenehmigung,

4. Schweizerische Lizenz für den gewerblichen Güterkraftverkehr auf Grund des Abkommens zwischen der Europäischen Gemeinschaft und der Schweizerischen Eidgenossenschaft über den Güter- und Personenverkehr auf Schiene und Straße vom 21. Juni 1999 (ABl. L 114 vom 30.4.2002, S. 91) in der jeweils geltenden Fassung oder

5. Drittstaatengenehmigung.

§ 7 Mitführungs- und Aushändigungspflichten im gewerblichen Güterkraftverkehr

(1) [1]Der Unternehmer hat dafür zu sorgen, dass bei einer Güterbeförderung im Inland, für die eine Erlaubnis nach § 3 oder eine Berechtigung nach § 6 erforderlich ist, während der gesamten Fahrt folgende Dokumente und Nachweise mitgeführt werden:

1. die Erlaubnis oder eine Erlaubnisausfertigung, eine beglaubigte Kopie der Gemeinschaftslizenz oder der Schweizerischen Lizenz, eine CEMT-Genehmigung, eine CEMT-Umzugsgenehmigung oder eine Drittstaatengenehmigung,

2. der für das eingesetzte Fahrzeug vorgeschriebene Nachweis über die Erfüllung bestimmter Technik-, Sicherheits- und Umweltanforderungen,

3. ein Begleitpapier oder ein sonstiger Nachweis, in dem das beförderte Gut, der Be- und Entladeort und der Auftraggeber angegeben werden.

[2]Die Dokumente oder Nachweise nach Satz 1 Nummer 1 und 2 dürfen nicht in Folie eingeschweißt oder in ähnlicher Weise mit einer Schutzschicht überzogen werden. [3]Bei Kabotagebeförderungen im Sinne des Artikels 8 der Verordnung (EG) Nr. 1072/2009 hat der Unternehmer, der weder Sitz noch Niederlassung in Deutschland hat, dafür zu sorgen, dass Nachweise im Sinne des Artikels 8 Absatz 3 Unterabsatz 2 der Verordnung (EG) Nr. 1072/2009 für die grenzüberschreitende Beförderung und jede einzelne durchgeführte Kabotagebeförderung während der Dauer der Beförderung mitgeführt werden.

(1a) [1]Der Auftraggeber händigt dem Unternehmer, der für ihn die Beförderung eines Containers oder eines Wechselaufbaus durchführt, eine Erklärung aus, in der das Gewicht dieses Containers oder Wechselaufbaus angegeben ist. [2]Der Unternehmer hat dafür zu sorgen, dass diese Erklärung während der Beförderung mitgeführt wird.

(2) [1]Das Fahrpersonal muß die erforderliche Berechtigung und die Nachweise nach den Absätzen 1 und 1a während der Fahrt mitführen und Kontrollberechtigten auf Verlangen zur Prüfung aushändigen. [2]Das Begleitpapier oder der sonstige Nachweis nach Absatz 1 Satz 1 Nummer 3 oder die Erklärung nach Absatz 1a kann statt durch Aushändigen des Dokumentes auch auf andere geeignete Weise zugänglich gemacht werden. [3]Ausländisches Fahrpersonal muss auch den Pass oder ein sonstiges zum Grenzübertritt berechtigendes Dokument mitführen und Kontrollberechtigten auf Verlangen zur Prüfung aushändigen. [4]Langfristig Aufenthaltsberechtigte im Sinne der Richtlinie 2003/109/EG des Rates vom 25. November 2003 betreffend die Rechtsstellung der langfristig aufenthaltsberechtigten Drittstaatsangehörigen (ABl. L 16 vom 23.1.2004, S. 44) haben außerdem die langfristige Aufenthaltsberechtigung-EG mitzuführen und Kontrollberechtigten auf Verlangen auszuhändigen.

§ 7a Haftpflichtversicherung

(1) Der Unternehmer ist verpflichtet, eine Haftpflichtversicherung abzuschließen und aufrechtzuerhalten, die die gesetzliche Haftung wegen Güter- und Verspätungsschäden nach dem Vierten Abschnitt des Vierten Buches des Handelsgesetzbuches während Beförderungen, bei denen der Be- und Entladeort im Inland liegt, versichert.

(2) ¹Die Mindestversicherungssumme beträgt 600 000 Euro je Schadensereignis. ²Die Vereinbarung einer Jahreshöchstersatzleistung, die nicht weniger als das Zweifache der Mindestversicherungssumme betragen darf, und eines Selbstbehalts sind zulässig.

(3) Von der Versicherung können folgende Ansprüche ausgenommen werden:

1. Ansprüche wegen Schäden, die vom Unternehmer oder seinem Repräsentanten vorsätzlich begangen wurden,

2. Ansprüche wegen Schäden, die durch Naturkatastrophen, Kernenergie, Krieg, kriegsähnliche Ereignisse, Bürgerkrieg, innere Unruhen, Streik, Aussperrung, terroristische Gewaltakte, Verfügungen von hoher Hand, Wegnahme oder Beschlagnahme seitens einer staatlich anerkannten Macht verursacht werden,

3. Ansprüche aus Frachtverträgen, die die Beförderung von Edelmetallen, Juwelen, Edelsteinen, Zahlungsmitteln, Valoren, Wertpapieren, Briefmarken, Dokumenten und Urkunden zum Gegenstand haben.

(4) ¹Der Unternehmer hat dafür zu sorgen, dass während der Beförderung ein Nachweis über eine gültige Haftpflichtversicherung, die den Ansprüchen des Absatzes 1 entspricht, mitgeführt wird. ²Das Fahrpersonal muss diesen Versicherungsnachweis während der Beförderung mitführen und Kontrollberechtigten auf Verlangen zur Prüfung aushändigen.

§ 7b Einsatz von ordnungsgemäß beschäftigtem Fahrpersonal

(1) ¹Ein Unternehmer, dessen Unternehmen seinen Sitz im Inland hat, darf bei Fahrten im Inland im gewerblichen Güterkraftverkehr einen Angehörigen eines Staates, der weder Mitglied der Europäischen Union, eines anderen Vertragsstaates des Abkommens über den Europäischen Wirtschaftsraum noch Schweizer Staatsangehöriger ist, nur als Fahrpersonal einsetzen, wenn dieser im Besitz eines Aufenthaltstitels nach § 4 Abs. 3 des Aufenthaltsgesetzes*, einer Aufenthaltsgestattung oder einer Duldung ist, die zur Ausübung der

---

* § 4 Abs. 3 AufenthG aufgehoben gem. Artikel 1 G. v. 15.08.2019 BGBl. I S. 1307: «Ausländer dürfen eine Erwerbstätigkeit nur ausüben, wenn der Aufenthaltstitel sie dazu berechtigt. Ausländer dürfen nur beschäftigt oder mit anderen entgeltlichen Dienst- oder Werkleistungen beauftragt werden, wenn sie einen solchen Aufenthaltstitel besitzen. Dies gilt nicht für Saisonbeschäftigungen, wenn der Ausländer eine Arbeitserlaubnis zum Zweck der Saisonbeschäftigung besitzt, oder für andere Erwerbstätigkeiten, wenn dem Ausländer auf Grund einer zwischenstaatlichen Vereinbarung, eines Gesetzes oder einer Rechtsverordnung die Erwerbstätigkeit gestattet ist, ohne dass er hierzu durch einen Aufenthaltstitel berechtigt sein muss. Wer im Bundesgebiet einen Ausländer beschäftigt oder mit nachhaltigen entgeltlichen Dienst- oder Werkleistungen beauftragt, die der Ausländer auf Gewinnerzielung gerichtet ausübt, muss prüfen, ob die Voraussetzungen nach Satz 2 oder Satz 3 vorliegen. Wer im Bundesgebiet einen Ausländer beschäftigt, muss für die Dauer der Beschäftigung eine Kopie des Aufenthaltstitels, der Arbeitserlaubnis zum

Beschäftigung berechtigen, oder eines solchen nicht bedarf (§ 4 Abs. 3 Satz 3 des Aufenthaltsgesetzes) oder im Besitz einer von einer inländischen Behörde ausgestellten gültigen Fahrerbescheinigung nach Artikel 5 der Verordnung (EG) Nr. 1072/2009 ist. [2]Der Unternehmer hat dafür zu sorgen, dass ausländisches Fahrpersonal

1. den Pass, Passersatz oder Ausweisersatz und
2. den nach § 4 Abs. 3 des Aufenthaltsgesetzes erforderlichen Aufenthaltstitel, die Aufenthaltsgestattung oder die Duldung, die zur Ausübung der Beschäftigung berechtigen,

mitführt. [3]Der Aufenthaltstitel kann für Zwecke dieses Gesetzes durch eine von einer inländischen Behörde ausgestellte gültige Fahrerbescheinigung nach Artikel 5 der Verordnung (EG) Nr. 1072/2009 ersetzt werden.

(2) Das Fahrpersonal muss die Unterlagen nach Absatz 1 Satz 2 während der gesamten Fahrt mitführen und Kontrollberechtigten auf Verlangen zur Prüfung aushändigen.

(3) Die Fahrerbescheinigung nach Artikel 5 der Verordnung (EG) Nr. 1072/2009 wird von der nach Landesrecht zuständigen Behörde erteilt.

§ 7c Verantwortung des Auftraggebers

[1]Wer zu einem Zwecke, der seiner gewerblichen oder selbständigen beruflichen Tätigkeit zuzurechnen ist, einen Frachtvertrag oder einen Speditionsvertrag mit einem Unternehmen abgeschlossen hat, darf Leistungen aus diesem Vertrag nicht ausführen lassen, wenn er weiß oder fahrlässig nicht weiß, dass der Unternehmer

1. nicht Inhaber einer Erlaubnis nach § 3 oder einer Berechtigung nach § 6 oder einer Gemeinschaftslizenz ist, oder die Erlaubnis, Berechtigung oder Lizenz unzulässig verwendet,
2. bei der Beförderung Fahrpersonal einsetzt, das die Voraussetzungen des § 7b Abs. 1 Satz 1 nicht erfüllt, oder für das er nicht über eine Fahrerbescheinigung nach den Artikeln 3 und 5 der Verordnung (EG) Nr. 1072/2009 verfügt,
3. einen Frachtführer oder Spediteur einsetzt oder zulässt, dass ein solcher tätig wird, der die Beförderungen unter der Voraussetzung von
   a) Nummer 1
   b) Nummer 2

durchführt.

[2]Die Wirksamkeit eines zu diesem Zwecke geschlossenen Vertrages wird durch einen Verstoß gegen Satz 1 nicht berührt.

§ 8 Vorläufige Weiterführung der Güterkraftverkehrsgeschäfte

(1) [1]Nach dem Tode des Unternehmers darf der Erbe die Güterkraftverkehrsgeschäfte vorläufig weiterführen. [2]Das gleiche gilt für den Testamentsvollstrecker, Nachlaßpfleger oder Nachlaßverwalter während einer Testamentsvollstreckung, Nachlaßpflegschaft oder Nachlaßverwaltung.

Zweck der Saisonbeschäftigung oder der Bescheinigung über die Aufenthaltsgestattung oder über die Aussetzung der Abschiebung des Ausländers in elektronischer Form oder in Papierform aufbewahren.»

(2) ¹Die Befugnis nach Absatz 1 erlischt, wenn nicht der Erbe binnen drei Monaten nach Ablauf der für die Ausschlagung der Erbschaft vorgesehenen Frist oder eine der in Absatz 1 Satz 2 genannten Personen binnen drei Monaten nach der Annahme ihres Amtes oder ihrer Bestellung die Erlaubnis beantragt hat. ²Ein in der Person des Erben wirksam gewordener Fristablauf wirkt auch gegen den Nachlaßverwalter. ³Die Frist kann auf Antrag einmal um drei Monate verlängert werden.

(3) ¹Im Falle der Erwerbs- oder Geschäftsunfähigkeit des Unternehmers oder des Verkehrsleiters darf ein Dritter, bei dem die Voraussetzungen nach den Artikeln 6 und 8 der Verordnung (EG) Nr. 1071/2009 noch nicht festgestellt worden sind, die Güterkraftverkehrsgeschäfte bis zu sechs Monate nach Feststellung der Erwerbs- oder Geschäftsunfähigkeit weiterführen. ²Die Frist kann auf Antrag einmal um drei Monate verlängert werden.

3. Abschnitt

Werkverkehr

§ 9 Erlaubnis- und Versicherungsfreiheit

¹Der Werkverkehr ist erlaubnisfrei. ²Es besteht keine Versicherungspflicht.

4. Abschnitt

Bundesamt für Logistik und Mobilität

§ 10 Organisation

(1) ¹Das Bundesamt für Logistik und Mobilität (Bundesamt) ist eine selbständige Bundesoberbehörde im Geschäftsbereich des Bundesministeriums für Digitales und Verkehr. ²Es wird von dem Präsidenten geleitet.

(2) Der Aufbau des Bundesamtes wird durch das Bundesministerium für Verkehr und digitale Infrastruktur geregelt.

§ 11 Aufgaben

(1) Das Bundesamt erledigt Verwaltungsaufgaben des Bundes auf dem Gebiet des Verkehrs, die ihm durch dieses Gesetz, durch andere Bundesgesetze oder auf Grund dieser Gesetze zugewiesen sind.

(2) Das Bundesamt hat darüber zu wachen, daß

1. in- und ausländische Unternehmen des gewerblichen Güterkraftverkehrs und alle anderen am Beförderungsvertrag Beteiligten die Pflichten erfüllen, die ihnen nach diesem Gesetz und den hierauf beruhenden Rechtsvorschriften obliegen,

2. die Bestimmungen über den Werkverkehr eingehalten werden,

3. die Rechtsvorschriften über

   a) die Beschäftigung und die Tätigkeiten des Fahrpersonals auf Kraftfahrzeugen einschließlich der aufenthalts-, arbeitsgenehmigungs- und sozialversicherungsrechtlichen Vorschriften,

   b) die zulässigen Abmessungen sowie die zulässigen Achslasten und Gesamtgewichte von Kraftfahrzeugen und Anhängern,

c) die im internationalen Güterkraftverkehr verwendeten Container gemäß Artikel VI Abs. 1 des Internationalen Übereinkommens über sichere Container (CSC) in der Fassung der Bekanntmachung vom 2. August 1985 (BGBl. II S. 1009) in der jeweils durch Rechtsverordnung nach Artikel 2 des Zustimmungsgesetzes umgesetzten Fassung,

d) die Abgaben, die für das Halten oder Verwenden von Fahrzeugen zur Straßengüterbeförderung sowie für die Benutzung von Straßen anfallen,

e) (weggefallen)

f) die Beförderung gefährlicher Güter auf der Straße,

g) die Beförderungsmittel nach den Vorgaben des Übereinkommens über internationale Beförderungen leicht verderblicher Lebensmittel und über die besonderen Beförderungsmittel, die für diese Beförderungen zu verwenden sind (ATP), vom 1. September 1970 (BGBl. 1974 II S. 566) in der jeweils durch Rechtsverordnung nach Artikel 2 des Zustimmungsgesetzes umgesetzten Fassung,

h) die Beschaffenheit, Kennzeichnung und Benutzung von Beförderungsmitteln und Transportbehältnissen zur Beförderung von Lebensmitteln und Erzeugnissen des Weinrechts,

i) das Mitführen einer Ausfertigung der Genehmigung für die Beförderung von Kriegswaffen nach dem Gesetz über die Kontrolle von Kriegswaffen in der Fassung der Bekanntmachung vom 22. November 1990 (BGBl. I S. 2506) in der jeweils geltenden Fassung,

j) die Beförderung von Abfall mit Fahrzeugen zur Straßengüterbeförderung,

k) die zulässigen Werte für Geräusche und für verunreinigende Stoffe im Abgas von Kraftfahrzeugen zur Güterbeförderung,

l) die Ladung,

m) die nach den Rechtsvorschriften der Europäischen Union über die technische Unterwegskontrolle von Nutzfahrzeugen, die am Straßenverkehr teilnehmen, zu prüfenden technischen Anforderungen an Kraftfahrzeuge zur Güterbeförderung,

n) die Erlaubnis- und Ausweispflicht beim Führen von Kraftfahrzeugen zur Straßengüterbeförderung,

o) das Sonn- und Feiertagsfahrverbot sowie die Ferienreiseverordnung und

p) das Mitführen einer Erlaubnis, eines Befähigungsscheines oder einer Verbringensgenehmigung nach dem Sprengstoffgesetz

eingehalten werden, soweit diese Überwachung im Rahmen der Maßnahmen nach § 12 Abs. 1 und 2 durchgeführt werden kann.

(3) In den Fällen des Absatzes 2 Nr. 3 Buchstabe d hat das Bundesamt ohne Ersuchen den zuständigen Finanzbehörden die zur Sicherung der Besteuerung notwendigen Daten zu übermitteln.

(4) Allgemeine Verwaltungsvorschriften zu den Aufgaben nach Absatz 2 Nr. 3 Buchstabe j und k werden von der Bundesregierung mit Zustimmung des Bundesrates erlassen.

§ 12 Befugnisse

(1) [1]Soweit dies zur Durchführung der Aufgaben nach § 11 Abs. 2 erforderlich ist, kann das Bundesamt insbesondere auf Straßen, auf Autohöfen und an Tankstellen Überwachungsmaßnahmen im Wege von Stichproben durchführen. [2]Zu diesem Zweck dürfen seine Beauftragten Kraftfahrzeuge zur Güterbeförderung anhalten, die Identität des Fahrpersonals durch Überprüfung der mitgeführten Ausweispapiere feststellen sowie verlangen, dass die Zulassungsdokumente des Fahrzeugs, der Führerschein des Fahrpersonals und die nach diesem Gesetz oder sonstigen Rechtsvorschriften bei Fahrten im Güterkraftverkehr mitzuführenden Nachweise, Berechtigungen oder Bescheinigungen zur Prüfung ausgehändigt werden. [3]Das Fahrpersonal hat, soweit erforderlich, den Beauftragten des Bundesamtes unverzüglich die zur Erfüllung der Überwachungsaufgabe erforderlichen Auskünfte wahrheitsgemäß nach bestem Wissen und Gewissen zu erteilen, vorhandene Hilfsmittel zur Verfügung zu stellen, Zutritt zum Fahrzeug zu gestatten sowie Hilfsdienste zu leisten. [4]Die Verpflichtung nach Satz 3 besteht nicht, soweit ihre Erfüllung für das Fahrpersonal oder einen der in § 383 Abs. 1 Nr. 1 bis 3 der Zivilprozessordnung bezeichneten Angehörigen die Gefahr einer Verfolgung wegen einer Straftat oder Ordnungswidrigkeit begründet.

(1a) Das Bundesamt kann zur Überprüfung der Echtheit eines EU- oder EWR-Führerscheins und des Bestehens einer EU- oder EWR-Fahrerlaubnis des Fahrpersonals die Daten auf dem Führerschein an die zuständigen Behörden in den Mitgliedstaaten der Europäischen Union und an die zuständigen Behörden in den Vertragsstaaten des Abkommens über den Europäischen Wirtschaftsraum übermitteln und die dort zu den Fahrerlaubnissen gespeicherten Daten abrufen, soweit dies zur Durchführung der Aufgaben nach § 11 Absatz 2 erforderlich ist.

(2) Zur Überwachung von Rechtsvorschriften über die Beschäftigung und die Tätigkeiten des Fahrpersonals auf Kraftfahrzeugen können Beauftragte des Bundesamtes auf Antrag eines Landes auch Kraftomnibusse anhalten.

(3) Das Fahrpersonal hat die Zeichen und Weisungen der Beauftragten des Bundesamtes zu befolgen, ohne dadurch von seiner Sorgfaltspflicht entbunden zu sein.

(4) [1]Soweit dies zur Durchführung der Aufgaben nach § 11 Abs. 2 Nr. 1 und 2 sowie Nr. 3 Buchstabe d (Rechtsvorschriften über die Abgaben für die Benutzung von Straßen) erforderlich ist, können Beauftragte des Bundesamtes bei Eigentümern und Besitzern von Kraftfahrzeugen zur Güterbeförderung und allen an der Beförderung oder an den Handelsgeschäften über die beförderten Güter Beteiligten

1. Grundstücke und Geschäftsräume innerhalb der üblichen Geschäfts- und Arbeitsstunden betreten sowie

2. alle geschäftlichen Schriftstücke und Datenträger, insbesondere Aufzeichnungen, Frachtbriefe und Unterlagen über den Fahrzeugeinsatz einsehen und hieraus Abschriften, Auszüge, Ausdrucke und Kopien anfertigen oder elektronisch gespeicherte Daten auf eigene Datenträger übertragen.

[2]Die in Satz 1 genannten Personen haben diese Maßnahmen zu gestatten.

(5) [1]Die in Absatz 4 genannten und für sie tätigen Personen haben den Beauftragten des Bundesamtes auf Verlangen alle für die Durchführung der Überwachung nach § 11 Abs. 2 Nr. 1 und 2 sowie Nr. 3 Buchstabe d (Rechtsvorschriften über die Abgaben für die Benutzung von Straßen) erforderlichen

1. Auskünfte zu erteilen,
2. Nachweise zu erbringen sowie
3. Hilfsmittel zu stellen und Hilfsdienste zu leisten.

[2]Absatz 1 Satz 3 und 4 gilt entsprechend.

(6) [1]Stellt das Bundesamt in Ausübung der in den Absätzen 1 und 2 genannten Befugnisse Tatsachen fest, die die Annahme rechtfertigen, dass Zuwiderhandlungen gegen

1. §§ 142, 263, 266a, 267, 268, 269, 273, 281, 315c oder § 316 des Strafgesetzbuches,
2. §§ 21, 22 oder 22b des Straßenverkehrsgesetzes,
2a. §§ 10, 10a oder § 11 des Schwarzarbeitsbekämpfungsgesetzes,
2b. § 404 Abs. 2 Nr. 3 und 4 des Dritten Buches Sozialgesetzbuch,
3. § 24 Absatz 1 des Straßenverkehrsgesetzes, die nach dem auf Grund des § 26a des Straßenverkehrsgesetzes erlassenen Bußgeldkatalog in der Regel mit Geldbußen von mindestens sechzig Euro geahndet werden,
4. § 24a oder § 24c des Straßenverkehrsgesetzes,
5. § 18 Abs. 1 Nr. 3 Buchstabe a oder Abs. 3 Nr. 2 Buchstabe a des Tierschutzgesetzes oder
6. § 69 Absatz 1 Nummer 8 und Absatz 2 Nummer 14 des Kreislaufwirtschaftsgesetzes,

bei denen das Bundesamt nicht Verwaltungsbehörde im Sinne des § 36 Abs. 1 Nr. 1 des Gesetzes über Ordnungswidrigkeiten ist, begangen wurden, übermittelt es derartige Feststellungen den zuständigen Behörden. [2]Bei Durchführung der Überwachung nach den Absätzen 4 und 5 gilt Gleiches für schwerwiegende Zuwiderhandlungen gegen die in § 11 Abs. 2 Nr. 3 genannten Rechtsvorschriften. [3]Das Recht, Straftaten oder Ordnungswidrigkeiten anzuzeigen, bleibt unberührt.

(7) Erfolgen Werbemaßnahmen, veröffentlichte Anzeigen oder Angebote ohne Angabe von Namen und Anschrift und bestehen in vorgenannten Fällen Anhaltspunkte für ungenehmigten Güterkraftverkehr oder die Aufforderung hierzu, können das Bundesamt oder die nach § 21a zuständigen Behörden von demjenigen, der die Werbemaßnahmen, die Anzeigen oder das Angebot veröffentlicht hat, Auskunft über Namen und Anschrift des Auftraggebers verlangen.

§ 13 Untersagung der Weiterfahrt

(1) Das Bundesamt kann die Fortsetzung der Fahrt untersagen, soweit dies zur Wahrnehmung der ihm nach § 11 Abs. 2 Nr. 1 oder 3 übertragenen Aufgaben erforderlich ist.

(2) [1]Werden die in § 7b Abs. 1 Satz 2 genannten Unterlagen oder die nach den Artikeln 3 und 5 der Verordnung (EG) Nr. 1072/2009 vorgeschriebene Fahrerbescheinigung nicht im Original mitgeführt oder auf Verlangen nicht zur Prüfung ausgehändigt, so können das Bundesamt sowie sonstige Kontrollberechtigte dem betroffenen Fahrpersonal die Fortsetzung der Fahrt so lange untersagen, bis diese Unterlagen vorgelegt

werden. [2]Das Bundesamt sowie sonstige Kontrollberechtigte können die Fortsetzung der Fahrt ferner untersagen, wenn

1. eine Erlaubnis nach § 3 oder eine Berechtigung nach § 6 nicht mitgeführt wird oder nicht zur Prüfung ausgehändigt wird oder

2. eine nach § 46 Abs. 1 des Gesetzes über Ordnungswidrigkeiten in Verbindung mit § 132 Abs. 1 Nr. 1 der Strafprozessordnung angeordnete Sicherheitsleistung nicht oder nicht vollständig erbracht wird.

(3) Widerspruch und Anfechtungsklage gegen die Untersagung der Weiterfahrt nach den Absätzen 1 und 2 haben keine aufschiebende Wirkung.

§ 14 Marktbeobachtung

(1) [1]Das Bundesamt beobachtet und begutachtet die Entwicklung des Marktgeschehens im Verkehr (Marktbeobachtung). [2]Die Marktbeobachtung umfasst den Eisenbahn-, Straßen- und Binnenschiffsgüterverkehr, den Luftverkehr sowie die Logistik. [3]Mit der Marktbeobachtung sollen Entwicklungen auf dem Verkehrs- und Logistikmarkt frühzeitig erkannt werden. [4]Es besteht keine Auskunftspflicht.

(2) [1]Das Bundesamt berichtet dem Bundesministerium für Verkehr und digitale Infrastruktur über den jeweiligen Stand der Entwicklung des Marktgeschehens und die absehbare künftige Entwicklung. [2]Es bereitet dazu Daten aus dem Verwaltungsvollzug auf und erstellt oder betreut kurz- und mittelfristige Prognosen zum Güter- und Personenverkehr.

(3) Zur Erfüllung der Aufgaben nach den Absätzen 1 und 2 dürfen dem Bundesamt vom Statistischen Bundesamt, dem Kraftfahrt-Bundesamt und den Statistischen Ämtern der Länder aus den von diesen geführten Wirtschaftsstatistiken, insbesondere der Verkehrsstatistik, zusammengefaßte Einzelangaben übermittelt werden, sofern diese keine Rückschlüsse auf eine bestimmte oder bestimmbare Person zulassen.

(4) Die vom Bundesamt im Rahmen der Marktbeobachtung gewonnenen personenbezogenen Daten dürfen nur für Zwecke der Marktbeobachtung gespeichert und verwendet werden.

§ 14a Durchführung von Beihilfeverfahren

[1]Das Bundesamt ist zuständig für die Durchführung von Beihilfeprogrammen des Bundes nach

1. der Verordnung (EU) Nr. 1407/2013 der Kommission vom 18. Dezember 2013 über die Anwendung der Artikel 107 und 108 des Vertrags über die Arbeitsweise der Europäischen Union auf De-minimis-Beihilfen (ABl. L 352 vom 24.12.2013, S. 1) und

2. der Verordnung (EU) Nr. 651/2014 der Kommission vom 17. Juni 2014 zur Feststellung der Vereinbarkeit bestimmter Gruppen von Beihilfen mit dem Binnenmarkt in Anwendung der Artikel 107 und 108 des Vertrags über die Arbeitsweise der Europäischen Union (ABl. L 187 vom 26.6.2014, S. 1).

[2]Die Zuständigkeit des Bundesamtes nach Satz 1 umfasst sämtliche Aufgaben im Zusammenhang mit der Beihilfegewährung.

§ 14b Durchführung von Verfahren nach der Verordnung (EU) Nr. 1214/2011

(1) Das Bundesamt ist zuständig für die Aufgaben nach den Artikeln 4, 11, 12, 21 und 22 der Verordnung (EU) Nr. 1214/2011 des Europäischen Parlaments und des Rates vom 16. November 2011 über den gewerbsmäßigen grenzüberschreitenden Straßentransport von Euro-Bargeld zwischen den Mitgliedstaaten des Euroraums (ABl. L 316 vom 29.11.2011, S. 1).

(2) Bei der Kontrolle der Einhaltung der Bestimmungen nach Artikel 21 gilt § 12 Absatz 4, 5 und 6 Satz 1 Nummer 1 bis 4 und Satz 2 und 3 entsprechend; bei der Verfolgung von Zuwiderhandlungen gilt § 20 entsprechend.

§ 15 Datei über Unternehmen des gewerblichen Güterkraftverkehrs und des gewerblichen Personenverkehrs mit Kraftomnibussen (Verkehrsunternehmensdatei)

(1) [1]Das Bundesamt führt die Verkehrsunternehmensdatei über alle im Inland niedergelassenen Unternehmen des gewerblichen Güterkraftverkehrs und des gewerblichen Personenverkehrs mit Kraftomnibussen, um unmittelbar feststellen zu können, über welche Berechtigungen (Erlaubnis nach § 3, Gemeinschaftslizenz nach Artikel 4 der Verordnung (EG) Nr. 1072/2009, CEMT-Genehmigung, CEMT-Umzugsgenehmigung, bilaterale Genehmigung für den grenzüberschreitenden gewerblichen Güterkraftverkehr, Gemeinschaftslizenz nach Artikel 4 der Verordnung (EG) Nr. 1073/2009 des Europäischen Parlaments und des Rates vom 21. Oktober 2009 über gemeinsame Regeln für den Zugang zum grenzüberschreitenden Personenkraftverkehrsmarkt und zur Änderung der Verordnung (EG) Nr. 561/2006 (ABl. L 300 vom 14.11.2009, S. 88) sowie Genehmigungen nach dem Personenbeförderungsgesetz zur Beförderung von Personen mit Kraftomnibussen im Linienverkehr oder im Gelegenheitsverkehr) die jeweiligen Unternehmer verfügen. [2]Die Verkehrsunternehmensdatei muss nach näherer Bestimmung durch Rechtsverordnung gemäß Absatz 7 einen allgemein zugänglichen Teil enthalten.

(2) Die nach Landesrecht zuständige Behörde übermittelt dem Bundesamt unverzüglich die nach näherer Bestimmung durch Rechtsverordnung gemäß Absatz 7 zu speichernden oder zu einer Änderung einer Eintragung führenden Daten im Wege der Datenfernübertragung.

(3) [1]Ergeben sich beim Bundesamt Anhaltspunkte dafür, daß ihm übermittelte Daten nicht mehr richtig sind, teilt es dies der zuständigen Landesbehörde mit. [2]Diese kann vom Unternehmer Auskunft verlangen und unterrichtet das Bundesamt. [3]Der Unternehmer ist zur Auskunft nach Satz 2 verpflichtet.

(4) Das Bundesamt darf die in der Verkehrsunternehmensdatei gespeicherten Daten für die

    1. Erteilung von CEMT-Genehmigungen und bilateralen Genehmigungen für den grenzüberschreitenden gewerblichen Güterkraftverkehr,

    2. Beantwortung von Anfragen der für die Erteilung der Genehmigung zur Beförderung von Kriegswaffen zuständigen Behörden nach der Zuverlässigkeit des Antragstellers gemäß dem Gesetz über die Kontrolle von Kriegswaffen in der Fassung der Bekanntmachung vom 22. November 1990 (BGBl. I S. 2506) in der jeweils geltenden Fassung,

    3. Erledigung der Aufgaben, die ihm nach dem Gesetz zur Sicherstellung des Verkehrs in der Fassung der Bekanntmachung vom 8. Oktober 1968 (BGBl. I S. 1082) in der jeweils geltenden

Fassung sowie durch das Gesetz zur Sicherung von Verkehrsleistungen vom 23. Juli 2004 (BGBl. I S. 1865) in der jeweils geltenden Fassung übertragen sind,

4. Überwachung der Einhaltung der für Verkehrsunternehmer geltenden Pflichten einschließlich der Verfolgung und Ahndung von Zuwiderhandlungen,

5. Durchführung von Beihilfeverfahren im Sinne des § 14a und

6. Beantwortung von Anfragen von Erteilungsbehörden und zuständigen öffentlichen Stellen in einem Mitgliedstaat der Europäischen Union oder einem anderen Mitgliedstaat des Europäischen Wirtschaftsraumes oder der Schweiz zum Zweck der Überprüfung der Einhaltung der Zugangsvoraussetzungen zum Beruf des Güter- und Personenkraftverkehrsunternehmers

verarbeiten, soweit dies zur Erfüllung der genannten Aufgaben erforderlich ist.

(5) Das Bundesamt ist berechtigt, die Verkehrsunternehmensdatei als Auswahlgrundlage für die Durchführung der Unternehmensstatistik im gewerblichen Güterkraftverkehr und der Marktbeobachtung nach § 14 zu verwenden.

(6) Die in der Verkehrsunternehmensdatei gespeicherten Daten sind zu löschen, wenn sie für die Aufgaben nach Absatz 1, 4 und 5 nicht mehr benötigt werden, spätestens aber zwei Jahre, nachdem das Unternehmen seinen Betrieb eingestellt hat.

(7) Das Bundesministerium für Verkehr und digitale Infrastruktur wird ermächtigt, durch Rechtsverordnung mit Zustimmung des Bundesrates die Einzelheiten der Führung der Verkehrsunternehmensdatei zu regeln, insbesondere das Nähere

1. zu den in der Verkehrsunternehmensdatei zu speichernden Daten einschließlich der Angaben zur Identifizierung der Unternehmen, der Inhaber, der geschäftsführungs- und vertretungsberechtigten Gesellschafter, der gesetzlichen Vertreter sowie Verkehrsleiter,

2. zur Veröffentlichung des allgemein zugänglichen Teils der Datei,

3. zum Verfahren der Übermittlung von Daten an und durch das Bundesamt,

4. über Zugriffsrechte und das Verfahren der Erteilung von Auskünften,

5. zur Verantwortung für den Inhalt der Verkehrsunternehmensdatei und die Datenpflege sowie

6. zu den nach § 9 des Bundesdatenschutzgesetzes erforderlichen technischen und organisatorischen Maßnahmen.

§ 15a Werkverkehrsdatei

(1) Das Bundesamt führt eine Datei über alle im Inland niedergelassenen Unternehmen, die Werkverkehr mit Lastkraftwagen, Zügen (Lastkraftwagen und Anhänger) und Sattelkraftfahrzeugen durchführen, deren zulässiges Gesamtgewicht 3,5 Tonnen übersteigt, um unmittelbar feststellen zu können, welche Unternehmen Werkverkehr mit größeren Kraftfahrzeugen betreiben.

(2) Jeder Unternehmer, der Werkverkehr im Sinne des Absatzes 1 betreibt, ist verpflichtet, sein Unternehmen vor Beginn der ersten Beförderung beim Bundesamt anzumelden.

(3) Zur Speicherung in der Werkverkehrsdatei hat der Unternehmer bei der Anmeldung folgende Angaben zu machen und auf Verlangen nachzuweisen:

1. Name, Rechtsform und Gegenstand des Unternehmens,
2. Anschrift sowie Telefon- und Telefaxnummern des Sitzes,
3. Vor- und Familiennamen der Inhaber, der geschäftsführungs- und vertretungsberechtigten Gesellschafter und der gesetzlichen Vertreter,
4. Anzahl der Lastkraftwagen, Züge (Lastkraftwagen und Anhänger) und Sattelkraftfahrzeuge, deren zulässiges Gesamtgewicht 3,5 Tonnen übersteigt, sowie
5. Anschriften der Niederlassungen.

(4) Das Bundesamt darf die in Absatz 3 genannten Angaben

1. zur Vorbereitung verkehrspolitischer Entscheidungen durch die zuständigen Stellen,
2. zur Überwachung der Einhaltung der für Werkverkehrsunternehmer geltenden Pflichten einschließlich der Verfolgung und Ahndung von Zuwiderhandlungen,
3. als Auswahlgrundlage für Unternehmensbefragungen im Rahmen der Marktbeobachtung nach § 14 sowie für die Durchführung der Unternehmensstatistik im Werkverkehr,
4. zur Durchführung von Beihilfeverfahren im Sinne des § 14a und
5. für die Erledigung der Aufgaben, die ihm nach dem Gesetz zur Sicherstellung des Verkehrs sowie durch das Gesetz zur Sicherstellung von Verkehrsleistungen übertragen sind,

verarbeiten, soweit dies zur Erfüllung der genannten Aufgaben erforderlich ist.

(5) Ändern sich die in Absatz 3 genannten Angaben, so hat der Unternehmer dies dem Bundesamt unverzüglich mitzuteilen und auf Verlangen nachzuweisen.

(6) Führt der Unternehmer keinen Werkverkehr im Sinne des Absatzes 1 mehr durch, hat er sich unverzüglich beim Bundesamt abzumelden.

(7) Die nach Absatz 3 gespeicherten Daten sind zu löschen, wenn sie für die in Absatz 4 genannten Aufgaben nicht mehr benötigt werden, spätestens aber ein Jahr, nachdem sich der Unternehmer beim Bundesamt abgemeldet hat.

§ 16 Datei über abgeschlossene Bußgeldverfahren

(1) [1]Das Bundesamt darf zum Zweck der Verfolgung und Ahndung weiterer Ordnungswidrigkeiten derselben betroffenen Person sowie zum Zweck der Beurteilung der Zuverlässigkeit des Unternehmers und der Verkehrsleiter folgende personenbezogenen Daten über abgeschlossene Bußgeldverfahren, bei denen es Verwaltungsbehörde im Sinne des § 36 Abs. 1 Nr. 1 des Gesetzes über Ordnungswidrigkeiten ist, speichern und verändern:

1. Geburtsname, Familienname, Vorname, Geschlecht, Geburtsdatum, Geburtsort, Geburtsstaat und Staatsangehörigkeit der betroffenen Person, ihre Stellung im Unternehmen sowie Name und Anschrift des Unternehmens,
2. Zeit und Ort der Begehung der Ordnungswidrigkeit,
3. die gesetzlichen Merkmale der Ordnungswidrigkeit und die angewendeten Bußgeldvorschriften,
4. Bußgeldbescheide mit dem Datum ihres Erlasses und dem Datum des Eintritts der Rechtskraft, gerichtliche Entscheidungen in Bußgeldsachen mit dem Datum der Entscheidung und dem Datum

des Eintritts ihrer Rechtskraft sowie jeweils die entscheidende Stelle samt Geschäftsnummer oder Aktenzeichen und

5.   die Höhe der Geldbuße.

[2]Das Bundesamt darf diese Daten verwenden, soweit es für die in Satz 1 genannten Zwecke erforderlich ist.

(2) [1]Zum Zweck der Vorbereitung und Durchführung der Überwachung nach § 12 Abs. 4 und 5 sowie der Beurteilung der Zuverlässigkeit des Unternehmers und der Verkehrsleiter gilt Absatz 1 entsprechend für abgeschlossene Bußgeldverfahren wegen Zuwiderhandlungen nach § 19, die in einem Unternehmen mit Sitz im Inland begangen wurden. [2]Über diese Verfahren übermitteln die zuständigen Verwaltungsbehörden im Sinne des § 36 Abs. 1 Nr. 1 des Gesetzes über Ordnungswidrigkeiten dem Bundesamt die Daten nach Absatz 1 Satz 1.

(2a) [1]Zum Zweck der Beurteilung der Zuverlässigkeit des Unternehmers und der Verkehrsleiter gilt Absatz 1 entsprechend für abgeschlossene Bußgeldverfahren wegen in Anhang 1 der Verordnung (EU) 2016/403 der Kommission vom 18. März 2016 zur Ergänzung der Verordnung (EG) Nr. 1071/2009 des Europäischen Parlaments und des Rates in Bezug auf die Einstufung schwerwiegender Verstöße gegen die Unionsvorschriften, die zur Aberkennung der Zuverlässigkeit der Kraftverkehrsunternehmer führen können, sowie zur Änderung von Anhang III der Richtlinie 2006/22/EG des Europäischen Parlaments und des Rates (ABl. L 74 vom 19.3.2016, S. 8) genannter Zuwiderhandlungen, wenn die Ordnungswidrigkeit in einem Unternehmen mit Sitz im Inland begangen wurde und die Geldbuße bis zu zweihundert Euro beträgt. [2]Über diese Verfahren übermitteln die zuständigen Verwaltungsbehörden nach § 36 Absatz 1 Nummer 1 des Gesetzes über Ordnungswidrigkeiten dem Bundesamt die Daten nach Absatz 1 Satz 1. [3]Die §§ 4 und 6 der Verordnung zur Durchführung der Verkehrsunternehmensdatei nach dem Güterkraftverkehrsgesetz gelten entsprechend.

(3) [1]Das Bundesamt hat eine schwerwiegende Zuwiderhandlung der betroffenen Person und sonstige Zuwiderhandlungen der betroffenen Person oder anderer Unternehmensangehöriger dem Unternehmen und der nach Landesrecht zuständigen Behörde mitzuteilen, soweit Anlaß besteht, an der Zuverlässigkeit des Unternehmers oder der Verkehrsleiter zu zweifeln. [2]Zur Feststellung solcher Wiederholungsfälle hat es die Zuwiderhandlungen der Angehörigen desselben Unternehmens zusammenzuführen.

(4) Das Bundesamt übermittelt die Daten nach Absatz 1 Satz 1

1.   an in- und ausländische öffentliche Stellen, soweit dies für die Entscheidung über den Zugang zum Beruf des Güter- und Personenkraftverkehrsunternehmers erforderlich ist,

1a.   bei Verstößen gegen Vorschriften zur Verhinderung illegaler Beschäftigung und Vorschriften für die Sozialversicherung an die Bundesagentur für Arbeit, die Hauptzollämter, die Ein zugsstellen und die Träger der Rentenversicherung sowie die Ausländerbehörden, soweit dies zur Vorbereitung und Durchführung weiterer Ermittlungen, insbesondere von Betriebs kontrollen, erforderlich ist,

2.   auf Ersuchen an Gerichte und die Behörden, die hinsichtlich der in § 11 genannten Aufgaben Verwaltungsbehörde nach § 36 Abs. 1 Nr. 1 des Gesetzes über Ordnungswidrigkeiten sind, soweit dies zur Verfolgung und Ahndung von Ordnungswidrigkeiten erforderlich ist.

(5) [1]Die Übermittlung an ausländische öffentliche Stellen nach Absatz 4 Nr. 1 unterbleibt, soweit Grund zu der Annahme besteht, daß durch sie gegen den Zweck eines deutschen Gesetzes verstoßen würde. [2]Sie unterbleibt außerdem, wenn durch sie schutzwürdige Interessen der betroffenen Person beeinträchtigt würden, insbesondere wenn im Empfängerland ein angemessener Datenschutzstandard nicht gewährleistet ist. [3]Die ausländische öffentliche Stelle ist darauf hinzuweisen, daß sie die nach Absatz 4 Nr. 1 übermittelten Daten nur zu dem Zweck nutzen darf, zu dem sie übermittelt wurden.

(6) [1]Eine Übermittlung an inländische öffentliche Stellen unterbleibt, soweit das schutzwürdige Interesse der betroffenen Person am Ausschluß der Übermittlung das öffentliche Interesse an der Übermittlung überwiegt. [2]Die inländische öffentliche Stelle darf die nach Absatz 4 übermittelten Daten nur für den Zweck verarbeiten, zu dessen Erfüllung sie übermittelt wurden.

(7) Erweisen sich übermittelte Daten als unrichtig, so ist der Empfänger unverzüglich zu unterrichten, wenn dies zur Wahrung schutzwürdiger Interessen der betroffenen Person erforderlich ist.

(8) [1]Das Bundesamt hat die nach Absatz 1 Satz 1 gespeicherten Daten zwei Jahre nach dem Eintritt der Rechtskraft des Bußgeldbescheides oder der gerichtlichen Entscheidung zu löschen, wenn in dieser Zeit keine weiteren Eintragungen im Sinne des Absatzes 1 Satz 1 Nr. 4 hinzugekommen sind. [2]Sie sind spätestens fünf Jahre nach ihrer Speicherung zu löschen.

§ 17 Nationale Kontaktstelle und europäischer Informationsaustausch

(1) Das Bundesamt ist nationale Kontaktstelle nach Artikel 18 Absatz 1 der Verordnung (EG) Nr. 1071/2009.

(2) [1]Das Bundesamt übermittelt als nationale Kontaktstelle Daten über schwerwiegende Verstöße gegen Gemeinschaftsvorschriften in den in Artikel 6 Absatz 1 Buchstabe b der Verordnung (EG) Nr. 1071/2009 genannten Bereichen, die in einem Güter- oder Personenkraftverkehrsunternehmen mit Sitz in einem anderen Mitgliedstaat der Europäischen Union oder in einem anderen Vertragsstaat des Abkommens über den Europäischen Wirtschaftsraum oder der Schweiz begangen wurden, von Amts wegen an die nationale Kontaktstelle des Niederlassungsmitgliedstaates. [2]Hierzu übermitteln Staatsanwaltschaften und Verwaltungsbehörden im Sinne des § 36 Absatz 1 Nummer 1 des Gesetzes über Ordnungswidrigkeiten dem Bundesamt nach Eintritt der Rechtskraft der gerichtlichen Entscheidung oder des Bußgeldbescheides die erforderlichen Informationen einschließlich personenbezogener Daten. [3]Das Bundesamt übermittelt Mitteilungen aus dem Niederlassungsmitgliedstaat über anlässlich des übermittelten Verstoßes veranlasste Maßnahmen im Sinne des Artikels 12 Absatz 1 der Verordnung (EG) Nr. 1072/2009 und des Artikels 22 Absatz 1 der Verordnung (EG) Nr. 1073/2009 an die übermittelnde deutsche Stelle.

(3) [1]Das Bundesamt übermittelt als nationale Kontaktstelle Mitteilungen aus anderen Mitgliedstaaten der Europäischen Union oder aus anderen Vertragsstaaten des Abkommens über den Europäischen Wirtschaftsraum oder der Schweiz über schwerwiegende Verstöße gegen Gemeinschaftsvorschriften in den in Artikel 6 Absatz 1 Buchstabe b der Verordnung (EG) Nr. 1071/2009 genannten Bereichen, die in einem Güter- oder Personenkraftverkehrsunternehmen mit Sitz im Inland begangen wurden, von Amts wegen an die jeweils zuständige Erteilungsbehörde. [2]Das Bundesamt übermittelt Mitteilungen der zuständigen Landesbehörde über anlässlich des übermittelten Verstoßes veranlasste Maßnahmen im Sinne des Artikels 12 Absatz 1 der

Verordnung (EG) Nr. 1072/2009 und des Artikels 22 Absatz 1 der Verordnung (EG) Nr. 1073/2009 an die nationale Kontaktstelle des mitteilenden Mitgliedstaates der Europäischen Union oder des mitteilenden anderen Vertragsstaates des Abkommens über den Europäischen Wirtschaftsraum oder der Schweiz.

(4) [1]Das Bundesamt übermittelt als nationale Kontaktstelle von Amts wegen Anfragen von zuständigen Landesbehörden zu bestandskräftigen Entscheidungen von Behörden anderer Mitgliedstaaten der Europäischen Union oder anderer Vertragsstaaten des Abkommens über den Europäischen Wirtschaftsraum oder der Schweiz, durch die einer bestimmten Person nach Maßgabe des Artikels 6 Absatz 2 und des Artikels 14 der Verordnung (EG) Nr. 1071/2009 die Führung von Kraftverkehrsgeschäften wegen Unzuverlässigkeit untersagt wird, an nationale Kontaktstellen anderer Mitgliedstaaten der Europäischen Union oder anderer Vertragsstaaten des Abkommens über den Europäischen Wirtschaftsraum oder der Schweiz. [2]Das Bundesamt übermittelt an die anfragende Landesbehörde in diesem Zusammenhang eingegangene Antworten aus anderen Mitgliedstaaten der Europäischen Union oder aus anderen Vertragsstaaten des Abkommens über den Europäischen Wirtschaftsraum oder der Schweiz.

(5) [1]Das Bundesamt erteilt als nationale Kontaktstelle den nationalen Kontaktstellen anderer Mitgliedstaaten der Europäischen Union oder anderer Vertragsstaaten des Abkommens über den Europäischen Wirtschaftsraum oder der Schweiz auf Anfrage Auskunft über Personen, denen eine deutsche Behörde nach § 3 Absatz 5b oder § 25a des Personenbeförderungsgesetzes die Führung von Kraftverkehrsgeschäften wegen Unzuverlässigkeit bestandskräftig untersagt hat, soweit dies für die Entscheidung über den Zugang zum Beruf des Güter- und Personenkraftverkehrsunternehmers erforderlich ist. [2]Die für eine Untersagung nach Satz 1 zuständige Landesbehörde teilt dem Bundesamt unverzüglich eine Untersagung und die Identifizierungsdaten der betroffenen Person mit; das Bundesamt darf die Identifizierungsdaten für den in Satz 1 genannten Zweck speichern. [3]Wird die persönliche Ausübung von Verkehrsgeschäften wieder gestattet oder wird die Untersagung aus anderen Gründen gegenstandslos, teilt die zuständige Behörde dies dem Bundesamt unverzüglich mit, das die Identifizierungsdaten unverzüglich löscht.

(6) [1]Die Datenübermittlung zwischen den beteiligten inländischen Stellen und dem Bundesamt erfolgt im Wege der Datenfernübertragung. [2]Dabei sind dem jeweiligen Stand der Technik entsprechende Maßnahmen zur Sicherstellung von Datenschutz und Datensicherheit zu treffen, die insbesondere die Vertraulichkeit und Unversehrtheit der Daten gewährleisten; im Falle der Nutzung allgemein zugänglicher Netze sind dem jeweiligen Stand der Technik entsprechende Verschlüsselungsverfahren anzuwenden.

(7) Den Inhalt der für die Zwecke der Absätze 2 bis 5 erforderlichen Informationen sowie die Einzelheiten der Kommunikation zwischen den beteiligten inländischen Stellen und dem Bundesamt einschließlich der Vorgaben über den Aufbau der Datensätze und der Datenstruktur regeln Durchführungsbestimmungen, die vom Bundesamt mit Zustimmung des Bundesministeriums für Verkehr und digitale Infrastruktur erlassen und geändert werden.

§ 17a Zuständigkeit für die Durchführung internationalen Verkehrsrechts

Das Bundesministerium für Verkehr und digitale Infrastruktur wird ermächtigt, durch Rechtsverordnung mit Zustimmung des Bundesrates das Bundesamt als die für die Bundesrepublik Deutschland zuständige Stelle zu bestimmen, soweit eine solche Bestimmung auf dem Gebiet des Verkehrs zur Durchführung von Rechtsakten der Europäische Union oder eines internationalen Abkommens erforderlich ist.

5. Abschnitt
Überwachung, Bußgeldvorschriften

§ 18 Grenzkontrollen

Die für die Kontrolle an der Grenze zuständigen Stellen sind berechtigt, Kraftfahrzeuge zurückzuweisen, wenn die nach diesem Gesetz erforderlichen Unterlagen, deren Mitführung vorgeschrieben ist, trotz Aufforderung nicht vorgelegt werden.

§ 19 Bußgeldvorschriften

(1) Ordnungswidrig handelt, wer vorsätzlich oder fahrlässig

1. entgegen § 2 Abs. 1a Satz 1 nicht dafür sorgt, dass ein Begleitpapier oder ein sonstiger Nachweis mitgeführt wird,

1a. entgegen § 2 Abs. 1a Satz 2 das Begleitpapier oder den sonstigen Nachweis nicht mitführt, nicht oder nicht rechtzeitig aushändigt oder nicht oder nicht rechtzeitig zugänglich macht,

1b. ohne Erlaubnis nach § 3 Abs. 1 gewerblichen Güterkraftverkehr betreibt,

1c. einer vollziehbaren Auflage nach § 3 Absatz 4 zuwiderhandelt,

2. einer Rechtsverordnung nach § 3 Abs. 6 Nr. 2 Buchstabe c, Nr. 3 oder 4 oder § 23 Abs. 3 Satz 1 oder Abs. 5 oder einer vollziehbaren Anordnung auf Grund einer solchen Rechtsverordnung zuwiderhandelt, soweit die Rechtsverordnung für einen bestimmten Tatbestand auf diese Bußgeldvorschrift verweist,

3. entgegen § 7 Absatz 1 Satz 1 oder Satz 3 nicht dafür sorgt, dass ein dort genanntes Dokument oder ein dort genannter Nachweis mitgeführt wird,

4. entgegen § 7 Absatz 1 Satz 2 ein dort genanntes Dokument oder einen dort genannten Nachweis einschweißt oder mit einer Schutzschicht überzieht,

4a. entgegen § 7 Absatz 1a Satz 1 eine Erklärung nicht, nicht richtig, nicht vollständig oder nicht rechtzeitig aushändigt,

4b. entgegen § 7 Absatz 1a Satz 2 nicht dafür sorgt, dass die Erklärung während der Beförderung mitgeführt wird,

5. entgegen

   a) § 7 Absatz 2 Satz 1 oder

   b) § 7 Absatz 2 Satz 3 oder Satz 4

ein dort genanntes Dokument, einen dort genannten Nachweis, einen Pass, ein sonstiges zum Grenzübertritt berechtigendes Dokument oder eine langfristige Aufenthaltsberechtigung-EG nicht mitführt oder nicht oder nicht rechtzeitig aushändigt,

6. (weggefallen)

6a. entgegen § 7a Abs. 4 Satz 1 nicht dafür sorgt, dass ein dort genannter Nachweis mitgeführt wird,

6b. entgegen § 7a Abs. 4 Satz 2 ein Versicherungsnachweis nicht mitführt oder nicht oder nicht rechtzeitig aushändigt,

6c. entgegen § 7b Abs. 1 Satz 1 einen Angehörigen eines dort genannten Staates als Fahrpersonal einsetzt,

6d. entgegen § 7b Abs. 1 Satz 2 nicht dafür sorgt, dass das ausländische Fahrpersonal eine dort ge nannte Unterlage mitführt,

6e. entgegen § 7b Abs. 2 eine dort genannte Unterlage nicht mitführt oder nicht oder nicht rechtzeitig aushändigt,

7. entgegen § 12 Abs. 1 Satz 3 oder Abs. 5 Satz 1 Nr. 1, § 15 Abs. 3 Satz 3 oder § 21a Abs. 3 Satz 1 eine Auskunft nicht, nicht richtig, nicht vollständig oder nicht rechtzeitig erteilt,

8. entgegen § 12 Abs. 3 ein Zeichen oder eine Weisung nicht befolgt,

9. entgegen § 12 Abs. 4 Satz 2 oder § 21a Absatz 2 Satz 2 eine Maßnahme nicht gestattet,

10. entgegen § 12 Abs. 5 Satz 1 Nr. 2 oder § 21a Abs. 3 Satz 1 einen Nachweis nicht, nicht richtig, nicht vollständig oder nicht rechtzeitig erbringt,

11. entgegen § 12 Abs. 5 Satz 1 Nr. 3 oder § 21a Abs. 3 Satz 1 ein Hilfsmittel nicht oder nicht recht zeitig stellt oder Hilfsdienste nicht oder nicht rechtzeitig leistet,

12. einer vollziehbaren Untersagung nach § 13 Absatz 1 oder Absatz 2 zuwiderhandelt,

12a. entgegen § 15a Abs. 2 und 3 sein Unternehmen nicht, nicht richtig, nicht vollständig oder nicht rechtzeitig anmeldet,

12b. entgegen § 15a Abs. 3 die Angaben auf Verlangen nicht, nicht richtig, nicht vollständig oder nicht rechtzeitig nachweist,

12c. entgegen § 15a Abs. 5 Änderungen nicht, nicht richtig, nicht vollständig oder nicht rechtzeitig mitteilt,

12d. entgegen § 15a Abs. 5 Änderungen nicht, nicht richtig, nicht vollständig oder nicht rechtzeitig nachweist oder

12e. entgegen § 15a Abs. 6 sein Unternehmen nicht rechtzeitig abmeldet.

(1a) Ordnungswidrig handelt, wer

1. entgegen § 7c Satz 1 Nr. 1 oder 3 Buchstabe a oder

2. entgegen § 7c Satz 1 Nr. 2 oder 3 Buchstabe b

eine Leistung ausführen lässt.

(2) Ordnungswidrig handelt, wer gegen die Verordnung (EG) Nr. 1072/2009 des Europäischen Parlaments und des Rates vom 21. Oktober 2009 über gemeinsame Regeln für den Zugang zum Markt des grenzüberschreitenden Güterkraftverkehrs (ABl. L 300 vom 14.11.2009, S. 72) verstößt, indem er vorsätzlich oder fahrlässig

1. ohne Gemeinschaftslizenz nach Artikel 3 grenzüberschreitenden Güterkraftverkehr betreibt,

2. entgegen Artikel 5 Absatz 6 Satz 1 dem Fahrer die Fahrerbescheinigung nicht oder nicht rechtzeitig zur Verfügung stellt oder

3. entgegen Artikel 5 Absatz 6 Satz 3 die Fahrerbescheinigung nicht oder nicht rechtzeitig vorzeigt.

(2a) Ordnungswidrig handelt, wer vorsätzlich oder fahrlässig im Kabotageverkehr nach Artikel 8 der Verordnung (EG) Nr. 1072/2009

1. vor der ersten Kabotagebeförderung eine grenzüberschreitende Beförderung aus einem Mitgliedstaat der Europäischen Union oder einem Drittland nicht durchführt,

2. vor der letzten Entladung der nach Deutschland eingeführten Lieferung eine Kabotagebeförderung durchführt,

3. mehr als drei Kabotagebeförderungen im Anschluss an die grenzüberschreitende Beförderung durchführt,

4. nicht dasselbe Fahrzeug für alle Kabotagebeförderungen verwendet oder im Fall von Fahrzeugkombinationen nicht das Kraftfahrzeug desselben Fahrzeugs für alle Kabotagebeförderungen verwendet,

5. später als sieben Tage nach der letzten Entladung der eingeführten Lieferung eine Kabotagebeförderung durchführt,

6. nach Durchführung von mehr als zwei Kabotagebeförderungen in einem oder mehreren anderen Mitgliedstaaten nach unbeladener Einfahrt eine Kabotagebeförderung in Deutschland durchführt,

7. nach Durchführung einer grenzüberschreitenden Beförderung in einen Mitgliedstaat und unbeladener Einfahrt nach Deutschland mehr als eine Kabotagebeförderung durchführt oder

8. eine Kabotagebeförderung nicht innerhalb von drei Tagen im Anschluss an eine unbeladene Einfahrt nach Deutschland beendet.

(3) Ordnungswidrig handelt, wer als Fahrer, der Staatsangehöriger eines Drittstaates ist, vorsätzlich oder fahrlässig eine Kabotagebeförderung nach Artikel 8 der Verordnung (EG) Nr. 1072/2009 durchführt, ohne die Fahrerbescheinigung mitzuführen.

(4) Ordnungswidrig handelt, wer vorsätzlich oder fahrlässig

1. im grenzüberschreitenden Güterkraftverkehr einen Fahrer einsetzt, für den eine Fahrerbescheinigung nach Artikel 5 Absatz 2 der Verordnung (EG) Nr. 1072/2009 nicht ausgestellt worden ist,

2. Kabotage nach Artikel 8 Absatz 1 der Verordnung (EG) Nr. 1072/2009 betreibt, ohne Inhaber einer Gemeinschaftslizenz nach Artikel 4 der Verordnung (EG) Nr. 1072/2009 zu sein, oder

3. im Kabotageverkehr nach Artikel 8 Absatz 1 der Verordnung (EG) Nr. 1072/2009 einen Fahrer einsetzt, für den eine Fahrerbescheinigung nach Artikel 5 Absatz 2 der Verordnung (EG) Nr. 1072/2009 nicht ausgestellt worden ist.

(5) Ordnungswidrig handelt, wer gegen die Verordnung (EU) Nr. 1214/2011 des Europäischen Parlaments und des Rates vom 16. November 2011 über den gewerbsmäßigen grenzüberschreitenden Straßentransport von Euro-Bargeld zwischen den Mitgliedstaaten des Euroraums (ABl. L 316 vom 29.11.2011, S. 1) verstößt, indem er vorsätzlich oder fahrlässig

1. ohne Lizenz nach Artikel 4 Absatz 1 einen grenzüberschreitenden Geldtransport betreibt,

2. entgegen Artikel 4 Absatz 3 Satz 2 ein Original oder eine beglaubigte Kopie einer gültigen Lizenz nicht oder nicht rechtzeitig vorweist,

3. entgegen Artikel 6 Absatz 4 Satz 1 eine erforderliche Waffengenehmigung nicht besitzt oder

4. entgegen Artikel 10 dort genannte Banknoten nicht oder nicht unverzüglich nach Entdecken aus dem Verkehr zieht.

(6) Ordnungswidrig handelt, wer vorsätzlich oder fahrlässig

1. als Verantwortlicher eines lizenzierten Unternehmens Sicherheitspersonal einsetzt, das einer in Artikel 5 Absatz 1 Unterabsatz 1 oder Absatz 2 Satz 1 der Verordnung (EU) Nr. 1214/2011 genannten Anforderung nicht genügt,

2. als Verantwortlicher eines lizenzierten Unternehmens ein Fahrzeug einsetzt, das einer Anforderung des Artikels 7 Absatz 1, 2, 3 oder Absatz 4 Satz 1 der Verordnung (EU) Nr. 1214/2011 nicht genügt, oder

3. einen Transport in einer nicht nach Artikel 13 Absatz 1 Satz 1 der Verordnung (EU) Nr. 1214/2011 genannten Option durchführt.

(7) [1]Die Ordnungswidrigkeit kann in den Fällen des Absatzes 1 Nr. 6c, Absatzes 1a Nr. 2 und des Absatzes 4 Nr. 1 und 3 mit einer Geldbuße bis zu zweihunderttausend Euro, in den Fällen der Absätze 5 und 6 mit einer Geldbuße bis zu hunderttausend Euro, in den Fällen des Absatzes 1 Nr. 1b, 12, des Absatzes 1a Nr. 1, des Absatzes 2 Nr. 1 und des Absatzes 4 Nr. 2 mit einer Geldbuße bis zu zwanzigtausend Euro, in den übrigen Fällen mit einer Geldbuße bis zu fünftausend Euro geahndet werden. [2]Sie können auf der Grundlage und nach Maßgabe internationaler Übereinkünfte auch dann geahndet werden, wenn sie im Bereich gemeinsamer Grenzabfertigungsanlagen außerhalb des räumlichen Geltungsbereiches dieses Gesetzes begangen werden.

§ 20 Befugnisse des Bundesamtes bei der Verfolgung von Zuwiderhandlungen

(1) [1]Bei der Durchführung der Überwachungsaufgaben nach § 11 haben das Bundesamt und seine Beauftragten Zuwiderhandlungen gegen die gesetzlichen Vorschriften zu erforschen und zu verfolgen. Die Beauftragten des Bundesamtes haben insoweit die Rechte und Pflichten der Beamten des Polizeivollzugsdienstes nach den Vorschriften der Strafprozeßordnung und nach dem Gesetz über Ordnungswidrigkeiten. [2]§ 163 der Strafprozeßordnung und § 53 des Gesetzes über Ordnungswidrigkeiten bleiben unberührt.

(1a) In den Fällen des Absatzes 1 Satz 1 haben die Beauftragten des Bundesamtes bei Gefahr im Verzuge das Recht zur Anordnung von Sicherheitsleistungen nach § 46 Abs. 1 des Gesetzes über Ordnungswidrigkeiten in Verbindung mit § 132 Abs. 1 Satz 1 Nr. 1, Satz 2, Abs. 2 der Strafprozessordnung.

(2) [1]In den Fällen des Absatzes 1 Satz 1 können auch das Bundesamt und seine Beauftragten die Verwarnung nach § 56 des Gesetzes über Ordnungswidrigkeiten erteilen. [2]§ 57 Abs. 1 des Gesetzes über Ordnungswidrigkeiten gilt entsprechend.

§ 21 Zuständigkeiten für die Ahndung von Zuwiderhandlungen

(1) [1]Wird eine Zuwiderhandlung in einem Unternehmen begangen, das seinen Sitz im Inland hat, ist Verwaltungsbehörde im Sinne des § 36 Abs. 1 Nr. 1 des Gesetzes über Ordnungswidrigkeiten die von der Landesregierung bestimmte Behörde. [2]Die Landesregierung kann die Ermächtigung auf die zuständige oberste Landesbehörde übertragen.

(2) Wird eine Zuwiderhandlung in einem Unternehmen begangen, das seinen Sitz im Ausland hat, ist Verwaltungsbehörde im Sinne des § 36 Abs. 1 Nr. 1 des Gesetzes über Ordnungswidrigkeiten das Bundesamt.

(3) Abweichend von Absatz 1 ist das Bundesamt Verwaltungsbehörde im Sinne des § 36 Absatz 1 Nummer 1 des Gesetzes über Ordnungswidrigkeiten für Zuwiderhandlungen nach § 19 Absatz 1 Nummer 5 Buchstabe b, Nummer 6c, 6d, 6e, Absatz 1a, 2 Nummer 2, 3 und Absatz 4 Nummer 1, die in einem Unternehmen, das seinen Sitz im Inland hat, begangen wurden.

(4) § 405 des Dritten Buches Sozialgesetzbuch bleibt unberührt.

§ 21a Aufsicht

(1) Der Unternehmer des gewerblichen Güterkraftverkehrs und alle am Beförderungsvertrag Beteiligten unterliegen wegen der Erfüllung der gesetzlichen Vorschriften der Aufsicht der nach Landesrecht zuständigen Behörde.

(2) [1]Soweit dies zur Durchführung der Aufgaben nach Absatz 1 erforderlich ist, können die Beauftragten der Aufsichtsbehörden gegenüber Eigentümern und Besitzern von Fahrzeugen zur Güterbeförderung und allen an der Beförderung oder an den Handelsgeschäften über die beförderten Güter Beteiligten folgende Maßnahmen ergreifen:

1. Grundstücke und Geschäftsräume innerhalb der üblichen Betriebs- und Geschäftszeiten betreten sowie

2. die erforderlichen Schriftstücke und Datenträger, insbesondere Aufzeichnungen, Frachtbriefe und Unterlagen über den Fahrzeugeinsatz einsehen und hieraus Abschriften, Auszüge, Ausdrucke und Kopien anfertigen oder elektronisch gespeicherte Daten auf eigene Datenträger übertragen.

[2]Die in Satz 1 genannten Personen haben diese Maßnahmen zu gestatten.

(3) [1]Die in Absatz 2 genannten Personen haben den Beauftragten der Aufsichtsbehörden auf Verlangen alle für die Durchführung der Aufsicht erforderlichen Auskünfte zu erteilen, Nachweise zu erbringen, Hilfsmittel zu stellen und Hilfsdienste zu leisten. [2]§ 12 Abs. 1 Satz 3 und 4 gilt entsprechend.

6. Abschnitt
Gebühren und Auslagen, Ermächtigungen

§ 22 Gebühren und Auslagen

(1) Für Amtshandlungen nach diesem Gesetz, nach den auf diesem Gesetz beruhenden Rechtsvorschriften, nach Rechtsakten der Europäischen Gemeinschaften sowie auf Grund internationaler Abkommen und diese ergänzender nationaler Rechtsvorschriften sind Gebühren und Auslagen nach den Bestimmungen des

Verwaltungskostengesetzes in der bis zum 14. August 2013 geltenden Fassung und der Rechtsverordnung nach Absatz 2 zu erheben.

(2) [1]Das Bundesministerium für Verkehr, Bau und Stadtentwicklung wird ermächtigt, im Einvernehmen mit dem Bundesministerium der Finanzen und dem Bundesministerium für Wirtschaft und Technologie durch Rechtsverordnung mit Zustimmung des Bundesrates die gebührenpflichtigen Tatbestände und die Gebühren nach festen Sätzen oder als Rahmengebühren näher zu bestimmen. [2]Im Bereich der Gebühren der Landesbehörden übt das Bundesministerium für Verkehr, Bau und Stadtentwicklung die Ermächtigung nach Satz 1 auf der Grundlage eines Antrags oder einer Stellungnahme von mindestens fünf Ländern beim Bundesministerium für Verkehr, Bau und Stadtentwicklung aus. [3]Der Antrag oder die Stellungnahme sind mit einer Schätzung des Personal- und Sachaufwands zu begründen. [4]Das Bundesministerium für Verkehr, Bau und Stadtentwicklung kann die übrigen Länder ebenfalls zur Beibringung einer Schätzung des Personal- und Sachaufwands auffordern.

(3) Auskünfte nach § 19 des Bundesdatenschutzgesetzes werden unentgeltlich erteilt.

§ 23 Ermächtigungen zum Erlaß von Durchführungsbestimmungen

(1) Die Bundesregierung erläßt mit Zustimmung des Bundesrates die allgemeinen Verwaltungsvorschriften, die zur Durchführung von Rechtsakten der Europäischen Union, dieses Gesetzes und der auf diesem Gesetz beruhenden Rechtsverordnungen erforderlich sind.

(2) Das Bundesministerium für Verkehr und digitale Infrastruktur wird ermächtigt, mit Zustimmung des Bundesrates durch Rechtsverordnung andere als in § 2 Abs. 1 genannte Beförderungsfälle ganz oder teilweise von den Bestimmungen dieses Gesetzes auszunehmen, soweit sich deren Unterstellung unter dieses Gesetz als unverhältnismäßig erweist.

(3) [1]Das Bundesministerium Verkehr und digitale Infrastruktur wird ermächtigt, im Bereich des grenzüberschreitenden Güterkraftverkehrs, des Durchgangsverkehrs und des Kabotageverkehrs (innerstaatlicher Güterkraftverkehr durch Unternehmer, die in einem anderen Staat niedergelassen sind) einschließlich des Werkverkehrs zur Ordnung dieser Verkehre und zur Durchführung internationaler Abkommen sowie von Rechtsakten der Europäischen Union, die den Güterkraftverkehr betreffen, Rechtsverordnungen zu erlassen, durch die

1. der Zugang zum Beruf des Güterkraftverkehrsunternehmers und zum Markt des Güterkraftverkehrs, insbesondere die Voraussetzungen für die Erteilung, die Rücknahme und den Widerruf von Genehmigungen, den Erlaß von Nebenbestimmungen, das zugehörige Verfahren einschließlich der Durchführung von Anhörungen und der Behandlung wesentlicher Änderungen nach Erteilung der Genehmigungen sowie die Bedingungen für den Fahrzeugeinsatz geregelt werden,

1a. die Voraussetzungen für die Erteilung, die Rücknahme und den Widerruf von Fahrerbescheinigungen, den Erlass von Nebenbestimmungen, das zugehörige Verfahren einschließlich der Durchführung von Anhörungen und der Behandlung wesentlicher Änderungen nach Erteilung der Fahrerbescheinigungen, die Bedingungen für den Einsatz des Fahrpersonals sowie die Überwachung der Erteilungsvoraussetzungen geregelt werden,

2.   für Unternehmer, deren Unternehmen ihren Sitz in einem Staat haben, der weder Mitglied der Europäischen Union noch anderer Vertragsstaat des Abkommens über den Europäischen Wirtschaftsraum ist, der Zugang zum Markt des Güterkraftverkehrs und die Bedingungen bei der Durchführung des Güterkraftverkehrs abweichend von den Bestimmungen dieses Gesetzes geregelt sowie der vorübergehende oder dauernde Ausschluß vom Güterkraftverkehr vorgesehen wird, wenn wiederholt oder schwerwiegend gegen im Inland geltende Vorschriften verstoßen wird,

3.   Bestimmungen zur Gewährleistung zwischenstaatlicher Gegenseitigkeit oder gleicher Wettbewerbsbedingungen, insbesondere über die Erteilung von Genehmigungen, die Voraussetzungen für die Erteilung und die Aufhebung einer Genehmigung, die Überwachung sowie das Verfahren, eingeführt und

4.   die Pflicht zur Vorlage von Unterlagen zur Beobachtung des Marktgeschehens geregelt werden.

[2]Rechtsverordnungen nach den Nummern 1 bis 3 bedürfen der Zustimmung des Bundesrates.

(4) [1]Das Bundesministerium für Verkehr und digitale Infrastruktur kann abweichend von den auf Grund des Absatzes 3 erlassenen Rechtsverordnungen im Rahmen internationaler Regierungs- und Verwaltungsabkommen Beförderungsfälle ganz oder teilweise von der Genehmigungspflicht für den grenzüberschreitenden gewerblichen Güterkraftverkehr mit Staaten außerhalb der Europäischen Union und des Europäischen Wirtschaftsraums freistellen, soweit diese sich als unverhältnismäßig erweist. [2]Ebenso kann das Bundesministerium für Verkehr und digitale Infrastruktur mit einem Nachbarstaat Vereinbarungen treffen, durch die Verkehre durch das Inland mit Be- und Entladeort in dem Nachbarstaat von der Erlaubnispflicht nach § 3 Abs. 1 ausgenommen werden.

(5) Das Bundesministerium für Verkehr, Bau und Stadtentwicklung wird ermächtigt, durch Rechtsverordnung mit Zustimmung des Bundesrates auf dem Gebiet des grenzüberschreitenden kombinierten Verkehrs zur Ordnung dieses Verkehrs und zur Durchführung internationaler Abkommen sowie von Verordnungen, Entscheidungen und Richtlinien des Rates der Europäischen Union und der Kommission der Europäischen Gemeinschaften Vorschriften zu erlassen, durch die

1.   das Vorliegen von grenzüberschreitendem kombiniertem Verkehr einschließlich der Bestimmung des nächstgelegenen geeigneten Bahnhofs sowie die Pflicht zur Mitführung und Aushändigung von Papieren geregelt werden, die dem Nachweis der Erfüllung der Berufszugangsvoraussetzungen und der Durchführung von kombiniertem Verkehr dienen,

1a.   Besonderheiten, insbesondere genehmigungsrechtliche Erleichterungen, vorgesehen werden sowie

2.   Bestimmungen zur Gewährleistung zwischenstaatlicher Gegenseitigkeit oder gleicher Wettbewerbsbedingungen eingeführt werden.

§§ 24 u. 25 (weggefallen)

CMR („Beförderungsvertrag im internationalen Straßengüterverkehr")

Übereinkommen über den Beförderungsvertrag im internationalen Straßengüterverkehr (franz.: *Convention relative au Contrat de transport international de marchandises par route*; engl.: *Convention on the Contract for the International Carriage of Goods by Road*); (BGBl. II 1961 S. 1120)
Für die Bundesrepublik Deutschland am 5. Februar 1962 in Kraft getreten (BGBl. II 1962 S. 12 vom 12.01.1962).
– Nichtamtliche Fassung (Auszug) –

Gliederung
- Kapitel I: Geltungsbereich (Art. 1 – 2 CMR)
- Kapitel II: Haftung des Frachtführers für andere Personen (Art. 3 CMR)
- Kapitel III: Abschluß und Ausführung des Beförderungsvertrages (Art. 4 – 16 CMR)
- Kapitel IV: Haftung des Frachtführers (Art. 17 – 29 CMR)
- Kapitel V: Reklamationen und Klagen (Art. 30 – 33 CMR)
- Kapitel VI: Bestimmungen über die Beförderung durch aufeinanderfolgende Frachtführer (Art. 34 – 40 CMR)
- Kapitel VII: Nichtigkeit von dem Übereinkommen widersprechenden Vereinbarungen (Art. 41 CMR)
- Kapitel VIII: Schlußbestimmungen (Art. 42 – 51 CMR)

Kapitel I
Geltungsbereich

Artikel 1

(1) [1]Dieses Übereinkommen gilt für jeden Vertrag über die entgeltliche Beförderung von Gütern auf der Straße mittels Fahrzeugen, wenn der Ort der Übernahme des Gutes und der für die Ablieferung vorgesehene Ort, wie sie im Vertrage angegeben sind, in zwei verschiedenen Staaten liegen, von denen mindestens einer ein Vertragstaat ist. [2]Dies gilt ohne Rücksicht auf den Wohnsitz und die Staatsangehörigkeit der Parteien.

(2) Im Sinne dieses Übereinkommens bedeuten "Fahrzeuge" Kraftfahrzeuge, Sattelkraftfahrzeuge, Anhänger und Sattelanhänger, wie sie in Artikel 4 des Abkommens über den Straßenverkehr vom 19. September 1949 umschrieben sind.

(3) Dieses Übereinkommen gilt auch dann, wenn in seinen Geltungsbereich fallende Beförderungen von Staaten oder von staatlichen Einrichtungen oder Organisationen durchgeführt werden.

(4) Dieses Übereinkommen gilt nicht

a) für Beförderungen, die nach den Bestimmungen <u>internationaler Postübereinkommen</u> durchgeführt werden;

b) für die <u>Beförderung von Leichen</u>;

c) für die <u>Beförderung von Umzugsgut</u>.

(5) Die <u>Vertragsparteien</u> werden untereinander <u>keine zwei- oder mehrseitigen Sondervereinbarungen</u> schließen, die Abweichungen von den Bestimmungen dieses Übereinkommens enthalten; ausgenommen sind Sondervereinbarungen unter Vertragsparteien, nach denen dieses Übereinkommen nicht für ihren kleinen Grenzverkehr gilt, oder durch die für Beförderungen, die ausschließlich auf ihrem Staatsgebiet durchgeführt werden, die Verwendung eines das Gut vertretenden Frachtbriefes zugelassen wird.

Artikel 2

(1) [1]Wird das <u>mit dem Gut beladene Fahrzeug</u> auf einem <u>Teil der Strecke</u> zur <u>See</u>, mit der <u>Eisenbahn</u>, auf <u>Binnenwasserstraßen</u> oder auf dem <u>Luftwege</u> <u>befördert und</u> wird das Gut – abgesehen von Fällen des Artikels 14 – <u>nicht umgeladen</u>, so <u>gilt</u> dieses <u>Übereinkommen</u> <u>trotzdem</u> für die <u>gesamte Beförderung</u>. [2]Soweit jedoch bewiesen wird, daß während der Beförderung durch das andere Verkehrsmittel eingetretene Verluste, Beschädigungen oder Überschreitungen der Lieferfrist nicht durch eine Handlung oder Unterlassung des Straßenfrachtführers, sondern durch ein Ereignis verursacht worden sind, das nur während und wegen der Beförderung durch das andere Beförderungsmittel eingetreten sein kann, bestimmt sich die Haftung des Straßenfrachtführers nicht nach diesem Übereinkommen, sondern danach, wie der Frachtführer des anderen Verkehrsmittels gehaftet hätte, wenn ein lediglich das Gut betreffender Beförderungsvertrag zwischen dem Absender und dem Frachtführer des anderen Verkehrsmittels nach den zwingenden Vorschriften des für die Beförderung durch das andere Verkehrsmittel geltenden Rechts geschlossen worden wäre. [3]Bestehen jedoch keine solchen Vorschriften, so bestimmt sich die Haftung des Straßenfrachtführers nach diesem Übereinkommen.

(2) Ist der <u>Straßenfrachtführer</u> zugleich der Frachtführer des anderen Verkehrsmittels, so <u>haftet er ebenfalls</u> <u>nach Absatz 1</u>, jedoch so, als ob seine Tätigkeit als Straßenfrachtführer und seine Tätigkeit als Frachtführer des anderen Verkehrsmittels von zwei verschiedenen Personen ausgeübt würden.

Kapitel II
Haftung des Frachtführers für andere Personen

Artikel 3

Der <u>Frachtführer haftet</u>, soweit dieses Übereinkommen anzuwenden ist, <u>für Handlungen und Unterlassungen</u> seiner <u>Bediensteten</u> und aller <u>anderen Personen, deren er sich bei Ausführung der Beförderung bedient</u>, wie für <u>eigene Handlungen und Unterlassungen</u>, wenn diese Bediensteten oder anderen Personen in Ausübung ihrer Verrichtungen handeln.

Kapitel III
Abschluß und Ausführung des Beförderungsvertrages

Artikel 4

[1]Der Beförderungsvertrag wird in einem Frachtbrief festgehalten. [2]Das Fehlen, die Mangelhaftigkeit oder der Verlust des Frachtbriefes berührt weder den Bestand noch die Gültigkeit des Beförderungsvertrages, der den Bestimmungen dieses Übereinkommens unterworfen bleibt.

Artikel 5

(1) [1]Der Frachtbrief wird in drei Originalausfertigungen ausgestellt, die vom Absender und vom Frachtführer unterzeichnet werden. [2]Die Unterschriften können gedruckt oder durch den Stempel des Absenders oder des Frachtführers ersetzt werden, wenn dies nach dem Recht des Staates, in dem der Frachtbrief ausgestellt wird, zulässig ist. [3]Die erste Ausfertigung erhält der Absender, die zweite begleitet das Gut, die dritte behält der Frachtführer.

(2) Ist das zu befördernde Gut auf mehrere Fahrzeuge zu verladen oder handelt es sich um verschiedenartige oder um in verschiedene Posten aufgeteilte Güter, können sowohl der Absender als auch der Frachtführer verlangen, daß so viele Frachtbriefe ausgestellt werden, als Fahrzeuge zu verwenden oder Güterarten oder -posten vorhanden sind.

Artikel 6

(1) Der Frachtbrief muß folgende Angaben enthalten:
   a)   Ort und Tag der Ausstellung;
   b)   Name und Anschrift des Absenders;
   c)   Name und Anschrift des Frachtführers;
   d)   Stelle und Tag der Übernahme des Gutes sowie die für die Ablieferung vorgesehene Stelle;
   e)   Name und Anschrift des Empfängers;
   f)   die übliche Bezeichnung der Art des Gutes und die Art der Verpackung, bei gefährlichen Gütern ihre allgemein anerkannte Bezeichnung;
   g)   Anzahl, Zeichen und Nummern der Frachtstücke;
   h)   Rohgewicht oder die anders angegebene Menge des Gutes;
   i)   die mit der Beförderung verbundenen Kosten (Fracht, Nebengebühren, Zölle und andere Kosten, die vom Vertragsabschluß bis zur Ablieferung anfallen);
   j)   Weisungen für die Zoll- und sonstige amtliche Behandlung;
   k)   die Angabe, daß die Beförderung trotz einer gegenteiligen Abmachung den Bestimmungen dieses Übereinkommens unterliegt.

(2) Zutreffendenfalls muß der Frachtbrief ferner folgende Angaben enthalten:
   a)   das Verbot umzuladen;
   b)   die Kosten, die der Absender übernimmt;
   c)   den Betrag einer bei der Ablieferung des Gutes einzuziehenden Nachnahme;

    d)   die Angabe des Wertes des Gutes und des Betrages des besonderen Interesses an der Lieferung;

    e)   Weisungen des Absenders an den Frachtführer über die Versicherung des Gutes;

    f)   die vereinbarte Frist, in der die Beförderung beendet sein muß;

    g)   ein Verzeichnis der dem Frachtführer übergebenen Urkunden.

(3) Die Parteien dürfen in den Frachtbrief noch andere Angaben eintragen, die sie für zweckmäßig halten.

Artikel 7

(1) Der Absender haftet für alle Kosten und Schäden, die dem Frachtführer dadurch entstehen, daß folgende Angaben unrichtig oder unvollständig sind:

    a)   die in Artikel 6 Absatz 1 Buchstabe b, d, e, f, g, h und j bezeichneten Angaben;

    b)   die in Artikel 6 Absatz 2 bezeichneten Angaben;

    c)   alle anderen Angaben oder Weisungen des Absenders für die Ausstellung des Frachtbriefes oder zum Zwecke der Eintragung in diesen.

(2) Trägt der Frachtführer auf Verlangen des Absenders die in Absatz 1 bezeichneten Angaben in den Frachtbrief ein, wird bis zum Beweise des Gegenteils vermutet, daß der Frachtführer hierüber im Namen des Absenders gehandelt hat.

(3) Enthält der Frachtbrief die in Artikel 6 Absatz 1 Buchstabe k bezeichnete Angabe nicht, so haftet der Frachtführer für alle Kosten und Schäden, die dem über das Gut Verfügungsberechtigten infolge dieser Unterlassung entstehen.

Artikel 8

(1) Der Frachtführer ist verpflichtet, bei der Übernahme des Gutes zu überprüfen

    a)   die Richtigkeit der Angaben im Frachtbrief über die Anzahl der Frachtstücke und über ihre Zeichen und Nummern;

    b)   den äußeren Zustand des Gutes und seiner Verpackung.

(2) [1]Stehen dem Frachtführer keine angemessenen Mittel zur Verfügung, um die Richtigkeit der in Absatz 1 Buchstabe a bezeichneten Angaben zu überprüfen, so trägt er im Frachtbrief Vorbehalte ein, die zu begründen sind. [2]Desgleichen hat er Vorbehalte zu begründen, die er hinsichtlich des äußeren Zustandes des Gutes und seiner Verpackung macht. [3]Die Vorbehalte sind für den Absender nicht verbindlich, es sei denn, daß er sie im Frachtbrief ausdrücklich anerkannt hat.

(3) [1]Der Absender kann vom Frachtführer verlangen, daß dieser das Rohgewicht oder die anders angegebene Menge des Gutes überprüft. [2]Er kann auch verlangen, daß der Frachtführer den Inhalt der Frachtstücke überprüft. [3]Der Frachtführer hat Anspruch auf Ersatz der Kosten der Überprüfung. [4]Das Ergebnis der Überprüfung ist in den Frachtbrief einzutragen.

Artikel 9

(1) Der Frachtbrief dient bis zum Beweise des Gegenteils als Nachweis für den Abschluß und Inhalt des Beförderungsvertrages sowie für die Übernahme des Gutes durch den Frachtführer.

(2) Sofern der Frachtbrief keine mit Gründen versehenen Vorbehalte des Frachtführers aufweist, wird bis zum Beweise des Gegenteils vermutet, daß das Gut und seine Verpackung bei der Übernahme durch den Frachtführer äußerlich in gutem Zustande waren und daß die Anzahl der Frachtstücke und ihre Zeichen und Nummern mit den Angaben im Frachtbrief übereinstimmen.

Artikel 10

Der Absender haftet dem Frachtführer für alle durch mangelhafte Verpackung des Gutes verursachten Schäden an Personen, am Betriebsmaterial und an anderen Gütern sowie für alle durch mangelhafte Verpackung verursachten Kosten, es sei denn, daß der Mangel offensichtlich oder dem Frachtführer bei der Übernahme des Gutes bekannt war und er diesbezüglich keine Vorbehalte gemacht hat.

Artikel 11

(1) Der Absender hat dem Frachtbrief die Urkunden beizugeben, die für die vor der Ablieferung des Gutes zu erledigende Zoll- oder sonstige amtliche Behandlung notwendig sind, oder diese Urkunde dem Frachtführer zur Verfügung zu stellen und diesem alle erforderlichen Auskünfte zu erteilen.

(2) Der Frachtführer ist nicht verpflichtet zu prüfen, ob diese Urkunden und Auskünfte richtig und ausreichend sind. Der Absender haftet dem Frachtführer für alle aus dem Fehlen, der Unvollständigkeit oder Unrichtigkeit der Urkunden und Angaben entstehenden Schäden, es sei denn, daß den Frachtführer ein Verschulden trifft.

(3) Der Frachtführer haftet wie ein Kommissionär* für die Folgen des Verlustes oder der unrichtigen Verwendung der im Frachtbrief bezeichneten und diesem beigegebenen oder dem Frachtführer ausgehändigten Urkunden; er hat jedoch keinen höheren Schadenersatz zu leisten als bei Verlust des Gutes.

Artikel 12

(1) Der Absender ist berechtigt, über das Gut zu verfügen. Er kann insbesondere verlangen, daß der Frachtführer das Gut nicht weiterbefördert, den für die Ablieferung vorgesehenen Ort ändert oder das Gut einem anderen als dem Frachtbrief angegebenen Empfänger abliefert.

(2) [1]Dieses Recht erlischt, sobald die zweite Ausfertigung des Frachtbriefes dem Empfänger übergeben ist oder dieser sein Recht nach Artikel 13 Absatz 1 geltend macht. [2]Von diesem Zeitpunkt an hat der Frachtführer den Weisungen des Empfängers nachzukommen.

(3) Das Verfügungsrecht steht jedoch dem Empfänger bereits von der Ausstellung des Frachtbriefes an zu, wenn der Absender einen entsprechenden Vermerk in den Frachtbrief eingetragen hat.

(4) Hat der Empfänger in Ausübung seines Verfügungsrechtes die Ablieferung des Gutes an einen Dritten angeordnet, so ist dieser nicht berechtigt, seinerseits andere Empfänger zu bestimmen.

---

* vgl. § 383 Abs. 1 HGB: «Kommissionär ist, wer es gewerbsmäßig übernimmt, Waren oder Wertpapiere für Rechnung eines anderen (des Kommittenten) in eigenem Namen zu kaufen oder zu verkaufen.»

(5) Die Ausübung des Verfügungsrechtes unterliegt folgenden Bestimmungen:

    a)   der Absender oder in dem in Absatz 3 bezeichneten Falle der Empfänger hat, wenn er sein Verfügungsrecht ausüben will, die erste Ausfertigung des Frachtbriefes vorzuweisen, worin die dem Frachtführer erteilten neuen Weisungen eingetragen sein müssen, und dem Frachtführer alle Kosten und Schäden zu ersetzen, die durch die Ausführung der Weisungen entstehen;

    b)   die Ausführung der Weisungen muß zu dem Zeitpunkt, in dem sie die Person erreichen, die sie ausführen soll, möglich sein und darf weder den gewöhnlichen Betrieb des Unternehmens des Frachtführers hemmen noch die Absender oder Empfänger anderer Sendungen schädigen;

    c)   die Weisungen dürfen nicht zu einer Teilung der Sendung führen.

(6) Kann der Frachtführer auf Grund der Bestimmungen des Absatzes 5 Buchstabe b die erhaltenen Weisungen nicht durchführen, so hat er unverzüglich denjenigen zu benachrichtigen, der die Weisungen erteilt hat.

(7) Ein Frachtführer, der Weisungen nicht ausführt, die ihm unter Beachtung der Bestimmungen dieses Artikels erteilt worden sind, oder der solche Weisungen ausführt, ohne die Vorlage der ersten Ausfertigung des Frachtbriefes verlangt zu haben, haftet dem Berechtigten für den daraus entstehenden Schaden.

Artikel 13

(1) [1]Nach Ankunft des Gutes an dem für die Ablieferung vorgesehenen Ort ist der Empfänger berechtigt, vom Frachtführer zu verlangen, daß ihm gegen Empfangsbestätigung die zweite Ausfertigung des Frachtbriefes übergeben wird und das Gut abgeliefert wird. [2]Ist der Verlust des Gutes festgestellt oder ist das Gut innerhalb der in Artikel 19 vorgesehenen Frist nicht angekommen, so kann der Empfänger die Rechte aus dem Beförderungsvertrage im eigenen Namen gegen den Frachtführer geltend machen.

(2) [1]Der Empfänger, der die ihm nach Absatz 1 zustehenden Rechte geltend macht, hat den Gesamtbetrag der aus dem Frachtbrief hervorgehenden Kosten zu zahlen. [2]Bei Streitigkeiten hierüber ist der Frachtführer zur Ablieferung des Gutes nur verpflichtet, wenn ihm der Empfänger Sicherheit leistet.

Artikel 14

(1) Wenn aus irgendeinem Grunde vor Ankunft des Gutes an dem für die Ablieferung vorgesehenen Ort die Erfüllung des Vertrages zu den im Frachtbrief festgelegten Bedingungen unmöglich ist oder unmöglich wird, hat der Frachtführer Weisungen des nach Artikel 12 über das Gut Verfügungsberechtigten einzuholen.

(2) Gestatten die Umstände jedoch eine von den im Frachtbrief festgelegten Bedingungen abweichende Ausführung der Beförderung und konnte der Frachtführer Weisungen des nach Artikel 12 über das Gut Verfügungsberechtigten innerhalb angemessener Zeit nicht erhalten, so hat er die Maßnahme zu ergreifen, die ihm im Interesse des über das Gut Verfügungsberechtigten die besten zu sein scheinen.

Artikel 15

(1) [1]Treten nach Ankunft des Gutes am Bestimmungsort Ablieferungshindernisse ein, so hat der Frachtführer Weisungen des Absenders einzuholen. [2]Wenn der Empfänger die Annahme des Gutes verweigert, ist der

Absender berechtigt, über das Gut zu verfügen, ohne die erste Ausfertigung des Frachtbriefes vorweisen zu müssen.

(2) Der Empfänger kann, auch wenn er die Annahme des Gutes verweigert hat, dessen Ablieferung noch so lange verlangen, als der Frachtführer keine dem widersprechenden Weisungen des Absenders erhalten hat.

(3) Tritt das Ablieferungshindernis ein, nachdem der Empfänger auf Grund seiner Befugnisse nach Artikel 12 Absatz 3 Anweisung erteilt hat, das Gut an einen Dritten abzuliefern, so nimmt bei der Anwendung der Absätze 1 und 2 dieses Artikels der Empfänger die Stelle des Absenders und der Dritte die des Empfängers ein.

Artikel 16

(1) Der Frachtführer hat Anspruch auf Erstattung der Kosten, die ihm dadurch entstehen, daß er Weisungen einholt oder ausführt, es sei denn, daß er diese Kosten verschuldet hat.

(2) [1]In den in Artikel 14 Absatz 1 und in Artikel 15 bezeichneten Fällen kann der Frachtführer das Gut sofort auf Kosten des Verfügungsberechtigten ausladen; nach dem Ausladen gilt die Beförderung als beendet. [2]Der Frachtführer hat sodann das Gut für den Verfügungsberechtigten zu verwahren. [3]Er kann es jedoch auch einem Dritten anvertrauen und haftet dann nur für die sorgfältige Auswahl des Dritten. [4]Das Gut bleibt mit den aus dem Frachtbrief hervorgehenden Ansprüchen sowie mit allen anderen Kosten belastet.

(3) [1]Der Frachtführer kann, ohne Weisungen des Verfügungsberechtigten abzuwarten, den Verkauf des Gutes veranlassen, wenn es sich um verderbliche Waren handelt oder der Zustand des Gutes eine solche Maßnahme rechtfertigt oder wenn die Kosten der Verwahrung in keinem Verhältnis zum Wert des Gutes stehen. [2]Er kann auch in anderen Fällen den Verkauf des Gutes veranlassen, wenn er innerhalb einer angemessenen Frist gegenteilige Weisungen des Verfügungsberechtigten, deren Ausführung ihm billigerweise zugemutet werden kann, nicht erhält.

(4) [1]Wird das Gut auf Grund der Bestimmungen dieses Artikels verkauft, so ist der Erlös nach Abzug der auf dem Gut lastenden Kosten dem Verfügungsberechtigten zur Verfügung zu stellen. [2]Wenn diese Kosten höher sind als der Erlös, kann der Frachtführer den Unterschied beanspruchen.

(5) Art und Weise des Verkaufes bestimmen sich nach den Gesetzen oder Gebräuchen des Ortes, an dem sich das Gut befindet.

Kapitel IV
Haftung des Frachtführers

Artikel 17

(1) Der Frachtführer haftet für gänzlichen oder teilweisen Verlust und für Beschädigung des Gutes, sofern der Verlust oder die Beschädigung zwischen dem Zeitpunkt der Übernahme des Gutes und dem seiner Ablieferung eintritt, sowie für Überschreitung der Lieferfrist.

(2) Der Frachtführer ist von dieser Haftung befreit, wenn der Verlust, die Beschädigung oder die Überschreitung der Lieferfrist durch ein Verschulden des Verfügungsberechtigten, durch eine nicht vom Frachtführer verschuldete Weisung des Verfügungsberechtigten, durch besondere Mängel des Gutes oder durch Umstände verursacht worden ist, die der Frachtführer nicht vermeiden und deren Folgen er nicht abwenden konnte.

(3) Um sich von seiner Haftung zu befreien, kann sich der Frachtführer weder auf Mängel des für die Beförderung verwendeten Fahrzeuges noch gegebenenfalls auf ein Verschulden des Vermieters des Fahrzeuges oder der Bediensteten des Vermieters berufen.

(4)* Der Frachtführer ist vorbehaltlich des Artikels 18 Absatz 2 bis 5 von seiner Haftung befreit, wenn der Verlust oder die Beschädigung aus den mit einzelnen oder mehreren Umständen der folgenden Art verbundenen besonderen Gefahren entstanden ist:

   a) Verwendung von offenen, nicht mit Planen gedeckten Fahrzeugen, wenn diese Verwendung ausdrücklich vereinbart und im Frachtbrief vermerkt worden ist;

   b) Fehlen oder Mängel der Verpackung, wenn die Güter ihrer Natur nach bei fehlender oder mangelhafter Verpackung Verlusten oder Beschädigungen ausgesetzt sind;

   c) Behandlung, Verladen, Verstauen oder Ausladen des Gutes durch den Absender, den Empfänger oder Dritte, die für den Absender oder Empfänger handeln;

   d) natürliche Beschaffenheit gewisser Güter, derzufolge sie gänzlichem oder teilweisem Verlust oder Beschädigung, insbesondere durch Bruch, Rost, inneren Verderb, Austrocknen, Auslaufen, normalen Schwund oder Einwirkung von Ungeziefer oder Nagetieren, ausgesetzt sind;

   e) ungenügende oder unzulängliche Bezeichnung oder Nummerierung der Frachtstücke;

   f) Beförderung von lebenden Tieren.

(5) Haftet der Frachtführer auf Grund dieses Artikels für einzelne Umstände, die einen Schaden verursacht haben, nicht, so haftet er nur in dem Umfange, in dem die Umstände, für die er auf Grund dieses Artikels haftet, zu dem Schaden beigetragen haben.

Artikel 18

(1) Der Beweis, daß der Verlust, die Beschädigung oder die Überschreitung der Lieferfrist durch einen der in Artikel 17 Absatz 2 bezeichneten Umstände verursacht worden ist, obliegt dem Frachtführer.

(2) [1]Wenn der Frachtführer darlegt, daß nach den Umständen des Falles der Verlust oder die Beschädigung aus einer oder mehreren der in Artikel 17 Absatz 4 bezeichneten besonderen Gefahren entstehen konnte, wird vermutet, daß der Schaden hieraus entstanden ist. [2]Der Verfügungsberechtigte kann jedoch beweisen, daß der Schaden nicht oder nicht ausschließlich aus einer dieser Gefahren entstanden ist.

(3) Diese Vermutung gilt im Falle des Artikels 17 Absatz 4 Buchstabe a nicht bei außergewöhnlich großem Abgang oder bei Verlust von ganzen Frachtstücken.

(4) Bei Beförderung mit einem Fahrzeug, das mit besonderen Einrichtungen zum Schutze des Gutes gegen die Einwirkung von Hitze, Kälte, Temperaturschwankungen oder Luftfeuchtigkeit versehen ist, kann sich der Frachtführer auf Artikel 17 Absatz 4 Buchstabe d nur berufen, wenn er beweist, daß er alle ihm nach den Umständen obliegenden Maßnahmen hinsichtlich der Auswahl, Instandhaltung und Verwendung der besonderen Einrichtungen getroffen und ihm erteilte besondere Weisungen beachtet hat.

---

* vgl. § 412 HGB

(5) Der Frachtführer kann sich auf Artikel 17 Absatz 4 Buchstabe f nur berufen, wenn er beweist, daß er alle ihm nach den Umständen üblicherweise obliegenden Maßnahmen getroffen und ihm erteilte besondere Weisungen beachtet hat.

Artikel 19

Eine Überschreitung der Lieferfrist liegt vor, wenn das Gut nicht innerhalb der vereinbarten Frist abgeliefert worden ist oder, falls keine Frist vereinbart worden ist, die tatsächliche Beförderungsdauer unter Berücksichtigung der Umstände, bei teilweiser Beladung insbesondere unter Berücksichtigung der unter gewöhnlichen Umständen für die Zusammenstellung von Gütern zwecks vollständiger Beladung benötigten Zeit, die Frist überschreitet, die vernünftigerweise einem sorgfältigen Frachtführer zuzubilligen ist.

Artikel 20

(1) Der Verfügungsberechtigte kann das Gut, ohne weitere Beweise erbringen zu müssen, als verloren betrachten, wenn es nicht binnen dreißig Tagen nach Ablauf der vereinbarten Lieferfrist oder, falls keine Frist vereinbart worden ist, nicht binnen sechzig Tagen nach der Übernahme des Gutes durch den Frachtführer abgeliefert worden ist.

(2) ¹Der Verfügungsberechtigte kann bei Empfang der Entschädigung für das verlorene Gut schriftlich verlangen, daß er sofort benachrichtigt wird, wenn das Gut binnen einem Jahr nach Zahlung der Entschädigung wieder aufgefunden wird. ²Dieses Verlangen ist ihm schriftlich zu bestätigen.

(3) Der Verfügungsberechtigte kann binnen dreißig Tagen nach Empfang einer solchen Benachrichtigung fordern, daß ihm das Gut gegen Befriedigung der aus dem Frachtbrief hervorgehenden Ansprüche und gegen Rückzahlung der erhaltenen Entschädigung, gegebenenfalls abzüglich der in der Entschädigung enthaltenen Kosten, abgeliefert wird; seine Ansprüche auf Schadenersatz wegen Überschreitung der Lieferfrist nach Artikel 23 und gegebenenfalls nach Artikel 26 bleiben vorbehalten.

(4) Wird das in Absatz 2 bezeichnete Verlangen nicht gestellt oder ist keine Anweisung in der in Absatz 3 bestimmten Frist von dreißig Tagen erteilt worden oder wird das Gut später als ein Jahr nach Zahlung der Entschädigung wieder aufgefunden, so kann der Frachtführer über das Gut nach dem Recht des Ortes verfügen, an dem es sich befindet.

Artikel 21

Wird das Gut dem Empfänger ohne Einziehung der nach dem Beförderungsvertrag vom Frachtführer einzuziehenden Nachnahme abgeliefert, so hat der Frachtführer, vorbehaltlich seines Rückgriffsrechtes gegen den Empfänger, dem Absender bis zur Höhe des Nachnahmebetrages Schadenersatz zu leisten.

Artikel 22

(1) Der Absender hat den Frachtführer, wenn er ihm gefährliche Güter übergibt, auf die genaue Art der Gefahr aufmerksam zu machen und ihm gegebenenfalls die zu ergreifenden Vorsichtsmaßnahmen anzugeben. Ist diese Mitteilung im Frachtbrief nicht eingetragen worden, so obliegt es dem Absender oder dem

Empfänger, mit anderen Mitteln zu beweisen, daß der Frachtführer die genaue Art der mit der Beförderung der Güter verbundenen Gefahren gekannt hat.

(2) Gefährliche Güter, deren Gefährlichkeit der Frachtführer nicht im Sinne des Absatzes 1 gekannt hat, kann der Frachtführer jederzeit und überall ohne Schadensersatzpflicht ausladen, vernichten oder unschädlich machen; der Absender haftet darüber hinaus für alle durch die Übergabe dieser Güter zur Beförderung entstehenden Kosten und Schäden.

Artikel 23

(1) Hat der Frachtführer auf Grund der Bestimmungen dieses Übereinkommens für gänzlichen oder teilweisen Verlust des Gutes Schadenersatz zu leisten, so wird die Entschädigung nach dem Wert des Gutes am Ort und zur Zeit der Übernahme zur Beförderung berechnet.

(2) Der Wert des Gutes bestimmt sich nach dem Börsenpreis, mangels eines solchen nach dem Marktpreis oder mangels beider nach dem gemeinen Wert von Gütern gleicher Art und Beschaffenheit.

(3) Die Entschädigung darf jedoch 8,33 Rechnungseinheiten für jedes fehlende Kilogramm des Rohgewichts nicht übersteigen.

(4) Außerdem sind – ohne weiteren Schadenersatz – Fracht, Zölle und sonstige aus Anlaß der Beförderung des Gutes entstandene Kosten zurückzuerstatten, und zwar im Falle des gänzlichen Verlustes in voller Höhe, im Falle des teilweisen Verlustes anteilig.

(5) Wenn die Lieferfrist überschritten ist und der Verfügungsberechtigte beweist, daß daraus ein Schaden entstanden ist, hat der Frachtführer dafür eine Entschädigung nur bis zur Höhe der Fracht zu leisten.

(6) Höhere Entschädigungen können nur dann beansprucht werden, wenn der Wert des Gutes oder ein besonderes Interesse an der Lieferung nach den Artikeln 24 und 26 angegeben worden ist.

(7) [1]Die in diesem Übereinkommen genannte Rechnungseinheit ist das Sonderziehungsrecht des Internationalen Währungsfonds. [2]Der in Absatz 3 genannte Betrag wird in die Landeswährung des Staates des angerufenen Gerichts umgerechnet; die Umrechnung erfolgt entsprechend dem Wert der betreffenden Währung am Tag des Urteils oder an dem von den Parteien vereinbarten Tag. [3]Der in Sonderziehungsrechten ausgedrückte Wert der Landeswährung eines Staates, der Mitglied des Internationalen Währungsfonds ist, wird nach der vom Internationalen Währungsfonds angewendeten Bewertungsmethode errechnet, die an dem betreffenden Tag für seine Operationen und Transaktionen gilt. [4]Der in Sonderziehungsrechten ausgedrückte Wert der Landeswährung eines Staates, der nicht Mitglied des Internationalen Währungsfonds ist, wird auf eine von diesem Staat bestimmte Weise errechnet.

(8) [1]Dessen ungeachtet kann ein Staat, der nicht Mitglied des Internationalen Währungsfonds ist und dessen Recht die Anwendung des Absatzes 7 nicht zuläßt, bei der Ratifikation des Protokolls zum CMR oder dem Beitritt zu jenem Protokoll oder jederzeit danach erklären, daß sich der in seinem Hoheitsgebiet geltende Haftungshöchstbetrag des Absatzes 3 auf 25 Werteinheiten beläuft. [2]Die in diesem Absatz genannte Werteinheit entspricht 10/31 Gramm Gold von 900/1.000 Feingehalt. [3]Die Umrechnung des Betrags nach diesem Absatz in die Landeswährung erfolgt nach dem Recht des betreffenden Staates.

(9) [1]Die in Absatz 7 letzter Satz genannte Berechnung und die in Absatz 8 genannte Umrechnung erfolgen in der Weise, daß der Betrag nach Absatz 3, in der Landeswährung des Staates ausgedrückt, soweit wie möglich dem dort in Rechnungseinheiten ausgedrückten tatsächlichen Wert entspricht. [2]Die Staaten teilen dem Generalsekretär der Vereinten Nationen die Art der Berechnung nach Absatz 7 oder das Ergebnis der Umrechnung nach Absatz 8 bei der Hinterlegung einer der in Artikel 3 des Protokolls zum CMR genannten Urkunden sowie immer dann mit, wenn sich die Berechnungsart oder das Umrechnungsergebnis ändert.

Artikel 24

Der Absender kann gegen Zahlung eines zu vereinbarenden Zuschlages zur Fracht einen Wert des Gutes im Frachtbrief angeben, der den in Artikel 23 Absatz 3 bestimmten Höchstbetrag übersteigt; in diesem Fall tritt der angegebene Betrag an die Stelle des Höchstbetrages.

Artikel 25

(1) Bei Beschädigung hat der Frachtführer den Betrag der Wertminderung zu zahlen, die unter Zugrundelegung des nach Artikel 23 Absatz 1, 2 und 4 festgestellten Wertes des Gutes berechnet wird.

(2) Die Entschädigung darf jedoch nicht übersteigen,

    a)   wenn die ganze Sendung durch die Beschädigung entwertet ist, den Betrag, der bei gänzlichem Verlust zu zahlen wäre;

    b)   wenn nur ein Teil der Sendung durch die Beschädigung entwertet ist, den Betrag, der bei Verlust des entwerteten Teiles zu zahlen wäre.

Artikel 26

(1) Der Absender kann gegen Zahlung eines zu vereinbarenden Zuschlages zur Fracht für den Fall des Verlustes oder der Beschädigung und für den Fall der Überschreitung der vereinbarten Lieferfrist durch Eintragung in den Frachtbrief den Betrag eines besonderen Interesses an der Lieferung festlegen.

(2) Ist ein besonderes Interesse an der Lieferung angegeben worden, so kann unabhängig von der Entschädigung nach Artikel 23, 24 und 25 der Ersatz des weiteren bewiesenen Schadens bis zur Höhe des als Interesse angegebenen Betrages beansprucht werden.

Artikel 27

(1) [1]Der Verfügungsberechtigte kann auf die ihm gewährte Entschädigung Zinsen in Höhe von 5 v.H. jährlich verlangen. [2]Die Zinsen laufen von dem Tage der schriftlichen Reklamation gegenüber dem Frachtführer oder, wenn keine Reklamation vorausging, vom Tage der Klageerhebung an.

(2) Wird die Entschädigung auf Grund von Rechnungsgrößen ermittelt, die nicht in der Währung des Landes ausgedrückt sind, in dem die Zahlung beansprucht wird, so ist die Umrechnung nach dem Tageskurs am Zahlungsort der Entschädigung vorzunehmen.

Artikel 28

(1) Können Verluste, Beschädigungen oder Überschreitungen der Lieferfrist, die bei einer diesem Überein-kommen unterliegenden Beförderung eingetreten sind, nach dem anzuwendenden Recht zur Erhebung au-ßervertraglicher Ansprüche führen, so kann sich der Frachtführer demgegenüber auf die Bestimmungen die-ses Übereinkommens berufen, die seine Haftung der zu leistenden Entschädigung bestimmen oder begrenzen.

(2) Werden Ansprüche aus außervertraglicher Haftung für Verlust, Beschädigung oder Überschreitung der Lieferfrist gegen eine der Personen erhoben, für die der Frachtführer nach Artikel 3 haftet, so kann sich auch diese Person auf die Bestimmungen dieses Übereinkommens berufen, die die Haftung des Frachtführers aus-schließen oder den Umfang der zu leistenden Entschädigung bestimmen oder begrenzen.

Artikel 29

(1) Der Frachtführer kann sich auf die Bestimmungen dieses Kapitels, die seine Haftung ausschließen oder begrenzen oder die Beweislast umkehren, nicht berufen, wenn er den Schaden vorsätzlich oder durch ein ihm zur Last fallendes Verschulden verursacht hat, das nach dem Recht des angerufenen Gerichtes dem Vorsatz gleichsteht.

(2) [1]Das gleiche gilt, wenn Bedienstete des Frachtführers oder sonstigen Personen, deren er sich bei Aus-führung der Beförderung bedient, Vorsatz oder ein dem Vorsatz gleichstehendes Verschulden zur Last fällt, wenn diese Bediensteten oder sonstigen Personen in Ausübung ihrer Verrichtungen handeln. [2]In solchen Fäl-len können sich auch die Bediensteten oder sonstigen Personen hinsichtlich ihrer persönlichen Haftung nicht auf die in Absatz 1 bezeichneten Bestimmungen dieses Kapitels berufen.

Kapitel V
Reklamationen und Klagen

Artikel 30

(1) [1]Nimmt der Empfänger das Gut an, ohne dessen Zustand gemeinsam mit dem Frachtführer zu überprü-fen und ohne unter Angaben allgemeiner Art über den Verlust oder die Beschädigung an den Frachtführer Vorbehalte zu richten, so wird bis zum Beweise des Gegenteils vermutet, daß der Empfänger das Gut in dem im Frachtbrief beschriebenen Zustand erhalten hat; die Vorbehalte müssen, wenn es sich um äußerlich er-kennbare Verluste oder Beschädigungen handelt; spätestens bei der Ablieferung des Gutes oder, wenn es sich um äußerlich nicht erkennbare Verluste oder Beschädigungen handelt, spätestens binnen sieben Tagen, Sonntage und gesetzliche Feiertage nicht mitgerechnet, nach der Ablieferung gemacht werden. [2]Die Vorbe-halte müssen schriftlich gemacht werden, wenn es sich um äußerlich nicht erkennbare Verluste oder Beschä-digungen handelt.

(2) Haben Empfänger und Frachtführer den Zustand des Gutes gemeinsam überprüft, so ist der Gegenbe-weis gegen das Ergebnis der Überprüfung nur zulässig, wenn es sich um äußerlich nicht erkennbare Verluste oder Beschädigungen handelt und der Empfänger binnen sieben Tagen, Sonntage und gesetzliche Feiertage nicht mitgerechnet, nach der Überprüfung an den Frachtführer schriftliche Vorbehalte gerichtet hat.

(3) Schadenersatz wegen Überschreitung der Lieferfrist kann nur gefordert werden, wenn binnen einundzwanzig Tagen nach dem Zeitpunkt, an dem das Gut dem Empfänger zur Verfügung gestellt worden ist, an den Frachtführer ein schriftlicher Vorbehalt gerichtet wird.

(4) Bei der Berechnung der in diesem Artikel bestimmten Fristen wird jeweils der Tag der Ablieferung, der Tag der Überprüfung oder der Tag, an dem das Gut dem Empfänger zur Verfügung gestellt worden ist, nicht mitgerechnet.

(5) Frachtführer und Empfänger haben sich gegenseitig jede angemessene Erleichterung für alle erforderlichen Feststellungen und Überprüfungen zu gewähren.

Artikel 31

(1) [1]Wegen aller Streitigkeiten aus einer diesem Übereinkommen unterliegenden Beförderung kann der Kläger, außer durch Vereinbarung der Parteien bestimmte Gerichte von Vertragstaaten, die Gerichte eines Staates anrufen, auf dessen Gebiet

    a)   der Beklagte seinen gewöhnlichen Aufenthalt, seine Hauptniederlassung oder die Zweigniederlassung oder Geschäftsstelle hat, durch deren Vermittlung der Beförderungsvertrag geschlossen worden ist, oder

    b)   der Ort der Übernahme des Gutes oder der für die Ablieferung vorgesehene Ort liegt.

[2]Andere Gerichte können nicht angerufen werden.

(2) Ist ein Verfahren bei einem nach Absatz 1 zuständigen Gericht wegen einer Streitigkeit im Sinne des genannten Absatzes anhängig oder ist durch ein solches Gericht in einer solchen Streitsache ein Urteil erlassen worden, so kann eine neue Klage wegen derselben Sache zwischen denselben Parteien nicht erhoben werden, es sei denn, daß die Entscheidung des Gerichtes, bei dem die erste Klage erhoben worden ist, in dem Staat nicht vollstreckt werden kann, in dem die neue Klage erhoben wird.

(3) [1]Ist in einer Streitsache im Sinne des Absatzes 1 ein Urteil eines Gerichtes eines Vertragstaates in diesem Staat vollstreckbar geworden, so wird es auch in allen anderen Vertragstaaten vollstreckbar, sobald die in dem jeweils in Betracht kommenden Staat hierfür vorgeschriebenen Formerfordernisse erfüllt sind. [2]Diese Formerfordernisse dürfen zu keiner sachlichen Nachprüfung führen.

(4) Die Bestimmungen des Absatzes 3 gelten für Urteile im kontradiktorischen Verfahren, für Versäumnisurteile und für gerichtliche Vergleiche, jedoch nicht für nur vorläufig vollstreckbare Urteile sowie nicht für Verurteilungen, durch die dem Kläger bei vollständiger oder teilweiser Abweisung der Klage neben den Verfahrenskosten Schadenersatz und Zinsen auferlegt werden.

(5) Angehörige der Vertragstaaten, die ihren Wohnsitz oder eine Niederlassung in einem dieser Staaten haben, sind nicht verpflichtet, Sicherheit für die Kosten eines gerichtlichen Verfahrens zu leisten, das wegen einer diesem Übereinkommen unterliegenden Beförderung eingeleitet wird.

Artikel 32

(1) [1]Ansprüche aus einer diesem Übereinkommen unterliegenden Beförderung verjähren in einem Jahr. [2]Bei Vorsatz oder bei einem Verschulden, das nach dem Recht des angerufenen Gerichtes dem Vorsatz gleichsteht, beträgt die Verjährungsfrist jedoch drei Jahre. [3]Die Verjährungsfrist beginnt

a) bei teilweisem Verlust, Beschädigung oder Überschreitung der Lieferfrist mit dem Tage der Ablieferung des Gutes;

b) bei gänzlichem Verlust mit dem dreißigsten Tage nach Ablauf der vereinbarten Lieferfrist oder, wenn eine Lieferfrist nicht vereinbart worden ist, mit dem sechzigsten Tage nach der Übernahme des Gutes durch den Frachtführer;

c) in allen anderen Fällen mit dem Ablauf einer Frist von drei Monaten nach dem Abschluß des Beförderungsvertrages.

[4]Der Tag, an dem die Verjährung beginnt, wird bei der Berechnung der Frist nicht mitgerechnet.

(2) [1]Die Verjährung wird durch eine schriftliche Reklamation bis zu dem Tage gehemmt, an dem der Frachtführer die Reklamation schriftlich zurückweist und die beigefügten Belege zurücksendet. [2]Wird die Reklamation teilweise anerkannt, so läuft die Verjährung nur für den noch streitigen Teil der Reklamation weiter. [3]Der Beweis für den Empfang der Reklamation oder der Antwort sowie für die Rückgabe der Belege obliegt demjenigen, der sich darauf beruft. [4]Weitere Reklamationen, die denselben Anspruch zum Gegenstand haben, hemmen die Verjährung nicht.

(3) [1]Unbeschadet der Bestimmungen des Absatzes 2 gilt für die Hemmung der Verjährung das Recht des angerufenen Gerichtes. [2]Dieses Recht gilt auch für die Unterbrechung der Verjährung.

(4) Verjährte Ansprüche können auch nicht im Wege der Widerklage oder der Einrede geltend gemacht werden.

Artikel 33

Der Beförderungsvertrag kann eine Bestimmung enthalten, durch die die Zuständigkeit eines Schiedsgerichtes begründet wird, jedoch nur, wenn die Bestimmung vorsieht, daß das Schiedsgericht dieses Übereinkommen anzuwenden hat.

Kapitel VI
Bestimmungen für die Beförderung durch aufeinanderfolgende Frachtführer

Artikel 34

Wird eine Beförderung, die Gegenstand eines einzigen Vertrages ist, von aufeinanderfolgenden Straßenfrachtführern ausgeführt, so haftet jeder von ihnen für die Ausführung der gesamten Beförderung; der zweite und jeder folgende Frachtführer wird durch die Annahme des Gutes und des Frachtbriefes nach Maßgabe der Bedingungen des Frachtbriefes Vertragspartei.

Artikel 35

(1) [1]Ein Frachtführer, der das Gut von dem vorhergehenden Frachtführer übernimmt, hat diesem eine datierte und unterzeichnete Empfangsbestätigung auszuhändigen. [2]Er hat seinen Namen und seine Anschrift auf der zweiten Ausfertigung des Frachtbriefes einzutragen. [3]Gegebenenfalls trägt er Vorbehalte nach Artikel 8 Absatz 2 auf der zweiten Ausfertigung des Frachtbriefes sowie auf der Empfangsbestätigung ein.

(2) Für die Beziehungen zwischen den aufeinanderfolgenden Frachtführern gilt Artikel 9.

Artikel 36

Ersatzansprüche wegen eines Verlustes, einer Beschädigung oder einer Überschreitung der Lieferfrist können, außer im Wege der Widerklage oder der Einrede in einem Verfahren wegen eines auf Grund desselben Beförderungsvertrages erhobenen Anspruches, nur gegen den ersten, den letzten oder denjenigen Frachtführer geltend gemacht werden, der den Teil der Beförderung ausgeführt hat, in dessen Verlauf das Ereignis eingetreten ist, das den Verlust, die Beschädigung oder die Überschreitung der Lieferfrist verursacht hat; ein und dieselbe Klage kann gegen mehrere Frachtführer gerichtet sein.

Artikel 37

Einem Frachtführer, der auf Grund der Bestimmungen dieses Übereinkommens eine Entschädigung gezahlt hat, steht der Rückgriff hinsichtlich der Entschädigung, der Zinsen und der Kosten gegen die an der Beförderung beteiligten Frachtführer nach folgenden Bestimmungen zu:

a) der Frachtführer, der den Verlust oder die Beschädigung verursacht hat, hat die von ihm oder von einem anderen Frachtführer geleistete Entschädigung allein zu tragen;

b) ist der Verlust oder die Beschädigung durch zwei oder mehrere Frachtführer verursacht worden, so hat jeder einen seinem Haftungsanteil entsprechenden Betrag zu zahlen; ist die Feststellung der einzelnen Haftungsanteile nicht möglich, so haftet jeder nach seinem Verhältnis des ihm zustehenden Anteiles am Beförderungsentgelt;

c) kann nicht festgestellt werden, welche der Frachtführer den Schaden zu tragen haben, so ist die zu leistende Entschädigung in dem unter Buchstabe b bestimmten Verhältnis zu Lasten aller Frachtführer aufzuteilen.

Artikel 38

Ist ein Frachtführer zahlungsunfähig*, so ist der auf ihn entfallende, aber von ihm nicht gezahlte Anteil zu Lasten aller anderen Frachtführer nach dem Verhältnis ihrer Anteile an dem Beförderungsentgelt aufzuteilen.

---

* § 17 Abs. 2 InsO: «Der Schuldner ist zahlungsunfähig, wenn er nicht in der Lage ist, die fälligen Zahlungspflichten zu erfüllen. Zahlungsunfähigkeit ist in der Regel anzunehmen, wenn der Schuldner seine Zahlungen eingestellt hat.»

Artikel 39

(1) Ein Frachtführer, gegen den nach den Artikeln 37 und 38 Rückgriff genommen wird, kann nicht einwenden, daß der Rückgriff nehmende Frachtführer zu Unrecht gezahlt hat, wenn die Entschädigung durch eine gerichtliche Entscheidung festgesetzt worden war, sofern der im Wege des Rückgriffs in Anspruch genommene Frachtführer von dem gerichtlichen Verfahren ordnungsgemäß in Kenntnis gesetzt worden war und in der Lage war, sich daran zu beteiligen.

(2) [1]Ein Frachtführer, der sein Rückgriffsrecht gerichtlich geltend machen will, kann seinen Anspruch vor dem zuständigen Gericht des Staates erheben, in dem einer der beteiligten Frachtführer seinen gewöhnlichen Aufenthalt, seine Hauptniederlassung oder die Zweigniederlassung oder Geschäftsstelle hat, durch deren Vermittlung der Beförderungsvertrag abgeschlossen worden ist. [2]Ein und dieselbe Rückgriffsklage kann gegen alle beteiligten Frachtführer gerichtet sein.

(3) Die Bestimmungen des Artikels 31 Absatz 3 und 4 gelten auch für Urteile über die Rückgriffsansprüche nach den Artikeln 37 und 38.

(4) [1]Die Bestimmungen des Artikels 32 gelten auch für Rückgriffsansprüche zwischen Frachtführern. [2]Die Verjährung beginnt jedoch entweder mit dem Tage des Eintrittes der Rechtskraft eines Urteils über die nach den Bestimmungen dieses Übereinkommens zu zahlende Entschädigung oder, wenn ein solches rechtskräftiges Urteil nicht vorliegt, mit dem Tage der tatsächlichen Zahlung.

Artikel 40

Den Frachtführern steht es frei, untereinander Vereinbarungen zu treffen, die von den Artikeln 37 und 38 abweichen.

Kapitel VII
Nichtigkeit von dem Übereinkommen widersprechenden Vereinbarungen

Artikel 41

(1) [1]Unbeschadet der Bestimmungen des Artikels 40 ist jede Vereinbarung, die unmittelbar oder mittelbar von den Bestimmungen dieses Übereinkommens abweicht, nichtig und ohne Rechtswirkung. [2]Die Nichtigkeit solcher Vereinbarungen hat nicht die Nichtigkeit der übrigen Vertragsbestimmungen zur Folge.

(2) Nichtig ist insbesondere jede Abmachung, durch die sich der Frachtführer die Ansprüche aus der Versicherung des Gutes abtreten läßt, und jede andere ähnliche Abmachung sowie jede Abmachung, durch die die Beweislast verschoben wird.

Kapitel VIII
Schlußbestimmungen

Artikel 42

(1) Dieses Übereinkommen steht den Mitgliedstaaten der Wirtschaftskommission für Europa sowie den nach Absatz 8 des der Kommission erteilten Auftrages in beratender Eigenschaft zu der Kommission zugelassenen Staaten zur Unterzeichnung oder zum Beitritt offen.

(2) Die Staaten, die nach Absatz 11 des der Wirtschaftskommission für Europa erteilten Auftrages berechtigt sind, an gewissen Arbeiten der Kommission teilzunehmen, können durch Beitritt Vertragsparteien des Übereinkommens nach seinem Inkrafttreten werden.

(3) [1]Das Übereinkommen liegt bis einschließlich 31. August 1956 zur Unterzeichnung auf. [2]Nach diesem Tage steht es zum Beitritt offen.

(4) Dieses Übereinkommen ist zu ratifizieren.

(5) Die Ratifikation oder der Beitritt erfolgt durch Hinterlegung einer Urkunde beim Generalsekretär der Vereinten Nationen.

Artikel 43

(1) Dieses Übereinkommen tritt am neunzigsten Tage nach Hinterlegung der Ratifikations- oder Beitrittsurkunden durch fünf der in Artikel 42 Absatz 1 bezeichneten Staaten in Kraft.

(2) Dieses Übereinkommen tritt für jeden Staat, der nach Hinterlegung der Ratifikations- oder Beitrittsurkunden durch fünf Staaten ratifiziert oder beitritt, am neunzigsten Tage nach Hinterlegung seiner Ratifikations- oder Beitrittsurkunde in Kraft.

Artikel 44

(1) Jede Vertragspartei kann dieses Übereinkommen durch Notifizierung an den Generalsekretär der Vereinten Nationen kündigen.

(2) Die Kündigung wird zwölf Monate nach dem Eingang der Notifizierung beim Generalsekretär wirksam.

Artikel 45

Sinkt durch Kündigungen die Zahl der Vertragsparteien nach Inkrafttreten dieses Übereinkommens auf weniger als fünf, so tritt das Übereinkommen mit dem Tage außer Kraft an dem die letzte dieser Kündigungen wirksam wird.

Artikel 46

(1) [1]Jeder Staat kann bei Hinterlegung seiner Ratifikations- oder Beitrittsurkunde oder zu jedem späteren Zeitpunkt durch Notifizierung dem Generalsekretär der Vereinten Nationen gegenüber erklären, daß dieses Übereinkommen für alle oder für einen Teil der Hoheitsgebiete gelten soll, deren internationale Beziehungen er wahrnimmt. [2]Das Übereinkommen wird für das Hoheitsgebiet oder die Hoheitsgebiete, die in der Notifizierung genannt sind, am neunzigsten Tage nach Eingang der Notifizierung beim Generalsekretär der Vereinten Nationen oder, falls das Übereinkommen noch nicht in Kraft getreten ist, mit seinem Inkrafttreten wirksam.

(2) Jeder Staat, der nach Absatz 1 erklärt hat, daß dieses Übereinkommen auf ein Hoheitsgebiet Anwendung findet, dessen internationale Beziehungen er wahrnimmt, kann das Übereinkommen in bezug auf dieses Hoheitsgebiet gemäß Artikel 44 kündigen.

Art. 47

Jede Meinungsverschiedenheit zwischen zwei oder mehreren Vertragsparteien über die Auslegung oder Anwendung dieses Übereinkommens, die von den Parteien durch Verhandlung oder auf anderem Wege nicht geregelt werden kann, wird auf Antrag einer der beteiligten Vertragsparteien dem Internationalen Gerichtshof zur Entscheidung vorgelegt.

Artikel 48

(1) [1]Jede Vertragspartei kann bei der Unterzeichnung, bei der Ratifikation oder bei dem Beitritt zu diesem Übereinkommen erklären, daß sie sich durch den Artikel 47 des Übereinkommens nicht als gebunden betrachtet. [2]Die anderen Vertragsparteien sind gegenüber jeder Vertragspartei, die einen solchen Vorbehalt gemacht hat, durch den Artikel 47 nicht gebunden.

(2) Jede Vertragspartei, die einen Vorbehalt nach Absatz 1 gemacht hat, kann diesen Vorbehalt jederzeit durch Notifizierung an den Generalsekretär der Vereinten Nationen zurückziehen.

(3) Andere Vorbehalte zu diesem Übereinkommen sind nicht zulässig.

Artikel 49

(1) [1]Sobald dieses Übereinkommen drei Jahre lang in Kraft ist, kann jede Vertragspartei durch Notifizierung an den Generalsekretär der Vereinten Nationen die Einberufung einer Konferenz zur Revision des Übereinkommens verlangen. [2]Der Generalsekretär wird dieses Verlangen allen Vertragsparteien mitteilen und eine Revisionskonferenz einberufen, wenn binnen vier Monaten nach seiner Mitteilung mindestens ein Viertel der Vertragsparteien ihm die Zustimmung zu dem Verlangen notifiziert.

(2) [1]Wenn eine Konferenz nach Absatz 1 einberufen wird, teilt der Generalsekretär dies allen Vertragsparteien mit und fordert sie auf, binnen drei Monaten die Vorschläge einzureichen, die sie durch die Konferenz geprüft haben wollen. [2]Der Generalsekretär teilt allen Vertragsparteien die vorläufige Tagesordnung der Konferenz sowie den Wortlaut dieser Vorschläge mindestens drei Monate vor der Eröffnung der Konferenz mit.

(3) Der Generalsekretär lädt zu jeder nach diesem Artikel einberufenen Konferenz alle in Artikel 42 Absatz 1 bezeichneten Staaten sowie die Staaten ein, die auf Grund des Artikels 42 Absatz 2 Vertragsparteien geworden sind.

Artikel 50

Außer den in Artikel 49 vorgesehenen Mitteilungen notifiziert der Generalsekretär der Vereinten Nationen den in Artikel 42 Absatz 1 bezeichneten Staaten sowie den Staaten, die auf Grund des Artikels 42 Absatz 2 Vertragsparteien geworden sind,

a)   die Ratifikationen und Beitritte nach Artikel 42;

b)   die Zeitpunkte, zu denen dieses Übereinkommen nach Artikel 43 in Kraft tritt;

c)   die Kündigung nach Artikel 44;

d)   das Außerkrafttreten dieses Übereinkommens nach Artikel 45;

e)   den Eingang der Notifizierungen nach Artikel 46;

f)   den Eingang der Erklärungen und Notifizierungen nach Artikel 48 Absatz 1 und 2.

Artikel 51

Nach dem 31. August 1956 wird die Urschrift dieses Übereinkommens beim Generalsekretär der Vereinten Nationen hinterlegt, der allen in Artikel 42 Absatz 1 und 2 bezeichneten Staaten beglaubigte Abschriften übersendet.

Zusatzprotokoll zum CMR („e-CMR")

Zusatzprotokoll zum Übereinkommen über den Beförderungsvertrag im internationalen Straßengüterverkehr (CMR) betreffend den elektronischen Frachtbrief („e-CMR")
Für die Bundesrepublik Deutschland am 5. April 2022 in Kraft getreten.
(Bekanntmachung vom 09.03.2022 gem. BGBl. 2022 II Nr. 8 S. 231 vom 12.04.2022; i.V.m. Gesetz vom 27.09.2021, BGBl. 2021 II Nr. 21 S. 1035, 1036 vom 01.10.2021)
– Nichtamtliche Fassung (Auszug) –

Die Vertragsparteien dieses Protokolls –

als Vertragsparteien des am 19. Mai 1956 in Genf beschlossenen Übereinkommens über den Beförderungsvertrag im internationalen Straßengüterverkehr (CMR),

in dem Bestreben, das Übereinkommen um die Möglichkeit der Ausstellung des Frachtbriefs mit Hilfe von Verfahren für die elektronische Erfassung und Behandlung von Daten zu ergänzen –

sind wie folgt übereingekommen:

Artikel 1 – Begriffsbestimmungen

Im Sinne dieses Protokolls

bedeutet „Übereinkommen" das Übereinkommen über den Beförderungsvertrag im internationalen Straßengüterverkehr (CMR);

bedeutet „elektronische Mitteilung" eine Information, die mit elektronischen, optischen, digitalen oder ähnlichen Mitteln erzeugt, versendet, empfangen oder gespeichert wird, so dass die mitgeteilte Information zur späteren Einsichtnahme zugänglich ist;

bedeutet „elektronischer Frachtbrief" einen Frachtbrief, der vom Frachtführer, vom Absender oder von einem Dritten, der an der Ausführung eines Beförderungsvertrags, auf den das Übereinkommen Anwendung findet, interessiert ist, als elektronische Mitteilung ausgestellt wird, einschließlich der Angaben, die durch Anhänge mit der elektronischen Mitteilung logisch verbunden oder auf sonstige Weise gleichzeitig mit der oder im Anschluss an die Ausstellung mit der elektronischen Mitteilung verknüpft werden, so dass sie Teil des elektronischen Frachtbriefs werden;

bedeutet „elektronische Signatur" Daten in elektronischer Form, die anderen elektronischen Daten beigefügt oder logisch mit ihnen verbunden sind und die zur Authentifizierung dienen.

Artikel 2 – Geltungsbereich und Wirkung des elektronischen Frachtbriefs

(1) Vorbehaltlich dieses Protokolls können der Frachtbrief nach dem Übereinkommen sowie alle Aufforderungen, Angaben, Weisungen, Verlangen, Vorbehalte oder anderen Mitteilungen mit Bezug auf die Ausführung eines Beförderungsvertrags, auf den das Übereinkommen Anwendung findet, als elektronische Mitteilung ausgestellt werden.

(2) Ein elektronischer Frachtbrief, der diesem Protokoll entspricht, steht dem Frachtbrief nach dem Übereinkommen gleich; er hat damit dieselbe Beweiskraft und entfaltet dieselben Wirkungen wie dieser Frachtbrief.

Artikel 3 – Authentifizierung des elektronischen Frachtbriefs

(1) Der elektronische Frachtbrief ist von den Parteien des Beförderungsvertrags mit Hilfe einer zuverlässigen elektronischen Signatur zu authentifizieren, mit der deren Verknüpfung mit dem elektronischen Frachtbrief gewährleistet wird. Bis zum Beweis des Gegenteils wird die Zuverlässigkeit einer Methode zur Erstellung der elektronischen Signatur vermutet, wenn die elektronische Signatur

    a)   ausschließlich dem Unterzeichner zugeordnet ist,

    b)   die Identifizierung des Unterzeichners ermöglicht,

    c)   mit Mitteln erstellt wird, die der Unterzeichner unter seiner alleinigen Kontrolle halten kann, und

    d)   so mit den Daten, auf die sie sich bezieht, verknüpft ist, dass eine nachträgliche Veränderung der Daten erkannt werden kann.

(2) Der elektronische Frachtbrief kann auch durch jede andere Methode der elektronischen Authentifizierung authentifiziert werden, die nach dem Recht des Staates, in dem der elektronische Frachtbrief ausgestellt worden ist, zulässig ist.

(3) Die in dem elektronischen Frachtbrief enthaltenen Angaben sind jeder dazu berechtigten Partei zugänglich.

Artikel 4 – Anforderungen bezüglich der Ausfertigung des elektronischen Frachtbriefs

(1) Der elektronische Frachtbrief enthält dieselben Angaben wie der Frachtbrief nach dem Übereinkommen.

(2) Das für die Ausstellung des elektronischen Frachtbriefs verwendete Verfahren gewährleistet die Integrität der darin enthaltenen Angaben von dem Zeitpunkt an, in dem dieser erstmals in seiner endgültigen

Form erzeugt wurde. Integrität liegt vor, wenn die Angaben, abgesehen von Zusätzen oder Änderungen, die sich im normalen Verlauf der Übermittlung, Speicherung und Anzeige ergeben, vollständig und unverändert geblieben sind.

(3) In den nach dem Übereinkommen zulässigen Fällen können die in dem elektronischen Frachtbrief enthaltenen Angaben ergänzt oder geändert werden.

Das für die Ergänzung oder Änderung des elektronischen Frachtbriefs verwendete Verfahren ermöglicht es, jede Ergänzung oder Änderung des elektronischen Frachtbriefs als solche zu erkennen, und bewahrt die ursprünglich darin enthaltenen Angaben.

Artikel 5 – Umsetzung des elektronischen Frachtbriefs

(1) Die an der Ausführung des Beförderungsvertrags interessierten Parteien einigen

sich über Verfahren und deren Umsetzung zur Erfüllung der Anforderungen dieses Protokolls und des Übereinkommens, und zwar insbesondere im Hinblick auf

    a)   die Methode der Ausstellung und Übermittlung des elektronischen Frachtbriefs an die berechtigte Partei,

    b)   die Zusicherung, dass die Integrität des elektronischen Frachtbriefs gewahrt bleibt,

c) die Art und Weise, auf welche die Partei, der die Rechte zustehen, die sich aus dem elektronischen Frachtbrief ergeben, diese Berechtigung nachweisen kann,

d) die Art und Weise der Bestätigung der Ablieferung beim Empfänger,

e) die Verfahren für die Ergänzung oder Änderung des elektronischen Frachtbriefs und

f) die Verfahren für eine etwaige Ersetzung des elektronischen Frachtbriefs durch einen auf andere Weise ausgestellten Frachtbrief.

(2) Die Verfahren nach Absatz 1 müssen im elektronischen Frachtbrief bezeichnet und leicht zu ermitteln sein.

Artikel 6 – Den elektronischen Frachtbrief ergänzende Unterlagen

(1) Der Frachtführer übergibt dem Absender auf dessen Verlangen eine Bestätigung über den Empfang des Gutes und erteilt ihm alle erforderlichen Auskünfte, um die Sendung zu identifizieren und Zugang zu dem elektronischen Frachtbrief nach diesem Protokoll zu erhalten.

(2) Der Absender kann dem Frachtführer die in Artikel 6 Absatz 2 Buchstabe g und Artikel 11 des Übereinkommens bezeichneten Unterlagen in Form einer elektronischen Mitteilung übermitteln, wenn die Unterlagen in dieser Form vorliegen und wenn sich die Parteien auf Verfahren geeinigt haben, die eine Verknüpfung dieser Unterlagen mit dem elektronischen Frachtbrief nach diesem Protokoll in einer Weise zulassen, die deren Integrität gewährleistet.

S c h l u s s b e s t i m m u n g e n
Artikel 7 – Unterzeichnung, Ratifikation, Beitritt

(1) Dieses Protokoll liegt für Staaten, die das Übereinkommen unterzeichnet haben oder Vertragsparteien des Übereinkommens sind und die entweder Mitgliedstaaten der Wirtschaftskommission für Europa sind oder nach Absatz 8 des der Kommission erteilten Auftrags in beratender Eigenschaft zu der Kommission zugelassen sind, zur Unterzeichnung auf.

(2) Dieses Protokoll liegt vom 27. bis einschließlich 30. Mai 2008 in Genf und nach diesem Zeitpunkt bis einschließlich 30. Juni 2009 am Amtssitz der Vereinten Nationen in New York zur Unterzeichnung auf.

(3) Dieses Protokoll bedarf der Ratifikation durch die Unterzeichnerstaaten und steht den in Absatz 1 bezeichneten Nichtunterzeichnerstaaten, die Vertragsparteien des Übereinkommens sind, zum Beitritt offen.

(4) Die Staaten, die nach Absatz 11 des der Wirtschaftskommission für Europa erteilten Auftrags berechtigt sind, an gewissen Arbeiten der Kommission teilzunehmen, und die dem Übereinkommen beigetreten sind, können nach Inkrafttreten dieses Protokolls durch Beitritt dessen Vertragsparteien werden.

(5) Die Ratifikation oder der Beitritt erfolgt durch Hinterlegung einer Urkunde beim Generalsekretär der Vereinten Nationen.

(6) Jede Ratifikations- oder Beitrittsurkunde, die hinterlegt wird, nachdem eine nach Artikel 13 angenommene Änderung dieses Protokolls in Kraft getreten ist, gilt für das Protokoll in der geänderten Fassung.

Artikel 8 – Inkrafttreten

(1) Dieses Protokoll tritt am neunzigsten Tag nach Hinterlegung der Ratifikations- oder Beitrittsurkunden durch fünf der in Artikel 7 Absatz 3 bezeichneten Staaten in Kraft.

(2) Dieses Protokoll tritt für jeden Staat, der es nach Hinterlegung der Ratifikations- oder Beitrittsurkunden durch fünf Staaten ratifiziert oder ihm beitritt, am neunzigsten Tag nach Hinterlegung seiner Ratifikations- oder Beitrittsurkunde in Kraft.

Artikel 9 – Kündigung

(1) Jede Vertragspartei kann dieses Protokoll durch eine an den Generalsekretär der Vereinten Nationen gerichtete Notifikation kündigen.

(2) Die Kündigung wird zwölf Monate nach dem Eingang der Notifikation beim Generalsekretär wirksam.

(3) Ein Staat, der aufhört, Vertragspartei des Übereinkommens zu sein, hört damit auch auf, Vertragspartei dieses Protokolls zu sein.

Artikel 10 – Außerkrafttreten

Sinkt durch Kündigungen die Anzahl der Vertragsparteien nach Inkrafttreten dieses Protokolls auf weniger als fünf, so tritt das Protokoll mit dem Tag außer Kraft, an dem die letzte dieser Kündigungen wirksam wird.

Es tritt auch mit dem Tag außer Kraft, an dem das Übereinkommen außer Kraft tritt.

Artikel 11 – Streitigkeit

Jede Streitigkeit zwischen zwei oder mehr Vertragsparteien über die Auslegung oder Anwendung dieses Protokolls, welche die Vertragsparteien nicht durch Verhandlungen oder auf anderem Weg beilegen können, kann auf Antrag einer der beteiligten Vertragsparteien dem Internationalen Gerichtshof zur Entscheidung unterbreitet werden.

Artikel 12 – Vorbehalte

(1) Jede Vertragspartei kann bei der Unterzeichnung oder der Ratifikation dieses Protokolls oder beim Beitritt zu diesem durch eine an den Generalsekretär der Vereinten Nationen gerichtete Notifikation erklären, dass sie sich durch Artikel 11 nicht als gebunden betrachtet. Die anderen Vertragsparteien sind gegenüber einer Vertragspartei, die einen solchen Vorbehalt gemacht hat, durch Artikel 11 nicht gebunden.

(2) Eine Erklärung nach Absatz 1 kann jederzeit durch eine an den Generalsekretär der Vereinten Nationen gerichtete Notifikation zurückgezogen werden.

(3) Andere Vorbehalte zu diesem Protokoll sind nicht zulässig.

Artikel 13 – Änderungen

(1) Sobald dieses Protokoll in Kraft getreten ist, kann es nach dem in diesem Artikel festgelegten Verfahren geändert werden.

(2) Jede von einer Vertragspartei dieses Protokolls vorgeschlagene Änderung des Protokolls wird der Arbeitsgruppe Straßenverkehr der Wirtschaftskommission der Vereinten Nationen für Europa (UNECE) zur Prüfung und Entscheidung vorgelegt.

(3) Die Vertragsparteien dieses Protokolls unternehmen alle möglichen Anstrengungen, um einen Konsens zu erzielen. Wird trotz dieser Anstrengungen kein Konsens zu der vorgeschlagenen Änderung erzielt, so ist für die Beschlussfassung über die Änderung als letztes Mittel eine Zweidrittelmehrheit der anwesenden und abstimmenden Vertragsparteien erforderlich. Eine vorgeschlagene und durch Konsens oder mit einer Zweidrittelmehrheit der Vertragsparteien beschlossene Änderung wird vom Sekretariat der Wirtschaftskommission der Vereinten Nationen für Europa an den Generalsekretär übermittelt, der sie an alle Vertragsparteien dieses Protokolls sowie an die Unterzeichnerstaaten zur Annahme weiterleitet.

(4) Binnen neun Monaten nach dem Tag der Übermittlung der vorgeschlagenen Änderung durch den Generalsekretär kann jede Vertragspartei den Generalsekretär über ihren Einspruch gegen die vorgeschlagene Änderung in Kenntnis setzen.

(5) Hat bis zum Ablauf der in Absatz 4 vorgesehenen Frist von neun Monaten keine Vertragspartei dieses Protokolls einen Einspruch notifiziert, so gilt die vorgeschlagene Änderung als angenommen. Wird ein Einspruch erhoben, so tritt die vorgeschlagene Änderung nicht in Kraft.

(6) Wird ein Staat zwischen der Notifikation eines Vorschlags für eine Änderung und dem Ablauf der in Absatz 4 vorgesehenen Frist von neun Monaten Vertragspartei dieses Protokolls, so notifiziert das Sekretariat der Arbeitsgruppe Straßenverkehr der Wirtschaftskommission der Vereinten Nationen für Europa der neuen Vertragspartei so bald wie möglich die vorgeschlagene Änderung.

Die neue Vertragspartei kann den Generalsekretär bis zum Ablauf dieser Frist von neun Monaten über ihren Einspruch gegen die vorgeschlagene Änderung in Kenntnis setzen.

(7) Der Generalsekretär notifiziert so bald wie möglich allen Vertragsparteien nach den Absätzen 4 und 6 erhobene Einsprüche sowie nach Absatz 5 angenommene Änderungen.

(8) Jede Änderung, die als angenommen gilt, tritt sechs Monate nach dem Tag der Notifikation dieser Annahme durch den Generalsekretär an die Vertragsparteien in Kraft.

[...]

Artikel 16 – Verwahrer

Die Urschrift dieses Protokolls wird beim Generalsekretär der Vereinten Nationen hinterlegt; dieser übermittelt allen in Artikel 7 Absätze 1, 3 und 4 bezeichneten Staaten beglaubigte Abschriften.

Geschehen zu Genf am 20. Februar 2008 in einer Urschrift in englischer und französischer Sprache, wobei jeder Wortlaut gleichermaßen verbindlich ist.

Verordnung (EG) Nr. 1071/2009 („Beruf des Kraftverkehrsunternehmers")

Verordnung (EG) Nr. 1071/2009 des Europäischen Parlaments und des Rates vom 21. Oktober 2009 zur Festlegung gemeinsamer Regeln für die Zulassung zum Beruf des Kraftverkehrsunternehmers und zur Aufhebung der Richtlinie 96/26/EG des Rates
letzte berücksichtigte Änderung: gem. Art. 1 Verordnung (EU) 2020/1055 vom 15.07.2020 (ABl. L 249 S. 17)
– Nichtamtliche Fassung (Auszug) –

KAPITEL I
ALLGEMEINE BESTIMMUNGEN

Artikel 1
Gegenstand und Anwendungsbereich

(1) Diese Verordnung regelt den Zugang zum Beruf des Kraftverkehrsunternehmers und dessen Ausübung.

(2) Diese Verordnung gilt für alle in der Gemeinschaft niedergelassenen Unternehmen, die den Beruf des Kraftverkehrsunternehmers ausüben. Sie gilt ferner für Unternehmen, die beabsichtigen, den Beruf des Kraftverkehrsunternehmers auszuüben. Bezugnahmen auf Unternehmen, die den Beruf des Kraftverkehrsunternehmers ausüben, gelten gegebenenfalls auch als Bezugnahmen auf Unternehmen, die beabsichtigen, diesen Beruf auszuüben.

(3) Was die in Artikel 299 Absatz 2 des Vertrags genannten Gebiete anbelangt, so können die betreffenden Mitgliedstaaten die Voraussetzungen für die Ausübung des Berufs des Kraftverkehrsunternehmers insoweit anpassen, als die betreffenden Tätigkeiten vollständig in diesen Gebieten von dort niedergelassenen Unternehmen durchgeführt werden.

(4) Abweichend von Absatz 2 gilt diese Verordnung — sofern im innerstaatlichen Recht nichts anderes bestimmt ist — nicht für

    a) Unternehmen, die den Beruf des Güterkraftverkehrsunternehmers ausschließlich mit Kraftfahrzeugen oder Fahrzeugkombinationen ausüben, deren zulässige Gesamtmasse 3,5 t nicht überschreitet, und die ausschließlich innerstaatliche Beförderungen in ihrem Niederlassungsmitgliedstaat vornehmen;

        aa) Unternehmen, die den Beruf des Güterkraftverkehrsunternehmers ausschließlich mit Kraftfahrzeugen oder Fahrzeugkombinationen ausüben, deren zulässige Gesamtmasse 2,5 t nicht überschreitet;

b) Unternehmen, die Beförderungen von Reisenden mit Kraftfahrzeugen ausschließlich zu nichtge-werblichen Zwecken durchführen oder deren Haupttätigkeit nicht die Ausübung des Berufs des Personenkraftverkehrsunternehmers ist;

c) Unternehmen, die den Beruf des Kraftverkehrsunternehmers ausschließlich mit Kraftfahrzeugen mit einer zulässigen Höchstgeschwindigkeit von nicht mehr als 40 km/h ausüben.

Für die Zwecke des Unterabsatzes 1 Buchstabe b gilt jede Beförderung im Straßenverkehr, bei der es sich nicht um eine gewerbliche Beförderung oder eine Beförderung im Werkverkehr handelt, die weder direkt noch indirekt entlohnt und durch die weder direkt noch indirekt ein Einkommen für den Fahrer des Fahrzeugs oder für Dritte erzielt wird und die nicht im Zusammenhang mit einer beruflichen Tätigkeit steht, als Beförderung ausschließlich zu nichtgewerblichen Zwecken.

(5) Die Mitgliedstaaten können Kraftverkehrsunternehmer, die ausschließlich innerstaatliche Beförderungen durchführen, nur dann ganz oder teilweise von den Bestimmungen dieser Verordnung ausnehmen, wenn sich diese Beförderungen nur geringfügig auf den Kraftverkehrsmarkt auswirken aufgrund

a) der Art der beförderten Ware oder

b) der geringen Entfernungen.

Artikel 2
Begriffsbestimmungen

Im Sinne dieser Verordnung bezeichnet der Ausdruck

1. „Beruf des Güterkraftverkehrsunternehmers" die Tätigkeit jedes Unternehmens, das im gewerblichen Verkehr die Güterbeförderung mit Kraftfahrzeugen oder mit Fahrzeugkombinationen ausführt;

2. „Beruf des Personenkraftverkehrsunternehmers" die Tätigkeit jedes Unternehmens, das eine der Öffentlichkeit oder bestimmten Benutzergruppen angebotene Personenbeförderung gegen Entgelt der beförderten Person oder des Veranstalters der Beförderung ausführt, und zwar mit Kraftfahrzeugen, welche nach ihrer Bauart und ihrer Ausstattung geeignet und dazu bestimmt sind, einschließlich des Fahrers mehr als neun Personen zu befördern;

3. „Beruf des Kraftverkehrsunternehmers" den Beruf des Personen- oder Güterkraftverkehrsunternehmers;

4. „Unternehmen" entweder jede natürliche Person, jede juristische Person mit oder ohne Erwerbszweck, jede Vereinigung oder jeder Zusammenschluss von Personen ohne Rechtspersönlichkeit und mit oder ohne Erwerbszweck sowie jede amtliche Stelle — unabhängig davon, ob diese über eine eigene Rechtspersönlichkeit verfügt oder von einer Behörde mit Rechtspersönlichkeit abhängt —, die bzw. der die Beförderung von Personen durchführt, oder jede natürliche oder juristische Person, die die Beförderung von Gütern zu gewerblichen Zwecken durchführt;

5. „Verkehrsleiter" eine von einem Unternehmen beschäftigte natürliche Person oder, falls es sich bei diesem Unternehmen um eine natürliche Person handelt, diese Person selbst oder gegebenenfalls eine von diesem Unternehmen vertraglich beauftragte andere natürliche Person, die tatsächlich und dauerhaft die Verkehrstätigkeiten dieses Unternehmens leitet;

6. „Zulassung zum Beruf des Kraftverkehrsunternehmers" eine Verwaltungsentscheidung, durch die einem Unternehmen, das die in dieser Verordnung geregelten Voraussetzungen erfüllt, gestattet wird, den Beruf des Kraftverkehrsunternehmers auszuüben;

7. „zuständige Behörde" eine einzelstaatliche, regionale oder kommunale Behörde in einem Mitgliedstaat, die zum Zwecke der Zulassung zum Beruf des Kraftverkehrsunternehmers prüft, ob ein Unternehmen die in dieser Verordnung geregelten Voraussetzungen erfüllt, und die befugt ist, eine Zulassung zum Beruf des Kraftverkehrsunternehmers zu erteilen, auszusetzen oder zu entziehen;

8. „Niederlassungsmitgliedstaat" den Mitgliedstaat, in dem ein Unternehmen niedergelassen ist, ungeachtet des Umstandes, ob der Verkehrsleiter aus einem anderen Land stammt.

Artikel 3
Anforderungen für die Ausübung des Berufs des Kraftverkehrsunternehmers

(1) Unternehmen, die den Beruf des Kraftverkehrsunternehmers ausüben, müssen:
   a) über eine tatsächliche und dauerhafte Niederlassung in einem Mitgliedstaat verfügen;
   b) zuverlässig sein;
   c) eine angemessene finanzielle Leistungsfähigkeit besitzen und
   d) die geforderte fachliche Eignung besitzen.

Artikel 4
Verkehrsleiter

(1) Ein Unternehmen, das den Beruf des Kraftverkehrsunternehmers ausübt, benennt mindestens eine natürliche Person, den Verkehrsleiter, die die Anforderungen nach Artikel 3 Absatz 1 Buchstaben b und d erfüllt und die:
   a) die Verkehrstätigkeiten des Unternehmens tatsächlich und dauerhaft leitet,
   b) in einer echten Beziehung zu dem Unternehmen steht, beispielsweise als Angestellter, Direktor, Eigentümer oder Anteilseigner, oder die Verwaltungsgeschäfte des Unternehmens führt oder, wenn das Unternehmen eine natürliche Person ist, selbst diese Person ist und
   c) ihren ständigen Aufenthalt in der Gemeinschaft hat.

(2) Falls ein Unternehmen die Anforderung der fachlichen Eignung nach Artikel 3 Absatz 1 Buchstabe d nicht erfüllt, kann die zuständige Behörde ihm die Zulassung zum Beruf des Kraftverkehrsunternehmers ohne Benennung eines Verkehrleiters nach Absatz 1 des vorliegenden Artikels unter folgenden Bedingungen erteilen:
   a) Das Unternehmen benennt eine natürliche Person mit ständigem Aufenthalt in der Gemeinschaft, die die Anforderungen nach Artikel 3 Absatz 1 Buchstaben b und d erfüllt und vertraglich beauftragt ist, Aufgaben als Verkehrsleiter für das Unternehmen auszuführen;
   b) im Vertrag zwischen dem Unternehmen und der unter Buchstabe a genannten Person sind die von diesem tatsächlich und dauerhaft durchzuführenden Aufgaben sowie ihre Verantwortlichkeiten als Verkehrsleiter genau zu regeln. Zu den zu regelnden Aufgaben zählen insbesondere das

177

Instandhaltungsmanagement für die Fahrzeuge, die Prüfung der Beförderungsverträge und -dokumente, die grundlegende Rechnungsführung, die Zuweisung der Ladung oder die Fahrdienste an die Fahrer und Fahrzeuge sowie die Prüfung der Sicherheitsverfahren;

c)   in ihrer Eigenschaft als Verkehrsleiter darf die unter Buchstabe a genannte Person die Verkehrstätigkeiten von höchstens vier Unternehmen mit einer Flotte von zusammengenommen höchstens 50 Fahrzeugen leiten. Die Mitgliedstaaten können beschließen, die Zahl von Unternehmen und/oder die Gesamtgröße der Fahrzeugflotte, die diese Person leiten darf, zu verringern und

d)   die unter Buchstabe a genannte Person erfüllt die festgelegten Aufgaben ausschließlich im Interesse des Unternehmens, und ihre Verantwortlichkeiten werden unabhängig von anderen Unternehmen wahrgenommen, für die das Unternehmen Beförderungen durchführt.

(3)   Die Mitgliedstaaten können entscheiden, dass ein nach Absatz 1 benannter Verkehrsleiter keine zusätzliche Zulassung im Sinne von Absatz 2 oder lediglich eine Zulassung für eine geringere Zahl von Unternehmen oder für eine kleinere Fahrzeugflotte als gemäß Absatz 2 Buchstabe c erhalten darf.

(4)   Das Unternehmen meldet der zuständigen Behörde die Person(en), die als Verkehrsleiter benannt wurde(n).

KAPITEL II
VORAUSSETZUNGEN ZUR ERFÜLLUNG DER ANFORDERUNGEN VON ARTIKEL 3

Artikel 5
Voraussetzungen für die Anforderung der Niederlassung

(1)   Diese die Anforderung des Artikels 3 Absatz 1 Buchstabe a zu erfüllen, muss ein Unternehmen im Niederlassungsmitgliedstaat

a)   über Räumlichkeiten verfügen, in denen es auf die Originale seiner wichtigsten Unternehmensunterlagen entweder in elektronischer oder sonstiger Form zugreifen kann, insbesondere seine Beförderungsverträge, Unterlagen zu den Fahrzeugen, über die das Unternehmen verfügt, Buchführungsunterlagen, Personalverwaltungsunterlagen, Arbeitsverträge, Sozialversicherungsunterlagen, Dokumente mit den Daten über den Einsatz und die Entsendung von Fahrern, Dokumente mit den Daten über Kabotage, Lenk- und Ruhezeiten sowie alle sonstigen Unterlagen, zu denen die zuständige Behörde Zugang haben muss, um überprüfen zu können, ob das Unternehmen die in dieser Verordnung festgelegten Voraussetzungen erfüllt;

b)   die Nutzung seiner Fahrzeugflotte so organisieren, dass sichergestellt ist, dass Fahrzeuge, die dem Unternehmen zur Verfügung stehen und in der grenzüberschreitenden Beförderung eingesetzt werden, spätestens acht Wochen nach Verlassen des Mitgliedstaats zu einer der Betriebsstätten in diesem Mitgliedstaat zurückkehren;

c)   im Unternehmensregister des betreffenden Mitgliedstaats oder in einem ähnlichen Register eingetragen sein, wenn das nach innerstaatlichem Recht vorgeschrieben ist;

d) der Einkommenssteuer unterliegen und, wenn das nach innerstaatlichem Recht vorgeschrieben ist, über eine gültige Mehrwertsteuernummer verfügen;

e) nach Erhalt der Zulassung über ein oder mehrere Fahrzeuge verfügen, die entsprechend den Rechtsvorschriften dieses Mitgliedstaats zugelassen sind oder in Betrieb genommen wurden und eingesetzt werden dürfen, unabhängig davon, ob sie sein ausschließliches Eigentum sind oder beispielsweise aufgrund eines Mietkauf- oder Miet- oder Leasingvertrags in seinem Besitz sind;

f) seine administrativen und gewerblichen Tätigkeiten mittels der angemessenen Ausstattung und Einrichtung in Räumlichkeiten im Sinne des Buchstaben a, die in diesem Mitgliedstaat gelegen sind, tatsächlich und dauerhaft ausüben und seine Beförderungstätigkeit mit den Fahrzeugen nach Buchstabe g mittels der in diesem Mitgliedstaat vorhandenen angemessenen technischen Ausstattung tatsächlich und dauerhaft betreiben;

g) gewöhnlich und dauerhaft über eine — im Verhältnis zum Umfang der Verkehrstätigkeit des Unternehmens angemessene — Zahl an Fahrzeugen, die den Anforderungen des Buchstaben e genügen, sowie an Fahrern, die normalerweise einer Betriebsstätte in diesem Mitgliedstaat zugeordnet sind, verfügen.

(2) Zusätzlich zu den Anforderungen des Absatzes 1 können die Mitgliedstaaten verlangen, dass ein Unternehmen im Niederlassungsmitgliedstaat über

a) dem Umfang der Tätigkeit des Unternehmens angemessene ordnungsgemäß qualifizierte Verwaltungsmitarbeiter in den Räumlichkeiten des Unternehmens oder einen zu den üblichen Geschäftszeiten erreichbaren Verkehrsleiter verfügt;

b) eine dem Umfang der Tätigkeit des Unternehmens angemessene operative Infrastruktur zusätzlich zu der in Absatz 1 Buchstabe f genannten technischen Ausstattung im Hoheitsgebiet dieses Mitgliedstaats verfügt, einschließlich einer zu den üblichen Geschäftszeiten geöffneten Geschäftsstelle.

Artikel 6
Voraussetzungen bezüglich der Anforderung der Zuverlässigkeit

(1) Vorbehaltlich Absatz 2 des vorliegenden Artikels legen die Mitgliedstaaten fest, welche Voraussetzungen ein Unternehmen und ein Verkehrsleiter erfüllen müssen, damit die Anforderung der Zuverlässigkeit nach Artikel 3 Absatz 1 Buchstabe b erfüllt ist.

Bei der Entscheidung darüber, ob ein Unternehmen diese Anforderung erfüllt hat, berücksichtigen die Mitgliedstaaten das Verhalten des Unternehmens, seiner Verkehrsleiter, seiner geschäftsführenden Direktoren und gegebenenfalls anderer vom jeweiligen Mitgliedstaat bestimmter maßgeblicher Personen. Jede Bezugnahme in diesem Artikel auf Verurteilungen, Sanktionen oder Verstöße schließt die Verurteilungen und Sanktionen gegen bzw. die Verstöße durch das Unternehmen selbst, seine Verkehrsleiter, seine geschäftsführenden Direktoren und gegebenenfalls andere vom jeweiligen Mitgliedstaat bestimmte maßgebliche Personen ein.

Die in Unterabsatz 1 genannten Voraussetzungen umfassen mindestens Folgendes:

a) Die Zuverlässigkeit des Verkehrsleiters oder des Verkehrsunternehmens darf nicht zwingend in Frage gestellt sein, etwa durch Verurteilungen oder Sanktionen aufgrund eines schwerwiegenden Verstoßes gegen geltende einzelstaatliche Vorschriften in folgenden Bereichen:

   i) Handelsrecht,

   ii) ii) Insolvenzrecht,

   iii) Entgelt- und Arbeitsbedingungen der Branche,

   iv) Straßenverkehr,

   v) Berufshaftpflicht,

   vi) Menschen- oder Drogenhandel,

   vii) Steuerrecht, und

b) gegen den Verkehrsleiter oder das Verkehrsunternehmen darf in keinem Mitgliedstaat ein Urteil wegen einer schwerwiegenden Straftat oder eine Sanktion verhängt worden sein wegen eines schwerwiegenden Verstoßes gegen Gemeinschaftsvorschriften, insbesondere in folgenden Bereichen:

   i) Lenk- und Ruhezeiten der Fahrer, Arbeitszeit sowie Einbau und Nutzung der Kontrollgeräte,

   ii) ii) höchstzulässiges Gewicht und Abmessungen der Nutzfahrzeuge im grenzüberschreitenden Verkehr,

   iii) Grundqualifikation und Weiterbildung der Fahrer,

   iv) Verkehrstüchtigkeit der Nutzfahrzeuge einschließlich der vorgeschriebenen technischen Überwachung der Kraftfahrzeuge,

   v) Zugang zum Markt des grenzüberschreitenden Güterkraftverkehrs oder gegebenenfalls Zugang zum Markt des grenzüberschreitenden Personenkraftverkehrs,

   vi) Sicherheit beim Transport gefährlicher Güter auf der Straße,

   vii) Einbau und Benutzung von Geschwindigkeitsbegrenzern in bestimmten Fahrzeugklassen,

   viii) Führerscheine,

   ix) Zugang zum Beruf,

   x) Tiertransporte,

   xi) Entsendung von Arbeitnehmern im Kraftverkehr,

   xii) auf vertragliche Schuldverhältnisse anzuwendendes Recht,

   xiii) Kabotage.

(2) Für die Zwecke des Absatzes 1 Unterabsatz 3 Buchstabe b gilt Folgendes: Wurde gegen den Verkehrsleiter oder das Verkehrsunternehmen in einem oder mehreren Mitgliedstaaten ein Urteil wegen einer schwerwiegenden Straftat oder eine Sanktion wegen schwerster Verstöße gegen Unionsvorschriften gemäß Anhang IV in einem oder mehreren Mitgliedstaaten verhängt, so führt die zuständige Behörde des

Niederlassungsmitgliedstaats rechtzeitig auf geeignete Art und Weise ein Verwaltungsverfahren, gegebenenfalls einschließlich einer Kontrolle vor Ort in den Räumlichkeiten des betreffenden Unternehmens, durch und schließt dieses ab.

Während des Verwaltungsverfahrens erhalten der Verkehrsleiter oder gegebenenfalls andere rechtliche Vertreter des Verkehrsunternehmens das Recht, ihre Argumente und Erläuterungen darzulegen.

Im Rahmen des Verwaltungsverfahrens bewertet die zuständige Behörde, ob in Anbetracht der speziellen Gegebenheiten die Aberkennung der Zuverlässigkeit im konkreten Fall eine unverhältnismäßige Reaktion darstellen würde. Bei dieser Bewertung berücksichtigt die zuständige Behörde die Anzahl schwerwiegender Verstöße gegen die nationalen und Unionsvorschriften gemäß Absatz 1 Unterabsatz 3 sowie die Zahl der schwersten Verstöße gegen die Unionsvorschriften gemäß Anhang IV, deretwegen gegen den Verkehrsleiter oder das Verkehrsunternehmen ein Urteil oder Sanktionen verhängt worden sind. Alle Feststellungen sind angemessen zu begründen und zu rechtfertigen.

Ist die Aberkennung der Zuverlässigkeit nach Auffassung der zuständigen Behörde unverhältnismäßig, so entscheidet sie, dass das betreffende Unternehmen die Anforderung der Zuverlässigkeit weiterhin erfüllt. Die Begründung für diese Entscheidung wird in das einzelstaatliche Register aufgenommen. Die Zahl solcher Entscheidungen wird in dem in Artikel 26 Absatz 1 genannten Bericht aufgeführt.

Ist die Aberkennung der Zuverlässigkeit nach Auffassung der zuständigen Behörde nicht unverhältnismäßig, so führt die Verurteilung oder Sanktion zur Aberkennung der Zuverlässigkeit.

(2a) Die Kommission erlässt Durchführungsrechtsakte zur Erstellung einer Liste der Kategorien, Arten und Schweregrade der gegen die Unionsvorschriften begangenen schwerwiegenden Verstöße nach Absatz 1 Unterabsatz 3 Buchstabe b, die neben den in Anhang IV aufgeführten Verstößen zur Aberkennung der Zuverlässigkeit führen können. Die Mitgliedstaaten tragen den Informationen über solche Verstöße, auch den von anderen Mitgliedstaaten erhaltenen Informationen, Rechnung, wenn sie die Prioritäten für die Kontrollen nach Artikel 12 Absatz 1 festlegen.

Zu diesem Zweck handelt die Kommission wie folgt:

a) Sie legt die Kategorien und Arten von Verstößen fest, die am häufigsten festgestellt werden;

b) sie definiert die Schwere der Verstöße nach der von ihnen ausgehenden Gefahr von tödlichen oder schweren Verletzungen oder Wettbewerbsverfälschungen im Güterkraftverkehrsmarkt, auch durch Beeinträchtigung der Arbeitsbedingungen der Beschäftigten im Verkehrssektor;

c) sie setzt die Häufigkeit der Verstöße fest, bei deren Überschreiten wiederholte Verstöße als schwerwiegendere Verstöße eingestuft werden, und zwar unter Berücksichtigung der Zahl der Fahrzeuge, die vom Verkehrsleiter für die Verkehrstätigkeit eingesetzt werden.

Diese Durchführungsrechtsakte werden gemäß dem in Artikel 25 Absatz 3 genannten Prüfverfahren erlassen.

(3) Die Anforderung nach Artikel 3 Absatz 1 Buchstabe b gilt so lange als nicht erfüllt, wie eine Rehabilitierungsmaßnahme oder eine andere Maßnahme gleicher Wirkung gemäß den einschlägigen einzelstaatlichen Vorschriften nicht erfolgt ist.

Artikel 7
Voraussetzungen bezüglich der Anforderung der finanziellen Leistungsfähigkeit

(1) Um die Anforderung des Artikels 3 Absatz 1 Buchstabe c zu erfüllen, muss ein Unternehmen jederzeit in der Lage sein, im Verlauf des Geschäftsjahres seinen finanziellen Verpflichtungen nachzukommen. Zu diesem Zweck muss das Unternehmen anhand der von einem Rechnungsprüfer oder einer ordnungsgemäß akkreditierten Person geprüften Jahresabschlüsse für jedes Jahr nachweisen, dass es über Kapital und Reserven in mindestens folgender Höhe verfügt:

a)   9 000 EUR für das erste genutzte Kraftfahrzeug,

b)   5 000 EUR für jedes weitere genutzte Kraftfahrzeug oder jede weitere genutzte Fahrzeugkombination, das/die eine zulässige Gesamtmasse von über 3,5 t hat, und

c)   900 EUR für jedes weitere genutzte Kraftfahrzeug oder für jede weitere genutzte Fahrzeugkombination, dessen/deren zulässige Gesamtmasse 2,5 t, jedoch nicht 3,5 t überschreitet;

Unternehmen, die den Beruf des Güterkraftverkehrsunternehmers ausschließlich mit Kraftfahrzeugen oder Fahrzeugkombinationen ausüben, deren zulässige Gesamtmasse 2,5 t, jedoch nicht 3,5 t überschreitet, weisen für jedes Jahr anhand der von einem Rechnungsprüfer oder einer ordnungsgemäß akkreditierten Person geprüften Jahresabschlüsse nach, dass sie über Kapital und Reserven in mindestens folgender Höhe verfügt:

a)   1 800 EUR für das erste genutzte Fahrzeug und

b)   900 EUR für jedes weitere genutzte Fahrzeug.

Die Mitgliedstaaten können verlangen, dass die in ihrem Gebiet niedergelassenen Unternehmen nachweisen, dass sie für diese Fahrzeuge über Kapital und Reserven in gleicher Höhe wie für die Fahrzeuge gemäß Unterabsatz 1 verfügen. In diesen Fällen unterrichtet die zuständige Behörde des betreffenden Mitgliedstaats die Kommission entsprechend, und die Kommission macht diese Informationen öffentlich zugänglich.

Für die Zwecke dieser Verordnung wird der Wert des Euro in den Landeswährungen der nicht an der dritten Stufe der Wirtschafts- und Währungsunion teilnehmenden Mitgliedstaaten jährlich festgesetzt. Dabei werden die am ersten Arbeitstag im Oktober geltenden und im Amtsblatt der Europäischen Union veröffentlichten Wechselkurse zugrunde gelegt. Sie treten am 1. Januar des darauf folgenden Kalenderjahres in Kraft.

Für die in Unterabsatz 1 genannten Buchungsposten gelten die Definitionen der Vierten Richtlinie 78/660/EWG des Rates vom 25. Juli 1978 aufgrund von Artikel 54 Absatz 3 Buchstabe g des Vertrags über den Jahresabschluss von Gesellschaften bestimmter Rechtsformen.

(1a) Zusätzlich zu den Anforderungen des Absatzes 1 können die Mitgliedstaaten verlangen, dass das Unternehmen, der Verkehrsleiter oder eine andere von den Mitgliedstaaten bestimmte maßgebliche Person keine nicht- privaten ausstehenden Verbindlichkeiten gegenüber Einrichtungen des öffentlichen Rechts haben darf und weder zahlungsunfähig sein noch sich in einem Insolvenzverfahren oder in Liquidation befinden darf.

(2) Abweichend von Absatz 1 kann die zuständige Behörde als Nachweis der finanziellen Leistungsfähigkeit eines Unternehmens eine — von der zuständigen Behörde festgelegte — Bescheinigung wie etwa eine Bankbürgschaft oder eine Versicherung, einschließlich einer Berufshaftpflichtversicherung einer oder mehrerer Banken oder anderer Finanzinstitute einschließlich von Versicherungsunternehmen, oder ein anderes

rechtlich bindendes Dokument, das eine selbstschuldnerische Bürgschaft für das Unternehmen für die in Absatz 1 genannten Beträge darstellt, gelten lassen oder verlangen.

(2a) Abweichend von Absatz 1 lässt die zuständige Behörde in Ermangelung geprüfter Jahresabschlüsse für das Jahr der Eintragung des Unternehmens als Nachweis der finanziellen Leistungsfähigkeit eines Unternehmens eine Bescheinigung wie etwa eine Bankbürgschaft, ein von einem Finanzinstitut ausgestelltes Dokument, das im Namen des Unternehmens Zugang zu Krediten gewährt, oder ein — von der zuständigen Behörde festgelegtes — anderes rechtlich bindendes Dokument, mit dem nachgewiesen wird, dass das Unternehmen über die in Absatz 1 genannten Beträge verfügt, gelten.

(3) Bei den in Absatz 1 genannten Jahresabschlüssen bzw. der in Absatz 2 genannten Bürgschaft, die zu überprüfen sind, handelt es sich um jene der wirtschaftlichen Einheit, die im Mitgliedstaat, in der die Zulassung beantragt worden ist, niedergelassen ist und nicht um jene eventueller anderer, in einem anderen Mitgliedstaat niedergelassener Einheiten.

Artikel 8
Voraussetzungen bezüglich der Anforderung der fachlichen Eignung

(1)   Um die Anforderung nach Artikel 3 Absatz 1 Buchstabe d zu erfüllen, müssen die betreffenden Personen in den in Anhang I Teil I aufgeführten Sachgebieten Kenntnisse besitzen, die dem dort vorgesehenen Niveau entsprechen. Diese Kenntnisse werden durch eine obligatorische schriftliche Prüfung und — falls ein Mitgliedstaat dies verfügt — gegebenenfalls durch eine ergänzende mündliche Prüfung nachgewiesen. Diese Prüfungen werden gemäß Anhang I Teil II abgenommen. Zu diesem Zweck können die Mitgliedstaaten beschließen, dass die Prüfung von der Teilnahme an einer Ausbildung abhängig gemacht wird.

(2) Die betreffenden Personen legen die Prüfung in dem Mitgliedstaat, in dem sie ihren gewöhnlichen Aufenthalt haben, oder in dem Mitgliedstaat, in dem sie arbeiten, ab.

„Gewöhnlicher Aufenthalt" bezeichnet den Ort, an dem sich eine Person aufgrund persönlicher Bindungen, die eine enge Verbindung zwischen dieser Person und dem Ort, an dem sie sich aufhält, zeigen, normalerweise, d. h. mindestens an 185 Tagen pro Kalenderjahr, aufhält.

Jedoch gilt als gewöhnlicher Aufenthalt einer Person, deren berufliche Bindungen an einem anderen Ort als dem ihrer persönlichen Bindungen liegen und die daher veranlasst ist, sich abwechselnd an verschiedenen Orten in zwei oder mehr Mitgliedstaaten aufzuhalten, der Ort ihrer persönlichen Bindungen, sofern sie regelmäßig dorthin zurückkehrt. Letzteres ist nicht erforderlich, wenn sich die Person zur Ausführung eines Auftrags von bestimmter Dauer in einem Mitgliedstaat aufhält. Der Universitäts- oder Schulbesuch hat keine Verlegung des gewöhnlichen Aufenthalts zur Folge.

(3) Nur die Behörden oder Stellen, die von einem Mitgliedstaat nach von diesem festgelegten Kriterien hierfür gebührend ermächtigt sind, können die in Absatz 1 genannten schriftlichen und mündlichen Prüfungen abnehmen und bescheinigen. Die Mitgliedstaaten prüfen regelmäßig, ob die Bedingungen, unter denen die Behörden oder Stellen die Prüfungen abnehmen, mit Anhang I konform sind.

(4) Die Mitgliedstaaten können nach von ihnen festgelegten Kriterien die Einrichtungen zulassen, die geeignet sind, den Bewerbern eine qualitativ hochwertige Ausbildung im Hinblick auf die effiziente Vorbereitung auf

die Prüfung sowie denjenigen Verkehrsleitern, die es wünschen, eine Weiterbildung zur Auffrischung ihrer Kenntnisse zu bieten. In diesem Fall prüfen die Mitgliedstaaten regelmäßig, ob diese Einrichtungen noch die Kriterien erfüllen, aufgrund deren sie zugelassen wurden.

(5) Die Mitgliedstaaten können eine in dreijährigen Abständen erfolgende regelmäßige Weiterbildung in den in Anhang I aufgelisteten Sachgebieten fördern, um sicherzustellen, dass die in Absatz 1 genannten Person(en) hinreichend über die Entwicklungen auf dem Sektor informiert ist (sind).

(6) Die Mitgliedstaaten können verlangen, dass Personen, die zwar über eine Bescheinigung der fachlichen Eignung verfügen, die jedoch in den letzten fünf Jahren kein Personen- oder Güterkraftverkehrsunternehmen geleitet haben, ihre Kenntnisse auffrischen, um ihr Wissen in Bezug auf die aktuellen Entwicklungen bei den in Anhang I Teil I genannten Rechtsvorschriften auf den neuesten Stand zu bringen.

(7) Ein Mitgliedstaat kann die Inhaber bestimmter Hochschul- oder Fachschulabschlüsse, die in dem jeweiligen Mitgliedstaat erworben wurden, zu diesem Zweck eigens bezeichnet worden sind und Kenntnisse der in der Liste in Anhang I aufgeführten Sachgebiete beinhalten, von den Prüfungen in den von den Abschlüssen abgedeckten Sachgebieten befreien. Die Befreiung gilt nur für die Abschnitte von Teil I von Anhang I, für die der Abschluss alle in der Überschrift jedes Abschnitts aufgeführten Sachgebiete abdeckt.

Ein Mitgliedstaat kann die Inhaber von Bescheinigungen über die fachliche Eignung, die für innerstaatliche Beförderungen in diesem Mitgliedstaat gültig sind, von bestimmten Teilen der Prüfung befreien.

(8) Als Nachweis der fachlichen Eignung wird eine Bescheinigung vorgelegt, die von der in Absatz 3 genannten Behörde oder Stelle ausgestellt worden ist. Diese Bescheinigung darf auf keine andere Person übertragbar sein. Die Bescheinigung wird nach den Sicherheitsmerkmalen und dem Muster der Anhänge II und III erstellt und trägt Dienstsiegel und Unterschrift der bevollmächtigten Behörde oder Stelle, die sie ausgestellt hat.

(9) Der Kommission wird die Befugnis übertragen, gemäß Artikel 24a delegierte Rechtsakte zur Änderung der Anhänge I, II und III zu erlassen, um diese an die Marktentwicklung und den technischen Fortschritt anzupassen.

(10) Der Erfahrungs- und Informationsaustausch zwischen den Mitgliedstaaten in Ausbildungs-, Prüfungs- und Zulassungsfragen wird von der Kommission — auch durch jede von ihr gegebenenfalls benannte Einrichtung — gefördert und unterstützt.

[...]

Verordnung (EG) Nr. 1072/2009 (grenzüberschreitender Güterkraftverkehr)

Verordnung (EG) Nr. 1072/2009 des Europäischen Parlaments und des Rates vom 21. Oktober 2009 über gemeinsame Regeln für den Zugang zum Markt des grenzüberschreitenden Güterkraftverkehrs
letzte berücksichtigte Änderung: gem. Art. 2 Verordnung (EU) 2020/1055 vom 15.07.2020 (ABl. L 249 S. 17) und Berichtigung ABl. L 119 vom 21.04.2022, S. 116 (2020/1055)
– Nichtamtliche Fassung (Auszug) –

KAPITEL I
ALLGEMEINE BESTIMMUNGEN

Artikel 1
Anwendungsbereich

(1) Diese Verordnung gilt für den grenzüberschreitenden gewerblichen Güterkraftverkehr auf den im Gebiet der Gemeinschaft zurückgelegten Wegstrecken.

(2) Bei Beförderungen aus einem Mitgliedstaat nach einem Drittland und umgekehrt gilt diese Verordnung für die in den Mitgliedstaaten, die im Transit durchfahren werden, zurückgelegte Wegstrecke. Sie gilt nicht für die im Hoheitsgebiet des Mitgliedstaats der Be- oder Entladung zurückgelegte Wegstrecke, solange das hierfür erforderliche Abkommen zwischen der Gemeinschaft und dem betreffenden Drittland nicht geschlossen wurde.

(3) Bis zum Abschluss der Abkommen gemäß Absatz 2 werden folgende Vorschriften von dieser Verordnung nicht berührt:

a) die in bilateralen Abkommen zwischen Mitgliedstaaten und den jeweiligen Drittländern enthaltenen Vorschriften über Beförderungen aus einem Mitgliedstaat nach einem Drittland und umgekehrt;

b) die in bilateralen Abkommen zwischen Mitgliedstaaten enthaltenen Vorschriften über Beförderungen aus einem Mitgliedstaat nach einem Drittland und umgekehrt, die es aufgrund bilateraler Genehmigungen oder einer freizügigen Regelung gestatten, dass Be- oder Entladungen in einem Mitgliedstaat auch von Verkehrsunternehmen durchgeführt werden, die nicht in diesem Mitgliedstaat niedergelassen sind.

(4) Diese Verordnung gilt für den innerstaatlichen Güterkraftverkehr, der von einem gebietsfremden Verkehrsunternehmer gemäß Kapitel III zeitweilig durchgeführt wird.

(5) Folgende <u>Beförderungen sowie im Zusammenhang damit durchgeführte Leerfahrten</u> bedürfen <u>keiner Gemeinschaftslizenz</u> und sind von jeglichem Erfordernis einer <u>Beförderungsgenehmigung ausgenommen</u>:

a) die Beförderung von Postsendungen im Rahmen des Universaldienstes;

b) die Beförderung von beschädigten oder reparaturbedürftigen Fahrzeugen;

c) <u>die bis zum 20. Mai 2022</u>: die Beförderung von Gütern mit Fahrzeugen, deren zulässige Gesamtmasse 3,5 t nicht überschreitet;

ca) <u>ab dem 21. Mai 2022</u>: die <u>Beförderung von Gütern</u> mit <u>Fahrzeugen, deren zulässige Gesamtmasse 2,5 t nicht überschreitet</u>;

d) die Beförderung von Gütern mit Kraftfahrzeugen, sofern folgende Voraussetzungen erfüllt sind:

    i) Die beförderten Güter müssen Eigentum des Unternehmens oder von ihm verkauft, gekauft, vermietet, gemietet, erzeugt, gewonnen, bearbeitet oder wieder instand gesetzt worden sein;

    ii) die Beförderung muss der Anlieferung der Güter zum Unternehmen, ihrem Versand ab dem Unternehmen, ihrer Verbringung innerhalb oder — zum Eigengebrauch — außerhalb des Unternehmens dienen;

    iii) die für die Beförderung verwendeten Kraftfahrzeuge müssen von Personal geführt werden, das bei dem Unternehmen beschäftigt ist oder ihm im Rahmen einer vertraglichen Verpflichtung zur Verfügung gestellt wurde;

    iv) die Güter befördernden Fahrzeuge müssen dem Unternehmen gehören oder von ihm auf Abzahlung gekauft oder gemietet sein, wobei sie in letzterem Fall die Voraussetzungen der Richtlinie 2006/1/EG des Europäischen Parlaments und des Rates vom 18. Januar 2006 über die Verwendung von ohne Fahrer gemieteten Fahrzeugen im Güterkraftverkehr erfüllen müssen; und

    v) diese Beförderung darf nur eine Hilfstätigkeit im Rahmen der gesamten Tätigkeit des Unternehmens darstellen;

e) die Beförderung von Medikamenten, medizinischen Geräten und Ausrüstungen sowie anderen zur Hilfsleistung in dringenden Notfällen (insbesondere bei Naturkatastrophen) bestimmten Gütern.

Unterabsatz 1 Buchstabe d Ziffer iv gilt nicht bei Einsatz eines Ersatzfahrzeugs für die Dauer eines kurzfristigen Ausfalls des sonst verwendeten Kraftfahrzeugs.

(6) Absatz 5 ändert nicht die Bedingungen, von denen die Mitgliedstaaten bei ihren eigenen Staatsangehörigen den Zugang zu den in dem Absatz genannten Tätigkeiten abhängig machen.

Artikel 2
Begriffsbestimmungen

Im Sinne dieser Verordnung bezeichnet der Ausdruck

1. „Fahrzeug" ein in einem Mitgliedstaat amtlich zugelassenes Kraftfahrzeug oder eine Fahrzeugkombination, bei der zumindest das Kraftfahrzeug in einem Mitgliedstaat amtlich zugelassen ist, sofern sie ausschließlich für die Güterbeförderung verwendet werden;

2. „grenzüberschreitender Verkehr"

    a) eine beladen zurückgelegte Fahrt eines Fahrzeugs mit oder ohne Transit durch einen oder mehrere Mitgliedstaaten oder ein oder mehrere Drittländer, bei der sich der Ausgangspunkt und der Bestimmungsort in zwei verschiedenen Mitgliedstaaten befinden,

    b) eine beladen zurückgelegte Fahrt eines Fahrzeugs von einem Mitgliedstaat in ein Drittland oder umgekehrt, mit oder ohne Transit durch einen oder mehrere Mitgliedstaaten oder ein oder mehrere Drittländer,

    c) eine beladen zurückgelegte Fahrt eines Fahrzeugs zwischen Drittländern mit Transit durch das Hoheitsgebiet eines oder mehrerer Mitgliedstaaten oder

    d) eine Leerfahrt in Verbindung mit Beförderungen gemäß den Buchstaben a, b und c;

3. „Aufnahmemitgliedstaat" einen Mitgliedstaat, in dem ein Verkehrsunternehmer tätig ist und der ein anderer als sein Niederlassungsmitgliedstaat ist;

4. „gebietsfremder Verkehrsunternehmer" einen Verkehrsunternehmer, der in einem Aufnahmemitgliedstaat tätig ist;

5. „Fahrer" jede Person, die ein Fahrzeug führt, sei es auch nur kurzzeitig, oder in einem Fahrzeug in Wahrnehmung ihrer Aufgaben befördert wird, um es bei Bedarf führen zu können;

6. „Kabotage" gewerblichen innerstaatlichen Verkehr, der im Einklang mit dieser Verordnung zeitweilig in einem Aufnahmemitgliedstaat durchgeführt wird;

7. „schwerwiegender Verstoß gegen Gemeinschaftsvorschriften im Bereich des Straßenverkehrs" einen Verstoß, der zur Aberkennung der Zuverlässigkeit gemäß Artikel 6 Absätze 1 und 2 der Verordnung (EG) Nr. 1071/2009 und/oder zum befristeten oder dauerhaften Entzug einer Gemeinschaftslizenz führen kann.

KAPITEL II
GRENZÜBERSCHREITENDER VERKEHR

Artikel 3
Allgemeiner Grundsatz

Der grenzüberschreitende Verkehr unterliegt einer Gemeinschaftslizenz in Verbindung — sofern der Fahrer Staatsangehöriger eines Drittlandes ist — mit einer Fahrerbescheinigung.

Artikel 4
Gemeinschaftslizenz

(1) Die Gemeinschaftslizenz wird von einem Mitgliedstaat gemäß dieser Verordnung jedem gewerblichen Güterkraftverkehrsunternehmer erteilt, der

a) in diesem Mitgliedstaat gemäß den gemeinschaftlichen Rechtsvorschriften und den innerstaatlichen Rechtsvorschriften dieses Mitgliedstaats niedergelassen ist und

b) in dem Niederlassungsmitgliedstaat gemäß den Rechtsvorschriften der Gemeinschaft und den innerstaatlichen Rechtsvorschriften dieses Mitgliedstaats über den Zugang zum Beruf des Verkehrsunternehmers zur Durchführung des grenzüberschreitenden Güterkraftverkehrs berechtigt ist.

(2) Die Gemeinschaftslizenz wird von den zuständigen Behörden des Niederlassungsmitgliedstaats für einen verlängerbaren Zeitraum von bis zu zehn Jahren ausgestellt.

Gemeinschaftslizenzen und beglaubigte Kopien, die vor dem Beginn der Anwendung dieser Verordnung ausgestellt wurden, bleiben bis zum Ablauf ihrer Gültigkeitsdauer gültig.

Die Kommission passt die Gültigkeitsdauer der Gemeinschaftslizenz an den technischen Fortschritt an, insbesondere an die einzelstaatlichen elektronischen Register nach Artikel 16 der Verordnung (EG) Nr. 1071/2009. Diese Maßnahmen zur Änderung nicht wesentlicher Bestimmungen der vorliegenden Verordnung werden nach dem in Artikel 15 Absatz 2 genannten Regelungsverfahren mit Kontrolle erlassen.

(3) Der Niederlassungsmitgliedstaat stellt dem Inhaber der Gemeinschaftslizenz die Originallizenz aus, die von dem Verkehrsunternehmer aufbewahrt wird, sowie beglaubigte Kopien in einer Anzahl, die der Zahl der Fahrzeuge entspricht, über die der Inhaber der Gemeinschaftslizenz als Eigentümer oder anderweitig verfügt, insbesondere aus Ratenkauf-, Miet- oder Leasingvertrag.

(4) Die Gemeinschaftslizenz und die beglaubigten Kopien entsprechen dem Muster in Anhang II, der auch die Bedingungen für die Verwendung der Gemeinschaftslizenz regelt. Sie weisen mindestens zwei der in Anhang I aufgeführten Sicherheitsmerkmale auf.

Im Fall von Fahrzeugen zur Güterbeförderung, deren zulässige Gesamtmasse 3,5 t nicht überschreitet und für die die geringeren Anforderungen an die finanzielle Leistungsfähigkeit gemäß Artikel 7 Absatz 1 Unterabsatz 2 der Verordnung (EG) Nr. 1071/2009 gelten, vermerkt die ausstellende Behörde im Abschnitt „Besondere Bemerkungen" der Gemeinschaftslizenz, oder der beglaubigten Kopie davon: „≤ 3,5 t".

Der Kommission wird die Befugnis übertragen, gemäß Artikel 14b delegierte Rechtsakte zur Änderung der Anhänge I und II zu erlassen, um sie an den technischen Fortschritt anzupassen.

(5) Die Gemeinschaftslizenz und ihre beglaubigten Kopien tragen das Dienstsiegel der ausstellenden Behörde sowie eine Unterschrift und eine Seriennummer. Die Seriennummern der Gemeinschaftslizenz und der beglaubigten Kopien werden im einzelstaatlichen elektronischen Register der Kraftverkehrsunternehmen als Teil des Datensatzes zu dem Verkehrsunternehmen gespeichert.

(6) Die Gemeinschaftslizenz wird auf den Namen des Verkehrsunternehmers ausgestellt und ist nicht übertragbar. Eine beglaubigte Kopie der Gemeinschaftslizenz wird in jedem Fahrzeug des Verkehrsunternehmers mitgeführt und ist jedem Kontrollberechtigten auf Verlangen vorzuzeigen.

Bei Fahrzeugkombinationen wird die beglaubigte Kopie im Kraftfahrzeug mitgeführt. Sie gilt für die gesamte Fahrzeugkombination auch dann, wenn der Anhänger oder Sattelanhänger nicht auf den Namen des Lizenzinhabers amtlich zugelassen oder zum Verkehr zugelassen ist oder wenn er in einem anderen Staat amtlich zugelassen oder zum Verkehr zugelassen ist.

Artikel 5
Fahrerbescheinigung

(1) Die Fahrerbescheinigung wird von einem Mitgliedstaat gemäß dieser Verordnung jedem Verkehrsunternehmer ausgestellt, der

a) Inhaber einer Gemeinschaftslizenz ist und der

b) in diesem Mitgliedstaat entweder einen Fahrer, der weder ein Staatsangehöriger eines Mitgliedstaats noch ein langfristig Aufenthaltsberechtigter im Sinne der Richtlinie 2003/109/EG des Rates vom 25. November 2003 betreffend die Rechtsstellung der langfristig aufenthaltsberechtigten Drittstaatsangehörigen ist, rechtmäßig beschäftigt oder einen Fahrer rechtmäßig einsetzt, der weder ein Staatsangehöriger eines Mitgliedstaats noch ein langfristig Aufenthaltsberechtigter im Sinne der genannten Richtlinie ist und dem Verkehrsunternehmer gemäß den Bestimmungen zur Verfügung gestellt wird, die in diesem Mitgliedstaat für die Beschäftigung und die Berufsausbildung

i) durch Rechts- und Verwaltungsvorschriften und gegebenenfalls

ii) durch Tarifverträge nach den in diesem Mitgliedstaat geltenden Vorschriften festgelegt wurden.

(2) Die Fahrerbescheinigung wird von der zuständigen Behörde des Niederlassungsmitgliedstaats des Verkehrsunternehmens auf Antrag des Inhabers der Gemeinschaftslizenz für jeden Fahrer ausgestellt, der weder ein Staatsangehöriger eines Mitgliedstaats noch ein langfristig Aufenthaltsberechtigter im Sinne der Richtlinie 2003/109/EG ist und den der Verkehrsunternehmer rechtmäßig beschäftigt, oder für jeden Fahrer, der weder ein Staatsangehöriger eines Mitgliedstaats noch ein langfristig Aufenthaltsberechtigter im Sinne der genannten Richtlinie ist und der dem Verkehrsunternehmer zur Verfügung gestellt wird. Mit der Fahrerbescheinigung wird bestätigt, dass der darin genannte Fahrer unter den in Absatz 1 festgelegten Bedingungen beschäftigt ist.

(3) Die Fahrerbescheinigung entspricht dem Muster in Anhang III. Sie weist mindestens zwei der in Anhang I aufgeführten Sicherheitsmerkmale auf.

(4) Die Kommission wird die Befugnis übertragen, gemäß Artikel 14b delegierte Rechtsakte zur Änderung des Anhangs III zu erlassen, um ihn an den technischen Fortschritt anzupassen.

(5) Die Fahrerbescheinigung trägt das Dienstsiegel der ausstellenden Behörde sowie eine Unterschrift und eine Seriennummer. Die Seriennummer der Fahrerbescheinigung kann im einzelstaatlichen elektronischen

Register der Kraftverkehrsunternehmen als Teil des Datensatzes zu dem Verkehrsunternehmen gespeichert werden, das die Bescheinigung dem darin genannten Fahrer zur Verfügung stellt.

(6) Die Fahrerbescheinigung ist <u>Eigentum des Verkehrsunternehmers</u>, der sie dem darin genannten Fahrer zur Verfügung stellt, wenn dieser Fahrer ein Fahrzeug im Verkehr mit einer dem Verkehrsunternehmer erteilten Gemeinschaftslizenz führt. Eine beglaubigte Kopie der von den zuständigen Behörden des Niederlassungsmitgliedstaats des Verkehrsunternehmers ausgestellten Fahrerbescheinigung ist in den Geschäftsräumen des Verkehrsunternehmers aufzubewahren. Die Fahrerbescheinigung ist jedem Kontrollberechtigten auf Verlangen vorzuzeigen.

(7) Die <u>Geltungsdauer</u> der Fahrerbescheinigung wird vom ausstellenden Mitgliedstaat festgesetzt; sie beträgt <u>höchstens fünf Jahre</u>. Vor dem Beginn der Anwendung dieser Verordnung ausgestellte Fahrerbescheinigungen bleiben bis zum Ablauf ihrer Geltungsdauer gültig.

Die Fahrerbescheinigung gilt nur, solange die Bedingungen, unter denen sie ausgestellt wurde, erfüllt sind. Die Mitgliedstaaten ergreifen die erforderlichen Maßnahmen, damit der Verkehrsunternehmer sie unverzüglich der ausstellenden Behörde zurückgibt, wenn diese Bedingungen nicht mehr erfüllt sind.

Artikel 6
Überprüfung der Bedingungen

(1) Bei Vorlage eines Antrags auf Erteilung einer Gemeinschaftslizenz oder eines Antrags auf Verlängerung der Gemeinschaftslizenz gemäß Artikel 4 Absatz 2 prüfen die zuständigen Behörden des Niederlassungsmitgliedstaats, ob der Verkehrsunternehmer die Voraussetzungen des Artikels 4 Absatz 1 erfüllt bzw. weiterhin erfüllt.

(2) Die zuständigen Behörden des Niederlassungsmitgliedstaats überprüfen regelmäßig, ob die Bedingungen des Artikels 5 Absatz 1, unter denen eine Fahrerbescheinigung ausgestellt wurde, weiterhin erfüllt sind; hierzu führen sie jedes Jahr Kontrollen in Bezug auf mindestens 20 % der in diesem Mitgliedstaat ausgestellten gültigen Fahrerbescheinigungen durch.

Artikel 7
Vorenthaltung und Entzug der Gemeinschaftslizenz und Fahrerbescheinigung

(1) Sind die in Artikel 4 Absatz 1 bzw. Artikel 5 Absatz 1 genannten Voraussetzungen nicht erfüllt, so lehnen die zuständigen Behörden des Niederlassungsmitgliedstaats die Erteilung oder Erneuerung der Gemeinschaftslizenz bzw. die Erteilung der Fahrerbescheinigung durch eine mit Gründen versehene Entscheidung ab.

(2) Die zuständigen Behörden entziehen die Gemeinschaftslizenz bzw. die Fahrerbescheinigung, wenn der Inhaber

a) die Voraussetzungen des Artikels 4 Absatz 1 bzw. Artikel 5 Absatz 1 nicht mehr erfüllt oder

b) zu Tatsachen, die für die Beantragung der Gemeinschaftslizenz bzw. der Fahrerbescheinigung erheblich waren, unrichtige Angaben gemacht hat.

KAPITEL III
KABOTAGE

Artikel 8
Allgemeiner Grundsatz

(1) Jeder Verkehrsunternehmer, der Inhaber einer Gemeinschaftslizenz ist und dessen Fahrer, wenn er Staatsangehöriger eines Drittlandes ist, eine Fahrerbescheinigung mit sich führt, ist unter den in diesem Kapitel festgelegten Bedingungen zur Durchführung von Kabotage berechtigt.

(2) Die in Absatz 1 genannten Güterkraftverkehrsunternehmer sind berechtigt, im Anschluss an eine grenzüberschreitende Beförderung aus einem anderen Mitgliedstaat oder einem Drittland in den Aufnahmemitgliedstaat nach Auslieferung der Güter bis zu drei Kabotagebeförderungen mit demselben Fahrzeug oder im Fall von Fahrzeugkombinationen mit dem Kraftfahrzeug desselben Fahrzeugs durchzuführen. Bei Kabotagebeförderungen erfolgt die letzte Entladung, bevor der Aufnahmemitgliedstaat verlassen wird, innerhalb von sieben Tagen nach der letzten Entladung der in den Aufnahmemitgliedstaat eingeführten Lieferung.

Innerhalb der Frist gemäß Unterabsatz 1 können die Verkehrsunternehmer einige oder alle der Kabotagebeförderungen, zu denen sie gemäß Unterabsatz 1 berechtigt sind, in jedem Mitgliedstaat unter der Voraussetzung durchführen, dass sie auf eine Kabotagebeförderung je Mitgliedstaat innerhalb von drei Tagen nach der Einfahrt des unbeladenen Fahrzeugs in das Hoheitsgebiet dieses Mitgliedstaats beschränkt sind.

(2a) Kraftverkehrsunternehmen dürfen innerhalb von vier Tagen nach Ende ihrer Kabotagebeförderung in einem Mitgliedstaat keine Kabotagebeförderungen mit demselben Fahrzeug oder im Fall einer Fahrzeugkombination mit dem Kraftfahrzeug desselben Fahrzeugs im selben Mitgliedstaat durchführen

(3) Innerstaatliche Güterkraftverkehrsdienste, die im Aufnahmemitgliedstaat von gebietsfremden Verkehrsunternehmern durchgeführt werden, gelten nur dann als mit dieser Verordnung vereinbar, wenn der Verkehrsunternehmer eindeutige Belege für die vorhergehende grenzüberschreitende Beförderung sowie für jede durchgeführte darauf folgende Kabotagebeförderung vorweisen kann. Falls sich das Fahrzeug innerhalb der Frist von vier Tagen vor der grenzüberschreitenden Beförderung in dem Hoheitsgebiet des Aufnahmemitgliedstaats befunden hat, muss der Verkehrsunternehmer zudem eindeutige Belege für alle Beförderungen vorlegen, die in diesem Zeitraum durchgeführt wurden.

Die in Unterabsatz 1 genannten Belege müssen für jede Beförderung folgende Angaben enthalten:

a)   Name, Anschrift und Unterschrift des Absenders;

b)   Name, Anschrift und Unterschrift des Verkehrsunternehmers;

c)   Name und Anschrift des Empfängers sowie nach erfolgter Lieferung dessen Unterschrift und das Datum der Lieferung;

d)   Ort und Datum der Übernahme der Ware sowie die Lieferadresse;

e)   die übliche Beschreibung der Art der Ware und ihrer Verpackung sowie bei Gefahrgütern ihre allgemein anerkannte Beschreibung, die Anzahl der Packstücke sowie deren besondere Zeichen und Nummern;

f)   die Bruttomasse der Güter oder eine sonstige Mengenangabe;

g) das amtliche Kennzeichen des Kraftfahrzeugs und des Anhängers.

(4) Es sind keine zusätzlichen Dokumente erforderlich, um nachzuweisen, dass die in diesem Artikel festgelegten Voraussetzungen erfüllt sind.

(4a) Die Belege nach Absatz 3 werden dem Kontrollberechtigten des Aufnahmemitgliedstaats während der Straßenkontrolle auf Verlangen ausgehändigt oder übermittelt. Sie können vorgezeigt oder unter Verwendung eines revidierbaren strukturierten Formats elektronisch übermittelt werden, das direkt für die Speicherung und die Verarbeitung durch Computer genutzt werden kann, beispielsweise einem elektronischen Frachtbrief (e-CMR) gemäß dem Zusatzprotokoll zum Übereinkommen über den Beförderungsvertrag im internationalen Straßengüterverkehr (CMR) betreffend den elektronischen Frachtbrief vom 20. Februar 2008. Der Fahrer ist berechtigt, während der Straßenkontrolle die Hauptverwaltung, den Verkehrsleiter oder jede andere Person oder Stelle zu kontaktieren, um in Absatz 3 genannte Belege vor dem Abschluss der Straßenkontrolle bereitzustellen.

(5) Jeder Verkehrsunternehmer, der im Mitgliedstaat der Niederlassung gemäß dessen Rechtsvorschriften berechtigt ist, den in Artikel 1 Absatz 5 Buchstaben a bis ca aufgeführten gewerblichen Güterkraftverkehr durchzuführen, ist unter den Bedingungen des vorliegenden Kapitels berechtigt, Kabotage der gleichen Art bzw. Kabotage mit Fahrzeugen der gleichen Kategorie durchzuführen.

(6) Die Zulassung zur Kabotage im Rahmen von Verkehrsleistungen gemäß Artikel 1 Absatz 5 Buchstaben d und e ist keinerlei Beschränkungen unterworfen.

Artikel 9
Vorschriften für die Kabotage

(1) Vorbehaltlich der Anwendung der Gemeinschaftsvorschriften unterliegt die Durchführung der Kabotage den Rechts- und Verwaltungsvorschriften des Aufnahmemitgliedstaats im Hinblick auf Folgendes:

a) für den Beförderungsvertrag geltende Bedingungen;

b) Fahrzeuggewichte und -abmessungen;

c) Vorschriften für die Beförderung bestimmter Kategorien von Beförderungsgut, insbesondere gefährlicher Güter, verderblicher Lebensmittel und lebender Tiere;

d) Lenk- und Ruhezeiten;

e) Mehrwertsteuer (MwSt.) auf die Beförderungsdienstleistungen.

Die unter Unterabsatz 1 Buchstabe b genannten Gewichte und Abmessungen dürfen gegebenenfalls die im Niederlassungsmitgliedstaat des Verkehrsunternehmers geltenden Gewichte und Abmessungen, keinesfalls aber die vom Aufnahmemitgliedstaat für den innerstaatlichen Verkehr festgelegten Höchstwerte oder die technischen Merkmale überschreiten, die in den Nachweisen gemäß Artikel 6 Absatz 1 der Richtlinie 96/53/EG des Rates vom 25. Juli 1996 zur Festlegung der höchstzulässigen Abmessungen für bestimmte Straßenfahrzeuge im innerstaatlichen und grenzüberschreitenden Verkehr in der Gemeinschaft sowie zur Festlegung der höchstzulässigen Gewichte im grenzüberschreitenden Verkehr vermerkt sind.

(2) Die in Absatz 1 genannten Rechts- und Verwaltungsvorschriften werden auf die gebietsfremden Verkehrsunternehmer unter denselben Bedingungen angewandt, wie sie der Aufnahmemitgliedstaat den

ansässigen Verkehrsunternehmern auferlegt, damit jede Diskriminierung aufgrund der Staatsangehörigkeit oder des Niederlassungsorts ausgeschlossen wird.

Artikel 10
Verfahren bei Schutzmaßnahmen

(1) Im Fall einer ernsten Marktstörung im innerstaatlichen Verkehr innerhalb eines bestimmten geografischen Gebiets, die auf die Kabotage zurückzuführen ist oder durch sie verschärft wird, kann sich jeder Mitgliedstaat an die Kommission wenden, damit Schutzmaßnahmen getroffen werden; der Mitgliedstaat macht der Kommission dabei die erforderlichen Angaben und teilt ihr mit, welche Maßnahmen er gegenüber den in seinem Hoheitsgebiet ansässigen Verkehrsunternehmern zu treffen gedenkt.

(2) Im Sinne des Absatzes 1 bezeichnet der Ausdruck

– „ernste Marktstörung im innerstaatlichen Verkehr innerhalb eines bestimmten geografischen Gebiets" das Auftreten spezifischer Probleme auf diesem Markt, die zu einem möglicherweise anhaltenden deutlichen Angebotsüberhang führen können, der das finanzielle Gleichgewicht und das Überleben zahlreicher Unternehmen im Güterkraftverkehr gefährden könnte;

– „geografisches Gebiet" ein Gebiet, das das gesamte Hoheitsgebiet eines Mitgliedstaats oder einen Teil davon umfasst oder sich auf das gesamte Hoheitsgebiet anderer Mitgliedstaaten oder auf einen Teil davon erstreckt.

(3) Die Kommission prüft den Fall insbesondere anhand der einschlägigen Daten und entscheidet nach Anhörung des gemäß Artikel 42 Absatz 1 der Verordnung (EU) Nr. 165/2014 des Europäischen Parlaments und des Rates eingesetzten Ausschusses innerhalb eines Monats nach Eingang des Antrags des Mitgliedstaats, ob Schutzmaßnahmen erforderlich sind, und ordnet diese gegebenenfalls an.

Diese Maßnahmen können beinhalten, dass das betreffende geografische Gebiet zeitweilig vom Anwendungsbereich dieser Verordnung ausgenommen wird.

Die gemäß diesem Artikel getroffenen Maßnahmen dürfen höchstens sechs Monate in Kraft bleiben; ihre Geltungsdauer kann unter denselben Geltungsbedingungen einmal verlängert werden.

Die Kommission teilt den Mitgliedstaaten und dem Rat die gemäß diesem Absatz getroffenen Entscheidungen unverzüglich mit.

(4) Beschließt die Kommission Schutzmaßnahmen, die einen oder mehrere Mitgliedstaaten betreffen, so sind die zuständigen Behörden dieser Mitgliedstaaten gehalten, gegenüber den in ihrem Hoheitsgebiet ansässigen Verkehrsunternehmern Maßnahmen gleicher Wirkung zu ergreifen; sie setzen die Kommission davon in Kenntnis. Diese Maßnahmen gelten spätestens ab demselben Zeitpunkt wie die von der Kommission angeordneten Schutzmaßnahmen.

(5) Jeder Mitgliedstaat kann den Rat binnen 30 Tagen nach der Mitteilung mit einem von der Kommission nach Absatz 3 getroffenen Beschluss befassen. Der Rat kann mit qualifizierter Mehrheit innerhalb von 30 Tagen ab dem Zeitpunkt, zu dem er von einem Mitgliedstaat befasst wurde, oder, im Fall der Befassung durch mehrere Mitgliedstaaten, ab dem Zeitpunkt der ersten Befassung einen anders lautenden Beschluss fassen.

Für den Beschluss des Rates gelten die Geltungsbedingungen nach Absatz 3 Unterabsatz 3. Die zuständigen Behörden der betreffenden Mitgliedstaaten sind gehalten, gegenüber den in ihrem Hoheitsgebiet ansässigen Verkehrsunternehmern Maßnahmen gleicher Wirkung zu ergreifen; sie setzen die Kommission hiervon in Kenntnis. Beschließt der Rat innerhalb der in Unterabsatz 2 genannten Frist nicht, so wird der Beschluss der Kommission endgültig.

(6) Ist die Kommission der Auffassung, dass die Geltungsdauer der nach Absatz 3 getroffenen Maßnahmen verlängert werden muss, so unterbreitet sie dem Rat einen Vorschlag; der Rat beschließt hierüber mit qualifizierter Mehrheit.

(7) Zusätzlich zu den Absätzen 1 bis 6 des vorliegenden Artikels und abweichend von Artikel 4 der Richtlinie 92/106/EWG können Mitgliedstaaten, wenn das zur Vermeidung von Missbrauch der letztgenannten Bestimmung durch unbegrenzte und ununterbrochene Verkehrsdienste in Form von Zu- oder Ablaufverkehren auf der Straße innerhalb eines Aufnahmemitgliedstaats als Bestandteil des kombinierten Verkehrs zwischen Mitgliedstaaten erforderlich ist, vorsehen, dass Artikel 8 der vorliegenden Verordnung für Verkehrsunternehmer im Fall solcher Zu- oder Ablaufverkehre auf der Straße innerhalb dieses Mitgliedstaats Anwendung findet. Für derartige Zu- und/oder Ablaufverkehre auf der Straße können die Mitgliedstaaten einen längeren als den in Artikel 8 Absatz 2 der vorliegenden Verordnung vorgesehenen Zeitraum von sieben Tagen und einen kürzeren als den in Artikel 8 Absatz 2a der vorliegenden Verordnung vorgesehenen Zeitraum von vier Tagen vorsehen. Die Anwendung von Artikel 8 Absatz 4 der vorliegenden Verordnung auf derartige Beförderungen berührt nicht die Anforderungen, die sich aus der Richtlinie 92/106/EWG ergeben. Mitgliedstaaten, die von der im vorliegenden Absatz vorgesehenen Abweichung Gebrauch machen, unterrichten hiervon die Kommission, bevor sie ihre einschlägigen einzelstaatlichen Maßnahmen anwenden. Sie überprüfen diese Maßnahmen mindestens alle fünf Jahre und unterrichten die Kommission über die Ergebnisse dieser Überprüfung. Sie machen die Vorschriften, einschließlich der jeweiligen Fristen, in transparenter Weise öffentlich zugänglich.

Artikel 10a
Kontrollen

(1) Um die Verpflichtungen aus diesem Kapitel auch weiter durchzusetzen, stellen die Mitgliedstaaten sicher, dass in ihrem jeweiligen Hoheitsgebiet eine schlüssige nationale Durchsetzungsstrategie angewandt wird. Diese Strategie muss besonders auf die in Artikel 9 der Richtlinie 2006/22/EG des Europäischen Parlaments und des Rates genannten Unternehmen mit einer hohen Risikoeinstufung ausgerichtet sein.

(2) Jeder Mitgliedstaat stellt sicher, dass die in Artikel 2 der Richtlinie 2006/22/EG vorgesehenen Kontrollen gegebenenfalls Kontrollen von Kabotagebeförderungen umfassen.

(3) Die Mitgliedstaaten führen mindestens zweimal jährlich miteinander abgestimmte Straßenkontrollen von Kabotagebeförderungen durch. Diese Kontrollen werden gleichzeitig von den nationalen Behörden zweier oder mehrerer Mitgliedstaaten, die für die Durchsetzung der Vorschriften im Straßenverkehr zuständig sind, in ihren jeweiligen Hoheitsgebieten durchgeführt. Die Mitgliedstaaten können diese Maßnahmen mit den Maßnahmen nach Artikel 5 der Richtlinie 2006/22/EG kombinieren. Die einzelstaatlichen Kontaktstellen nach

Artikel 18 Absatz 1 der Verordnung (EG) Nr. 1071/2009 tauschen nach der Durchführung der abgestimmten Straßenkontrollen Informationen über Anzahl und Art der festgestellten Verstöße aus.

KAPITEL IV
GEGENSEITIGE AMTSHILFE UND SANKTIONEN

Artikel 11
Gegenseitige Amtshilfe

Die Mitgliedstaaten leisten einander Amtshilfe bei der Durchführung und Überwachung dieser Verordnung. Sie tauschen Informationen über die gemäß Artikel 18 der Verordnung (EG) Nr. 1071/2009 eingerichteten einzelstaatlichen Kontaktstellen aus.

Artikel 12
Ahndung von Verstößen durch den Niederlassungsmitgliedstaat

(1) Bei einem schwerwiegenden Verstoß gegen die Gemeinschaftsvorschriften im Bereich des Straßenverkehrs in einem Mitgliedstaat bzw. bei Feststellung solcher Verstöße in einem Mitgliedstaat treffen die zuständigen Behörden des Niederlassungsmitgliedstaats des Verkehrsunternehmers, der den Verstoß begangen hat, die für diesen Fall geeigneten Maßnahmen, die eine Verwarnung einschließen können, falls diese vom einzelstaatlichen Recht vorgesehen ist, und die unter anderem zur Verhängung der folgenden Verwaltungssanktionen führen können:

a) dem befristeten oder dauerhaften Entzug einiger oder aller beglaubigten Kopien der Gemeinschaftslizenz;

b) dem befristeten oder dauerhaften Entzug der Gemeinschaftslizenz.

Diese Sanktionen können nach der endgültigen Entscheidung in der Angelegenheit bestimmt werden; sie richten sich nach der Schwere des vom Inhaber der Gemeinschaftslizenz begangenen Verstoßes und der Gesamtzahl der beglaubigten Kopien der Lizenz, über die dieser für seinen grenzüberschreitenden Güterkraftverkehr verfügt.

(2) Bei schwerwiegenden Verstößen im Sinne eines Missbrauchs von Fahrerbescheinigungen verhängen die zuständigen Behörden des Niederlassungsmitgliedstaats des Verkehrsunternehmers, der gegen die Bestimmungen verstoßen hat, angemessene Sanktionen, die unter anderem in Folgendem bestehen:

a) Aussetzung der Ausstellung von Fahrerbescheinigungen;

b) Entzug von Fahrerbescheinigungen;

c) zusätzliche Bedingungen für die Ausstellung von Fahrerbescheinigungen, um einen Missbrauch zu verhindern;

d) befristeter oder dauerhafter Entzug einiger oder aller beglaubigten Kopien der Gemeinschaftslizenz;

e) befristeter oder dauerhafter Entzug der Gemeinschaftslizenz.

Diese Sanktionen, die nach der endgültigen Entscheidung in der Angelegenheit bestimmt werden können, richten sich nach der Schwere des vom Inhaber der Gemeinschaftslizenz begangenen Verstoßes.

(3) Die zuständigen Behörden des Niederlassungsmitgliedstaats teilen den zuständigen Behörden des Mitgliedstaats, in dessen Hoheitsgebiet der Verstoß festgestellt wurde, so bald wie möglich, spätestens jedoch sechs Wochen nach der endgültigen Entscheidung in der Angelegenheit mit, ob und welche der in den Absätzen 1 und 2 genannten Sanktionen verhängt wurden.

Falls keine Sanktionen verhängt wurden, gibt die zuständige Behörde des Niederlassungsmitgliedstaats die Gründe hierfür an.

(4) Die zuständigen Behörden achten darauf, dass die gegen den betreffenden Verkehrsunternehmer verhängten Sanktionen insgesamt in einem angemessenen Verhältnis zu dem bzw. den zugrunde liegenden Verstößen stehen, und berücksichtigen dabei etwaige Sanktionen, die im Mitgliedstaat, in dessen Hoheitsgebiet die Verstöße festgestellt wurden, verhängt wurden.

(5) Die zuständigen Behörden des Niederlassungsmitgliedstaats des Verkehrsunternehmers können gegen den Verkehrsunternehmer ferner in Anwendung der innerstaatlichen Rechtsvorschriften Verfahren vor einem zuständigen nationalen Gericht einleiten. Sie unterrichten die zuständige Behörde des Aufnahmemitgliedstaats über die zu diesem Zweck getroffenen Entscheidungen.

(6) Die Mitgliedstaaten stellen sicher, dass die Verkehrsunternehmer gegen jede verwaltungsrechtliche Sanktion, die aufgrund dieses Artikels gegen sie verhängt wird, einen Rechtsbehelf einlegen können.

Artikel 13
Ahndung von Verstößen durch den Aufnahmemitgliedstaat

(1) Erhalten die zuständigen Behörden eines Mitgliedstaats davon Kenntnis, dass ein gebietsfremder Verkehrsunternehmer einen schwerwiegenden Verstoß gegen diese Verordnung oder gegen Gemeinschaftsvorschriften im Bereich des Straßenverkehrs begangen hat, so übermittelt der Mitgliedstaat, in dessen Hoheitsgebiet der Verstoß festgestellt worden ist, den zuständigen Behörden des Niederlassungsmitgliedstaats des Verkehrsunternehmers so bald wie möglich, spätestens jedoch sechs Wochen nach ihrer endgültigen Entscheidung in der Angelegenheit, die folgenden Informationen:

a)   eine Beschreibung des Verstoßes mit Datums- und Zeitangabe;

b)   Kategorie, Art und Schwere des Verstoßes;

c)   die verhängten und vollzogenen Sanktionen.

Die zuständigen Behörden des Aufnahmemitgliedstaats können die zuständigen Behörden des Niederlassungsmitgliedstaats ersuchen, den Verstoß durch Verwaltungssanktionen gemäß Artikel 12 zu ahnden.

(2) Unbeschadet einer etwaigen strafrechtlichen Verfolgung sind die zuständigen Behörden des Aufnahmemitgliedstaats befugt, gegen einen gebietsfremden Verkehrsunternehmer, der anlässlich einer Kabotage in seinem Hoheitsgebiet gegen diese Verordnung oder gegen nationale oder gemeinschaftliche Vorschriften im Bereich des Straßenverkehrs verstoßen hat, Sanktionen zu verhängen. Diese Sanktionen dürfen keine Diskriminierung beinhalten. Die Sanktionen können insbesondere in einer Verwarnung oder, bei einem schwerwiegenden Verstoß, in einem zeitweiligen Verbot der Kabotage in dem Aufnahmemitgliedstaat, in dem der Verstoß begangen wurde, bestehen.

(3) Die Mitgliedstaaten stellen sicher, dass die Verkehrsunternehmer gegen jede verwaltungsrechtliche Sanktion, die aufgrund dieses Artikels gegen sie verhängt wird, einen Rechtsbehelf einlegen können.

Artikel 14
Eintrag in die einzelstaatlichen elektronischen Register

Die Mitgliedstaaten stellen sicher, dass schwerwiegende Verstöße gegen Gemeinschaftsvorschriften im Bereich des Straßenverkehrs durch in ihrem Hoheitsgebiet niedergelassene Verkehrsunternehmer, die in einem Mitgliedstaat zur Verhängung von Sanktionen geführt haben, sowie jeder befristete oder dauerhafte Entzug der Gemeinschaftslizenz oder deren beglaubigter Kopie in das einzelstaatliche elektronische Register der Kraftverkehrsunternehmen eingetragen werden. Einträge im Register, die einen befristeten oder dauerhaften Entzug einer Gemeinschaftslizenz betreffen, bleiben zwei Jahre in der Datenbank gespeichert; die Zweijahresfrist wird im Falle eines befristeten Entzugs ab dem Ablauf des Entzugszeitraums oder im Falle eines dauerhaften Entzugs ab dem Zeitpunkt des Entzugs berechnet.

Artikel 14a
Haftung

Die Mitgliedstaaten erlassen Vorschriften über Sanktionen gegen Versender, Spediteure, Auftragnehmer und Unterauftragnehmer bei Verstößen gegen die Kapitel II oder III, wenn diese wussten oder angesichts aller relevanten Umstände hätten wissen müssen, dass mit den Verkehrsdiensten, die sie in Auftrag gegeben haben, gegen diese Verordnung verstoßen wird.

Artikel 14b
Ausübung der Befugnisübertragung

(1) Die Befugnis zum Erlass delegierter Rechtsakte wird der Kommission unter den in diesem Artikel festgelegten Bedingungen übertragen.

(2) Die Befugnis zum Erlass delegierter Rechtsakte gemäß Artikel 4 Absatz 4 und Artikel 5 Absatz 4 wird der Kommission auf unbestimmte Zeit ab dem 20. August 2020 übertragen.

(3) Die Befugnisübertragung gemäß Artikel 4 Absatz 4 und Artikel 5 Absatz 4 kann vom Europäischen Parlament oder vom Rat jederzeit widerrufen werden. Der Beschluss über den Widerruf beendet die Übertragung der in diesem Beschluss angegebenen Befugnis. Er wird am Tag nach seiner Veröffentlichung im Amtsblatt der Europäischen Union oder zu einem im Beschluss über den Widerruf angegebenen späteren Zeitpunkt wirksam. Die Gültigkeit von delegierten Rechtsakten, die bereits in Kraft sind, wird von dem Beschluss über den Widerruf nicht berührt.

(4) Vor dem Erlass eines delegierten Rechtsakts konsultiert die Kommission die von den einzelnen Mitgliedstaaten benannten Sachverständigen im Einklang mit den in der Interinstitutionellen Vereinbarung vom 13. April 2016 über bessere Rechtsetzung enthaltenen Grundsätzen.

(5) Sobald die Kommission einen delegierten Rechtsakt erlässt, übermittelt sie ihn gleichzeitig dem Europäischen Parlament und dem Rat.

(6) Ein delegierter Rechtsakt, der gemäß Artikel 4 Absatz 4 und Artikel 5 Absatz 4 erlassen wurde, tritt nur in Kraft, wenn weder das Europäische Parlament noch der Rat innerhalb einer Frist von zwei Monaten nach Übermittlung dieses Rechtsakts an das Europäische Parlament und den Rat Einwände erhoben haben oder wenn vor Ablauf dieser Frist sowohl das Europäische Parlament als auch der Rat der Kommission mitgeteilt haben, dass sie keine Einwände erheben werden. Auf Initiative des Europäischen Parlaments oder des Rates wird diese Frist um zwei Monate verlängert.

KAPITEL V
DURCHFÜHRUNG

Artikel 15
(gestrichen)

Artikel 16
Sanktionen

Die Mitgliedstaaten legen die Sanktionen fest, die bei einem Verstoß gegen Bestimmungen dieser Verordnung zu verhängen sind, und treffen alle geeigneten Maßnahmen, um deren Durchsetzung zu gewährleisten. Die Sanktionen müssen wirksam, verhältnismäßig und abschreckend sein. Die Mitgliedstaaten teilen diese Vorschriften der Kommission spätestens bis zum 4. Dezember 2011 mit und teilen ihr alle sie betreffenden nachfolgenden Änderungen unverzüglich mit.

Die Mitgliedstaaten gewährleisten, dass diese Maßnahmen ohne Diskriminierung aufgrund der Staatsangehörigkeit oder des Niederlassungsorts des Verkehrsunternehmens durchgeführt werden.

Artikel 17
Berichterstattung und Überprüfung

(1) Die Mitgliedstaaten unterrichten die Kommission spätestens am 31. März jedes zweiten Jahres von der Anzahl der Verkehrsunternehmer, die jeweils am 31. Dezember der vorangegangenen beiden Jahre Inhaber einer Gemeinschaftslizenz waren, und von der Anzahl der beglaubigten Kopien für die zu diesem Zeitpunkt zugelassenen Fahrzeuge. Die Berichte für den Zeitraum nach dem 20. Mai 2022 enthalten auch eine Aufschlüsselung dieser Positionen nach Güterkraftverkehrsunternehmern, die grenzüberschreitende Beförderungen ausschließlich mit Fahrzeugen durchführen, deren zulässige Gesamtmasse 3,5 t nicht überschreitet, und den sonstigen Güterkraftverkehrsunternehmen.

(2) Die Mitgliedstaaten teilen der Kommission spätestens am 31. März jedes zweiten Jahres die Anzahl der in den vorangegangenen beiden Kalenderjahren jeweils ausgestellten Fahrerbescheinigungen sowie die Anzahl der Fahrerbescheinigungen mit, die sich jeweils am 31. Dezember der vorangegangen beiden Kalenderjahre insgesamt im Umlauf befanden. Die Berichte für den Zeitraum nach dem 20. Mai 2022 enthalten auch eine Aufschlüsselung dieser Positionen nach Güterkraftverkehrsunternehmern, die grenzüberschreitende Beförderungen ausschließlich mit Fahrzeugen durchführen, deren zulässige Gesamtmasse 3,5 t nicht überschreitet, und den sonstigen Güterkraftverkehrsunternehmen.

(3) Die Mitgliedstaaten übermitteln der Kommission spätestens am 21. August 2022 ihre jeweilige gemäß Artikel 10a angenommene nationale Durchsetzungsstrategie. Die Mitgliedstaaten unterrichten die Kommission spätestens am 31. März jedes Jahres von den im vorangegangenen Kalenderjahr gemäß Artikel 10a durchgeführten Durchsetzungsmaßnahmen, einschließlich gegebenenfalls der Anzahl der durchgeführten Kontrollen. Diese Angaben umfassen auch die Anzahl der überprüften Fahrzeuge.

(4) Die Kommission erstellt bis 21. August 2024 einen Bericht über die Lage auf dem Güterkraftverkehrsmarkt der Union. Dieser Bericht enthält eine Analyse der Marktlage einschließlich einer Bewertung der Wirksamkeit der Kontrollen und der Entwicklung der Beschäftigungsbedingungen in der Branche.

(5) Die Kommission überprüft die Umsetzung dieser Verordnung, insbesondere die Auswirkungen der mit der Verordnung (EU) 2020/1055 des Europäischen Parlaments und des Rates eingeführten Änderungen des Artikels 8, bis zum 21. August 2023 und erstattet dem Europäischen Parlament und dem Rat Bericht über die Anwendung dieser Verordnung.

(6) Nach Vorlage des Berichts nach Absatz 5 überprüft die Kommission diese Verordnung regelmäßig und legt die Ergebnisse ihrer Überprüfung dem Europäischen Parlament und dem Rat vor.

(7) Den in den Absätzen 5 und 6 genannten Berichten werden gegebenenfalls geeignete Gesetzgebungsvorschläge beigefügt.

KAPITEL VI
SCHLUSSBESTIMMUNGEN

Artikel 18
Aufhebungen

Die Verordnungen (EWG) Nr. 881/92 und (EWG) Nr. 3118/93 sowie die Richtlinie 2006/94/EG werden aufgehoben.

Verweisungen auf die aufgehobenen Verordnungen und die aufgehobene Richtlinie gelten als Verweisungen auf die vorliegende Verordnung und sind nach Maßgabe der Entsprechungstabelle im Anhang IV zu lesen.

Artikel 19
Inkrafttreten

Diese Verordnung tritt am zwanzigsten Tag nach ihrer Veröffentlichung im Amtsblatt der Europäischen Union in Kraft.

Sie gilt ab dem 4. Dezember 2011, mit Ausnahme der Artikel 8 und 9, die am 14. Mai 2010 in Kraft treten.

Anhang I (zu Verordnung (EG) Nr. 1072/2009)

Sicherheitsmerkmale der Gemeinschaftslizenz und der Fahrerbescheinigung

Die Gemeinschaftslizenz und die Fahrerbescheinigung müssen mindestens zwei der folgenden Sicherheitsmerkmale aufweisen:

- ein Hologramm,

- Spezialfasern im Papier, die unter UV-Licht sichtbar werden,

- mindestens eine Mikrodruckzeile (Aufdruck nur unter einem Vergrößerungsglas sichtbar und von Fotokopiergeräten nicht reproduzierbar),

- fühlbare Zeichen, Symbole oder Muster,

- doppelte Nummerierung: Seriennummer der Gemeinschaftslizenz, ihrer beglaubigten Kopie oder der Fahrerbescheinigungen sowie, in jedem Fall, die Ausgabenummer,

- Sicherheitsuntergrund mit feinen Guillochenmustern und Irisdruck.

Anhang II (zu Verordnung (EG) Nr. 1072/2009)

Muster für die Gemeinschaftslizenz

EUROPÄISCHE GEMEINSCHAFT

(a)

(Farbe: Pantone hellblau 290 oder dieser Farbe so ähnlich wie möglich — Format DIN A4, Zellulosepapier 100 g/m² oder mehr)

(Erste Seite der Lizenz)

(Der Text ist in der (den) Amtssprache(n) oder einer der Amtssprachen des Mitgliedstaats abgefasst, der die Lizenz ausstellt)

Nationalitätskennzeichen (¹) des Mitgliedstaats, der die Lizenz ausstellt	Bezeichnung der zuständigen Behörde oder Stelle

LIZENZ Nr. …

(oder)

BEGLAUBIGTE KOPIE Nr. …

für den grenzüberschreitenden gewerblichen Güterkraftverkehr

Diese Lizenz berechtigt (²) ....

....

auf allen Verkehrsverbindungen für die Wegstrecken im Gebiet der Gemeinschaft zum grenzüberschreitenden gewerblichen Güterkraftverkehr im Sinne der Verordnung (EG) Nr. 1072/2009 des Europäischen Parlaments und des Rates vom 21. Oktober 2009 über gemeinsame Regeln für den Zugang zum Markt des grenzüberschreitenden Güterkraftverkehrs und nach Maßgabe der allgemeinen Bestimmungen dieser Lizenz.

Besondere Bemerkungen: ....

....

Diese Lizenz gilt vom .... bis zum ....

Ausgestellt in ...., am ....

.... (³)

_____

(¹) Nationalitätskennzeichen der Mitgliedstaaten: (B) Belgien, (BG) Bulgarien, (CZ) Tschechische Republik, (DK) Dänemark, (D) Deutschland, (EST) Estland, (IRL) Irland, (GR) Griechenland, (E) Spanien, (F) Frankreich, (HR) Kroatien, (IRL) Irland, (I) Italien, (CY) Zypern, (LV) Lettland, (LT) Litauen, (L) Luxemburg, (H) Ungarn, (M) Malta, (NL) Niederlande, (A) Österreich, (PL) Polen, (P) Portugal, (RO) Rumänien, (SLO) Slowenien, (SK) Slowakei, (FIN) Finnland, (S) Schweden, (UK) Vereinigtes Königreich. ◄

(²) Name oder Firma und vollständige Anschrift des Verkehrsunternehmers.

(³) Unterschrift und Dienstsiegel der zuständigen Behörde oder Stelle, die die Lizenz erteilt.

(b)

(Zweite Seite der Lizenz)

(Der Text ist in der (den) Amtssprache(n) oder einer der Amtssprachen des Mitgliedstaats abgefasst, der die Lizenz ausstellt)

ALLGEMEINE BESTIMMUNGEN

Diese Lizenz wird gemäß der Verordnung (EG) Nr. 1072/2009 erteilt.

Sie berechtigt auf allen Verkehrsverbindungen für die Wegstrecken im Gebiet der Gemeinschaft, gegebenenfalls unter den in der Lizenz festgelegten Bedingungen, zum grenzüberschreitenden gewerblichen Güterkraftverkehr für Beförderungen

— bei denen sich Ausgangspunkt und Bestimmungsort in zwei verschiedenen Mitgliedstaaten befinden, mit oder ohne Transit durch einen oder mehrere Mitgliedstaaten oder ein oder mehrere Drittländer;

— von einem Mitgliedstaat in ein Drittland oder umgekehrt, mit oder ohne Transit durch einen oder mehrere Mitgliedstaaten oder eines oder mehrere Drittländer;

— zwischen Drittländern mit Transit durch einen oder mehrere Mitgliedstaaten

sowie zu Leerfahrten in Verbindung mit diesen Beförderungen.

Bei Beförderungen von einem Mitgliedstaat nach einem Drittland und umgekehrt gilt diese Lizenz für die Wegstrecke im Hoheitsgebiet der Gemeinschaft. In dem Mitgliedstaat, in dem die Be- oder Entladung stattfindet, gilt diese Lizenz erst, nachdem das hierzu erforderliche Abkommen zwischen der Gemeinschaft und dem betreffenden Drittland gemäß der Verordnung (EG) Nr. 1072/2009 geschlossen worden ist.

Die Lizenz ist persönlich und nicht übertragbar.

Sie kann von der zuständigen Behörde des Mitgliedstaats, der sie erteilt hat, insbesondere dann entzogen werden, wenn der Lizenzinhaber

— nicht alle Bedingungen für die Verwendung der Lizenz erfüllt hat;

— zu Tatsachen, die für die Erteilung bzw. Erneuerung der Lizenz erheblich waren, unrichtige Angaben gemacht hat.

Das Original der Lizenz ist vom Verkehrsunternehmer aufzubewahren.

Eine beglaubigte Kopie der Lizenz ist im Fahrzeug mitzuführen ([1]). Bei Fahrzeugkombinationen ist sie im Kraftfahrzeug mitzuführen. Sie gilt für die gesamte Fahrzeugkombination auch dann, wenn der Anhänger oder Sattelanhänger nicht auf den Namen des Lizenzinhabers amtlich zugelassen oder zum Verkehr zugelassen ist oder wenn er in einem anderen Staat amtlich zugelassen oder zum Verkehr zugelassen ist.

Die Lizenz ist jedem Kontrollberechtigten auf Verlangen vorzuzeigen.

Der Lizenzinhaber ist verpflichtet, im Hoheitsgebiet jedes Mitgliedstaats die im jeweiligen Staat geltenden Rechts- und Verwaltungsvorschriften, insbesondere für Beförderungen und für den Straßenverkehr, einzuhalten.

---

(1) „Fahrzeug" ist ein in einem Mitgliedstaat amtlich zugelassenes Kraftfahrzeug oder eine Fahrzeugkombination, bei der zumindest das Kraftfahrzeug in einem Mitgliedstaat amtlich zugelassen ist, sofern sie ausschließlich für die Güterbeförderung verwendet werden.

Anhang III (zu Verordnung (EG) Nr. 1072/2009)

(a)

(Farbe: Pantone rosa 182 oder dieser Farbe so ähnlich wie möglich — Format DIN A4, Zellulosepapier 100 g/m² oder mehr)

(Erste Seite der Bescheinigung)

(Der Text ist in der (den) Amtssprache(n) oder einer der Amtssprachen des Mitgliedstaats abgefasst, der die Bescheinigung ausstellt)

Nationalitätskennzeichen des Mitgliedstaats (¹), der die Bescheinigung ausstellt	Bezeichnung der zuständigen Behörde oder Stelle

FAHRERBESCHEINIGUNG Nr. ...

für den gewerblichen Güterkraftverkehr im Rahmen der Gemeinschaftslizenz

(Verordnung (EG) Nr. 1072/2009 des Europäischen Parlaments und des Rates vom 21.Oktober 2009 über gemeinsame Regeln für den Zugang zum Markt des grenzüberschreitenden Güterkraftverkehrs)

Hiermit wird bescheinigt, dass angesichts der Unterlagen, die von

....(²)

vorgelegt worden sind,

der folgende Fahrer:

Name und Vorname:	
Geburtsdatum und Geburtsort:	Staatsangehörigkeit: ....
Art und Nummer des Ausweises:	
ausgestellt am	in ....
Nummer der Fahrerlaubnis	
ausgestellt am	in ....
Nummer der Sozialversicherung	

gemäß den Rechts- und Verwaltungsvorschriften und gegebenenfalls, je nach den Vorschriften des nachstehend genannten Mitgliedstaats, gemäß den Tarifverträgen über die in diesem Mitgliedstaat geltenden Bedingungen für die Beschäftigung und Berufsausbildung von Fahrern beschäftigt wird, um dort Beförderungen im Güterkraftverkehr vorzunehmen:

....(³)

Besondere Bemerkungen: ....

Diese Bescheinigung gilt vom	bis zum ....
Ausgestellt in	am ....
.... (⁴)	

_____

(¹) Nationalitätskennzeichen der Mitgliedstaaten: (B) Belgien, (BG) Bulgarien, (CZ) Tschechische Republik, (DK) Dänemark, (D) Deutschland, (EST) Estland, (IRL) Irland, (GR) Griechenland, (E) Spanien, (F) Frankreich, (HR) Kroatien, (IRL) Irland, (I) Italien, (CY) Zypern, (LV) Lettland, (LT) Litauen, (L) Luxemburg, (H) Ungarn, (M) Malta, (NL) Niederlande, (A) Österreich, (PL) Polen, (P) Portugal, (RO) Rumänien, (SLO) Slowenien, (SK)Slowakei, (FIN) Finnland, (S) Schweden, (UK) Vereinigtes Königreich. ◄
(²) Name oder Firma und vollständige Anschrift des Verkehrsunternehmers.
(³) Name des Mitgliedstaats, in dem der Verkehrsunternehmer ansässig ist.
(⁴) Unterschrift und Dienstsiegel der ausstellenden zuständigen Behörde oder Stelle.

GüKGrKabotageV (Verordnung „Kabotageverkehr")

Verordnung über den grenzüberschreitenden Güterkraftverkehr und den Kabotageverkehr
zuletzt geändert durch Art. 127 Gesetz vom 10.08.2021 (BGBl. I S. 3436) m.W.v. 01.01.2024
sowie Art. 29 Gesetz vom 02.03.2023 (BGBl. 2023 I Nr. 56) m.W.v. 09.03.2023
– Nichtamtliche Fassung (Auszug) –

1. Abschnitt
Güterkraftverkehr mit Gemeinschaftslizenzen

§ 1 Erteilung und Entziehung der Gemeinschaftslizenz

(1) [1]Für die Gemeinschaftslizenz im Sinne der Verordnung (EG) Nr. 1072/2009 des Europäischen Parlaments und des Rates vom 21. Oktober 2009 über gemeinsame Regeln für den Zugang zum Markt des grenzüberschreitenden Güterkraftverkehrs (ABl. L 300 vom 14.11.2009, S. 72) gelten folgende Bestimmungen des Güterkraftverkehrsgesetzes entsprechend:

1. § 3 Absatz 3 und 5,
2. § 3 Absatz 5a und 5b,
3. § 4 (Unterrichtung der Berufsgenossenschaft), wenn dem Unternehmer keine Erlaubnis nach § 3 des Güterkraftverkehrsgesetzes erteilt ist,
4. § 8 (vorläufige Weiterführung der Güterkraftverkehrsgeschäfte) und
5. § 21a (Aufsicht).

[2]§ 10 der Berufszugangsverordnung für den Güterkraftverkehr vom 21. Dezember 2011 (BGBl. I S. 3120) gilt entsprechend.

(2) [1]Die Gemeinschaftslizenz und die beglaubigten Kopien werden nach dem Muster des Anhangs II der Verordnung (EG) Nr. 1072/2009 ausgestellt. [2]Sie enthalten eine Seriennummer und eine Ausgabenummer und sind mit einem Trockenprägestempel zu stempeln.

§ 2 Änderungsmitteilung und Urkundenänderung

[1]Ändert sich nach der Erteilung der Gemeinschaftslizenz eine der in Artikel 16 Absatz 2 Buchstabe a bis d der Verordnung (EG) Nr. 1071/2009 des Europäischen Parlaments und des Rates vom 21. Oktober 2009 zur Festlegung gemeinsamer Regeln für die Zulassung zum Beruf des Kraftverkehrsunternehmers und zur Aufhebung der Richtlinie 96/26/EG (ABl. L 300 vom 14.11.2009, S. 51) genannten Angaben, eine zur Vertretung ermächtigte Person oder das zuständige Amtsgericht, falls das Unternehmen im Handels-, Genossenschafts- oder Gesellschaftsregister eingetragen ist, so hat der Unternehmer dies der nach Landesrecht zuständigen Behörde unverzüglich mitzuteilen und auf Verlangen nachzuweisen. [2]Ist nach Auffassung der nach

Landesrecht zuständigen Behörde eine Änderung der Lizenzurkunde erforderlich, so hat das Unternehmen die Lizenzurkunde und deren beglaubigten Kopien unverzüglich vorzulegen.

§ 3 Zuständigkeiten des Bundesamtes für Güterverkehr (Bundesamt)

Das Bundesamt für Logistik und Mobilität (Bundesamt) ist zuständig für die Unterrichtungen nach Artikel 17 Absatz 1 und 2 und die Maßnahmen nach Artikel 13 Absatz 2 der Verordnung (EG) Nr. 1072/2009.

2. Abschnitt
Grenzüberschreitender Güterkraftverkehr mit CEMT-Genehmigungen
und CEMT-Umzugsgenehmigungen

§ 4 Geltungsbereich, Erteilung und Entziehung der CEMT-Genehmigung

(1) [1]Die CEMT-Genehmigung nach der Resolution des Ministerrates der Europäischen Konferenz der Verkehrsminister (CEMT) über das Inkraftsetzen eines multilateralen Kontingents im internationalen Straßengüterverkehr vom 14. Juni 1973 (BGBl. 1974 II S. 298) in der jeweils geltenden Fassung wird einem Unternehmer mit Sitz des Unternehmens in Deutschland erteilt, der

1. Inhaber einer Erlaubnis im Sinne des § 3 des Güterkraftverkehrsgesetzes oder einer Gemeinschaftslizenz im Sinne des Artikels 4 der Verordnung (EG) Nr. 1072/2009 ist und

2. die Voraussetzungen dafür erfüllt, dass die Genehmigung hinreichend genutzt wird.

[2]Die CEMT-Genehmigung wird mit einer Gültigkeit von einem Kalenderjahr (Jahresgenehmigung) oder mit einer Gültigkeit von 30 Tagen (Kurzzeitgenehmigung) erteilt. [3]Im laufenden Kalenderjahr erteilte Jahresgenehmigungen gelten ab dem Tag der Ausstellung bis zum Ablauf des Kalenderjahres, in dem die Erteilung erfolgt.

(2) [1]Zuständige Erteilungsbehörde ist das Bundesamt. [2]Der Antrag ist schriftlich bis zum 1. Oktober des Antragsjahres bei der Außenstelle des Bundesamtes zu stellen, in deren Bezirk der Unternehmer den Sitz seines Unternehmens hat. [3]Der Antragsteller hat seinem Antrag eine Kopie der Erlaubnis oder Gemeinschaftslizenz beizufügen. [4]Die weiteren Einzelheiten des Erteilungsverfahrens (öffentliche Ausschreibung), insbesondere zu den Voraussetzungen einer hinreichenden Nutzung der Genehmigung, werden durch eine Richtlinie geregelt, die das Bundesministerium für Verkehr und digitale Infrastruktur im Benehmen mit den obersten Verkehrsbehörden der Länder erlässt. Liegen zwingende betriebliche oder persönliche Belange eines Bewerbers vor, zum Beispiel im Erbfall oder wenn ein Unternehmen oder ein selbstständiger, abgrenzbarer Unternehmensteil weitergeführt werden soll, so kann im Einzelfall von einer öffentlichen Ausschreibung abgesehen werden.

(3) [1]Die CEMT-Genehmigung wird auf den Namen des Unternehmers ausgestellt und ist nicht übertragbar. [2]Sie ersetzt auf dem Streckenteil im Inland die nach § 3 des Güterkraftverkehrsgesetzes erforderliche Erlaubnis.

(4) Die CEMT-Genehmigung kann unter Bedingungen, Auflagen oder mit verkehrsmäßigen Beschränkungen erteilt werden.

(5) Für die CEMT-Genehmigung gelten folgende Bestimmungen des Güterkraftverkehrsgesetzes entsprechend:

1. § 3 Absatz 2 (Anforderungen an die Berufszugangsbedingungen),

2. § 3 Absatz 5 (Rücknahme und Widerruf der Erlaubnis) und

3. § 8 (vorläufige Weiterführung der Güterkraftverkehrsgeschäfte).

(6) [1]Die CEMT-Genehmigung kann auch widerrufen werden, wenn

1. sie drei Monate nicht genutzt worden ist oder

2. der Unternehmer wiederholt gegen Nebenbestimmungen oder Verwendungsvoraussetzungen der CEMT-Genehmigung verstoßen hat.

[2]Im Falle des Satzes 1 Nummer 2 kann vor Ablauf von zwei Kontingentjahren, die auf das Jahr folgen, in dem die Widerrufsverfügung unanfechtbar geworden ist, eine CEMT-Genehmigung nicht erteilt werden.

§ 5 Fahrtenberichtheft

(1) [1]Der Unternehmer hat für jede CEMT-Genehmigung ein Fahrtenberichtheft entsprechend den Vorgaben in Kapitel 5 der Resolution des Ministerrates der Europäischen Konferenz der Verkehrsminister (CEMT) zum Leitfaden für Regierungsbeamte und Transportunternehmer für die Verwendung des Multilateralen CEMT-Kontingents (BGBl. 2010 II S. 297, 298) in der jeweils geltenden Fassung zu führen. [2]Darin sind die dort vorgesehenen Eintragungen über jede Beförderung und jede Leerfahrt in zeitlicher Reihenfolge vorzunehmen. [3]Das Fahrtenberichtheft wird von dem Bundesamt ausgegeben.

(2) [1]Der Unternehmer hat bei

1. Jahresgenehmigungen die Durchschriften der ausgefüllten Seiten des Fahrtenberichthefts innerhalb von vier Wochen nach Ablauf jedes Kalendermonats und das Fahrtenberichtheft innerhalb von zwei Wochen nach Ablauf des Gültigkeitszeitraums,

2. Kurzzeitgenehmigungen das Fahrtenberichtheft unverzüglich nach Ablauf des Gültigkeitszeitraums

dem Bundesamt vorzulegen. [2]Sind mit einer Jahresgenehmigung in einem Kalendermonat keine Beförderungen mit der CEMT-Genehmigung durchgeführt worden, so hat der Unternehmer innerhalb der in Satz 1 genannten Frist Fehlanzeige zu erstatten.

§ 6 Urkundenänderung

[1]Ändert sich der Name des Unternehmers oder der Sitz des Unternehmens, so hat der Unternehmer die CEMT-Genehmigung und das nach § 5 Absatz 1 erforderliche Fahrtenberichtheft dem Bundesamt unverzüglich zur Änderung vorzulegen. [2]Stellt er den Betrieb endgültig ein, so hat er beide Urkunden dem Bundesamt unverzüglich zurückzugeben.

§ 7 CEMT-Umzugsgenehmigung

(1) [1]Die CEMT-Umzugsgenehmigung im Sinne des Kapitels III Abschnitt 3.4 der Gesamtresolution des Ministerrates der Europäischen Konferenz der Verkehrsminister (CEMT) zum Straßengüterverkehr vom 27. Mai 1994 (BGBl. 1998 II S. 32) wird einem Unternehmer erteilt, der die Voraussetzungen des § 4 Absatz 1 Satz 1 Nummer 1 erfüllt. [2]Sie gilt für jeweils fünf Jahre. [3]Zuständige Erteilungsbehörde ist das Bundesamt. [4]Der Unternehmer hat seinem Antrag eine Kopie der Erlaubnis oder Gemeinschaftslizenz beizufügen.

(2) Die CEMT-Umzugsgenehmigung wird auf den Namen des Unternehmers ausgestellt und ist nicht übertragbar. Sie ersetzt auf dem Streckenteil im Inland die nach § 3 des Güterkraftverkehrsgesetzes erforderliche Erlaubnis.

(3) Die CEMT-Umzugsgenehmigung kann unter Bedingungen, Auflagen oder mit verkehrsmäßigen Beschränkungen erteilt werden.

(4) Für die CEMT-Umzugsgenehmigung gelten folgende Bestimmungen des Güterkraftverkehrsgesetzes entsprechend:

1. § 3 Absatz 2 (Anforderungen an die Berufszugangsbedingungen),
2. § 3 Absatz 5 (Rücknahme und Widerruf der Erlaubnis) und
3. § 8 (vorläufige Weiterführung der Güterkraftverkehrsgeschäfte).

(5) [1]Ändert sich der Name des Unternehmers oder der Sitz des Unternehmens, so hat der Unternehmer die CEMT-Umzugsgenehmigung dem Bundesamt unverzüglich zur Änderung vorzulegen. [2]Stellt er den Betrieb endgültig ein, so hat er sie dem Bundesamt unverzüglich zurückzugeben.

§ 7a Verwendung der CEMT-Genehmigung

Eine von einem Mitgliedstaat der CEMT nach der in § 4 Absatz 1 genannten Resolution erteilten CEMT-Genehmigung berechtigt zum grenzüberschreitenden Güterkraftverkehr unter folgenden Voraussetzungen:

1. Die CEMT-Genehmigung darf nicht gleichzeitig für mehr als ein Kraftfahrzeug verwendet werden.
1a. Eine CEMT-Genehmigung ist vom Fahrer bei einer Fahrt mit Ladung zwischen dem Beladeort (Ort der ersten Aufnahme von Ladung für die Fahrt) bis zum Entladeort (Ort der letzten Entladung dieser Fahrt) im Fahrzeug mitzuführen.
2. Der Unternehmer hat dafür zu sorgen, dass höchstens drei aufeinanderfolgende beladene Fahrten ohne Befahren des Gebietes des Staates, in dem das Unternehmen seinen Sitz hat, durchgeführt werden.
3. Der Unternehmer hat dafür zu sorgen, dass das Fahrtenberichtheft gemäß der in § 4 Absatz 1 genannten Resolution im grenzüberschreitenden Güterkraftverkehr mit CEMT-Genehmigung während der gesamten Fahrt mitgeführt wird und die ausgefüllten Seiten des Fahrtenberichthefts während des in der Genehmigungsurkunde eingetragenen Gültigkeitszeitraums im Fahrtenberichtheft aufbewahrt werden. Das Fahrpersonal muss das Fahrtenberichtheft im Kraftfahrzeug vollständig mitführen und Kontrollberechtigten auf Verlangen zur Prüfung aushändigen.

3. Abschnitt
Grenzüberschreitender Güterkraftverkehr mit bilateralen Genehmigungen

§ 8 Geltung der bilateralen Genehmigung auf dem inländischen Streckenteil

(1) [1]Die zuständige inländische Behörde stellt einem Unternehmer, dessen Unternehmen seinen Sitz im Inland hat, die bilaterale Genehmigung für den grenzüberschreitenden gewerblichen Güterkraftverkehr von oder nach einem oder durch einen Staat aus, der weder Mitglied der Europäischen Union noch anderer Vertragsstaat des Abkommens über den Europäischen Wirtschaftsraum ist, wenn der Unternehmer die

Berufszugangsvoraussetzungen nach § 3 des Güterkraftverkehrsgesetzes erfüllt. [2]Diese Genehmigung ersetzt auf dem Streckenteil im Inland die nach § 3 des Güterkraftverkehrsgesetzes erforderliche Erlaubnis.

(2) [1]Ändert sich der Name des Unternehmers oder der Sitz des Unternehmens, so hat der Unternehmer die bilaterale Genehmigung der ausstellenden inländischen Behörde unverzüglich zur Änderung vorzulegen. [2]Stellt er den Betrieb endgültig ein, so hat er die Urkunde der ausstellenden Behörde unverzüglich zurückzugeben.

4. Abschnitt
Grenzüberschreitender Güterkraftverkehr mit Drittstaatengenehmigungen

§ 9 Geltungsbereich der Drittstaatengenehmigung

Ein Unternehmer, dessen Unternehmen seinen Sitz nicht im Inland hat, muss Inhaber einer Drittstaatengenehmigung sein, wenn er im grenzüberschreitenden gewerblichen Güterkraftverkehr von oder nach einem oder durch einen Staat, der weder Mitglied der Europäischen Union noch anderer Vertragsstaat des Abkommens über den Europäischen Wirtschaftsraum ist, auf dem inländischen Streckenteil keine dafür erforderliche Berechtigung nach § 6 Satz 2 Nummer 1 bis 3a des Güterkraftverkehrsgesetzes verwendet.

§ 10 Erteilung der Drittstaatengenehmigung

(1) [1]Die Drittstaatengenehmigung wird einem Unternehmer erteilt, der in dem Staat, in dem das Unternehmen seinen Sitz hat, zum grenzüberschreitenden Güterkraftverkehr für andere zugelassen ist und über den keine Tatsachen vorliegen, aus denen sich Bedenken gegen seine persönliche Zuverlässigkeit ergeben. [2]Sie ist nicht übertragbar.

(2) [1]Die Erteilung erfolgt für einen bestimmten Zeitraum, mindestens einen Kalendertag. [2]Die Zahl der Fahrten, die innerhalb dieses Zeitraumes durchgeführt werden dürfen, kann begrenzt werden.

(3) Die Drittstaatengenehmigung kann unter Bedingungen, Auflagen oder mit verkehrsmäßigen Beschränkungen erteilt werden.

(4) Für die Erteilung der Drittstaatengenehmigung ist das Bundesministerium für Verkehr und digitale Infrastruktur zuständig, sofern das Recht der Europäischen Union nicht etwas anderes bestimmt.

(5) [1]Die Drittstaatengenehmigung wird von der zuständigen Stelle des Staates ausgegeben, in dem das Unternehmen seinen Sitz hat, falls es sich um einen Mitgliedstaat der Europäischen Union oder einen anderen Vertragsstaat des Abkommens über den Europäischen Wirtschaftsraum handelt oder falls internationale Regierungs- oder Verwaltungsabkommen dies vorsehen. [2]In allen anderen Fällen wird die Drittstaatengenehmigung von der Stelle ausgegeben, die das Bundesministerium für Verkehr und digitale Infrastruktur bestimmt hat.

§ 11 Unternehmer- und fahrzeugbezogene Drittstaatengenehmigung

(1) Ist die Drittstaatengenehmigung einem Unternehmer erteilt, dessen Unternehmen seinen Sitz in einem Mitgliedstaat der Europäischen Union, in einem anderen Vertragsstaat des Abkommens über den

Europäischen Wirtschaftsraum oder in der Schweiz hat, so gilt sie für das Kraftfahrzeug, in dem sie bei der Beförderung mitgeführt wird.

(2) Einem Unternehmer, dessen Unternehmen seinen Sitz in keinem der in Absatz 1 genannten Staaten hat, wird die Drittstaatengenehmigung für ein bestimmtes Kraftfahrzeug oder für mehrere bestimmte Kraftfahrzeuge erteilt.

(3) Der Unternehmer darf die Drittstaatengenehmigung nicht gleichzeitig für mehr als ein Kraftfahrzeug verwenden.

§ 12 Ausnahmen

Eine Drittstaatengenehmigung ist nicht erforderlich für Beförderungen, die nach § 2 Absatz 1 oder auf Grund von § 23 Absatz 2 und 4 des Güterkraftverkehrsgesetzes von den Bestimmungen dieses Gesetzes ausgenommen sind.

5. Abschnitt
Grenzüberschreitender gewerblicher kombinierter Verkehr

§ 13 Definition

Als grenzüberschreitender gewerblicher kombinierter Verkehr gelten Güterbeförderungen, bei denen

1. das Kraftfahrzeug, der Anhänger, der Fahrzeugaufbau, der Wechselbehälter oder der Container von mindestens 6 Meter Länge einen Teil der Strecke auf der Straße und einen anderen Teil der Strecke mit der Eisenbahn oder dem Binnen- oder Seeschiff (mit einer Seestrecke von mehr als 100 Kilometer Luftlinie) zurücklegt,

2. die Gesamtstrecke zum Teil im Inland und zum Teil im Ausland liegt und

3. die Beförderung auf der Straße im Inland lediglich zwischen Be- oder Entladestelle und
   a) dem nächstgelegenen geeigneten Bahnhof oder
   b) einem innerhalb eines Umkreises von höchstens 150 Kilometer Luftlinie gelegenen Binnen- oder Seehafen

   durchgeführt wird (An- oder Abfuhr).

§ 14 Nächstgelegener geeigneter Bahnhof

(1) Der nächstgelegene geeignete Bahnhof im Sinne des § 13 Nummer 3 Buchstabe a ist derjenige Bahnhof,

1. der über Einrichtungen der notwendigen Umschlagart des kombinierten Verkehrs verfügt,

2. von dem regelmäßig kombinierter Verkehr der entsprechenden Art und Richtung durchgeführt wird und

3. der die kürzeste, verkehrsübliche Straßenverbindung zur Be- oder Entladestelle hat.

(2) [1]Auf Antrag des Unternehmers kann das Bundesamt abweichend von Absatz 1 einen anderen Bahnhof zum nächstgelegenen geeigneten Bahnhof bestimmen, sofern dies der Förderung des kombinierten Verkehrs

dient. [2]Das Bundesamt kann vor seiner Entscheidung die betroffenen Eisenbahnen und Terminalbetreiber anhören.

(3) [1]Der Unternehmer hat dafür zu sorgen, dass während der gesamten Beförderung im grenzüberschreitenden kombinierten Verkehr die Bescheinigung über die Bestimmung des anderen Bahnhofs mitgeführt wird. [2]Das Fahrpersonal hat die Bescheinigung nach Satz 1 im Kraftfahrzeug mitzuführen und Kontrollberechtigten auf Verlangen zur Prüfung auszuhändigen.

§ 15 An- und Abfuhren durch Unternehmer mit Sitz ihres Unternehmens innerhalb eines Vertragsstaates des Abkommens über den Europäischen Wirtschaftsraum

(1) Ein Unternehmer, dessen Unternehmen seinen Sitz in einem Mitgliedstaat der Europäischen Union oder in einem anderen Vertragsstaat des Abkommens über den Europäischen Wirtschaftsraum hat, darf An- oder Abfuhren im kombinierten Verkehr im Sinne des § 13 im Inland durchführen, wenn er die Voraussetzungen für den Zugang zum Beruf und für den Zugang zum Markt für den Güterkraftverkehr zwischen Mitgliedstaaten erfüllt.

(2) [1]Der Unternehmer hat dafür zu sorgen, dass während einer Beförderung im Sinne des Absatzes 1 ein Nachweis über die Erfüllung der Voraussetzungen für den Zugang zum Beruf und für den Zugang zum Markt für den Güterkraftverkehr zwischen Mitgliedstaaten mitgeführt wird. [2]Das Fahrpersonal hat den Nachweis gemäß Satz 1 im Kraftfahrzeug mitzuführen und Kontrollberechtigten auf Verlangen zur Prüfung auszuhändigen.

§ 16 An- und Abfuhren durch Unternehmer mit Sitz ihres Unternehmens außerhalb der Vertragsstaaten des Abkommens über den Europäischen Wirtschaftsraum

(1) Ein Unternehmer, dessen Unternehmen seinen Sitz weder in einem Mitgliedstaat der Europäischen Union noch in einem anderen Vertragsstaat des Abkommens über den Europäischen Wirtschaftsraum hat,

1. darf An- oder Abfuhren im kombinierten Verkehr im Sinne des § 13 im Inland durchführen, wenn ihm auf Grund internationaler Abkommen eine besondere Genehmigung dafür erteilt ist;

2. ist bei An- oder Abfuhren im kombinierten Verkehr im Sinne des § 13 im Inland von der Erlaubnis- und Genehmigungspflicht befreit, wenn

   a) das Kraftfahrzeug im unbegleiteten kombinierten Verkehr bei der An- oder Abfuhr die deutsche Grenze überschreitet oder

   b) das Kraftfahrzeug im begleiteten kombinierten Verkehr während der Mitbeförderung auf der Eisenbahn oder dem Binnen- oder Seeschiff die deutsche Grenze überschreitet und nur eine An- oder Abfuhr durchgeführt wird, die beim begleiteten kombinierten Verkehr Schiene/Straße (Rollende Landstraße) nur zwischen Be- oder Entladestelle und einem innerhalb eines Umkreises von 150 Kilometer Luftlinie gelegenen geeigneten Bahnhof erfolgen darf, und

   c) der Unternehmer in dem Staat, in dem sein Unternehmen den Sitz hat, zum grenzüberschreitenden Güterkraftverkehr für andere zugelassen ist und über ihn keine Tatsachen vorliegen, aus denen sich Bedenken gegen seine persönliche Zuverlässigkeit ergeben.

(2) [1]Der Unternehmer hat dafür zu sorgen, dass während einer Beförderung im Sinne des Absatzes 1 Nummer 1 die Genehmigung oder während einer Beförderung im Sinne des Absatzes 1 Nummer 2 ein Nachweis über die Erfüllung der Voraussetzungen des Absatzes 1 Nummer 2 Buchstabe c erster Halbsatz mitgeführt wird. [2]Das Fahrpersonal hat den jeweils erforderlichen Nachweis gemäß Satz 1 im Kraftfahrzeug mitzuführen und Kontrollberechtigten auf Verlangen zur Prüfung auszuhändigen.

§ 17 Nachweis über die Durchführung von grenzüberschreitendem gewerblichem kombiniertem Verkehr

(1) [1]Der Unternehmer hat dafür zu sorgen, dass während einer Anfuhr im Sinne des § 15 oder des § 16 eine Reservierungsbestätigung der Eisenbahn oder des Schifffahrttreibenden oder der von ihnen beauftragten Stellen mitgeführt wird. [2]Im Falle des § 16 Absatz 1 Nummer 2 Buchstabe b muss die Reservierungsbestätigung nach Satz 1 auch das amtliche Kennzeichen des Kraftfahrzeugs enthalten. [3]Das Fahrpersonal hat die Reservierungsbestätigung im Kraftfahrzeug mitzuführen und Kontrollberechtigten auf Verlangen zur Prüfung auszuhändigen.

(2) [1]Der Unternehmer hat dafür zu sorgen, dass während einer Abfuhr im Sinne des § 15 oder des § 16 ein Nachweis der Eisenbahn oder des Schifffahrttreibenden oder der von ihnen beauftragten Stellen über den benutzten Entladebahnhof oder Binnen- oder Seehafen mitgeführt wird. [2]Im Falle des § 16 Absatz 1 Nummer 2 Buchstabe b muss der Nachweis nach Satz 1 auch das amtliche Kennzeichen des Kraftfahrzeugs enthalten. [3]Das Fahrpersonal hat den Nachweis nach Satz 1 im Kraftfahrzeug mitzuführen und Kontrollberechtigten auf Verlangen zur Prüfung auszuhändigen.

5a. Abschnitt
Kabotage

§ 17a Befugnis zur Kabotage

(1) Kabotage ist nur auf Grund europäischen Gemeinschaftsrechts oder mit einer besonderen Genehmigung nach Maßgabe der folgenden Absätze zulässig.

(2) [1]Ein Güterkraftverkehrsunternehmer, der weder Sitz noch Niederlassung in Deutschland hat, darf im Anschluss an eine grenzüberschreitende Beförderung nach Deutschland nach der ersten teilweisen oder vollständigen Entladung der Güter bis zu drei Kabotagebeförderungen mit demselben Fahrzeug durchführen. [2]Die letzte Entladung, bevor Deutschland verlassen wird, muss innerhalb von sieben Tagen nach der ersten teilweisen oder vollständigen Entladung erfolgen.

(3) [1]Bei Kabotagebeförderungen im Sinne von Absatz 1 hat der Güterkraftverkehrsunternehmer, der weder Sitz noch Niederlassung in Deutschland hat, dafür Sorge zu tragen, dass Nachweise für die grenzüberschreitende Beförderung und jede einzelne durchgeführte Kabotagebeförderung während der Dauer der Beförderung mitgeführt werden, die folgende Angaben enthalten:

1. Name, Anschrift und Unterschrift des Absenders,
2. Name, Anschrift und Unterschrift des Güterkraftverkehrsunternehmers,

3. Name und Anschrift des Empfängers sowie nach erfolgter Entladung die Unterschrift des Empfängers mit Datum der Entladung,

4. Ort und Datum der Übernahme der Ware sowie die Anschrift der Entladestelle,

5. die übliche Beschreibung der Art der Ware und ihrer Verpackung,

6. das Bruttogewicht der Güter oder eine sonstige Mengenangabe,

7. amtliches Kennzeichen des Kraftfahrzeugs oder Aufliegers.

[2]Die Nachweise können mittels Begleitpapier oder eines anderen geeigneten Beförderungsdokumentes, auch in elektronischer Form, erbracht werden.

(4) Das Fahrpersonal muss die Nachweise nach Absatz 3 während der Kabotagebeförderung mitführen und Kontrollberechtigten auf Verlangen zur Prüfung aushändigen oder in anderer geeigneter Weise zugänglich machen.

6. Abschnitt
Gemeinsame Vorschriften

§ 18 Bedingungen für den Fahrzeugeinsatz

[1]Sofern das Unternehmen seinen Sitz in einem Mitgliedstaat der Europäischen Union oder in einem anderen Vertragsstaat des Abkommens über den Europäischen Wirtschaftsraum hat, darf der Unternehmer im grenzüberschreitenden Güterkraftverkehr oder im Kabotageverkehr nur ein Kraftfahrzeug einsetzen, das in einem der vorgenannten Staaten zugelassen ist. [2]Befindet sich der Unternehmenssitz nicht in einem der in Satz 1 genannten Staaten, darf der Unternehmer im grenzüberschreitenden Güterkraftverkehr oder im Kabotageverkehr nur ein Kraftfahrzeug einsetzen, das im Staat des Unternehmenssitzes zugelassen ist.

§ 19 Ausschluss von Unternehmern mit Sitz ihres Unternehmens außerhalb der Vertragsstaaten des Abkommens über den Europäischen Wirtschaftsraum vom Güterkraftverkehr

(1) Das Bundesministerium für Verkehr und digitale Infrastruktur oder die von ihm bestimmte Stelle kann Unternehmer, deren Unternehmen ihren Sitz in einem Staat haben, der weder Mitglied der Europäischen Union noch anderer Vertragsstaat des Abkommens über den Europäischen Wirtschaftsraum ist, bis zu sechs Monate vom Güterkraftverkehr im und mit dem Inland ausschließen, wenn Personen, die für die Leitung des Unternehmens verantwortlich sind, oder deren Bevollmächtigte gegen Vorschriften verstoßen haben, die im Inland für die Beförderung von Gütern auf der Straße, den Verkehr mit Kraftfahrzeugen, die Steuern oder die Kraftfahrzeughaftpflichtversicherung gelten.

(2) Bei Straftaten, die im Zusammenhang mit der Durchführung von Güterkraftverkehr begangen wurden, oder bei wiederholten groben Verstößen gegen die in Absatz 1 genannten Vorschriften kann das Bundesministerium für Verkehr und digitale Infrastruktur oder die von ihm bestimmte Stelle den Unternehmer endgültig von den in Absatz 1 genannten Verkehren ausschließen.

7. Abschnitt
Verfahren zur Erteilung einer Fahrerbescheinigung

§ 20 Antrag auf Ausstellung einer Fahrerbescheinigung

(1) Bei der Stellung eines Antrags auf Erteilung einer Fahrerbescheinigung gemäß Artikel 5 der Verordnung (EG) Nr. 1072/2009 sind gegenüber der zuständigen Behörde folgende Angaben zu machen:

1. Name und Rechtsform des Unternehmens,
2. Anschrift des Unternehmens,
3. die für den Sitz des Unternehmens maßgeblichen Telefon- und Telefaxnummern sowie die elektronische Postadresse,
4. die zuständige Erteilungsbehörde, Lizenznummer, Datum der Erteilung und Gültigkeitszeitraum sowie Anzahl der ausgegebenen beglaubigten Kopien der Gemeinschaftslizenz nach Artikel 4 der Verordnung (EG) Nr. 1072/2009,
5. Name, Vorname, Geburtsdatum, Geburtsort, Staatsangehörigkeit, Art und Nummer des Ausweises, Ausstellungszeitpunkt und -ort des Ausweises, Nummer der Fahrerlaubnis, Ausstellungszeitpunkt und -ort der Fahrerlaubnis, Nummer der Sozialversicherung des Fahrers, für den die Fahrerbescheinigung ausgestellt werden soll.

(2) [2]Mit dem Antrag nach Absatz 1 müssen der zuständigen Behörde folgende Unterlagen vorgelegt werden:

1. die dem Unternehmer erteilte Gemeinschaftslizenz,
2. die Arbeitsgenehmigung-EU des Fahrpersonals, wenn eine solche erteilt worden ist,
3. der Pass, Passersatz oder Ausweisersatz, der Aufenthaltstitel des Fahrpersonals,
4. der Nachweis nach § 11 Absatz 4 Nummer 1 der Berufskraftfahrer-Qualifikations-Verordnung.

[2]Wird ein Nachweis nach Satz 1 Nummer 4 nicht vorgelegt, erfolgt kein Eintrag der Schlüsselzahl 95 nach Anlage 9 der Fahrerlaubnis-Verordnung in das Feld „Besondere Bemerkungen". [3]Die zuständige Behörde kann Nachweise auch für die übrigen nach Absatz 1 zu machenden Angaben verlangen.

§ 21 Geltungsdauer und Unternehmensbindung der Fahrerbescheinigung

[1]Die Fahrerbescheinigung wird dem Unternehmen in der Regel für einen Zeitraum von fünf Jahren erteilt. [2]Sie kann auch für einen kürzeren Zeitraum erteilt werden, insbesondere wenn das Fahrpersonal über einen Aufenthaltstitel oder eine Arbeitserlaubnis-EU verfügt, die für einen kürzeren Zeitraum als fünf Jahre befristet ist. [3]Die Fahrerbescheinigung wird nach dem Muster des Anhangs III der Verordnung (EG) Nr. 1072/2009 ausgestellt. [4]Sie enthält eine Seriennummer und eine Ausgabenummer und ist mit einem Trockenprägestempel zu stempeln.

§ 22 Rückgabe der Fahrerbescheinigung

Die Fahrerbescheinigung und ihre beglaubigte Kopie sind unverzüglich an die Ausstellungsbehörde zurückzugeben, wenn die Fahrerbescheinigung nach Artikel 5 Absatz 7 Satz 3 der Verordnung (EG) Nr. 1072/2009 ungültig geworden ist.

§ 23 Änderungsmitteilung und Urkundenänderung

[1]Verändern sich nach Erteilung der Fahrerbescheinigung Umstände, die den nach § 20 Absatz 1 Nummer 1, 2, 4 oder 5 zu machenden Angaben zugrunde liegen, so hat das Unternehmen dies der zuständigen Behörde unverzüglich mitzuteilen und auf Verlangen nachzuweisen. [2]Ist eine Änderung der Fahrerbescheinigung erforderlich, so hat das Unternehmen die Fahrerbescheinigung und ihre beglaubigte Kopie unverzüglich vorzulegen.

§ 24 Überwachung

[1]Im Rahmen der Überwachung nach Artikel 6 Absatz 2 der Verordnung (EG) Nr. 1072/2009 hat das Unternehmen der zuständigen Behörde auf Verlangen Nachweise nach § 20 Absatz 2 Satz 1 vorzulegen. [2]Die Behörde teilt dem Unternehmen das Ergebnis der Überprüfung auf Verlangen schriftlich mit.

8. Abschnitt
Ordnungswidrigkeiten, In- und Außerkrafttreten

§ 25 Ordnungswidrigkeiten

Ordnungswidrig im Sinne des § 19 Absatz 1 Nummer 2 des Güterkraftverkehrsgesetzes handelt, wer vorsätzlich oder fahrlässig

1.   entgegen § 2 Satz 1 eine Mitteilung nicht, nicht richtig, nicht vollständig oder nicht rechtzeitig macht oder einen Nachweis nicht, nicht richtig, nicht vollständig oder nicht rechtzeitig erbringt,

2.   entgegen § 2 Satz 2 oder § 23 Satz 2 ein dort genanntes Dokument nicht oder nicht rechtzeitig vorlegt,

3.   einer vollziehbaren Auflage nach § 4 Absatz 4, § 7 Absatz 3 oder § 10 Absatz 3 zuwiderhandelt,

4.   entgegen § 5 Absatz 1 Satz 1 ein Fahrtenberichtheft nicht, nicht richtig oder nicht vollständig führt,

5.   entgegen § 5 Absatz 2 eine Durchschrift oder ein Fahrtenberichtheft nicht oder nicht rechtzeitig vorlegt oder eine Fehlanzeige nicht oder nicht rechtzeitig erstattet,

6.   entgegen § 7a Nummer 1 eine CEMT-Genehmigung verwendet,

6a. entgegen § 7a Nummer 1a die CEMT-Genehmigung nicht mitführt,

7.   entgegen § 7a Nummer 2 nicht dafür sorgt, dass höchstens drei aufeinanderfolgende beladene Fahrten durchgeführt werden,

8.   entgegen § 7a Nummer 3 Satz 1 nicht dafür sorgt, dass ein Fahrtenberichtheft mitgeführt wird oder die ausgefüllten Seiten im Fahrtenberichtheft aufbewahrt werden,

9.   entgegen § 7a Nummer 3 Satz 2 ein Fahrtenberichtheft nicht oder nicht vollständig mitführt oder nicht oder nicht rechtzeitig aushändigt,

10. entgegen § 11 Absatz 3 eine Drittstaatengenehmigung verwendet,

11. entgegen § 14 Absatz 3 Satz 1, § 15 Absatz 2 Satz 1, § 16 Absatz 2 Satz 1 oder § 17 Absatz 1 Satz 1 oder Absatz 2 Satz 1 nicht dafür sorgt, dass ein dort genanntes Dokument mitgeführt wird,

12. entgegen § 14 Absatz 3 Satz 2, § 15 Absatz 2 Satz 2, § 16 Absatz 2 Satz 2 oder § 17 Absatz 1 Satz 3 oder Absatz 2 Satz 3 ein dort genanntes Dokument nicht mitführt oder nicht oder nicht rechtzeitig aushändigt,

13. entgegen § 18 ein Kraftfahrzeug einsetzt,

14. einer vollziehbaren Anordnung nach § 19 zuwiderhandelt,

15. entgegen § 23 Satz 1 eine Mitteilung nicht, nicht richtig, nicht vollständig oder nicht rechtzeitig macht oder einen Nachweis nicht, nicht richtig, nicht vollständig oder nicht rechtzeitig erbringt oder

16. entgegen § 24 Satz 1 einen Nachweis nicht, nicht richtig, nicht vollständig oder nicht rechtzeitig vorlegt.

§ 26 Inkrafttreten, Außerkrafttreten

Diese Verordnung tritt am Tag nach der Verkündung in Kraft. Gleichzeitig tritt die Verordnung über den grenzüberschreitenden Güterkraftverkehr und den Kabotageverkehr vom 22. Dezember 1998 (BGBl. I S. 3976), die zuletzt durch Artikel 1 der Verordnung vom 5. Mai 2008 (BGBl. I S. 794) geändert worden ist, außer Kraft.

Fahrpersonalgesetz (FPersG)

Gesetz über das Fahrpersonal von Kraftfahrzeugen und Straßenbahnen (Fahrpersonalgesetz)
zuletzt geändert durch Art. 19 Gesetz vom 02.03.2023 (BGBl. 2023 I Nr. 56) m.W.v. 09.03.2023
– Nichtamtliche Fassung –

§ 1 Anwendungsbereich

(1) [1]Dieses Gesetz gilt für die Beschäftigung und für die Tätigkeit des Fahrpersonals von Kraftfahrzeugen sowie von Straßenbahnen, soweit sie am Verkehr auf öffentlichen Straßen teilnehmen. [2]Mitglieder des Fahrpersonals sind Fahrer, Beifahrer und Schaffner. [3]Sofern dieses Gesetz und die auf der Grundlage von § 2 Nr. 3 erlassenen Rechtsverordnungen Regelungen zur Arbeitszeitgestaltung treffen, gehen diese dem Arbeitszeitgesetz vor.

(2) Dieses Gesetz gilt nicht für die Mitglieder des Fahrpersonals

1. von Dienstfahrzeugen der Bundeswehr, der Feuerwehr und der anderen Einheiten und Einrichtungen des Katastrophenschutzes, der Polizei und des Zolldienstes,

2. von Kraftfahrzeugen mit einem zulässigen Gesamtgewicht, einschließlich Anhänger oder Sattelanhänger, bis zu 2,8 t, es sei denn, daß sie als Fahrpersonal in einem unter den Geltungsbereich des Arbeitszeitgesetzes fallenden Arbeitsverhältnis stehen.

§ 2 Rechtsverordnungen

Das Bundesministerium für Verkehr und digitale Infrastruktur wird ermächtigt, im Einvernehmen mit dem Bundesministerium für Arbeit und Soziales mit Zustimmung des Bundesrates

1. zur Durchführung der Verordnung (EG) Nr. 2135/98 des Rates vom 24. September 1998 zur Änderung der Verordnung (EWG) Nr. 3821/85 und der Richtlinie 88/599/EWG (ABl. EG Nr. L 274 S. 1), der Verordnung (EG) Nr. 561/2006 des Europäischen Parlaments und des Rates vom 15. März 2006 zur Harmonisierung bestimmter Sozialvorschriften im Straßenverkehr und zur Änderung der Verordnungen (EWG) Nr. 3821/85 und (EG) Nr. 2135/98 des Rates sowie zur Aufhebung der Verordnung (EWG) Nr. 3820/85 des Rates (ABl. EU Nr. L 102 S. 1), der Verordnung (EU) Nr. 165/2014 des Europäischen Parlaments und des Rates vom 4. Februar 2014 über Fahrtenschreiber im Straßenverkehr, zur Aufhebung der Verordnung (EWG) Nr. 3821/85 des Rates über das Kontrollgerät im Straßenverkehr und zur Änderung der Verordnung (EG) Nr. 561/2006 des Europäischen Parlaments und des Rates zur Harmonisierung bestimmter Sozialvorschriften im Straßenverkehr (ABl. L 60 vom 28.2.2014, S. 1) sowie der Richtlinie 2006/22/EG des Europäischen Parlaments und des Rates vom 15. März 2006 über Mindestbedingungen für die Durchführung der Verordnungen (EWG) Nr. 3820/85 und (EWG) Nr. 3821/85 des Rates über Sozialvorschriften für Tätigkeiten im Kraftverkehr sowie zur Aufhebung der Richtlinie

88/599/EWG des Rates (ABl. EU Nr. L 102 S. 35), in der jeweils geltenden Fassung, Rechtsverordnungen

a) über die Organisation, das Verfahren und die Mittel der Überwachung der Durchführung dieser Verordnungen,

b) über die Gestaltung und Behandlung der Tätigkeitsnachweise und Fahrtenschreiber,

c) über Ausnahmen von den Mindestaltersgrenzen für das Fahrpersonal sowie Ausnahmen von den Vorschriften über die ununterbrochene Lenkzeit, Fahrtunterbrechungen und Ruhezeiten,

d) über die Benutzung von Fahrzeugen und,

e) soweit es zur Durchsetzung der Rechtsakte der Europäischen Gemeinschaft oder der Europäischen Union erforderlich ist, zur Bezeichnung der Tatbestände, die als Ordnungswidrigkeiten nach § 8 Abs. 1 Nr. 1 Buchstabe b, Nr. 2 Buchstabe b und Nr. 4 Buchstabe b geahndet werden können,

zu erlassen, soweit der Bundesrepublik Deutschland eine Regelung in den Artikeln 5, 6, 7, 8, 10, 11, 12, 13, 14, 15, 16, 17, 18, 19, 21 und 22 der Verordnung (EG) Nr. 561/2006, in den Artikeln 3, 21 bis 24, 26, 27, 29 und 32 bis 41 der Verordnung (EU) Nr. 165/2014 und in deren Anhängen anheimgestellt oder auferlegt wird,

2. zur Durchführung des Europäischen Übereinkommens vom 1. Juli 1970 über die Arbeit des im internationalen Straßenverkehr beschäftigten Fahrpersonals (AETR) (BGBl. 1974 II S. 1473), in der jeweils geltenden Fassung, Rechtsverordnungen

a) über die Organisation, das Verfahren und die Mittel der Überwachung der Durchführung dieses Abkommens,

b) über die Ausrüstung mit Kontrollgeräten und ihre Benutzung sowie über die Gestaltung und Behandlung der Tätigkeitsnachweise,

c) über Ausnahmen von den Mindestaltersgrenzen für das Fahrpersonal,

d) über die Nichtanwendung des AETR und anderweitige Vereinbarungen und,

e) soweit es zur Durchsetzung des AETR erforderlich ist, zur Bezeichnung der Tatbestände, die als Ordnungswidrigkeiten nach § 8 Abs. 1 Nr. 1 Buchstabe b, Nr. 2 Buchstabe b und Nr. 4 Buchstabe b geahndet werden können,

zu erlassen, soweit der Bundesrepublik Deutschland eine Regelung in Artikel 2 Abs. 2, Artikel 3, 4 und 10 Abs. 1 sowie Artikel 12 Abs. 1 des AETR und in dessen Anhängen anheimgestellt oder auferlegt wird,

3. zur Gewährleistung der Sicherheit im Straßenverkehr oder zum Schutz von Leben und Gesundheit der Mitglieder des Fahrpersonals, Rechtsverordnungen

a) über Arbeitszeiten, Lenkzeiten, Fahrtunterbrechungen und Schichtzeiten,

b) über Ruhezeiten und Ruhepausen,

c) über die Ausrüstung mit Fahrtenschreibern und ihre Benutzung sowie über die Gestaltung und Behandlung der Tätigkeitsnachweise und

d) über die Organisation, das Verfahren und die Mittel der Überwachung der Durchführung dieser Rechtsverordnungen,

e) über die Zulässigkeit tarifvertraglicher Regelungen über Arbeits-, Lenk-, Schicht- und Ruhezeiten sowie Ruhepausen und Fahrtunterbrechungen,

4. zur Führung eines zentralen Registers zum Nachweis der ausgestellten, abhanden gekommenen und beschädigten Fahrer-, Werkstatt-, Unternehmens- und Kontrollkarten (Zentrales Fahrtenschreiberkartenregister) eine Rechtsverordnung zu erlassen über

a) die Speicherung der Identifizierungsdaten der Fahrer, Techniker, Unternehmen und Behörden, denen Fahrer-, Werkstatt-, Unternehmens- oder Kontrollkarten ausgestellt worden sind, und die Speicherung der Identifizierungsdaten der ausgestellten, verlorenen und defekten Fahrer-, Werkstatt-, Unternehmens- und Kontrollkarten,

b) die Übermittlung der Identifizierungsdaten, mit Ausnahme biometrischer Daten, an die öffentlichen Stellen, die für Verwaltungsmaßnahmen auf Grund, der Verordnung (EU) Nr. 165/2014 oder darauf beruhender Rechtsvorschriften oder für die Verfolgung von Straftaten oder Ordnungswidrigkeiten zuständig sind,

c) den automatisierten Abruf der Identifizierungsdaten, mit Ausnahme biometrischer Daten, durch die vorgenannten Stellen und zur Gewährleistung des Datenschutzes, insbesondere einer Kontrolle der Zulässigkeit der Abrufe, und der Datensicherheit,

d) die Löschung der Daten spätestens fünf Jahre nach Ablauf der Gültigkeit der jeweiligen Karte,

zu erlassen.

§ 3 Verbot bestimmter Akkordlöhne, Prämien und Zuschläge *

Mitglieder des Fahrpersonals dürfen als Arbeitnehmer nicht nach den zurückgelegten Fahrstrecken oder der Menge der beförderten Güter entlohnt werden, auch nicht in Form von Prämien oder Zuschlägen für diese Fahrstrecken oder Gütermengen. Ausgenommen sind Vergütungen, die nicht geeignet sind, die Sicherheit im Straßenverkehr zu beeinträchtigen.

§ 4 Aufsicht

(1) Die Aufsicht über die Ausführung der Verordnungen (EG) Nr. 561/2006, (EU) Nr. 165/2014 und der Verordnung (EG) Nr. 2135/98, des AETR sowie dieses Gesetzes und der auf Grund dieses Gesetzes erlassenen Rechtsverordnungen obliegt den von den Landesregierungen bestimmten Behörden (Aufsichtsbehörden), soweit in diesem Gesetz nichts anderes bestimmt ist.

(1a) Die Aufsichtsbehörde kann die erforderlichen Maßnahmen anordnen, die der Arbeitgeber, der Verlader, der Spediteur, der Reiseveranstalter, der Hauptauftragnehmer, der Unterauftragnehmer und die Fahrervermittlungsagentur zur Erfüllung der sich aus diesem Gesetz und den auf Grund dieses Gesetzes erlassenen Rechtsverordnungen ergebenden Pflichten zu treffen haben.

---

* vgl. auch Art. 10 Verordnung (EG) Nr. 561/2006

(2) Unberührt bleibt die Zuständigkeit des Bundesamtes für Logistik und Mobilität nach § 9 Abs. 2 dieses Gesetzes und nach § 11 Abs. 2 Nr. 3 Buchstabe a, § 12 Abs. 6 des Güterkraftverkehrsgesetzes.

(3) [1]Der Unternehmer, der Fahrzeughalter und die Mitglieder des Fahrpersonals sind verpflichtet, der zuständigen Behörde innerhalb einer von ihr festzusetzenden Frist

1. die Auskünfte, die zur Ausführung der in Absatz 1 genannten Vorschriften erforderlich sind, wahrheitsgemäß und vollständig zu erteilen,

2. die Unterlagen, die sich auf diese Angaben beziehen oder aus denen die Lohn- oder Gehaltszahlungen ersichtlich sind, zur Prüfung auszuhändigen oder einzusenden; werden die Unterlagen automatisiert gespeichert, sind sie den zuständigen Behörden auf deren Verlangen nach Maßgabe von Satz 12 durch Datenfernübertragung oder auf einem von der jeweiligen Behörde zu bestimmenden Datenträger nach Satz 11 zur Verfügung zu stellen.

[2]Mitglieder des Fahrpersonals haben die Schaublätter und andere Tätigkeitsnachweise der Vortage, die nicht mehr mitzuführen sind, unverzüglich dem Unternehmer auszuhändigen. [3]Bei <u>Einsatz eines digitalen Fahrtenschreibers</u> nach der Verordnung (EU) Nr. 165/2014 hat der Unternehmer die auf der <u>Fahrerkarte gespeicherten Daten</u> in regelmäßigen Abständen zu <u>kopieren</u>. [4]Hierzu haben ihm die Mitglieder des Fahrpersonals die jeweiligen Fahrerkarten zur Verfügung zu stellen. [5]Der Unternehmer hat ferner die im <u>Massenspeicher des Fahrtenschreibers</u> gespeicherten Daten in regelmäßigen Abständen zu kopieren. [6]Der Unternehmer hat die von den Fahrerkarten und den Massenspeichern kopierten Daten unter Berücksichtigung der Grundsätze des Satzes 12 ein Jahr ab dem Zeitpunkt des Kopierens zu speichern. [7]Der Unternehmer hat die Schaublätter im Sinne des Artikels 33 Absatz 2 der Verordnung (EU) Nr. 165/2014 und die gemäß Artikel 35 Absatz 2 und Artikel 37 Absatz 2 der Verordnung (EU) Nr. 165/2014 sowie <u>§ 2 Abs. 3 Satz 1 und 2 der Fahrpersonalverordnung</u> zu fertigenden Ausdrucke und handschriftlichen Aufzeichnungen ein Jahr nach dem Ablauf der Mitführpflicht nach Artikel 36 Absatz 1 und 2 der Verordnung (EU) Nr. 165/2014 aufzubewahren. [8]Danach sind bis zum 31. März des auf das Kalenderjahr, in dem die Aufbewahrungsfrist endet, folgenden Kalenderjahres die <u>Daten zu löschen</u> und die Schaublätter und die gemäß Artikel 35 Absatz 2 und Artikel 37 Absatz 2 der Verordnung (EU) Nr. 165/2014 und <u>§ 2 Abs. 3 Satz 1 und 2 der Fahrpersonalverordnung</u> zu fertigenden Ausdrucke und handschriftlichen Aufzeichnungen zu vernichten, soweit sie nicht zur Erfüllung der Aufbewahrungspflichten nach <u>§ 16 Abs. 2* und § 21a Abs. 7** des Arbeitszeitgesetzes</u>, § 147 Abs. 1 Nr. 5 in Verbindung mit Abs. 3 der Abgabenordnung, § 28f Abs. 1 Satz 1 des Vierten Buches Sozialgesetzbuch nach § 17 Absatz 2 des Gesetzes zur Regelung eines allgemeinen Mindestlohns, nach § 19 Absatz 2 des Arbeitnehmer-

---

* § 16 Abs. 2 ArbZG (Aushang und Arbeitszeitnachweis): «Der Arbeitgeber ist verpflichtet, die über die werktägliche Arbeitszeit des § 3 Satz 1 hinausgehende Arbeitszeit der Arbeitnehmer aufzuzeichnen und ein Verzeichnis der Arbeitnehmer zu führen, die in eine Verlängerung der Arbeitszeit gemäß § 7 Abs. 7 eingewilligt haben. Die Nachweise sind mindestens zwei Jahre aufzubewahren.»

** § 21a Abs. 7 ArbZG (Beschäftigung im Straßentransport): «Der Arbeitgeber ist verpflichtet, die Arbeitszeit der Arbeitnehmer aufzuzeichnen. Die Aufzeichnungen sind mindestens zwei Jahre aufzubewahren. Der Arbeitgeber hat dem Arbeitnehmer auf Verlangen eine Kopie der Aufzeichnungen seiner Arbeitszeit auszuhändigen.»

Entsendegesetzes oder nach § 17c Absatz 2 des Arbeitnehmerüberlassungsgesetzes benötigt werden. [9]Der Unternehmer hat dabei dafür Sorge zu tragen, dass eine lückenlose Dokumentation der Lenk- und Ruhezeiten gewährleistet ist und die Daten sowie die Schaublätter und die gemäß Artikel 35 Absatz 2, Artikel 37 Absatz 2 der Verordnung (EU) Nr. 165/2014 und § 2 Abs. 3 Satz 1 und 2 der Fahrpersonalverordnung zu fertigenden Ausdrucke und handschriftlichen Aufzeichnungen gegen Verlust und Beschädigung zu sichern. [10]Er stellt den Mitgliedern des Fahrpersonals auf Verlangen eine Kopie der von ihrer Fahrerkarte kopierten Daten zur Verfügung. [11]Artikel 10 Abs. 2 der Verordnung (EG) Nr. 561/2006 bleibt unberührt. [12]Im Falle der Datenfernübertragung sind die erforderlichen technischen und organisatorischen Maßnahmen nach den Artikeln 24, 25 und 32 der Verordnung (EU) 2016/679 des Europäischen Parlaments und des Rates vom 27. April 2016 zum Schutz natürlicher Personen bei der Verarbeitung personenbezogener Daten, zum freien Datenverkehr und zur Aufhebung der Richtlinie 95/46/EG (Datenschutz-Grundverordnung) (ABl. L 119 vom 4.5.2016, S. 1; L 314 vom 22.11.2016, S. 72; L 127 vom 23.5.2018, S. 2) in der jeweils geltenden Fassung zur Sicherstellung des Datenschutzes und der Datensicherheit zu treffen.

(4) Der zur Auskunft Verpflichtete kann die Auskunft auf solche Fragen verweigern, deren Beantwortung ihn selbst oder einen der in § 383 Abs. 1 Nr. 1 bis 3 der Zivilprozeßordnung bezeichneten Angehörigen der Gefahr strafgerichtlicher Verfolgung oder eines Verfahrens nach dem Gesetz über Ordnungswidrigkeiten aussetzen würde.

(5) [1]Während der Betriebs- und Arbeitszeit ist den Beauftragten der Aufsichtsbehörden, soweit dies zur Wahrnehmung ihrer Aufgaben erforderlich ist, das Betreten und Besichtigen der Grundstücke, Betriebsanlagen, Geschäftsräume und Beförderungsmittel gestattet. [2]Das Betreten und Besichtigen außerhalb dieser Zeit oder wenn die Betriebsanlagen oder Geschäftsräume sich in einer Wohnung befinden, ist ohne Einverständnis nur zur Verhütung von dringenden Gefahren für die öffentliche Sicherheit und Ordnung zulässig. [3]Das Grundrecht der Unverletzlichkeit der Wohnung (Artikel 13 des Grundgesetzes) wird insoweit eingeschränkt. [4]Soweit dies zur Erfüllung der Aufgaben der Beauftragten der Aufsichtsbehörden erforderlich ist, können Prüfungen und Untersuchungen durchgeführt und die Einsicht in geschäftliche Unterlagen des Auskunftspflichtigen vorgenommen werden. [5]Die Maßnahmen nach den Sätzen 1, 2 und 4 sind von den zu überwachenden Unternehmen und ihren Angestellten, einschließlich der Fahrer, zu dulden.

(6) (weggefallen)

(7) Zuständige Behörde im Sinne des Artikels 4 des Anhangs zum AETR und der Artikel 15, 22 Absatz 3 und Artikel 24 Absatz 5 der Verordnung (EU) Nr. 165/2014 ist das Kraftfahrt-Bundesamt.

§ 4a Zuständigkeiten

[1]Anträge auf Erteilung von Fahrer-, Werkstatt- oder Unternehmenskarten sind an die nach Landesrecht zuständigen Behörden oder Stellen zu richten. [2]Die Länder können Dritte mit dieser Aufgabe betrauen.

§ 4b Fahrerlaubnisrechtliche Auskünfte

[1]Durch Abruf im automatisierten Verfahren dürfen aus dem Zentralen Fahrerlaubnisregister die nach § 49 Absatz 1 Nummer 1 bis 3, 7 bis 13 und 17 der Fahrerlaubnis-Verordnung gespeicherten Daten für Maßnahmen im Zusammenhang mit der Ausgabe und Kontrolle von Fahrerkarten nach der Verordnung (EU) Nr. 165/2014 an die hierfür zuständigen Stellen im Inland sowie in einem Mitgliedstaat der Europäischen Union oder einem Vertragsstaat des Abkommens über den Europäischen Wirtschaftsraum übermittelt werden. [2]Die Verantwortung für die Zulässigkeit des einzelnen Abrufs trägt die Stelle, an die die Daten übermittelt werden.

§ 4c Auskünfte aus dem Fahrtenschreiberkartenregister

(1) Durch Abruf im automatisierten Verfahren dürfen aus dem Fahrtenschreiberkartenregister die nach § 12 der Fahrpersonalverordnung gespeicherten Daten für Maßnahmen im Zusammenhang mit der Ausgabe und Kontrolle von Fahrerkarten nach der Verordnung (EU) Nr. 165/2014 an die hierfür zuständigen Behörden und Stellen im Inland, in einem Mitgliedstaat der Europäischen Union, in einem Vertragsstaat des Abkommens über den Europäischen Wirtschaftsraum und in der Schweiz übermittelt werden.

(2) [1]Die zuständigen Behörden und Stellen dürfen die nach § 12 der Fahrpersonalverordnung gespeicherten Daten im automatisierten Verfahren abrufen, soweit die Kenntnis dieser Daten für Maßnahmen im Zusammenhang mit der Ausgabe und Kontrolle von Fahrerkarten nach der Verordnung (EU) Nr. 165/2014 erforderlich ist. [2]Die Daten dürfen nur für diese Zwecke verarbeitet werden.

(3) [1]Die Verantwortung für die Zulässigkeit des einzelnen Abrufs tragen die Behörden und Stellen, an die die Daten übermittelt werden. [2]Die für das Fahrtenschreiberkartenregister zuständige Stelle prüft die Zulässigkeit der Abrufe nur, wenn dazu Anlass besteht. [3]Die für das Fahrtenschreiberkartenregister zuständige Stelle hat zu gewährleisten, dass die Übermittlung personenbezogener Daten zumindest durch geeignete Stichprobenverfahren festgestellt und überprüft werden kann.

§ 5 Anordnungsbefugnis, Sicherungsmaßnahmen, Zurückweisung an der Grenze

(1) [1]Werden bei einer Kontrolle auf Verlangen keine oder nicht vorschriftsmäßig geführte Tätigkeitsnachweise vorgelegt oder wird festgestellt, daß vorgeschriebene Unterbrechungen der Lenkzeit nicht eingelegt oder die höchstzulässige Tageslenkzeit überschritten oder einzuhaltende Mindestruhezeiten nicht genommen worden sind, können die zuständigen Behörden die Fortsetzung der Fahrt untersagen, bis die Voraussetzungen zur Weiterfahrt erfüllt sind. [2]Tätigkeitsnachweise oder Fahrtenschreiber, aus denen sich der Regelverstoß ergibt oder mit denen er begangen wurde, können zur Beweissicherung eingezogen werden; die Fahrerkarte darf während ihrer Gültigkeitsdauer nicht entzogen oder ihre Gültigkeit ausgesetzt werden, es sei denn, es wird festgestellt, dass die Karte gefälscht worden ist, der Fahrer eine Karte verwendet, deren Inhaber er nicht ist, oder die Ausstellung der Karte auf der Grundlage falscher Erklärungen oder gefälschter Dokumente erwirkt wurde.

(1a) [1]Ergeben sich bei einer Kontrolle konkrete Anhaltspunkte dafür, dass der Fahrtenschreiber nicht ordnungsgemäß funktioniert, kann die zuständige Behörde eine Prüfung des Fahrtenschreibers nach Maßgabe des § 57b Absatz 1 und 3 der Straßenverkehrs-Zulassungs-Ordnung anordnen. [2]Abweichend von § 57b

Absatz 1 Satz 1 der Straßenverkehrs-Zulassungs-Ordnung fallen dem Halter die Kosten der Prüfung nur zu Last, wenn festgestellt wird, dass Einbau, Zustand, Messgenauigkeit und Arbeitsweise des Fahrtenschreibers nicht vorschriftsmäßig sind.

(2) Im grenzüberschreitenden Verkehr können Kraftfahrzeuge, die nicht in einem Mitgliedstaat der Europäischen Union oder einem anderen Vertragsstaat des Abkommens über den Europäischen Wirtschaftsraum zugelassen sind und in das Hoheitsgebiet der Bundesrepublik Deutschland einfahren wollen, in Fällen des Absatzes 1 an den Außengrenzen der Mitgliedstaaten der Europäischen Union zurückgewiesen werden.

(3) Rechtsbehelfe gegen Anordnungen nach den Absätzen 1, 1a und 2 sowie zur Durchsetzung der in § 4 Abs. 3 Satz 1 und Abs. 5 geregelten Pflichten haben keine aufschiebende Wirkung.

§ 6 Allgemeine Verwaltungsvorschriften

Das Bundesministerium für Verkehr und digitale Infrastruktur kann im Einvernehmen mit dem Bundesministerium für Arbeit und Soziales mit Zustimmung des Bundesrates zur Durchführung der in § 2 genannten oder auf § 2 beruhenden Vorschriften allgemeine Verwaltungsvorschriften erlassen, insbesondere über die Erteilung einer Verwarnung (§§ 56, 58 Abs. 2 des Gesetzes über Ordnungswidrigkeiten) wegen einer Ordnungswidrigkeit nach § 8 und darüber, in welchen Fällen eine solche Verwarnung nicht erteilt werden soll.

§ 7 Sicherheitsleistung

Wird eine angeordnete Sicherheitsleistung nicht sofort erbracht, so kann die zuständige Behörde die Weiterfahrt bis zur vollständigen Erbringung untersagen.

§ 8 Bußgeldvorschriften

(1) Ordnungswidrig handelt, wer vorsätzlich oder fahrlässig

1. als Unternehmer

   a) einer Rechtsverordnung nach § 2 Nr. 2 Buchstabe b oder Nr. 3 oder einer vollziehbaren Anordnung auf Grund einer solchen Rechtsverordnung zuwiderhandelt, soweit die Rechtsverordnung für einen bestimmten Tatbestand auf diese Bußgeldvorschrift verweist,

   b) einer Vorschrift der Verordnung (EG) Nr. 2135/98, der Verordnung (EU) Nr. 165/2014 oder des AETR zuwiderhandelt, soweit eine Rechtsverordnung nach § 2 Nr. 1 Buchstabe e oder Nr. 2 Buchstabe e für einen bestimmten Tatbestand auf diese Bußgeldvorschrift verweist,

   c) entgegen § 3 Satz 1 ein Mitglied des Fahrpersonals nach der zurückgelegten Fahrstrecke oder der Menge der beförderten Güter entlohnt,

   d) entgegen § 4 Abs. 3 Satz 1 eine Auskunft nicht, nicht richtig, nicht vollständig oder nicht rechtzeitig erteilt oder eine Unterlage nicht oder nicht rechtzeitig aushändigt, nicht oder nicht rechtzeitig einsendet oder nicht oder nicht rechtzeitig zur Verfügung stellt,

   e) entgegen § 4 Abs. 3 Satz 6 dort genannte Daten nicht, nicht richtig oder nicht für die vorgeschriebene Dauer speichert,

f) entgegen § 4 Abs. 3 Satz 7 ein Schaublatt oder einen Ausdruck nicht oder nicht für die vorgeschriebene Dauer aufbewahrt,

g) entgegen § 4 Abs. 3 Satz 9 nicht dafür Sorge trägt, dass eine lückenlose Dokumentation oder Datensicherung erfolgt,

h) entgegen § 4 Abs. 5 Satz 5 eine Maßnahme nicht duldet oder

i) entgegen einer vollziehbaren Anordnung nach § 5 Absatz 1 Satz 1 oder Absatz 1a Satz 1 oder § 7 zuwiderhandelt,

2. als Fahrer

   a) einer Rechtsverordnung nach § 2 Nr. 2 Buchstabe b oder Nr. 3 oder einer vollziehbaren Anordnung auf Grund einer solchen Rechtsverordnung zuwiderhandelt, soweit die Rechtsverordnung für einen bestimmten Tatbestand auf diese Bußgeldvorschrift verweist,

   b) einer Vorschrift der Verordnung (EG) Nr. 2135/98, der Verordnung (EU) Nr. 165/2014 oder des AETR zuwiderhandelt, soweit eine Rechtsverordnung nach § 2 Nr. 1 Buchstabe e oder Nr. 2 Buchstabe e für einen bestimmten Tatbestand auf diese Bußgeldvorschrift verweist,

   c) entgegen § 4 Abs. 3 Satz 1 eine Auskunft nicht, nicht richtig, nicht vollständig oder nicht rechtzeitig erteilt oder eine Unterlage nicht aushändigt,

   d) entgegen § 4 Abs. 3 Satz 2 einen Tätigkeitsnachweis nicht oder nicht rechtzeitig aushändigt,

   e) entgegen § 4 Abs. 3 Satz 4 die Fahrerkarte zum Kopieren nicht oder nicht rechtzeitig zur Verfügung stellt,

   f) entgegen § 4 Abs. 5 Satz 5 eine Maßnahme nicht duldet oder

   g) einer vollziehbaren Anordnung nach § 5 Absatz 1 Satz 1 oder Absatz 1a Satz 1 oder § 7 zuwiderhandelt oder

3. als Fahrzeughalter entgegen § 4 Abs. 3 Satz 1 eine Auskunft nicht, nicht richtig, nicht vollständig oder nicht rechtzeitig erteilt oder eine Unterlage nicht oder nicht rechtzeitig aushändigt, nicht oder nicht rechtzeitig einsendet oder nicht oder nicht rechtzeitig zur Verfügung stellt oder

4. als Werkstattinhaber oder Installateur

   a) einer Rechtsverordnung nach § 2 Nr. 2 Buchstabe b oder Nr. 3 Buchstabe c oder einer vollziehbaren Anordnung auf Grund einer solchen Rechtsverordnung zuwiderhandelt, soweit die Rechtsverordnung für einen bestimmten Tatbestand auf diese Bußgeldvorschrift verweist, oder

   b) einer Vorschrift der Verordnung (EU) Nr. 165/2014 oder des AETR zuwiderhandelt, soweit eine Rechtsverordnung nach § 2 Nr. 1 Buchstabe e oder Nr. 2 Buchstabe e für einen bestimmten Tatbestand auf diese Bußgeldvorschrift verweist.

(2) Die Ordnungswidrigkeit kann in den Fällen des Absatzes 1 Nr. 1 und 3 mit einer Geldbuße bis zu dreißigtausend Euro, in den übrigen Fällen mit einer Geldbuße bis zu fünftausend Euro geahndet werden.

(3) Ordnungswidrigkeiten nach Absatz 1 Nummer 1 Buchstabe b, Nummer 2 Buchstabe b oder Nummer 4 Buchstabe b, die bis zum 1. März 2016 unter Geltung der Verordnung (EWG) Nr. 3821/85 begangen wurden, können abweichend von § 4 Absatz 3 des Gesetzes über Ordnungswidrigkeiten nach den zum Zeitpunkt der Tat geltenden Bestimmungen geahndet werden.

(4) In den Fällen des Absatzes 1 Nummer 1 Buchstabe b, Nummer 2 Buchstabe b und Nummer 4 Buchstabe b kann eine Ordnungswidrigkeit wegen einer Zuwiderhandlung gegen das AETR auch dann geahndet werden, wenn die Ordnungswidrigkeit nicht im Geltungsbereich dieses Gesetzes begangen wurde.

§ 8a Bußgeldvorschriften

(1) [1]Ordnungswidrig handelt, wer als Unternehmer gegen die Verordnung (EG) Nr. 561/2006 des Europäischen Parlaments und des Rates vom 15. März 2006 zur Harmonisierung bestimmter Sozialvorschriften im Straßenverkehr und zur Änderung der Verordnungen (EWG) Nr. 3821/85 und (EG) Nr. 2135/98 des Rates sowie zur Aufhebung der Verordnung (EWG) Nr. 3820/85 des Rates (ABl. EU Nr. L 102 S. 1), die zuletzt durch die Verordnung (EG) Nr. 1073/2009 (ABl. L 300 vom 14.11.2009, S. 88) geändert worden ist, verstößt, indem er vorsätzlich oder fahrlässig

1. einen Schaffner oder Beifahrer einsetzt, der das in Artikel 5 genannte Mindestalter nicht erreicht hat,
2. nicht dafür sorgt, dass die in Artikel 6 Abs. 1 Satz 1, Abs. 2 oder 3 genannten Lenkzeiten, die in Artikel 7 Satz 1 genannte Fahrtunterbrechung oder die in Artikel 8 Abs. 2 Satz 1, Abs. 4 bis 7 genannten Ruhezeiten vom Fahrer eingehalten werden,
3. entgegen Artikel 16 Abs. 2 Satz 1 in Verbindung mit Abs. 3 Buchstabe a Halbsatz 1 einen Fahrplan oder einen Arbeitszeitplan nicht, nicht richtig oder nicht vollständig erstellt oder
4. entgegen Artikel 16 Abs. 3 Buchstabe c einen Arbeitszeitplan nicht oder nicht mindestens ein Jahr aufbewahrt.

[2]Im Fall von Satz 1 Nummer 2 sorgt der Unternehmer auch dann nicht dafür, dass die regelmäßige wöchentliche Ruhezeit nach Artikel 8 Absatz 6 eingehalten wird, wenn diese im Fahrzeug oder an einem Ort ohne geeignete Schlafmöglichkeit verbracht wird.

(2) [1]Ordnungswidrig handelt, wer als Fahrer gegen die Verordnung (EG) Nr. 561/2006 verstößt, indem er vorsätzlich oder fahrlässig

1. eine in Artikel 6 Abs. 1 Satz 1, Abs. 2 oder 3 genannte Lenkzeit, die in Artikel 7 Satz 1 genannte Fahrtunterbrechung oder eine in Artikel 8 Abs. 2 Satz 1, Absatz 4, 5, 6, 6a Satz 1 oder Absatz 7 genannte Ruhezeit oder Ruhepause nicht einhält,
2. entgegen Artikel 6 Abs. 5 eine andere Arbeit oder eine Bereitschaftszeit nicht, nicht richtig oder nicht in der vorgeschriebenen Weise festhält,
3. entgegen Artikel 12 Satz 2 Art oder Grund einer Abweichung nicht, nicht richtig, nicht in der vorgeschriebenen Weise oder nicht rechtzeitig vermerkt oder

4.   entgegen Artikel 16 Abs. 2 Unterabs. 2 einen Auszug auf dem Arbeitszeitplan oder eine Ausfertigung des Linienfahrplans nicht mit sich führt.

[2]Im Fall von Satz 1 Nummer 1 wird die <u>regelmäßige wöchentliche Ruhezeit</u> nach Artikel 8 Absatz 6 <u>auch dann nicht eingehalten</u>, <u>wenn diese im Fahrzeug</u> <u>oder</u> an einem <u>Ort ohne geeignete Schlafmöglichkeit</u> <u>verbracht wird</u>.

(3) Ordnungswidrig handelt, <u>wer als Unternehmer</u>, <u>Verlader</u>, <u>Spediteur</u>, <u>Reiseveranstalter</u> oder <u>Fahrervermittler</u> einen <u>Beförderungszeitplan vertraglich vereinbart</u> und <u>nicht sicherstellt, dass dieser Beförderungszeitplan nicht gegen eine in Absatz 2 Nr. 1</u> genannte Vorschrift <u>verstößt</u>.

(4) Die Ordnungswidrigkeit kann in den <u>Fällen der Absätze 1 und 3</u> mit einer <u>Geldbuße bis zu dreißigtausend Euro</u>, in den <u>übrigen Fällen</u> mit einer <u>Geldbuße bis zu fünftausend Euro</u> geahndet werden.

(5) In den Fällen der Absätze 1 und 2 kann die Ordnungswidrigkeit auch dann geahndet werden, wenn sie nicht im Geltungsbereich dieses Gesetzes begangen wurde.

§ 9 Zuständigkeit für die Verfolgung und Ahndung von Ordnungswidrigkeiten

(1) [1]Wird ein Verstoß in einem Unternehmen begangen, das im Geltungsbereich dieses Gesetzes seinen Sitz oder eine geschäftliche Niederlassung hat, ist nur die Verwaltungsbehörde örtlich zuständig, in deren Bezirk die geschäftliche Niederlassung oder der Hauptsitz des Betriebes liegt, bei dem der Betroffene tätig ist. [2]Die §§ 38 und 39 des Gesetzes über Ordnungswidrigkeiten gelten entsprechend. [3]Soweit nach Satz 1 oder Satz 2 eine Verwaltungsbehörde zuständig ist, die nicht auch für die Kontrolle der Bestimmungen dieses Gesetzes auf dem Betriebsgelände zuständig ist, unterrichtet diese Verwaltungsbehörde die für die Kontrollen der Bestimmungen dieses Gesetzes auf dem Betriebsgelände zuständige Behörde über begangene Ordnungswidrigkeiten.

(2) Wird ein Verstoß in einem Unternehmen begangen, das im Geltungsbereich des Gesetzes weder seinen Sitz noch eine geschäftliche Niederlassung hat, und hat auch der Betroffene im Geltungsbereich des Gesetzes keinen Wohnsitz, so ist Verwaltungsbehörde im Sinne des § 36 Abs. 1 Nr. 1 des Gesetzes über Ordnungswidrigkeiten das Bundesamt für Logistik und Mobilität.

§ 10 Datenschutzbestimmungen

(1) Die Die nach § 9 für die Durchführung von Bußgeldverfahren zuständigen Behörden dürfen folgende personenbezogene Daten[*] über laufende und abgeschlossene Bußgeldverfahren wegen der in § 8 Absatz 1 und der in § 8a Absatz 1 bis 3 genannten Ordnungswidrigkeiten verarbeiten, soweit dies für die Erfüllung ihrer

---

[*] vgl. Art. 4 Nr. 1 DS-GVO: «„personenbezogene Daten" alle Informationen, die sich auf eine identifizierte oder identifizierbare natürliche Person (im Folgenden „betroffene Person") beziehen; als identifizierbar wird eine natürliche Person angesehen, die direkt oder indirekt, insbesondere mittels Zuordnung zu einer Kennung wie einem Namen, zu einer Kennnummer, zu Standortdaten, zu einer Online-Kennung oder zu einem oder mehreren besonderen Merkmalen identifiziert werden kann, die Ausdruck der physischen, physiologischen, genetischen, psychischen, wirtschaftlichen, kulturellen oder sozialen Identität dieser natürlichen Person sind;»

Aufgaben oder für Zwecke der Beurteilung der Zuverlässigkeit des Unternehmens, bei dem die betroffene Person angestellt ist, erforderlich ist:

1. Name, Anschrift, Geburtsdatum und Geburtsort der betroffenen Person, Name und Anschrift des Unternehmens,

2. Zeit und Ort der Begehung der Ordnungswidrigkeit,

3. die gesetzlichen Merkmale der Ordnungswidrigkeit,

4. Bußgeldbescheide mit dem Datum ihres Erlasses und dem Datum des Eintritts ihrer Rechtskraft sowie

5. die Höhe der Geldbuße und

6. das Datum der Verwarnung oder des Erlasses des Verwarnungsgeldes.

(2) Die in Absatz 1 genannten Behörden übermitteln die Daten nach Absatz 1 für die dort genannten Zwecke

1. an öffentliche Stellen, soweit die Daten für die Entscheidung über den Zugang zum Beruf des Güter- und Personenkraftverkehrsunternehmers erforderlich sind,

2. auf Ersuchen an Gerichte und die Behörden, die in Bezug auf die Aufgaben nach diesem Gesetz Verwaltungsbehörde nach § 36 Abs. 1 Nr. 1 des Gesetzes über Ordnungswidrigkeiten sind oder

3. in den Fällen des § 9 Absatz 1 Satz 3 an die für die Kontrollen der Bestimmungen dieses Gesetzes auf dem Betriebsgelände zuständigen Verwaltungsbehörden.

(2a) [1]Die in Absatz 1 genannten Behörden haben Zuwiderhandlungen, die Anlass geben, an der Zuverlässigkeit des Unternehmers und der Verkehrsleiter zu zweifeln, dem Unternehmen und der für das Unternehmen zuständigen Erlaubnisbehörde nach § 3 Abs. 7 des Güterkraftverkehrsgesetzes oder der Genehmigungsbehörde nach § 11 Abs. 1 des Personenbeförderungsgesetzes mitzuteilen. [2]Zur Feststellung von Wiederholungsfällen haben sie die Zuwiderhandlungen der Angehörigen desselben Unternehmens zusammenzuführen.

(3) Eine Übermittlung unterbleibt, soweit hierdurch schutzwürdige Interessen der betroffenen Person beeinträchtigt würden und nicht das öffentliche Interesse das Geheimhaltungsinteresse der betroffenen Person überwiegt.

(4) Der Empfänger darf die nach Absatz 2 übermittelten Daten nur für den Zweck verarbeiten, zu dessen Erfüllung sie ihm übermittelt werden.

(5) Erweisen sich übermittelte Daten als unrichtig, so ist der Empfänger unverzüglich zu unterrichten, wenn dies zur Wahrung schutzwürdiger Interessen der betroffenen Person erforderlich ist.

(6) [1]Die nach den Absätzen 1 und 2 gespeicherten Daten sind zwei Jahre nach dem Eintritt der Rechtskraft des Bußgeldbescheides zu löschen. [2]Wurde das Bußgeld zwei Jahre nach Rechtskraft des Bußgeldbescheides noch nicht oder nicht vollständig gezahlt, so sind die nach den Absätzen 1 und 2 gespeicherten Daten erst bei Eintritt der Vollstreckungsverjährung zu löschen. [3]Wurde die betroffene Person schriftlich verwarnt oder das Verfahren eingestellt, so sind die Daten zwei Jahre nach dem Erlaß der Verwarnung zu löschen. [4]Daten eingestellter Verfahren sind unverzüglich zu löschen.

(7) § 25 Absatz 1 Satz 1* in Verbindung mit § 23 Absatz 1 Nummer 3 und 4** des Bundesdatenschutzgesetzes sowie die entsprechenden Vorschriften der Landesdatenschutzgesetze bleiben unberührt.

---

* § 25 Abs. 1 BDSG (Datenübermittlungen durch öffentliche Stellen): „Die Übermittlung personenbezogener Daten durch öffentliche Stellen an öffentliche Stellen ist zulässig, wenn sie zur Erfüllung der in der Zuständigkeit der übermittelnden Stelle oder des Dritten, an den die Daten übermittelt werden, liegenden Aufgaben erforderlich ist und die Voraussetzungen vorliegen, die eine Verarbeitung nach § 23 zulassen würden. [...]"

** § 23 Abs. 1 Nr. 3, 4 BDSG (Verarbeitung zu anderen Zwecken durch öffentliche Stellen): „Die Verarbeitung personenbezogener Daten zu einem anderen Zweck als zu demjenigen, zu dem die Daten erhoben wurden, durch öffentliche Stellen im Rahmen ihrer Aufgabenerfüllung ist zulässig, wenn [...]
3.   sie zur Abwehr erheblicher Nachteile für das Gemeinwohl oder einer Gefahr für die öffentliche Sicherheit, die Verteidigung oder die nationale Sicherheit, zur Wahrung erheblicher Belange des Gemeinwohls oder zur Sicherung des Steuer- und Zollaufkommens erforderlich ist,
4.   sie zur Verfolgung von Straftaten oder Ordnungswidrigkeiten, zur Vollstreckung oder zum Vollzug von Strafen oder Maßnahmen im Sinne des § 11 Absatz 1 Nummer 8 des Strafgesetzbuchs oder von Erziehungsmaßregeln oder Zuchtmitteln im Sinne des Jugendgerichtsgesetzes oder zur Vollstreckung von Geldbußen erforderlich ist, [...]"

Fahrpersonalverordnung (FPersV)

Verordnung zur Durchführung des Fahrpersonalgesetzes (Fahrpersonalverordnung)
zuletzt geändert durch Art. 37 Gesetz vom 15.07.2024 (BGBl. 2024 I Nr. 236) m.W.v. 19.07.2024
– Nichtamtliche Fassung (Auszug) –

Abschnitt 1
Lenk- und Ruhezeiten im nationalen Bereich

§ 1 Lenk- und Ruhezeiten im Straßenverkehr

(1) Fahrer

1. von Fahrzeugen, die zur Güterbeförderung dienen und deren zulässige Höchstmasse einschließlich Anhänger oder Sattelanhänger mehr als 2,8 Tonnen und nicht mehr als 3,5 Tonnen beträgt, sowie

2. von Fahrzeugen, die zur Personenbeförderung dienen, nach ihrer Bauart und Ausstattung geeignet und dazu bestimmt sind, mehr als neun Personen einschließlich Fahrer zu befördern, und im Linienverkehr mit einer Linienlänge bis zu 50 Kilometern eingesetzt sind,

haben Lenkzeiten, Fahrtunterbrechungen und Ruhezeiten nach Maßgabe der Artikel 4, 6 bis 9 und 12 der Verordnung (EG) Nr. 561/2006 des Europäischen Parlaments und des Rates vom 15. März 2006 zur Harmonisierung bestimmter Sozialvorschriften im Straßenverkehr und zur Änderung der Verordnungen (EWG) Nr. 3821/85 und (EG) Nr. 2135/98 des Rates sowie zur Aufhebung der Verordnung (EWG) Nr. 3820/85 des Rates (ABl. EU Nr. L 102 S. 1) einzuhalten.

(2) Absatz 1 findet keine Anwendung auf

1. Fahrzeuge, die in § 18 genannt sind,

2. Fahrzeuge, die in Artikel 3 Buchstabe b bis i der Verordnung (EG) Nr. 561/2006 genannt sind,

3. Fahrzeuge, die zur Beförderung von Material, Ausrüstungen oder Maschinen, die der Fahrer zur Ausübung seiner beruflichen Tätigkeit benötigt, verwendet werden, soweit das Lenken des Fahrzeugs nicht die Haupttätigkeit des Fahrers darstellt,

3a. Fahrzeuge, die zur Beförderung von Gütern, die im Betrieb, dem der Fahrer angehört, in handwerklicher Fertigung oder Kleinserie hergestellt wurden oder deren Reparatur im Betrieb vorgesehen ist oder durchgeführt wurde, verwendet werden, soweit das Lenken des Fahrzeugs nicht die Haupttätigkeit des Fahrers darstellt,

4. Fahrzeuge, die als Verkaufswagen auf öffentlichen Märkten oder für den ambulanten Verkauf verwendet werden und für diese Zwecke besonders ausgestattet sind, soweit das Lenken des Fahrzeugs nicht die Haupttätigkeit des Fahrers darstellt, und

5. selbstfahrende Arbeitsmaschinen nach § 2 Nr. 17 der Fahrzeug-Zulassungsverordnung.

(3) <u>Abweichend von Absatz 1</u> in Verbindung mit Artikel 7 der Verordnung (EG) Nr. 561/2006 haben <u>Fahrer von Kraftomnibussen im Linienverkehr</u> mit einer <u>Linienlänge bis zu 50 Kilometern</u> Fahrtunterbrechungen nach Maßgabe der <u>folgenden Vorschriften</u> einzuhalten:

1. Beträgt der durchschnittliche Haltestellenabstand mehr als drei Kilometer, so ist nach einer Lenkzeit von viereinhalb Stunden eine Fahrtunterbrechung von mindestens 30 zusammenhängenden Minuten einzulegen. Diese Fahrtunterbrechung kann durch zwei Teilunterbrechungen von jeweils mindestens 20 zusammenhängenden Minuten oder drei Teilunterbrechungen von jeweils mindestens 15 Minuten ersetzt werden. Die Teilunterbrechungen müssen innerhalb der Lenkzeit von höchstens viereinhalb Stunden oder teils innerhalb dieser Zeit und teils unmittelbar danach liegen.

2. Beträgt der durchschnittliche Haltestellenabstand nicht mehr als drei Kilometer, sind als Fahrtunterbrechungen auch Arbeitsunterbrechungen ausreichend, soweit diese nach den Dienst- und Fahrplänen in der Arbeitsschicht enthalten sind (z. B. Wendezeiten). Voraussetzung hierfür ist, dass die Gesamtdauer der Arbeitsunterbrechungen mindestens ein Sechstel der vorgesehenen Lenkzeit beträgt. Nach einer ununterbrochenen Lenkzeit von viereinhalb Stunden ist eine Fahrtunterbrechung von mindestens 45 Minuten erforderlich. Arbeitsunterbrechungen unter zehn Minuten werden bei der Berechnung der Gesamtdauer nicht berücksichtigt. Durch Tarifvertrag kann vereinbart werden, dass Arbeitsunterbrechungen von mindestens acht Minuten berücksichtigt werden können, wenn ein Ausgleich vorgesehen ist, der die ausreichende Erholung des Fahrers erwarten lässt. Für Fahrer, die nicht in einem Arbeitsverhältnis stehen, kann die nach Landesrecht zuständige Behörde entsprechende Abweichungen bewilligen.

(4) [1]Abweichend von Absatz 1 in Verbindung mit Artikel 8 Abs. 6 der Verordnung (EG) Nr. 561/2006 sind Fahrer der in Absatz 1 Nr. 2 genannten Fahrzeuge nicht zur Einlegung einer wöchentlichen Ruhezeit nach höchstens sechs 24-Stunden-Zeiträumen verpflichtet. [2]Sie können die wöchentlich einzuhaltenden Ruhezeiten auf einen Zweiwochenzeitraum verteilen.

(5) [1]Der <u>Unternehmer</u> hat dafür <u>zu sorgen</u>, dass die <u>Vorschriften über</u> die <u>Lenkzeiten</u>, die <u>Fahrtunterbrechungen</u> und die <u>Ruhezeiten gemäß den Artikeln 4, 6 bis 9 und 12 der Verordnung (EG) Nr. 561/2006 eingehalten werden</u>. [2]Artikel 10 Abs. 2 der Verordnung (EG) Nr. 561/2006 findet entsprechende Anwendung.

(6) [1]Der <u>Fahrer</u> eines in Absatz 1 Nr. 1 genannten Fahrzeugs hat, sofern dieses Fahrzeug nicht nach Absatz 2 ausgenommen ist, <u>folgende Zeiten aufzuzeichnen</u>:

1. Lenkzeiten,
2. alle sonstigen Arbeitszeiten einschließlich der Bereitschaftszeiten,
3. Fahrtunterbrechungen und
4. tägliche und wöchentliche Ruhezeiten.

[2]Die <u>Aufzeichnungen</u> sind <u>für jeden Tag getrennt</u> zu fertigen und müssen folgende <u>Angaben</u> enthalten:

1. Vor- und Familienname,
2. Datum,
3. amtliche Kennzeichen der benutzten Fahrzeuge,

4. Ort des Fahrtbeginns,

5. Ort des Fahrtendes und

6. Kilometerstände der benutzten Fahrzeuge bei Fahrtbeginn und Fahrtende.

[3]Der Fahrer hat alle Eintragungen jeweils unverzüglich zu Beginn und am Ende der Lenkzeiten, Fahrtunterbrechungen und Ruhezeiten vorzunehmen. [4]Die Aufzeichnungen des laufenden Tages und der vorausgegangenen 28 Kalendertage sind vom Fahrer mitzuführen und den zuständigen Personen auf Verlangen zur Prüfung auszuhändigen. [5]Hat der Fahrer während des in Satz 4 genannten Zeitraums ein Fahrzeug gelenkt, für das

1. die Verordnung (EU) Nr. 165/2014 des Europäischen Parlaments und des Rates vom 4. Februar 2014 über Fahrtenschreiber im Straßenverkehr, zur Aufhebung der Verordnung (EWG) Nr. 3821/85 des Rates über das Kontrollgerät im Straßenverkehr und zur Änderung der Verordnung (EG) Nr. 561/2006 des Europäischen Parlaments und des Rates zur Harmonisierung bestimmter Sozialvorschriften im Straßenverkehr (ABl. L 60 vom 28.2.2014, S. 1) in der jeweils geltenden Fassung oder

2. das Europäische Übereinkommen vom 1. Juli 1970 über die Arbeit des im internationalen Straßenverkehr beschäftigten Fahrpersonals (AETR) (BGBl. 1974 II S. 1473, 1475) in der jeweils geltenden Fassung

gilt, sind für dieses Fahrzeug Nachweise nach Maßgabe von Artikel 36 Absatz 1 und 2 der Verordnung (EU) Nr. 165/2014 oder von Artikel 12 Absatz 7 des Anhangs zum Europäischen Übereinkommen vom 1. Juli 1970 über die Arbeit des im internationalen Straßenverkehr beschäftigten Fahrpersonals (AETR) an Stelle der Aufzeichnungen mitzuführen. [6]Der Fahrer hat dem Unternehmer alle Aufzeichnungen unverzüglich nach Ablauf der Mitführungspflicht auszuhändigen. [7]Der Unternehmer hat

1. dem Fahrer entsprechend dem Muster der Anlage 1 geeignete Vordrucke zur Fertigung der Aufzeichnungen in ausreichender Anzahl auszuhändigen,

2. die Aufzeichnungen unverzüglich nach Aushändigung durch den Fahrer zu prüfen und unverzüglich Maßnahmen zu ergreifen, die notwendig sind, um die Beachtung der Sätze 1 bis 5 zu gewährleisten,

3. die Aufzeichnungen ein Jahr lang nach Aushändigung durch den Fahrer in chronologischer Reihenfolge und in lesbarer Form außerhalb des Fahrzeugs aufzubewahren und den zuständigen Personen auf Verlangen vorzulegen und

4. die Aufzeichnungen nach Ablauf der Aufbewahrungsfrist bis zum 31. März des folgenden Kalenderjahres zu vernichten, soweit sie nicht zur Erfüllung der Aufbewahrungspflichten nach § 16 Abs. 2 und § 21a Abs. 7 des Arbeitszeitgesetzes, § 147 Abs. 1 Nr. 5 in Verbindung mit Abs. 3 der Abgabenordnung, § 28f Abs. 1 Satz 1 des Vierten Buches Sozialgesetzbuch, § 17 Absatz 2 des Mindestlohngesetzes, § 19 Absatz 2 des Arbeitnehmer-Entsendegesetzes oder § 17c Absatz 2 des Arbeitnehmerüberlassungsgesetzes benötigt werden.

(7) [1]Ist das Fahrzeug mit einem analogen Fahrtenschreiber nach Artikel 2 Absatz 2 Buchstabe g der Verordnung (EU) Nr. 165/2014 oder einem digitalen Fahrtenschreiber nach Artikel 2 Absatz 2 Buchstabe h der Verordnung (EU) Nr. 165/2014 oder einem Fahrtschreiber nach § 57a Absatz 1 Satz 1 der Straßenverkehrs-Zulassungs-Ordnung ausgerüstet, haben Fahrer der in Absatz 1 Nummer 1 genannten Fahrzeuge diese entsprechend Artikel 27 Absatz 2, Artikel 32 Absatz 1 bis 4, Artikel 33 Absatz 1 Unterabsatz 3, Artikel 34 Absatz 1 bis 3 Unterabsatz 1, Absatz 4 bis 7, Artikel 35 Absatz 2 und Artikel 37 Absatz 2 der Verordnung (EU) Nr. 165/2014 oder § 57a Absatz 2 Satz 1 der Straßenverkehrs-Zulassungs-Ordnung zu betreiben. [2]Im Falle der Verwendung eines Fahrtschreibers gemäß § 57a der Straßenverkehrs-Zulassungs-Ordnung hat der Fahrer die Schicht und die Pausen jeweils bei Beginn und Ende auf dem Schaublatt zu vermerken. [3]Der Unternehmer hat bei Verwendung eines analogen Fahrtenschreibers oder eines Fahrtschreibers nach § 57a Absatz 1 Satz 1 der Straßenverkehrs-Zulassungs-Ordnung dem Fahrer vor Beginn der Fahrt die für das Gerät zugelassenen Schaublätter entsprechend Artikel 33 Absatz 1 Unterabsatz 2 der Verordnung (EU) Nr. 165/2014 in ausreichender Anzahl auszuhändigen, bei Verwendung eines digitalen Fahrtenschreibers dafür zu sorgen, dass entsprechend Artikel 33 Absatz 1 Unterabsatz 3 der Verordnung (EU) Nr. 165/2014 der Ausdruck von Daten aus dem Fahrtenschreiber im Falle einer Nachprüfung ordnungsgemäß erfolgen kann und entsprechend Artikel 33 Absatz 1 Unterabsatz 1 der Verordnung (EU) Nr. 165/2014 dafür zu sorgen, dass der analoge oder digitale Fahrtenschreiber oder der Fahrtschreiber nach § 57a Absatz 1 Satz 1 der Straßenverkehrs-Zulassungs-Ordnung ordnungsgemäß benutzt wird; Absatz 6 Satz 4 bis 6 und 7 Nummer 2 bis 4 gilt entsprechend. [4]Hat der Fahrer eines mit einem digitalen Fahrtenschreiber ausgerüsteten Fahrzeugs in dem in Absatz 6 Satz 4 genannten Zeitraum ein Fahrzeug gelenkt, das mit einem analogen Fahrtenschreiber ausgerüstet ist, hat er die Schaublätter dieses Fahrtenschreibers während der Fahrt ebenfalls mitzuführen und den zuständigen Personen auf Verlangen zur Prüfung auszuhändigen.

(8) [1]Der Unternehmer, der Fahrer mit Fahrzeugen nach Absatz 1 Nummer 2 einsetzt, hat zum Nachweis der in Absatz 1 genannten Zeiten vor Fahrtantritt Fahrpläne und Arbeitszeitpläne nach Maßgabe des Artikels 16 Absatz 2 Satz 1 und Absatz 3 Buchstabe a und b der Verordnung (EG) Nr. 561/2006 aufzustellen und ein Jahr nach Ablauf des Gültigkeitszeitraums aufzubewahren. [2]Fahrer von Fahrzeugen nach Absatz 1 Nummer 2 haben einen Auszug aus dem Arbeitszeitplan und eine Ausfertigung des Fahrplans, der die gerade durchgeführte Fahrt betrifft, mitzuführen.

(9) [1]Absatz 8 gilt nicht, wenn das Fahrzeug mit einem Fahrtschreiber nach § 57a Absatz 1 der Straßenverkehrs-Zulassungs-Ordnung in der bis zum 31. Dezember 2012 geltenden Fassung ausgerüstet ist. [2]In diesem Fall findet § 57a Absatz 2 und § 57b der Straßenverkehrs-Zulassungs-Ordnung Anwendung.

(10) [1]Absatz 8 gilt nicht, wenn das Fahrzeug mit einem analogen oder digitalen Fahrtenschreiber ausgerüstet ist. [2]In diesem Fall findet § 57a Absatz 3 der Straßenverkehrs-Zulassungs-Ordnung Anwendung.

§ 2 Digitaler Fahrtenschreiber

(1) Ein <u>Fahrer, der ein Fahrzeug lenkt</u>, das in den Anwendungsbereich der Verordnung (EG) Nr. 561/2006 fällt, oder der Lenk- oder Ruhezeiten nach § 1 Absatz 1 und 3 einzuhalten hat und dabei einen digitalen Fahrtenschreiber betreibt, hat den Fahrtenschreiber entsprechend Artikel 27 Absatz 2, Artikel 32 Absatz 1 Satz 1

und Absatz 2 bis 4, Artikel 33 Absatz 1 Unterabsatz 3, Artikel 34 Absatz 1 bis 3 Unterabsatz 1, Absatz 4, 5 und 7, Artikel 35 Absatz 2 und Artikel 37 Absatz 2 der Verordnung (EU) Nr. 165/2014 zu bedienen und die Benutzerführung zu beachten.

(2) Die in Artikel 34 Absatz 5 Buchstabe b Ziffer ii bis iv der Verordnung (EU) Nr. 165/2014 genannten Zeiträume müssen bei Übernahme des Fahrzeugs auf der Fahrerkarte unter Benutzung der im Fahrtenschreiber vorgesehenen manuellen Eingabemöglichkeiten eingetragen werden, wenn der Fahrer vor Übernahme des Fahrzeugs solche Zeiten verbracht hat.

(3) [1]Die nach Artikel 36 Absatz 2 der Verordnung (EU) Nr. 165/2014 vorgeschriebenen Ausdrucke hat der Fahrer den zuständigen Personen auf Verlangen vorzulegen. [2]Der Unternehmer hat die Ausdrucke in chronologischer Reihenfolge und in lesbarer Form außerhalb des Fahrzeugs aufzubewahren und den zuständigen Personen auf Verlangen vorzulegen.

(4) [1]Bei Einsatz von Mietfahrzeugen, deren Verwendung in den Anwendungsbereich der Verordnung (EG) Nr. 561/2006 oder dieser Verordnung fällt, hat der Unternehmer, der das Fahrzeug anmietet, zu Beginn und am Ende des Mietzeitraums durch Verwendung der Unternehmenskarte sicherzustellen, dass die Daten aus dem Massenspeicher des Fahrtenschreibers über die mit den Fahrzeugen durchgeführten Fahrten übertragen und bei ihm gespeichert werden. [2]Ist dies in begründeten Ausnahmefällen oder bei einer Mietdauer von nicht mehr als 24 Stunden nicht möglich, ist zu Beginn und am Ende des Mietzeitraums ein Ausdruck wie bei Beschädigung oder Fehlfunktion der Fahrerkarte zu fertigen. [3]Der Fahrer hat den Ausdruck unverzüglich nach Erhalt an den Unternehmer weiterzuleiten, der ihn ein Jahr aufzubewahren hat. [4]Nach Ablauf der Aufbewahrungsfrist sind die Ausdrucke bis zum 31. März des folgenden Kalenderjahres zu vernichten, soweit sie nicht zur Erfüllung der Aufbewahrungspflichten nach § 16 Abs. 2 und § 21a Abs. 7 des Arbeitszeitgesetzes, § 147 Abs. 1 Nr. 5 in Verbindung mit Abs. 3 der Abgabenordnung, § 28f Abs. 1 Satz 1 des Vierten Buches Sozialgesetzbuch, § 17 Absatz 2 des Mindestlohngesetzes, § 19 Absatz 2 des Arbeitnehmer-Entsendegesetzes oder § 17c Absatz 2 des Arbeitnehmerüberlassungsgesetzes benötigt werden.

(5) [1]Der Unternehmer hat sicherzustellen, dass alle Daten aus dem Massenspeicher des Fahrtenschreibers spätestens 90 Tage nach Aufzeichnung eines Ereignisses zur Speicherung im Betrieb kopiert werden. [2]Der Unternehmer hat sicherzustellen, dass die Daten der Fahrerkarten spätestens 28 Kalendertage nach Aufzeichnung eines Ereignisses zur Speicherung im Betrieb kopiert werden. [3]Der Fahrer hat hierzu dem Unternehmen die Fahrerkarte und die Ausdrucke nach Absatz 3 zur Verfügung zu stellen. [4]Der Unternehmer hat alle sowohl von den Fahrtenschreibern als auch von den Fahrerkarten kopierten Daten der zuständigen Behörde oder Stelle auf Verlangen entweder unmittelbar oder durch Datenfernübertragung oder auf einem durch die Behörde oder Stelle zu bestimmenden Datenträger zur Verfügung zu stellen. [5]Der Unternehmer hat von allen kopierten Daten unverzüglich Sicherheitskopien zu erstellen, die auf einem gesonderten Datenträger zu speichern sind.

(6) Unternehmen, die Fahrzeuge vermieten, haben dem Mieter des Fahrzeugs diejenigen Daten aus dem Massenspeicher des Fahrtenschreibers, die sich auf die vom Mieter durchgeführten Beförderungen beziehen und auf die dieser nicht unmittelbar zugreifen kann,

1. auf dessen Verlangen,
2. spätestens 90 Tage nach Beginn des Mietverhältnisses oder der letzten Datenübermittlung und
3. nach Beendigung des Mietverhältnisses

zur Verfügung zu stellen. Dabei sind dem jeweiligen Stand der Technik entsprechende Maßnahmen zur Sicherstellung von Datenschutz und Datensicherheit zu treffen, die insbesondere die Vertraulichkeit, Unversehrtheit und Zurechenbarkeit der Daten gewährleisten; im Falle der Nutzung allgemein zugänglicher Netze sind dem jeweiligen Stand der Technik entsprechende Verschlüsselungsverfahren anzuwenden.

§ 2a Aufbewahrung von Kontrollunterlagen

[1]Der Unternehmer bewahrt die ihm oder seinen Fahrern von den zuständigen Personen überlassenen Niederschriften, Ergebnisprotokolle und andere Unterlagen über bei ihm auf dem Gelände vorgenommene beziehungsweise bei seinen Fahrern auf der Straße vorgenommene Kontrollen ein Jahr lang auf. [2]Die Unterlagen sind den zuständigen Personen auf Verlangen vorzulegen. Nach Ablauf der Aufbewahrungspflicht sind die Unterlagen bis zum 31. März des folgenden Kalenderjahres zu vernichten.

Abschnitt 2
Organisation

§ 3 Zertifizierungsinfrastruktur

[1]Die Aufgaben der für die Umsetzung des Zertifizierungsverfahrens nach der Verordnung (EU) Nr. 165/2014 verantwortlichen Stellen ergeben sich aus der Anlage 2. [2]Das Bundesministerium für Verkehr und digitale Infrastruktur nimmt die Aufgaben der Aufsichtsbehörde des Mitgliedstaates (D-Member State Authority - D-MSA) wahr. [3]Deutsche Zertifizierungsstelle (D-Certification Authority - D-CA) ist das Kraftfahrt-Bundesamt. Die für die Fahrtenschreiberkartenausgabe zuständigen Behörden oder Stellen (D-Card Issueing Authorities - D-CIA's) werden von den Ländern bestimmt.

Abschnitt 3
Kontrollsystem nach EG-Verordnungen

§ 4 Allgemeines

(1) [1]Die zum Betrieb des digitalen Fahrtenschreibers erforderlichen Fahrtenschreiberkarten (Fahrer-, Werkstatt-, Unternehmens- und Kontrollkarten) werden nach den Mustern nach Artikel 1 Absatz 3 der Durchführungsverordnung (EU) 2016/799 der Kommission vom 18. März 2016 zur Durchführung der Verordnung (EU) Nr. 165/2014 des Europäischen Parlaments und des Rates zur Festlegung der Vorschriften über Bauart, Prüfung, Einbau, Betrieb und Reparatur von Fahrtenschreibern und ihren Komponenten (ABl. L 139 vom 26.5.2016, S. 1) in Verbindung mit dem Anhang I B Abschnitt IV der Verordnung (EWG) Nr. 3821/85 oder nach Artikel 1 Absatz 2 der Durchführungsverordnung (EU) 2016/799 in Verbindung mit dem Anhang 1 C Abschnitt 4 der Durchführungsverordnung (EU) 2016/799 jeweils in Verbindung mit Anlage 3 hergestellt. [2]Fahrer-, Werkstatt- und Unternehmenskarten werden auf Antrag erteilt. [3]Antragsberechtigt sind:

1. für die Fahrerkarte

   a) Inhaber einer gültigen inländischen Fahrerlaubnis nach Muster 1 der Anlage 8 der Fahrerlaubnis-Verordnung in der jeweils geltenden Fassung,

   b) im Übrigen Inhaber einer Fahrerlaubnis eines Mitgliedstaates der Europäischen Union oder
   eines anderen Vertragsstaats des Abkommens über den Europäischen Wirtschaftsraum, die
   dazu berechtigt, Fahrzeuge zu führen, für die Lenk- und Ruhezeiten nach der Verordnung
   (EG) Nr. 561/2006 beziehungsweise § 1 dieser Verordnung zu beachten sind,

2. für die Werkstattkarte die nach § 57b der Straßenverkehrs-Zulassungs-Ordnung anerkannten
   oder beauftragten Werkstätten, Hersteller von Fahrtenschreibern sowie Fahrzeughersteller,

3. für die Unternehmenskarte Unternehmen, deren Fahrpersonal Beförderungen durchführt, die unter die Verordnung (EG) Nr. 561/2006 fallen, oder das Lenk- und Ruhezeiten nach § 1 dieser Verordnung einzuhalten hat.

[4]Erfolgt der Antrag auf unpersönlichem Weg, ist eine Kopie der nach den §§ 5, 7 oder § 9 jeweils erforderlichen Unterlagen beizufügen. [5]Im Rahmen des Antragsverfahrens hat für Fahrtenschreiberkarten nach Nummer 1 eine Überprüfung der Identität des Antragstellers sowie der Übereinstimmung der vorgelegten Kopien
mit den Originalen stattzufinden.

(2) Die Fahrtenschreiberkarten werden von den nach Landesrecht zuständigen Behörden oder Stellen ausgegeben.

(3) [1]Der Antrag auf Erneuerung der Fahrer- und Unternehmenskarte darf frühestens sechs Monate, der auf
Erneuerung der Werkstattkarte frühestens einen Monat vor Ablauf der Gültigkeit der Karte gestellt werden.
[2]Den Anträgen sind die nach den §§ 5, 7 oder § 9 jeweils erforderlichen Unterlagen beizufügen. [3]Inhaber einer
Werkstattkarte haben spätestens nach drei Jahren eine aktuelle Bescheinigung über die Anerkennung oder
Beauftragung der Werkstatt nach § 57b der Straßenverkehrs-Zulassungs-Ordnung und einen Nachweis über
eine erneute Schulung im Sinne des § 7 Abs. 2 Nr. 5 vorzulegen. [4]Die in Satz 3 genannten Fristen beginnen
mit dem Datum des letzten Nachweises. [5]Die in Artikel 25 Absatz 2 Satz 1 und 2 und in Artikel 29 Absatz 4
Satz 2 der Verordnung (EU) Nr. 165/2014 genannten Fristen beginnen erst mit der vollständigen Vorlage aller
nach den §§ 5, 7 oder § 9 erforderlichen Antragsunterlagen und Angaben.

(4) [1]Wird eine Fahrtenschreiberkarte wegen Beschädigung, Fehlfunktion, Verlust oder Diebstahl einer vorhandenen Karte beantragt, hat der Antragsteller der ausstellenden Behörde oder Stelle vorzulegen:

1. bei Verlust eine schriftliche Erklärung über den Verlust,

2. bei Diebstahl den Nachweis einer Anzeige,

3. bei Beschädigung oder Fehlfunktion die zu erneuernde Karte.

[2]Dem Antrag sind die nach den §§ 5, 7 oder § 9 jeweils erforderlichen Unterlagen beizufügen. [3]Der Inhaber
der Fahrtenschreiberkarte hat auf Verlangen der Behörde oder Stelle, welche die Ersatzkarte ausstellt, eine
Versicherung an Eides statt abzugeben, dass und aus welchen Gründen er die Fahrtenschreiberkarte nicht
zurückgeben kann. [4]Mit Ausstellung der Ersatzkarte verliert die ersetzte Karte ihre Gültigkeit. [5]Eine wiederauf-
gefundene Karte ist der ausstellenden Behörde oder Stelle zurückzugeben. [6]Beträgt die Restlaufzeit der zu

ersetzenden Karte weniger als sechs Monate, ist die Karte zu erneuern. [7]Absatz 3 Satz 5 gilt mit der Maßgabe, dass die Fristen erst beginnen, wenn alle erforderlichen Antragsunterlagen und Angaben vorliegen und die ausstellende Behörde oder Stelle Kenntnis von der Kartennummer erhält.

(5) [1]Bei Verlust einer Fahrtenschreiberkarte unterrichtet der Karteninhaber unverzüglich die Behörde oder Stelle, welche die Karte erteilt hat. [2]Die Behörde oder Stelle meldet den Verlust dem Fahrtenschreiberkartenregister beim Kraftfahrt-Bundesamt.

§ 5 Fahrerkarte

(1) Der Antragsteller hat Angaben zu seiner Muttersprache zu machen und folgende Unterlagen vorzulegen:

1.
   a) eine gültige inländische Fahrerlaubnis nach Muster 1 der Anlage 8 der Fahrerlaubnis-Verordnung in der jeweils geltenden Fassung

   b) im Übrigen eine Fahrerlaubnis eines Mitgliedstaates der Europäischen Union oder eines anderen Vertragsstaats des Abkommens über den Europäischen Wirtschaftsraum, die dazu berechtigt, Fahrzeuge zu führen, für die Lenk- und Ruhezeiten nach der Verordnung (EG) Nr. 561/2006 beziehungsweise § 1 dieser Verordnung zu beachten sind,

2. einen Nachweis über den Wohnsitz im Inland und Anschrift,

3. Nachweise über Geburts- und Familiennamen, Vornamen, Tag und Ort der Geburt sowie

4. ein Lichtbild vor hellem Hintergrund in der Größe 35 mm x 45 mm, das den Antragsteller ohne Kopfbedeckung in einer Frontalaufnahme zeigt; Anlage 8 der Passverordnung findet entsprechende Anwendung.

(2) Die zuständige Behörde oder Stelle prüft die Richtigkeit und Vollständigkeit der vom Bewerber mitgeteilten Daten.

(3) [1]Jeder Fahrer erhält nur eine Fahrerkarte. [2]Vor der Ausstellung einer Fahrerkarte erfolgen durch die zuständige Behörde oder Stelle Anfragen bei dem zentralen Fahrerlaubnisregister, dem zentralen Fahrtenschreiberkartenregister und den Fahrerkartenregistern der anderen Mitgliedstaaten der Europäischen Union und der Vertragsstaaten des Abkommens über den Europäischen Wirtschaftsraum, ob das vorgelegte Führerscheindokument gültig ist und ob dem Antragsteller bereits anderweitig eine Fahrerkarte ausgestellt wurde. [3]Zu diesem Zweck dürfen die nach § 49 Absatz 1 Nummer 1 bis 3, Nummer 7 bis 13 und Nummer 17 der Fahrerlaubnis-Verordnung im Fahrerlaubnisregister gespeicherten Daten im automatisierten Verfahren abgerufen werden.

(4) [1]Die Fahrerkarte darf keinem Dritten zur Nutzung überlassen werden. [2]Der Fahrer hat die Fahrerkarte während der Fahrt mitzuführen und den zuständigen Personen auf Verlangen zur Prüfung auszuhändigen.

(5) [1]Die Gültigkeitsdauer der Fahrerkarte beträgt bei der Erstausstellung und Erneuerung fünf Jahre. [2]Sie beginnt mit dem Datum der Personalisierung. [3]Bei der Erneuerung auf Grund von Beschädigung oder Fehlfunktion beginnt sie mit dem Datum der Personalisierung. [4]Bei der Erneuerung auf Grund des Ablaufs der Gültigkeitsdauer beginnt die Gültigkeitsdauer der neuen Fahrerkarte mit dem Tag, der dem Tag des Ablaufs

der Gültigkeit der vorherigen Fahrerkarte folgt. [5]Wird eine Fahrerkarte ersetzt, entspricht die Gültigkeitsdauer der Gültigkeitsdauer der ersetzten Karte.

§ 6 Mitführen der abgelaufenen Fahrerkarte

Der Fahrer hat auch nach Ablauf der Gültigkeit die Fahrerkarte noch mindestens 28 Kalendertage im Fahrzeug mitzuführen. Bei Umtausch der Fahrerkarte entsprechend Artikel 30 Absatz 2 der Verordnung (EU) Nr. 165/2014 hat der Fahrer die Ausdrucke seiner Tätigkeiten für die dem Umtausch vorausgehenden 28 Kalendertage ebenfalls 28 Kalendertage mitzuführen.

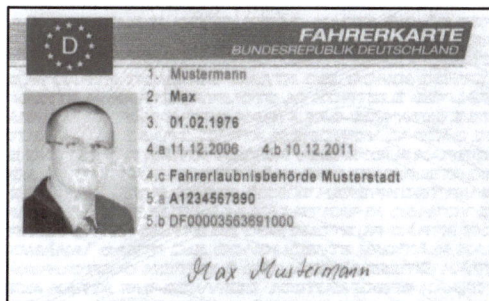 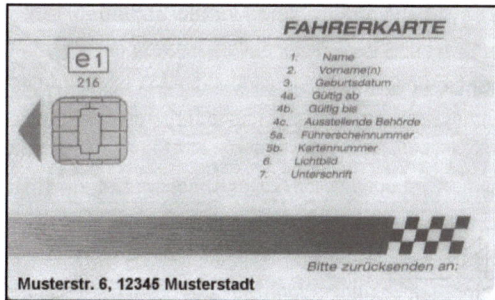

Abb.: Fahrerkarte, Vorder- und Rückseite (Quelle: Kraftfahrt-Bundesamt)

§ 7 Werkstattkarte

(1) Die Werkstattkarte wird nur erteilt, wenn der Antragsteller als Unternehmer oder die nach Gesetz, Satzung oder Gesellschaftsvertrag zur Vertretung berufenen Personen sowie die verantwortliche Fachkraft (Installateur) fachlich geeignet sind.

(2) Der Antragsteller hat folgende Angaben zu machen und durch Unterlagen nachzuweisen:

1. Name, Anschrift und Sitz der Werkstatt, des Herstellers von Fahrtenschreibern oder des Fahrzeugherstellers,

2. Geburts- und Familienname, Vornamen, Tag und Ort der Geburt des Unternehmers oder der nach Gesetz, Satzung oder Gesellschaftsvertrag zur Vertretung berufenen Personen,

3. Geburts- und Familienname, Vorname, Tag und Ort der Geburt, aktuelle Wohnanschrift und Muttersprache der verantwortlichen Fachkraft, für die die Werkstattkarte beantragt wird,

4. Anerkennung oder Beauftragung der Werkstatt nach § 57b der Straßenverkehrs-Zulassungs-Ordnung,

5. Schulung der verantwortlichen Fachkraft, für die die Werkstattkarte beantragt wird, entsprechend der Fahrtenschreiber- und Kontrollgeräte-Schulungsrichtlinie, sowie

6. bestehendes Arbeitsverhältnis mit der verantwortlichen Fachkraft, für die die Werkstattkarte beantragt wird.

(3) (entfällt)

(4) Die zuständige Behörde oder Stelle stellt durch Abruf beim zentralen Fahrtenschreiberkartenregister sicher, dass die verantwortliche Fachkraft nur eine Werkstattkarte pro Arbeitsverhältnis erhält.

(5) [1]Die Werkstattkarte wird dem Unternehmen gegen Empfangsbestätigung ausgehändigt. [2]Sie ist Eigentum des Unternehmens. [3]Die zur Benutzung der Werkstattkarte erforderliche persönliche Identifikationsnummer wird der verantwortlichen Fachkraft an ihre Privatanschrift übersandt.

(6) [1]Die Gültigkeitsdauer der Werkstattkarte beträgt ein Jahr. [2]Sie beginnt mit dem Datum der Personalisierung. [3]§ 5 Abs. 5 Satz 3 bis 5 gilt entsprechend.

§ 8 Wegfall von Erteilungsvoraussetzungen

(1) [1]Ist eine der Erteilungsvoraussetzungen nachträglich entfallen, so ist dies unverzüglich der zuständigen Behörde oder Stelle zu melden; die Werkstattkarte ist innerhalb einer von dieser festzusetzenden Frist an sie zurückzugeben. [2]Die zuständige Behörde oder Stelle hat im Falle des Wegfalls der Erteilungsvoraussetzungen, insbesondere im Falle der missbräuchlichen Verwendung, die Rückgabe der Werkstattkarte zu verlangen. [3]Rückgabepflichtig sind sowohl der Unternehmer, bei juristischen Personen die nach Gesetz, Satzung oder Gesellschaftsvertrag zur Vertretung berufenen Personen, als auch die verantwortliche Fachkraft. [4]Scheidet die verantwortliche Fachkraft aus der Werkstatt aus, haben der Unternehmer oder die vertretungsberechtigten Personen die Werkstattkarte unverzüglich zurückzugeben. [5]Ist dem Unternehmer oder den vertretungsberechtigten Personen eine Rückgabe nicht möglich, ist die zuständige Behörde oder Stelle unverzüglich zu unterrichten.

(2) Wird die Werkstattkarte wegen missbräuchlicher Verwendung zurückgenommen, unterrichtet die zuständige Behörde oder Stelle das Zentrale Fahrtenschreiberkartenregister beim Kraftfahrt-Bundesamt.

§ 9 Unternehmenskarte

(1) Der Antragsteller hat folgende Angaben zu machen und durch Unterlagen nachzuweisen:
1. Name, Anschrift und Sitz des Unternehmens,
2. Geburts- und Familienname, Vornamen, Tag und Ort der Geburt sowie Anschrift des Unternehmers oder der nach Gesetz, Satzung oder Gesellschaftsvertrag zur Vertretung berufenen Personen.

(2) [1]Die Unternehmenskarten werden an den Unternehmer oder die nach Gesetz, Satzung oder Gesellschaftsvertrag zur Vertretung berufenen Personen ausgegeben. [2]Der Unternehmer sorgt für die ordnungsgemäße Verwendung der Karten.

(3) Der Unternehmer hat dafür zu sorgen, dass zu Beginn und am Ende des Fahrzeugeinsatzes für das Unternehmen die Unternehmenskarte in den Fahrtenschreiber eingegeben wird, um den Einsatz des Fahrzeugs dem Unternehmen zuzuordnen.

(4) [1]Die Gültigkeitsdauer der Unternehmenskarte beträgt fünf Jahre. [2]Sie beginnt mit dem Datum der Personalisierung. [3]§ 5 Abs. 5 Satz 3 bis 5 gilt entsprechend.

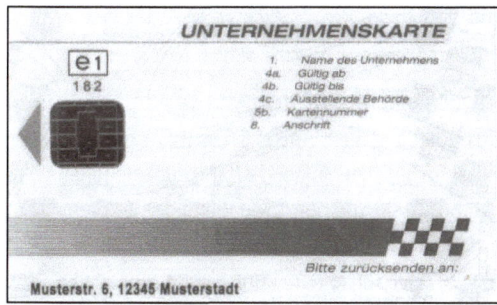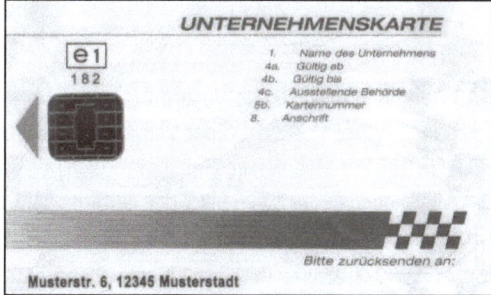

Abb.: Unternehmenskarte, Vorder- und Rückseite (Quelle: Kraftfahrt-Bundesamt)

§ 10 Kontrollkarte

[1]Die Kontrollkarten werden an die für die Kontrolle der Sozialvorschriften im Straßenverkehr zuständigen Behörden und Stellen sowie an die für die Prüfungen nach § 2 Absatz 1 des Schwarzarbeitsbekämpfungsgesetzes zuständigen Behörden der Zollverwaltung ausgegeben. [2]Die Kontrollkarte weist die Kontrollbehörde aus und ermöglicht das Lesen, Ausdrucken und Herunterladen der im Massenspeicher des Fahrtenschreibers oder auf Fahrerkarten gespeicherten Daten. [3]Die Gültigkeitsdauer der Kontrollkarte beträgt fünf Jahre.

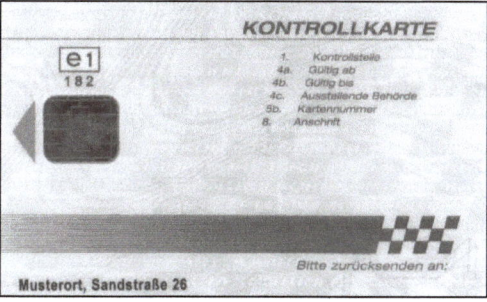

Abb.: Kontrollkarte, Vorder- und Rückseite (Quelle: Kraftfahrt-Bundesamt)

[…]

Abschnitt 5
Ausnahmen

§ 18 Ausnahmen nach den Verordnungen (EG) Nr. 561/2006 und (EU) Nr. 165/2014

(1) Nach Artikel 13 Absatz 1 der Verordnung (EG) Nr. 561/2006 und nach Artikel 3 Absatz 2 der Verordnung (EU) Nr. 165/2014 werden im Geltungsbereich des Fahrpersonalgesetzes folgende Fahrzeugkategorien von der Anwendung der Artikel 5 bis 9 der Verordnung (EG) Nr. 561/2006 und der Anwendung der Verordnung (EU) Nr. 165/2014 ausgenommen:

1. Fahrzeuge, die im Eigentum von Behörden stehen oder von diesen ohne Fahrer angemietet oder geleast sind, um Beförderungen im Straßenverkehr durchzuführen, die nicht im Wettbewerb mit privatwirtschaftlichen Verkehrsunternehmen stehen,

2. Fahrzeuge, die von Landwirtschafts-, Gartenbau-, Forstwirtschaft- oder Fischereiunternehmen zur Güterbeförderung, insbesondere auch zur Beförderung lebender Tiere, im Rahmen der eigenen unternehmerischen Tätigkeit in einem Umkreis von bis zu 100 Kilometern vom Standort des Unternehmens verwendet oder von diesen ohne Fahrer angemietet werden,

3. Land- und forstwirtschaftliche Zugmaschinen, die für land- oder forstwirtschaftliche Tätigkeiten in einem Umkreis von bis zu 100 Kilometern vom Standort des Unternehmens verwendet werden, das das Fahrzeug besitzt, anmietet oder least,

4. Fahrzeuge oder Fahrzeugkombinationen mit einer zulässigen Höchstmasse von nicht mehr als 7,5 Tonnen, die von Postdienstleistern, die Universaldienstleistungen im Sinne des § 16 Absatz 1 des Postgesetzes in der jeweils geltenden Fassung erbringen, in einem Umkreis von 100 Kilometern vom Standort des Unternehmens zum Zwecke der Zustellung von Sendungen im Rahmen des Universaldienstes verwendet werden, soweit das Lenken des Fahrzeugs nicht die Haupttätigkeit des Fahrers darstellt,

5. Fahrzeuge, die ausschließlich auf Inseln mit einer Fläche von nicht mehr als 2 300 Quadratkilometern verkehren, die mit den übrigen Teilen des Hoheitsgebiets weder durch eine befahrbare Brücke, Furt oder einen befahrbaren Tunnel verbunden sind,

6. Fahrzeuge, die im Umkreis von 100 Kilometern vom Standort des Unternehmens zur Güterbeförderung mit Druckerdgas-, Flüssiggas- oder Elektroantrieb verwendet werden und deren zulässige Höchstmasse einschließlich Anhänger oder Sattelanhänger 7,5 Tonnen nicht übersteigt,

7. Fahrzeuge, die zum Fahrschulunterricht und zur Fahrprüfung zwecks Erlangung der Fahrerlaubnis oder eines beruflichen Befähigungsnachweises dienen, sofern diese Fahrzeuge nicht für die gewerbliche Personen- oder Güterbeförderung verwendet werden,

8. Fahrzeuge, die in Verbindung mit der Instandhaltung von Kanalisation, Hochwasserschutz, Wasser-, Gas- und Elektrizitätsversorgung, Straßenunterhaltung und -kontrolle, Hausmüllabfuhr, Telegramm- und Telefondienstleistungen, Rundfunk und Fernsehen sowie zur Erfassung von Radio- beziehungsweise Fernsehsendern oder -geräten eingesetzt werden,

9. Fahrzeuge mit zehn bis 17 Sitzen, die ausschließlich zur nicht gewerblichen Personenbeförderung verwendet werden,

10. Spezialfahrzeuge, die zum Transport von Ausrüstungen des Zirkus- oder Schaustellergewerbes verwendet werden,

11. speziell für mobile Projekte ausgerüstete Fahrzeuge, die hauptsächlich im Stand zu Lehrzwecken verwendet werden,

12. Fahrzeuge, die innerhalb eines Umkreises von bis zu 100 Kilometern vom Standort des Unternehmens zum Abholen von Milch bei landwirtschaftlichen Betrieben, zur Rückgabe von Milchbehältern oder zur Lieferung von Milcherzeugnissen für Futterzwecke an diese Betriebe verwendet werden,

13. Spezialfahrzeuge für Geld- und/oder Werttransporte,

14. Fahrzeuge, die in einem Umkreis von 250 Kilometern vom Standort des Unternehmens zum Transport tierischer Nebenprodukte im Sinne des Artikels 3 Nummer 1 der Verordnung (EG) Nr. 1069/2009 des Europäischen Parlaments und des Rates vom 21. Oktober 2009 mit Hygienevorschriften für nicht für den menschlichen Verzehr bestimmte tierische Nebenprodukte und zur Aufhebung der Verordnung (EG) Nr. 1774/2002 (Verordnung über tierische Nebenprodukte) (ABl. L 300 vom 14.11.2009, S. 1) in der jeweils geltenden Fassung verwendet werden,

15. Fahrzeuge, die ausschließlich auf Straßen in Güterverteilzentren wie Häfen, Umschlaganlagen des Kombinierten Verkehrs und Eisenbahnterminals verwendet werden, und

16. Fahrzeuge, die innerhalb eines Umkreises von bis zu 100 Kilometern vom Standort des Unternehmens für die Beförderung lebender Tiere von den landwirtschaftlichen Betrieben zu den lokalen Märkten und umgekehrt oder von den Märkten zu den lokalen Schlachthäusern verwendet werden.

(2) Abweichend von Artikel 5 Abs. 2 Satz 1 der Verordnung (EG) Nr. 561/2006 beträgt bei Beförderungen in einem Umkreis von 50 Kilometern vom Standort des Fahrzeugs das Mindestalter der Beifahrer zum Zwecke der Berufsausbildung 16 Jahre.

Verordnung (EG) Nr. 561/2006 („Sozialvorschriften im Straßenverkehr / Lenk- & Ruhezeiten")

Verordnung (EG) Nr. 561/2006 des Europäischen Parlaments und des Rates vom 15. März 2006 zur Harmonisierung bestimmter Sozialvorschriften im Straßenverkehr und zur Änderung der Verordnungen (EWG) Nr. 3821/85 und (EG) Nr. 2135/98 des Rates sowie zur Aufhebung der Verordnung (EWG) Nr. 3820/85 des Rates
letzte berücksichtigte Änderung: Art. 1 Verordnung (EU) 2024/1258 vom 24.04.2024 (ABl. L 1258 S. 1)
– Nichtamtliche Fassung (Auszug) –

KAPITEL I
EINLEITENDE BESTIMMUNGEN

Artikel 1

Durch diese Verordnung werden Vorschriften zu den Lenkzeiten, Fahrtunterbrechungen und Ruhezeiten für Kraftfahrer im Straßengüter- und -personenverkehr festgelegt, um die Bedingungen für den Wettbewerb zwischen Landverkehrsträgern, insbesondere im Straßenverkehrsgewerbe, anzugleichen und die Arbeitsbedingungen sowie die Straßenverkehrssicherheit zu verbessern. Ziel dieser Verordnung ist es ferner, zu einer besseren Kontrolle und Durchsetzung durch die Mitgliedstaaten sowie zu einer besseren Arbeitspraxis innerhalb des Straßenverkehrsgewerbes beizutragen.

Artikel 2

(1) Diese Verordnung gilt für folgende Beförderungen im Straßenverkehr:

    a)   Güterbeförderung mit Fahrzeugen, deren zulässige Höchstmasse einschließlich Anhänger oder Sattelanhänger 3,5 t übersteigt*, oder

    aa) ab dem 1. Juli 2026 bei grenzüberschreitenden Güterbeförderungen oder bei Kabotagebeförderungen mit Fahrzeugen, deren zulässige Höchstmasse einschließlich Anhänger oder Sattelanhänger 2,5 Tonnen übersteigt, oder

    b)   Personenbeförderung mit Fahrzeugen, die für die Beförderung von mehr als neun Personen einschließlich des Fahrers konstruiert oder dauerhaft angepasst und zu diesem Zweck bestimmt sind.

(2) Diese Verordnung gilt unabhängig vom Land der Zulassung des Fahrzeugs für Beförderungen im Straßenverkehr

    a)   ausschließlich innerhalb der Gemeinschaft oder

---

* vgl. § 1 Abs. 2 Nr. 2 FPersG, § 1 Abs. 1 Nr. 1 FPersV

b) zwischen der Gemeinschaft, der Schweiz und den Vertragsstaaten des Abkommens über den Europäischen Wirtschaftsraum.

(3) Das AETR gilt anstelle dieser Verordnung für grenzüberschreitende Beförderungen im Straßenverkehr, die teilweise außerhalb der in Absatz 2 genannten Gebiete erfolgen,

a) im Falle von Fahrzeugen, die in der Gemeinschaft oder in Staaten, die Vertragsparteien des AETR sind, zugelassen sind, für die gesamte Fahrstrecke;

b) im Falle von Fahrzeugen, die in einem Drittstaat, der nicht Vertragspartei des AETR ist, zugelassen sind, nur für den Teil der Fahrstrecke, der im Gebiet der Gemeinschaft oder von Staaten liegt, die Vertragsparteien des AETR sind.

Die Bestimmungen des AETR sollten an die Bestimmungen dieser Verordnung angepasst werden, damit die wesentlichen Bestimmungen dieser Verordnung über das AETR auf solche Fahrzeuge für den auf Gemeinschaftsgebiet liegenden Fahrtabschnitt angewendet werden können.

Artikel 3

Diese Verordnung gilt nicht für Beförderungen im Straßenverkehr mit folgenden Fahrzeugen:

a) Fahrzeuge, die zur Personenbeförderung im Linienverkehr verwendet werden, wenn die Linienstrecke nicht mehr als 50 km beträgt;

aa) Fahrzeuge oder Fahrzeugkombinationen mit einer zulässigen Höchstmasse von nicht mehr als 7,5 Tonnen, die

i) zur Beförderung von Material, Ausrüstungen oder Maschinen benutzt werden, die der Fahrer zur Ausübung seines Berufes benötigt, oder

ii) zur Auslieferung von handwerklich hergestellten Gütern,

ausschließlich in einem Umkreis von 100 km vom Standort des Unternehmens, und unter der Bedingung, dass das Lenken des Fahrzeugs für den Fahrer nicht die Haupttätigkeit darstellt und dass die Beförderung nicht gewerblich erfolgt.

b) Fahrzeuge mit einer zulässigen Höchstgeschwindigkeit von nicht mehr als 40 km/h;

c) Fahrzeuge, die Eigentum der Streitkräfte, des Katastrophenschutzes, der Feuerwehr oder der für die Aufrechterhaltung der öffentlichen Ordnung zuständigen Kräfte sind oder von ihnen ohne Fahrer angemietet werden, sofern die Beförderung aufgrund der diesen Diensten zugewiesenen Aufgaben stattfindet und ihrer Aufsicht unterliegt;

d) Fahrzeuge – einschließlich Fahrzeuge, die für nichtgewerbliche Transporte für humanitäre Hilfe verwendet werden –, die in Notfällen oder bei Rettungsmaßnahmen verwendet werden;

e) Spezialfahrzeuge für medizinische Zwecke;

f) spezielle Pannenhilfefahrzeuge, die innerhalb eines Umkreises von 100 km um ihren Standort eingesetzt werden;

g) Fahrzeuge, mit denen zum Zweck der technischen Entwicklung oder im Rahmen von Reparatur- oder Wartungsarbeiten Probefahrten auf der Straße durchgeführt werden, sowie neue oder umgebaute Fahrzeuge, die noch nicht in Betrieb genommen worden sind;

h) Fahrzeuge oder Fahrzeugkombinationen mit einer zulässigen Höchstmasse von nicht mehr als 7,5 t, die zur nichtgewerblichen Güterbeförderung verwendet werden;

ha) Fahrzeuge mit einer zulässigen Höchstmasse einschließlich Anhänger oder Sattelanhänger von mehr als 2,5 aber nicht mehr als 3,5 Tonnen, die für die Güterbeförderung eingesetzt werden, wenn die Beförderung nicht als gewerbliche Beförderung, sondern durch das Unternehmen oder den Fahrer im Werkverkehr erfolgt und das Fahren nicht die Haupttätigkeit der Person darstellt, die das Fahrzeug führt;

i) Nutzfahrzeuge, die nach den Rechtsvorschriften des Mitgliedstaats, in dem sie verwendet werden, als historisch eingestuft werden und die zur nichtgewerblichen Güter- oder Personenbeförderung verwendet werden.

Artikel 4

Im Sinne dieser Verordnung bezeichnet der Ausdruck

a) „Beförderung im Straßenverkehr" jede ganz oder teilweise auf einer öffentlichen Straße durchgeführte Fahrt eines zur Personen- oder Güterbeförderung verwendeten leeren oder beladenen Fahrzeugs;

b) „Fahrzeug" ein Kraftfahrzeug, eine Zugmaschine, einen Anhänger oder Sattelanhänger oder eine Kombination dieser Fahrzeuge gemäß den nachstehenden Definitionen:

  – „Kraftfahrzeug": jedes auf der Straße verkehrende Fahrzeug mit Eigenantrieb, das normalerweise zur Personen- oder Güterbeförderung verwendet wird, mit Ausnahme von dauerhaft auf Schienen verkehrenden Fahrzeugen;

  – „Zugmaschine": jedes auf der Straße verkehrende Fahrzeug mit Eigenantrieb, das speziell dafür ausgelegt ist, Anhänger, Sattelanhänger, Geräte oder Maschinen zu ziehen, zu schieben oder zu bewegen, mit Ausnahme von dauerhaft auf Schienen verkehrenden Fahrzeugen;

  – „Anhänger": jedes Fahrzeug, das dazu bestimmt ist, an ein Kraftfahrzeug oder eine Zugmaschine angehängt zu werden;

  – „Sattelanhänger": ein Anhänger ohne Vorderachse, der so angehängt wird, dass ein beträchtlicher Teil seines Eigengewichts und des Gewichts seiner Ladung von der Zugmaschine oder vom Kraftfahrzeug getragen wird;

c) „Fahrer" jede Person, die das Fahrzeug, sei es auch nur kurze Zeit, selbst lenkt oder sich in einem Fahrzeug befindet, um es — als Bestandteil seiner Pflichten — gegebenenfalls lenken zu können;

d) „Fahrtunterbrechung" jeden Zeitraum, in dem der Fahrer keine Fahrtätigkeit ausüben und keine anderen Arbeiten ausführen darf und der ausschließlich zur Erholung genutzt wird;

e) „andere Arbeiten" alle in Artikel 3 Buchstabe a der Richtlinie 2002/15/EG als „Arbeitszeit" definierten Tätigkeiten mit Ausnahme der Fahrtätigkeit sowie jegliche Arbeit für denselben oder einen anderen Arbeitgeber, sei es inner- oder außerhalb des Verkehrssektors;

f) „Ruhepause" jeden ununterbrochenen Zeitraum, in dem ein Fahrer frei über seine Zeit verfügen kann;

g) „tägliche Ruhezeit" den täglichen Zeitraum, in dem ein Fahrer frei über seine Zeit verfügen kann und der eine „regelmäßige tägliche Ruhezeit" und eine „reduzierte tägliche Ruhezeit" umfasst;

- „regelmäßige tägliche Ruhezeit" eine Ruhepause von mindestens 11 Stunden. Diese regelmäßige tägliche Ruhezeit kann auch in zwei Teilen genommen werden, wobei der erste Teil einen ununterbrochenen Zeitraum von mindestens 3 Stunden und der zweite Teil einen ununterbrochenen Zeitraum von mindestens 9 Stunden umfassen muss;
- „reduzierte tägliche Ruhezeit" eine Ruhepause von mindestens 9 Stunden, aber weniger als 11 Stunden;

h) „wöchentliche Ruhezeit" den wöchentlichen Zeitraum, in dem ein Fahrer frei über seine Zeit verfügen kann und der eine „regelmäßige wöchentliche Ruhezeit" und eine „reduzierte wöchentliche Ruhezeit" umfasst;

- „regelmäßige wöchentliche Ruhezeit" eine Ruhepause von mindestens 45 Stunden;
- „reduzierte wöchentliche Ruhezeit" eine Ruhepause von weniger als 45 Stunden, die vorbehaltlich der Bedingungen des Artikels 8 Absatz 6 auf eine Mindestzeit von 24 aufeinander folgenden Stunden reduziert werden kann;

i) „Woche" den Zeitraum zwischen Montag 00.00 Uhr und Sonntag 24.00 Uhr;

j) „Lenkzeit" die Dauer der der Lenktätigkeit, aufgezeichnet entweder:

- vollautomatisch oder halbautomatisch durch Kontrollgeräte im Sinne der Anhänge I und I B der Verordnung (EWG) Nr. 3821/85, oder
- von Hand gemäß den Anforderungen des Artikels 16 Absatz 2 der Verordnung (EWG) Nr. 3821/85;

k) „tägliche Lenkzeit" die summierte Gesamtlenkzeit zwischen dem Ende einer täglichen Ruhezeit und dem Beginn der darauf folgenden täglichen Ruhezeit oder zwischen einer täglichen und einer wöchentlichen Ruhezeit;

l) „wöchentliche Lenkzeit" die summierte Gesamtlenkzeit innerhalb einer Woche;

m) „zulässige Höchstmasse" die höchstzulässige Masse eines fahrbereiten Fahrzeugs einschließlich Nutzlast;

n) „Personenlinienverkehr" den „Linienverkehr" und die „Sonderformen des Linienverkehrs" im Sinne von Artikel 2 Nummern 2 bzw. 3 der Verordnung (EG) Nr. 1073/2009 des Europäischen Parlaments und des Rates (1), unabhängig davon, ob sie inländisch oder grenzüberschreitend durchgeführt werden;

na) "Personengelegenheitsverkehr" den „Gelegenheitsverkehr" im Sinne von Artikel 2 Nummer 4 der Verordnung (EG) Nr. 1073/2009, unabhängig davon, ob er inländisch oder grenzüberschreitend durchgeführt wird;

o) „Mehrfahrerbetrieb" den Fall, in dem während der Lenkdauer zwischen zwei aufeinander folgenden täglichen Ruhezeiten oder zwischen einer täglichen und einer wöchentlichen Ruhezeit mindestens zwei Fahrer auf dem Fahrzeug zum Lenken eingesetzt sind. Während der ersten Stunde des Mehrfahrerbetriebs ist die Anwesenheit eines anderen Fahrers oder anderer Fahrer fakultativ, während der restlichen Zeit jedoch obligatorisch;

p)   „Verkehrsunternehmen" jede natürliche oder juristische Person und jede Vereinigung oder Gruppe von Personen ohne Rechtspersönlichkeit mit oder ohne Erwerbszweck sowie jede eigene Rechtspersönlichkeit besitzende oder einer Behörde mit Rechtspersönlichkeit unterstehende offizielle Stelle, die Beförderungen im Straßenverkehr gewerblich oder im Werkverkehr vornimmt;

q)   „Lenkdauer" die Gesamtlenkzeit zwischen dem Zeitpunkt, zu dem ein Fahrer nach einer Ruhezeit oder einer Fahrtunterbrechung beginnt, ein Fahrzeug zu lenken, und dem Zeitpunkt, zu dem er eine Ruhezeit oder Fahrtunterbrechung einlegt. Die Lenkdauer kann ununterbrochen oder unterbrochen sein.

r)   „nichtgewerbliche Beförderung" jede Beförderung im Straßenverkehr, außer Beförderungen auf eigene oder fremde Rechnung die weder direkt noch indirekt entlohnt wird und durch die weder direkt noch indirekt ein Einkommen für den Fahrer des Fahrzeugs oder für Dritte erzielt wird und die nicht im Zusammenhang mit einer beruflichen oder gewerblichen Tätigkeit steht.

KAPITEL II
FAHRPERSONAL, LENKZEITEN, FAHRTUNTERBRECHUNGEN UND RUHEZEITEN

Artikel 5

(1) Das Mindestalter für Schaffner beträgt 18 Jahre.

(2) Das Mindestalter für Beifahrer beträgt 18 Jahre. Die Mitgliedstaaten können jedoch das Mindestalter für Beifahrer unter folgenden Bedingungen auf 16 Jahre herabsetzen:

a)   Die Beförderung im Straßenverkehr erfolgt innerhalb eines Mitgliedstaats in einem Umkreis von 50 km vom Standort des Fahrzeugs, einschließlich des Verwaltungsgebiets von Gemeinden, deren Zentrum innerhalb dieses Umkreises liegt,

b)   die Herabsetzung erfolgt zum Zwecke der Berufsausbildung und

c)   die von den arbeitsrechtlichen Bestimmungen des jeweiligen Mitgliedstaates vorgegebenen Grenzen werden eingehalten.

Artikel 6

(1) Die tägliche Lenkzeit darf 9 Stunden nicht überschreiten.

Die tägliche Lenkzeit darf jedoch höchstens zweimal in der Woche auf höchstens 10 Stunden verlängert werden.

(2) Die wöchentliche Lenkzeit darf 56 Stunden nicht überschreiten und nicht dazu führen, dass die in der Richtlinie 2002/15/EG festgelegte wöchentliche Höchstarbeitszeit überschritten wird.

(3) Die summierte Gesamtlenkzeit während zweier aufeinander folgender Wochen darf 90 Stunden nicht überschreiten.

(4) Die tägliche und die wöchentliche Lenkzeit umfassen alle Lenkzeiten im Gebiet der Gemeinschaft oder im Hoheitsgebiet von Drittstaaten.

(5) Der Fahrer muss die Zeiten im Sinne des Artikels 4 Buchstabe e sowie alle Lenkzeiten in einem Fahrzeug, das für gewerbliche Zwecke außerhalb des Anwendungsbereichs der vorliegenden Verordnung verwendet wird, als andere Arbeiten festhalten; ferner muss er gemäß Artikel 34 Absatz 5 Buchstabe b Ziffer iii der

Verordnung (EU) Nr. 165/2014 die Bereitschaftszeiten im Sinne des Artikels 3 Buchstabe b der Richtlinie 2002/15/EG des Europäischen Parlaments und des Rates festhalten. Diese Zeiten sind entweder handschriftlich auf einem Schaublatt oder einem Ausdruck einzutragen oder manuell in den Fahrtenschreiber einzugeben.

Artikel 7

Nach einer Lenkdauer von viereinhalb Stunden hat ein Fahrer eine ununterbrochene Fahrtunterbrechung von wenigstens 45 Minuten einzulegen, sofern er keine Ruhezeit einlegt.

Diese Unterbrechung kann durch eine Unterbrechung von mindestens 15 Minuten, gefolgt von einer Unterbrechung von mindestens 30 Minuten, ersetzt werden, die in die Lenkzeit so einzufügen sind, dass die Bestimmungen des Absatzes 1 eingehalten werden.

Für Fahrer, die im Personengelegenheitsverkehr eingesetzt werden, kann die Fahrtunterbrechung nach Absatz 1 auch durch zwei Fahrtunterbrechungen von jeweils mindestens 15 Minuten ersetzt werden, die in die in Absatz 1 genannte Lenkzeit so einzufügen sind, dass die Bestimmungen des Absatz 1 eingehalten werden.

Ein im Mehrfahrerbetrieb eingesetzter Fahrer kann eine Fahrtunterbrechung von 45 Minuten in einem Fahrzeug einlegen, das von einem anderen Fahrer gelenkt wird, sofern der Fahrer, der die Fahrtunterbrechung einlegt, den das Fahrzeug lenkenden Fahrer dabei nicht unterstützt.

Artikel 8

(1) Der Fahrer muss tägliche und wöchentliche Ruhezeiten einhalten. *

(2) Innerhalb von 24 Stunden nach dem Ende der vorangegangenen täglichen oder wöchentlichen Ruhezeit muss der Fahrer eine neue tägliche Ruhezeit genommen haben.

Beträgt der Teil der täglichen Ruhezeit, die in den 24-Stunden-Zeitraum fällt, mindestens 9 Stunden, jedoch weniger als 11 Stunden, so ist die fragliche tägliche Ruhezeit als reduzierte tägliche Ruhezeit anzusehen.

(2a) Sofern die Straßenverkehrssicherheit und die Arbeitsbedingungen des Fahrers dadurch nicht beeinträchtigt werden, kann ein Fahrer, der für einen einzelnen Gelegenheitsdienst im Personenverkehr mit einer Dauer von mindestens sechs aufeinanderfolgenden 24-Stunden-Zeiträumen eingesetzt wird, von Absatz 2 Unterabsatz 1 abweichen, indem er einmal die tägliche Ruhezeit innerhalb von höchstens 25 Stunden nach Ende der vorangegangenen täglichen oder wöchentlichen Ruhezeit einlegt, sofern die summierte Gesamtlenkzeit an dem betreffenden Tag sieben Stunden nicht überschritten hat. Unter Einhaltung derselben Bedingungen kann diese Ausnahme zweimal bei einem einzelnen Gelegenheitsdienst im Personenverkehr mit einer Dauer von mindestens acht aufeinanderfolgenden 24-Stunden-Zeiträumen angewandt werden. Die Anwendung dieser Ausnahme lässt die Höchstarbeitszeit nach geltendem Recht unberührt.

(3) Eine tägliche Ruhezeit kann verlängert werden, so dass sich eine regelmäßige wöchentliche Ruhezeit oder eine reduzierte wöchentliche Ruhezeit ergibt.

---

* vgl. § 4 KrFArbZG - Ruhezeiten (Gesetz zur Regelung der Arbeitszeit von selbständigen Kraftfahrern): «Die täglichen und wöchentlichen Ruhezeiten bestimmen sich nach den Vorschriften der Europäischen Gemeinschaften für Kraftfahrer sowie nach dem AETR.»

(4) Der Fahrer darf zwischen zwei wöchentlichen Ruhezeiten höchstens drei reduzierte tägliche Ruhezeiten einlegen.

(5) Abweichend von Absatz 2 muss ein im Mehrfahrerbetrieb eingesetzter Fahrer innerhalb von 30 Stunden nach dem Ende einer täglichen oder wöchentlichen Ruhezeit eine neue tägliche Ruhezeit von mindestens 9 Stunden genommen haben.

(6) In zwei jeweils aufeinander folgenden Wochen hat der Fahrer mindestens folgende Ruhezeiten einzuhalten:

    a)   zwei regelmäßige wöchentliche Ruhezeiten oder

    b)   eine regelmäßige wöchentliche Ruhezeit und eine reduzierte wöchentliche Ruhezeit von mindestens 24 Stunden.

Eine wöchentliche Ruhezeit beginnt spätestens am Ende von sechs 24-Stunden-Zeiträumen nach dem Ende der vorangegangenen wöchentlichen Ruhezeit.

Abweichend von Unterabsatz 1 kann ein im grenzüberschreitenden Güterverkehr tätiger Fahrer außerhalb des Mitgliedstaats der Niederlassung zwei aufeinanderfolgende reduzierte wöchentliche Ruhezeiten einlegen, sofern der Fahrer in vier jeweils aufeinanderfolgenden Wochen mindesten vier wöchentliche Ruhezeiten einlegt, von denen mindestens zwei regelmäßige wöchentliche Ruhezeiten sein müssen.

Für die Zwecke dieses Absatzes gilt ein Fahrer als im grenzüberschreitenden Verkehr tätig, wenn der Fahrer die zwei aufeinanderfolgenden reduzierten wöchentlichen Ruhezeiten außerhalb des Mitgliedstaats der Niederlassung des Arbeitgebers und des Landes des Wohnsitzes des Fahrers beginnt

(6a) Abweichend von Absatz 6 darf ein Fahrer, der für einen einzelnen Gelegenheitsdienst im Personenverkehr eingesetzt wird, die wöchentliche Ruhezeit auf bis zu zwölf aufeinanderfolgende 24-Stunden-Zeiträume nach einer vorhergehenden regelmäßigen wöchentlichen Ruhezeit unter folgenden Voraussetzungen verschieben:

    a)   (gestrichen)

    b)   nach der Inanspruchnahme der Ausnahmeregelung nimmt der Fahrer

        i)   entweder zwei regelmäßige wöchentliche Ruhezeiten oder

        ii)   eine regelmäßige wöchentliche Ruhezeit und eine reduzierte wöchentliche Ruhezeit von mindestens 24 Stunden. Dabei wird jedoch die Reduzierung durch eine gleichwertige Ruhepause ausgeglichen, die ohne Unterbrechung vor dem Ende der dritten Woche nach dem Ende des Ausnahmezeitraums genommen werden muss;

    c)   ab dem 1. Januar 2014 ist das Fahrzeug mit einem Kontrollgerät entsprechend den Anforderungen des Anhangs IB der Verordnung (EWG) Nr. 3821/85 ausgestattet und

    d)   ab dem 1. Januar 2014, sofern das Fahrzeug bei Fahrten während des Zeitraums von 22.00 Uhr bis 6.00 Uhr mit mehreren Fahrern besetzt ist oder die Lenkdauer nach Artikel 7 auf drei Stunden vermindert wird.

Die Kommission überwacht die Inanspruchnahme dieser Ausnahmeregelung genau, um die Aufrechterhaltung der Sicherheit im Straßenverkehr unter sehr strengen Voraussetzungen sicherzustellen, insbesondere indem sie darauf achtet, dass die summierte Gesamtlenkzeit während des unter die Ausnahmeregelung fallenden Zeitraums nicht zu lang ist. Bis zum 4. Dezember 2012 erstellt die Kommission einen Bericht, in dem sie die Folgen der Ausnahmeregelung in Bezug auf die Sicherheit im Straßenverkehr sowie soziale Aspekte bewertet. Wenn sie es für sinnvoll erachtet, schlägt die Kommission diesbezügliche Änderungen der vorliegenden Verordnung vor.

Die Kommission prüft die Optionen für die Digitalisierung des in Artikel 16 Absatz 4 genannten Fahrtenblatts im Zusammenhang mit umfassenderen Digitalisierungsbemühungen im Straßenverkehrssektor.

(6b) Jede Reduzierung der wöchentlichen Ruhezeit ist durch eine gleichwertige Ruhepause auszugleichen, die ohne Unterbrechung vor dem Ende der dritten Woche nach der betreffenden Woche zu nehmen ist.

Wurden zwei reduzierte wöchentliche Ruhezeiten gemäß Absatz 6 Unterabsatz 3 nacheinander eingelegt, ist die nächste Ruhezeit — als Ausgleich für diese zwei reduzierten wöchentlichen Ruhezeiten — vor der darauffolgenden wöchentlichen Ruhezeit einzulegen

(7) Jede Ruhepause, die als Ausgleich für eine reduzierte wöchentliche Ruhezeit eingelegt wird, ist an eine andere Ruhezeit von mindestens 9 Stunden anzuhängen.

(8) Die regelmäßigen wöchentlichen Ruhezeiten und jede wöchentliche Ruhezeit von mehr als 45 Stunden, die als Ausgleich für die vorherige verkürzte wöchentliche Ruhezeit eingelegt wird, dürfen nicht in einem Fahrzeug verbracht werden. Sie sind in einer geeigneten geschlechtergerechten Unterkunft mit angemessenen Schlafgelegenheiten und sanitären Einrichtungen zu verbringen.

(8a) Verkehrsunternehmen planen die Arbeit der Fahrer so, dass jeder Fahrer in der Lage ist, innerhalb jedes Zeitraums von vier aufeinanderfolgenden Wochen zu der im Mitgliedstaat der Niederlassung des Arbeitgebers gelegenen Betriebsstätte des Arbeitgebers, der der Fahrer normalerweise zugeordnet ist und an der er seine wöchentliche Ruhezeit beginnt, oder zu seinem Wohnsitz zurückzukehren, um dort mindestens eine regelmäßige wöchentliche Ruhezeit oder eine wöchentliche Ruhezeit von mehr als 45 Stunden als Ausgleich für eine reduzierte wöchentliche Ruhezeit zu verbringen.

Hat der Fahrer jedoch zwei aufeinanderfolgende reduzierte wöchentliche Ruhezeiten gemäß Absatz 6 eingelegt, muss das Verkehrsunternehmen die Arbeit des Fahrers so planen, dass dieser in der Lage ist, bereits vor Beginn der regelmäßigen wöchentlichen Ruhezeit von mehr als 45 Stunden, die als Ausgleich eingelegt wird, zurückzukehren.

Das Unternehmen dokumentiert, wie es diese Verpflichtung erfüllt, und es bewahrt die betreffenden Unterlagen in seinen Geschäftsräumen auf, damit sie auf Verlangen der Kontrollbehörden vorgelegt werden können

Alle Kosten für die Unterbringung außerhalb des Fahrzeugs werden vom Arbeitgeber getragen.

(9) Eine wöchentliche Ruhezeit, die in zwei Wochen fällt, kann für eine der beiden Wochen gezählt werden, nicht aber für beide.

(10) Die Kommission prüft spätestens am 21. August 2022, ob geeignetere Vorschriften für Fahrer erlassen werden können, die für Gelegenheitsdienste im Personenverkehr im Sinne von Artikel 2 Nummer 4 der Verordnung (EG) Nr. 1073/2009 eingesetzt werden, und teilt das Ergebnis dem Parlament und dem Rat mit.

Artikel 8a

(1) Die Kommission stellt sicher, dass Kraftfahrer im Straßengüter- und -personenverkehr leichten Zugang zu Informationen über sichere und gesicherte Parkflächen haben. Die Kommission veröffentlicht eine Liste aller zertifizierten Parkflächen, damit den Fahrern Folgendes in angemessener Form geboten wird:

- Erkennen und Verhindern von unberechtigtem Eindringen,
- Beleuchtung und Sichtverhältnisse,
- Kontaktstelle und Verfahren für Notfälle,
- geschlechtergerechte sanitäre Einrichtungen,
- Möglichkeiten zum Kauf von Lebensmitteln und Getränken,
- Kommunikationsverbindungen,
- Stromversorgung.

Die Liste dieser Parkflächen wird auf einer einheitlichen amtlichen Internetseite veröffentlicht und regelmäßig aktualisiert.

(2) Die Kommission erlässt delegierte Rechtsakte gemäß Artikel 23a, um Normen festzulegen, mit denen das Dienstleistungs- und Sicherheitsniveau der in Absatz 1 genannten Flächen und die Verfahren für die Zertifizierung von Parkflächen detaillierter vorgegeben werden.

(3) An allen zertifizierten Parkflächen kann darauf hingewiesen werden, dass sie gemäß den Normen und Verfahren der Union zertifiziert sind.

Gemäß Artikel 39 Absatz 2 Buchstabe c der Verordnung (EU) Nr. 1315/2013 des Europäischen Parlaments und des Rates sind die Mitgliedstaaten gehalten, die Schaffung von Parkflächen für gewerbliche Straßennutzer zu fördern.

(4) Die Kommission legt dem Europäischen Parlament und dem Rat bis zum 31. Dezember 2024 einen Bericht über die Verfügbarkeit geeigneter Ruheeinrichtungen für Fahrer und über die Verfügbarkeit gesicherter Parkeinrichtungen sowie über den Ausbau sicherer und gesicherter Parkflächen, die gemäß den delegierten Rechtsakten zertifiziert sind, vor. Dieser Bericht kann eine Liste mit Maßnahmen zur Erhöhung der Zahl und der Qualität sicherer und gesicherter Parkflächen enthalten.

Artikel 9

(1) Legt ein Fahrer, der ein Fahrzeug begleitet, das auf einem Fährschiff oder mit der Eisenbahn befördert wird, eine regelmäßige tägliche Ruhezeit oder eine reduzierte wöchentliche Ruhezeit ein, so darf diese Ruhezeit abweichend von Artikel 8 nicht mehr als zwei Mal durch andere Tätigkeiten unterbrochen werden, deren Gesamtdauer eine Stunde nicht überschreiten darf. Während dieser regelmäßigen täglichen Ruhezeit oder reduzierten wöchentlichen Ruhezeit muss dem Fahrer eine Schlafkabine, eine Schlafkoje oder ein Liegeplatz zur Verfügung stehen.

In Bezug auf regelmäßige wöchentliche Ruhezeiten gilt diese Ausnahme für Fähr- oder Zugreisen nur, wenn

- a) die geplante Reisedauer 8 Stunden oder mehr beträgt und
- b) der Fahrer Zugang zu einer Schlafkabine auf der Fähre oder im Zug hat.

(2) Die von einem Fahrer verbrachte Zeit, um zu einem in den Geltungsbereich dieser Verordnung fallenden Fahrzeug, das sich nicht am Wohnsitz des Fahrers oder der Betriebsstätte des Arbeitgebers befindet, der der

Fahrer normalerweise zugeordnet ist, anzureisen oder von diesem zurückzureisen, ist <u>nur dann als</u> <u>Ruhe-</u><u>pause</u> oder <u>Fahrtunterbrechung</u> anzusehen, <u>wenn</u> sich der Fahrer <u>in einem Zug</u> <u>oder</u> auf einem <u>Fährschiff</u> befindet und <u>Zugang zu</u> einer <u>Schlafkabine</u>, einer <u>Koje</u> oder einem <u>Liegewagen</u> hat.

(3) Die von einem Fahrer verbrachte Zeit, um mit einem nicht in den Geltungsbereich dieser Richtlinie fallenden Fahrzeug zu einem in den Geltungsbereich dieser Verordnung fallenden Fahrzeug, das sich nicht am Wohnsitz des Fahrers oder der Betriebsstätte des Arbeitgebers, dem der Fahrer normalerweise zugeordnet ist, befindet, anzureisen oder von diesem zurückzureisen, ist als <u>andere Arbeiten</u> anzusehen.

Artikel 9a

Die Kommission erstellt bis zum 31. Dezember 2025 einen Bericht über die Nutzung autonomer Fahrsysteme in den Mitgliedstaaten und legt ihn dem Europäischen Parlament und dem Rat vor. In dem Bericht geht sie insbesondere auf die möglichen Auswirkungen dieser Systeme auf die Vorschriften über Lenk- und Ruhezeiten ein. Diesem Bericht ist gegebenenfalls ein Gesetzgebungsvorschlag zur Änderung dieser Verordnung beizufügen.

APITEL III
HAFTUNG VON VERKEHRSUNTERNEHMEN

Artikel 10

(1) Verkehrsunternehmen dürfen beschäftigten oder ihnen zur Verfügung gestellten Fahrern <u>keine Zahlungen in Abhängigkeit von</u> der <u>zurückgelegten Strecke</u>, der <u>Schnelligkeit der Auslieferung</u> und/oder der <u>Menge der beförderten Güter</u> leisten, <u>auch nicht in Form</u> von <u>Prämien</u> oder <u>Lohnzuschlägen</u>, falls diese Zahlungen geeignet sind, die Sicherheit im Straßenverkehr zu gefährden, und/oder zu Verstößen gegen diese Verordnung verleiten.[*]

(2) Das Verkehrsunternehmen organisiert die Arbeit der in Absatz 1 genannten Fahrer so, dass diese die Bestimmungen der Verordnung (EWG) Nr. 3821/85 sowie des Kapitels II der vorliegenden Verordnung einhalten können. Das <u>Verkehrsunternehmen</u> hat <u>den Fahrer</u> ordnungsgemäß <u>anzuweisen</u> und <u>regelmäßig zu überprüfen</u>, dass die Verordnung (EWG) Nr. 3821/85 und Kapitel II der vorliegenden Verordnung eingehalten werden.

(3) Das <u>Verkehrsunternehmen haftet für Verstöße von Fahrern</u> des Unternehmens, selbst wenn der Verstoß im Hoheitsgebiet eines anderen Mitgliedstaates oder eines Drittstaates begangen wurde.

Unbeschadet des Rechts der Mitgliedstaaten, Verkehrsunternehmen uneingeschränkt haftbar zu machen, können die Mitgliedstaaten diese Haftung von einem Verstoß des Unternehmens gegen die Absätze 1 und 2 abhängig machen. Die Mitgliedstaaten können alle Beweise prüfen, die belegen, dass das Verkehrsunternehmen billigerweise nicht für den begangenen Verstoß haftbar gemacht werden kann.

---

[*] vgl. auch § 3 FPersG

(4) Unternehmen, Verlader, Spediteure, Reiseveranstalter, Hauptauftragnehmer, Unterauftragnehmer und Fahrervermittlungsagenturen stellen sicher, dass die vertraglich vereinbarten Beförderungszeitpläne nicht gegen diese Verordnung verstoßen.

(5)

    a)   Ein Verkehrsunternehmen, das Fahrzeuge einsetzt, die unter die vorliegende Verordnung fallen und die mit einem Kontrollgerät ausgestattet sind, das dem Anhang I B der Verordnung (EWG) Nr. 3821/85 entspricht, stellt Folgendes sicher:

        i)   Alle Daten werden von dem Bordgerät und der Fahrerkarte so regelmäßig heruntergeladen, wie es der Mitgliedstaat vorschreibt; diese relevanten Daten werden in kürzeren Abständen heruntergeladen, damit sichergestellt ist, dass alle von dem Unternehmen oder für das Unternehmen durchgeführten Tätigkeiten heruntergeladen werden;

        ii)   alle sowohl vom Bordgerät als auch von der Fahrerkarte heruntergeladenen Daten werden nach ihrer Aufzeichnung mindestens zwölf Monate lang aufbewahrt und müssen für einen Kontrollbeamten auf Verlangen entweder direkt oder zur Fernabfrage von den Geschäftsräumen des Unternehmens zugänglich sein.

    b)   Im Sinne dieses Absatzes wird der Ausdruck „heruntergeladen" entsprechend der Begriffsbestimmung in Anhang I B Kapitel I Buchstabe s der Verordnung (EWG) Nr. 3821/85 ausgelegt.

    c)   Die Kommission entscheidet nach dem in Artikel 24 Absatz 2 genannten Verfahren über den Höchstzeitraum für das Herunterladen der relevanten Daten gemäß Buchstabe a Ziffer i.

KAPITEL IV
AUSNAHMEN

Artikel 11

Ein Mitgliedstaat kann für Beförderungen im Straßenverkehr, die vollständig in seinem Hoheitsgebiet durchgeführt werden, längere Mindestfahrtunterbrechungen und Ruhezeiten oder kürzere Höchstlenkzeiten als nach den Artikeln 6 bis 9 festlegen. In einem solchen Fall muss der Mitgliedstaat die relevanten kollektiven oder anderen Vereinbarungen zwischen den Sozialpartnern berücksichtigen. Für Fahrer im grenzüberschreitenden Verkehr gilt jedoch weiterhin diese Verordnung.

Artikel 12

Sofern die Sicherheit im Straßenverkehr nicht gefährdet wird, kann der Fahrer von den Artikeln 6 bis 9 abweichen, um einen geeigneten Halteplatz zu erreichen, soweit dies erforderlich ist, um die Sicherheit von Personen, des Fahrzeugs oder seiner Ladung zu gewährleisten. Der Fahrer hat Art und Grund dieser Abweichung spätestens bei Erreichen des geeigneten Halteplatzes handschriftlich auf dem Schaublatt des Kontrollgeräts oder einem Ausdruck aus dem Kontrollgerät oder im Arbeitszeitplan zu vermerken.

Sofern die Sicherheit im Straßenverkehr nicht gefährdet wird, kann der Fahrer unter außergewöhnlichen Umständen auch von Artikel 6 Absätze 1 und 2 und von Artikel 8 Absatz 2 abweichen, indem er die tägliche und die <u>wöchentliche</u> <u>Lenkzeit um bis zu eine Stunde überschreitet</u>, <u>um</u> die <u>Betriebsstätte</u> des Arbeitgebers oder den <u>Wohnsitz des Fahrers</u> <u>zu erreichen</u>, um eine wöchentliche Ruhezeit einzulegen.

Unter den gleichen Bedingungen kann der Fahrer die <u>tägliche</u> und die <u>wöchentliche</u> <u>Lenkzeit um bis zu zwei Stunden überschreiten</u>, <u>sofern</u> eine <u>ununterbrochene Fahrtunterbrechung</u> von <u>30 Minuten</u> eingelegt wurde, die der zusätzlichen Lenkzeit zur Erreichung der Betriebsstätte des Arbeitgebers oder des Wohnsitzes des Fahrers, um dort eine regelmäßige wöchentliche Ruhezeit einzulegen, unmittelbar vorausgeht.

Der Fahrer hat <u>Art und Grund dieser Abweichung</u> spätestens bei Erreichen des Bestimmungsorts oder des geeigneten Halteplatzes handschriftlich auf dem Schaublatt des Kontrollgeräts, einem Ausdruck aus dem Kontrollgerät oder im Arbeitszeitplan zu vermerken.

Jede <u>Lenkzeitverlängerung</u> wird durch eine gleichwertige Ruhepause ausgeglichen, die zusammen mit einer beliebigen Ruhezeit ohne Unterbrechung bis zum Ende der dritten Woche nach der betreffenden Woche genommen werden muss.

Artikel 13

(1) <u>Sofern</u> die Verwirklichung der in Artikel 1 genannten <u>Ziele nicht beeinträchtigt</u> wird, kann jeder Mitgliedstaat für sein Hoheitsgebiet oder mit Zustimmung der betreffenden Mitgliedstaaten für das Hoheitsgebiet eines anderen Mitgliedstaats <u>Abweichungen von den Artikeln 5 bis 9 zulassen</u> und solche Abweichungen für die Beförderung <u>mit folgenden Fahrzeugen</u> an <u>individuelle Bedingungen knüpfen</u>:

a) Fahrzeuge, die Eigentum von Behörden sind oder von diesen ohne Fahrer angemietet sind, um Beförderungen im Straßenverkehr durchzuführen, die nicht im Wettbewerb mit privatwirtschaftlichen Verkehrsunternehmen stehen;

b) Fahrzeuge, die von Landwirtschafts-, Gartenbau-, Forstwirtschafts- oder Fischereiunternehmen zur Güterbeförderung im Rahmen ihrer eigenen unternehmerischen Tätigkeit in einem Umkreis von bis zu 100 km vom Standort des Unternehmens benutzt oder ohne Fahrer angemietet werden;

c) land- und forstwirtschaftliche Zugmaschinen, die für land- oder forstwirtschaftliche Tätigkeiten eingesetzt werden, und zwar in einem Umkreis von bis zu 100 km vom Standort des Unternehmens, das das Fahrzeug besitzt, anmietet oder least;

d) Fahrzeuge oder Fahrzeugkombinationen mit einer zulässigen Höchstmasse von nicht mehr als 7,5 t, die von Universaldienstanbietern im Sinne des Artikels 2 Absatz 13 der Richtlinie 97/67/EG des Europäischen Parlaments und des Rates vom 15. Dezember 1997 über gemeinsame Vorschriften für die Entwicklung des Binnenmarktes der Postdienste der Gemeinschaft und die Verbesserung der Dienstequalität zum Zweck der Zustellung von Sendungen im Rahmen des Universaldienstes benutzt werden.

Diese Fahrzeuge dürfen nur in einem Umkreis von 100 km vom Standort des Unternehmens und unter der Bedingung benutzt werden, dass das Lenken des Fahrzeugs für den Fahrer nicht die Haupttätigkeit darstellt;

e) Fahrzeuge, die ausschließlich auf Inseln oder vom Rest des Hoheitsgebiets isolierten Binnengebieten mit einer Fläche von nicht mehr als 2 300 km² verkehren, die mit den übrigen Teilen des Hoheitsgebiets nicht durch eine Brücke, eine Furt oder einen Tunnel, die von Kraftfahrzeugen benutzt werden können, verbunden sind und auch nicht an einen anderen Mitgliedstaat angrenzen;

f) Fahrzeuge, die im Umkreis von 100 km vom Standort des Unternehmens zur Güterbeförderung mit Druckerdgas-, Flüssiggas- oder Elektroantrieb benutzt werden und deren zulässige Höchstmasse einschließlich Anhänger oder Sattelanhänger 7,5 t nicht übersteigt;

g) Fahrzeuge, die zum Fahrschulunterricht und zur Fahrprüfung zwecks Erlangung des Führerscheins oder eines beruflichen Befähigungsnachweises dienen, sofern diese Fahrzeuge nicht für die gewerbliche Personen- oder Güterbeförderung benutzt werden;

h) Fahrzeuge, die in Verbindung mit Kanalisation, Hochwasserschutz, Wasser-, Gas- und Elektrizitätsversorgung, Straßenunterhaltung und -kontrolle, Hausmüllabfuhr, Telegramm- und

Telefondienstleistungen, Rundfunk und Fernsehen sowie zur Erfassung von Radio- bzw. Fernsehsendern oder -geräten eingesetzt werden;

i) Fahrzeuge mit 10 bis 17 Sitzen, die ausschließlich zur nichtgewerblichen Personenbeförderung verwendet werden;

j) Spezialfahrzeuge, die Ausrüstungen des Zirkus- oder Schaustellergewerbes transportieren;

k) speziell ausgerüstete Projektfahrzeuge für mobile Projekte, die hauptsächlich im Stand zu Lehrzwecken dienen;

l) Fahrzeuge, die zum Abholen von Milch bei landwirtschaftlichen Betrieben und/oder zur Rückgabe von Milchbehältern oder von Milcherzeugnissen für Futterzwecke an diese Betriebe verwendet werden;

m) Spezialfahrzeuge für Geld- und/oder Werttransporte;

n) Fahrzeuge, die zur Beförderung von tierischen Abfällen oder von nicht für den menschlichen Verzehr bestimmten Tierkörpern verwendet werden;

o) Fahrzeuge, die ausschließlich auf Straßen in Güterverteilzentren wie Häfen, Umschlaganlagen des Kombinierten Verkehrs und Eisenbahnterminals benutzt werden;

p) Fahrzeuge, die innerhalb eines Umkreises von bis zu 100 Kilometern für die Beförderung lebender Tiere von den landwirtschaftlichen Betrieben zu den lokalen Märkten und umgekehrt oder von den Märkten zu den lokalen Schlachthäusern verwendet werden;

q) Fahrzeuge oder Fahrzeugkombinationen zur Beförderung von Baumaschinen für ein Bauunternehmen, die in einem Umkreis von höchstens 100 km vom Standort des Unternehmens benutzt werden, vorausgesetzt dass das Lenken der Fahrzeuge für den Fahrer nicht die Haupttätigkeit darstellt;

r) Fahrzeuge, die für die Lieferung von Transportbeton verwendet werden.

(2) Die Mitgliedstaaten teilen der Kommission die Ausnahmen mit, die sie nach Absatz 1 gewähren, und die Kommission unterrichtet die übrigen Mitgliedstaaten hiervon.

(3) Sofern die Verwirklichung der in Artikel 1 genannten Ziele nicht beeinträchtigt wird und ein angemessener Schutz der Fahrer sichergestellt ist, kann ein Mitgliedstaat mit Genehmigung der Kommission in seinem Hoheitsgebiet in geringem Umfang Ausnahmen von dieser Verordnung für Fahrzeuge, die in zuvor festgelegten Gebieten mit einer Bevölkerungsdichte von weniger als 5 Personen pro Quadratkilometer eingesetzt werden, in folgenden Fällen zulassen:

– Bei inländischen Personenlinienverkehrsdiensten, sofern ihr Fahrplan von den Behörden bestätigt wurde (in diesem Fall dürfen nur Ausnahmen in Bezug auf Fahrtunterbrechungen zugelassen werden) und

– im inländischen Werkverkehr oder gewerblich durchgeführten Güterkraftverkehr, soweit sich diese Tätigkeiten nicht auf den Binnenmarkt auswirken und für den Erhalt bestimmter Wirtschaftszweige in dem betroffenen Gebiet notwendig sind und die Ausnahmebestimmungen dieser Verordnung einen Umkreis von höchstens 100 km vorschreiben.

Eine Beförderung im Straßenverkehr nach dieser Ausnahme kann eine Fahrt zu einem Gebiet mit einer Bevölkerungsdichte von 5 Personen pro Quadratmeter oder mehr nur einschließen, wenn damit eine Fahrt beendet oder begonnen wird. Solche Maßnahmen müssen ihrer Art und ihrem Umfang nach verhältnismäßig sein.

Artikel 14

(1) Sofern die Verwirklichung der in Artikel 1 genannten Ziele nicht beeinträchtigt wird, können die Mitgliedstaaten nach Genehmigung durch die Kommission Ausnahmen von den Artikeln 6 bis 9 für unter außergewöhnlichen Umständen durchgeführte Beförderungen zulassen.

(2) Die Mitgliedstaaten können in dringenden Fällen, die mit außergewöhnlichen Umständen einhergehen, eine vorübergehende Ausnahme für einen Zeitraum von höchstens 30 Tagen zulassen, die hinreichend zu begründen und der Kommission sofort mitzuteilen ist. Die Kommission veröffentlicht diese Informationen unverzüglich auf einer öffentlichen Internetseite.

(3) Die Kommission teilt den übrigen Mitgliedstaaten alle nach diesem Artikel gewährten Ausnahmen mit.

Artikel 15

Die Mitgliedstaaten stellen sicher, dass Fahrer der in Artikel 3 Buchstabe a genannten Fahrzeuge unter nationale Vorschriften fallen, die einen angemessenen Schutz bei den erlaubten Lenkzeiten sowie den vorgeschriebenen Fahrtunterbrechungen und Ruhezeiten bieten. Die Mitgliedstaaten teilen der Kommission die für diese Fahrer geltenden einschlägigen nationalen Vorschriften mit.

[...]

Straßenverkehrs-Ordnung (StVO)

Straßenverkehrs-Ordnung (StVO)
zuletzt geändert durch Art. 24 Verordnung vom 11.12.2024 (BGBl. 2024 I Nr. 411) m.W.v. 01.01.2025
– Nichtamtliche Fassung (Auszug) –

[…]

§ 22 Ladung

(1) [1]Die Ladung einschließlich Geräte zur Ladungssicherung sowie Ladeeinrichtungen sind so zu verstauen und zu sichern, dass sie selbst bei Vollbremsung oder plötzlicher Ausweichbewegung nicht verrutschen, umfallen, hin- und herrollen, herabfallen oder vermeidbaren Lärm erzeugen können. [2]Dabei sind die anerkannten Regeln der Technik zu beachten.

(2) * [1]Fahrzeug und Ladung dürfen zusammen nicht breiter als 2,55 m und nicht höher als 4 m sein. [2]Fahrzeuge, die für land- oder forstwirtschaftliche Zwecke eingesetzt werden, dürfen, wenn sie mit land- oder forstwirtschaftlichen Erzeugnissen oder Arbeitsgeräten beladen sind, samt Ladung nicht breiter als 3 m sein. [3]Sind sie mit land- oder forstwirtschaftlichen Erzeugnissen beladen, dürfen sie samt Ladung höher als 4 m sein. [4]Kühlfahrzeuge dürfen nicht breiter als 2,60 m sein.

(3) * [1]Die Ladung darf bis zu einer Höhe von 2,50 m nicht nach vorn über das Fahrzeug, bei Zügen über das ziehende Fahrzeug hinausragen. [2]Im Übrigen darf der Ladungsüberstand nach vorn bis zu 50 cm über das Fahrzeug, bei Zügen bis zu 50 cm über das ziehende Fahrzeug betragen. *

(4) [1]Nach hinten darf die Ladung bis zu 1,50 m hinausragen, jedoch bei Beförderung über eine Wegstrecke bis zu einer Entfernung von 100 km bis zu 3 m; die außerhalb des Geltungsbereichs dieser Verordnung zurückgelegten Wegstrecken werden nicht berücksichtigt. [2]Fahrzeug oder Zug samt Ladung darf nicht länger als 20,75 m sein. [3]Ragt das äußerste Ende der Ladung mehr als 1 m über die Rückstrahler des Fahrzeugs nach hinten hinaus, so ist es kenntlich zu machen durch mindestens

1. eine hellrote, nicht unter 30 x 30 cm große, durch eine Querstange auseinandergehaltene Fahne,
2. ein gleich großes, hellrotes, quer zur Fahrtrichtung pendelnd aufgehängtes Schild oder
3. einen senkrecht angebrachten zylindrischen Körper gleicher Farbe und Höhe mit einem Durchmesser von mindestens 35 cm.

---

* § 46 Abs. 1 Nr. 5 StVO - Ausnahmegenehmigung und Erlaubnis: «Die Straßenverkehrsbehörden können in bestimmten Einzelfällen oder allgemein für bestimmte Antragsteller Ausnahmen genehmigen […] von den Vorschriften über Höhe, Länge und Breite von Fahrzeug und Ladung (§ 18 Absatz 1 Satz 2, § 22 Absatz 2 bis 4)»

[4]Diese Sicherungsmittel dürfen nicht höher als 1,50 m über der Fahrbahn angebracht werden. [5]Wenn nötig (§ 17 Absatz 1), ist mindestens eine Leuchte mit rotem Licht an gleicher Stelle anzubringen, außerdem ein roter Rückstrahler nicht höher als 90 cm.

(5) [1]Ragt die Ladung seitlich mehr als 40 cm über die Fahrzeugleuchten, bei Kraftfahrzeugen über den äußeren Rand der Lichtaustrittsflächen der Begrenzungs- oder Schlussleuchten hinaus, so ist sie, wenn nötig (§ 17 Absatz 1*), kenntlich zu machen, und zwar seitlich höchstens 40 cm von ihrem Rand und höchstens 1,50 m über der Fahrbahn nach vorn durch eine Leuchte mit weißem, nach hinten durch eine mit rotem Licht. [2]Einzelne Stangen oder Pfähle, waagerecht liegende Platten und andere schlecht erkennbare Gegenstände dürfen seitlich nicht herausragen.

§ 23 Sonstige Pflichten von Fahrzeugführenden

(1) [1]Wer ein Fahrzeug führt, ist dafür verantwortlich, dass seine Sicht und das Gehör nicht durch die Besetzung, Tiere, die Ladung, Geräte oder den Zustand des Fahrzeugs beeinträchtigt werden. [2]Wer ein Fahrzeug führt, hat zudem dafür zu sorgen, dass das Fahrzeug, der Zug, das Gespann sowie die Ladung und die Besetzung vorschriftsmäßig sind und dass die Verkehrssicherheit des Fahrzeugs durch die Ladung oder die Besetzung nicht leidet. [3]Ferner ist dafür zu sorgen, dass die vorgeschriebenen Kennzeichen stets gut lesbar sind. [4]Vorgeschriebene Beleuchtungseinrichtungen müssen an Kraftfahrzeugen und ihren Anhängern auch am Tage vorhanden und betriebsbereit sein.

(1a) [1]Wer ein Fahrzeug führt, darf ein elektronisches Gerät, das der Kommunikation, Information oder Organisation dient oder zu dienen bestimmt ist, nur benutzen, wenn

1. hierfür das Gerät weder aufgenommen noch gehalten wird und
2. entweder
    a) nur eine Sprachsteuerung und Vorlesefunktion genutzt wird oder
    b) zur Bedienung und Nutzung des Gerätes nur eine kurze, den Straßen-, Verkehrs-, Sicht- und Wetterverhältnissen angepasste Blickzuwendung zum Gerät bei gleichzeitig entsprechender Blickabwendung vom Verkehrsgeschehen erfolgt oder erforderlich ist.

[2]Geräte im Sinne des Satzes 1 sind auch Geräte der Unterhaltungselektronik oder Geräte zur Ortsbestimmung, insbesondere Mobiltelefone oder Autotelefone, Berührungsbildschirme, tragbare Flachrechner, Navigationsgeräte, Fernseher oder Abspielgeräte mit Videofunktion oder Audiorekorder. [3]Handelt es sich bei dem Gerät im Sinne des Satzes 1, auch in Verbindung mit Satz 2, um ein auf dem Kopf getragenes visuelles Ausgabegerät, insbesondere eine Videobrille, darf dieses nicht benutzt werden. [4]Verfügt das Gerät im Sinne des Satzes 1, auch in Verbindung mit Satz 2, über eine Sichtfeldprojektion, darf diese für fahrzeugbezogene, verkehrszeichenbezogene, fahrtbezogene oder fahrtbegleitende Informationen benutzt werden. [5]Absatz 1c und § 1b des Straßenverkehrsgesetzes bleiben unberührt.

---

* § 17 Abs. 1 StVO: «Während der Dämmerung, bei Dunkelheit oder wenn die Sichtverhältnisse es sonst erfordern, sind die vorgeschriebenen Beleuchtungseinrichtungen zu benutzen. Die Beleuchtungseinrichtungen dürfen nicht verdeckt oder verschmutzt sein.»

(1b) [1]Absatz 1a Satz 1 bis 3 gilt nicht für

1. ein stehendes Fahrzeug, im Falle eines Kraftfahrzeuges vorbehaltlich der Nummer 3 nur, wenn der Motor vollständig ausgeschaltet ist,

2. den bestimmungsgemäßen Betrieb einer atemalkoholgesteuerten Wegfahrsperre, soweit ein für den Betrieb bestimmtes Handteil aufgenommen und gehalten werden muss,

3. stehende Straßenbahnen oder Linienbusse an Haltestellen (Zeichen 224).

[2]Das fahrzeugseitige automatische Abschalten des Motors im Verbrennungsbetrieb oder das Ruhen des elektrischen Antriebes ist kein Ausschalten des Motors in diesem Sinne. [3]Absatz 1a Satz 1 Nummer 2 Buchstabe b gilt nicht für

1. die Benutzung eines Bildschirms oder einer Sichtfeldprojektion zur Bewältigung der Fahraufgabe des Rückwärtsfahrens oder Einparkens, soweit das Fahrzeug nur mit Schrittgeschwindigkeit bewegt wird, oder

2. die Benutzung elektronischer Geräte, die vorgeschriebene Spiegel ersetzen oder ergänzen.

(1c) [1]Wer ein Fahrzeug führt, darf ein technisches Gerät nicht betreiben oder betriebsbereit mitführen, das dafür bestimmt ist, Verkehrsüberwachungsmaßnahmen anzuzeigen oder zu stören. [2]Das gilt insbesondere für Geräte zur Störung oder Anzeige von Geschwindigkeitsmessungen (Radarwarn- oder Laserstörgeräte). [3]Bei anderen technischen Geräten, die neben anderen Nutzungszwecken auch zur Anzeige oder Störung von Verkehrsüberwachungsmaßnahmen verwendet werden können, dürfen die entsprechenden Gerätefunktionen nicht verwendet werden.

(1d) [1]Wer ein Kraftfahrzeug mit einer zulässigen Gesamtmasse über 3,5 t führt, hat sicherzustellen, dass bei einer Geschwindigkeit von mehr als 30 km/h ein für das Kraftfahrzeug vorgeschriebenes Notbremsassistenzsystem eingeschaltet ist. [2]Satz 1 gilt nicht

1. beim Führen von Kraftfahrzeugen, die dem Bau, der Unterhaltung oder Reinigung der Straßen und Anlagen im Straßenraum dienen, bei denen vorderseitig montierte Anbauten die Funktion des Notbremsassistenzsystems dauerhaft beeinträchtigen und der Fahrende die Funktionsfähigkeit des Notbremsassistenzsystems aufgrund dieser Anbauten nicht herstellen kann.

1a. beim Führen von Kraftfahrzeugen der Polizei, der Feuerwehr, des Katastrophenschutzes und des Rettungsdienstes, die aufgrund von Anbauteilen einen Überstand über die Kabinenfront hinaus aufweisen, die die Funktion des Notbremsassistenzsystems dauerhaft beeinträchtigen und der Fahrende die Funktionsfähigkeit des Notbremsassistenzsystems aufgrund dieser Anbauten nicht herstellen kann und

2. während der Fahrzeugführung im Sinne des § 1a Absatz 4 des Straßenverkehrsgesetzes.

[3]Satz 2 Nummer 1 und 1a gelten auch während Fahrten, die nicht dem bestimmungsgemäßen Gebrauch dienen.

(2) Wer ein Fahrzeug führt, muss das Fahrzeug, den Zug oder das Gespann auf dem kürzesten Weg aus dem Verkehr ziehen, falls unterwegs auftretende Mängel, welche die Verkehrssicherheit wesentlich beeinträchtigen, nicht alsbald beseitigt werden; dagegen dürfen Krafträder und Fahrräder dann geschoben werden.

(3) ¹Wer ein Fahrrad oder ein Kraftrad fährt, darf sich nicht an Fahrzeuge anhängen. ²Es darf nicht freihändig gefahren werden. ³Die Füße dürfen nur dann von den Pedalen oder den Fußrasten genommen werden, wenn der Straßenzustand das erfordert.

(4) Wer ein <u>Kraftfahrzeug führt</u>, darf sein <u>Gesicht</u> <u>nicht</u> so <u>verhüllen</u> oder <u>verdecken</u>, dass er nicht mehr erkennbar ist. Dies gilt nicht in Fällen des § 21a Absatz 2 Satz 1.

[…]

§ 30 Umweltschutz, Sonn- und Feiertagsfahrverbot

(1) ¹Bei der Benutzung von Fahrzeugen sind unnötiger Lärm und vermeidbare Abgasbelästigungen verboten. ²Es ist insbesondere verboten, Fahrzeugmotoren unnötig laufen zu lassen und Fahrzeugtüren übermäßig laut zu schließen. ³Unnützes Hin- und Herfahren ist innerhalb geschlossener Ortschaften verboten, wenn Andere dadurch belästigt werden.

(2) Veranstaltungen mit Kraftfahrzeugen bedürfen der Erlaubnis, wenn sie die Nachtruhe stören können.

(3) ¹An <u>Sonntagen und Feiertagen</u> dürfen in der Zeit von <u>0.00 bis 22.00 Uhr</u> <u>Lastkraftwagen</u> mit einer <u>zulässigen Gesamtmasse über 7,5 t</u> sowie <u>Anhänger hinter Lastkraftwagen</u> <u>nicht</u> <u>verkehren</u>. ²Das Verbot <u>gilt nicht für</u> *

1. kombinierten Güterverkehr Schiene-Straße vom Versender bis zum nächstgelegenen geeigneten Verladebahnhof oder vom nächstgelegenen geeigneten Entladebahnhof bis zum Empfänger, jedoch nur bis zu einer Entfernung von 200 km,

1a. kombinierten Güterverkehr Hafen-Straße zwischen Belade- oder Entladestelle und einem innerhalb eines Umkreises von höchstens 150 Kilometern gelegenen Hafen (An- oder Abfuhr),

2. die Beförderung von
    a) frischer Milch und frischen Milcherzeugnissen,
    b) frischem Fleisch und frischen Fleischerzeugnissen,
    c) frischen Fischen, lebenden Fischen und frischen Fischerzeugnissen,
    d) leicht verderblichem Obst und Gemüse,

3. die Beförderung von Material der Kategorie 1 nach Artikel 8 und Material der Kategorie 2 nach Artikel 9 Buchstabe f Ziffer i der Verordnung (EG) Nr. 1069/2009 des Europäischen Parlaments und des Rates vom 21. Oktober 2009 mit Hygienevorschriften für nicht für den menschlichen Verzehr bestimmte tierische Nebenprodukte und zur Aufhebung der Verordnung (EG) Nr. 1774/2002 (Verordnung über tierische Nebenprodukte) (ABl. L 300 vom 14.11.2009, S. 1; L 348 vom 4.12.2014, S. 31),

---

* vgl. § 46 Abs. 1 Nr. 7 StVO: «Die Straßenverkehrsbehörden können in bestimmten Einzelfällen oder allgemein für bestimmte Antragsteller Ausnahmen genehmigen […] vom Sonn- und Feiertagsfahrverbot (§ 30 Absatz 3)»

4. den Einsatz von Bergungs-, Abschlepp- und Pannenhilfsfahrzeugen im Falle eines Unfalles oder eines sonstigen Notfalles,

5. den Transport von lebenden Bienen,

6. Leerfahrten, die im Zusammenhang mit Fahrten nach den Nummern 2 bis 5 stehen,

7. Fahrten mit Fahrzeugen, die nach dem Bundesleistungsgesetz herangezogen werden, wobei der Leistungsbescheid mitzuführen und auf Verlangen zuständigen Personen zur Prüfung auszuhändigen ist.

8. die Bundeswehr sowie die von ihr beauftragten gewerblichen Transportdienstunternehmen im Falle militärischer Erfordernisse.

9. die Truppen der Vertragsstaaten des Nordatlantikvertrages, der Mitgliedstaaten der Europäischen Union und weiterer verbündeter Streitkräfte sowie die von den jeweiligen Truppen beauftragten gewerblichen Transportdienstunternehmen im Falle militärischer Erfordernisse.

(4) Feiertage im Sinne des Absatzes 3 sind

- Neujahr;
- Karfreitag;
- Ostermontag;
- Tag der Arbeit (1. Mai);
- Christi Himmelfahrt;
- Pfingstmontag;
- Fronleichnam, jedoch nur in Baden-Württemberg, Bayern, Hessen, Nordrhein-Westfalen, Rheinland-Pfalz und im Saarland;
- Tag der deutschen Einheit (3. Oktober);
- Reformationstag (31. Oktober) in Brandenburg, Bremen, Hamburg, Mecklenburg-Vorpommern, Niedersachsen, Sachsen, Sachsen-Anhalt, Schleswig-Holstein und Thüringen;
- Allerheiligen (1. November), jedoch nur in Baden-Württemberg, Bayern, Nordrhein-Westfalen, Rheinland-Pfalz und im Saarland;
- 1. und 2. Weihnachtstag.

Verordnung zur Erleichterung des Ferienreiseverkehrs auf der Straße (Ferienreiseverordnung)

§ 1

(1) Lastkraftwagen mit einer zulässigen Gesamtmasse über 7,5 Tonnen sowie Lastkraftwagen mit Anhänger dürfen zur geschäftsmäßigen oder entgeltlichen Beförderung von Gütern einschließlich damit verbundener Leerfahrten auf den in Absatz 2 genannten Autobahnen (Zeichen 330.1 der Straßenverkehrs-Ordnung) und den in Absatz 3 genannten Bundesstraßen an allen Samstagen vom 1. Juli bis einschließlich 31. August eines Jahres jeweils in der Zeit von 7.00 Uhr bis 20.00 Uhr nicht geführt werden.

(2) Das Verbot des Absatzes 1 gilt für folgende Autobahnstrecken in beiden Fahrtrichtungen:

[...]

§ 3

(1) § 1 gilt ferner nicht für

---

1. kombinierten Güterverkehr Schiene-Straße vom Versender bis zum nächstgelegenen Verladebahnhof oder vom nächstgelegenen Entladebahnhof bis zum Empfänger,

1a. kombinierten Güterverkehr Hafen-Straße zwischen Belade- oder Entladestelle und einem in nerhalb eines Umkreises von höchstens 150 Kilometern gelegenen Hafen (An- oder Abfuhr),

2. Beförderungen von
   a) frischer Milch und frischen Milcherzeugnissen,
   b) frischem Fleisch und frischen Fleischerzeugnissen,
   c) frischen Fischen, lebenden Fischen und frischen Fischerzeugnissen,
   d) leichtverderblichem Obst und Gemüse,

3. die Beförderung von Material der Kategorie 1 nach Artikel 8 und Material der Kategorie 2 nach Artikel 9 Buchstabe f Ziffer i der Verordnung (EG) Nr. 1069/2009 des Europäischen Parlaments und des Rates vom 21. Oktober 2009 mit Hygienevorschriften für nicht für den menschlichen Verzehr bestimmte tierische Nebenprodukte und zur Aufhebung der Verordnung (EG) Nr. 1774/2002 (Verordnung über tierische Nebenprodukte) (ABl. L 300 vom 14.11.2009, S. 1; L 348 vom 4.12.2014, S. 31),

4. den dringlichen Einsatz von Bergungs-, Abschlepp- und Pannenhilfsfahrzeugen,

5. den Transport von lebenden Bienen,

6. Leerfahrten, die im Zusammenhang mit Fahrten nach den Nummern 2 bis 5 stehen.

(2) Für alle geladenen Güter sind die vorgeschriebenen Fracht- oder Begleitpapiere mitzuführen und zuständigen Personen auf Verlangen zur Prüfung auszuhändigen.

[...]

Straßenverkehrs-Zulassungs-Ordnung (StVZO)

Straßenverkehrs-Zulassungs-Ordnung (StVZO)
zuletzt geändert durch Art. 1 VO vom 10.06.2024 (BGBl. 2024 I Nr. 191) m.W.v. 20.06.2024
– Nichtamtliche Fassung (Auszug) –

[…]

III.
Bau- und Betriebsvorschriften

1.
Allgemeine Vorschriften

§ 30 Beschaffenheit der Fahrzeuge

(1) Fahrzeuge müssen so gebaut und ausgerüstet sein, dass

1. ihr verkehrsüblicher Betrieb niemanden schädigt oder mehr als unvermeidbar gefährdet, behindert oder belästigt,
2. die Insassen insbesondere bei Unfällen vor Verletzungen möglichst geschützt sind und das Ausmaß und die Folgen von Verletzungen möglichst gering bleiben.

(2) Fahrzeuge müssen in straßenschonender Bauweise hergestellt sein und in dieser erhalten werden.

(3) Für die Verkehrs- oder Betriebssicherheit wichtige Fahrzeugteile, die besonders leicht abgenutzt oder beschädigt werden können, müssen einfach zu überprüfen und leicht auswechselbar sein.

(4) ¹Anstelle der Vorschriften dieser Verordnung können die Einzelrechtsakte und Einzelregelungen in ihrer jeweils geltenden Fassung angewendet werden, die

1. in Anhang IV der Richtlinie 2007/46/EG oder in Anhang II der Verordnung (EU) 2018/858 oder
2. in Anhang I der Verordnung (EU) Nr. 167/2013 oder
3. in Anhang II der Verordnung (EU) Nr. 168/2013

in ihrer jeweils geltenden Fassung genannt sind. ²Die in Satz 1 genannten Einzelrechtsakte und Einzelregelungen sind jeweils ab dem Zeitpunkt anzuwenden, zu dem sie in Kraft treten.

[…]

§ 31 Verantwortung für den Betrieb der Fahrzeuge

(1) Wer ein Fahrzeug oder einen Zug miteinander verbundener Fahrzeuge führt, muss zur selbstständigen Leitung geeignet* sein.

(2) Der Halter darf die Inbetriebnahme nicht anordnen oder zulassen, wenn ihm bekannt ist oder bekannt sein muss, dass der Führer nicht zur selbstständigen Leitung geeignet* oder das Fahrzeug, der Zug, das

---

* vgl. auch § 21 StVG

Gespann, die Ladung oder die Besetzung nicht vorschriftsmäßig ist oder dass die Verkehrssicherheit des Fahrzeugs durch die Ladung oder die Besetzung leidet.

[...]

§ 57a Fahrtschreiber und Kontrollgerät

(1) (aufgehoben)

(1a) Der Fahrtschreiber sowie alle lösbaren Verbindungen der Übertragungseinrichtungen müssen plombiert sein.

(2) [1]Der Fahrtschreiber muss vom Beginn bis zum Ende jeder Fahrt ununterbrochen in Betrieb sein und auch die Haltezeiten aufzeichnen. [2]Die Schaublätter – bei mehreren miteinander verbundenen Schaublättern (Schaublattbündel) das erste Blatt – sind vor Antritt der Fahrt mit dem Namen der Führer sowie dem Ausgangspunkt und Datum der ersten Fahrt zu bezeichnen; ferner ist der Stand des Wegstreckenzählers am Beginn und am Ende der Fahrt oder beim Einlegen und bei der Entnahme des Schaublatts vom Kraftfahrzeughalter oder dessen Beauftragten einzutragen; andere, durch Rechtsvorschriften weder geforderte noch erlaubte Vermerke auf der Vorderseite des Schaublatts sind unzulässig. [3]Es dürfen nur Schaublätter mit Prüfzeichen verwendet werden, die für den verwendeten Fahrtschreibertyp zugeteilt sind. [4]Die Schaublätter sind zuständigen Personen auf Verlangen jederzeit vorzulegen; der Kraftfahrzeughalter hat sie ein Jahr lang aufzubewahren. [5]Auf jeder Fahrt muss mindestens ein Ersatzschaublatt mitgeführt werden.

(3) [1]Die Absätze 1 bis 2 gelten nicht, wenn das Fahrzeug an Stelle eines vorgeschriebenen Fahrtschreibers mit einem Kontrollgerät im Sinne des Anhangs I oder des Anhangs I B der Verordnung (EWG) Nr. 3821/85 ausgerüstet ist. [2]In diesem Fall ist das Kontrollgerät nach Maßgabe des Absatzes 2 zu betreiben; bei Verwendung eines Kontrollgerätes nach Anhang I B der Verordnung (EWG) Nr. 3821/85 muss die Fahrerkarte nicht gesteckt werden. [3]Im Falle des Einsatzes von Kraftomnibussen im Linienverkehr bis 50 Kilometer kann anstelle des Namens der Führer das amtliche Kennzeichen oder die Betriebsnummer des jeweiligen Fahrzeugs auf den Ausdrucken und Schaublättern eingetragen werden. [4]Die Daten des Massespeichers sind vom Kraftfahrzeughalter alle drei Monate herunterzuladen; § 2 Absatz 5 der Fahrpersonalverordnung gilt entsprechend. [5]Wird bei Fahrzeugen zur Güterbeförderung mit einer zulässigen Gesamtmasse von mindestens 12 t oder bei Fahrzeugen zur Personenbeförderung mit mehr als acht Sitzplätzen außer dem Fahrersitz und einer zulässigen Gesamtmasse von mehr als 10 t, die ab dem 1. Januar 1996 erstmals zum Verkehr zugelassen wurden und bei denen die Übermittlung der Signale an das Kontrollgerät ausschließlich elektrisch erfolgt, das Kontrollgerät ausgetauscht, so muss dieses durch ein Gerät nach Anhang I B der Verordnung (EWG) Nr. 3821/85 ersetzt werden. [6]Ein Austausch des Kontrollgerätes im Sinne des Satzes 5 liegt nur dann vor, wenn das gesamte System bestehend aus Registriereinheit und Geschwindigkeitsgeber getauscht wird.

(4) Weitergehende Anforderungen in Sondervorschriften bleiben unberührt.

§ 57b Prüfung der Fahrtschreiber und Kontrollgeräte

(1) [1]Halter, deren Kraftfahrzeuge mit einem Fahrtenschreiber nach der Verordnung (EU) Nr. 165/2014 ausgerüstet sein müssen, haben auf ihre Kosten die Fahrtenschreiber nach Maßgabe des Absatzes 2 und der

Anlagen XVIII und XVIIIa darauf prüfen zu lassen, dass Einbau, Zustand, Messgenauigkeit und Arbeitsweise vorschriftsmäßig sind. [2]Bestehen keine Bedenken gegen die Vorschriftsmäßigkeit, so hat der Hersteller oder die Werkstatt auf oder neben dem Fahrtenschreiber oder an der B-Säule der Fahrerseite gut sichtbar und dauerhaft ein Einbauschild anzubringen. [3]Bei Fahrzeugen ohne B-Säule ist, sofern möglich, das Einbauschild am Türrahmen der Fahrerseite des Fahrzeugs gut sichtbar und dauerhaft anzubringen und muss in jedem Fall deutlich sichtbar sein. [4]Das Einbauschild muss plombiert sein, es sei denn, dass es sich nicht ohne Vernichtung der Angaben entfernen lässt. [5]Der Halter hat dafür zu sorgen, dass das Einbauschild die vorgeschriebenen Angaben enthält, plombiert sowie vorschriftsmäßig angebracht und weder verdeckt noch verschmutzt ist.

(2) [1]Die Prüfungen sind mindestens einmal innerhalb von 24 Monaten seit der letzten Prüfung durchzuführen. [2]Außerdem müssen die Prüfungen nach jedem Einbau, jeder Reparatur der Fahrtenschreiberanlage, jeder Änderung der Wegdrehzahl oder Wegimpulszahl und nach jeder Änderung des wirksamen Reifenumfanges des Kraftfahrzeugs, die sich aus einer Änderung der Reifengröße ergibt, und wenn eine Plombierung gemäß Artikel 22 der Verordnung (EU) Nr. 165/2014 ersetzt wird, durchgeführt werden. [3]Bei Fahrtenschreibern nach den Anhängen I B der Verordnung (EU) Nr. 165/2014 und I C der Durchführungsverordnung (EU) 2016/799 der Kommission vom 18. März 2016 zur Durchführung der Verordnung (EU) Nr. 165/2014 des Europäischen Parlaments und des Rates zur Festlegung der Vorschriften über Bauart, Prüfung, Einbau, Betrieb und Reparatur von Fahrtenschreibern und ihren Komponenten (ABl. L 139 vom 26.5.2016, S. 1; L 146 vom 3.6.2016, S. 31; L 27 vom 1.2.2017, S. 169), die zuletzt durch die Durchführungsverordnung (EU) 2020/158 (ABl. L 34 vom 6.2.2020, S. 20) geändert worden ist, ist die Prüfung auch dann durchzuführen, wenn die koordinierte Weltzeit (Coordinated Universal Time - UTC) von der korrekten Zeit um mehr als 20 Minuten abweicht und wenn sich das amtliche Kennzeichen des Kraftfahrzeugs geändert hat.

(3) [1]Die Prüfungen dürfen nur durchgeführt werden durch
1. einen nach Maßgabe der Anlage XVIIIc hierfür amtlich anerkannten Fahrtenschreiberhersteller,
2. von diesen nach Maßgabe der Anlage XVIIId beauftragten Kraftfahrzeugwerkstätten oder
3. die in den gemäß Artikel 24 Absatz 5 der Verordnung (EU) Nr. 165/2014 von der Kommission veröffentlichten Verzeichnissen aufgeführten zugelassenen Einbaubetrieben und Werkstätten.

(4) [1]Wird der Fahrtenschreiber vom Fahrzeughersteller eingebaut, so kann dieser, sofern er hierfür nach Anlage XVIIIc amtlich anerkannt ist, die Einbauprüfung nach Maßgabe der Anlage XVIIIa durchführen und das Gerät kalibrieren. [2]Die Einbauprüfung und Kalibrierung kann abweichend von Satz 1 auch durch einen hierfür anerkannten Fahrzeugimporteur durchgeführt werden. [3]Die Einbauprüfung darf nur an einer Prüfstelle durchgeführt werden, die den in Anlage XVIIIb festgelegten Anforderungen entspricht.

[...]

Straßenverkehrsgesetz (StVG)

Straßenverkehrsgesetz (StVG)
zuletzt geändert durch Art. 1 Gesetz vom 16.08.2024 (BGBl. 2024 I Nr. 266) m.W.v. 22.08.2024
– Nichtamtliche Fassung (Auszug) –

[…]

§ 21 Fahren ohne Fahrerlaubnis

(1) Mit Freiheitsstrafe bis zu einem Jahr oder mit Geldstrafe wird bestraft, wer

1. ein Kraftfahrzeug führt, obwohl er die dazu erforderliche Fahrerlaubnis nicht hat oder ihm das Führen des Fahrzeugs nach § 44 des Strafgesetzbuchs oder nach § 25 dieses Gesetzes verboten ist, oder

2. als Halter eines Kraftfahrzeugs anordnet oder zulässt, dass jemand das Fahrzeug führt, der die dazu erforderliche Fahrerlaubnis nicht hat oder dem das Führen des Fahrzeugs nach § 44 des Strafgesetzbuchs oder nach § 25 dieses Gesetzes verboten ist.

(2) Mit Freiheitsstrafe bis zu sechs Monaten oder mit Geldstrafe bis zu 180 Tagessätzen wird bestraft, wer

1. eine Tat nach Absatz 1 fahrlässig begeht,

2. vorsätzlich oder fahrlässig ein Kraftfahrzeug führt, obwohl der vorgeschriebene Führerschein nach § 94 der Strafprozessordnung in Verwahrung genommen, sichergestellt oder beschlagnahmt ist, oder

3. vorsätzlich oder fahrlässig als Halter eines Kraftfahrzeugs anordnet oder zulässt, dass jemand das Fahrzeug führt, obwohl der vorgeschriebene Führerschein nach § 94 der Strafprozessordnung in Verwahrung genommen, sichergestellt oder beschlagnahmt ist.

(3) In den Fällen des Absatzes 1 kann das Kraftfahrzeug, auf das sich die Tat bezieht, eingezogen werden, wenn der Täter

1. das Fahrzeug geführt hat, obwohl ihm die Fahrerlaubnis entzogen oder das Führen des Fahrzeugs nach § 44 des Strafgesetzbuchs oder nach § 25 dieses Gesetzes verboten war oder obwohl eine Sperre nach § 69a Abs. 1 Satz 3 des Strafgesetzbuchs gegen ihn angeordnet war,

2. als Halter des Fahrzeugs angeordnet oder zugelassen hat, dass jemand das Fahrzeug führte, dem die Fahrerlaubnis entzogen oder das Führen des Fahrzeugs nach § 44 des Strafgesetzbuchs oder nach § 25 dieses Gesetzes verboten war oder gegen den eine Sperre nach § 69a Abs. 1 Satz 3 des Strafgesetzbuchs angeordnet war, oder

3. in den letzten drei Jahren vor der Tat schon einmal wegen einer Tat nach Absatz 1 verurteilt worden ist.

[…]

§ 22b Missbrauch von Wegstreckenzählern und Geschwindigkeitsbegrenzern

(1) Mit Freiheitsstrafe bis zu einem Jahr oder mit Geldstrafe wird bestraft, wer

1. die Messung eines Wegstreckenzählers, mit dem ein Kraftfahrzeug ausgerüstet ist, dadurch verfälscht, dass er durch Einwirkung auf das Gerät oder den Messvorgang das Ergebnis der Messung beeinflusst,

2. die bestimmungsgemäße Funktion eines Geschwindigkeitsbegrenzers, mit dem ein Kraftfahrzeug ausgerüstet ist, durch Einwirkung auf diese Einrichtung aufhebt oder beeinträchtigt oder

3. eine Straftat nach Nummer 1 oder 2 vorbereitet, indem er Computerprogramme, deren Zweck die Begehung einer solchen Tat ist, herstellt, sich oder einem anderen verschafft, feilhält oder einem anderen überlässt.

(2) In den Fällen des Absatzes 1 Nr. 3 gilt § 149 Abs. 2 und 3 des Strafgesetzbuches entsprechend.

(3) ¹Gegenstände, auf die sich die Straftat nach Absatz 1 bezieht, können eingezogen werden. ²§ 74a des Strafgesetzbuches ist anzuwenden.

[…]

§ 25 Fahrverbot

(1) ¹Wird gegen die betroffene Person wegen einer Ordnungswidrigkeit nach § 24 Absatz 1, die sie unter grober oder beharrlicher Verletzung der Pflichten eines Kraftfahrzeugführers begangen hat, eine Geldbuße festgesetzt, so kann ihr die Verwaltungsbehörde oder das Gericht in der Bußgeldentscheidung für die Dauer von einem Monat bis zu drei Monaten verbieten, im Straßenverkehr Kraftfahrzeuge jeder oder einer bestimmten Art zu führen. ²Wird gegen die betroffene Person wegen einer Ordnungswidrigkeit nach § 24a Absatz 1 bis 2a eine Geldbuße festgesetzt, so ist in der Regel auch ein Fahrverbot anzuordnen.

(2) ¹Das Fahrverbot wird mit der Rechtskraft der Bußgeldentscheidung wirksam. ²Für seine Dauer werden von einer deutschen Behörde ausgestellte nationale und internationale Führerscheine amtlich verwahrt. ³Dies gilt auch, wenn der Führerschein von einer Behörde eines Mitgliedstaates der Europäischen Union oder eines anderen Vertragsstaates des Abkommens über den Europäischen Wirtschaftsraum ausgestellt worden ist, sofern der Inhaber seinen ordentlichen Wohnsitz im Inland hat. ⁴Wird er nicht freiwillig herausgegeben, so ist er zu beschlagnahmen.

[…]

[…]

CIM („Internat. Eisenbahnbeförderung von Gütern")

Einheitliche Rechtsvorschriften für den Vertrag über die internationale Eisenbahnbeförderung von Gütern (franz.: *Règles uniformes concernant le contrat de transport international ferroviaire des marchandises;* engl.: *Uniform Rules Concerning the Contract of International Carriage of Goods by Rail;* CIM)

Anhang B zum Übereinkommen über den internationalen Eisenbahnverkehr (COTIF)

vom 9. Mai 1980 (BGBl. 2002 II 2140 ff.)

– Nichtamtliche Fassung[*] –

Gliederung
- Titel I: Allgemeine Bestimmungen (Art. 1 – 5 CIM)
- Titel II: Abschluß und Ausführung des Beförderungsvertrages (Art. 6 – 22 CIM)
- Titel III: Haftung (Art. 23 – 41 CIM)
- Titel IV: Geltendmachung von Ansprüchen (Art. 42 – 48 CIM)
- Titel V: Beziehungen der Beförderer untereinander (Art. 49 – 52 CIM)

Titel I

Allgemeine Bestimmungen

Artikel 1 – Anwendungsbereich

§ 1

Diese Einheitlichen Rechtsvorschriften gelten für jeden Vertrag über die entgeltliche Beförderung von Gütern auf der Schiene, wenn der Ort der Übernahme des Gutes zur Beförderung und der für die Ablieferung vorgesehene Ort in zwei verschiedenen Mitgliedstaaten liegen. Dies gilt ohne Rücksicht auf den Sitz und die Staatszugehörigkeit der Parteien des Beförderungsvertrages.

§ 2

Diese Einheitlichen Rechtsvorschriften gelten auch für Verträge über die entgeltliche Beförderung von Gütern auf der Schiene, wenn der Ort der Übernahme des Gutes zur Beförderung und der für die Ablieferung vorgesehene Ort in zwei verschiedenen Staaten liegen, von denen nur einer Mitgliedstaat ist, und die Parteien des Vertrages vereinbaren, daß der Vertrag diesen Einheitlichen Rechtsvorschriften unterliegt.

---

[*] Artikel 45 § 1 COTIF: «Das Übereinkommen ist in deutscher, englischer und französischer Sprache abgefaßt. Im Falle von Abweichungen ist der französische Wortlaut maßgebend.»

§ 3

Schließt eine <u>internationale Beförderung</u>, die Gegenstand <u>eines einzigen Vertrages</u> ist, in Ergänzung der grenzüberschreitenden Beförderung auf der Schiene eine Beförderung auf der Straße oder auf Binnengewässern im Binnenverkehr eines Mitgliedstaates ein, so finden diese Einheitlichen Rechtsvorschriften Anwendung.

§ 4

Schließt eine internationale Beförderung, die Gegenstand eines einzigen Vertrages ist, in Ergänzung der Beförderung auf der Schiene eine Beförderung zur See oder eine grenzüberschreitende Beförderung auf Binnengewässern ein, so finden diese Einheitlichen Rechtsvorschriften Anwendung, sofern die Beförderung zur See oder auf Binnengewässern auf Linien durchgeführt wird, die in die in Artikel 24 § 1 des Übereinkommens vorgesehene Liste der Linien eingetragen sind.

§ 5

Diese Einheitlichen Rechtsvorschriften finden <u>keine Anwendung</u> auf <u>Beförderungen zwischen Bahnhöfen auf dem Gebiet von Nachbarstaaten,</u> wenn die Infrastruktur dieser <u>Bahnhöfe von einem oder mehreren Infrastrukturbetreibern</u>, die <u>einem einzigen dieser Staaten</u> zugehören, betrieben wird.

§ 6

Jeder Staat, der Vertragspartei eines anderen mit diesen Einheitlichen Rechtsvorschriften vergleichbaren Übereinkommens über die durchgehende internationale Beförderung von Gütern auf der Schiene ist und der einen Antrag auf Beitritt zum Übereinkommen stellt, kann sich dabei vorbehalten, diese Einheitlichen Rechtsvorschriften nur auf Beförderungen auf einem Teil der in seinem Gebiet gelegenen Eisenbahninfrastruktur anzuwenden. Dieser Teil der Eisenbahninfrastruktur muß genau bezeichnet sein und an eine Eisenbahninfrastruktur eines Mitgliedstaates anschließen. Hat ein Staat einen solchen Vorbehalt eingelegt, so gelten diese Einheitlichen Rechtsvorschriften nur,

a) wenn der im Beförderungsvertrag vorgesehene Ort der Übernahme des Gutes zur Beförderung oder der für die Ablieferung vorgesehene Ort sowie der vorgesehene Beförderungsweg zur bezeichneten Eisenbahninfrastruktur gehören, oder

b) wenn die bezeichnete Eisenbahninfrastruktur die Eisenbahninfrastruktur zweier Mitgliedstaaten verbindet und sie im Beförderungsvertrag als Beförderungsweg für einen Transitverkehr vereinbart wurde.

§ 7

Der Staat, der einen Vorbehalt gemäß § 6 eingelegt hat, kann ihn jederzeit durch Mitteilung an den Depositar zurücknehmen. Die Rücknahme wird einen Monat nach dem Tag wirksam, an dem der Depositar die Mitgliedstaaten darüber unterrichtet hat. Der Vorbehalt wird wirkungslos, wenn das in § 6 Satz 1 genannte Übereinkommen für diesen Staat außer Kraft tritt.

Artikel 2 – Öffentlich-rechtliche Vorschriften

Beförderungen, auf die diese Einheitlichen Rechtsvorschriften Anwendung finden, unterliegen im übrigen den öffentlich-rechtlichen Vorschriften, insbesondere den Vorschriften über die Beförderung gefährlicher Güter sowie den Vorschriften des Zollrechtes und des Tierschutzrechtes.

Artikel 3 – Begriffsbestimmungen

Für Zwecke dieser Einheitlichen Rechtsvorschriften bezeichnet der Ausdruck

a) „Beförderer“ den vertraglichen Beförderer, mit dem der Absender den Beförderungsvertrag gemäß diesen Einheitlichen Rechtsvorschriften geschlossen hat, oder einen aufeinanderfolgenden Beförderer, der auf der Grundlage dieses Vertrages haftet;

b) „ausführender Beförderer“ einen Beförderer, der mit dem Absender den Beförderungsvertrag nicht geschlossen hat, dem aber der Beförderer gemäß Buchstabe a) die Durchführung der Beförderung auf der Schiene ganz oder teilweise übertragen hat;

c) „Allgemeine Beförderungsbedingungen“ die in Form von Allgemeinen Geschäftsbedingungen oder Tarifen in jedem Mitgliedstaat zu Recht bestehenden Bedingungen des Beförderers, die mit Abschluß des Beförderungsvertrages dessen Bestandteil geworden sind;

d) „intermodale Transporteinheit“ Container, Wechselbehälter, Sattelauflieger oder sonstige vergleichbare Ladeeinheiten, die im intermodalen Verkehr verwendet werden.

Artikel 4 – Abweichungen

§ 1

Die Mitgliedstaaten können Abkommen schließen, die Abweichungen von diesen Einheitlichen Rechtsvorschriften für Beförderungen ausschließlich zwischen zwei beiderseits der Grenze gelegenen Bahnhöfen vorsehen, wenn sich zwischen ihnen und der Grenze kein weiterer Bahnhof befindet.

§ 2

Für Beförderungen zwischen zwei Mitgliedstaaten im Transit durch einen Staat, der nicht Mitgliedstaat ist, können die beteiligten Staaten Abkommen schließen, die von diesen Einheitlichen Rechtsvorschriften abweichen.

§ 3

Die Abkommen gemäß den §§ 1 und 2 sowie ihre Inkraftsetzung werden der Zwischenstaatlichen Organisation für den internationalen Eisenbahnverkehr mitgeteilt. Der Generalsekretär der Organisation unterrichtet hierüber die Mitgliedstaaten und die interessierten Unternehmen.

Artikel 5 – Zwingendes Recht

Soweit diese Einheitlichen Rechtsvorschriften es nicht ausdrücklich zulassen, ist jede Vereinbarung, die unmittelbar oder mittelbar von diesen Einheitlichen Rechtsvorschriften abweicht, nichtig und ohne Rechtswirkung. Die Nichtigkeit solcher Vereinbarungen hat nicht die Nichtigkeit der übrigen Bestimmungen des

Beförderungsvertrages zur Folge. Dessen ungeachtet kann ein Beförderer seine Haftung und seine Verpflichtungen nach diesen Einheitlichen Rechtsvorschriften erweitern.

Titel II
Abschluß und Ausführung des Beförderungsvertrages

Artikel 6 – Beförderungsvertrag

§ 1

Durch den Beförderungsvertrag wird der Beförderer verpflichtet, das Gut gegen Entgelt zum Bestimmungsort zu befördern und es dort an den Empfänger abzuliefern.

§ 2

Der Beförderungsvertrag ist in einem Frachtbrief nach einem einheitlichen Muster festzuhalten. Das Fehlen, die Mangelhaftigkeit oder der Verlust des Frachtbriefes berührt jedoch weder den Bestand noch die Gültigkeit des Vertrages, der weiterhin diesen Einheitlichen Rechtsvorschriften unterliegt.

§ 3

Der Frachtbrief wird vom Absender und vom Beförderer unterschrieben. Die Unterschrift kann durch einen Stempelaufdruck, einen maschinellen Buchungsvermerk oder in sonst geeigneter Weise ersetzt werden.

§ 4

Der Beförderer hat die Übernahme des Gutes auf dem Frachtbriefdoppel in geeigneter Weise zu bescheinigen und das Doppel dem Absender zu übergeben.

§ 5

Der Frachtbrief hat nicht die Bedeutung eines Konnossementes.

§ 6

Für jede Sendung ist ein Frachtbrief zu verwenden. Soweit zwischen dem Absender und dem Beförderer nichts anderes vereinbart ist, darf ein Frachtbrief nur die Ladung eines einzigen Wagens zum Gegenstand haben.

§ 7

Im Falle einer Beförderung, die das Zollgebiet der Europäischen Gemeinschaft* oder das Gebiet, in dem das gemeinsame Versandverfahren angewendet wird, berührt, muß jede Sendung von einem Frachtbrief, der den Erfordernissen des Artikels 7 entspricht, begleitet sein.

---

* vgl. Artikel 4 Verordnung (EU) Nr. 952/2013 (Zollkodex der Union)

§ 8

Die internationalen Verbände der Beförderer legen im Einvernehmen mit den internationalen Verbänden der Kundschaft und den in den Mitgliedstaaten für Zollfragen zuständigen Stellen sowie mit jeder zwischenstaatlichen Organisation, die in einer regionalen Wirtschaftsgemeinschaft besteht und die über eine eigene Gesetzgebungsbefugnis auf dem Gebiet des Zolls verfügt, einheitliche Muster der Frachtbriefe fest.

§ 9

Der Frachtbrief einschließlich des Frachtbriefdoppels kann auch in elektronischen Datenaufzeichnungen bestehen, die in lesbare Schriftzeichen umwandelbar sind. Die zur Aufzeichnung und Verarbeitung der Daten verwendeten Verfahren müssen, insbesondere hinsichtlich der Beweiskraft des verkörperten Frachtbriefes, funktional gleichwertig sein.

Artikel 7 – Inhalt des Frachtbriefes

§ 1

Der Frachtbrief muß folgende Angaben enthalten:
a) Ort und Datum der Ausstellung;
b) Namen und Anschrift des Absenders;
c) Namen und Anschrift des Beförderers, der den Beförderungsvertrag geschlossen hat;
d) Namen und Anschrift desjenigen, dem das Gut tatsächlich aufgeliefert wird, wenn dies nicht der Beförderer gemäß Buchstabe c) ist;
e) die Stelle sowie das Datum der Übernahme des Gutes;
f) die Stelle der Ablieferung;
g) Namen und Anschrift des Empfängers;
h) die Bezeichnung der Art des Gutes und der Verpackung, bei gefährlichen Gütern die in der Ordnung für die internationale Eisenbahnbeförderung gefährlicher Güter (RID) vorgesehene Bezeichnung;
i) die Anzahl der Frachtstücke und die zur Identifizierung der Stückgüter erforderlichen besonderen Zeichen und Nummern;
j) die Nummer des Wagens bei Beförderungen im Wagenladungsverkehr;
k) die Nummer des Eisenbahnfahrzeugs, wenn es auf eigenen Rädern rollt und als Beförderungsgut aufgegeben wird;
l) außerdem, bei intermodalen Transporteinheiten, die Art, die Nummer oder die zu ihrer Identifizierung erforderlichen sonstigen Merkmale;
m) die Bruttomasse des Gutes oder die Angabe der Menge in anderer Form;
n) ein genaues Verzeichnis der von den Zoll- und sonstigen Verwaltungsbehörden verlangten Urkunden, die dem Frachtbrief beigegeben sind oder dem Beförderer bei einer näher bezeichneten amtlichen Stelle oder bei einer vertraglich vereinbarten Stelle zur Verfügung stehen;

o)   die mit der Beförderung verbundenen Kosten (Fracht, Nebengebühren, Zölle und sonstige Kosten, die vom Vertragsabschluß bis zur Ablieferung anfallen), soweit sie vom Empfänger zu zahlen sind, oder einen anderen Hinweis, daß die Kosten vom Empfänger zu zahlen sind;

p)   die Angabe, daß die Beförderung auch bei einer gegenteiligen Abmachung diesen Einheitlichen Rechtsvorschriften unterliegt.

§ 2

Zutreffendenfalls muß der Frachtbrief ferner folgende Angaben enthalten:

a)   bei Beförderungen durch aufeinanderfolgende Beförderer den zur Ablieferung des Gutes verpflichteten Beförderer, sofern er seine Zustimmung zur Eintragung in den Frachtbrief erteilt hat;

b)   die Kosten, die der Absender übernimmt;

c)   den Betrag einer bei der Ablieferung des Gutes einzuziehenden Nachnahme;

d)   die Angabe des Wertes des Gutes und des Betrages des besonderen Interesses an der Lieferung;

e)   die vereinbarte Lieferfrist;

f)   den vereinbarten Beförderungsweg;

g)   ein Verzeichnis der dem Beförderer übergebenen, nicht unter § 1 Buchst. n) erwähnten Urkunden;

h)   die Angaben des Absenders über die Anzahl und die Bezeichnung der Verschlüsse, die er am Wagen angebracht hat.

§ 3

Die Parteien des Beförderungsvertrages können in den Frachtbrief weitere Angaben eintragen, die sie für zweckmäßig halten.

Artikel 8 – Haftung für die Angaben im Frachtbrief

§ 1

Der Absender haftet für alle Kosten und Schäden, die dem Beförderer dadurch entstehen, daß

a)   die Angaben des Absenders im Frachtbrief unrichtig, ungenau oder unvollständig sind oder nicht an der für sie vorgesehenen Stelle stehen, oder

b)   der Absender die im RID vorgeschriebenen Angaben unterlassen hat.

§ 2

Trägt der Beförderer auf Verlangen des Absenders Angaben in den Frachtbrief ein, wird bis zum Beweis des Gegenteils vermutet, daß der Beförderer hierbei im Namen des Absenders gehandelt hat.

§ 3

Enthält der Frachtbrief die in Artikel 7 § 1 Buchst. p) bezeichnete Angabe nicht, so haftet der Beförderer für alle Kosten und Schäden, die dem Verfügungsberechtigten infolge dieser Unterlassung entstehen.

Artikel 9 – Gefährliche Güter

Hat der Absender die im RID vorgeschriebenen Angaben unterlassen, so kann der Beförderer das Gut jederzeit, wie es die Umstände erfordern, ausladen, vernichten oder unschädlich machen, ohne daß Ersatz zu leisten ist, sofern er nicht bei Übernahme des Gutes Kenntnis von seiner gefährlichen Beschaffenheit hatte.

Artikel 10 – Zahlung der Kosten

§ 1

Soweit zwischen dem Absender und dem Beförderer nichts anderes vereinbart ist, sind die Kosten (Fracht, Nebengebühren, Zölle und sonstige Kosten, die vom Vertragsabschluß bis zur Ablieferung anfallen) vom Absender zu zahlen.

§ 2

Sind die Kosten auf Grund einer Vereinbarung zwischen dem Absender und dem Beförderer auf den Empfänger überwiesen und hat der Empfänger weder den Frachtbrief eingelöst noch seine Rechte aus dem Beförderungsvertrag gemäß Artikel 17 § 3 geltend gemacht, noch den Beförderungsvertrag gemäß Artikel 18 abgeändert, so bleibt der Absender zur Zahlung der Kosten verpflichtet.

Artikel 11 – Nachprüfung

§ 1

Der Beförderer ist berechtigt, jederzeit nachzuprüfen, ob die Beförderungsbedingungen eingehalten sind und ob die Sendung mit den Angaben des Absenders im Frachtbrief übereinstimmt. Wenn sich die Nachprüfung auf den Inhalt der Sendung bezieht, erfolgt diese nach Möglichkeit in Anwesenheit des Verfügungsberechtigten; ist dies nicht möglich, zieht der Beförderer zwei unabhängige Zeugen bei, sofern die Gesetze und Vorschriften des Staates, in dem die Nachprüfung stattfindet, nicht etwas anderes bestimmen.

§ 2

Stimmt die Sendung mit den Angaben im Frachtbrief nicht überein oder sind die Bestimmungen für die Beförderung der bedingt zugelassenen Güter nicht eingehalten, so ist das Ergebnis der Nachprüfung in dem das Gut begleitenden Blatt des Frachtbriefes und, soweit der Beförderer noch über das Frachtbriefdoppel verfügt, auch in diesem zu vermerken. In diesem Fall ist das Gut mit den durch die Nachprüfung verursachten Kosten belastet, falls sie nicht sofort beglichen werden.

§ 3

Der Absender kann, wenn er das Gut verlädt, vom Beförderer verlangen, daß dieser den Zustand des Gutes und seiner Verpackung sowie die Richtigkeit der Angaben im Frachtbrief betreffend die Anzahl der Frachtstücke, ihre Zeichen und Nummern sowie die Bruttomasse oder die anders angegebene Menge nachprüft. Der Beförderer ist nur dann verpflichtet, die Nachprüfung vorzunehmen, wenn ihm angemessene Mittel hierfür zur

Verfügung stehen. Der Beförderer hat Anspruch auf Ersatz der Kosten der Nachprüfung. Das Ergebnis der Nachprüfung ist im Frachtbrief einzutragen.

Artikel 12 – Beweiskraft des Frachtbriefes

§ 1

Der Frachtbrief dient bis zum Beweis des Gegenteils als Nachweis für den Abschluß und den Inhalt des Beförderungsvertrages sowie für die Übernahme des Gutes durch den Beförderer.

§ 2

Hat der Beförderer das Gut verladen, beweist der Frachtbrief bis zum Beweis des Gegenteils den Zustand des Gutes und seiner Verpackung gemäß den Angaben im Frachtbrief und bei Fehlen solcher Angaben den äußerlich guten Zustand bei der Übernahme des Gutes durch den Beförderer und die Richtigkeit der Angaben im Frachtbrief betreffend die Anzahl der Frachtstücke, ihre Zeichen und Nummern sowie die Bruttomasse oder die anders angegebene Menge.

§ 3

Hat der Absender das Gut verladen, beweist der Frachtbrief bis zum Beweis des Gegenteils den Zustand des Gutes und seiner Verpackung gemäß den Angaben im Frachtbrief und bei Fehlen solcher Angaben den äußerlich guten Zustand und die Richtigkeit der Angaben nach § 2 nur, wenn der Beförderer sie nachgeprüft und das übereinstimmende Ergebnis seiner Nachprüfung im Frachtbrief vermerkt hat.

§ 4

Der Frachtbrief dient jedoch nicht als Beweis, wenn er einen mit Gründen versehenen Vorbehalt aufweist. Ein Vorbehalt kann insbesondere damit begründet werden, daß dem Beförderer keine angemessenen Mittel zur Verfügung standen, um die Richtigkeit der Angaben im Frachtbrief nachzuprüfen.

Artikel 13 – Verladen und Entladen des Gutes

§ 1

Der Absender und der Beförderer vereinbaren, wem das Verladen und das Entladen des Gutes obliegt. Fehlt eine solche Vereinbarung, trifft die Pflicht zum Verladen und Entladen bei Stückgut den Beförderer, während bei Wagenladungen die Pflicht zum Verladen den Absender und die Pflicht zum Entladen nach der Ablieferung den Empfänger trifft.

§ 2

Wird das Gut vom Absender verladen, so haftet er für alle Folgen der mangelhaften Verladung und hat dem Beförderer insbesondere den ihm daraus entstandenen Schaden zu ersetzen. Der Beförderer hat die mangelhafte Verladung nachzuweisen.

Artikel 14 – Verpackung

Der Absender haftet dem Beförderer für alle durch das Fehlen oder die Mangelhaftigkeit der Verpackung des Gutes verursachten Schäden und Kosten, es sei denn, daß der Mangel offensichtlich oder dem Beförderer bei der Übernahme des Gutes bekannt war und er diesbezüglich keine Vorbehalte gemacht hat.

Artikel 15 – Erfüllung verwaltungsbehördlicher Vorschriften

§ 1

Der Absender hat dem Frachtbrief die Urkunden beizugeben, die für die vor der Ablieferung des Gutes zu erfüllenden zoll- oder sonstigen verwaltungsbehördlichen Vorschriften notwendig sind, oder diese Urkunden dem Beförderer zur Verfügung zu stellen und diesem alle erforderlichen Auskünfte zu erteilen.

§ 2

Der Beförderer ist nicht verpflichtet zu prüfen, ob diese Urkunden und Auskünfte richtig und ausreichend sind. Der Absender haftet dem Beförderer für alle aus dem Fehlen, der Unvollständigkeit oder Unrichtigkeit der Urkunden und Auskünfte entstehenden Schäden, es sei denn, daß den Beförderer ein Verschulden trifft.

§ 3

Der Beförderer haftet für die Folgen des Verlustes oder der unrichtigen Verwendung der im Frachtbrief bezeichneten und diesem beigegebenen oder dem Beförderer ausgehändigten Urkunden, es sei denn, daß der Verlust oder der durch die unrichtige Verwendung dieser Urkunden verursachte Schaden auf Umständen beruht, die der Beförderer nicht vermeiden und deren Folgen er nicht abwenden konnte. Er hat jedoch keinen höheren Schadenersatz zu leisten als bei Verlust des Gutes.

§ 4

Der Absender kann durch einen Vermerk im Frachtbrief oder der Empfänger durch eine Verfügung gemäß Artikel 18 § 3 verlangen,

a) daß er selbst oder sein Beauftragter der Erfüllung der zoll- oder sonstigen verwaltungsbehördlichen Vorschriften beiwohnt, um alle Auskünfte zu geben und sachdienliche Erklärungen vorzubringen;

b) daß er selbst oder sein Beauftragter die Erfüllung der zoll- oder sonstigen verwaltungsbehördlichen Vorschriften betreibt, soweit die Gesetze und Vorschriften des Staates, in dem sie vorgenommen wird, es zulassen;

c) daß, sofern er selbst oder sein Beauftragter der Erfüllung der zoll- oder sonstigen verwaltungsbehördlichen Vorschriften beiwohnt oder sie betreibt, er die Zölle und andere Kosten zahlt, soweit die Gesetze und Vorschriften des Staates, in dem sie vorgenommen wird, die Zahlung durch ihn zulassen.

In diesen Fällen dürfen weder der Absender noch der verfügungsberechtigte Empfänger, noch ihr Beauftragter das Gut in Besitz nehmen.

§ 5

Hat der Absender für die Erfüllung der zoll- oder sonstigen verwaltungsbehördlichen Vorschriften einen Ort bezeichnet, an dem dies wegen der geltenden Vorschriften nicht möglich ist, oder hat er dafür ein anderes Verfahren vorgeschrieben, das nicht ausführbar ist, so handelt der Beförderer so, wie es ihm für den Berechtigten am vorteilhaftesten zu sein scheint, und teilt dem Absender die getroffenen Maßnahmen mit.

§ 6

Hat der <u>Absender</u> die <u>Zahlung der Zölle übernommen</u>, so darf der <u>Beförderer die Zollbehandlung</u> nach <u>seiner Wahl</u> unterwegs oder <u>am Bestimmungsort</u> <u>betreiben</u>.

§ 7

Löst der Empfänger den Frachtbrief nicht innerhalb der Frist ein, die in den am Bestimmungsort geltenden Vorschriften vorgesehen ist, so kann der Beförderer gemäß § 5 verfahren.

§ 8

Der Absender hat für eine den zoll- oder sonstigen verwaltungsbehördlichen Vorschriften entsprechende Verpackung und Bedeckung der Güter zu sorgen. Hat der Absender die Güter nicht gemäß diesen Vorschriften verpackt oder bedeckt, so kann der Beförderer dies besorgen; die entstandenen Kosten belasten das Gut.

Artikel 16 – Lieferfristen

§ 1

Die Lieferfrist wird zwischen dem Absender und dem Beförderer vereinbart. Fehlt eine Vereinbarung, darf die Lieferfrist jedoch nicht länger sein als diejenige, die sich aus den §§ 2 bis 4 ergibt.

§ 2

Vorbehaltlich der §§ 3 und 4 betragen die Höchstlieferfristen:
a) für Wagenladungen
- – Abfertigungsfrist 12 Stunden,
- – Beförderungsfrist je angefangene 400 km 24 Stunden;
b) für Stückgut
- – Abfertigungsfrist 24 Stunden,
- – Beförderungsfrist je angefangene 200 km 24 Stunden.

Die Entfernung bezieht sich auf den vereinbarten, mangels eines solchen auf den kürzestmöglichen Beförderungsweg.

§ 3

Der Beförderer kann Zuschlagsfristen von bestimmter Dauer für folgende Fälle festsetzen:
a) Sendungen, die
- – über Linien mit unterschiedlicher Spurweite,

- zur See oder auf Binnengewässern,
- auf einer Straße, wenn keine Schienenverbindung besteht,

befördert werden;

b) außergewöhnliche Verhältnisse, die eine ungewöhnliche Verkehrszunahme oder ungewöhnliche Betriebsschwierigkeiten zur Folge haben.

Die Dauer der Zuschlagsfristen muß aus den Allgemeinen Beförderungsbedingungen ersichtlich sein.

§ 4

Die Lieferfrist beginnt mit der Übernahme des Gutes; sie verlängert sich um die Dauer des Aufenthaltes, der ohne Verschulden des Beförderers verursacht wird. Die <u>Lieferfrist ruht</u> an <u>Sonntagen</u> und <u>gesetzlichen Feiertagen</u>.

Artikel 17 – Ablieferung

§ 1

Der Beförderer hat dem Empfänger an dem für die Ablieferung vorgesehenen Ort gegen Empfangsbescheinigung und gegen Zahlung der sich aus dem Beförderungsvertrag ergebenden Forderungen den Frachtbrief zu übergeben und das Gut abzuliefern.

§ 2

Eine gemäß den am Ort der Ablieferung geltenden Vorschriften erfolgte

a) Übergabe des Gutes an die Zoll- oder Steuerverwaltung in deren Abfertigungs- oder Lagerräumen, wenn diese nicht unter der Obhut des Beförderers stehen,

b) Einlagerung des Gutes beim Beförderer oder seine Hinterlegung bei einem Spediteur oder in einem öffentlichen Lagerhaus steht der Ablieferung an den Empfänger gleich.

§ 3

Nach Ankunft des Gutes am Ort der Ablieferung kann der Empfänger vom Beförderer die Übergabe des Frachtbriefes und die Ablieferung des Gutes verlangen.

Ist der Verlust des Gutes festgestellt oder ist das Gut innerhalb der in Artikel 29 § 1 vorgesehenen Frist nicht angekommen, so kann der Empfänger seine Rechte aus dem Beförderungsvertrag im eigenen Namen gegen den Beförderer geltend machen.

§ 4

Der Berechtigte kann die Annahme des Gutes auch nach Einlösung des Frachtbriefes und Zahlung der sich aus dem Beförderungsvertrag ergebenden Forderungen so lange verweigern, bis seinem Verlangen auf Feststellung eines behaupteten Schadens Folge geleistet ist.

§ 5

Im übrigen erfolgt die Ablieferung des Gutes gemäß den am Ort der Ablieferung geltenden Vorschriften.

§ 6

Ist das Gut dem Empfänger ohne vorherige Einziehung einer das Gut belastenden Nachnahme abgeliefert worden, so hat der Beförderer dem Absender den Schaden bis zum Betrag der Nachnahme zu ersetzen, vorbehaltlich seines Rückgriffes gegen den Empfänger.

Artikel 18 – Verfügungsrecht über das Gut

§ 1

Der Absender ist berechtigt, über das Gut zu verfügen und den Beförderungsvertrag nachträglich zu ändern. Er kann insbesondere verlangen, daß der Beförderer

a)   das Gut nicht weiterbefördert;

b)   die Ablieferung des Gutes aussetzt;

c)   das Gut an einen anderen als den im Frachtbrief angegebenen Empfänger abliefert;

d)   das Gut an einem anderen als dem im Frachtbrief angegebenen Ort abliefert.

§ 2

Das Recht des Absenders zur Änderung des Beförderungsvertrages erlischt, auch wenn er das Frachtbriefdoppel besitzt, in den Fällen, in denen der Empfänger

a)   den Frachtbrief eingelöst hat;

b)   das Gut angenommen hat;

c)   seine Rechte gemäß Artikel 17 § 3 geltend gemacht hat;

d)   gemäß § 3 verfügungsberechtigt ist;

von diesem Zeitpunkt an hat der Beförderer die Verfügungen und die Anweisungen des Empfängers zu befolgen.

§ 3

Das Recht zur Änderung des Beförderungsvertrages steht vorbehaltlich eines gegenteiligen Vermerks des Absenders im Frachtbrief dem Empfänger bereits von der Ausstellung des Frachtbriefes an zu.

§ 4

Das Recht des Empfängers zur Änderung des Beförderungsvertrages erlischt, wenn er

a)   den Frachtbrief eingelöst hat;

b)   das Gut angenommen hat;

c)   seine Rechte gemäß Artikel 17 § 3 geltend gemacht hat;

d)   gemäß § 5 vorgeschrieben hat, daß das Gut an einen Dritten abzuliefern ist, und dieser seine Rechte gemäß Artikel 17 § 3 geltend gemacht hat.

§ 5

Hat der Empfänger vorgeschrieben, daß das Gut an einen Dritten abzuliefern ist, so ist dieser nicht berechtigt, den Beförderungsvertrag zu ändern.

Artikel 19 – Ausübung des Verfügungsrechtes

§ 1

Will der Absender oder, im Fall des Artikels 18 § 3, der Empfänger den Beförderungsvertrag durch nachträgliche Verfügungen ändern, hat er das Frachtbriefdoppel, in das die Änderungen einzutragen sind, dem Beförderer vorzulegen.

§ 2

Der Absender oder, im Fall des Artikels 18 § 3, der Empfänger hat dem Beförderer alle Kosten und Schäden zu ersetzen, die durch die Ausführung der nachträglichen Änderungen entstehen.

§ 3

Die Ausführung der nachträglichen Änderungen muß zu dem Zeitpunkt, in dem die Verfügungen denjenigen erreichen, der sie ausführen soll, möglich, zulässig und zumutbar sein und darf insbesondere weder den gewöhnlichen Betrieb des Beförderers beeinträchtigen noch die Absender oder Empfänger anderer Sendungen schädigen.

§ 4

Nachträgliche Änderungen dürfen nicht zu einer Teilung der Sendung führen.

§ 5

Kann der Beförderer mit Rücksicht auf die Bedingungen des § 3 die erhaltenen Verfügungen nicht ausführen, so hat er unverzüglich denjenigen zu benachrichtigen, der die Änderung verfügt hat.

§ 6

Trifft den Beförderer ein Verschulden, so haftet er für die Folgen, die sich daraus ergeben, daß er eine nachträgliche Änderung nicht oder nur mangelhaft ausführt. Er hat jedoch keinen höheren Schadenersatz zu leisten als bei Verlust des Gutes.

§ 7

Führt der Beförderer nachträgliche Änderungen des Absenders aus, ohne sich das Frachtbriefdoppel vorlegen zu lassen, so haftet er dem Empfänger für den dadurch verursachten Schaden, wenn dem Empfänger das Frachtbriefdoppel übergeben worden ist. Der Beförderer hat jedoch keinen höheren Schadenersatz zu leisten als bei Verlust des Gutes.

Artikel 20 – Beförderungshindernisse

§ 1

Bei einem Beförderungshindernis entscheidet der Beförderer, ob es zweckmäßig ist, das Gut ohne weiteres unter Abänderung des Beförderungsweges weiterzuleiten, oder ob es im Interesse des

Verfügungsberechtigten liegt, ihn um eine Anweisung zu ersuchen, wobei er ihm alle nützlichen Angaben mitteilt, über die er verfügt.

§ 2

Ist die Weiterbeförderung nicht möglich, so ersucht der Beförderer den Verfügungsberechtigten um eine Anweisung. Kann der Beförderer innerhalb angemessener Frist keine Anweisungen erhalten, so hat er die Maßnahmen zu ergreifen, die ihm im Interesse des Verfügungsberechtigten die vorteilhaftesten zu sein scheinen.

Artikel 21 – Ablieferungshindernisse

§ 1

Bei einem Ablieferungshindernis hat der Beförderer den Absender davon unverzüglich in Kenntnis zu setzen und seine Anweisungen einzuholen, sofern der Absender nicht durch eine Angabe im Frachtbrief verlangt hat, daß ihm das Gut bei Eintritt eines Ablieferungshindernisses ohne weiteres zurückgesandt wird.

§ 2

Entfällt das Ablieferungshindernis, bevor Anweisungen des Absenders beim Beförderer eingetroffen sind, so ist das Gut dem Empfänger abzuliefern. Der Absender ist davon unverzüglich zu benachrichtigen.

§ 3

Verweigert der Empfänger die Annahme des Gutes, so steht dem Absender das Anweisungsrecht auch dann zu, wenn er das Frachtbriefdoppel nicht vorlegen kann.

§ 4

Tritt das Ablieferungshindernis ein, nachdem der Empfänger den Beförderungsvertrag gemäß Artikel 18 §§ 3 bis 5 abgeändert hat, so hat der Beförderer diesen Empfänger zu benachrichtigen.

Artikel 22 – Folgen der Beförderungs- und Ablieferungshindernisse

§ 1

Der Beförderer hat Anspruch auf Erstattung der Kosten, die ihm dadurch entstehen, daß er

a) Anweisungen einholt,

b) Anweisungen ausführt,

c) Anweisungen, um die er ersucht hat, nicht oder nicht rechtzeitig erhält,

d) ohne eine Anweisung einzuholen, eine Entscheidung gemäß Artikel 20 § 1 trifft, es sei denn, diese Kosten sind durch sein Verschulden entstanden. Er kann insbesondere die Fracht über den tatsächlichen Beförderungsweg erheben und die entsprechende Lieferfrist beanspruchen.

§ 2

In den in Artikel 20 § 2 und in Artikel 21 § 1 bezeichneten Fällen kann der Beförderer das Gut sofort auf Kosten des Verfügungsberechtigten ausladen. Nach dem Ausladen gilt die Beförderung als beendet. Der Beförderer hat sodann das Gut für den Verfügungsberechtigten zu verwahren. Er kann es jedoch auch einem Dritten anvertrauen und haftet dann nur für die sorgfältige Auswahl des Dritten. Das Gut bleibt mit den sich aus dem Beförderungsvertrag ergebenden Forderungen sowie mit allen anderen Kosten belastet.

§ 3

Der Beförderer kann den Verkauf des Gutes veranlassen, ohne Anweisungen des Verfügungsberechtigten abzuwarten, wenn es sich um verderbliche Güter handelt oder der Zustand des Gutes eine solche Maßnahme rechtfertigt oder die Kosten der Verwahrung nicht in einem angemessenen Verhältnis zum Wert des Gutes stehen. Er kann auch in anderen Fällen den Verkauf des Gutes veranlassen, wenn er innerhalb einer angemessenen Frist gegenteilige Anweisungen des Verfügungsberechtigten, deren Ausführung ihm billigerweise zugemutet werden kann, nicht erhält.

§ 4

Ist das Gut verkauft worden, so ist der Erlös nach Abzug der auf dem Gut lastenden Kosten dem Verfügungsberechtigten zur Verfügung zu stellen. Ist der Erlös geringer als diese Kosten, so hat der Absender den Unterschied zu zahlen.

§ 5

Art und Weise des Verkaufs bestimmen sich nach den am Ort, an dem sich das Gut befindet, geltenden Gesetzen und Vorschriften oder nach den Gebräuchen dieses Ortes.

§ 6

Erteilt der Absender bei Beförderungs- oder Ablieferungshindernissen innerhalb angemessener Zeit keine Anweisung und kann das Beförderungs- oder Ablieferungshindernis nicht gemäß §§ 2 und 3 beseitigt werden, so kann der Beförderer das Gut an den Absender auf dessen Kosten zurücksenden oder, sofern dies gerechtfertigt ist, vernichten.

Titel III
Haftung

Artikel 23 – Haftungsgrund

§ 1

Der Beförderer haftet für den Schaden, der durch gänzlichen oder teilweisen Verlust oder durch Beschädigung des Gutes in der Zeit von der Übernahme des Gutes bis zur Ablieferung sowie durch Überschreitung der Lieferfrist entsteht, unabhängig davon, welche Eisenbahninfrastruktur benutzt wird.

§ 2

Der Beförderer ist von dieser Haftung befreit, soweit der Verlust, die Beschädigung oder die Überschreitung der Lieferfrist durch ein Verschulden des Berechtigten, eine nicht vom Beförderer verschuldete Anweisung des Berechtigten, besondere Mängel des Gutes (inneren Verderb, Schwund usw.) oder durch Umstände verursacht worden ist, welche der Beförderer nicht vermeiden und deren Folgen er nicht abwenden konnte.

§ 3

Der Beförderer ist von dieser Haftung befreit, soweit der Verlust oder die Beschädigung aus der mit einer oder mehreren der folgenden Tatsachen verbundenen besonderen Gefahr entstanden ist:

a) Beförderung in offenen Wagen gemäß den Allgemeinen Beförderungsbedingungen oder wenn dies ausdrücklich vereinbart und im Frachtbrief vermerkt worden ist; vorbehaltlich der Schäden die Güter infolge von Witterungseinflüssen erleiden, gelten Güter in intermodalen Transporteinheiten und in geschlossenen Straßenfahrzeugen, die auf Eisenbahnwagen befördert werden, nicht als in offenen Wagen befördert; benutzt der Absender für die Beförderung der Güter in offenen Wagen Decken, so haftet der Beförderer nur in dem Umfang, wie ihm dies für die Beförderung in offenen Wagen ohne Decken obliegt, selbst dann, wenn es sich hierbei um Güter handelt, die gemäß den Allgemeinen Beförderungsbedingungen nicht in offenen Wagen befördert werden;

b) Fehlen oder Mängel der Verpackung bei Gütern, die ihrer Natur nach bei fehlender oder mangelhafter Verpackung Verlusten oder Beschädigungen ausgesetzt sind;

c) Verladen der Güter durch den Absender oder Ausladen durch den Empfänger;

d) natürliche Beschaffenheit gewisser Güter, derzufolge sie gänzlichem oder teilweisem Verlust oder Beschädigung, insbesondere durch Bruch, Rost, inneren Verderb, Austrocknen, Verstreuen, ausgesetzt sind;

e) unrichtige, ungenaue oder unvollständige Bezeichnung oder Numerierung der Frachtstücke;

f) Beförderung lebender Tiere;

g) Beförderung, die gemäß den maßgebenden Bestimmungen oder einer in den Frachtbrief aufgenommenen Vereinbarung zwischen dem Absender und dem Beförderer unter Begleitung durchzuführen ist, wenn der Verlust oder die Beschädigung aus einer Gefahr entstanden ist, die durch die Begleitung abgewendet werden sollte.

Artikel 24 – Haftung bei Beförderung von Eisenbahnfahrzeugen als Gut

§ 1

Bei Beförderungen von Eisenbahnfahrzeugen, die auf eigenen Rädern rollen und als Gut aufgegeben worden sind, haftet der Beförderer für den Schaden, der durch Verlust oder Beschädigung des Eisenbahnfahrzeuges oder seiner Bestandteile in der Zeit von der Übernahme bis zur Ablieferung sowie durch Lieferfristüberschreitung entsteht, sofern er nicht beweist, daß der Schaden nicht durch sein Verschulden verursacht worden ist.

§ 2

Der Beförderer haftet nicht für den Verlust loser Bestandteile, die an den Fahrzeuglängsseiten nicht angeschrieben oder in einem im Fahrzeug angebrachten Verzeichnis nicht angegeben sind.

Artikel 25 – Beweislast

§ 1

Der Beweis, daß der Verlust, die Beschädigung oder die Überschreitung der Lieferfrist durch eine der in Artikel 23 § 2 erwähnten Tatsachen verursacht worden ist, obliegt dem Beförderer.

§ 2

Legt der Beförderer dar, daß der Verlust oder die Beschädigung nach den Umständen des Falles aus einer oder mehreren der in Artikel 23 § 3 erwähnten besonderen Gefahren entstehen konnte, so wird vermutet, daß der Schaden daraus entstanden ist. Der Berechtigte hat jedoch das Recht nachzuweisen, daß der Schaden nicht oder nicht ausschließlich aus einer dieser Gefahren entstanden ist.

§ 3

Die Vermutung gemäß § 2 gilt im Falle des Artikels 23 § 3 Buchst. a) nicht bei außergewöhnlich großem Verlust oder bei Verlust ganzer Frachtstücke.

Artikel 26 – Aufeinanderfolgende Beförderer

Wird eine Beförderung, die Gegenstand eines einzigen Beförderungsvertrages ist, von mehreren aufeinanderfolgenden Beförderern durchgeführt, so tritt jeder Beförderer dadurch, daß er das Gut mit dem Frachtbrief übernimmt, in den Beförderungsvertrag nach Maßgabe dieses Frachtbriefes ein und übernimmt die sich daraus ergebenden Verpflichtungen. In diesem Fall haftet jeder Beförderer für die Ausführung der Beförderung auf der ganzen Strecke bis zur Ablieferung.

Artikel 27 – Ausführender Beförderer

§ 1

Hat der Beförderer die Durchführung der Beförderung ganz oder teilweise einem ausführenden Beförderer übertragen, gleichviel, ob er auf Grund des Beförderungsvertrags dazu berechtigt war oder nicht, so bleibt der Beförderer dennoch für die gesamte Beförderung verantwortlich.

§ 2

Alle für die Haftung des Beförderers maßgeblichen Bestimmungen dieser Einheitlichen Rechtsvorschriften gelten auch für die Haftung des ausführenden Beförderers für die von ihm durchgeführte Beförderung. Artikel 36 und 41 sind anzuwenden, wenn ein Anspruch gegen die Bediensteten und anderen Personen, deren sich der ausführende Beförderer bei der Durchführung der Beförderung bedient, geltend gemacht wird.

§ 3

Eine besondere Vereinbarung, wonach der Beförderer Verpflichtungen übernimmt, die ihm nicht durch diese Einheitlichen Rechtsvorschriften auferlegt werden, oder auf Rechte verzichtet, die ihm durch diese Einheitlichen Rechtsvorschriften gewährt werden, berührt den ausführenden Beförderer nur, wenn er dem ausdrücklich schriftlich zugestimmt hat. Unabhängig davon, ob der ausführende Beförderer eine solche Zustimmung erklärt hat, bleibt der Beförderer an die sich aus einer solchen besonderen Vereinbarung ergebenden Verpflichtungen oder Verzichtserklärungen gebunden.

§ 4

Wenn und soweit sowohl der Beförderer als auch der ausführende Beförderer haften, haften sie als Gesamtschuldner.

§ 5

Der Gesamtbetrag der Entschädigung, der von dem Beförderer, dem ausführenden Beförderer sowie ihren Bediensteten und anderen Personen, deren sie sich bei der Durchführung der Beförderung bedienen, erlangt werden kann, übersteigt nicht die in diesen Einheitlichen Rechtsvorschriften vorgesehenen Höchstbeträge.

§ 6

Dieser Artikel läßt die Rechte des Beförderers und des ausführenden Beförderers, untereinander Rückgriff zu nehmen, unberührt.

Artikel 28 – Schadensvermutung bei Neuaufgabe

§ 1

Wurde eine gemäß diesen Einheitlichen Rechtsvorschriften aufgegebene Sendung gemäß denselben Rechtsvorschriften neu aufgegeben und wird nach dieser Neuaufgabe ein teilweiser Verlust oder eine Beschädigung festgestellt, so wird vermutet, daß der teilweise Verlust oder die Beschädigung während des letzten Beförderungsvertrages eingetreten ist, sofern die Sendung im Gewahrsam des Beförderers verblieben und unverändert in dem Zustand neu aufgegeben worden ist, in dem sie am Ort der Neuaufgabe angekommen ist.

§ 2

Diese Vermutung gilt auch dann, wenn der der Neuaufgabe vorangehende Beförderungsvertrag diesen Einheitlichen Rechtsvorschriften nicht unterstellt war, sofern sie bei direkter Aufgabe vom ursprünglichen Versandort bis zum Ort der endgültigen Ablieferung anzuwenden gewesen wären.

§ 3

Diese Vermutung gilt ferner, wenn der der Neuaufgabe vorangehende Beförderungsvertrag einem anderen mit diesen Einheitlichen Rechtsvorschriften vergleichbaren Übereinkommen über die durchgehende internationale Beförderung von Gütern auf der Schiene unterstellt war und dieses Übereinkommen eine gleiche

Rechtsvermutung zugunsten von Sendungen enthält, die gemäß diesen Einheitlichen Rechtsvorschriften aufgegeben wurden.

Artikel 29 – Vermutung für den Verlust des Gutes

§ 1

Der Berechtigte kann das Gut ohne weiteren Nachweis als verloren betrachten, wenn es nicht binnen 30 Tagen nach Ablauf der Lieferfrist dem Empfänger abgeliefert oder zu seiner Verfügung bereitgestellt worden ist.

§ 2

Der Berechtigte kann bei Empfang der Entschädigung für das verlorene Gut schriftlich verlangen, daß er unverzüglich benachrichtigt wird, wenn das Gut binnen einem Jahr nach Zahlung der Entschädigung wieder aufgefunden wird. Der Beförderer stellt eine Bescheinigung über dieses Verlangen aus.

§ 3

Der Berechtigte kann binnen 30 Tagen nach Empfang der Nachricht gemäß § 2 verlangen, daß ihm das Gut gegen Bezahlung der sich aus dem Beförderungsvertrag ergebenden Forderungen und gegen Rückzahlung der erhaltenen Entschädigung, gegebenenfalls abzüglich der in der Entschädigung enthaltenen Kosten abgeliefert wird. Er behält jedoch seine Ansprüche auf Entschädigung wegen Überschreitung der Lieferfrist gemäß Artikel 33 und 35.

§ 4

Wird das in § 2 erwähnte Verlangen nicht gestellt oder ist keine Anweisung in der in § 3 vorgesehenen Frist erteilt worden oder wird das Gut später als ein Jahr nach Zahlung der Entschädigung wieder aufgefunden, so verfügt der Beförderer darüber gemäß den am Ort, an dem sich das Gut befindet, geltenden Gesetzen und Vorschriften.

Artikel 30 – Entschädigung bei Verlust

§ 1

Bei gänzlichem oder teilweisem Verlust des Gutes hat der Beförderer ohne weiteren Schadenersatz eine Entschädigung zu zahlen, die nach dem Börsenpreis, allenfalls nach dem Marktpreis, und mangels beider nach dem gemeinen Wert von Gütern gleicher Art und Beschaffenheit an dem Tag und an dem Ort, an dem das Gut übernommen worden ist, berechnet wird.

§ 2

Die Entschädigung beträgt höchstens 17 Rechnungseinheiten je fehlendes Kilogramm Bruttomasse.

§ 3

Bei Verlust eines auf eigenen Rädern rollenden und als Beförderungsgut aufgegebenen Eisenbahnfahrzeuges, einer intermodalen Transporteinheit oder ihrer Bestandteile ist die Entschädigung ohne weiteren Schadenersatz auf den gemeinen Wert des Fahrzeugs, der intermodalen Transporteinheit oder ihrer Bestandteile am Tag und am Ort des Verlustes beschränkt. Sind der Tag oder der Ort des Verlustes nicht feststellbar, ist die Entschädigung auf den gemeinen Wert am Tag und am Ort der Übernahme beschränkt.

§ 4

Der Beförderer hat außerdem Fracht, entrichtete Zölle und sonstige im Zusammenhang mit der Beförderung des verlorenen Gutes gezahlte Beträge mit Ausnahme der Verbrauchsabgaben auf Gütern, die im Steueraussetzungsverfahren befördert werden, zu erstatten.

Artikel 31 – Haftung bei Schwund

§ 1

Bei Gütern, die infolge ihrer natürlichen Beschaffenheit durch die Beförderung in der Regel einem Schwund ausgesetzt sind, haftet der Beförderer ohne Rücksicht auf die Länge der durchfahrenen Strecke nur für den Teil des Schwundes, der die folgenden Prozentsätze überschreitet:

a)   zwei Prozent der Masse bei flüssigen oder in feuchtem Zustand aufgegebenen Gütern;
b)   ein Prozent der Masse bei trockenen Gütern.

§ 2

Auf die Einschränkung der Haftung gemäß § 1 kann sich der Beförderer nicht berufen, wenn nachgewiesen wird, daß der Verlust nach den Umständen des Falles nicht auf die Ursachen zurückzuführen ist, die für die zugelassenen Prozentsätze maßgebend gewesen sind.

§ 3

Werden mehrere Frachtstücke mit demselben Frachtbrief befördert, so wird der Schwund für jedes Frachtstück berechnet, sofern dessen Masse beim Versand entweder im Frachtbrief einzeln angegeben ist oder auf andere Weise festgestellt werden kann.

§ 4

Bei gänzlichem Verlust des Gutes oder bei Verlust einzelner Frachtstücke wird bei der Berechnung der Entschädigung kein Abzug für Schwund vorgenommen.

§ 5

Durch diesen Artikel werden die Artikel 23 und 25 nicht berührt.

Artikel 32 – Entschädigung bei Beschädigung

§ 1

Bei Beschädigung des Gutes hat der Beförderer ohne weiteren Schadenersatz eine Entschädigung zu zahlen, die der Wertminderung des Gutes entspricht. Der Berechnung dieses Betrages ist der Prozentsatz zugrunde zu legen, um den der gemäß Artikel 30 ermittelte Wert des Gutes am Bestimmungsort gemindert ist.

§ 2

Die Entschädigung übersteigt nicht

a)   den Betrag, der im Fall ihres gänzlichen Verlustes zu zahlen wäre, wenn die ganze Sendung durch die Beschädigung entwertet ist;

b)   den Betrag, der im Falle des Verlustes des entwerteten Teiles zu zahlen wäre, wenn nur ein Teil der Sendung durch die Beschädigung entwertet ist.

§ 3

Bei Beschädigung eines auf eigenen Rädern rollenden und als Beförderungsgut aufgegebenen Eisenbahnfahrzeuges, einer intermodalen Transporteinheit oder ihrer Bestandteile ist die Entschädigung auf die Instandsetzungskosten ohne weiteren Schadenersatz beschränkt. Die Entschädigung übersteigt nicht den Betrag, der im Fall des Verlustes zu zahlen wäre.

§ 4

Der Beförderer hat außerdem in dem in § 1 bezeichneten Verhältnis die in Artikel 30 § 4 erwähnten Kosten zu erstatten.

Artikel 33 – Entschädigung bei Überschreitung der Lieferfrist

§ 1

Ist durch die Überschreitung der Lieferfrist ein Schaden, einschließlich einer Beschädigung, entstanden, so hat der Beförderer eine Entschädigung zu zahlen, die höchstens das Vierfache der Fracht beträgt.

§ 2

Bei gänzlichem Verlust des Gutes wird die Entschädigung gemäß § 1 nicht neben der Entschädigung gemäß Artikel 30 geleistet.

§ 3

Bei teilweisem Verlust des Gutes beträgt die Entschädigung gemäß § 1 höchstens das Vierfache der auf den nicht verlorenen Teil der Sendung entfallenden Fracht.

§ 4

Bei einer Beschädigung des Gutes, die nicht Folge der Lieferfristüberschreitung ist, wird die Entschädigung gemäß § 1 gegebenenfalls neben der Entschädigung gemäß Artikel 32 geleistet.

§ 5

In keinem Fall ist die Entschädigung gemäß § 1 zuzüglich der Entschädigungen gemäß Artikel 30 und 32 insgesamt höher als die Entschädigung bei gänzlichem Verlust des Gutes.

§ 6

Ist gemäß Artikel 16 § 1 die Lieferfrist durch Vereinbarung festgesetzt, so kann darin eine von § 1 abweichende Entschädigungsregelung vorgesehen werden. Sind in diesem Fall die Lieferfristen gemäß Artikel 16 §§ 2 bis 4 überschritten, so kann der Berechtigte entweder die Entschädigung gemäß der genannten Vereinbarung oder die in den §§ 1 bis 5 vorgesehene Entschädigung verlangen.

Artikel 34 – Entschädigung bei Wertangabe

Der Absender und der Beförderer können vereinbaren, daß der Absender im Frachtbrief einen Wert des Gutes angibt, der den in Artikel 30 § 2 vorgesehenen Höchstbetrag übersteigt. In diesem Fall tritt der angegebene Betrag an die Stelle dieses Höchstbetrages.

Artikel 35 – Entschädigung bei Angabe des Interesses an der Lieferung

Der Absender und der Beförderer können vereinbaren, daß der Absender, für den Fall des Verlustes oder der Beschädigung und für den Fall der Überschreitung der vereinbarten Lieferfrist, durch Eintragung eines bezifferten Betrages in den Frachtbrief ein besonderes Interesse an der Lieferung angibt. Bei Angabe eines Interesses an der Lieferung kann außer den in Artikel 30, 32 und 33 vorgesehenen Entschädigungen der Ersatz des weiteren nachgewiesenen Schadens bis zur Höhe des angegebenen Betrages verlangt werden.

Artikel 36 – Verlust des Rechtes auf Haftungsbeschränkung

Die in Artikel 15 § 3, Artikel 19 §§ 6 und 7, Artikel 30, 32 bis 35 vorgesehenen Haftungsbeschränkungen finden keine Anwendung, wenn nachgewiesen wird, daß der Schaden auf eine Handlung oder Unterlassung des Beförderers zurückzuführen ist, die entweder in der Absicht, einen solchen Schaden herbeizuführen, oder leichtfertig und in dem Bewußtsein begangen wurde, daß ein solcher Schaden mit Wahrscheinlichkeit eintreten werde.

Artikel 37 – Umrechnung und Verzinsung

§ 1

Müssen bei der Berechnung der Entschädigung in ausländischer Währung ausgedrückte Beträge umgerechnet werden, so sind sie nach dem Kurs am Tag und am Ort der Zahlung der Entschädigung umzurechnen.

§ 2

Der Berechtigte kann auf die Entschädigung <u>Zinsen</u> in Höhe von <u>fünf Prozent jährlich</u> verlangen, und zwar vom Tag der Reklamation gemäß Artikel 43 oder, wenn keine Reklamation vorangegangen ist, vom Tag der Klageerhebung an.

§ 3

Legt der Berechtigte dem Beförderer die zur abschließenden Behandlung der Reklamation erforderlichen Belege nicht innerhalb einer ihm gestellten angemessenen Frist vor, so ist der Lauf der Zinsen vom Ablauf dieser Frist an bis zur Übergabe dieser Belege gehemmt.

Artikel 38 – Haftung im Eisenbahn-Seeverkehr

§ 1

Bei Eisenbahn-Seebeförderungen über Linien zur See gemäß Artikel 24 § 1 des Übereinkommens kann jeder Mitgliedstaat, indem er die Aufnahme eines entsprechenden Vermerkes in die Liste der diesen Einheitlichen Rechtsvorschriften unterstellten Linien verlangt, die Gründe für die Befreiung von der Haftung gemäß Artikel 23 um die nachstehenden Gründe, jedoch nur in ihrer Gesamtheit, ergänzen:

a) Feuer, sofern der Beförderer beweist, daß es weder durch sein Verschulden noch durch Verschulden des Kapitäns, der Schiffsbesatzung, des Lotsen oder der in seinem Dienst stehenden Personen entstanden ist;

b) Rettung oder Versuch der Rettung von Leben oder Eigentum zur See;

c) Verladung des Gutes auf Deck, sofern der Absender seine Einwilligung dazu im Frachtbrief gegeben hat und sofern das Gut nicht in Eisenbahnwagen befördert wird;

d) Gefahren oder Unfälle der See oder anderer schiffbarer Gewässer.

§ 2

Der Beförderer kann sich auf die in § 1 genannten Haftungsbefreiungsgründe nur berufen, wenn er beweist, daß der Verlust, die Beschädigung oder die Überschreitung der Lieferfrist auf der Seestrecke vom Beginn des Einladens der Güter in das Schiff bis zu ihrer Ausladung aus dem Schiff entstanden ist.

§ 3

Beruft sich der Beförderer auf die in § 1 genannten Haftungsbefreiungsgründe, haftet er dennoch, wenn der Berechtigte nachweist, daß der Verlust, die Beschädigung oder die Überschreitung der Lieferfrist auf einem Verschulden des Beförderers, des Kapitäns, der Schiffsbesatzung, des Lotsen oder der im Dienste des Beförderers stehenden Personen beruht.

§ 4

Wird eine Seestrecke durch mehrere Unternehmen bedient, die in die Liste der Linien gemäß Artikel 24 § 1 des Übereinkommens eingetragen sind, so müssen für alle Unternehmen die gleichen Haftungsvorschriften gelten. Sind diese Unternehmen auf Antrag mehrerer Mitgliedstaaten in die Liste eingetragen worden, so muß außerdem über die Anwendung dieser Haftungsvorschriften vorher ein Einverständnis unter diesen Staaten erzielt werden.

§ 5

Die gemäß §§ 1 und 4 getroffenen Maßnahmen sind dem Generalsekretär mitzuteilen. Sie treten frühestens nach Ablauf von 30 Tagen in Kraft, gerechnet vom Tag der vom Generalsekretär an die anderen Mitgliedstaaten gerichteten Mitteilung über diese Maßnahmen. Unterwegs befindliche Sendungen werden von diesen Maßnahmen nicht betroffen.

Artikel 39 – Haftung bei nuklearem Ereignis

Der Beförderer ist von der ihm gemäß diesen Einheitlichen Rechtsvorschriften obliegenden Haftung befreit, wenn der Schaden durch ein nukleares Ereignis verursacht worden ist und wenn gemäß den Gesetzen und Vorschriften eines Staates über die Haftung auf dem Gebiet der Kernenergie der Inhaber einer Kernanlage oder eine ihm gleichgestellte Person für diesen Schaden haftet.

Artikel 40 – Personen, für die der Beförderer haftet

Der Beförderer haftet für seine Bediensteten und für andere Personen, deren er sich bei der Durchführung der Beförderung bedient, soweit diese Bediensteten und anderen Personen in Ausübung ihrer Verrichtungen handeln. Die Betreiber der Eisenbahninfrastruktur, auf der die Beförderung erfolgt, gelten als Personen, deren sich der Beförderer bei der Durchführung der Beförderung bedient.

Artikel 41 – Sonstige Ansprüche

§ 1

In allen Fällen, auf welche diese Einheitlichen Rechtsvorschriften Anwendung finden, kann gegen den Beförderer ein Anspruch auf Schadenersatz, auf welchem Rechtsgrund er auch beruht, nur unter den Voraussetzungen und Beschränkungen dieser Einheitlichen Rechtsvorschriften geltend gemacht werden.

§ 2

Das gleiche gilt für Ansprüche gegen die Bediensteten und anderen Personen, für die der Beförderer gemäß Artikel 40 haftet.

Titel IV
Geltendmachung von Ansprüchen

Artikel 42 – Tatbestandsaufnahme

§ 1

Wird ein teilweiser Verlust oder eine Beschädigung vom Beförderer entdeckt oder vermutet oder vom Verfügungsberechtigten behauptet, so hat der Beförderer je nach Art des Schadens den Zustand des Gutes, seine Masse und, soweit möglich, das Ausmaß und die Ursache des Schadens sowie den Zeitpunkt seines

Entstehens unverzüglich und, wenn möglich, in Gegenwart des Berechtigten in einer Tatbestandsaufnahme festzuhalten.

§ 2

Dem Berechtigten ist eine Abschrift der Tatbestandsaufnahme unentgeltlich auszuhändigen.

§ 3

Erkennt der Berechtigte die Feststellungen in der Tatbestandsaufnahme nicht an, so kann er verlangen, daß der Zustand und die Masse des Gutes sowie die Ursache und der Betrag des Schadens von einem durch die Parteien des Beförderungsvertrages oder ein Gericht bestellten Sachverständigen festgestellt werden. Das Verfahren richtet sich nach den Gesetzen und Vorschriften des Staates, in dem die Feststellung erfolgt.

Artikel 43 – Reklamationen

§ 1

Reklamationen aus dem Beförderungsvertrag sind schriftlich an den Beförderer zu richten, gegen den die Ansprüche gerichtlich geltend gemacht werden können.

§ 2

Reklamationen können von den Personen eingereicht werden, die zur gerichtlichen Geltendmachung von Ansprüchen gegen den Beförderer berechtigt sind.

§ 3

Reicht der Absender eine Reklamation ein, so hat er das Frachtbriefdoppel vorzulegen. Andernfalls muß er die Zustimmung des Empfängers beibringen oder nachweisen, daß dieser die Annahme des Gutes verweigert hat.

§ 4

Reicht der Empfänger eine Reklamation ein, so hat er den Frachtbrief vorzulegen, wenn dieser ihm übergeben worden ist.

§ 5

Der Frachtbrief, das Frachtbriefdoppel und die sonstigen Belege, die der Berechtigte der Reklamation beigeben will, sind im Original oder in Abschrift, auf Verlangen des Beförderers in gehörig beglaubigter Form, vorzulegen.

§ 6

Bei der Regelung der Reklamation kann der Beförderer die Vorlage des Frachtbriefes, des Frachtbriefdoppels oder der Bescheinigung über die Nachnahme im Original verlangen, um darauf die abschließende Regelung zu vermerken.

Artikel 44 – Zur gerichtlichen Geltendmachung von Ansprüchen berechtigte Personen

§ 1

Vorbehaltlich der §§ 3 und 4 sind zur gerichtlichen Geltendmachung von Ansprüchen aus dem Beförderungsvertrag berechtigt

a) der Absender bis zu dem Zeitpunkt, in dem der Empfänger

1.   den Frachtbrief eingelöst,

2.   das Gut angenommen oder

3.   die ihm gemäß Artikel 17 § 3 oder Artikel 18 § 3 zustehenden Rechte geltend gemacht hat;

b) der Empfänger von dem Zeitpunkt an, in dem er

1.   den Frachtbrief eingelöst,

2.   das Gut angenommen oder

3.   die ihm gemäß Artikel 17 § 3 oder Artikel 18 § 3 zustehenden Rechte geltend gemacht hat.

§ 2

Das dem Empfänger zustehende Klagerecht erlischt jedoch, sobald die vom Empfänger gemäß Artikel 18 § 5 bezeichnete Person den Frachtbrief eingelöst, das Gut angenommen oder die ihr gemäß Artikel 17 § 3 zustehenden Rechte geltend gemacht hat.

§ 3

Zur gerichtlichen Geltendmachung von Ansprüchen auf Erstattung von Beträgen, die auf Grund des Beförderungsvertrages gezahlt worden sind, ist nur berechtigt, wer die Zahlung geleistet hat.

§ 4

Zur gerichtlichen Geltendmachung von Ansprüchen aus Nachnahmen ist nur der Absender berechtigt.

§ 5

Der Absender hat bei der gerichtlichen Geltendmachung der Ansprüche das Frachtbriefdoppel vorzulegen. Andernfalls muß er die Zustimmung des Empfängers beibringen oder nachweisen, daß dieser die Annahme des Gutes verweigert hat. Erforderlichenfalls hat der Absender das Fehlen oder den Verlust des Frachtbriefes zu beweisen.

§ 6

Der Empfänger hat bei der gerichtlichen Geltendmachung der Ansprüche den Frachtbrief vorzulegen, wenn er ihm übergeben worden ist.

Artikel 45 – Beförderer, gegen die Ansprüche gerichtlich geltend gemacht werden können

§ 1

Vorbehaltlich der §§ 3 und 4 können Ansprüche aus dem Beförderungsvertrag nur gegen den ersten, den letzten oder denjenigen Beförderer geltend gemacht werden, der den Teil der Beförderung durchgeführt hat, in dessen Verlauf die den Anspruch begründende Tatsache eingetreten ist.

§ 2

Ist bei Beförderungen durch aufeinanderfolgende Beförderer der zur Ablieferung verpflichtete Beförderer mit seiner Zustimmung im Frachtbrief eingetragen, können Ansprüche gemäß § 1 auch dann gegen ihn gerichtlich geltend gemacht werden, wenn er weder das Gut noch den Frachtbrief erhalten hat.

§ 3

Ansprüche auf Erstattung von Beträgen, die auf Grund des Beförderungsvertrages gezahlt worden sind, können gegen den Beförderer gerichtlich geltend gemacht werden, der den Betrag erhoben hat, oder gegen den Beförderer, zu dessen Gunsten der Betrag erhoben worden ist.

§ 4

Ansprüche aus Nachnahmen können nur gegen den Beförderer geltend gemacht werden, der das Gut am Versandort übernommen hat.

§ 5

Im Wege der Widerklage oder der Einrede können Ansprüche auch gegen einen anderen als die in den §§ 1 bis 4 genannten Beförderer geltend gemacht werden, wenn sich die Klage auf denselben Beförderungsvertrag gründet.

§ 6

Soweit diese Einheitlichen Rechtsvorschriften auf den ausführenden Beförderer Anwendung finden, können die Ansprüche auch gegen ihn gerichtlich geltend gemacht werden.

§ 7

Hat der Kläger die Wahl unter mehreren Beförderern, so erlischt sein Wahlrecht, sobald die Klage gegen einen der Beförderer erhoben ist; dies gilt auch, wenn der Kläger die Wahl zwischen einem oder mehreren Beförderern und einem ausführenden Beförderer hat.

Artikel 46 – Gerichtsstand

§ 1

Auf diese Einheitlichen Rechtsvorschriften gegründete Ansprüche können vor den durch Vereinbarung der Parteien bestimmten Gerichten der Mitgliedstaaten oder vor den Gerichten eines Staates geltend gemacht werden, auf dessen Gebiet

a) der Beklagte seinen Wohnsitz oder gewöhnlichen Aufenthalt, seine Hauptniederlassung oder die Zweigniederlassung oder Geschäftsstelle hat, durch die der Beförderungsvertrag geschlossen worden ist, oder

b) der Ort der Übernahme des Gutes oder der für die Ablieferung vorgesehene Ort liegt.

Andere Gerichte können nicht angerufen werden.

§ 2

Ist ein Verfahren bei einem nach § 1 zuständigen Gericht wegen eines auf diese Einheitlichen Rechtsvorschriften gegründeten Anspruches anhängig oder ist durch ein solches Gericht in einer solchen Streitsache ein Urteil erlassen worden, so kann eine neue Klage wegen derselben Sache zwischen denselben Parteien nicht erhoben werden, es sei denn, daß die Entscheidung des Gerichtes, bei dem die erste Klage erhoben worden ist, in dem Staat nicht vollstreckt werden kann, in dem die neue Klage erhoben wird.

Artikel 47 – Erlöschen der Ansprüche

§ 1

Mit der Annahme des Gutes durch den Berechtigten sind alle Ansprüche gegen den Beförderer aus dem Beförderungsvertrag bei teilweisem Verlust, Beschädigung oder Überschreitung der Lieferfrist erloschen.

§ 2

Die Ansprüche erlöschen jedoch nicht

a) bei teilweisem Verlust oder bei Beschädigung, wenn

1. der Verlust oder die Beschädigung vor der Annahme des Gutes durch den Berechtigten gemäß Artikel 42 festgestellt worden ist;

2. die Feststellung, die gemäß Artikel 42 hätte erfolgen müssen, nur durch Verschulden des Beförderers unterblieben ist;

b) bei äußerlich nicht erkennbarem Schaden, der erst nach der Annahme des Gutes durch den Berechtigten festgestellt worden ist, wenn er

1. die Feststellung gemäß Artikel 42 sofort nach der Entdeckung des Schadens und spätestens sieben Tage nach der Annahme des Gutes verlangt und

2. außerdem beweist, daß der Schaden in der Zeit zwischen der Übernahme des Gutes und der Ablieferung entstanden ist;

c) bei Überschreitung der Lieferfrist, wenn der Berechtigte binnen 60 Tagen seine Ansprüche gegen einen der in Artikel 45 § 1 genannten Beförderer geltend gemacht hat;

d) wenn der Berechtigte nachweist, daß der Schaden auf eine Handlung oder Unterlassung zurückzuführen ist, die entweder in der Absicht, einen solchen Schaden herbeizuführen, oder leichtfertig und in dem Bewußtsein begangen wurde, daß ein solcher Schaden mit Wahrscheinlichkeit eintreten werde.

§ 3

Ist das Gut gemäß Artikel 28 neu aufgegeben worden, so erlöschen die Ansprüche bei teilweisem Verlust oder bei Beschädigung aus einem der vorangehenden Beförderungsverträge, als handelte es sich um einen einzigen Vertrag.

Artikel 48 – Verjährung

§ 1

Ansprüche aus dem Beförderungsvertrag verjähren in einem Jahr. Die Verjährungsfrist beträgt jedoch zwei Jahre bei Ansprüchen

a) auf Auszahlung einer Nachnahme, welche der Beförderer vom Empfänger eingezogen hat;

b) auf Auszahlung des Erlöses eines vom Beförderer vorgenommenen Verkaufs;

c) wegen eines Schadens, der auf eine Handlung oder Unterlassung zurückzuführen ist, die entweder in der Absicht, einen solchen Schaden herbeizuführen, oder leichtfertig und in dem Bewußtsein begangen wurde, daß ein solcher Schaden mit Wahrscheinlichkeit eintreten werde;

d) aus einem der der Neuaufgabe vorangehenden Beförderungsverträge in dem in Artikel 28 vorgesehenen Fall.

§ 2

Die Verjährung beginnt bei Ansprüchen

a) auf Entschädigung wegen gänzlichen Verlustes mit dem dreißigsten Tag nach Ablauf der Lieferfrist;

b) auf Entschädigung wegen teilweisen Verlustes, Beschädigung oder Überschreitung der Lieferfrist mit dem Tag der Ablieferung;

c) in allen anderen Fällen mit dem Tag, an dem der Anspruch geltend gemacht werden kann.

Der als Beginn der Verjährung bezeichnete Tag ist in keinem Fall in der Frist inbegriffen.

§ 3

Die Verjährung wird durch eine schriftliche Reklamation gemäß Artikel 43 bis zu dem Tag gehemmt, an dem der Beförderer die Reklamation schriftlich zurückweist und die beigefügten Belege zurücksendet. Wird der Reklamation teilweise stattgegeben, so beginnt die Verjährung für den noch streitigen Teil der Reklamation wieder zu laufen. Wer sich auf die Einreichung einer Reklamation oder auf die Erteilung einer Antwort und die Rückgabe der Belege beruft, hat dies zu beweisen. Weitere Reklamationen, die denselben Anspruch betreffen, hemmen die Verjährung nicht.

§ 4

Verjährte Ansprüche können auch nicht im Wege der Widerklage oder der Einrede geltend gemacht werden.

§ 5

Im übrigen gilt für die Hemmung und die Unterbrechung der Verjährung Landesrecht.

Titel V
Beziehungen der Beförderer untereinander

Artikel 49 – Abrechnung

§ 1

Jeder Beförderer, der bei der Auf- oder Ablieferung des Gutes die Kosten oder sonstige sich aus dem Beförderungsvertrag ergebende Forderungen eingezogen hat oder hätte einziehen müssen, ist verpflichtet, den beteiligten Beförderern den ihnen zukommenden Anteil zu zahlen. Die Art und Weise der Zahlung wird durch Vereinbarungen zwischen den Beförderern geregelt.

§ 2

Artikel 12 gilt auch für die Beziehungen zwischen aufeinanderfolgenden Beförderern.

Artikel 50 – Rückgriffsrecht

§ 1

Hat ein Beförderer gemäß diesen Einheitlichen Rechtsvorschriften eine Entschädigung gezahlt, so steht ihm ein Rückgriffsrecht gegen die Beförderer, die an der Beförderung beteiligt gewesen sind, gemäß den folgenden Bestimmungen zu:

a) der Beförderer, der den Schaden verursacht hat, haftet ausschließlich dafür;

b) haben mehrere Beförderer den Schaden verursacht, so haftet jeder für den von ihm verursachten Schaden; ist eine Zuordnung nicht möglich, so wird die Entschädigung unter den Beförderern gemäß Buchstabe c) aufgeteilt;

c) kann nicht bewiesen werden, welcher der Beförderer den Schaden verursacht hat, wird die Entschädigung auf sämtliche Beförderer aufgeteilt, mit Ausnahme derjenigen, die beweisen, daß der Schaden nicht von ihnen verursacht worden ist; die Aufteilung erfolgt im Verhältnis der den Beförderern zustehenden Anteile am Beförderungsentgelt.

§ 2

Bei Zahlungsunfähigkeit eines dieser Beförderer wird der auf ihn entfallende, aber von ihm nicht gezahlte Anteil unter allen anderen Beförderern, die an der Beförderung beteiligt gewesen sind, im Verhältnis des ihnen zustehenden Anteils am Beförderungsentgelt aufgeteilt.

Artikel 51 – Rückgriffsverfahren

§ 1

Ein Beförderer, gegen den gemäß Artikel 50 Rückgriff genommen wird, kann die Rechtmäßigkeit der durch den Rückgriff nehmenden Beförderer geleisteten Zahlung nicht bestreiten, wenn die Entschädigung gerichtlich festgesetzt worden ist, nachdem dem erstgenannten Beförderer durch gehörige Streitverkündung die

Möglichkeit gegeben war, dem Rechtsstreit beizutreten. Das Gericht der Hauptsache bestimmt die Fristen für die Streitverkündung und für den Beitritt.

§ 2

Der Rückgriff nehmende Beförderer hat sämtliche Beförderer, mit denen er sich nicht gütlich geeinigt hat, mit ein und derselben Klage zu belangen; andernfalls erlischt das Rückgriffrecht gegen die nicht belangten Beförderer.

§ 3

Das Gericht hat in ein und demselben Urteil über alle Rückgriffe, mit denen es befaßt ist, zu entscheiden.

§ 4

Der Beförderer, der sein Rückgriffsrecht gerichtlich geltend machen will, kann seinen Anspruch vor dem zuständigen Gericht des Staates erheben, in dem einer der beteiligten Beförderer seine Hauptniederlassung oder die Zweigniederlassung oder Geschäftsstelle hat, durch die der Beförderungsvertrag geschlossen worden ist.

§ 5

Ist die Klage gegen mehrere Beförderer zu erheben, so hat der klagende Beförderer die Wahl unter den gemäß § 4 zuständigen Gerichten.

§ 6

Rückgriffsverfahren dürfen nicht in das Entschädigungsverfahren einbezogen werden, das der aus dem Beförderungsvertrag Berechtigte angestrengt hat.

Artikel 52
Vereinbarungen über den Rückgriff

Den Beförderern steht es frei, untereinander Vereinbarungen zu treffen, die von den Artikeln 49 und 50 abweichen.

Haager Regeln (HR)

Internationalen Abkommens vom 25. August 1924 zur Vereinheitlichung von Regeln über Konnossemente (franz.: *Convention Internationale pour l'unification de certaines Règles en matière de Connaissement*; engl. *International Convention for the Unification of Certain Rules of Law relating to Bills of Lading – „Hague Rules")*
– Nichtamtliche Fassung (Auszug) –

[...]

Artikel 1

In diesem Abkommen werden die folgenden Worte in dem nachstehend angegebenen Sinne gebraucht:

a) Das Wort „Unternehmer" umfaßt den Schiffseigentümer oder den Charterer, der mit einem Befrachter einen Frachtvertrag eingeht.

b) Das Wort „Frachtvertrag" bezeichnet nur solche Frachtverträge, über die ein Konnossement oder ein gleichartiger Titel für die Beförderung von Gütern zur See ausgestellt ist; dazu gehören die auf Grund oder in Verfolg einer Charterpartie ausgestellten Konnossemente und gleichartigen Titel von dem Zeitpunkt ab, in dem sie für das Rechtsverhältnis zwischen dem Unternehmer und dem Inhaber des Konnossements maßgebend geworden sind.

c) Das Wort „Güter" umfaßt Güter, Gegenstände, Waren und Artikel jeglicher Art mit Ausnahme von lebenden Tieren und der im Frachtvertrag als Deckladung bezeichneten und tatsächlich so beförderten Ladung.

d) Als „Schiff" gilt jedes Fahrzeug, das für die Beförderung von Gütern zur See verwendet wird.

e) Die „Beförderung von Gütern" umfaßt den Zeitraum vom Beginn des Einladens der Güter in das Schiff bis zu ihrer Ausladung aus dem Schiffe.

Artikel 2

Unbeschadet der Bestimmungen des Artikels 6 soll jeder Frachtvertrag für den Unternehmer in bezug auf das Einladen, Handhaben, Stauen, Befördern, Verwahren, Betreuen und Ausladen der zu befördernden Güter die nach stehend aufgeführten Verantwortlichkeiten und Verpflichtungen sowie Rechte und Befreiungen begründen.

Artikel 3

§ 1

Der Unternehmer soll verpflichtet sein, vor und bei dem Antritte der Reise gehörige Sorgfalt anzuwenden,

a) um das Schiff seetüchtig zu machen;

b) um das Schiff gehörig zu bemannen, auszurüsten und zu verproviantieren;

c) um die Lade-, Kühl- und Gefrierräume sowie alle anderen Teile des Schiffes, in denen Güter verladen werden, für deren sichere Aufnahme, Beförderung und Erhaltung einzurichten und instand zu setzen.

§ 2

Unbeschadet der Bestimmungen des Artikels 4 soll der Unternehmer verpflichtet sein, die zu befördernden Güter sachgemäß und sorgfältig einzuladen, zu behandeln, zu stauen, zu befördern, zu verwahren, zu betreuen und auszuladen.

§ 3

Nach der Übernahme der Güter in seine Obhut soll der Unternehmer, Schiffer oder Agent des Unternehmers verpflichtet sein, dem Ablader auf Verlangen ein Konnossement zu erteilen, das unter anderem enthält:

a) die für die Unterscheidung der Güter erforderlichen Merkzeichen, so wie sie der Ablader vor dem Beginn des Einladens dieser Güter schriftlich angegeben hat, sofern diese Merkzeichen auf den Gütern selbst, im Falle der Verpackung auf ihren Behältnissen oder Umhüllungen derart aufgedruckt oder in anderer Weise klar angebracht sind, daß sie unter gewöhnlichen Umständen bis zum Ende der Reise lesbar bleiben;

b) je nach Lage des Falles die Zahl der Packungen oder Stücke oder die Menge oder das Gewicht, so wie sie der Ablader schriftlich angegeben hat;

c) die äußerlich erkennbare Verfassung und Beschaffenheit der Güter.

Jedoch soll der Unternehmer, Schiffer oder Agent des Unternehmers nicht verpflichtet sein, in dem Konnossement solche Merkzeichen, Zahlen, Mengen oder Gewichte festzustellen oder zu erwähnen, von denen er den Umständen nach Verdacht hegen darf, daß sie die von ihm tatsächlich übernommenen Güter nicht genau bezeichnen, oder deren Richtigkeit zu prüfen er keine ausreichende Gelegenheit hatte.

§ 4

Ein solches Konnossement soll zum Beweise dafür genügen, daß der Unternehmer die Güter so empfangen hat, wie sie darin gemäß § 3 a, b, c beschrieben sind.

§ 5

Der Ablader soll so angesehen werden, als habe er dem Unternehmer gegenüber zur Zeit der Abladung die Gewähr für die Richtigkeit seiner Angaben über Merkzeichen, Zahl, Menge und Gewicht übernommen. Er soll verpflichtet sein, dem Unternehmer alle Verluste, Schäden und Kosten zu ersetzen, die aus Unrichtigkeiten solcher Angaben entstehen. Durch das Recht des Unternehmers auf diese Entschädigung sollen die Verantwortlichkeiten und Verpflichtungen, die ihm auf Grund des Frachtvertrags anderen Personen als dem Ablader gegenüber obliegen, nicht berührt werden.

§ 6

Sofern nicht Verluste oder Schäden und ihre allgemeine Natur dem Unternehmer oder seinem Agenten im Entlöschungshafen vor oder bei der Überführung der Güter in den Gewahrsam des auf Grund des

Frachtvertrags zum Empfange Berechtigten schriftlich angezeigt werden, soll diese Überführung zum Beweise dafür genügen, daß der Unternehmer die Güter so abgeliefert hat, wie sie in dem Konnossement beschrieben sind.

Sind die Verluste oder Beschädigungen nicht äußerlich erkennbar, so muß die Anzeige binnen drei Tagen nach der Ablieferung gemacht werden.

Der schriftlichen Anzeige soll es nicht bedürfen, wenn der Zustand der Güter zur Zeit des Empfanges auf Veranlassung der einen und unter Zuziehung der anderen Partei festgestellt ist. In allen Fällen sollen der Unternehmer und das Schiff von jeder Haftung für Verluste oder Schäden frei werden, wenn nicht der Anspruch innerhalb eines Jahres seit der Ablieferung der Güter oder seit dem Zeitpunkt, zu dem sie hätten abgeliefert werden müssen, gerichtlich geltend gemacht wird.

Im Falle tatsächlicher oder vermeintlicher Verluste oder Beschädigungen sollen der Unternehmer und der Empfänger verpflichtet sein, einander alle angemessenen Erleichterungen zu gewähren, um die Güter besichtigen und ihre Mängel feststellen zu können.

§ 7

Nach der Beendigung des Einladens soll das Konnossement, das der Unternehmer, Schiffer oder Agent des Unternehmers dem Ablader zu erteilen hat, auf Verlangen des Abladers und gegen Rückgabe eines ihm etwa vorher über dieselben Güter erteilten Titels als „Abladekonnossement" auszustellen sein. Jedoch soll der Unternehmer, Schiffer oder Agent des Unternehmers berechtigt sein, in dem Verschiffungshafen auf der zuerst erteilten Urkunde zu vermerken, wann und in welches Schiff die Güter abgeladen worden sind; enthält die Urkunde einen solchen Vermerk, so soll sie im Sinne dieses Artikels als Abladekonnossement gelten.

§ 8

Die Haftung des Unternehmers oder des Schiffes für Verlust oder Beschädigung von Gütern oder für Schäden in bezug auf Güter soll, soweit der Schaden auf Verschulden oder auf Nichterfüllung der in diesem Artikel vorgesehenen Verpflichtungen und Verbindlichkeiten beruht, im Frachtvertrage weder ausgeschlossen noch in anderer Weise, als in diesem Abkommen vorgeschrieben ist, beschränkt werden können.

Die Klausel, durch die dem Unternehmer der Anspruch aus der Versicherung abgetreten wird, und jede ähnliche Klausel sollen als Ausschluß der Haftung des Unternehmers angesehen werden.

Artikel 4

§ 1

Weder der Unternehmer noch das Schiff sollen für Verluste oder Schäden haften, die aus einem Mangel an Seetüchtigkeit entstehen, es sei denn, daß der Mangel darauf beruht, daß der Unternehmer nicht gemäß Artikel 3 § 1 die gehörige Sorgfalt angewandt hat, um das Schiff seetüchtig zu machen oder um es gehörig zu bemannen, einzurichten oder zu verproviantieren oder um die Lade-, Kühl- und Gefrierräume oder andere Teile des Schiffes, in denen Güter verladen werden, für deren Aufnahme, Beförderung und Erhaltung einzurichten und instand zu setzen. In allen Fällen, in denen Verluste oder Schäden aus einem Mangel an

Seetüchtigkeit entstehen, soll die <u>Beweislast für die Anwendung der gehörigen Sorgfalt</u> den Unternehmer oder denjenigen treffen, der seine Befreiung von der Haftung auf Grund dieses Artikels geltend macht.

§ 2

<u>Weder der Unternehmer</u> <u>noch</u> das <u>Schiff</u> sollen für <u>Verluste oder Schäden haften</u>, die <u>entstehen</u>:

a) aus Handlungen, Nachlässigkeit oder Unterlassungen des Schiffers, der Schiffsoffiziere, der Schiffsmannschaft, des Lotsen oder der im Dienste des Unternehmers stehenden Personen bei der Führung oder dem Betriebe des Schiffes;

b) aus Feuer, es sei denn durch eigenes Verschulden des Unternehmers verursacht;

c) aus Gefahren oder Unfällen der See und anderer schiffbarer Gewässer;

d) aus Naturereignissen;

e) aus kriegerischen Ereignissen;

f) aus Handlungen öffentlicher Feinde;

g) aus Behinderung durch Herrscher, Behörden oder Volk oder aus gerichtlicher Beschlagnahme;

h) aus Quarantänebeschränkungen;

i) aus Handlungen oder Unterlassungen des Abladers oder des Eigentümers des Guts, seines Agenten oder Vertreters;

j) aus Streik oder Aussperrung, Unterbrechung oder Hemmung der Arbeit ohne Rücksicht auf Grund und Ausdehnung;

k) aus Aufruhr oder bürgerlichen Unruhen;

l) aus der Rettung oder dem Versuch der Rettung von Leben oder Eigentum zur See;

m) aus Schwund an Raumgehalt oder Gewicht oder aus einem anderen Verlust oder Schaden, der durch verborgene Mängel, durch die besondere Natur des Guts oder durch die dem Gute eigenen Mängel herbeigeführt ist;

n) aus Unzulänglichkeit der Verpackung;

o) aus Unzulänglichkeit oder Ungenauigkeit der Merkzeichen;

p) aus verborgenen, bei Anwendung gehöriger Sorgfalt nicht zu entdeckenden Mängeln;

q) aus irgendeiner anderen Ursache, die nicht durch Verschulden des Unternehmers, seiner Agenten oder der in seinem Dienste stehenden Personen herbeigeführt ist; doch soll die Beweislast dafür, daß weder das eigene Verschulden des Unternehmers noch ein Verschulden seiner Agenten oder der in seinem Dienste stehenden Personen zu dem Verlust oder Schaden beigetragen hat, demjenigen obliegen, der sich auf diesen Befreiungsgrund beruft.

§ 3

Der <u>Befrachter</u> soll <u>nicht für Verluste oder Schäden haften</u>, die der Unternehmer oder das Schiff aus irgendeinem Grunde erleiden, ohne daß Handlungen, Fehler oder Nachlässigkeit des Befrachters, seiner Agenten oder der in seinem Dienste stehenden Personen vorliegen.

§ 4

Wird zum <u>Zweck der Rettung</u> oder des <u>Versuchs der Rettung von Leben oder Eigentum</u> zur See oder in sonst gerechtfertigter Weise <u>vom Reiseweg abgewichen</u>, so soll dies <u>nicht als Verletzung</u> dieses Abkommens <u>oder</u> als <u>Bruch des Frachtvertrages</u> angesehen werden, und der Unternehmer soll für einen daraus entstehenden Verlust oder Schaden nicht haften.

§ 5 *

<u>In keinem Falle</u> soll der <u>Unternehmer</u> oder das <u>Schiff</u> <u>für Verlust oder Beschädigung</u> der Güter oder für <u>Schäden in bezug auf die Güter</u> zu einem <u>höheren Betrag als einhundert Pfund Sterling für das Stück oder die Einheit</u> <u>oder</u> für einen dieser Summe entsprechenden Betrag einer anderen Währung haften, es sei denn, daß die Natur und der Wert dieser Güter vor ihrer Einladung vom Ablader angegeben sind und daß diese Angabe in das Konnossement aufgenommen ist.

Eine so <u>in das Konnossement aufgenommene Angabe</u> soll zum <u>Beweise</u> genügen, für den Unternehmer jedoch nicht bindend oder unwiderlegbar sein.

Durch Vereinbarung zwischen dem Unternehmer, dem Schiffer oder dem Agenten des Unternehmers einerseits und dem Befrachter andererseits soll ein anderer als der in diesem Paragraphen angegebene Höchstbetrag bestimmt werden können, sofern der vereinbarte Höchstbetrag nicht niedriger als die vorstehend gesetzte Summe ist.

In keinem Fall soll der Unternehmer oder das Schiff für Verlust oder Beschädigung von Gütern oder für Schäden in bezug auf Güter haften, wenn der Ablader im Konnossement eine wissentlich falsche Angabe über ihre Natur oder ihren Wert gemacht hat.

§ 6

<u>Güter von entzündlicher</u>, <u>explosiver</u> oder <u>gefährlicher Natur</u>, deren Abladung der Unternehmer, Schiffer oder Agent des Unternehmers nicht zugestimmt hätte, wenn sie die Beschaffenheit und Eigenart der Güter gekannt hätten, soll der Unternehmer, ohne ersatzpflichtig zu werden, jederzeit vor der Ausladung an jedem beliebigen Orte ausschiffen, vernichten oder unschädlich machen können, und der Ablader dieser Güter soll für alle Schäden und Kosten haften, die unmittelbar oder mittelbar aus ihrer Abladung entstehen. Gefährden derartige mit dieser Kenntnis und Zustimmung abgeladenen Güter das Schiff oder die Ladung, so soll der Unternehmer sie in gleicher Weise ausschiffen, vernichten oder unschädlich machen können, ohne daß er, abgesehen von seinem etwaigen Beitrag zur großen Haverei, dafür zu haften hätte.

Artikel 5

Der <u>Unternehmer</u> soll <u>befugt</u> sein, auf <u>alle oder einzelne</u> seiner in diesem Abkommen vorgesehenen <u>Rechte</u> und <u>Befreiungen</u> zu <u>verzichten</u> oder seine in diesem Abkommen vorgesehenen Verantwortlichkeiten und Verpflichtungen zu vermehren, sofern der Verzicht oder die Verpflichtungserklärung in das dem Ablader erteilte Konnossement aufgenommen wird.

---

* vgl. Art. 6 EGHGB

Keine Bestimmung dieses Abkommens gilt für Charterpartien; werden jedoch im Falle der Befrachtung eines Schiffes durch Charterpartie Konnossemente ausgestellt, so sollen sie den Bestimmungen dieses Abkommens unterliegen.

Keine Bestimmung dieses Abkommens soll so ausgelegt werden, als hindere sie, in das Konnossement irgendeine zulässige Bestimmung über die große Haverei aufzunehmen.

Artikel 6

Sofern ein Konnossement nicht ausgestellt worden ist oder ausgestellt wird und die vereinbarten Bedingungen in eine nicht begebbare und als solche gekennzeichnete Empfangsbescheinigung aufgenommen werden, sollen ungeachtet der Bestimmungen der vorstehenden Artikel der Unternehmer, Schiffer oder Agent des Unternehmers einerseits und der Befrachter andererseits befugt sein, jeglichen Vertrag abzuschließen mit beliebigen Bedingungen hinsichtlich der Verantwortlichkeit und der Verpflichtungen sowie der Rechte und Befreiungen des Unternehmers in bezug auf die Güter, hinsichtlich der Verpflichtungen des Unternehmers in bezug auf die Seetüchtigkeit des Schiffes, soweit die Vereinbarung nicht der öffentlichen Ordnung zuwiderläuft, hinsichtlich der Sorgfalt und Aufmerksamkeit des Agenten des Unternehmers und der im Dienst des Unternehmers stehenden Person in bezug auf das Einladen, Handhaben, Stauen, Befördern, Verwahren, Betreuen und Ausladen der zur See beförderten Güter.

Jede so getroffene Vereinbarung soll rechtswirksam sein.

Es ist jedoch vereinbart, daß die Bestimmungen dieses Artikels nicht für gewöhnliche Handelsverschiffungen im gewöhnlichen Handelsverkehr, sondern nur für andere Abladungen gelten sollen, bei denen die Eigenart und Beschaffenheit der zu befördernden Güter und die Art der Umstände, Bestimmungen und Bedingungen, unter denen die Beförderung ausgeführt werden soll, eine besondere Vereinbarung rechtfertigen.

Artikel 7

Keine Bestimmung dieses Abkommens soll den Unternehmer oder den Befrachter hindern, in einen Vertrag Vereinbarungen, Bedingungen, Vorbehalte oder Befreiungsklauseln in bezug auf die Haftung des Unternehmers und des Schiffes für Verlust und Beschädigungen von Gütern aufzunehmen, soweit der Schaden vor dem Beginn des Einladens oder nach der Beendigung des Ausladens eintritt oder im Zusammenhang mit dem Verwahren, Betreuen und Handhaben der Güter vor dem Beginn des Einladens oder nach Beendigung des Ausladens steht.

Artikel 8

Die Bestimmungen dieses Abkommens berühren weder die Rechte noch die Pflichten des Unternehmers aus den gegenwärtig geltenden Gesetzen über die beschränkte Haftung der Eigentümer von Seeschiffen.

Artikel 9 *

Die in diesem Abkommen angegebenen Geldeinheiten bezeichnet die Goldwerte.

---

* vgl. Art. 6 EGHGB

Diejenigen Vertragsstaaten, in deren Gebiet das Pfund Sterling nicht als Währungseinheit verwendet wird, behalten sich das Recht vor, die in diesem Abkommen in Pfund Sterling angegebenen Summen durch abgerundete Beträge der Landeswährung zu ersetzen.

Die Landesgesetze können dem Schuldner die Befugnis vorbehalten, sich durch Zahlung in der Landeswährung zu befreien; die Umrechnung erfolgt nach dem Kurse, der am Tage der Ankunft des Schiffes in dem Hafen maßgebend ist, in dem die betreffenden Güter gelöscht werden.

Artikel 10

Die Bestimmungen dieses Abkommens sollen für jedes Konnossement gelten, das in einem der Vertragsstaaten ausgestellt wird.

Artikel 11

Die belgische Regierung wird binnen zweier Jahre seit dem Tage der Zeichnung des Abkommens mit den Regierungen der Hohen vertragschließenden Teile, die sich zur Ratifikation bereit erklärt haben, in Verbindung treten, um eine Entscheidung darüber herbeizuführen, ob das Abkommen in Kraft gesetzt werden soll. Die Ratifikationsurkunden sollen in Brüssel zu einem Zeitpunkt hinterlegt werden, der zwischen den genannten Regierungen vereinbart werden wird.

Die erste Hinterlegung von Ratifikationsurkunden wird durch ein Protokoll festgelegt, das von den Vertretern der daran teilnehmenden Staaten und von dem Belgischen Minister der auswärtigen Angelegenheit unterzeichnet wird.

Die späteren Hinterlegungen von Ratifikationsurkunden werden mittels einer schriftlichen, an die Belgische Regierung gerichteten Anzeige unter Beifügung der Ratifikationsurkunde bewirkt.

Die Belgische Regierung wird den Staaten, die dieses Abkommen gezeichnet haben oder ihm später beigetreten sind, alsbald auf diplomatischem Wege beglaubigte Abschrift des Protokolls über die erste Hinterlegung von Ratifikationsurkunden, der im vorstehenden Absatz erwähnten Anzeigen sowie der ihnen beigefügten Ratifikationsurkunden mitteilen. In den Fällen des vorstehenden Absatzes wird die Belgische Regierung zugleich bekanntgeben, an welchem Tage sie die Anzeige erhalten hat.

Artikel 12

Die Staaten, die dieses Abkommen nicht gezeichnet haben, können ihm später beitreten, auch wenn sie auf der internationalen Konferenz von Brüssel nicht vertreten waren.

Der Staat, der beizutreten wünscht, hat seine Absicht der Belgischen Regierung schriftlich anzuzeigen und ihr dabei die Beitrittsurkunde zu übersenden, die im Archiv dieser Regierung hinterlegt werden wird.

Die Belgische Regierung wird alsbald allen Staaten, die das Abkommen gezeichnet haben oder ihm später beigetreten sind, beglaubigte Abschrift der Anzeige wie der Beitrittsurkunde übersenden und zugleich angeben, an welchem Tage sie die Anzeige erhalten hat.

Artikel 13

Die Hohen vertragschließenden Teile können bei der Zeichnung, bei der Hinterlegung der Ratifikationsurkunde oder bei Gelegenheit ihres Beitritts erklären, daß die von ihnen erklärte Annahme des Abkommens für alle oder einzelne der unter ihrer Staatshoheit oder Schutzgewalt stehenden autonomen Dominien, Kolonien, Besitzungen, Protektorate oder überseeischen Gebiete keine Geltung haben soll. Infolgedessen können sie später im Namen des einen oder des anderen der so in der ursprünglichen Erklärung ausgenommenen autonomen Dominien, Kolonien, Besitzungen, Protektorate oder überseeischen Gebiete gesondert beitreten. Ebenso können sie dieses Abkommen unter Beobachtung seiner Bestimmungen im Namen des einen oder des anderen der unter ihrer Staatshoheit oder Schutzgewalt stehenden autonomen Dominien, Kolonien, Besitzungen, Protektorate oder überseeischen Gebiete kündigen.

Artikel 14

Für die Staaten, die an der ersten Hinterlegung von Ratifikationsurkunden teilgenommen haben, wird dieses Abkommen ein Jahr nach dem Tage wirksam, an dem das Protokoll über die Hinterlegung aufgenommen ist. Für die später ratifizierenden und für die beitretenden Staaten sowie in den Fällen, in denen das Abkommen nachträglich gemäß Artikel 13 in Kraft gesetzt wird, erlangt es sechs Monate nach dem Zeitpunkt Wirksamkeit, in dem die Belgische Regierung die im Artikel 11 Absatz 2 und im Artikel 12 vorgesehenen Anzeigen erhalten hat.

Artikel 15

Sollte einer der Vertragsstaaten dieses Abkommens kündigen wollen, so ist die Kündigung der Belgischen Regierung schriftlich zu erklären, die alsbald beglaubigte Abschrift der Erklärung allen anderen Staaten mitteilen und ihnen zugleich bekanntgeben wird, an welchem Tage sie die Erklärung erhalten hat.

Die Kündigung soll nur in Ansehung des Staates, der sie erklärt hat, und erst ein Jahr, nachdem die Erklärung bei der Belgischen Regierung eingegangen ist, wirksam sein.

Artikel 16

Jeder der Vertragsstaaten kann den Zusammentritt einer neuen Konferenz veranlassen, um etwaige Verbesserungen des Abkommens herbeizuführen.

Ein Staat, der von dieser Befugnis Gebrauch machen will, hat seine Absicht ein Jahr vorher den anderen Staaten durch Vermittlung der Belgischen Regierung anzuzeigen, die es übernehmen wird, die Konferenz einzuberufen.

Geschehen in Brüssel, in einer einzigen Ausfertigung, am 25. August 1924.

Einführungsgesetz zum Handelsgesetzbuch (EGHGB)

Einführungsgesetz zum Handelsgesetzbuch
zuletzt geändert durch Art. 2 Gesetz vom 23.10.2024 (BGBl. 2024 I Nr. 323) m.W.v. 01.01.2025
– Nichtamtliche Fassung (Auszug) –

Abschnitt
Einführung des Handelsgesetzbuchs

Art. 2

(1) In Handelssachen kommen die Vorschriften des Bürgerlichen Gesetzbuchs nur insoweit zur Anwendung, als nicht im Handelsgesetzbuch oder in diesem Gesetz ein anderes bestimmt ist.

(2) (aufgehoben)

[…]

Art. 6

(1) ¹Ist ein Konnossement in einem Vertragsstaat des Internationalen Abkommens vom 25. August 1924 zur Vereinheitlichung von Regeln über Konnossemente (RGBl. 1939 II S. 1049) (Haager Regeln) ausgestellt, so sind die §§ 480, 483, 485 und 488, die §§ 513 bis 525 in Verbindung mit den §§ 498, 499, 501, 504, 505, 507, 510 und 512 sowie § 605 Nummer 1 in Verbindung mit § 607 Absatz 1 und 2 und § 609 Absatz 1 des Handelsgesetzbuchs ohne Rücksicht auf das nach Internationalem Privatrecht anzuwendende Recht und mit der Maßgabe anzuwenden, dass,

1. abweichend von § 501 des Handelsgesetzbuchs, der Verfrachter ein Verschulden seiner Leute und der Schiffsbesatzung nicht zu vertreten hat, wenn der Schaden durch ein Verhalten bei der Führung oder der sonstigen Bedienung des Schiffes oder durch Feuer oder Explosion an Bord des Schiffes entstanden ist und die Maßnahmen nicht überwiegend im Interesse der Ladung getroffen wurden;

2. abweichend von § 504 des Handelsgesetzbuchs, die nach den §§ 502 und 503 des Handelsgesetzbuchs zu leistende Entschädigung wegen Verlust oder Beschädigung auf einen Betrag von 666,67 Rechnungseinheiten für das Stück oder die Einheit begrenzt ist;

3. abweichend von § 525 des Handelsgesetzbuchs, die Verpflichtungen des Verfrachters aus den nach diesem Artikel anzuwendenden Vorschriften durch Rechtsgeschäft nicht im Voraus ausgeschlossen oder beschränkt werden können;

4. abweichend von § 609 des Handelsgesetzbuchs, die Verjährung von Schadensersatzansprüchen wegen Verlust oder Beschädigung von Gut nicht erleichtert werden kann.

²Das Recht der Parteien, eine Rechtswahl zu treffen, bleibt unberührt.

(2) Ist ein Konnossement in Deutschland ausgestellt, so ist Absatz 1 Satz 1 nur anzuwenden, wenn sich das Konnossement auf die Beförderung von Gütern von oder nach einem Hafen in einem anderen Vertragsstaat der Haager Regeln bezieht.

(3) Als Vertragsstaat der Haager Regeln ist nicht ein Staat anzusehen, der zugleich Vertragsstaat eines Änderungsprotokolls zu den Haager Regeln ist.

Art. 7

(1) Folgende Vorschriften des Handelsgesetzbuchs sind auch anzuwenden, wenn das Schiff nicht zum Erwerb durch Seefahrt betrieben wird:

1. § 480 über die Verantwortlichkeit des Reeders für ein Mitglied der Schiffsbesatzung und einen an Bord tätigen Lotsen,

2. die §§ 570 bis 573 und 606 Nummer 2, dieser in Verbindung mit § 607 Absatz 6 und § 608, über die Haftung im Falle des Zusammenstoßes von Schiffen,

3. die §§ 574 bis 587 und 606 Nummer 3, dieser in Verbindung mit § 607 Absatz 7 sowie den §§ 608 und 610, über Bergung,

4. die §§ 611 bis 617 über die Beschränkung der Haftung.

(2) Die Vorschriften der §§ 611 bis 617 des Handelsgesetzbuchs sind auch auf Ansprüche, die nicht auf den Vorschriften des Handelsgesetzbuchs beruhen, sowie auf andere als privatrechtliche Ansprüche anzuwenden.

(3) Die Haftung für Seeforderungen aus Vorfällen bis zu dem Inkrafttreten des Protokolls von 1996 zur Änderung des Übereinkommens von 1976 über die Beschränkung der Haftung für Seeforderungen (BGBl. 2000 II S. 790) oder bis zu dem Inkrafttreten einer späteren Änderung des Übereinkommens für die Bundesrepublik Deutschland kann nach den bis zu dem Zeitpunkt des jeweiligen Vorfalls geltenden Bestimmungen beschränkt werden.

Art. 8

(1) [1]Die §§ 574 bis 580, 582 bis 584, 587 und 606 Nummer 3, dieser in Verbindung mit § 607 Absatz 7 sowie den §§ 608 und 610 des Handelsgesetzbuchs, sind, soweit sich aus Satz 3 und Absatz 3 nichts anderes ergibt, ohne Rücksicht auf das nach Internationalem Privatrecht anzuwendende Recht anzuwenden. [2]Die Aufteilung des Bergelohns und der Sondervergütung zwischen dem Berger und seinen Bediensteten bestimmt sich jedoch, wenn die Bergung von einem Schiff aus durchgeführt wird, nach dem Recht des Staates, dessen Flagge das Schiff führt, sonst nach dem Recht, dem der zwischen dem Berger und seinen Bediensteten geschlossene Vertrag unterliegt. [3]Das Recht der Parteien, eine Rechtswahl zu treffen, bleibt unberührt; unterliegt jedoch das Rechtsverhältnis ausländischem Recht, so sind § 575 Absatz 1 und § 584 Absatz 2 des Handelsgesetzbuchs gleichwohl anzuwenden.

(2) Sind die in Absatz 1 Satz 1 genannten Vorschriften anzuwenden, so unterliegt auch der Anspruch des Bergers auf Zinsen deutschem Recht.

(3) Bei Bergungsmaßnahmen durch eine Behörde ist für die Verpflichtungen zwischen den Parteien das Recht des Staates maßgebend, in dem sich die Behörde befindet.

[...]

Abschnitt
Übergangsvorschrift zum Gesetz zur Reform des Seehandelsrechts

Art. 71

(1) Für Partenreedereien und Baureedereien, die vor dem 25. April 2013 entstanden sind, bleiben die §§ 489 bis 509 des Handelsgesetzbuchs in der bis zu diesem Tag geltenden Fassung maßgebend.

(2) Auf ein im Fünften Buch des Handelsgesetzbuchs geregeltes Schuldverhältnis, das vor dem 25. April 2013 entstanden ist, sind die bis zu diesem Tag geltenden Gesetze weiter anzuwenden. Dies gilt auch für die Verjährung der aus einem solchen Schuldverhältnis vor dem 25. April 2013 entstandenen Ansprüche.

Binnenschiffahrtsgesetz (BinSchG)

Gesetz betreffend die privatrechtlichen Verhältnisse der Binnenschiffahrt (Binnenschiffahrtsgesetz)
zuletzt geändert durch Art. 55 Gesetz vom 10.08.2021 (BGBl. I S. 3436) m.W.v. 01.01.2024
– Nichtamtliche Fassung –

Erster Abschnitt
Schiffseigner

§ 1

Schiffseigner im Sinne dieses Gesetzes ist der Eigentümer eines zur Schiffahrt auf Flüssen oder sonstigen Binnengewässern bestimmten und hierzu von ihm verwendeten Schiffes.

§ 2

(1) Wer ein ihm nicht gehöriges Schiff zur Binnenschiffahrt verwendet und es entweder selbst führt oder die Führung einem Schiffer anvertraut, wird Dritten gegenüber als Schiffseigner im Sinne dieses Gesetzes angesehen.

(2) Der Eigentümer kann denjenigen, welcher aus der Verwendung des Schiffes einen Anspruch als Schiffsgläubiger (§§ 102 bis 115) herleitet, an der Durchführung des Anspruchs nicht hindern, sofern er nicht beweist, daß die Verwendung ihm gegenüber eine widerrechtliche und der Gläubiger nicht in gutem Glauben war.

§ 3

(1) Der Schiffseigner ist für den Schaden verantwortlich, den eine Person der Schiffsbesatzung oder ein an Bord tätiger Lotse einem Dritten in Ausführung von Dienstverrichtungen schuldhaft zufügt.

(2) Zur Schiffsbesatzung gehören der Schiffer, die Schiffsmannschaft (§ 21) und alle übrigen auf dem Schiff angestellten Personen.

§ 4

(1) [1]Der Schiffseigner kann seine Haftung für Ansprüche wegen Personen- und Sachschäden, die an Bord oder in unmittelbarem Zusammenhang mit dem Betrieb des Schiffes oder mit einer Bergung einschließlich einer Wrackbeseitigung im Sinne von Absatz 4 eingetreten sind, sowie für Ansprüche aus Wrackbeseitigung beschränken, es sei denn, das Schiff wird zum Sport oder zur Erholung und nicht des Erwerbes wegen verwendet. [2]Die Ansprüche unterliegen der Haftungsbeschränkung unabhängig davon, auf welcher Grundlage sie beruhen, ob sie privatrechtlicher oder öffentlich-rechtlicher Natur sind und ob sie auf Grund eines Vertrages oder sonstwie als Rückgriffs- oder Entschädigungsansprüche geltend gemacht werden; Ansprüche aus Wrackbeseitigung sowie Ansprüche nach Absatz 3 Satz 2 unterliegen jedoch nicht der Haftungsbeschränkung, soweit sie sich auf ein vertraglich vereinbartes Entgelt richten.

(2) Ansprüche wegen Personenschäden sind solche wegen der Tötung oder der Verletzung von Personen.

(3) [1]Ansprüche wegen Sachschäden sind

1. solche wegen des Verlusts oder der Beschädigung von Sachen einschließlich Hafenanlagen, Hafenbecken, Wasserstraßen, Schleusen, Wehren, Brücken und Navigationshilfen;
2. solche wegen der Verspätung bei der Beförderung von Gütern, Reisenden oder deren Gepäck;
3. sonstige Vermögensschäden wegen der Verletzung nichtvertraglicher Rechte.

[2]Ansprüche wegen Sachschäden sind ferner Ansprüche einer anderen Person als des Schuldners wegen Maßnahmen zur Abwendung oder Verringerung von Personen- oder Sachschäden, für die der Schuldner seine Haftung nach den Absätzen 1, 2 und 3 Satz 1 beschränken kann.

(4) [1]Ansprüche aus Wrackbeseitigung sind solche auf Erstattung der Kosten für die Hebung, Beseitigung, Vernichtung oder Unschädlichmachung eines gesunkenen, havarierten, festgefahrenen oder verlassenen Schiffes samt allem, was sich an Bord befindet oder befunden hat, sowie für die Beseitigung, Vernichtung oder Unschädlichmachung der Ladung des Schiffes. [2]Ansprüche aus Wrackbeseitigung sind ferner Ansprüche einer anderen Person als des Schuldners wegen Maßnahmen zur Abwendung oder Verringerung der in Satz 1 genannten Kosten, für die der Schuldner seine Haftung beschränken kann.

(5) Als Schiff im Sinne dieser Vorschrift sind auch Kleinfahrzeuge anzusehen.

§ 5

Der Haftungsbeschränkung nach § 4 unterliegen nicht

1. Ansprüche aus Bergung einschließlich Ansprüchen auf Sondervergütung im Sinne von § 578 des Handelsgesetzbuchs sowie Ansprüche auf Beitragsleistung zur großen Haverei;
2. Ansprüche gegen denjenigen, der nach einem anwendbaren internationalen Übereinkommen oder nach dem Atomgesetz für nukleare Schäden haftet;
3. Ansprüche von Bediensteten des Schiffseigners, deren Aufgaben mit dem Schiffsbetrieb oder mit Bergungs- oder Hilfeleistungsarbeiten oder Wrackbeseitigungsmaßnahmen zusammenhängen, sowie

Ansprüche ihrer Erben, Angehörigen oder sonstiger zur Geltendmachung solcher Ansprüche berechtigter Personen, wenn der Dienstvertrag deutschem Recht unterliegt oder wenn er ausländischem Recht unterliegt, nach welchem die Haftung für diese Ansprüche nicht global beschränkt werden kann;

4. Ansprüche nach § 89 Wasserhaushaltsgesetz*;
5. Ansprüche auf Ersatz der Kosten der Rechtsverfolgung.

§ 5a

Hat der Schiffseigner gegen den Gläubiger eines in § 4 aufgeführten Anspruchs einen Gegenanspruch, der aus demselben Ereignis entstanden ist, so kann er seine Haftung nur in Bezug auf den Betrag des gegen ihn gerichteten Anspruchs beschränken, der nach Abzug des Gegenanspruchs verbleibt.

§ 5b

(1) Der Schiffseigner kann seine Haftung nach den Vorschriften dieses Abschnitts nicht beschränken, wenn der Schaden auf eine Handlung oder Unterlassung zurückzuführen ist, die von ihm selbst in der Absicht, einen solchen Schaden herbeizuführen, oder leichtfertig und in dem Bewußtsein begangen wurde, daß ein solcher Schaden mit Wahrscheinlichkeit eintreten werde.

(2) Ist der Schiffseigner eine juristische Person oder eine rechtsfähige Personengesellschaft, so kann er seine Haftung nicht beschränken, wenn der Schaden auf eine die Beschränkung der Haftung nach Absatz 1 ausschließende Handlung oder Unterlassung eines Mitglieds des zur Vertretung berechtigten Organs oder eines zur Vertretung berechtigten Gesellschafters zurückzuführen ist.

§ 5c

(1) Bei der Anwendung der Vorschriften über die Haftungsbeschränkung stehen dem Schiffseigner gleich:

1. der Eigentümer, der Mieter oder Charterer, dem ein Binnenschiff zu dessen Verwendung überlassen wird, und der Ausrüster eines Binnenschiffs;
2. jede Person, die in unmittelbarem Zusammenhang mit einer Bergung oder einer Wrackbeseitigung Dienste erbringt, die sich auf ein Binnenschiff oder die Ladung eines solchen Schiffes beziehen und entweder ausschließlich auf diesem Schiff oder weder von einem Binnenschiff noch von einem Seeschiff aus erbracht werden (Berger);

---

* § 89 WHG – Haftung für Änderungen der Wasserbeschaffenheit: «(1) Wer in ein Gewässer Stoffe einbringt oder einleitet oder wer in anderer Weise auf ein Gewässer einwirkt und dadurch die Wasserbeschaffenheit nachteilig verändert, ist zum Ersatz des daraus einem anderen entstehenden Schadens verpflichtet. Haben mehrere auf das Gewässer eingewirkt, so haften sie als Gesamtschuldner.

(2) Gelangen aus einer Anlage, die bestimmt ist, Stoffe herzustellen, zu verarbeiten, zu lagern, abzulagern, zu befördern oder wegzuleiten, derartige Stoffe in ein Gewässer, ohne in dieses eingebracht oder eingeleitet zu sein, und wird dadurch die Wasserbeschaffenheit nachteilig verändert, so ist der Betreiber der Anlage zum Ersatz des daraus einem anderen entstehenden Schadens verpflichtet. Absatz 1 Satz 2 gilt entsprechend. Die Ersatzpflicht tritt nicht ein, wenn der Schaden durch höhere Gewalt verursacht wird.»

3. jede Person, für deren Handeln, Unterlassen oder Verschulden der Schiffseigner oder eine der in den Nummern 1 und 2 genannten Personen haftet.

(2) Ist der Schuldner eine rechtsfähige Personengesellschaft, so kann auch jeder Gesellschafter seine persönliche Haftung für Ansprüche beschränken, für welche die Gesellschaft ihre Haftung beschränken kann.

(3) Ein Versicherer, der die Haftung in bezug auf Ansprüche versichert, die der Beschränkung nach diesen Vorschriften unterliegen, kann sich Dritten gegenüber auf die Haftungsbeschränkung in gleichem Umfang wie der Versicherte berufen.

§ 5d

(1) Die Haftung kann auf die in den §§ 5e bis 5k bezeichneten Haftungshöchstbeträge beschränkt werden.

(2) Die Haftungsbeschränkung kann bewirkt werden durch die Errichtung eines Fonds nach der Schiffahrtsrechtlichen Verteilungsordnung oder durch die Errichtung eines Fonds in einem anderen Vertragsstaat des Straßburger Übereinkommens vom 27. September 2012 über die Beschränkung der Haftung in der Binnenschifffahrt (CLNI 2012) (BGBl. 2016 II S. 738, 739).

(3) ¹Die Beschränkung der Haftung kann auch ohne Errichtung eines Fonds im Wege der Einrede mit Wirkung für Ansprüche nur gegen denjenigen, der sie erhebt, geltend gemacht werden. ²In diesem Falle sind die §§ 15, 23 Abs. 1, 3 Satz 1, 3 und 4 in Verbindung mit § 46 Abs. 1 und 2 Satz 1 und 2, § 26 Abs. 4 bis 6 der Schiffahrtsrechtlichen Verteilungsordnung entsprechend anzuwenden; § 305a der Zivilprozeßordnung bleibt unberührt.

§ 5e

(1) Der Haftungshöchstbetrag, auf den die Haftung für die Gesamtheit der aus demselben Ereignis entstandenen Ansprüche wegen Personenschäden beschränkt werden kann, wird, sofern es sich nicht um Ansprüche im Sinne der §§ 5h und 5k handelt, wie folgt berechnet:

1. Für ein Fahrgastschiff oder ein anderes Schiff, das nach seiner Zweckbestimmung nicht der Beförderung von Gütern dient, sind, soweit sich nicht aus den Nummern 3 und 4 etwas anderes ergibt, 400 Rechnungseinheiten je Kubikmeter Wasserverdrängung bei höchstzulässigem Tiefgang des Schiffes anzusetzen, bei Schiffen mit eigener Antriebskraft vermehrt um 1.400 Rechnungseinheiten je Kilowatt Leistungsfähigkeit der Antriebsmaschinen.

2. Für ein Schiff, das nach seiner Zweckbestimmung der Beförderung von Gütern dient, sind 400 Rechnungseinheiten je Tonne Tragfähigkeit des Schiffs anzusetzen, bei Schiffen mit eigener Antriebskraft vermehrt um 1.400 Rechnungseinheiten je Kilowatt Leistungsfähigkeit der Antriebsmaschinen.

3. Für ein Schlepp- oder Schubboot sind 1.400 Rechnungseinheiten je Kilowatt Leistungsfähigkeit der Antriebsmaschinen anzusetzen.

4. Für einen Bagger, Kran, Elevator oder eine sonstige schwimmende und bewegliche Anlage oder ein Gerät ähnlicher Art ist der Wert, den die Anlage oder das Gerät im Zeitpunkt des haftungsbegründenden Ereignisses hatte, anzusetzen.

(2) [1]Für ein <u>Schubboot</u>, das im Zeitpunkt des haftungsbegründenden Ereignisses starr mit einem oder mehreren Schubleichtern <u>zu einem Schubverband verbunden</u> war, erhöht sich der für das Schubboot nach Absatz 1 Nr. 3 anzusetzende Betrag um 200 Rechnungseinheiten je Tonne Tragfähigkeit der Schubleichter, soweit nicht das Schubboot für einen oder mehrere dieser Schubleichter Bergungsmaßnahmen erbracht hat. [2]Erhöht sich der Haftungshöchstbetrag für das Schubboot nach Satz 1, so vermindert sich für jeden starr mit dem Schubboot verbundenen Schubleichter der Haftungshöchstbetrag für alle aus demselben Ereignis entstandenen Ansprüche um den gleichen Betrag. [3]Satz 2 gilt jedoch nicht für einen Anspruch des für das Schubboot haftenden Schuldners gegen den für einen mit dem Schubboot starr verbundenen Schubleichter haftenden Schuldner auf Ausgleichung im Innenverhältnis.

(3) Absatz 2 gilt entsprechend für ein Schiff mit eigener Antriebskraft, das im Zeitpunkt des haftungsbegründenden Ereignisses mit einem oder mehreren Schiffen fest gekoppelt war, die nicht Anlagen oder Geräte im Sinne des Absatzes 1 Nr. 4 darstellen, sowie für die gekoppelten Schiffe, jedoch mit der Maßgabe, daß sich für das fortbewegende Schiff der nach Absatz 1 anzusetzende Betrag um 200 Rechnungseinheiten je Kubikmeter Wasserverdrängung oder je Tonne Tragfähigkeit der anderen Schiffe erhöht.

(4) In <u>jedem Falle</u> beträgt der <u>Haftungshöchstbetrag mindestens 400.000 Rechnungseinheiten</u>, soweit es sich nicht um Leichter handelt, die nur zum Umladen in Häfen verwendet werden.

§ 5f

(1) Der <u>Haftungshöchstbetrag</u>, auf den die <u>Haftung</u> für die <u>Gesamtheit der aus demselben Ereignis entstandenen Ansprüche</u> <u>wegen Sachschäden</u> beschränkt werden kann, beträgt, sofern es sich nicht um Ansprüche im Sinne des § 5h handelt, die <u>Hälfte der nach § 5e maßgebenden Haftungshöchstbeträge</u>.

(2) Bei der Befriedigung aus dem in Absatz 1 genannten Haftungshöchstbetrag haben Ansprüche wegen Beschädigung von Hafenanlagen, Hafenbecken, Wasserstraßen, Schleusen, Wehren, Brücken und Navigationshilfen den Vorrang.

§ 5g

[1]Reicht der nach § 5e maßgebende Haftungshöchstbetrag für Ansprüche wegen Personenschäden zur vollen Befriedigung dieser Ansprüche nicht aus, so steht der nach § 5f Abs. 1 errechnete Betrag zur Befriedigung der nicht befriedigten Restansprüche nach § 5e zur Verfügung. [2]Die Restansprüche wegen Personenschäden haben hierbei den gleichen Rang wie die Ansprüche wegen Sachschäden; § 5f Abs. 2 ist insoweit nicht anzuwenden.

§ 5h

(1) [1]Für die Gesamtheit der <u>aus demselben Ereignis entstandenen Ansprüche wegen Schäden</u>, die direkt oder indirekt durch die Gefährlichkeit von gefährlichen, auf dem Schiff beförderten Gütern verursacht worden sind, gilt ein <u>gesonderter Haftungshöchstbetrag</u>, es sei denn, die Ansprüche sind solche nach § 89 des Wasserhaushaltsgesetzes. [2]Der Haftungshöchstbetrag steht ausschließlich zur Befriedigung der in Satz 1 genannten Ansprüche zur Verfügung. [3]<u>Gefährliche Güter</u> im Sinne des Satzes 1 sind alle gefährlichen Güter im Sinne des Kapitels 3.2 der dem Europäischen Übereinkommen vom 26. Mai 2000 über die internationale

Beförderung von gefährlichen Gütern auf Binnenwasserstraßen in der Anlage beigefügten Verordnung (BGBl. 2007 II S. 1906, 1908 - Anlageband; 2010 II S. 122, 123, 1183, 1184), die zuletzt durch Beschluss des ADN-Verwaltungsausschusses vom 29. August 2014 (BGBl. 2014 II S. 1344) geändert worden ist, in der jeweils in der Bundesrepublik Deutschland in Kraft gesetzten Fassung.

(2) Der nach Absatz 1 maßgebliche Haftungshöchstbetrag beträgt

1. für die Gesamtheit der aus demselben Ereignis entstandenen Ansprüche wegen Personenschäden das Doppelte der nach § 5e maßgebenden Haftungshöchstbeträge, mindestens jedoch 10 Millionen Rechnungseinheiten;

2. für die Gesamtheit der aus demselben Ereignis entstandenen Ansprüche wegen Sachschäden das Doppelte der nach § 5f maßgebenden Haftungshöchstbeträge, mindestens jedoch 10 Millionen Rechnungseinheiten.

(3) Bei der Befriedigung aus dem in Absatz 2 Nr. 2 genannten Haftungshöchstbetrag haben Ansprüche wegen Beschädigung von Hafenanlagen, Hafenbecken, Wasserstraßen, Schleusen, Wehren, Brücken und Navigationshilfen den Vorrang.

(4) ¹Reicht der nach Absatz 2 Nr. 1 maßgebende Haftungshöchstbetrag für Ansprüche wegen Personenschäden zur vollen Befriedigung dieser Ansprüche nicht aus, so steht der nach Absatz 2 Nr. 2 errechnete Betrag zur Befriedigung der nicht befriedigten Restansprüche nach Absatz 2 Nr. 1 zur Verfügung. ²Die Restansprüche wegen Personenschäden haben hierbei den gleichen Rang wie die Ansprüche wegen Sachschäden; Absatz 3 ist insoweit nicht anzuwenden.

§ 5i

¹Abweichend von den §§ 5e, 5f Abs. 1 und § 5h kann ein Berger im Sinne von § 5c Abs. 1 Nr. 2 oder ein an Bord tätiger Lotse seine Haftung für die Gesamtheit der aus demselben Ereignis entstandenen Ansprüche wegen Personenschäden auf einen Haftungshöchstbetrag in Höhe von 400.000 Rechnungseinheiten sowie für Ansprüche wegen Sachschäden auf einen Haftungshöchstbetrag in Höhe von 200.000 Rechnungseinheiten beschränken. ²§ 5f Abs. 2 und § 5g gelten entsprechend.

§ 5j

¹Für die Gesamtheit der aus demselben Ereignis entstandenen Ansprüche aus Wrackbeseitigung gilt ein gesonderter Haftungshöchstbetrag. ²Dieser beträgt die Hälfte der nach § 5e maßgebenden Haftungshöchstbeträge. ³Der Haftungshöchstbetrag steht ausschließlich zur Befriedigung der Ansprüche aus Wrackbeseitigung zur Verfügung.

§ 5k

(1) Für die Gesamtheit der aus demselben Ereignis entstandenen Ansprüche wegen der Tötung oder Verletzung von Personen, die

1. auf Grund eines Personenbeförderungsvertrages oder

2. mit Zustimmung des Beförderers in Begleitung eines auf Grund eines Güterbeförderungsvertrages mit dem Schiff beförderten Fahrzeugs oder lebenden Tieres

mit dem Schiff befördert worden sind (Reisende), gilt ein gesonderter Haftungshöchstbetrag. Dieser steht ausschließlich zur Befriedigung von Ansprüchen der Reisenden zur Verfügung.

(2) [1]Der Haftungshöchstbetrag für Ansprüche wegen Personenschäden von Reisenden nach Absatz 1 beträgt 100.000 Rechnungseinheiten, multipliziert mit der Anzahl der Reisenden, die das Schiff nach dem Schiffszeugnis befördern darf. [2]Ist die Anzahl der Reisenden, die befördert werden dürfen, nicht vorgegeben, so bestimmt sich der Haftungshöchstbetrag nach der Anzahl der Reisenden, die das Schiff im Zeitpunkt des haftungsbegründenden Ereignisses tatsächlich befördert hat. [3]Der Haftungshöchstbetrag beträgt jedoch mindestens 2 Millionen Rechnungseinheiten.

(3) Abweichend von Absatz 2 beträgt der Haftungshöchstbetrag für einen Berger im Sinne von § 5c Abs. 1 Nr. 2 oder einen an Bord tätigen Lotsen 2 Millionen Rechnungseinheiten.

§ 5l

(1) [1]Die in diesem Abschnitt genannte Rechnungseinheit ist das Sonderziehungsrecht des Internationalen Währungsfonds. [2]Die nach den §§ 5e bis 5k maßgebenden Haftungshöchstbeträge werden in Euro entsprechend dem Wert des Euro gegenüber dem Sonderziehungsrecht im Zeitpunkt der Errichtung des Haftungsfonds oder der Leistung einer vom Gericht zugelassenen Sicherheit umgerechnet. [3]Wird die Beschränkung der Haftung im Wege der Einrede nach § 5d Abs. 3 geltend gemacht, so ist maßgeblicher Zeitpunkt für die Umrechnung der Tag des Urteils. [4]Der Wert des Euro gegenüber dem Sonderziehungsrecht wird nach der Berechnungsmethode ermittelt, die der Internationale Währungsfonds an dem betreffenden Tag für seine Operationen und Transaktionen anwendet.

(2) Das Bundesministerium der Justiz und für Verbraucherschutz wird ermächtigt, durch Rechtsverordnung, die nicht der Zustimmung des Bundesrates bedarf, die in den §§ 5e bis 5k genannten Beträge nach Maßgabe der Änderungen, die gemäß Artikel 20 des Straßburger Übereinkommens vom 27. September 2012 über die Beschränkung der Haftung in der Binnenschifffahrt (CLNI 2012) als angenommen gelten, zu ändern.

§ 5m

Die §§ 4 bis 5l sind ohne Rücksicht auf das nach Internationalen Privatrecht anzuwendende Recht anzuwenden, wenn im Zeitpunkt des haftungsbegründenden Ereignisses

1. das Schiff, für das die Haftung beschränkt werden soll, ein deutsches Gewässer oder ein sonstiges dem Straßburger Übereinkommen vom 27. September 2012 über die Beschränkung der Haftung in der Binnenschifffahrt (CLNI 2012) unterliegendes Gewässer befahren hat oder

2. Bergungsmaßnahmen für ein im Bereich solcher Gewässer in Gefahr befindliches Binnen- oder Seeschiff oder für die Ladung eines solchen Binnen- oder Seeschiffs erbracht worden sind oder

3. ein im Bereich solcher Gewässer gesunkenes, havariertes, festgefahrenes oder verlassenes Schiff oder die Ladung eines solchen Schiffes gehoben, beseitigt, vernichtet oder unschädlich gemacht worden ist.

§ 5n

(1) Die §§ 4 bis 5m in der durch das Zweite Gesetz zur Änderung der Haftungsbeschränkung in der Binnenschifffahrt vom 5. Juli 2016 (BGBl. I S. 1578) geänderten Fassung sind nur anzuwenden, wenn das Ereignis, aus dem die Ansprüche entstanden sind, nach dem Inkrafttreten dieses Gesetzes eingetreten ist.

(2) Die Beschränkung der Haftung für Ansprüche aus einem Ereignis, das vor dem Inkrafttreten des Zweiten Gesetzes zur Änderung der Haftungsbeschränkung in der Binnenschifffahrt eingetreten ist, bestimmt sich nach den im Zeitpunkt des Eintritts dieses Ereignisses geltenden Bestimmungen.

§ 6

(1) Das Gericht des Ortes, von dem aus die Schiffahrt mit dem Schiff betrieben wird (Heimatort), ist, vorbehaltlich des § 3 Abs. 1 des Gesetzes über das gerichtliche Verfahren in Binnenschiffahrtssachen vom 27. September 1952 (Bundesgesetzbl. I S. 641), für alle gegen den Schiffseigner als solchen zu erhebenden Klagen zuständig ohne Unterschied, ob er persönlich oder nur mit dem Schiff haftet.

(2) Unter mehreren hiernach in Betracht kommenden Orten gilt als Heimatort der Ort, wo die Geschäftsniederlassung, bei mehreren Niederlassungen die Hauptniederlassung und in Ermangelung einer Geschäftsniederlassung der Wohnsitz des Schiffseigners sich befindet.

(3) Ist ein Heimatort nicht festzustellen, so gilt als solcher der Ort, wo der Schiffseigner zur Gewerbesteuer oder Einkommensteuer veranlagt wird.

Zweiter Abschnitt
Schiffer

§ 7

(1) Der Führer des Schiffes (Schiffer) ist verpflichtet, bei allen Dienstverrichtungen, namentlich bei der Erfüllung der von ihm auszuführenden Verträge, die Sorgfalt eines ordentlichen Schiffers anzuwenden.

(2) [1]Er haftet für jeden durch die Vernachlässigung dieser Sorgfalt entstandenen Schaden nicht nur dem Schiffseigner, sondern auch den Ladungsbeteiligten (Absender und Empfänger), den beförderten Personen und der Schiffsbesatzung, es sei denn, daß er auf Anweisung des Schiffseigners gehandelt hat. [2]Auch in dem letzteren Fall bleibt der Schiffer verantwortlich, wenn er es unterlassen hat, dem Schiffseigner die nach Lage des Falles erforderliche Aufklärung zu erteilen, oder wenn ihm eine strafbare Handlung zur Last fällt.

(3) Durch die Erteilung der Anweisung wird der Schiffseigner verpflichtet, wenn er bei der Erteilung von dem Sachverhältnis unterrichtet war.

§ 8

(1) Der Schiffer hat vor Antritt der Reise darauf zu sehen, daß das Schiff in fahrtüchtigem Zustand, gehörig eingerichtet und ausgerüstet, sowie hinreichend bemannt ist, und daß die Schiffspapiere und Ladungsverzeichnisse an Bord sind.

(2) Er hat für die Tüchtigkeit der Gerätschaften zum Laden und Löschen, für die gehörige Stauung der Ladung, sowie dafür zu sorgen, daß das Schiff nicht schwerer beladen wird, als die Tragfähigkeit desselben und die jeweiligen Wasserstandsverhältnisse es gestatten.

(3) Wenn der Schiffer im Ausland die daselbst geltenden Vorschriften, insbesondere die Polizei-, Steuer- und Zollgesetze nicht beobachtet, so hat er den daraus entstehenden Schaden zu ersetzen.

(4) (weggefallen)

§ 9

(1) Wenn der Schiffer durch Krankheit oder andere Ursachen verhindert ist, das Schiff zu führen, so darf er den Antritt oder die Fortsetzung der Reise nicht ungebührlich verzögern; er muß vielmehr, wenn Zeit und Umstände es gestatten, die Anordnung des Schiffseigners einholen und für die Zwischenzeit die geeigneten Vorkehrungen treffen, im entgegengesetzten Fall aber einen anderen Schiffer einsetzen.

(2) Für diesen Stellvertreter ist er nur insofern verantwortlich, als ihm bei der Wahl desselben ein Verschulden zur Last fällt.

§ 10

(1) ¹Der Schiffer ist verpflichtet, von Beschädigungen des Schiffes oder der Ladung, von eingegangenen Geschäften sowie von der Einsetzung eines anderen Schiffers (§ 9) den Schiffseigner in Kenntnis zu setzen. ²Er hat in allen erheblichen Fällen, namentlich wenn er die Reise einzustellen oder zu ändern sich genötigt findet, die Erteilung von Verhaltungsmaßregeln bei dem Schiffseigner nachzusuchen, sofern es die Umstände gestatten.

(2) Im Interesse der Ladungsbeteiligten hat der Schiffer während der Reise für das Beste der Ladung nach Möglichkeit Sorge zu tragen.

(3) Werden zur Abwendung oder Verringerung eines Verlusts besondere Maßregeln erforderlich, so hat er, wenn tunlich, die Anweisung der Ladungsbeteiligten einzuholen, sonst nach bestem Ermessen das Erforderliche selbst zu veranlassen und dafür zu sorgen, daß die Ladungsbeteiligten von dem Vorfall und den dadurch veranlaßten Maßregeln schleunigst in Kenntnis gesetzt werden.

§ 11

(1) ¹Wird das Schiff oder die Ladung von einem Unfall betroffen, so ist der Schiffer berechtigt und auf Verlangen des Schiffseigners oder eines Ladungsbeteiligten verpflichtet, vor dem Amtsgericht des Ortes, an welchem die Reise endet, und, wenn das Schiff vorher an einem anderen Ort längere Zeit liegen bleiben muß, vor dem Amtsgericht dieses Ortes eine Beweisaufnahme über den tatsächlichen Hergang sowie über den Umfang des eingetretenen Schadens und über die zur Abwendung oder Verringerung desselben angewendeten Mittel zu beantragen. ²Er hat sich selbst zum Zeugnis zu erbieten und die zur Feststellung des Sachverhältnisses sonst dienlichen Beweismittel zu bezeichnen.

(2) Ist eine Beweisaufnahme vor dem in Absatz 1 bezeichneten Gericht nicht verlangt worden, so ist der Schiffer berechtigt und auf Verlangen des Schiffseigners oder eines Ladungsbeteiligten verpflichtet, eine

Beweisaufnahme vor dem für Binnenschiffahrtssachen zuständigen Amtsgericht zu beantragen, in dessen Bezirk der Unfall sich ereignet hat.

§ 12

[1]Zur Aufnahme des Beweises bestimmt das Gericht einen tunlichst nahen Termin, zu welchem der Schiffer und die sonst bezeichneten Zeugen zu laden sind. [2]Dem Schiffseigner und den Ladungsbeteiligten ist von dem Termin Mitteilung zu machen, soweit es ohne unverhältnismäßige Verzögerung des Verfahrens geschehen kann. [3]Die Mitteilung kann durch öffentliche Bekanntmachung erfolgen.

§ 13

(1) Die Aufnahme des Beweises erfolgt nach den Vorschriften der Zivilprozeßordnung.

(2) Soweit hiernach nicht die Beeidigung des Schiffers ausgeschlossen ist, beschließt über dieselbe das Gericht nach freiem Ermessen.

(3) [1]Die an Schiff und Ladung Beteiligten, sowie die etwa sonst durch den Unfall Betroffenen sind berechtigt, in Person oder durch Vertreter der Verhandlung beizuwohnen. [2]Sie können eine Ausdehnung der Beweisaufnahme auf weitere Beweismittel beantragen.

(4) Das Gericht ist befugt, eine Ausdehnung der Beweisaufnahme auch von Amts wegen anzuordnen, soweit dies zur Aufklärung des Sachverhalts erforderlich erscheint.

§ 14

(1) (aufgehoben)

(2) [1]Ist das Verfahren auf Verlangen eines Ladungsbeteiligten beantragt, so hat dieser die entstandenen Kosten zu erstatten, soweit er nicht Anspruch auf Ersatz des durch den Unfall ihm entstandenen Schadens hat. [2]Die Verpflichtung des Schiffseigners, dem Schiffer die verauslagten Kosten zu erstatten, wird hierdurch nicht berührt.

(3) In Fällen der großen Haverei findet die Vorschrift des § 84 Anwendung.

§ 15

(1) Befindet sich das Schiff weder am Heimatort, noch an einem Ort, an welchem der Schiffseigner eine Geschäftsniederlassung hat, so ist der Schiffer Dritten gegenüber kraft seiner Anstellung befugt, die Frachtforderungen einzuziehen, sowie für den Schiffseigner alle Geschäfte und Rechtshandlungen vorzunehmen, welche die Ausführung der Reise erforderlich macht.

(2) Zur Eingehung von Wechselverbindlichkeiten, zur Veräußerung oder Verpfändung des Schiffes und zum Abschluß von Frachtverträgen ist der Schiffer nur auf Grund einer ihn hierzu ermächtigenden Vollmacht des Schiffseigners berechtigt.

§ 16

(1) Rechtsgeschäfte, welche der Schiffer eingeht, während das Schiff sich an einem der in § 15 Abs. 1 bezeichneten Ort befindet, sind für den Schiffseigner nur dann verbindlich, wenn der Schiffer auf Grund einer Vollmacht gehandelt hat, oder wenn ein anderer besonderer Verpflichtungsgrund vorhanden ist.

(2) Zur Ausstellung von Ladescheinen ist der Schiffer ohne Unterschied des Ortes befugt.

§ 17

Der Schiffseigner, welcher die gesetzlichen Befugnisse des Schiffers beschränkt hat, kann einem Dritten die Nichteinhaltung dieser Beschränkungen nur dann entgegensetzen, wenn er beweist, daß sie dem Dritten bekannt waren.

§ 18

Dem Schiffseigner gegenüber sind für den Umfang der Befugnisse des Schiffers die Bestimmungen der §§ 15 und 16 ebenfalls maßgebend, soweit nicht der Schiffseigner diese Befugnisse beschränkt hat.

§ 19

(1) Durch ein Rechtsgeschäft, welches der Schiffer in seiner Eigenschaft als Führer des Schiffes, sei es mit, sei es ohne Bezeichnung des Schiffseigners innerhalb seiner gesetzlichen Befugnisse geschlossen hat, wird der Schiffseigner dem Dritten gegenüber berechtigt und die Haftung des Schiffseigners begründet.

(2) Der Schiffer selbst wird dem Dritten durch das Rechtsgeschäft nicht verpflichtet, es sei denn, daß er dessen Erfüllung gewährleistet oder seine Befugnisse überschritten hat.

§ 20

(1) Der Schiffer untersteht, soweit nicht in diesem Gesetz ein anderes bestimmt ist, den Vorschriften, welche für die technischen Angestellten im Sinne der Gewerbeordnung gelten.

(2) u. (3) (aufgehoben)

(4) Hat der Schiffer eine Reise angetreten, so ist er verpflichtet, bis zur Beendigung der Reise und zur Entlöschung des Schiffes im Dienst zu bleiben, es sei denn, daß ein den sofortigen Austritt rechtfertigender Grund vorhanden ist.

(5) [1]Wird das Dienstverhältnis vor der Ankunft des Schiffes am Bestimmungsort während der Reise aufgehoben, so hat der Schiffer Anspruch auf die Kosten der Rückreise nach dem Ort, an welchem er in Dienst getreten ist. [2]Diese Bestimmung findet keine Anwendung, wenn der Schiffer sich einer Handlung schuldig gemacht hat, welche geeignet ist, seine sofortige Entlassung zu rechtfertigen.

(6) Ist ein die sofortige Entlassung rechtfertigender Grund nicht vorhanden, so kann der Schiffer zwar jederzeit seines Dienstes enthoben werden, jedoch unbeschadet seiner Entschädigungsansprüche für die Zeit bis zum Ende der vertragsmäßigen Dauer des Dienstverhältnisses oder bis zum Ablauf der Kündigungsfrist.

Dritter Abschnitt
Schiffsmannschaft

§ 21

(1) Zur Schiffsmannschaft gehören mit Ausnahme des Schiffers die zum Schiffahrtsdienst auf dem Schiff angestellten Personen der Schiffsbesatzung, insbesondere die Steuerleute, Bootsleute, Matrosen, Schiffsknechte, Schiffsjungen, Maschinisten und Heizer.

(2) Die Schiffsmannschaft untersteht der Gewerbeordnung.

§ 22

¹Die Verpflichtung des Schiffsmanns zum Dienstantritt beginnt, wenn nichts anderes verabredet ist, mit dem Abschluß des Dienstvertrags. ²Tritt der Schiffsmann den Dienst nicht binnen vierundzwanzig Stunden an, so braucht er nicht mehr angenommen zu werden. ³Der Anspruch des Schiffseigners auf Schadensersatz wird hierdurch nicht berührt.

§ 23

(1) Der Schiffsmann ist verpflichtet, in Ansehung des Schiffsdiensts den Anordnungen des Schiffers Folge zu leisten und jederzeit alle für Schiff und Ladung ihm übertragenen Arbeiten zu verrichten.

(2) Er darf das Schiff ohne Erlaubnis des Schiffers nicht verlassen.

(3) Verunglückt das Schiff, so hat der Schiffsmann für Rettung der Personen und ihres Gepäcks sowie für Sicherstellung der Schiffsteile, der Gerätschaften und der Ladung den Anordnungen des Schiffers gemäß nach besten Kräften zu sorgen.

§ 24

Wenn über die Zeit der Lohnzahlung nichts anderes vereinbart ist, so kann der Schiffsmann am Schluß jeder zweiten Woche die Auszahlung des verdienten Lohnes verlangen.

§ 25

(1) (aufgehoben)

(2) Nach Antritt der Reise ist der Schiffsmann verpflichtet, bis zur Beendigung der Reise und zur Entlöschung des Schiffes im Dienst zu bleiben, es sei denn, daß ein den sofortigen Austritt rechtfertigender Grund vorhanden ist.

(3) ¹Wird das Dienstverhältnis vor der Ankunft des Schiffes am Bestimmungsort während der Reise aufgehoben, so hat der Schiffsmann Anspruch auf die Kosten der Rückreise nach dem Ort, an welchem er in Dienst getreten ist. ²Diese Bestimmung findet keine Anwendung, wenn der Schiffsmann sich einer Handlung schuldig gemacht hat, welche geeignet ist, seine sofortige Entlassung zu rechtfertigen.

(4) Ist ein die sofortige Entlassung rechtfertigender Grund nicht vorhanden, so kann der Schiffsmann zwar jederzeit seines Dienstes enthoben werden, jedoch unbeschadet seiner Entschädigungsansprüche für die Zeit bis zum Ende der vertragsmäßigen Dauer des Dienstverhältnisses oder bis zum Ablauf der Kündigungsfrist.

Vierter Abschnitt
Frachtgeschäft. Schiffsüberlassungsverträge

§ 26

Auf das Frachtgeschäft zur Beförderung von Gütern auf Binnengewässern finden die Vorschriften des Vierten Abschnitts des Vierten Buchs des Handelsgesetzbuchs Anwendung.

§ 27

(1) Auf den Vertrag über die Vermietung eines Binnenschiffs sind die §§ 553 bis 556 des Handelsgesetzbuchs entsprechend anzuwenden.

(2) Auf den Vertrag über die Überlassung eines Binnenschiffs mit Besatzung auf Zeit zum Zwecke der Beförderung von Gütern oder Personen oder der Erbringung anderer vereinbarter Leistungen durch denjenigen, der das Schiff zur Verfügung stellt, sind die §§ 557 bis 569 des Handelsgesetzbuchs entsprechend anzuwenden.

§§ 28 bis 76

(weggefallen)

Fünfter Abschnitt
Beförderung von Reisenden und ihrem Gepäck

§ 77

Auf die Beförderung von Fahrgästen und ihrem Gepäck auf Flüssen und sonstigen Binnengewässern sind die §§ 536 bis 552 des Handelsgesetzbuchs entsprechend anzuwenden.

Sechster Abschnitt
Große Haverei

§ 78

(1) [1]Werden das Schiff, der Treibstoff, die Ladung oder mehrere dieser Sachen zur Errettung aus einer gemeinsamen Gefahr auf Anordnung des Schiffers vorsätzlich beschädigt oder aufgeopfert oder werden zu diesem Zweck auf Anordnung des Schiffers Aufwendungen gemacht (Große Haverei), so werden die hierdurch entstandenen Schäden und Aufwendungen von den Beteiligten gemeinschaftlich getragen. [2]Beteiligter ist derjenige, der im Zeitpunkt des Havereifalls Eigentümer des Schiffes, des Treibstoffs oder eines zur Ladung gehörenden Frachtstücks oder der Inhaber der Frachtforderung ist.

(2) Die Vergütungsberechtigten haben für ihre Forderungen auf die vom Eigentümer des Schiffes sowie vom Inhaber der Frachtforderung zu entrichtenden Beiträge die Rechte eines Schiffsgläubigers an dem Schiff (§§ 102 bis 115).

(3) Auf die Große Haverei sind die §§ 589 bis 592, 594 und 595 des Handelsgesetzbuchs mit der Maßgabe entsprechend anzuwenden, dass für die Verteilung auf die Gegenstände abzustellen ist, die einem Beteiligten nach Absatz 1 Satz 2 zuzurechnen sind.

§§ 79 bis 91
(weggefallen)

Siebter Abschnitt
Zusammenstoß von Schiffen. Bergung

§ 92

(1) Die Schadensersatzpflicht beim Zusammenstoß von Binnenschiffen bestimmt sich nach den Vorschriften der §§ 92a bis 92f.

(2) Fügt ein Schiff durch Ausführung oder Unterlassung eines Manövers oder durch Nichtbeobachtung einer Verordnung einem anderen Schiff oder den an Bord der Schiffe befindlichen Personen oder Sachen einen Schaden zu, ohne daß ein Zusammenstoß stattfindet, so finden die Vorschriften der §§ 92a bis 92f entsprechende Anwendung.

(3) [1]Als Schiffe im Sinne dieser Vorschriften sind auch Kleinfahrzeuge anzusehen. [2]Den Schiffen stehen bewegliche Teile von Schiffsbrücken gleich.

§ 92a

Im Falle eines <u>Zusammenstoßes von Schiffen</u> besteht kein Anspruch auf Ersatz des Schadens, der den Schiffen oder den an Bord befindlichen Personen oder Sachen durch Zufall oder höhere Gewalt zugefügt worden ist oder dessen Ursachen ungewiß sind.

§ 92b

Ist der <u>Schaden durch Verschulden</u> der <u>Besatzung eines der Schiffe</u> herbeigeführt, so ist der Eigner dieses Schiffes zum Ersatz des Schadens verpflichtet.

§ 92c

(1) [1]Ist der <u>Schaden</u> durch <u>gemeinsames Verschulden</u> der <u>Besatzungen der beteiligten Schiffe</u> herbeigeführt, so sind die Eigner dieser Schiffe zum Ersatz des Schadens, der den Schiffen oder den an Bord befindlichen Sachen zugefügt wird, nach dem Verhältnis der Schwere des auf jeder Seite obwaltenden Verschuldens verpflichtet. [2]Kann nach den Umständen ein solches Verhältnis nicht festgesetzt werden oder erscheint das auf jeder Seite obwaltende Verschulden als gleich schwer, so sind die Schiffseigner zu gleichen Teilen ersatzpflichtig.

(2) [1]Für den Schaden, der durch die Tötung oder die Verletzung des Körpers oder der Gesundheit einer an Bord befindlichen Person entstanden ist, haften die Schiffseigner, wenn der Schaden durch gemeinsames Verschulden herbeigeführt ist, dem Verletzten als Gesamtschuldner. [2]Im Verhältnis der Schiffseigner zueinander gelten auch für einen solchen Schaden die Vorschriften des Absatzes 1.

§ 92d

Bei der Anwendung der §§ 92b, 92c steht das <u>Verschulden</u> eines <u>an Bord tätigen Lotsen</u> dem Verschulden eines Mitglieds der Schiffsbesatzung gleich.

§ 92e

Die §§ 92 bis 92d gelten auch, wenn die beteiligten Schiffe zu demselben Schleppverband gehören.

§ 92f

(1) Die §§ 92 bis 92e gelten auch für die Haftung der Personen der Schiffsbesatzung und der Lotsen.

(2) Die Vorschriften über die Beschränkung der Haftung des Schiffseigners, der Besatzungsmitglieder und der Lotsen und über ihre Haftung aus Verträgen bleiben unberührt.

§ 93 Bergung

(1) Auf die Rechte und Pflichten des nicht von einem Seeschiff aus tätigen Bergers, der einem in Binnengewässern in Gefahr befindlichen Binnenschiff oder sonstigen Vermögensgegenstand Hilfe leistet, sowie auf die Rechte und Pflichten der sonstigen an den Bergungsmaßnahmen beteiligten Personen finden die §§ 574 bis 584, 585 Absatz 2 und 3, §§ 586 und 587, 606 Nummer 3 in Verbindung mit § 607 Absatz 7 und § 618 des Handelsgesetzbuchs sowie Artikel 8 des Einführungsgesetzes zum Handelsgesetzbuche entsprechende Anwendung.

(2) Der Gläubiger einer Forderung auf Bergelohn, auf Sondervergütung oder auf Bergungskosten hat nach § 102 Nummer 3 für seine Forderung die Rechte eines Schiffsgläubigers an dem geborgenen Schiff.

§§ 94 bis 101

(weggefallen)

Achter Abschnitt
Schiffsgläubiger

§ 102

Die nachstehenden <u>Forderungen gewähren</u> die <u>Rechte eines Schiffsgläubigers</u>:

1.   die öffentlichen Schiffs- und Schiffahrtsabgaben, insbesondere die Brücken-, Schleusen-, Kanal- und Hafengelder;

2.   die aus den Dienstverträgen herrührenden Forderungen der Schiffsbesatzung, Gehalts- und Lohnforderungen für die Vergangenheit, jedoch höchstens für den Zeitraum von sechs Monaten, gerechnet von der im Zwangsversteigerungsverfahren erfolgenden Beschlagnahme des Schiffes ab;

3.   die Lotsengelder sowie Bergelohn oder Sondervergütung einschließlich Bergungskosten; die Beiträge des Schiffes zur großen Haverei;

4.   die Forderungen wegen Personenschäden (§ 4 Abs. 2) und wegen Sachschäden (§ 4 Abs. 3), die an Bord oder in unmittelbarem Zusammenhang mit dem Betrieb des Schiffes eingetreten sind;

5. die nicht unter eine der vorigen Nummern fallenden Forderungen aus Rechtsgeschäften, die der Schiffer als solcher kraft seiner gesetzlichen Befugnisse (§§ 15, 16) und nicht mit Bezug auf eine Vollmacht geschlossen hat;

6. die Forderungen der Träger der Sozialversicherung einschließlich der Arbeitslosenversicherung gegen den Schiffseigner.

§ 103

(1) Die Schiffsgläubiger haben an dem Schiff nebst Zubehör ein Pfandrecht.

(2) Das Pfandrecht ist gegen jeden dritten Besitzer des Schiffes verfolgbar.

(3) Die Befriedigung aus dem Pfand erfolgt auf Grund eines vollstreckbaren Titels nach den Vorschriften über die Zwangsvollstreckung.

§ 104

Sind mehrere Schiffe in einem Schleppzug, einem Schubverband oder einem Verband von fest gekoppelten Schiffen mit eigener Antriebskraft vereinigt, so erstreckt sich das Pfandrecht des Schiffsgläubigers nur auf dasjenige Schiff, welches den Schaden verursacht hat.

§ 105

Das einem Schiffsgläubiger zustehende Pfandrecht gilt in gleichem Maße für Kapital, Zinsen und Kosten.

§ 106

(weggefallen)

§ 107

Die Rangordnung der Pfandrechte der Schiffsgläubiger bestimmt sich nach der Reihenfolge der Nummern, unter denen die Forderungen in § 102 aufgeführt sind.

§ 108

(1) Die Pfandrechte für die unter derselben Nummer genannten Forderungen haben, soweit sich aus den Absätzen 2 und 3 nicht ein anderes ergibt, ohne Rücksicht auf den Zeitpunkt ihrer Entstehung den gleichen Rang.

(2) Von den Pfandrechten für die in § 102 Nr. 3 aufgeführten Forderungen geht das für die später entstandene Forderung dem für die früher entstandene Forderung vor; Pfandrechte wegen gleichzeitig entstandener Forderungen sind gleichberechtigt. Forderungen, welche aus Anlaß eines und desselben Notfalles entstanden sind, gelten als gleichzeitig entstanden.

(3) Pfandrechte für die in § 102 Nr. 4 aufgeführten Forderungen wegen Personenschäden gehen Pfandrechten für die unter derselben Nummer aufgeführten Forderungen wegen Sachschäden vor.

§ 109

(1) Das Pfandrecht des Schiffsgläubigers hat den Vorrang vor den sonstigen Pfandrechten am Schiff, für die in § 102 unter Nummer 4 bis 6 aufgeführten Forderungen jedoch nur insoweit, als jene Pfandrechte nicht früher entstanden sind.

(2) Soweit hiernach die sonstigen Pfandrechte an dem Schiff der Forderung eines Schiffsgläubigers vorgehen, haben sie zugleich den Vorrang vor den dieser Forderung nachstehenden Forderungen anderer Schiffsgläubiger.

(3) Erleidet ein Schiffsgläubiger, welchem der Schiffseigner nur mit dem Schiff haftet, dadurch einen Ausfall an seiner Forderung, daß seinem Pfandrecht an dem Schiff das Pfandrecht eines Gläubigers vorgeht, der nicht Schiffsgläubiger ist, so wird der Schiffseigner in Höhe dieses Ausfalls persönlich verpflichtet.

§ 110

Wird außer dem Fall der Zwangsversteigerung das Schiff veräußert, so ist der Erwerber berechtigt, die Ausschließung der unbekannten Schiffsgläubiger mit ihren Pfandrechten im Wege des Aufgebotsverfahrens zu beantragen.

§ 111

Die Vorschrift des § 110 findet keine Anwendung, wenn nur der Anteil eines Miteigentümers des Schiffes den Gegenstand der Veräußerung bildet.

§ 112

(weggefallen)

§ 113

Soweit der Schiffseigner bei der Zwangsversteigerung oder bei einer sonstigen Veräußerung des Schiffes den Erlös eingezogen hat, haftet er jedem Schiffsgläubiger, dessen Pfandrecht infolge der Zwangsversteigerung oder infolge eines nach § 110 eingeleiteten Aufgebotsverfahrens erloschen ist, in Höhe desjenigen Betrages persönlich, der sich bei einer Verteilung des eingezogenen Betrages nach der gesetzlichen Rangordnung ergibt.

§ 114

(1) Sendet der Schiffseigner, nachdem er von der Forderung eines Schiffsgläubigers, für welche er nur mit dem Schiff haftet, Kenntnis erhalten hat, das Schiff zu einer neuen Reise aus, ohne daß dies zugleich im Interesse des Gläubigers geboten war, so wird er für die Forderung in Höhe desjenigen Betrags auch persönlich verpflichtet, welcher für den Gläubiger sich ergeben haben würde, falls der Wert, den das Schiff bei Antritt der Reise hatte, unter die Schiffsgläubiger nach der gesetzlichen Rangordnung verteilt worden wäre.

(2) Bis zum Beweis des Gegenteils wird angenommen, daß der Gläubiger bei dieser Verteilung seine vollständige Befriedigung erlangt haben würde.

§ 115

(1) ¹Das Pfandrecht erstreckt sich auch auf einen Ersatzanspruch, der dem Schiffseigner wegen des Verlustes oder der Beschädigung des Schiffes gegen einen Dritten zusteht. ²Das gleiche gilt hinsichtlich der Vergütung für Schäden an dem Schiff in Fällen der großen Haverei.

(2) Das Pfandrecht erstreckt sich nicht auf eine Forderung aus einer Versicherung, die der Schiffseigner für das Schiff genommen hat.

(3) Soweit der Schiffseigner die Entschädigung oder Vergütung eingezogen hat, haftet er in Höhe des eingezogenen Betrages den Schiffsgläubigern persönlich in gleicher Weise wie bei Einziehung eines Erlöses (§ 113).

§ 116

(1) ¹Die wegen der Beiträge zur großen Haverei auf den Ladungsgütern haftenden Pfandrechte gehen den in § 442 des Handelsgesetzbuchs bezeichneten Pfandrechten vor. ²Unter den ersteren Pfandrechten hat das später entstandene vor dem früher entstandenen den Vorzug; die gleichzeitig entstandenen sind gleichberechtigt; Forderungen, welche aus Anlaß desselben Notfalls entstanden sind, gelten als gleichzeitig entstanden.

(2) In den Fällen der großen Haverei und des Verlusts oder der Beschädigung durch rechtswidrige Handlungen finden die Vorschriften des § 115 entsprechende Anwendung.

Neunter Abschnitt
Verjährung

§ 117

(1) Mit dem Ablauf eines Jahres verjähren:

1. die öffentlichen Schiffs- und Schiffahrtsabgaben, insbesondere die Brücken-, Schleusen-, Kanal- und Hafengelder;
2. die aus den Dienstverträgen herrührenden Forderungen der Schiffsbesatzung;
3. die Lotsengelder;
4. (weggefallen)
5. die Beiträge zur großen Haverei;
6. die Forderungen aus Geschäften, welche der Schiffer kraft seiner gesetzlichen Befugnisse (§§ 15 und 16) und nicht mit Bezug auf eine Vollmacht geschlossen hat;
7. die Forderungen aus dem Verschulden einer Person der Schiffsbesatzung oder eines Lotsen (§§ 3, 7), soweit ihre Verjährung sich nicht nach § 118 bestimmt.

(2) Die Verjährung beginnt mit dem Schluß des Jahres, in welchem die Forderung fällig geworden ist.

§ 118

(1) Ersatzansprüche aus dem Zusammenstoß von Schiffen (§§ 92 bis 92f) verjähren mit Ablauf von zwei Jahren seit dem Ereignis.

(2) [1]Ausgleichsansprüche unter <u>mehreren für einen Schaden aus einem Zusammenstoß</u> als <u>Gesamtschuldner</u> haftenden Schiffseignern verjähren mit dem Ablauf <u>eines Jahres</u>. [2]Die Verjährung beginnt mit dem Tag der Zahlung, auf Grund deren die Ausgleichung verlangt wird, oder, wenn vorher eine gerichtliche Entscheidung über die Höhe der gesamtschuldnerischen Haftung rechtskräftig geworden ist, mit dem Tag der Rechtskraft der Entscheidung. [3]Die Verjährung von Ansprüchen, die einem Gesamtschuldner wegen des Ausfalls, den er bei der Ausgleichung durch die Zahlungsunfähigkeit eines anderen Gesamtschuldners erleidet, gegen die übrigen Gesamtschuldner zustehen, beginnt jedoch nicht vor dem Tag, an dem der Berechtigte Kenntnis von der Zahlungsunfähigkeit erlangt.

§§ 119 bis 129

Zehnter Abschnitt
Schlußbestimmungen

§ 130

In bürgerlichen Rechtsstreitigkeiten, in welchen durch Klage oder Widerklage ein Anspruch auf Grund dieses Gesetzes geltend gemacht ist, wird die Verhandlung und Entscheidung letzter Instanz im Sinne des § 8 des Einführungsgesetzes zum Gerichtsverfassungsgesetz dem Bundesgerichtshof zugewiesen.

§ 131

(1) Bei Schiffen, welche nur zu Fahrten innerhalb desselben Ortes bestimmt sind, sind die §§ 15 bis 19 auf das Rechtsverhältnis des Schiffes nicht anzuwenden.

(2) Die Landesregierungen werden ermächtigt, durch Rechtsverordnung zu bestimmen, daß Fahrten zwischen benachbarten Orten der Fahrt innerhalb desselben Ortes im Sinne des ersten Absatzes gleichstehen.

(3) Auf Schiffahrtsbetriebe, welche im Anschlusse an den Eisenbahnverkehr geführt werden und der staatlichen Eisenbahnaufsichtsbehörde unterstellt sind, finden die vorhergehenden Bestimmungen dieses Gesetzes mit Ausnahme der §§ 4 bis 5n, 92 bis 92f, 118 keine Anwendung.

(4) Das gleiche gilt bezüglich des Betriebs von Fähranstalten, soweit nicht der Betrieb mittels frei schwimmender Schiffe stattfindet.

CMNI („Güterbeförderung in der Binnenschifffahrt")

Budapester Übereinkommen über den Vertrag über die Güterbeförderung in der Binnenschifffahrt (franz.: *Convention de Budapest relative au contract de transport de marchandises en navigation intérieure*; engl.: Budapest Conventio on the Contract for the Carriage of Goods by Inland Waterway; CMNI); BGBl. 2007 II S. 298
– Nichtamtliche Fassung (Auszüge) –

Artikel 1
Begriffsbestimmungen

In diesem Übereinkommen

1. bedeutet "Frachtvertrag" jeder Vertrag, gleichgültig wie er bezeichnet wird, in dem sich ein Frachtführer gegen Bezahlung der Fracht verpflichtet, Güter auf Binnenwasserstraßen zu befördern;
2. bedeutet "Frachtführer" jede Person, von der oder in deren Namen ein Frachtvertrag mit einem Absender abgeschlossen worden ist;
3. bedeutet "ausführender Frachtführer" jede andere Person als ein Bediensteter oder ein Beauftragter des Frachtführers, welcher der Frachtführer die Ausführung der Beförderung ganz oder teilweise übertragen hat;
4. bedeutet "Absender" eine Person, von der oder in deren Namen oder für die ein Frachtvertrag mit einem Frachtführer abgeschlossen worden ist;
5. bedeutet "Empfänger" die zur Empfangnahme der Güter berechtigte Person;
6. bedeutet "Frachturkunde" eine Urkunde, durch die ein Frachtvertrag und die Übernahme oder das Verladen der Güter durch einen Frachtführer bewiesen wird und die in der Form eines Konnossementes oder eines Frachtbriefs oder jeder anderen im Handel gebräuchlichen Urkunde ausgestellt wird;
7. schließt der Begriff "Güter" weder geschleppte oder geschobene Schiffe noch Gepäck und Fahrzeuge der beförderten Personen ein; sind die Güter in einem Container, auf einer Palette oder in oder auf einem ähnlichen Beförderungsgerät zusammengefasst oder sind sie verpackt, so umfasst der Begriff "Güter" auch diese Beförderungsgeräte oder die Verpackung, falls sie vom Absender gestellt werden;
8. schließt der Begriff "schriftlich", sofern die betroffenen Personen nichts anderes vereinbart haben, den Fall ein, dass die Information in elektronischen, optischen oder ähnlich beschaffenen Kommunikationsmitteln enthalten ist, einschließlich, aber nicht hierauf begrenzt, Telegramm, Telekopie, Telex, elektronische Post oder elektronischer Datenaustausch (EDI), vorausgesetzt, die Information ist in der Weise verfügbar, dass sie für eine spätere Bezugnahme verwendet werden kann;

9. sind unter dem nach diesem Übereinkommen anzuwendenden Recht eines Staates die in diesem Staat geltenden Rechtsnormen unter Ausschluss derjenigen des Internationalen Privatrechts zu verstehen.

Artikel 2
Anwendungsbereich

(1) Dieses Übereinkommen ist auf alle Frachtverträge anzuwenden, nach denen der Ladehafen oder Übernahmeort und der Löschhafen oder Ablieferungsort in zwei verschiedenen Staaten liegen, von denen mindestens einer Vertragspartei dieses Übereinkommens ist. Sieht der Vertrag wahlweise mehrere Löschhäfen oder Ablieferungsorte vor, so ist der Löschhafen oder Ablieferungsort maßgebend, an dem die Güter tatsächlich abgeliefert wurden.

(2) Hat der Frachtvertrag die Beförderung von Gütern ohne Umladung sowohl auf Binnenwasserstraßen als auch auf Gewässern, die einer Seeordnung unterliegen, zum Gegenstand, so ist dieses Übereinkommen auch auf diesen Vertrag unter den Voraussetzungen des Absatzes 1 anzuwenden, es sei denn,

a) ein Seekonnossement ist nach dem anwendbaren Seerecht ausgestellt oder

b) die auf einer Seeordnung unterliegenden Gewässern zurückzulegende Strecke ist die größere.

(3) Dieses Übereinkommen ist ohne Rücksicht auf die Staatszugehörigkeit, den Registerort oder Heimathafen des Schiffes oder dessen Einordnung als See- oder Binnenschiff sowie ohne Rücksicht auf die Staatsangehörigkeit, den Wohnsitz, Sitz oder Aufenthalt des Frachtführers, Absenders oder Empfängers anzuwenden.

Artikel 3
Übernahme, Beförderung und Ablieferung der Güter

(1) Der Frachtführer hat die Güter zu befördern und fristgemäß am Ablieferungsort in demselben Zustand, in dem er sie erhalten hat, an den Empfänger abzuliefern.

(2) Sofern nicht etwas anderes vereinbart wird, erfolgt die Übernahme der Güter und ihre Ablieferung im Schiff.

(3) Der Frachtführer bestimmt das zu verwendende Schiff. Er hat vor und bei Antritt der Reise die gehörige Sorgfalt anzuwenden, damit das Schiff im Hinblick auf die zu befördernden Güter in ladetüchtigem Zustand, fahrtüchtig, gemäß den geltenden Bestimmungen ausgerüstet und bemannt ist und über die erforderlichen nationalen und internationalen Genehmigungen für die Beförderung der betroffenen Güter verfügt.

(4) Der Frachtführer darf, wenn die Beförderung mit einem bestimmten Schiff oder Schiffstyp vereinbart ist, die Güter ohne Zustimmung des Absenders nur dann ganz oder teilweise in ein anderes Schiff oder in ein Schiff anderen Typs verladen oder umladen,

a) wenn Umstände wie etwa niedrige Wasserstände, Schiffszusammenstöße oder andere Schifffahrtshindernisse eintreten, die zum Zeitpunkt des Abschlusses des Frachtvertrags unvorhersehbar waren und die die Verladung oder Umladung der Güter zur Durchführung des Frachtvertrags erforderlich machen, und wenn der Frachtführer Weisungen des Absenders in angemessener Frist nicht erlangen kann, oder

b)   wenn dies der Ortsübung in dem Hafen, in dem sich das Schiff befindet, entspricht.

(5) Der Frachtführer hat, vorbehaltlich der Pflichten des Absenders, sicherzustellen, dass durch das Laden, Stauen und Befestigen der Güter die Sicherheit des Schiffes nicht gefährdet wird.

(6) Der Frachtführer ist nur dann befugt, Güter auf Deck des Schiffes oder in offenen Schiffen zu befördern, wenn dies mit dem Absender vereinbart worden ist oder im Einklang mit den Gebräuchen des betreffenden Handels steht oder aufgrund geltender Vorschriften erforderlich ist.

Artikel 4
Ausführender Frachtführer

(1) Der zwischen einem Frachtführer und einem ausführenden Frachtführer abgeschlossene Vertrag im Sinne der Definition von Artikel 1 Nummer 1 ist als ein Frachtvertrag im Sinne dieses Übereinkommens anzusehen. In Bezug auf diesen Frachtvertrag gelten alle den Absender betreffenden Bestimmungen für den Frachtführer und alle den Frachtführer betreffenden Bestimmungen für den ausführenden Frachtführer.

(2) Hat der Frachtführer die Ausführung der Beförderung ganz oder teilweise einem ausführenden Frachtführer übertragen, gleichviel, ob die Übertragung in Ausübung eines im Frachtvertrag eingeräumten Rechts oder nicht erfolgte, so haftet der Frachtführer dennoch für die gesamte Beförderung gemäß den Bestimmungen dieses Übereinkommens. Alle für die Haftung des Frachtführers geltenden Bestimmungen dieses Übereinkommens gelten auch für die Haftung des ausführenden Frachtführers für die von ihm durchgeführte Beförderung.

(3) Der Frachtführer hat den Absender in jedem Fall zu unterrichten, wenn er die Ausführung der Beförderung ganz oder teilweise einem ausführenden Frachtführer überträgt.

(4) Vereinbarungen mit dem Absender oder dem Empfänger, durch die der Frachtführer seine Haftung gemäß den Bestimmungen dieses Übereinkommens erweitert, wirken gegen den ausführenden Frachtführer nur, soweit er ihnen ausdrücklich und schriftlich zugestimmt hat. Der ausführende Frachtführer kann alle Einwendungen geltend machen, die dem Frachtführer aus dem Frachtvertrag zustehen.

(5) Wenn und soweit sowohl der Frachtführer als auch der ausführende Frachtführer haften, haften sie als Gesamtschuldner. Rückgriffsrechte zwischen ihnen werden durch die Bestimmungen dieses Artikels nicht berührt.

Artikel 5
Lieferfrist

Der Frachtführer hat die Güter innerhalb der vertraglich vereinbarten Frist oder, mangels einer solchen Vereinbarung, innerhalb der Frist abzuliefern, die einem sorgfältigen Frachtführer unter Berücksichtigung der Umstände der Schiffsreise und bei unbehinderter Schifffahrt vernünftigerweise zuzubilligen ist.

Artikel 6
Pflichten des Absenders

(1) Der Absender ist zur Zahlung der nach dem Frachtvertrag geschuldeten Beträge verpflichtet.

(2) Der Absender hat dem Frachtführer vor Übergabe der Güter schriftlich folgende Angaben über die zu befördernden Güter zu machen:

a) Maß, Zahl oder Gewicht und Stauungsfaktor der Güter;

b) Merkzeichen, die für die Unterscheidung der Güter erforderlich sind;

c) Natur, besondere Merkmale und Eigenschaften der Güter;

d) Weisungen für die zollrechtliche oder sonstige amtliche Behandlung der Güter;

e) weitere für die Aufnahme in die Frachturkunde erforderliche Angaben.

Der Absender hat dem Frachtführer ferner bei Übergabe der Güter alle vorgeschriebenen Begleitpapiere zu übergeben.

(3) Der Absender hat die Güter, soweit deren Natur unter Berücksichtigung der vereinbarten Beförderung eine Verpackung erfordert, so zu verpacken, dass sie vor Verlust oder Beschädigung von der Übernahme bis zur Ablieferung durch den Frachtführer geschützt sind, und dass auch am Schiff oder an anderen Gütern keine Schäden entstehen können. Der Absender hat die Güter ferner unter Berücksichtigung der vereinbarten Beförderung mit einer Kennzeichnung gemäß den anwendbaren internationalen oder innerstaatlichen Vorschriften oder, mangels solcher Vorschriften, gemäß allgemein in der Binnenschifffahrt anerkannten Regeln und Gepflogenheiten zu versehen.

(4) Vorbehaltlich der dem Frachtführer obliegenden Pflichten hat der Absender die Güter zu laden und nach Binnenschifffahrtsbrauch zu stauen und zu befestigen, soweit im Frachtvertrag nicht etwas anderes vereinbart wurde.

Artikel 7
Gefährliche oder umweltschädliche Güter

(1) Sollen gefährliche oder umweltschädliche Güter befördert werden, so hat der Absender den Frachtführer vor Übergabe der Güter zusätzlich zu den Angaben nach Artikel 6 Absatz 2 auf die den Gütern innewohnenden Gefahren und Umweltrisiken und die zu treffenden Vorsichtsmaßnahmen schriftlich und deutlich hinzuweisen.

(2) Bedarf die Beförderung der gefährlichen oder umweltschädlichen Güter einer Bewilligung, so hat der Absender die erforderlichen Dokumente spätestens bei Übergabe der Güter zu übergeben.

(3) Können gefährliche oder umweltschädliche Güter mangels einer behördlichen Zustimmung nicht weiterbefördert, gelöscht oder abgeliefert werden, so trägt der Absender die Kosten des Rücktransports, wenn der Frachtführer die Güter zum Ladehafen oder einem näher liegenden Ort, wo sie gelöscht und abgeliefert oder entsorgt werden können, zurückbefördert.

(4) Besteht eine unmittelbare Gefahr für Menschenleben, Sachen oder die Umwelt, so ist der Frachtführer, auch wenn er vor Übernahme der Güter auf die ihnen innewohnenden Gefahren oder Umweltrisiken hingewiesen worden ist oder wenn ihm diese aufgrund anderer Informationen bekannt waren, berechtigt, die Güter auszuladen, unschädlich zu machen oder, sofern eine solche Maßnahme angesichts der von den Gütern ausgehenden Gefahr nicht unverhältnismäßig ist, zu vernichten.

(5) Ist der Frachtführer berechtigt, Maßnahmen nach Absatz 3 oder 4 zu ergreifen, so hat er Anspruch auf Ersatz des ihm entstandenen Schadens.

Artikel 8
Haftung des Absenders

(1) Der Absender haftet, auch ohne dass ihn ein Verschulden trifft, für alle Schäden und Aufwendungen, die dem Frachtführer oder dem ausführenden Frachtführer dadurch entstanden sind, dass

a) die Angaben oder Hinweise nach Artikel 6 Absatz 2 oder Artikel 7 Absatz 1 fehlen, unrichtig oder unvollständig sind,

b) gefährliche oder umweltschädliche Güter nicht gemäß anwendbaren internationalen oder innerstaatlichen Vorschriften oder, mangels solcher Vorschriften, gemäß allgemein in der Binnenschifffahrt anerkannten Regeln und Gepflogenheiten gekennzeichnet oder etikettiert sind,

c) die erforderlichen Begleitpapiere fehlen, unrichtig oder unvollständig sind.

Der Frachtführer kann sich nicht auf die Haftung des Absenders berufen, wenn nachgewiesen wird, dass ihn selbst, seine Bediensteten oder Beauftragten ein Verschulden trifft. Gleiches gilt für den ausführenden Frachtführer.

(2) Der Absender hat für die Erfüllung seiner Aufgaben und Pflichten nach den Artikeln 6 und 7 Handlungen und Unterlassungen von Personen, deren er sich dafür bedient, wie seine eigenen Handlungen und Unterlassungen zu vertreten, sofern diese Personen in Ausübung ihrer Verrichtungen handeln.

Artikel 9
Rücktrittsrecht des Frachtführers

(1) Der Frachtführer kann vom Frachtvertrag zurücktreten, wenn der Absender seine Pflichten nach Artikel 6 Absatz 2 oder Artikel 7 Absätze 1 und 2 verletzt hat.

(2) Macht der Frachtführer von seinem Rücktrittsrecht Gebrauch, so kann er die Güter auf Kosten des Absenders wieder ausladen und wahlweise die Zahlung folgender Beträge verlangen:

a) ein Drittel der vereinbarten Fracht oder

b) neben etwaigen Liegegeldern eine Entschädigung in Höhe des Betrags der aufgewendeten Kosten und des entstandenen Schadens sowie, wenn die Reise bereits begonnen hat, die anteilige Fracht für den zurückgelegten Teil der Reise.

Art. 10
Ablieferung der Güter

(1) Unbeschadet der Pflicht des Absenders nach Artikel 6 Absatz 1 haftet der Empfänger, der nach Ankunft der Güter am Ablieferungsort deren Auslieferung verlangt, nach Maßgabe des Frachtvertrags für die Fracht und die übrigen auf den Gütern lastenden Forderungen sowie für seine Beiträge im Fall einer großen Haverei. Fehlt eine Frachturkunde oder ist sie nicht vorgelegt worden, so haftet der Empfänger für die mit dem Absender vereinbarte Fracht, soweit diese marktüblich ist.

(2) Die Bereitstellung der Güter für den Empfänger in Übereinstimmung mit dem Frachtvertrag oder mit den für den betreffenden Handel geltenden Gebräuchen oder mit den im Löschhafen anzuwendenden Vorschriften

ist als Ablieferung anzusehen. Die vorgeschriebene Übergabe der Güter an eine Behörde oder einen Dritten ist ebenfalls als Ablieferung anzusehen.

Artikel 11
Art und Inhalt

(1) Der Frachtführer hat für jede unter dieses Übereinkommen fallende Beförderung von Gütern eine Frachturkunde auszustellen; ein Konnossement hat er nur auszustellen, wenn dies vom Absender verlangt und vor Verladung der Güter oder deren Übernahme zur Beförderung vereinbart worden ist. Das Fehlen einer Frachturkunde oder die Tatsache, dass diese unvollständig ist, berührt nicht die Gültigkeit des Frachtvertrags.

(2) Die Originalausfertigung der Frachturkunde ist vom Frachtführer oder Schiffsführer oder von einer vom Frachtführer ermächtigten Person zu unterzeichnen. Der Frachtführer kann verlangen, dass der Absender das Original oder eine Kopie mitunterzeichnet. Die Unterschriften können handschriftlich, in Faksimile gedruckt, perforiert, gestempelt, mit Zeichen oder sonstigen mechanischen oder elektronischen Mitteln gefertigt werden, wenn dies nach dem Recht des Staates, in dem die Urkunde ausgestellt wird, nicht verboten ist.

(3) Die Frachturkunde dient bis zum Beweis des Gegenteils als Nachweis für den Abschluss und den Inhalt des Frachtvertrags sowie für die Übernahme der Güter durch den Frachtführer. Sie begründet insbesondere die Vermutung, dass die Güter so zur Beförderung übernommen worden sind, wie sie in der Urkunde beschrieben werden.

(4) Handelt es sich bei der Frachturkunde um ein Konnossement, so ist dieses allein für das Verhältnis zwischen dem Frachtführer und dem Empfänger der Güter maßgebend. Für das Rechtsverhältnis zwischen dem Frachtführer und dem Absender bleiben die Bestimmungen des Frachtvertrags maßgebend.

(5) Die Frachturkunde enthält außer ihrer Bezeichnung folgende Angaben:

    a)   den Namen, Wohnsitz, Sitz oder Aufenthalt des Frachtführers und des Absenders;

    b)   den Empfänger der Güter;

    c)   den Namen oder die Nummer des Schiffes, wenn die Güter an Bord genommen sind, oder den Vermerk in der Frachturkunde, dass die Güter vom Frachtführer zur Beförderung übernommen, aber noch nicht an Bord des Schiffes verladen worden sind;

    d)   den Ladehafen oder Übernahmeort und den Löschhafen oder Ablieferungsort;

    e)   die übliche Bezeichnung der Art der Güter und ihrer Verpackung, und bei gefährlichen oder umweltschädlichen Gütern ihre nach den anwendbaren Vorschriften vorgesehene, sonst ihre allgemeine Bezeichnung;

    f)   Maß, Zahl oder Gewicht sowie Merkzeichen der an Bord verladenen oder zur Beförderung übernommenen Güter;

    g)   gegebenenfalls den Vermerk, dass die Güter auf Deck oder in offenen Schiffen befördert werden dürfen oder müssen;

    h)   die vereinbarten Bestimmungen über die Fracht;

    i)   bei Frachtbriefen die Bezeichnung als Original oder Kopie; bei Konnossementen die Anzahl der Originalausfertigungen;

j)   den Ort und Tag der Ausstellung.

Das Fehlen einer oder mehrerer in diesem Absatz genannten Angaben berührt nicht die Rechtsnatur einer Frachturkunde im Sinne von Artikel 1 Nummer 6 dieses Übereinkommens.

Artikel 12
Vorbehalte in den Frachturkunden

(1) Der Frachtführer ist berechtigt, in die Frachturkunde Vorbehalte aufzunehmen

a)   bezüglich Maß, Zahl oder Gewicht der Güter, wenn er Grund zur Annahme hat, dass die Angaben des Absenders unrichtig sind, oder wenn er keine ausreichende Möglichkeit hat, diese Angaben nachzuprüfen, insbesondere weil ihm die Güter nicht zugezählt, zugemessen oder zugewogen worden sind, oder weil ohne ausdrückliche Vereinbarung das Maß oder Gewicht durch Eichaufnahme festgestellt worden ist;

b)   bezüglich Merkzeichen, die nicht auf den Gütern selbst oder im Falle der Verpackung auf den Behältnissen oder Verpackungen deutlich und haltbar angebracht sind;

c)   bezüglich des äußeren Zustandes der Güter.

(2) Unterlässt es der Frachtführer, den äußeren Zustand der Güter zu vermerken oder diesbezügliche Vorbehalte anzubringen, so wird angenommen, er habe in der Frachturkunde vermerkt, dass die Güter in äußerlich gutem Zustand waren.

(3) Sind die Güter gemäß den Angaben in der Frachturkunde in einem Container oder in Laderäumen des Schiffes verstaut worden, die von einer anderen Person als dem Frachtführer, seinen Bediensteten oder Beauftragten versiegelt wurden, und sind weder der Container noch die Siegel bis zum Erreichen des Löschhafens oder Ablieferungsorts beschädigt, so besteht die Vermutung, dass ein Verlust oder eine Beschädigung der Güter nicht während der Beförderung entstanden ist.

Artikel 13
Konnossement

(1) Die Originalausfertigungen eines Konnossementes sind Wertpapiere, die auf den Namen des Empfängers, an Order oder auf den Inhaber lauten.

(2) Am Ablieferungsort werden die Güter nur gegen Rückgabe der zuerst vorgewiesenen Originalausfertigung des Konnossementes abgeliefert; sodann kann gegen Rückgabe der übrigen Originalausfertigungen die Ablieferung der Güter nicht mehr verlangt werden.

(3) Die Übergabe des Konnossementes an denjenigen, den das Konnossement zum Empfang der Güter legitimiert, hat, wenn die Güter vom Frachtführer übernommen sind, für den Erwerb von Rechten an den Gütern dieselben Wirkungen wie die Übergabe der Güter.

(4) Ist das Konnossement einem Dritten, einschließlich des Empfängers, übertragen worden, der gutgläubig im Vertrauen auf die im Konnossement enthaltene Beschreibung der Güter gehandelt hat, so ist diesem gegenüber der Gegenbeweis gegen die Vermutungen des Artikels 11 Absatz 3 und des Artikels 12 Absatz 2 nicht zulässig.

Artikel 14
Verfügungsberechtigter

(1) Der Absender ist berechtigt, über die Güter zu verfügen; er kann insbesondere verlangen, dass der Frachtführer die Güter nicht weiterbefördert, den Ablieferungsort ändert oder die Güter an einen anderen als den in der Frachturkunde angegebenen Empfänger abliefert.

(2) Das Verfügungsrecht des Absenders erlischt, sobald der Empfänger nach Ankunft der Güter an dem für die Ablieferung vorgesehenen Ort die Ablieferung der Güter verlangt hat und,

a) bei Beförderungen unter Verwendung eines Frachtbriefs, sobald die Originalausfertigung dem Empfänger übergeben worden ist,

b) bei Beförderungen unter Verwendung eines Konnossementes, sobald der Absender alle Original-ausfertigungen in seinem Besitz einer anderen Person übergeben hat und nicht mehr darüber verfügt.

(3) Der Absender kann durch einen entsprechenden Vermerk im Frachtbrief von dessen Ausstellung an auf sein Verfügungsrecht zugunsten des Empfängers verzichten.

Artikel 15
Voraussetzungen für die Ausübung des Verfügungsrechts

Der Absender oder in den Fällen des Artikels 14 Absätze 2 und 3 der Empfänger hat, wenn er sein Verfügungsrecht ausüben will,

a) wenn es sich um ein Konnossement handelt, sämtliche Originalausfertigungen vor Ankunft der Güter an dem für die Ablieferung vorgesehenen Ort vorzuweisen;

b) wenn es sich um eine andere Frachturkunde als ein Konnossement handelt, diese Frachturkunde vor-zuweisen, in der die dem Frachtführer erteilten neuen Weisungen einzutragen sind;

c) dem Frachtführer alle Kosten und Schäden zu ersetzen, die durch die Ausführung der Weisungen ent-stehen;

d) bei Wiederausladung der Güter vor Ankunft an dem für die Ablieferung vorgesehenen Ort die volle ver-einbarte Fracht zu bezahlen, sofern im Frachtvertrag nicht etwas anderes vereinbart worden ist.

Artikel 16
Haftung für Schäden

(1) Der Frachtführer haftet für den Schaden, der durch Verlust oder Beschädigung der Güter in der Zeit von der Übernahme zur Beförderung bis zur Ablieferung oder durch Überschreitung der Lieferfrist entsteht, sofern er nicht beweist, dass der Schaden durch Umstände verursacht worden ist, die ein sorgfältiger Frachtführer nicht hätte vermeiden und deren Folgen er nicht hätte abwenden können.

(2) Die Haftung des Frachtführers für den Schaden, der durch Verlust oder Beschädigung der Güter in der Zeit vor dem Einladen der Güter in das Schiff oder nach deren Ausladen aus dem Schiff entsteht, bestimmt sich nach dem auf den Frachtvertrag anwendbaren Recht eines Staates.

Artikel 17
Bedienstete und Beauftragte

(1) Der Frachtführer haftet für Handlungen und Unterlassungen seiner Bediensteten und Beauftragten, deren er sich bei der Ausführung des Frachtvertrags bedient, wie für eigene Handlungen und Unterlassungen, wenn diese Personen in Ausübung ihrer Verrichtungen gehandelt haben.

(2) Wird die Beförderung durch einen ausführenden Frachtführer nach Artikel 4 durchgeführt, so haftet der Frachtführer auch für Handlungen und Unterlassungen des ausführenden Frachtführers und der Bediensteten und Beauftragten des ausführenden Frachtführers, wenn diese Personen in Ausübung ihrer Verrichtungen gehandelt haben.

(3) Wird ein Anspruch gegen die Bediensteten und Beauftragten des Frachtführers oder ausführenden Frachtführers erhoben, so können sich jene, wenn sie beweisen, dass sie in Ausübung ihrer Verrichtungen gehandelt haben, auf die gleichen Haftungsbefreiungen und Haftungsgrenzen berufen, auf die sich der Frachtführer oder ausführende Frachtführer nach diesem Übereinkommen berufen kann.

(4) Ein Lotse, der von einer Behörde bestimmt wird und nicht frei ausgewählt werden kann, gilt nicht als Bediensteter oder Beauftragter im Sinne von Absatz 1.

Artikel 18
Besondere Haftungsausschlussgründe

(1) Der Frachtführer und der ausführende Frachtführer sind von ihrer Haftung befreit, soweit der Verlust, die Beschädigung oder die Verspätung auf einen der nachstehenden Umstände oder eine der nachstehenden Gefahren zurückzuführen ist:

a) Handlungen oder Unterlassungen des Absenders, Empfängers oder Verfügungsberechtigten;

b) Behandlung, Verladen, Verstauen oder Löschen der Güter durch den Absender oder Empfänger oder Dritte, die für den Absender oder Empfänger handeln;

c) Beförderung der Güter auf Deck oder in offenen Schiffen, wenn diese Art der Beförderung mit dem Absender vereinbart war, im Einklang mit den Gebräuchen des betreffenden Handels stand oder aufgrund geltender Vorschriften erforderlich war;

d) natürliche Beschaffenheit der Güter, derzufolge sie gänzlichem oder teilweisem Verlust oder Beschädigung, insbesondere durch Bruch, Rost, inneren Verderb, Austrocknen, Auslaufen, normalen Schwund (an Raumgehalt oder Gewicht) oder durch Ungeziefer oder Nagetiere ausgesetzt sind;

e) Fehlen oder Mängel der Verpackung, wenn die Güter infolge ihrer natürlichen Beschaffenheit bei fehlender oder mangelhafter Verpackung Verlusten oder Beschädigungen ausgesetzt sind;

f) ungenügende oder unzulängliche Kennzeichnung der Güter;

g) erfolgte oder versuchte Hilfeleistung oder Rettung auf schiffbaren Gewässern;

h) Beförderung lebender Tiere, es sei denn, der Frachtführer hat die im Frachtvertrag vereinbarten Maßnahmen oder Weisungen missachtet.

(2) Ist ein Schaden eingetreten, der nach den Umständen des Falles aus einem der in Absatz 1 genannten Umstände oder einer der in Absatz 1 genannten Gefahren entstehen konnte, so wird vermutet, dass der Schaden aus diesem Umstand oder dieser Gefahr entstanden ist. Beweist der Geschädigte, dass der Schaden nicht oder nicht ausschließlich aus einem der in Absatz 1 genannten Umstände oder einer der in Absatz 1 genannten Gefahren entstanden ist, entfällt diese Vermutung.

Artikel 19
Berechnung der Entschädigung

(1) Haftet der Frachtführer für gänzlichen Verlust der Güter, so hat er nur den Wert der Güter am Ort und Tag, an dem sie nach dem Frachtvertrag hätten abgeliefert werden müssen, zu ersetzen. Die Ablieferung an einen Nichtberechtigten wird wie ein Verlust behandelt.

(2) Bei teilweisem Verlust oder bei Beschädigung der Güter hat der Frachtführer nur in Höhe der Wertverminderung Schadenersatz zu leisten.

(3) Der Wert der Güter bestimmt sich nach dem Börsenwert, mangels eines solchen nach dem Marktpreis und mangels beider nach dem gemeinen Wert der Güter gleicher Art und Beschaffenheit am Ablieferungsort.

(4) Für Güter, die infolge ihrer natürlichen Beschaffenheit einem Schwund ausgesetzt sind, haftet der Frachtführer ohne Berücksichtigung der Dauer der Beförderung nur für den Teil des Schwundes, der den normalen Schwund (an Raumgehalt oder Gewicht), wie dieser im Frachtvertrag vereinbart oder, mangels Vereinbarung, in den am Ablieferungsort geltenden Vorschriften oder Gebräuchen des betreffenden Handels festgesetzt ist, übersteigt.

(5) Dieser Artikel berührt nicht die Frachtansprüche des Frachtführers, wie sie im Frachtvertrag oder, mangels Vereinbarung, in den anwendbaren nationalen Vorschriften oder Gebräuchen vorgesehen sind.

Artikel 20
Haftungshöchstbetrag

(1) Vorbehaltlich des Artikels 21 und des Absatzes 4 dieses Artikels haftet der Frachtführer in keinem Falle und aus welchem Rechtsgrund er auch in Anspruch genommen wird für höhere Beträge als 666,67 Rechnungseinheiten für jede Packung oder andere Ladungseinheit oder 2 Rechnungseinheiten für jedes Kilogramm des in der Frachturkunde erwähnten Gewichts der verlorenen oder beschädigten Güter, je nachdem, welcher Betrag höher ist. Handelt es sich bei der Packung oder anderen Ladungseinheit um einen Container und werden in der Frachturkunde nicht Packungen oder Ladungseinheiten als im Container verpackt angegeben, so tritt an die Stelle des Betrags von 666,67 Rechnungseinheiten der Betrag von 1.500 Rechnungseinheiten für den Container ohne die darin verstauten Güter und zusätzlich der Betrag von 25.000 Rechnungseinheiten für die in dem Container verstauten Güter.

(2) Wird ein Container, eine Palette oder ein ähnliches Beförderungsgerät benutzt, um Güter zusammenzufassen, so gelten die Packungen oder anderen Ladungseinheiten, die in der Frachturkunde als in oder auf diesem Beförderungsgerät verpackt angegeben sind, als Packungen oder Ladungseinheiten. Anderenfalls gelten die Güter in oder auf einem solchen Beförderungsgerät als eine einzige Ladungseinheit. In den Fällen,

in denen das Beförderungsgerät selbst verloren gegangen oder beschädigt worden ist, wird dieses Gerät als solches, wenn es nicht dem Frachtführer gehört oder sonst von ihm gestellt wird, als eine besondere Ladungseinheit angesehen.

(3) Für Schäden wegen verspäteter Ablieferung haftet der Frachtführer nur bis zum einfachen Betrag der Fracht. Die Schadenersatzleistungen nach Absatz 1 dieses Artikels und Satz 1 dieses Absatzes dürfen aber zusammen den Betrag nicht übersteigen, der sich nach Absatz 1 für vollständigen Verlust der Güter ergeben würde, hinsichtlich derer die Haftung entstanden ist.

(4) Die in Absatz 1 genannten Haftungshöchstbeträge gelten nicht, wenn

    a)   in der Frachturkunde die Natur und der höhere Wert der Güter oder des Beförderungsgerätes ausdrücklich angegeben sind und der Frachtführer diese Angaben nicht widerlegt hat oder

    b)   die Parteien höhere Haftungshöchstbeträge audrücklich vereinbart haben.

(5) Der Gesamtbetrag, der für den gleichen Schaden vom Frachtführer, ausführenden Frachtführer und deren Bediensteten und Beauftragten als Ersatz zu leisten ist, darf die in diesem Artikel vorgesehenen Haftungshöchstbeträge nicht übersteigen.

Artikel 21
Verlust des Rechtes auf Haftungsbeschränkung

(1) Der Frachtführer oder der ausführende Frachtführer kann sich nicht auf die in diesem Übereinkommen vorgesehenen oder im Frachtvertrag vereinbarten Haftungsbefreiungen und Haftungsgrenzen berufen, wenn nachgewiesen wird, dass er selbst den Schaden durch eine Handlung oder Unterlassung verursacht hat, die in der Absicht, einen solchen Schaden herbeizuführen, oder leichtfertig und in dem Bewusstsein begangen wurde, dass ein solcher Schaden mit Wahrscheinlichkeit eintreten werde.

(2) Die für den Frachtführer oder ausführenden Frachtführer handelnden Bediensteten und Beauftragten können sich ebenfalls nicht auf die in diesem Übereinkommen oder im Frachtvertrag vereinbarten Haftungsbefreiungen und Haftungsgrenzen berufen, wenn nachgewiesen wird, dass sie den Schaden in einer in Absatz 1 beschriebenen Weise verursacht haben.

Artikel 22
Anwendung der Haftungsbefreiungen und Haftungsgrenzen

Die in diesem Übereinkommen vorgesehenen oder im Frachtvertrag vereinbarten Haftungsbefreiungen und Haftungsgrenzen gelten für jeden Anspruch wegen Verlust, Beschädigung oder verspäteter Ablieferung der Güter, die Gegenstand des Frachtvertrags sind, gleichviel ob der Anspruch auf einen Frachtvertrag, unerlaubte Handlung oder einen sonstigen Rechtsgrund gestützt wird.

Artikel 23
Schadensanzeige

(1) Die vorbehaltslose Annahme der Güter durch den Empfänger begründet die Vermutung dafür, dass der Frachtführer die Güter in demselben Zustand und in derselben Menge abgeliefert hat, wie sie von ihm zur Beförderung übergeben worden sind.

(2) Der Frachtführer und der Empfänger können verlangen, dass der Zustand und die Menge der Güter bei der Ablieferung im Beisein beider Parteien festgestellt werden.

(3) Ist der Verlust oder die Beschädigung der Güter äußerlich erkennbar, muss, sofern der Empfänger und der Frachtführer den Zustand der Güter nicht gemeinsam festgestellt haben, jeder Vorbehalt des Empfängers spätestens bei Ablieferung schriftlich und mit Angabe der allgemeinen Natur des Schadens erklärt werden.

(4) Ist der Verlust oder die Beschädigung der Güter äußerlich nicht erkennbar, muss jeder Vorbehalt des Empfängers innerhalb von 7 aufeinander folgenden Kalendertagen nach der Ablieferung schriftlich erklärt werden, wobei die allgemeine Natur des Schadens anzuführen ist und der Geschädigte in diesem Fall nachzuweisen hat, dass der Schaden entstanden ist, während sich die Güter in der Obhut des Frachtführers befanden.

(5) Für Schäden wegen verspäteter Ablieferung ist kein Ersatz zu leisten, es sei denn, der Empfänger kann beweisen, dass er dem Frachtführer die Verspätung innerhalb von 21 aufeinander folgenden Tagen nach der Ablieferung angezeigt und der Frachtführer die Anzeige erhalten hat.

Artikel 24
Verjährung

(1) Alle Ansprüche aus einem diesem Übereinkommen unterstehenden Vertrag verjähren mit Ablauf eines Jahres von dem Tage an, an dem die Güter dem Empfänger abgeliefert worden sind oder hätten abgeliefert werden müssen. Der Tag, an dem die Frist beginnt, bleibt bei der Berechnung der Frist außer Betracht.

(2) Derjenige, demgegenüber ein Anspruch erhoben worden ist, kann jederzeit während der Frist diese durch eine schriftliche Erklärung gegenüber dem Geschädigten verlängern. Diese Frist kann durch eine oder mehrere andere Erklärungen erneut verlängert werden.

(3) Auf die Hemmung und Unterbrechung der Verjährung findet das Recht des Staates Anwendung, das auf den Frachtvertrag anzuwenden ist. Die Anmeldung des Anspruchs in einem Verteilungsverfahren zur Durchführung der Haftungsbeschränkung für alle aus einem Schadensereignis entstandenen Ansprüche unterbricht die Verjährung.

(4) Ein Rückgriffsanspruch einer nach diesem Übereinkommen haftbar gemachten Person kann auch nach Ablauf der in den Absätzen 1 und 2 vorgesehenen Verjährungsfrist gerichtlich geltend gemacht werden, wenn die Klage innerhalb von 90 Tagen seit dem Tag erhoben wird, an dem derjenige, der die Rückgriffsklage erhebt, den Anspruch befriedigt hat oder an dem ihm die Klage zugestellt worden ist, oder wenn die Klage innerhalb einer längeren, vom Recht des Staates, in dem das Verfahren eingeleitet wird, bestimmten Frist erhoben wird.

(5) Verjährte Ansprüche können nicht auf dem Wege der Widerklage oder Einrede geltend gemacht werden.

Artikel 25
Nichtige Abreden

(1) Jede vertragliche Vereinbarung mit dem Zweck, die Haftung des Frachtführers, des ausführenden Frachtführers, ihrer Bediensteten oder Beauftragten nach diesem Übereinkommen auszuschließen, zu

beschränken oder vorbehaltlich des Artikels 20 Absatz 4 zu erhöhen, die Beweislast für diese Haftung umzukehren oder die Anzeige- und Verjährungsfristen nach den Artikeln 23 und 24 zu verkürzen, ist nichtig. Jede Abrede mit dem Zweck, dem Frachtführer Ansprüche aus der Versicherung der Güter abzutreten, ist ebenfalls nichtig.

(2) Ungeachtet des Absatzes 1 und unbeschadet des Artikels 21 sind vertragliche Bestimmungen zulässig, in denen festgelegt wird, dass der Frachtführer oder der ausführende Frachtführer nicht für Schäden haftet, die

a)   durch eine Handlung oder Unterlassung des Schiffsführers, Lotsen oder sonstiger Personen im Dienste des Schiffes oder eines Schub- oder Schleppbootes bei der nautischen Führung oder der Zusammenstellung oder Auflösung eines Schub- oder Schleppverbandes verursacht werden, vorausgesetzt, der Frachtführer hat seine Pflichten nach Artikel 3 Absatz 3 hinsichtlich der Besatzung erfüllt, es sei denn, die Handlung oder Unterlassung wird in der Absicht, den Schaden herbeizuführen, oder leichtfertig und in dem Bewusstsein begangen, dass ein solcher Schaden mit Wahrscheinlichkeit eintreten werde;

b)   durch Feuer oder Explosion an Bord des Schiffes verursacht werden, ohne dass nachgewiesen wird, dass das Feuer oder die Explosion durch ein Verschulden des Frachtführers, des ausführenden Frachtführers oder ihrer Bediensteten oder Beauftragten oder durch einen Mangel des Schiffes verursacht wurde;

c)   auf vor Beginn der Reise bestehende Mängel seines oder eines gemieteten oder gecharterten Schiffes zurückzuführen sind, wenn er beweist, dass die Mängel trotz Anwendung gehöriger Sorgfalt vor Beginn der Reise nicht zu entdecken waren.

Artikel 26
Große Haverei

Dieses Übereinkommen berührt nicht die Anwendung von Bestimmungen des Frachtvertrags oder des innerstaatlichen Rechts über die Schadensberechnung und Beitragspflichten im Falle einer großen Haverei.

Artikel 27
Andere anwendbare Vorschriften und Nuklearschäden

(1) Dieses Übereinkommen ändert nicht die Rechte und Pflichten des Frachtführers, wie sie in internationalen Übereinkommen oder innerstaatlichem Recht über die Beschränkung der Haftung der Eigentümer von Binnen- oder Seeschiffen niedergelegt sind.

(2) Der Frachtführer ist von der Haftung nach diesem Übereinkommen für einen Schaden, der durch ein nukleares Ereignis verursacht wurde, befreit, wenn nach den Gesetzen und sonstigen Vorschriften eines Staates über die Haftung auf dem Gebiet der Kernenergie der Inhaber einer Kernanlage oder eine andere befugte Person für den Schaden haftet.

Artikel 28
Rechnungseinheit

Die in Artikel 20 dieses Übereinkommens genannte Rechnungseinheit ist das vom Internationalen Währungsfonds festgelegte Sondererziehungsrecht. Die in Artikel 20 genannten Beträge werden in die Landeswährung eines Staates entsprechend dem Wert dieser Währung am Tage des Urteils oder an dem von den Parteien vereinbarten Tag umgerechnet. Der Wert, im Verhältnis zum Sonderziehungsrecht, der Landeswährung eines Vertragsstaats wird nach der Bewertungsmethode berechnet, die der Internationale Währungsfonds am betreffenden Tag tatsächlich in seinen eigenen Operationen und Transaktionen anwendet.

Artikel 29
Ergänzendes nationales Recht

(1) Soweit dieses Übereinkommen keine Bestimmungen enthält, findet das Recht desjenigen Staates auf den Frachtvertrag Anwendung, das die Parteien gewählt haben.

(2) Mangels Rechtswahl findet das Recht des Staates Anwendung, mit dem der Frachtvertrag die engsten Verbindungen aufweist.

(3) Es wird vermutet, dass der Frachtvertrag die engsten Verbindungen mit dem Staat aufweist, in dem der Frachtführer im Zeitpunkt des Vertragsabschlusses seine Hauptniederlassung hat, sofern sich in diesem Staat auch der Ladehafen oder Übernahmeort oder der Löschhafen oder Ablieferungsort oder die Hauptniederlassung des Absenders befindet. Befindet sich keine Niederlassung des Frachtführers an Land und hat der Frachtführer den Frachtvertrag an Bord seines Schiffes abgeschlossen, so wird vermutet, dass der Vertrag die engsten Verbindungen mit dem Staat aufweist, in dem das Schiff registriert ist oder dessen Flagge es führt, sofern sich in diesem Staat auch der Ladehafen oder Übernahmeort oder der Löschhafen oder der Ablieferungsort oder die Hauptniederlassung des Absenders befindet.

(4) Eine dingliche Sicherung der Ansprüche des Frachtführers nach Artikel 10 Absatz 1 bestimmt sich nach dem Recht des Staates, in dem sich die Güter befinden.

Artikel 30
Beförderungen auf bestimmten Wasserstraßen

(1) Jeder Staat kann bei Unterzeichnung dieses Übereinkommens oder der Ratifikation, der Annahme, der Genehmigung oder dem Beitritt erklären, dass er dieses Übereinkommen nicht auf Verträge über Beförderungen anwendet, die über bestimmte Wasserstraßen seines Hoheitsgebiets führen, die keinem internationalen Schifffahrtsregime unterliegen und keine Verbindung zwischen solchen internationalen Wasserstraßen darstellen. Eine solche Erklärung darf jedoch nicht alle wichtigen Wasserstraßen dieses Staates benennen.

(2) Hat der Frachtvertrag die Beförderung von Gütern ohne Umladung sowohl auf in der Erklärung nach Absatz 1 nicht genannten Wasserstraßen als auch auf in dieser Erklärung genannten Wasserstraßen zum Gegenstand, so findet dieses Übereinkommen auch auf diesen Vertrag Anwendung, es sei denn, die auf diesen letztgenannten Wasserstraßen zurückzulegende Strecke ist die größere.

(3) Wird eine Erklärung nach Absatz 1 abgegeben, kann jeder andere Vertragsstaat erklären, dass auch er die Bestimmungen dieses Übereinkommens auf die in jener Erklärung genannten Verträge nicht anwendet. Die Erklärung nach diesem Absatz wird mit dem Inkrafttreten des Übereinkommens für den Staat, der die Erklärung nach Absatz 1 abgegeben hat, frühestens jedoch mit dem Inkrafttreten des Übereinkommens für den Staat, der eine Erklärung nach diesem Absatz abgegeben hat, wirksam.

(4) Die Erklärungen nach den Absätzen 1 und 3 können jederzeit ganz oder teilweise durch Notifikation an den Depositar mit Angabe des Zeitpunkts, zu dem sie ihre Wirkung verlieren, zurückgezogen werden. Die Rücknahme dieser Erklärungen hat keine Auswirkung auf bereits abgeschlossene Verträge.

Artikel 31
Nationale oder unentgeltliche Beförderungen

Jeder Staat kann bei der Unterzeichnung dieses Übereinkommens, der Ratifikation, der Annahme, der Genehmigung oder dem Beitritt oder jederzeit danach erklären, dass er dieses Übereinkommen

a) auch auf Frachtverträge anwendet, nach denen der Ladehafen oder Übernahmeort und der Löschhafen oder Ablieferungsort innerhalb seines Hoheitsgebiets liegen;

b) in Abweichung von Artikel 1 Nummer 1 auch auf unentgeltliche Beförderungen anwendet.

Artikel 32
Regionale Haftungsvorschriften

(1) Jeder Staat kann bei der Unterzeichnung dieses Übereinkommens, der Ratifikation, der Annahme, der Genehmigung oder dem Beitritt oder jederzeit danach erklären, dass bei Beförderungen von Gütern zwischen Ladehäfen oder Übernahmeorten und Löschhäfen oder Ablieferungsorten, von denen entweder beide in seinem Hoheitsgebiet oder die einen in seinem Hoheitsgebiet sowie die anderen in dem Hoheitsgebiet eines Staates liegen, der dieselbe Erklärung abgegeben hat, der Frachtführer nicht für Schäden haftet, die durch eine Handlung oder Unterlassung des Schiffsführers, Lotsen oder sonstiger Personen im Dienste des Schiffes oder eines Schub- oder Schleppbootes bei der nautischen Führung oder der Zusammenstellung oder Auflösung eines Schub- oder Schleppverbandes verursacht werden, vorausgesetzt, der Frachtführer hat seine Pflichten nach Artikel 3 Absatz 3 hinsichtlich die Besatzung erfüllt, es sei denn, die Handlung oder Unterlassung wird in der Absicht, den Schaden herbeizuführen, oder leichtfertig und in dem Bewusstsein begangen, dass ein solcher Schaden mit Wahrscheinlichkeit eintreten werde.

(2) Die Haftungsvorschrift nach Absatz 1 tritt zwischen zwei Vertragsstaaten mit dem Inkrafttreten des Übereinkommens für den zweiten Staat, der dieselbe Erklärung abgegeben hat, in Kraft. Hat ein Staat die Erklärung abgegeben, nachdem für ihn das Übereinkommen in Kraft getreten ist, so tritt die Haftungsvorschrift nach Absatz 1 am ersten Tag des Monats in Kraft, der auf einen Zeitabschnitt von drei Monaten nach dem Zeitpunkt folgt, zu dem die Erklärung dem Depositar notifiziert wurde. Die Haftungsvorschrift findet nur auf Frachtverträge Anwendung, die nach ihrem Inkrafttreten geschlossen werden.

(3) Eine nach Absatz 1 abgegebene Erklärung kann jederzeit durch eine Notifikation an den Depositar zurückgenommen werden. Im Falle der Rücknahme tritt die Haftungsvorschrift nach Absatz 1 am ersten Tag des

der Notifikation folgenden Monats oder an einem späteren, in der Notifikation genannten Zeitpunkt außer Kraft. Auf Frachtverträge, die vor dem Außerkrafttreten der Haftungsvorschrift geschlossen wurden, wirkt sich die Rücknahme nicht aus.

Artikel 33
Unterzeichnung, Ratifikation, Annahme, Genehmigung, Beitritt

(1) Dieses Übereinkommen liegt für ein Jahr am Sitz des Depositars für alle Staaten zur Unterzeichnung auf. Die Zeichnungsfrist beginnt an dem Tag, an dem der Depositar feststellt, dass alle authentischen Texte des Übereinkommens vorliegen.

(2) Jeder Staat kann Vertragspartei dieses Übereinkommens werden,

a)   indem er es ohne Vorbehalt der Ratifikation, Annahme oder Genehmigung unterzeichnet,

b)   indem er es vorbehaltlich der späteren Ratifikation, Annahme oder Genehmigung unterzeichnet und danach ratifiziert, annimmt oder genehmigt,

c)   indem er ihm nach Ablauf der Zeichnungsfrist beitritt.

(3) Die Ratifikations-, Annahme-, Genehmigungs- oder Beitrittsurkunde wird beim Depositar hinterlegt.

Artikel 34
Inkrafttreten

(1) Dieses Übereinkommen tritt am ersten Tag des Monats in Kraft, der auf einen Zeitabschnitt von drei Monaten nach dem Zeitpunkt folgt, zu dem fünf Staaten dieses Übereinkommen ohne Vorbehalt der Ratifikation, Annahme oder Genehmigung unterzeichnet oder ihre Ratifikations-, Annahme-, Genehmigungs- oder Beitrittsurkunde beim Depositar hinterlegt haben.

(2) Für einen Staat, der dieses Übereinkommen nach Inkrafttreten ohne Vorbehalt der Ratifikation, Annahme oder Genehmigung unterzeichnet oder die Ratifikations-, Annahme-, Genehmigungs- oder Beitrittsurkunde beim Depositar hinterlegt hat, tritt das Übereinkommen am ersten Tag des Monats in Kraft, der auf einen Zeitabschnitt von drei Monaten nach der Unterzeichnung ohne Vorbehalt der Ratifikation, Annahme oder Genehmigung oder nach der Hinterlegung der Ratifikations-, Annahme-, Genehmigungs- oder Beitrittsurkunde folgt.*

---

* BGBl. II 2007 S. 1390 vom 14.09.2007 über die *Bekanntmachung über das Inkrafttreten des Budapester Übereinkommens über den Vertrag über die Güterbeförderung in der Binnenschifffahrt (CMNI) vom 03.08.2007:* «Nach Artikel 3 Abs. 2 des Gesetzes vom 17. März 2007 zu dem Budapester Übereinkommen vom 22. Juni 2001 über den Vertrag über die Güterbeförderung in der Binnenschifffahrt (CMNI) (BGBl. 2007 II S. 298) wird bekannt gemacht, dass das Übereinkommen nach seinem Artikel 34 Abs. 2 für die Bundesrepublik Deutschland am 1. November 2007 in Kraft treten wird; die Ratifikationsurkunde ist am 10. Juli 2007 beim Ungarischen Außenministerium hinterlegt worden. [...]»

Artikel 35
Kündigung

(1) Dieses Übereinkommen kann von einer Vertragspartei nach Ablauf eines Jahres nach dem Zeitpunkt gekündigt werden, zu dem es für den betreffenden Staat in Kraft getreten ist.

(2) Die Kündigungsurkunde wird beim Depositar hinterlegt.

(3) Die Kündigung wird am ersten Tag des Monats wirksam, der auf einen Zeitabschnitt von einem Jahr nach Hinterlegung der Kündigungsurkunde oder auf einen längeren in der Kündigungsurkunde genannten Zeitabschnitt folgt.

Artikel 36
Revision und Änderung

Der Depositar hat eine Konferenz der Vertragsstaaten zur Revision oder Änderung des Übereinkommens einzuberufen, wenn mindestens ein Drittel der Vertragsstaaten dies verlangt.

Artikel 37
Änderung der Haftungshöchstbeträge und der Rechnungseinheit

(1) Unbeschadet des Artikels 36 hat der Depositar, wenn ein Vorschlag zur Änderung der in Artikel 20 Absatz 1 angeführten Beträge oder zur Ersetzung der in Artikel 28 festgelegten Einheit durch eine andere Einheit unterbreitet wird, auf Ersuchen von mindestens einem Viertel der Vertragsparteien dieses Übereinkommens allen Mitgliedern der Wirtschaftskommission der Vereinten Nationen für Europa, der Zentralkommission für die Rheinschifffahrt und der Donaukommission sowie allen Vertragsstaaten den Vorschlag zu unterbreiten und eine Konferenz einzuberufen, deren ausschließlicher Zweck die Änderung der in Artikel 20 Absatz 1 angeführten Beträge oder die Ersetzung der in Artikel 28 genannten Rechnungseinheit durch eine andere Einheit ist.

(2) Die Konferenz ist frühestens sechs Monate nach dem Tag der Übermittlung des Vorschlags einzuberufen.

(3) Alle Vertragsstaaten des Übereinkommens sind berechtigt, an der Konferenz teilzunehmen, gleichviel, ob sie Mitglieder der in Absatz 1 genannten Organisationen sind oder nicht.

(4) Änderungen werden mit Zweidrittelmehrheit der Vertragsstaaten des Übereinkommens beschlossen, die in der Konferenz anwesend sind und an der Abstimmung teilnehmen, vorausgesetzt, dass mindestens die Hälfte der Vertragsstaaten des Übereinkommens bei der Abstimmung anwesend sind.

(5) Bei der Beratung über die Änderung der in Artikel 20 Absatz 1 angeführten Beträge berücksichtigt die Konferenz die aus den Schadensereignissen gewonnenen Erfahrungen und insbesondere den Umfang der daraus entstandenen Schäden, die Geldwertveränderungen sowie die Auswirkungen der in Aussicht genommenen Änderung auf die Versicherungskosten.

(6)

    a)   Eine Änderung der Beträge aufgrund dieses Artikels darf frühestens fünf Jahre nach dem Tag, an dem dieses Übereinkommen zur Unterzeichnung aufgelegt wurde, und frühestens fünf Jahre nach dem Tag des Inkrafttretens einer früheren Änderung aufgrund dieses Artikels beraten werden.

b) Ein Betrag darf nicht so weit erhöht werden, dass er den Betrag übersteigt, der den in dem Übereinkommen festgesetzten Haftungshöchstbeträgen, zuzüglich 6 v.H. pro Jahr, errechnet nach dem Zinseszinsprinzip von dem Tag an, an dem dieses Übereinkommen zur Unterzeichnung aufgelegt wurde, entspricht.

c) Ein Betrag darf nicht so weit erhöht werden, dass er den Betrag übersteigt, der dem Dreifachen der in dem Übereinkommen festgesetzten Haftungshöchstbeträge entspricht.

(7) Der Depositar notifiziert allen Vertragsstaaten jede nach Absatz 4 beschlossene Änderung. Die Änderung gilt nach Ablauf einer Frist von achtzehn Monaten nach dem Tag der Notifikation als angenommen, sofern nicht innerhalb dieser Frist mindestens ein Viertel der Staaten, die zum Zeitpunkt der Entscheidung über die Änderung Vertragsstaaten waren, dem Depositar mitgeteilt hat, dass sie die Änderung nicht annehmen; in diesem Fall ist die Änderung abgelehnt und tritt nicht in Kraft.

(8) Eine nach Absatz 7 als angenommen geltende Änderung tritt achtzehn Monate nach ihrer Annahme in Kraft.

(9) Alle Vertragsstaaten sind durch die Änderung gebunden, sofern sie nicht dieses Übereinkommen nach Artikel 35 spätestens sechs Monate vor Inkrafttreten der Änderung kündigen. Die Kündigung wird mit Inkrafttreten der Änderung wirksam.

(10) Ist eine Änderung beschlossen worden, die Frist von achtzehn Monaten für ihre Annahme jedoch noch nicht abgelaufen, so ist ein Staat, der während dieser Frist Vertragsstaat wird, durch die Änderung gebunden, falls sie in Kraft tritt. Ein Staat, der nach Ablauf dieser Frist Vertragsstaat wird, ist durch eine Änderung, die nach Absatz 7 angenommen worden ist, gebunden. In den in diesem Absatz genannten Fällen ist ein Staat durch eine Änderung gebunden, sobald diese Änderung in Kraft tritt oder sobald dieses Übereinkommen für diesen Staat in Kraft tritt, falls dieser Zeitpunkt später liegt.

Artikel 38
Depositar

(1) Dieses Übereinkommen wird bei der Regierung der Republik Ungarn hinterlegt.

(2) Der Depositar

a) übermittelt allen Staaten, die an der Diplomatischen Konferenz zur Annahme des Budapester Übereinkommens über den Vertrag über die Güterbeförderung in der Binnenschifffahrt teilgenommen haben, das Übereinkommen in der offiziellen sprachlichen Fassung, die auf der Konferenz noch nicht vorgelegen hat, zwecks Überprüfung dieser Fassung;

b) unterrichtet alle in Buchstabe a genannten Staaten über eingegangene Änderungsvorschläge zu dem nach Buchstabe a übersandten Text;

c) stellt den Tag fest, an dem alle sprachlichen Fassungen dieses Übereinkommens abgestimmt sind und als authentisch anzusehen sind;

d) teilt allen in Buchstabe a genannten Staaten den nach Buchstabe c festgestellten Tag mit;

e) übermittelt allen Staaten, die eine Einladung zur Teilnahme an der Diplomatischen Konferenz zur Annahme des Budapester Übereinkommens über den Vertrag über die Güterbeförderung in der Binnenschifffahrt erhalten haben, und denjenigen, die dieses Übereinkommen unterzeichnet haben oder die ihm beigetreten sind, beglaubigte Abschriften des Übereinkommens;

f) unterrichtet alle Staaten, die dieses Übereinkommen unterzeichnet haben oder ihm beigetreten sind,

    i) von jeder weiteren Unterzeichnung, jeder Notifikation und jeder dabei abgegebenen Erklärung unter Angabe des Zeitpunkts der Unterzeichnung, Notifikation oder Erklärung;

    ii) vom Zeitpunkt des Inkrafttretens dieses Übereinkommens;

    iii) von jeder Kündigung dieses Übereinkommens unter Angabe des Zeitpunkts, zu dem sie wirksam wird;

    iv) von jeder nach den Artikeln 36 und 37 beschlossenen Änderung des Übereinkommens unter Angabe des Zeitpunkts, zu dem sie in Kraft tritt;

    v) von jeder Mitteilung aufgrund einer Bestimmung dieses Übereinkommens.

(3) Nach Inkrafttreten dieses Übereinkommens übermittelt der Depositar dem Sekretariat der Vereinten Nationen eine beglaubigte Abschrift dieses Übereinkommens zur Registrierung und Veröffentlichung nach Artikel 102 der Charta der Vereinten Nationen.

Montrealer Übereinkommen (MÜ)

Übereinkommen zur Vereinheitlichung bestimmter Vorschriften über die Beförderung im internationalen Luftverkehr (franz.: *Convention pour l'unification de certaines règles relatives au transport aérien international*; engl.: *Convention for the Unification of Certain Rules for International Carriage by Air*)
– Nichtamtliche Fassung (Auszug) –

Gliederung
- Kapitel I: Allgemeine Bestimmungen (Art. 1 – 2 MÜ)
- Kapitel II: Urkunden und Pflichten der Parteien betreffend die Beförderung von Reisenden, Reisegepäck und Gütern (Art. 3 – 16 MÜ)
- Kapitel III: Haftung des Luftfrachtführers und Umfang des Schadenersatzes (Art. 17 – 37 MÜ)
- Kapitel IV: Gemischte Beförderung (Art. 38 MÜ)
- Kapitel V: Luftbeförderung durch einen anderen als den vertraglichen Luftfrachtführer (Art. 39 – 52 MÜ)
- Kapitel VI: Sonstige Bestimmungen (Art. 53 – 57 MÜ)

Die Vertragsstaaten dieses Übereinkommens – in Anerkennung des bedeutenden Beitrags, den das am 12. Oktober 1929 in Warschau unterzeichnete Abkommen zur Vereinheitlichung von Regeln über die Beförderung im internationalen Luftverkehr (im Folgenden als „Warschauer Abkommen" bezeichnet) und andere damit zusammenhängende Übereinkünfte zur Harmonisierung des internationalen Luftprivatrechts geleistet haben;

in der Erkenntnis, dass es notwendig ist, das Warschauer Abkommen und die damit zusammenhängenden Übereinkünfte zu modernisieren und zusammenzuführen; in Anerkennung der Bedeutung des Schutzes der Verbraucherinteressen beider Beförderung im internationalen Luftverkehr und eines angemessenen Schadensersatzes nach dem Grundsatz des vollen Ausgleichs;

in Bekräftigung des Wunsches nacheiner geordneten Entwicklung des internationalen Luftverkehrs und einer reibungslosen Beförderung von Reisenden, Reisegepäck und Gütern in Übereinstimmung mit den Grundsätzen und Zielen des am 7. Dezember 1944 in Chicago beschlossenen Abkommens über die Internationale Zivilluftfahrt;

KAPITEL I
ALLGEMEINE BESTIMMUNGEN

Artikel 1
Anwendungsbereich

(1) Dieses Übereinkommen gilt für jede internationale Beförderung von Personen, Reisegepäck oder Gütern, die durch Luftfahrzeuge gegen Entgelt erfolgt. Es gilt auch für unentgeltliche Beförderungen durch Luftfahrzeuge, wenn sie von einem Luftfahrtunternehmen ausgeführt werden.

(2) Als "internationale Beförderung" im Sinne dieses Übereinkommens ist jede Beförderung anzusehen, bei der nach den Vereinbarungen der Parteien der Abgangsort und der Bestimmungsort, gleichviel ob eine Unterbrechung der Beförderung oder ein Fahrzeugwechsel stattfindet oder nicht, in den Hoheitsgebieten von zwei Vertragsstaaten liegen oder, wenn diese Orte zwar im Hoheitsgebiet nur eines Vertragsstaats liegen, aber eine Zwischenlandung in dem Hoheitsgebiet eines anderen Staates vorgesehen ist, selbst wenn dieser Staat kein Vertragsstaat ist. Die Beförderung zwischen zwei Orten innerhalb des Hoheitsgebiets nur eines Vertragsstaats ohne eine Zwischenlandung im Hoheitsgebiet eines anderen Staates gilt nicht als internationale Beförderung im Sinne dieses Übereinkommens.

(3) Ist eine Beförderung von mehreren aufeinander folgenden Luftfrachtführern auszuführen, so gilt sie, gleichviel ob der Beförderungsvertrag in der Form eines einzigen Vertrags oder einer Reihe von Verträgen geschlossen worden ist, bei der Anwendung dieses Übereinkommens als eine einzige Beförderung, sofern sie von den Parteien als einheitliche Leistung vereinbart worden ist; eine solche Beförderung verliert ihre Eigenschaft als internationale Beförderung nicht dadurch, dass ein Vertrag oder eine Reihe von Verträgen ausschließlich im Hoheitsgebiet desselben Staates zu erfüllen ist.

(4) Dieses Übereinkommen gilt auch für Beförderungen nach Kapitel V vorbehaltlich der darin enthaltenen Bedingungen.

Artikel 2
Staatlich ausgeführte Beförderung und Beförderung von Postsendungen

(1) Dieses Übereinkommen gilt auch für die Beförderungen, die der Staat oder eine andere juristische Person des öffentlichen Rechts ausführt, wenn die Voraussetzungen des Artikels 1 vorliegen.

(2) Bei der Beförderung von Postsendungen haftet der Luftfrachtführer nur gegenüber der zuständigen Postverwaltung nach Maßgabe der auf die Beziehungen zwischen Luftfrachtführern und Postverwaltungen anwendbaren Vorschriften.

(3) Mit Ausnahme des Absatzes 2 gilt dieses Übereinkommen nicht für die Beförderung von Postsendungen.

KAPITEL II
URKUNDEN UND PFLICHTEN DER PARTEIEN BETREFFEND DIE BEFÖRDERUNG VON REISENDEN, REISEGEPÄCK UND GÜTERN

Artikel 3
Reisende und Reisegepäck

(1) Bei der Beförderung von Reisenden ist ein Einzel- oder Sammelbeförderungsschein auszuhändigen; er muss enthalten:

a)   die Angabe des Abgangs- und Bestimmungsorts;

b)   falls Abgangs- und Bestimmungsort im Hoheitsgebiet desselben Vertragsstaats liegen, jedoch eine oder mehrere Zwischenlandungen im Hoheitsgebiet eines anderen Staates vorgesehen sind, die Angabe von zumindest einem dieser Zwischenlandepunkte.

(2) Jede andere Aufzeichnung, welche die in Absatz 1 genannten Angaben enthält, kann an Stelle des in jenem Absatz genannten Beförderungsscheins verwendet werden. Werden derartige andere Aufzeichnungen verwendet, so muss der Luftfrachtführer anbieten, dem Reisenden eine schriftliche Erklärung über die darin enthaltenen Angaben auszuhändigen.

(3) Der Luftfrachtführer hat dem Reisenden für jedes aufgegebene Gepäckstück einen Beleg zur Gepäckidentifizierung auszuhändigen.

(4) Der Reisende ist schriftlich darauf hinzuweisen, dass dieses Übereinkommen, soweit es Anwendung findet, die Haftung des Luftfrachtführers für Tod oder Körperverletzung, für Zerstörung, Verlust oder Beschädigung von Gepäck sowie für Verspätung regelt und beschränken kann.

(5) Die Nichtbeachtung der Absätze 1 bis 4 berührt weder den Bestand noch die Wirksamkeit des Beförderungsvertrags; dieser unterliegt gleichwohl den Vorschriften dieses Übereinkommens einschließlich derjenigen über die Haftungsbeschränkung.

Artikel 4
Güter

(1) Bei der Beförderung von Gütern ist ein Luftfrachtbrief auszuhändigen.

(2) An Stelle eines Luftfrachtbriefs kann jede andere Aufzeichnung verwendet werden, welche die Angaben über die auszuführende Beförderung enthält. Werden derartige andere Aufzeichnungen verwendet, so muss der Luftfrachtführer dem Absender auf dessen Verlangen eine Empfangsbestätigung über die Güter aushändigen, die es ermöglicht, die Sendung genau zu bestimmen und auf die in diesen anderen Aufzeichnungen enthaltenen Angaben zurückzugreifen.

Artikel 5
Inhalt des Luftfrachtbriefs und der Empfangsbestätigung über Güter

Der Luftfrachtbrief und die Empfangsbestätigung über Güter müssen enthalten:

a)   die Angabe des Abgangs- und Bestimmungsorts;

b) falls Abgangs- und Bestimmungsort im Hoheitsgebiet desselben Vertragsstaats liegen, jedoch eine oder mehrere Zwischenlandungen im Hoheitsgebiet eines anderen Staates vorgesehen sind, die Angabe von zumindest einem dieser Zwischenlandepunkte;

c) die Angabe des Gewichts der Sendung.

Artikel 6
Angaben zur Art der Güter

Falls notwendig, kann vom Absender verlangt werden, zur Einhaltung der Vorschriften der Zoll-, der Polizei- oder anderer Behörden eine Urkunde mit Angaben zur Art der Güter auszuhändigen. Diese Bestimmung begründet für den Luftfrachtführer keine Verpflichtung, Verbindlichkeit oder Haftung.

Artikel 7
Luftfrachtbrief

(1) Der Luftfrachtbrief wird vom Absender in drei Ausfertigungen ausgestellt.

(2) Die erste Ausfertigung trägt den Vermerk "für den Luftfrachtführer"; sie wird vom Absender unterzeichnet. Die zweite Ausfertigung trägt den Vermerk "für den Empfänger"; sie wird vom Absender und vom Luftfrachtführer unterzeichnet. Die dritte Ausfertigung wird vom Luftfrachtführer unterzeichnet und nach Annahme der Güter dem Absender ausgehändigt.

(3) Die Unterschrift des Luftfrachtführers und diejenige des Absenders können gedruckt oder durch einen Stempel ersetzt werden.

(4) Wird der Luftfrachtbrief auf Verlangen des Absenders vom Luftfrachtführer ausgestellt, so wird bis zum Beweis des Gegenteils vermutet, dass der Luftfrachtführer im Namen des Absenders gehandelt hat.

Artikel 8
Mehrere Frachtstücke

Handelt es sich um mehrere Frachtstücke,

a) so kann der Luftfrachtführer vom Absender die Ausstellung einzelner Luftfrachtbriefe verlangen;

b) so kann der Absender vom Luftfrachtführer die Aushändigung einzelner Empfangsbestätigungen verlangen, wenn andere Aufzeichnungen im Sinne des Artikels 4 Absatz 2 verwendet werden.

Artikel 9
Nichtbeachtung der Bestimmungen über Beförderungsurkunden

Die Nichtbeachtung der Art. 4 bis 8 berührt weder den Bestand noch die Wirksamkeit des Beförderungsvertrags; dieser unterliegt gleichwohl den Vorschriften dieses Übereinkommens einschließlich derjenigen über die Haftungsbeschränkung.

Artikel 10
Haftung für die Angaben in den Urkunden

(1) Der Absender haftet für die Richtigkeit der Angaben und Erklärungen über die Güter, die von ihm oder in seinem Namen in den Luftfrachtbrief eingetragen werden, sowie der von ihm oder in seinem Namen dem Luftfrachtführer gemachten Angaben oder Erklärungen zur Aufnahme in die Empfangsbestätigung über die Güter oder in die anderen Aufzeichnungen im Sinne des Artikels 4 Absatz 2. Dies gilt auch, wenn die für den Absender handelnde Person zugleich der Beauftragte des Luftfrachtführers ist.

(2) Der Absender hat dem Luftfrachtführer den Schaden zu ersetzen, den dieser oder ein Dritter, dem der Luftfrachtführer haftet, dadurch erleidet, dass die vom Absender oder in seinem Namen gemachten Angaben und Erklärungen unrichtig, ungenau oder unvollständig sind.

(3) Vorbehaltlich der Absätze 1 und 2 hat der Luftfrachtführer dem Absender den Schaden zu ersetzen, den dieser oder ein Dritter, dem der Absender haftet, dadurch erleidet, dass die Angaben und Erklärungen, die vom Luftfrachtführer oder in seinem Namen in die Empfangsbestätigung über die Güter oder in die anderen Aufzeichnungen im Sinne des Artikels 4 Absatz 2 aufgenommen wurden, unrichtig, ungenau oder unvollständig sind.

Artikel 11
Beweiskraft der Urkunden

(1) Der Luftfrachtbrief und die Empfangsbestätigung über die Güter begründen die widerlegbare Vermutung für den Abschluss des Vertrags, die Annahme der Güter und die Beförderungsbedingungen, die darin niedergelegt sind.

(2) Die Angaben in dem Luftfrachtbrief und der Empfangsbestätigung über die Güter zu Gewicht, Maßen und Verpackung sowie zu der Anzahl der Frachtstücke begründen die widerlegbare Vermutung ihrer Richtigkeit; die Angaben über Menge, Rauminhalt und Zustand der Güter begründen diese Vermutung gegenüber dem Luftfrachtführer nur insoweit, als er diese Angaben in Gegenwart des Absenders nachgeprüft hat und dies auf dem Luftfrachtbrief oder der Empfangsbestätigung vermerkt ist, oder wenn es sich um Angaben handelt, die sich auf den äußerlich erkennbaren Zustand der Güter beziehen.

Artikel 12
Verfügungsrecht über die Güter

(1) Der Absender ist unter der Bedingung, dass er alle Verpflichtungen aus dem Frachtvertrag erfüllt, berechtigt, über die Güter in der Weise zu verfügen, dass er sie am Abgangs- oder Bestimmungsflughafen sich zurückgeben, unterwegs während einer Landung aufhalten, am Bestimmungsort oder unterwegs an eine andere Person als den ursprünglich bezeichneten Empfänger abliefern oder zum Abgangsflughafen zurückbringen lässt. Dieses Recht kann nur insoweit ausgeübt werden, als dadurch der Luftfrachtführer oder die anderen Absender nicht geschädigt werden; der Absender ist zur Erstattung der durch die Ausübung dieses Rechts entstehenden Kosten verpflichtet.

(2) Ist die Ausführung der Weisungen des Absenders unmöglich, so hat der Luftfrachtführer ihn unverzüglich zu verständigen.

(3) Kommt der Luftfrachtführer den Weisungen des Absenders nach, ohne die Vorlage der diesem übergebenen Ausfertigung des Luftfrachtbriefs oder der Empfangsbestätigung über die Güter zu verlangen, so haftet er unbeschadet seines Rückgriffsanspruchs gegen den Absender dem rechtmäßigen Besitzer des Luftfrachtbriefs oder der Empfangsbestätigung über die Güter für den daraus entstehenden Schaden.

(4) Das Recht des Absenders erlischt mit dem Zeitpunkt, in dem das Recht des Empfängers nach Artikel 13 entsteht. Es lebt jedoch wieder auf, wenn der Empfänger die Annahme der Güter verweigert oder wenn er nicht erreicht werden kann.

Artikel 13
Ablieferung der Güter

(1) Sofern der Absender nicht von seinem Recht nach Artikel 12 Gebrauch gemacht hat, ist der Empfänger berechtigt, nach Eintreffen der Güter am Bestimmungsort vom Luftfrachtführer die Ablieferung der Güter gegen Zahlung der geschuldeten Beträge und gegen Erfüllung der Beförderungsbedingungen zu verlangen.

(2) Sofern nichts anderes vereinbart ist, hat der Luftfrachtführer dem Empfänger das Eintreffen der Güter unverzüglich anzuzeigen.

(3) Hat der Luftfrachtführer den Verlust der Güter anerkannt oder sind die Güter nach Ablauf von sieben Tagen seit dem Tag, an dem sie hätten eintreffen sollen, nicht eingetroffen, so kann der Empfänger die Rechte aus dem Frachtvertrag gegen den Luftfrachtführer geltend machen.

Artikel 14
Geltendmachung der Rechte des Absenders und des Empfängers

Der Absender und der Empfänger können, gleichviel ob sie für eigene oder fremde Rechnung handeln, die ihnen nach den Artikeln 12 und 13 zustehenden Rechte im eigenen Namen geltend machen, sofern sie die Verpflichtungen aus dem Frachtvertrag erfüllen.

Artikel 15
Rechtsverhältnisse zwischen Absender und Empfänger oder Dritten

(1) Die Rechtsverhältnisse zwischen dem Absender und dem Empfänger sowie die Rechtsverhältnisse Dritter, die ihre Rechte vom Absender oder vom Empfänger herleiten, werden durch die Artikel 12, 13 und 14 nicht berührt.

(2) Jede von den Artikeln 12, 13 und 14 abweichende Vereinbarung muss auf dem Luftfrachtbrief oder auf der Empfangsbestätigung über die Güter vermerkt werden.

Artikel 16
Vorschriften der Zoll-, der Polizei- und anderer Behörden

(1) Der Absender ist verpflichtet, alle Auskünfte zu erteilen und alle Urkunden zur Verfügung zu stellen, die vor Aushändigung der Güter an den Empfänger zur Erfüllung der Vorschriften der Zoll-, der Polizei- und

anderer Behörden erforderlich sind. Der Absender haftet dem Luftfrachtführer für den Schaden, der durch das Fehlen, die Unvollständigkeit oder die Unrichtigkeit dieser Auskünfte und Urkunden entsteht, es sei denn, dass den Luftfrachtführer oder seine Leute ein Verschulden trifft.

(2) Der Luftfrachtführer ist nicht verpflichtet, diese Auskünfte und Urkunden auf ihre Richtigkeit und Vollständigkeit zu prüfen.

KAPITEL III
HAFTUNG DES LUFTFRACHTFÜHRERS UND UMFANG DES SCHADENERSATZES

Artikel 17
Tod und Körperverletzung von Reisenden - Beschädigung von Reisegepäck

(1) Der Luftfrachtführer hat den Schaden zu ersetzen, der dadurch entsteht, dass ein Reisender getötet oder körperlich verletzt wird, jedoch nur, wenn sich der Unfall, durch den der Tod oder die Körperverletzung verursacht wurde, an Bord des Luftfahrzeugs oder beim Ein- oder Aussteigen ereignet hat.

(2) Der Luftfrachtführer hat den Schaden zu ersetzen, der durch Zerstörung, Verlust oder Beschädigung von aufgegebenem Reisegepäck entsteht, jedoch nur, wenn das Ereignis, durch das die Zerstörung, der Verlust oder die Beschädigung verursacht wurde, an Bord des Luftfahrzeugs oder während eines Zeitraums eingetreten ist, in dem sich das aufgegebene Reisegepäck in der Obhut des Luftfrachtführers befand. Der Luftfrachtführer haftet jedoch nicht, wenn und soweit der Schaden auf die Eigenart des Reisegepäcks oder einen ihm innewohnenden Mangel zurückzuführen ist. Bei nicht aufgegebenem Reisegepäck, einschließlich persönlicher Gegenstände, haftet der Luftfrachtführer, wenn der Schaden auf sein Verschulden oder das Verschulden seiner Leute zurückzuführen ist.

(3) Hat der Luftfrachtführer den Verlust des aufgegebenen Reisegepäcks anerkannt oder ist das aufgegebene Reisegepäck nach Ablauf von einundzwanzig Tagen seit dem Tag, an dem es hätte eintreffen sollen, nicht eingetroffen, so kann der Reisende die Rechte aus dem Beförderungsvertrag gegen den Luftfrachtführer geltend machen.

(4) Vorbehaltlich entgegenstehender Bestimmungen bezeichnet in diesem Übereinkommen der Begriff "Reisegepäck" sowohl aufgegebenes als auch nicht aufgegebenes Reisegepäck.

Artikel 18
Beschädigung von Gütern *

(1) Der Luftfrachtführer hat den Schaden zu ersetzen, der durch Zerstörung, Verlust oder Beschädigung von Gütern entsteht, jedoch nur, wenn das Ereignis, durch das der Schaden verursacht wurde, während der Luftbeförderung eingetreten ist.

(2) Der Luftfrachtführer haftet jedoch nicht, wenn und soweit er nachweist, dass die Zerstörung, der Verlust oder die Beschädigung der Güter durch einen oder mehrere der folgenden Umstände verursacht wurde:

    a)   die Eigenart der Güter oder ein ihnen innewohnender Mangel;

---

* vgl. § 2 MontÜG; § 429 HGB

b) mangelhafte Verpackung der Güter durch eine andere Person als den Luftfrachtführer oder seine Leute;

c) eine Kriegshandlung oder ein bewaffneter Konflikt;

d) hoheitliches Handeln in Verbindung mit der Einfuhr, Ausfuhr oder Durchfuhr der Güter.

(3) Die Luftbeförderung im Sinne des Absatzes 1 umfasst den Zeitraum, während dessen die Güter sich in der Obhut des Luftfrachtführers befinden.

(4) Der Zeitraum der Luftbeförderung umfasst nicht die Beförderung zu Land, zur See oder auf Binnengewässern außerhalb eines Flughafens. Erfolgt jedoch eine solche Beförderung bei Ausführung des Luftbeförderungsvertrags zum Zweck der Verladung, der Ablieferung oder der Umladung, so wird bis zum Beweis des Gegenteils vermutet, dass der Schaden durch ein während der Luftbeförderung eingetretenes Ereignis verursacht worden ist. Ersetzt ein Luftfrachtführer ohne Zustimmung des Absenders die von den Parteien vereinbarte Luftbeförderung ganz oder teilweise durch eine andere Art der Beförderung, so gilt diese als innerhalb des Zeitraums der Luftbeförderung ausgeführt.

Artikel 19
Verspätung

Der Luftfrachtführer hat den Schaden zu ersetzen, der durch Verspätung bei der Luftbeförderung von Reisenden, Reisegepäck oder Gütern entsteht. Er haftet jedoch nicht für den Verspätungsschaden, wenn er nachweist, dass er und seine Leute alle zumutbaren Maßnahmen zur Vermeidung des Schadens getroffen haben oder dass es ihm oder ihnen nicht möglich war, solche Maßnahmen zu ergreifen.

Artikel 20
Haftungsbefreiung

Weist der Luftfrachtführer nach, dass die Person, die den Schadensersatzanspruch erhebt, oder ihr Rechtsvorgänger den Schaden durch eine unrechtmäßige Handlung oder Unterlassung, sei es auch nur fahrlässig, verursacht oder dazu beigetragen hat, so ist der Luftfrachtführer ganz oder teilweise von seiner Haftung gegenüber dieser Person insoweit befreit, als diese Handlung oder Unterlassung den Schaden verursacht oder dazu beigetragen hat. Verlangt eine andere Person als der Reisende wegen dessen Tod oder Körperverletzung Schadensersatz, so ist der Luftfrachtführer ganz oder teilweise von seiner Haftung insoweit befreit, als er nachweist, dass eine unrechtmäßige Handlung oder Unterlassung des Reisenden, sei es auch nur fahrlässig, den Schaden verursacht oder dazu beigetragen hat. Dieser Artikel gilt für alle Haftungsbestimmungen in diesem Übereinkommen einschließlich Artikel 21 Absatz 1.

Artikel 21
Schadensersatz bei Tod oder Körperverletzung von Reisenden

(1) Für Schäden nach Artikel 17 Absatz 1, die 100.000 Sonderziehungsrechte je Reisenden nicht übersteigen, kann die Haftung des Luftfrachtführers nicht ausgeschlossen oder beschränkt werden.

(2) Der Luftfrachtführer haftet nicht für Schäden nach Artikel 17 Absatz 1, soweit sie 100.000 Sonderziehungsrechte je Reisenden übersteigen, wenn er nachweist, dass

a) dieser Schaden nicht auf eine unrechtmäßige Handlung oder Unterlassung des Luftfrachtführers oder seiner Leute, sei sie auch nur fahrlässig begangen, zurückzuführen ist oder

b) dieser Schaden ausschließlich auf eine unrechtmäßige Handlung oder Unterlassung eines Dritten, sei sie auch nur fahrlässig begangen, zurückzuführen ist.

Artikel 22
Haftungshöchstbeträge bei Verspätung sowie für Reisegepäck und Güter

(1) Für Verspätungsschäden im Sinne des Artikels 19 haftet der Luftfrachtführer bei der Beförderung von Personen nur bis zu einem Betrag von 4.150 Sonderziehungsrechten je Reisenden.

(2) Bei der Beförderung von Reisegepäck haftet der Luftfrachtführer für Zerstörung, Verlust, Beschädigung oder Verspätung nur bis zu einem Betrag von 1.000 Sonderziehungsrechten je Reisenden; diese Beschränkung gilt nicht, wenn der Reisende bei der Übergabe des aufgegebenen Reisegepäcks an den Luftfrachtführer das Interesse an der Ablieferung am Bestimmungsort betragsmäßig angegeben und den verlangten Zuschlag entrichtet hat. In diesem Fall hat der Luftfrachtführer bis zur Höhe des angegebenen Betrags Ersatz zu leisten, sofern er nicht nachweist, dass dieser höher ist als das tatsächliche Interesse des Reisenden an der Ablieferung am Bestimmungsort.

(3) Bei der Beförderung von Gütern haftet der Luftfrachtführer für Zerstörung, Verlust, Beschädigung oder Verspätung nur bis zu einem Betrag von 17 Sonderziehungsrechten für das Kilogramm; diese Beschränkung gilt nicht, wenn der Absender bei der Übergabe des Frachtstücks an den Luftfrachtführer das Interesse an der Ablieferung am Bestimmungsort betragsmäßig angegeben und den verlangten Zuschlag entrichtet hat. In diesem Fall hat der Luftfrachtführer bis zur Höhe des angegebenen Betrags Ersatz zu leisten, sofern er nicht nachweist, dass dieser höher ist als das tatsächliche Interesse des Absenders an der Ablieferung am Bestimmungsort.

(4) Im Fall der Zerstörung, des Verlusts, der Beschädigung oder der Verspätung eines Teiles der Güter oder irgendeines darin enthaltenen Gegenstands ist für die Feststellung, bis zu welchem Betrag der Luftfrachtführer haftet, nur das Gesamtgewicht der betroffenen Frachtstücke maßgebend. Beeinträchtigt jedoch die Zerstörung, der Verlust, die Beschädigung oder die Verspätung eines Teiles der Güter oder eines darin enthaltenen Gegenstands den Wert anderer Frachtstücke, die in demselben Luftfrachtbrief oder derselben Empfangsbestätigung oder, wenn diese nicht ausgestellt wurden, in den anderen Aufzeichnungen im Sinne des Artikels 4 Absatz 2 aufgeführt sind, so ist das Gesamtgewicht dieser Frachtstücke für die Feststellung, bis zu welchem Betrag der Luftfrachtführer haftet, maßgebend.

(5) Die Absätze 1 und 2 finden keine Anwendung, wenn nachgewiesen wird, dass der Schaden durch eine Handlung oder Unterlassung des Luftfrachtführers oder seiner Leute verursacht worden ist, die entweder in der Absicht, Schaden herbeizuführen, oder leichtfertig und in dem Bewusstsein begangen wurde, dass wahrscheinlich ein Schaden eintreten wird; im Fall einer Handlung oder Unterlassung der Leute ist außerdem nachzuweisen, dass diese in Ausführung ihrer Verrichtungen gehandelt haben.

(6) Die in Artikel 21 und in diesem Artikel festgesetzten Haftungsbeschränkungen hindern das Gericht nicht, zusätzlich nach seinem Recht einen Betrag zuzusprechen, der ganz oder teilweise den vom Kläger

aufgewendeten Gerichtskosten und sonstigen Ausgaben für den Rechtsstreit, einschließlich Zinsen, entspricht. Dies gilt nicht, wenn der zugesprochene Schadensersatz, ohne Berücksichtigung der Gerichtskosten und der sonstigen Ausgaben für den Rechtsstreit, den Betrag nicht übersteigt, den der Luftfrachtführer dem Kläger schriftlich innerhalb einer Frist von sechs Monaten seit dem Ereignis, das den Schaden verursacht hat, oder, falls die Klage nach Ablauf dieser Frist erhoben worden ist, vor ihrer Erhebung angeboten hat.

Artikel 23
Umrechnung von Rechnungseinheiten *

(1) Die in diesem Übereinkommen angegebenen Beträge von Sonderziehungsrechten beziehen sich auf das vom Internationalen Währungsfonds festgelegte Sonderziehungsrecht. Die Umrechnung dieser Beträge in Landeswährungen erfolgt im Fall eines gerichtlichen Verfahrens nach dem Wert dieser Währungen in Sonderziehungsrechten im Zeitpunkt der Entscheidung. Der in Sonderziehungsrechten ausgedrückte Wert der Landeswährung eines Vertragsstaats, der Mitglied des Internationalen Währungsfonds ist, wird nach der vom Internationalen Währungsfonds angewendeten Bewertungsmethode errechnet, die im Zeitpunkt der Entscheidung für seine Operationen und Transaktionen gilt. Der in Sonderziehungsrechten ausgedrückte Wert der Landeswährung eines Vertragsstaats, der nicht Mitglied des Internationalen Währungsfonds ist, wird auf eine von diesem Staat bestimmte Weise errechnet.

(2) Dessen ungeachtet können Staaten, die nicht Mitglieder des Internationalen Währungsfonds sind und deren Recht die Anwendung des Absatzes 1 nicht zulässt, bei der Ratifikation oder dem Beitritt oder jederzeit danach erklären, dass die Haftung des Luftfrachtführers in gerichtlichen Verfahren in ihrem Hoheitsgebiet im Fall des Artikels 21 auf 1.500.000 Rechnungseinheiten je Reisenden begrenzt ist, im Fall des Artikels 22 Absatz 1 auf 62.500 Rechnungseinheiten je Reisenden, im Fall des Artikels 22 Absatz 2 auf 15.000 Rechnungseinheiten je Reisenden und im Fall des Artikels 22 Absatz 3 auf 250 Rechnungseinheiten für das Kilogramm. Eine Rechnungseinheit entspricht 65 ½ Milligramm Gold von 900/1000 Feingehalt. Diese Beträge können in einen abgerundeten Betrag der Landeswährung umgerechnet werden. Die Umrechnung der Beträge in die Landeswährung erfolgt nach dem Recht des betreffenden Staates.

(3) Die Berechnung nach Absatz 1 Satz 4 und die Umrechnung nach Absatz 2 ist so vorzunehmen, dass so weit wie möglich die Beträge in den Artikeln 21 und 22 demselben Realwert in der Landeswährung des Vertragsstaats entsprechen, wie er sich aus der Anwendung des Absatzes 1 Sätze 1 bis 3 ergeben würde. Die Vertragsstaaten unterrichten den Verwahrer bei der Hinterlegung der Ratifikations-, Annahme-, Genehmigungs- oder Beitrittsurkunde von der Berechnungsweise nach Absatz 1 oder dem Ergebnis der Umrechnung nach Absatz 2 sowie von jeder Änderung derselben.

---

* vgl. § 3 MontÜG

Art. 24
Überprüfung der Haftungshöchstbeträge*

(1) Unbeschadet des Artikels 25 und vorbehaltlich des Absatzes 2 werden die Haftungshöchstbeträge nach den Artikeln 21 , 22 und 23 vom Verwahrer nach jeweils fünf Jahren überprüft; die erste Überprüfung ist am Ende des fünften Jahres vorzunehmen, das auf das In-Kraft-Treten dieses Übereinkommens folgt, oder, wenn das Übereinkommen nicht innerhalb von fünf Jahren ab dem Tag, an dem es erstmals zur Unterzeichnung aufliegt, in Kraft tritt, innerhalb des ersten Jahres nach In-Kraft-Treten der Überprüfung ist ein Inflationsfaktor zu Grunde zu legen, welcher der kumulierten Inflationsrate seit der vorherigen Überprüfung oder, beim ersten Mal, seit In-Kraft-Treten des Übereinkommens entspricht. Die für die Bestimmung des Inflationsfaktors zu verwendende Inflationsrate ist der gewogene Mittelwert der jährlichen Zuwachs- oder Rückgangsraten der Verbraucherpreisindizes der Staaten, deren Währungen das in Artikel 23 Absatz 1 genannte Sonderziehungsrecht bilden.

(2) Ergibt die in Absatz 1 genannte Überprüfung, dass der Inflationsfaktor 10 vom Hundert übersteigt, so notifiziert der Verwahrer den Vertragsstaaten die angepassten Haftungshöchstbeträge. Jede Anpassung tritt sechs Monate nach ihrer Notifikation an die Vertragsstaaten in Kraft. Teilt innerhalb von drei Monaten nach der Notifikation an die Vertragsstaaten eine Mehrheit der Vertragsstaaten ihre Ablehnung mit, so tritt die Anpassung nicht in Kraft; in diesem Fall unterbreitet der Verwahrer die Angelegenheit einer Zusammenkunft der Vertragsstaaten. Der Verwahrer notifiziert allen Vertragsstaaten unverzüglich das In-Kraft-Treten jeder Anpassung.

(3) Unbeschadet des Absatzes 1 ist das in Absatz 2 genannte Verfahren auf Verlangen eines Drittels der Vertragsstaaten jederzeit anzuwenden, wenn der in Absatz 1 genannte Inflationsfaktor seit der vorherigen Überprüfung oder, wenn eine solche nicht erfolgt ist, seit In-Kraft-Treten des Übereinkommens, 30 vom Hundert überstiegen hat. Weitere Überprüfungen nach dem in Absatz 1 beschriebenen Verfahren werden nach jeweils fünf Jahren vorgenommen, erstmals am Ende des fünften Jahres, das auf eine Überprüfung nach diesem Absatz folgt.

---

* Verordnung über die Inkraftsetzung der angepassten Haftungshöchstbeträge des Montrealer Übereinkommens vom 14. Dezember 2009 (BGBl. 2009 II S. 1258 vom 17.12.2009): „Auf Grund des Artikels 2 des Gesetzes vom 6. April 2004 zu dem Übereinkommen vom 28. Mai 1999 zur Vereinheitlichung bestimmter Vorschriften über die Beförderung im internationalen Luftverkehr (Montrealer Übereinkommen) (BGBl. 2004 II S. 458) verordnet das Bundesministerium der Justiz:

Artikel 1
Die nach Artikel 24 Absatz 2 des Übereinkommens vom 28. Mai 1999 zur Vereinheitlichung bestimmter Vorschriften über die Beförderung im internationalen Luftverkehr (Montrealer Übereinkommen) (BGBl. 2004 II S. 458, 459) gemäß den Notifikationen vom 30. Juni 2009 und 4. November 2009 angepassten Haftungshöchstbeträge werden hiermit in Kraft gesetzt. Die Notifikationen werden nachstehend mit einer amtlichen deutschen Übersetzung veröffentlicht.

Artikel 2
Diese Verordnung tritt am 30. Dezember 2009 in Kraft."

Artikel 25
Vereinbarungen über Haftungshöchstbeträge

Ein Luftfrachtführer kann sich im Beförderungsvertrag höheren als die in diesem Übereinkommen vorgesehenen Haftungshöchstbeträgen unterwerfen oder auf Haftungshöchstbeträge verzichten.

Artikel 26
Unwirksamkeit von Vertragsbestimmungen

Jede Bestimmung des Beförderungsvertrags, durch welche die Haftung des Luftfrachtführers ausgeschlossen oder der in diesem Übereinkommen festgesetzte Haftungshöchstbetrag herabgesetzt werden soll, ist nichtig; ihre Nichtigkeit hat nicht die Nichtigkeit des gesamten Vertrags zur Folge; dieser unterliegt gleichwohl diesem Übereinkommen.

Artikel 27
Vertragsfreiheit

Dieses Übereinkommen hindert den Luftfrachtführer nicht daran, den Abschluss eines Beförderungsvertrags zu verweigern, auf Einwendungen, die ihm nach dem Übereinkommen zur Verfügung stehen, zu verzichten oder Vertragsbedingungen festzulegen, die nicht im Widerspruch zu diesem Übereinkommen stehen.

Artikel 28
Vorauszahlungen

Haben Luftfahrzeugunfälle den Tod oder die Körperverletzung von Reisenden zur Folge, so hat der Luftfrachtführer, wenn er dazu nach nationalem Recht verpflichtet ist, unverzüglich Vorauszahlungen an schadensersatzberechtigte natürliche Personen zur Befriedigung ihrer unmittelbaren wirtschaftlichen Bedürfnisse zu leisten. Diese Vorauszahlungen stellen keine Haftungsanerkennung dar und können mit späteren Schadensersatzleistungen des Luftfrachtführers verrechnet werden.

Artikel 29
Grundsätze für Ansprüche

Bei der Beförderung von Reisenden, Reisegepäck und Gütern kann ein Anspruch auf Schadensersatz, auf welchem Rechtsgrund er auch beruht, sei es dieses Übereinkommen, ein Vertrag, eine unerlaubte Handlung oder ein sonstiger Rechtsgrund, nur unter den Voraussetzungen und mit den Beschränkungen geltend gemacht werden, die in diesem Übereinkommen vorgesehen sind; die Frage, welche Personen zur Klage berechtigt sind und welche Rechte ihnen zustehen, wird hierdurch nicht berührt. Bei einer derartigen Klage ist jeder eine Strafe einschließende, verschärfte oder sonstige nicht kompensatorische Schadensersatz ausgeschlossen.

Artikel 30
Leute des Luftfrachtführers - Mehrheit von Ansprüchen

(1) Wird einer der Leute des Luftfrachtführers wegen eines Schadens in Anspruch genommen, der unter dieses Übereinkommen fällt, so kann er sich auf die Haftungsvoraussetzungen und -beschränkungen berufen,

die nach diesem Übereinkommen für den Luftfrachtführer gelten, sofern er nachweist, dass er in Ausführung seiner Verrichtungen gehandelt hat.

(2) Der Betrag, der in diesem Fall von dem Luftfrachtführer und seinen Leuten als Ersatz insgesamt zu leisten ist, darf die genannten Haftungsgrenzen nicht übersteigen.

(3) Die Absätze 1 und 2 finden, außer bei der Beförderung von Gütern, keine Anwendung, wenn nachgewiesen wird, dass der Schaden durch eine Handlung oder Unterlassung der Leute des Luftfrachtführers verursacht worden ist, die entweder in der Absicht, Schaden herbeizuführen, oder leichtfertig und in dem Bewusstsein begangen wurde, dass wahrscheinlich ein Schaden eintreten wird.

Artikel 31
Fristgerechte Schadensanzeige

(1) Nimmt der Empfänger aufgegebenes Reisegepäck oder Güter vorbehaltlos an, so begründet dies die widerlegbare Vermutung, dass sie unbeschädigt und entsprechend dem Beförderungsschein oder den anderen Aufzeichnungen im Sinne des Artikels 3 Absatz 2 und Artikels 4 Absatz 2 abgeliefert worden sind.

(2) Im Fall einer Beschädigung muss der Empfänger unverzüglich nach Entdeckung des Schadens, bei aufgegebenem Reisegepäck jedenfalls binnen sieben und bei Gütern binnen vierzehn Tagen nach der Annahme, dem Luftfrachtführer Anzeige erstatten. Im Fall einer Verspätung muss die Anzeige binnen einundzwanzig Tagen, nachdem das Reisegepäck oder die Güter dem Empfänger zur Verfügung gestellt worden sind, erfolgen.

(3) Jede Beanstandung muss schriftlich erklärt und innerhalb der dafür vorgesehenen Frist übergeben oder abgesandt werden.

(4) Wird die Anzeigefrist versäumt, so ist jede Klage gegen den Luftfrachtführer ausgeschlossen, es sei denn, dass dieser arglistig gehandelt hat.

Artikel 32
Tod des Schadensersatzpflichtigen

Stirbt die zum Schadensersatz verpflichtete Person, so kann der Anspruch auf Schadensersatz nach diesem Übereinkommen gegen ihre Rechtsnachfolger geltend gemacht werden.

Artikel 33
Gerichtsstand

(1) Die Klage auf Schadensersatz muss im Hoheitsgebiet eines der Vertragsstaaten erhoben werden, und zwar nach Wahl des Klägers entweder bei dem Gericht des Ortes, an dem sich der Wohnsitz des Luftfrachtführers, seine Hauptniederlassung oder seine Geschäftsstelle befindet, durch die der Vertrag geschlossen worden ist, oder bei dem Gericht des Bestimmungsorts.

(2) Die Klage auf Ersatz des Schadens, der durch Tod oder Körperverletzung eines Reisenden entstanden ist, kann bei einem der in Absatz 1 genannten Gerichte oder im Hoheitsgebiet eines Vertragsstaats erhoben werden, in dem der Reisende im Zeitpunkt des Unfalls seinen ständigen Wohnsitz hatte und in das oder aus dem der Luftfrachtführer Reisende im Luftverkehr gewerbsmäßig befördert, und zwar entweder mit seinen

eigenen Luftfahrzeugen oder auf Grund einer geschäftlichen Vereinbarung mit Luftfahrzeugen eines anderen Luftfrachtführers, und in dem der Luftfrachtführer sein Gewerbe von Geschäftsräumen aus betreibt, deren Mieter oder Eigentümer er selbst oder ein anderer Luftfrachtführer ist, mit dem er eine geschäftliche Vereinbarung geschlossen hat.

(3) Im Sinne des Absatzes 2 bedeutet

    a)   "geschäftliche Vereinbarung" einen Vertrag zwischen Luftfrachtführern über die Erbringung gemeinsamer Beförderungsdienstleistungen für Reisende im Luftverkehr mit Ausnahme eines Handelsvertretervertrags,

    b)   "ständiger Wohnsitz" den Hauptwohnsitz und gewöhnlichen Aufenthalt des Reisenden im Zeitpunkt des Unfalls. Die Staatsangehörigkeit des Reisenden ist in dieser Hinsicht nicht entscheidend.

(4) Das Verfahren richtet sich nach dem Recht des angerufenen Gerichts.

Artikel 34
Schiedsverfahren

(1) Die Parteien des Vertrags über die Beförderung von Gütern können nach Maßgabe dieses Artikels vereinbaren, dass Streitigkeiten über die Haftung des Luftfrachtführers nach diesem Übereinkommen in einem Schiedsverfahren beigelegt werden. Eine derartige Vereinbarung bedarf der Schriftform.

(2) Das Schiedsverfahren wird nach Wahl des Anspruchstellers an einem der in Artikel 33 genannten Gerichtsstände durchgeführt.

(3) Der Schiedsrichter oder das Schiedsgericht hat dieses Übereinkommen anzuwenden.

(4) Die Absätze 2 und 3 gelten als Bestandteil jeder Schiedsklausel oder -vereinbarung; abweichende Bestimmungen sind nichtig.

Artikel 35
Ausschlussfrist

(1) Die Klage auf Schadensersatz kann nur binnen einer Ausschlussfrist von zwei Jahren erhoben werden; die Frist beginnt mit dem Tag, an dem das Luftfahrzeug am Bestimmungsort angekommen ist oder an dem es hätte ankommen sollen oder an dem die Beförderung abgebrochen worden ist.

(2) Die Berechnung der Frist richtet sich nach dem Recht des angerufenen Gerichts.

Art. 36
Aufeinander folgende Beförderung

(1) Jeder Luftfrachtführer, der Reisende, Reisegepäck oder Güter annimmt, ist bei Beförderungen im Sinne des Artikels 1 Absatz 3, die nacheinander durch mehrere Luftfrachtführer ausgeführt werden, den Vorschriften dieses Übereinkommens unterworfen; er gilt für den Teil der Beförderung, der unter seiner Leitung ausgeführt wird, als Partei des Beförderungsvertrags.

(2) Bei einer solchen Beförderung kann der Reisende oder die sonst anspruchsberechtigte Person nur den Luftfrachtführer in Anspruch nehmen, der die Beförderung ausgeführt hat, in deren Verlauf der Unfall oder die

Verspätung eingetreten ist, es sei denn, dass der erste Luftfrachtführer durch ausdrückliche Vereinbarung die Haftung für die ganze Reise übernommen hat.

(3) Bei Reisegepäck oder Gütern kann der Reisende oder der Absender den ersten, der Reisende oder der Empfänger, der die Auslieferung verlangen kann, den letzten und jeder von ihnen denjenigen Luftfrachtführer in Anspruch nehmen, der die Beförderung ausgeführt hat, in deren Verlauf die Zerstörung, der Verlust oder die Beschädigung erfolgt oder die Verspätung eingetreten ist. Diese Luftfrachtführer haften dem Reisenden oder dem Absender oder Empfänger als Gesamtschuldner.

Artikel 37
Rückgriffsrecht gegenüber Dritten

Dieses Übereinkommen berührt nicht die Frage, ob die nach seinen Bestimmungen schadensersatzpflichtige Person gegen eine andere Person Rückgriff nehmen kann.

KAPITEL IV
GEMISCHTE BEFÖRDERUNG

Artikel 38
Gemischte Beförderung

(1) Bei gemischter Beförderung, die zum Teil durch Luftfahrzeuge, zum Teil durch andere Verkehrsmittel ausgeführt wird, gilt dieses Übereinkommen vorbehaltlich des Artikels 18 Absatz 4 nur für die Luftbeförderung im Sinne des Artikels 1.

(2) Bei gemischter Beförderung sind die Parteien durch dieses Übereinkommen nicht gehindert, Bedingungen für die Beförderung durch andere Verkehrsmittel in den Luftbeförderungsvertrag aufzunehmen, sofern hinsichtlich der Luftbeförderung dieses Übereinkommen beachtet wird.

KAPITEL V
LUFTBEFÖRDERUNG DURCH EINEN ANDEREN ALS DEN VERTRAGLICHEN LUFTFRACHTFÜHRER

Artikel 39
Vertraglicher Luftfrachtführer - Ausführender Luftfrachtführer

Dieses Kapitel gilt, wenn eine Person (im Folgenden als "vertraglicher Luftfrachtführer" bezeichnet) mit einem Reisenden oder einem Absender oder einer für den Reisenden oder den Absender handelnden Person einen diesem Übereinkommen unterliegenden Beförderungsvertrag geschlossen hat und eine andere Person (im Folgenden als "ausführender Luftfrachtführer" bezeichnet) auf Grund einer Vereinbarung mit dem vertraglichen Luftfrachtführer berechtigt ist, die Beförderung ganz oder zum Teil auszuführen, ohne dass es sich hinsichtlich dieses Teiles um eine aufeinander folgende Beförderung im Sinne dieses Übereinkommens handelt. Die Berechtigung wird bis zum Beweis des Gegenteils vermutet.

Artikel 40
Haftung des vertraglichen und des ausführenden Luftfrachtführers

Führt ein ausführender Luftfrachtführer eine Beförderung, die nach dem in Artikel 39 genannten Beförderungsvertrag diesem Übereinkommen unterliegt, ganz oder zum Teil aus, so unterstehen, soweit dieses Kapitel nichts anderes bestimmt, sowohl der vertragliche Luftfrachtführer als auch der ausführende Luftfrachtführer den Vorschriften dieses Übereinkommens, der erstgenannte für die gesamte im Vertrag vorgesehene Beförderung, der zweitgenannte nur für die Beförderung, die er ausführt.

Artikel 41
Wechselseitige Zurechnung

(1) Die Handlungen und Unterlassungen des ausführenden Luftfrachtführers und seiner Leute, soweit diese in Ausführung ihrer Verrichtungen handeln, gelten bezüglich der von dem ausführenden Luftfrachtführer ausgeführten Beförderung auch als solche des vertraglichen Luftfrachtführers.

(2) Die Handlungen und Unterlassungen des vertraglichen Luftfrachtführers und seiner Leute, soweit diese in Ausführung ihrer Verrichtungen handeln, gelten bezüglich der von dem ausführenden Luftfrachtführer ausgeführten Beförderung auch als solche des ausführenden Luftfrachtführers. Der ausführende Luftfrachtführer kann jedoch durch solche Handlungen oder Unterlassungen nicht einer Haftung unterworfen werden, welche die in den Artikeln 21, 22, 23 und 24 genannten Beträge übersteigt. Eine besondere Vereinbarung, wonach der vertragliche Luftfrachtführer Verpflichtungen eingeht, die nicht durch dieses Übereinkommen auferlegt werden, oder ein Verzicht auf Rechte oder Einwendungen nach diesem Übereinkommen oder eine betragsmäßige Angabe des Interesses an der Lieferung nach Artikel 22 ist gegenüber dem ausführenden Luftfrachtführer nur mit seiner Zustimmung wirksam.

Artikel 42
Beanstandungen und Weisungen

Beanstandungen oder Weisungen, die nach diesem Übereinkommen gegenüber dem Luftfrachtführer zu erklären sind, werden wirksam, gleichviel ob sie an den vertraglichen Luftfrachtführer oder an den ausführenden Luftfrachtführer gerichtet werden. Die Weisungen nach Artikel 12 werden jedoch nur wirksam, wenn sie an den vertraglichen Luftfrachtführer gerichtet werden.

Artikel 43
Leute der Luftfrachtführer

Soweit der ausführende Luftfrachtführer die Beförderung vorgenommen hat, können sich sowohl seine als auch die Leute des vertraglichen Luftfrachtführers, sofern sie nachweisen, dass sie in Ausführung ihrer Verrichtungen gehandelt haben, auf die Haftungsvoraussetzungen und -beschränkungen berufen, die nach diesem Übereinkommen für den Luftfrachtführer gelten, zu dessen Leuten sie gehören; dies gilt nicht, wenn der Nachweis erbracht wird, dass sie in einer Weise gehandelt haben, welche die Berufung auf die Haftungsbeschränkungen nach diesem Übereinkommen ausschließt.

Artikel 44
Betrag des gesamten Schadensersatzes

Soweit der ausführende Luftfrachtführer die Beförderung vorgenommen hat, darf der Betrag, den dieser Luftfrachtführer, der vertragliche Luftfrachtführer und ihre Leute, sofern diese in Ausführung ihrer Verrichtungen gehandelt haben, als Schadensersatz zu leisten haben, den höchsten Betrag nicht übersteigen, der nach diesem Übereinkommen von dem vertraglichen oder dem ausführenden Luftfrachtführer als Schadensersatz beansprucht werden kann; keine der genannten Personen haftet jedoch über den für sie geltenden Höchstbetrag hinaus.

Artikel 45
Beklagter

Soweit der ausführende Luftfrachtführer die Beförderung vorgenommen hat, kann eine Klage auf Schadensersatz nach Wahl des Klägers gegen diesen Luftfrachtführer, den vertraglichen Luftfrachtführer oder beide, gemeinsam oder gesondert, erhoben werden. Ist die Klage nur gegen einen dieser Luftfrachtführer erhoben, so hat dieser das Recht, den anderen Luftfrachtführer aufzufordern, sich an dem Rechtsstreit zu beteiligen; Rechtswirkungen und Verfahren richten sich nach dem Recht des angerufenen Gerichts.

Artikel 46
Weiterer Gerichtsstand

Eine Klage auf Schadensersatz nach Artikel 45 kann nur im Hoheitsgebiet eines der Vertragsstaaten, und zwar nach Wahl des Klägers entweder bei einem der Gerichte erhoben werden, bei denen eine Klage gegen den vertraglichen Luftfrachtführer nach Artikel 33 erhoben werden kann, oder bei dem Gericht des Ortes, an dem der ausführende Luftfrachtführer seinen Wohnsitz oder seine Hauptniederlassung hat.

Artikel 47
Unwirksamkeit vertraglicher Bestimmungen

Jede vertragliche Bestimmung, durch welche die Haftung des vertraglichen oder des ausführenden Luftfrachtführers nach diesem Kapitel ausgeschlossen oder der maßgebende Haftungshöchstbetrag herabgesetzt werden soll, ist nichtig; ihre Nichtigkeit hat nicht die Nichtigkeit des gesamten Vertrags zur Folge; dieser unterliegt weiterhin den Bestimmungen dieses Kapitels.

Artikel 48
Innenverhältnis von vertraglichem und ausführendem Luftfrachtführer

Dieses Kapitel, mit Ausnahme des Artikels 45, berührt nicht die Rechte und Pflichten der Luftfrachtführer untereinander, einschließlich der Rechte auf Rückgriff oder Schadensersatz.

KAPITEL VI
SONSTIGE BESTIMMUNGEN

Artikel 49
Zwingendes Recht

Alle Bestimmungen des Beförderungsvertrags und alle vor Eintritt des Schadens getroffenen besonderen Vereinbarungen, mit denen die Parteien durch Bestimmung des anzuwendenden Rechts oder durch Änderung der Vorschriften über die Zuständigkeit von diesem Übereinkommen abweichen, sind nichtig.

Artikel 50
Versicherung

Die Vertragsstaaten verpflichten ihre Luftfrachtführer, sich zur Deckung ihrer Haftung nach diesem Übereinkommen angemessen zu versichern*. Der Vertragsstaat, in den ein Luftfrachtführer eine Beförderung ausführt, kann einen Nachweis über einen angemessenen Versicherungsschutz zur Deckung der Haftung nach diesem Übereinkommen verlangen.

Artikel 51
Beförderung unter außergewöhnlichen Umständen

Die Bestimmungen der Artikel 3 bis 5, 7 und 8 über die Beförderungsurkunden sind nicht auf Beförderungen anzuwenden, die unter außergewöhnlichen Umständen und nicht im Rahmen des gewöhnlichen Luftverkehrs ausgeführt werden.

Artikel 52
Bestimmung des Begriffs "Tage"

Der Begriff "Tage" im Sinne dieses Übereinkommens bedeutet Kalendertage, nicht Werktage.

KAPITEL VII
SCHLUSSBESTIMMUNGEN

Artikel 53
Unterzeichnung, Ratifikation und In-Kraft-Treten

(1) Dieses Übereinkommen liegt am 28. Mai 1999 in Montreal für die Staaten zur Unterzeichnung auf, die an der Internationalen Konferenz über Luftrecht vom 10. bis zum 28. Mai 1999 in Montreal teilgenommen haben. Nach dem 28. Mai 1999 liegt das Übereinkommen am Sitz der Internationalen Zivilluftfahrt-Organisation in Montreal für alle Staaten zur Unterzeichnung auf, bis es nach Absatz 6 in Kraft tritt.

(2) Dieses Übereinkommen liegt ebenso für Organisationen der regionalen Wirtschaftsintegration zur Unterzeichnung auf. Im Sinne dieses Übereinkommens bedeutet eine "Organisation der regionalen Wirtschaftsintegration" eine von souveränen Staaten einer bestimmten Region gebildete Organisation, die für bestimmte,

---

* vgl. § 4 MontÜG

372

durch dieses Übereinkommen geregelte Gegenstände zuständig ist und gehörig befugt ist, dieses Übereinkommen zu unterzeichnen und es zu ratifizieren, anzunehmen, zu genehmigen oder ihm beizutreten. Eine Bezugnahme auf einen "Vertragsstaat" oder "Vertragsstaaten" in diesem Übereinkommen mit Ausnahme des Artikels 1 Absatz 2, Artikels 3 Absatz 1 Buchstabe b, Artikels 5 Buchstabe b, der Artikel 23, 33 und 46 sowie des Artikels 57 Buchstabe b gilt gleichermaßen für eine Organisation der regionalen Wirtschaftsintegration. Die Bezugnahmen in Artikel 24 auf "eine Mehrheit der Vertragsstaaten" und "ein Drittel der Vertragsstaaten" gelten nicht für eine Organisation der regionalen Wirtschaftsintegration.

(3) Dieses Übereinkommen bedarf der Ratifikation durch die Staaten und Organisationen der regionalen Wirtschaftsintegration, die es unterzeichnet haben.

(4) Staaten oder Organisationen der regionalen Wirtschaftsintegration, die dieses Übereinkommen nicht unterzeichnen, können es jederzeit annehmen oder genehmigen oder ihm beitreten.

(5) Die Ratifikations-, Annahme-, Genehmigungs- oder Beitrittsurkunden werden bei der Internationalen Zivilluftfahrt-Organisation hinterlegt; diese wird hiermit zum Verwahrer bestimmt.

(6) Dieses Übereinkommen tritt am sechzigsten Tag nach Hinterlegung der dreißigsten Ratifikations-, Annahme-, Genehmigungs- oder Beitrittsurkunde beim Verwahrer zwischen den Staaten in Kraft, die eine solche Urkunde hinterlegt haben. Eine von einer Organisation der regionalen Wirtschaftsintegration hinterlegte Urkunde wird insoweit nicht gezählt.

(7) Für andere Staaten und für andere Organisationen der regionalen Wirtschaftsintegration tritt dieses Übereinkommen sechzig Tage nach Hinterlegung der Ratifikations-, Annahme-, Genehmigungs- oder Beitrittsurkunde in Kraft. *

(8) Der Verwahrer notifiziert allen Unterzeichnern und Vertragsstaaten umgehend

a) jede Unterzeichnung dieses Übereinkommens und deren Zeitpunkt;

b) jede Hinterlegung einer Ratifikations-, Annahme-, Genehmigungs- oder Beitrittsurkunde und den Zeitpunkt der Hinterlegung;

c) den Zeitpunkt des In-Kraft-Tretens dieses Übereinkommens;

---

* BGBl. II 2004 S. 1027 vom 27.05.2004 zur *Bekanntmachung über das Inkrafttreten des Übereinkommens vom 28. Mai 1999 zur Vereinheitlichung bestimmter Vorschriften über die Beförderung im internationalen Luftverkehr (Montrealer Übereinkommen) und der Artikel 1 und 2 des Gesetzes zur Harmonisierung des Haftungsrechts im Luftverkehr vom 24. Mai 2004*: «Nach Artikel 4 Abs. 2 Satz 2 des Gesetzes zur Harmonisierung des Haftungsrechts im Luftverkehr vom 6. April 2004 (BGBl. I S. 550) wird bekannt gemacht, dass das Übereinkommen vom 28. Mai 1999 zur Vereinheitlichung bestimmter Vorschriften über die Beförderung im internationalen Luftverkehr (Montrealer Übereinkommen) (BGBl. 2004 II S. 458) nach seinem Artikel 53 Abs. 7 für die Bundesrepublik Deutschland am 28. Juni 2004 in Kraft tritt. [...]»

BGBl. II 2004 S. 1371 vom 24.09.2004 zur *Bekanntmachung über das Inkrafttreten des Übereinkommens zur Vereinheitlichung bestimmter Vorschriften über die Beförderung im internationalen Luftverkehr vom 16. September 2004*: «Nach Artikel 3 Abs. 2 des Gesetzes vom 6. April 2004 zu dem Übereinkommen vom 28. Mai 1999 zur Vereinheitlichung bestimmter Vorschriften über die Beförderung im internationalen Luftverkehr (BGBl. 2004 II S. 458) wird bekannt gemacht, dass das Übereinkommen nach seinem Artikel 53 Abs. 7 für die Bundesrepublik Deutschland am 28. Juni 2004 nach Maßgabe der unter II. und unter III. abgedruckten Erklärungen in Kraft getreten ist. [...]»

d) den Zeitpunkt, zu dem eine nach diesem Übereinkommen vorgenommene Anpassung der Haftungshöchstbeträge in Kraft tritt;

e) jede Kündigung nach Artikel 54.

Artikel 54
Kündigung

(1) Jeder Vertragsstaat kann dieses Übereinkommen durch eine an den Verwahrer gerichtete schriftliche Notifikation kündigen.

(2) Die Kündigung wird einhundertachtzig Tage nach Eingang der Notifikation beim Verwahrer wirksam.

Artikel 55
Verhältnis zu anderen mit dem Warschauer Abkommen zusammenhängenden Übereinkünften

Dieses Übereinkommen geht allen Vorschriften vor, die für die Beförderung im internationalen Luftverkehr gelten

1. zwischen Vertragsstaaten dieses Übereinkommens auf Grund dessen, dass diese Staaten gemeinsam Vertragsparteien folgender Übereinkünfte sind:

   a) Abkommen zur Vereinheitlichung von Regeln über die Beförderung im internationalen Luftverkehr, unterzeichnet in Warschau am 12. Oktober 1929 (im Folgenden als " Warschauer Abkommen " bezeichnet);

   b) Protokoll zur Änderung des Abkommens zur Vereinheitlichung von Regeln über die Beförderung im internationalen Luftverkehr, unterzeichnet in Warschau am 12. Oktober 1929, beschlossen in Den Haag am 28. September 1955 (im Folgenden als "Haager Protokoll" bezeichnet);

   c) Zusatzabkommen zum Warschauer Abkommen zur Vereinheitlichung von Regeln über die von einem anderen als dem vertraglichen Luftfrachtführer ausgeführte Beförderung im internationalen Luftverkehr, unterzeichnet in Guadalajara am 18. September 1961 (im Folgenden als "Abkommen von Guadalajara" bezeichnet);

   d) Protokoll zur Änderung des am 12. Oktober 1929 in Warschau unterzeichneten Abkommens zur Vereinheitlichung von Regeln über die Beförderung im internationalen Luftverkehr in der Fassung des Haager Protokolls vom 28. September 1955, unterzeichnet in Guatemala- Stadt am 8. März 1971 (im Folgenden als "Protokoll von Guatemala-Stadt" bezeichnet);

   e) Zusatzprotokolle Nr. 1 bis 3 und Protokoll von Montreal Nr. 4 zur Änderung des Warschauer Abkommens in der Fassung des Haager Protokolls oder des Warschauer Abkommens in der Fassung des Haager Protokolls und des Protokolls von Guatemala-Stadt, unterzeichnet in Montreal am 25. September 1975 (im Folgenden als "Protokolle von Montreal" bezeichnet), oder

2. innerhalb des Hoheitsgebiets eines einzelnen Vertragsstaats dieses Übereinkommens auf Grund dessen, dass dieser Staat Vertragspartei einer oder mehrerer der unter Nummer 1 Buchstaben a bis e genannten Übereinkünfte ist.

Artikel 56
Staaten mit mehreren Rechtsordnungen

(1) Umfasst ein Staat zwei oder mehr Gebietseinheiten, in denen auf die durch dieses Übereinkommen geregelten Gegenstände unterschiedliche Rechtsordnungen angewendet werden, so kann er bei der Unterzeichnung, der Ratifikation, der Annahme, der Genehmigung oder dem Beitritt erklären, dass dieses Übereinkommen sich auf alle seine Gebietseinheiten oder nur auf eine oder mehrere derselben erstreckt; er kann seine Erklärung jederzeit durch eine neue Erklärung ersetzen.

(2) Die Erklärungen werden dem Verwahrer notifiziert und müssen ausdrücklich angeben, auf welche Gebietseinheiten sich das Übereinkommen erstreckt.

(3) Hinsichtlich eines Vertragsstaats, der eine solche Erklärung abgegeben hat,

a) sind Bezugnahmen auf die "Landeswährung" in Artikel 23 als Bezugnahmen auf die Währung der betreffenden Gebietseinheit dieses Staates zu verstehen und

b) ist die Bezugnahme auf das "nationale Recht" in Artikel 28 als Bezugnahme auf das Recht der betreffenden Gebietseinheit dieses Staates zu verstehen.

Artikel 57
Vorbehalte

Zu diesem Übereinkommen dürfen keine Vorbehalte angebracht werden; allerdings kann ein Vertragsstaat jederzeit durch eine an den Verwahrer gerichtete Notifikation erklären, dass dieses Übereinkommen nicht gilt für

a) die Beförderung im internationalen Luftverkehr, die unmittelbar von diesem Vertragsstaat zu nichtgewerblichen Zwecken im Hinblick auf seine Aufgaben und Pflichten als souveräner Staat ausgeführt und betrieben wird;

b) die Beförderung von Personen, Gütern und Reisegepäck für seine militärischen Dienststellen mit in diesem Vertragsstaat eingetragenen oder von ihm gemieteten Luftfahrzeugen, die ausschließlich diesen Dienststellen vorbehalten sind.

Montrealer-Übereinkommen-Durchführungsgesetz (MontÜG)

Gesetz zur Durchführung des Übereinkommens vom 28. Mai 1999 zur Vereinheitlichung bestimmter Vorschriften über die Beförderung im internationalen Luftverkehr und zur Durchführung der Versicherungspflicht zur Deckung der Haftung für Güterschäden nach der Verordnung (EG) Nr. 785/2004 (MontÜG)
zuletzt geändert durch Art. 581 VO vom 31.08.2015 (BGBl. I S. 1474) m.W.v. 08.09.2015
– Nichtamtliche Fassung (Auszug) –

§ 1 Haftung bei Personenschäden

(1) Wird ein Reisender getötet oder körperlich verletzt, bestimmen sich die Person des Ersatzberechtigten, der Gegenstand der Ersatzpflicht sowie die Art der Ersatzleistung in den Fällen des Artikels 17 Abs. 1 des Übereinkommens vom 28. Mai 1999 zur Vereinheitlichung bestimmter Vorschriften über die Beförderung im internationalen Luftverkehr (BGBl. 2004 II S. 458) (Montrealer Übereinkommen) nach den §§ 35, 36 und 38 des Luftverkehrsgesetzes.

(2) Übersteigen im Falle der Ersatzleistung nach Artikel 17 Abs. 1 des Montrealer Übereinkommens die Entschädigungen, die mehreren Ersatzberechtigten wegen der Tötung oder Körperverletzung eines Reisenden zu leisten sind, insgesamt den in Artikel 21 Abs. 2 des Übereinkommens festgesetzten Betrag und ist eine weitergehende Haftung nach dieser Vorschrift ausgeschlossen, so ist § 45 Abs. 3 des Luftverkehrsgesetzes entsprechend anzuwenden.

(3) Sind in den Fällen des Absatzes 1 deutsche Gerichte nach Artikel 33 Abs. 2 des Montrealer Übereinkommens für Klagen zuständig, bestimmt sich die örtliche Zuständigkeit nach § 56 Abs. 3 Satz 2 des Luftverkehrsgesetzes.

§ 2 Haftung bei Güterschäden

Werden Güter zerstört, beschädigt oder gehen sie verloren, bestimmt sich die Art des nach Artikel 18 des Montrealer Übereinkommens zu leistenden Schadensersatzes nach § 429 des Handelsgesetzbuchs.

§ 3 Umrechnung des Sonderziehungsrechts des Internationalen Währungsfonds

Soweit sich aus Artikel 23 Abs. 1 des Montrealer Übereinkommens nicht etwas anderes ergibt, bestimmt sich die Umrechnung der im Montrealer Übereinkommen in Sonderziehungsrechten ausgedrückten

Haftungshöchstbeträge für Schäden wegen Zerstörung, Verlust, Beschädigung oder verspäteter Ablieferung von Gütern nach § 431 Abs. 4 des Handelsgesetzbuchs, für andere Schäden nach § 49b des Luftverkehrsgesetzes*.

§ 4 Versicherungspflicht

(1) Unbeschadet der Vorschriften der Verordnung (EG) Nr. 2027/97 des Rates vom 9. Oktober 1997 über die Haftung von Luftfahrtunternehmen bei Unfällen (ABl. EG Nr. L 285 S. 1), geändert durch die Verordnung (EG) Nr. 889/2002 des Europäischen Parlaments und des Rates vom 13. Mai 2002 (ABl. EG Nr. L 140 S. 2), und der Verordnung (EG) Nr. 785/2004 des Europäischen Parlaments und des Rates vom 21. April 2004 über Versicherungsanforderungen an Luftfahrtunternehmen und Luftfahrzeugbetreiber (ABl. EU Nr. L 138 S. 1), in der jeweils geltenden Fassung, bestimmt sich die Pflicht des Luftfrachtführers, zur Deckung seiner Haftung nach dem Montrealer Übereinkommen für die Tötung, die Körperverletzung und die verspätete Beförderung von Reisenden sowie für die Zerstörung, die Beschädigung, den Verlust und die verspätete Beförderung von Reisegepäck eine Haftpflichtversicherung zu unterhalten, nach den §§ 50 und 51 des Luftverkehrsgesetzes sowie den Vorschriften der Luftverkehrs-Zulassungs-Ordnung über die Versicherungspflicht des Luftfrachtführers.

(2) Unbeschadet der Vorschriften der Verordnung (EG) Nr. 785/2004 ist der Luftfrachtführer verpflichtet, zur Deckung seiner Haftung nach dem Montrealer Übereinkommen für die Zerstörung, die Beschädigung, den Verlust und die verspätete Ablieferung von Gütern während der von ihm geschuldeten oder der von ihm für den vertraglichen Luftfrachtführer ausgeführten Luftbeförderung eine Haftpflichtversicherung zu unterhalten.

(3) ¹Das Bundesministerium für Verkehr und digitale Infrastruktur wird ermächtigt, durch Rechtsverordnung mit Zustimmung des Bundesrates die Einzelheiten über den Abschluss, die Aufrechterhaltung, den Inhalt, den Umfang, die zulässigen Ausschlüsse und den Nachweis der nach Absatz 2 und, soweit sie die Deckung der Haftung für die Zerstörung, die Beschädigung und den Verlust von Gütern betreffen, der nach Verordnungen der Europäischen Gemeinschaft zu unterhaltenden Haftpflichtversicherung, einschließlich der Mindestversicherungssumme, zu regeln. ²Soweit Versicherungsnachweise bei Landesbehörden zu hinterlegen sind, bleibt die Bestimmung der zuständigen Behörde dem Landesrecht vorbehalten.

§ 5 Bußgeldvorschriften

(1) Ordnungswidrig handelt, wer vorsätzlich oder fahrlässig

    1.   entgegen § 4 Abs. 2 oder

---

* § 49b LuftVG (Umrechnung von Rechnungseinheiten): «Die in den §§ 45 bis 47 genannte Rechnungseinheit ist das Sonderziehungsrecht des Internationalen Währungsfonds. Der Betrag wird in Euro nach dem Wert des Euro gegenüber dem Sonderziehungsrecht zum Zeitpunkt der Zahlung oder, wenn der Anspruch Gegenstand eines gerichtlichen Verfahrens ist, zum Zeitpunkt der die Tatsacheninstanz abschließenden Entscheidung umgerechnet. Der Wert des Euro gegenüber dem Sonderziehungsrecht wird nach der Berechnungsmethode ermittelt, die der Internationale Währungsfonds an dem betreffenden Tag für seine Operationen und Transaktionen anwendet.»

2. entgegen Artikel 4 Abs. 1 in Verbindung mit Artikel 6 Abs. 3 der Verordnung (EG) Nr. 785/2004 des Europäischen Parlaments und des Rates vom 21. April 2004 über Versicherungsanforderungen an Luftfahrtunternehmen und Luftfahrzeugbetreiber (ABl. EU Nr. L 138 S. 1), soweit die Versicherung zur Deckung der Haftung für die Zerstörung, die Beschädigung und den Verlust von Gütern betroffen ist,

jeweils in Verbindung mit einer Rechtsverordnung nach § 4 Abs. 3 Satz 1, eine Haftpflichtversicherung nicht unterhält.

(2) Die Ordnungswidrigkeit kann mit einer Geldbuße bis zu fünfzigtausend Euro geahndet werden.

(3) Verwaltungsbehörde im Sinne des § 36 Abs. 1 Nr. 1 des Gesetzes über Ordnungswidrigkeiten ist, soweit dieses Gesetz nicht von Landesbehörden ausgeführt wird, das Luftfahrt-Bundesamt.

§ 6 Zeitlicher Anwendungsbereich

Die Vorschriften des Montrealer Übereinkommens sind nur anzuwenden, wenn der Luftbeförderungsvertrag nach dem Zeitpunkt geschlossen wurde, zu dem das Montrealer Übereinkommen für die Bundesrepublik Deutschland in Kraft getreten ist.

Kreislaufwirtschaftsgesetz (KrWG)

Gesetz zur Förderung der Kreislaufwirtschaft und Sicherung der umweltverträglichen Bewirtschaftung von Abfällen (Kreislaufwirtschaftsgesetz)
zuletzt geändert durch Art. 20 Gesetz vom 10.08.2021 (BGBl. I S. 3436) m.W.v. 01.01.2024
sowie Art. 5 Gesetz vom 02.03.2023 (BGBl. 2023 I Nr. 56) m.W.v. 09.03.2023
– Nichtamtliche Fassung (Auszug) –

Teil 1
Allgemeine Vorschriften

§ 1 Zweck des Gesetzes

(1) Zweck des Gesetzes ist es, die Kreislaufwirtschaft zur Schonung der natürlichen Ressourcen zu fördern und den Schutz von Mensch und Umwelt bei der Erzeugung und Bewirtschaftung von Abfällen sicherzustellen.

(2) Mit diesem Gesetz soll außerdem das Erreichen der europarechtlichen Zielvorgaben der Richtlinie 2008/98/EG des Europäischen Parlaments und des Rates vom 19. November 2008 über Abfälle und zur

Aufhebung bestimmter Richtlinien (ABl. L 312 vom 22.11.2008, S. 3; L 127 vom 26.5.2009, S. 24; L 297 vom 13.11.2015, S. 9; L 42 vom 18.2.2017, S. 43), die zuletzt durch die Richtlinie (EU) 2018/851 (ABl. L 150 vom 14.6.2018, S. 109) geändert worden ist, gefördert werden.

§ 2 Geltungsbereich

(1) Die <u>Vorschriften dieses Gesetzes gelten für</u>

1. die <u>Vermeidung von Abfällen</u> sowie

2. die <u>Verwertung von Abfällen</u>,

3. die <u>Beseitigung von Abfällen</u> und

4. die <u>sonstigen Maßnahmen</u> der Abfallbewirtschaftung.

(2) Die Vorschriften dieses Gesetzes <u>gelten nicht für</u>

1. Stoffe, die zu entsorgen sind

   a) nach dem Lebensmittel- und Futtermittelgesetzbuch in der Fassung der Bekanntmachung vom 22. August 2011 (BGBl. I S. 1770) in der jeweils geltenden Fassung, soweit es für Lebensmittel, Lebensmittel-Zusatzstoffe, kosmetische Mittel, Bedarfsgegenstände und mit Lebensmitteln verwechselbare Produkte gilt,

   b) nach dem Tabakerzeugnisgesetz vom 4. April 2016 (BGBl. I S. 569) in der jeweils geltenden Fassung,

   c) nach dem Milch- und Margarinegesetz vom 25. Juli 1990 (BGBl. I S. 1471), das zuletzt durch Artikel 2 des Gesetzes vom 18. Januar 2019 (BGBl. I S. 33) geändert worden ist, in der jeweils geltenden Fassung,

   d) nach dem Tiergesundheitsgesetz vom 22. Mai 2013 (BGBl. I S. 1324),

   e) nach dem Pflanzenschutzgesetz in der Fassung der Bekanntmachung vom 14. Mai 1998 (BGBl. I S. 971, 1527, 3512), das zuletzt durch Artikel 278 der Verordnung vom 19. Juni 2020 (BGBl. I S. 1328) geändert worden ist, in der jeweils geltenden Fassung sowie

   f) nach den auf Grund der in den Buchstaben a bis e genannten Gesetze erlassenen Rechtsverordnungen,

2. tierische Nebenprodukte, soweit diese nach der Verordnung (EG) Nr. 1069/2009 des Europäischen Parlaments und des Rates vom 21. Oktober 2009 mit Hygienevorschriften für nicht für den menschlichen Verzehr bestimmte tierische Nebenprodukte und zur Aufhebung der Verordnung (EG) Nr. 1774/2002 (Verordnung über tierische Nebenprodukte) (ABl. L 300 vom 14.11.2009, S. 1) in der jeweils geltenden Fassung, nach den zu ihrer Durchführung ergangenen Rechtsakten der Europäischen Union, nach dem Tierische Nebenprodukte-Beseitigungsgesetz vom 25. Januar 2004 (BGBl. I S. 82), das zuletzt durch Artikel 279 der Verordnung vom 19. Juni 2020 (BGBl. I S. 1328) geändert worden ist, in der jeweils geltenden Fassung, oder nach den auf Grund des Tierische Nebenprodukte-Beseitigungsgesetzes erlassenen Rechtsverordnungen abzuholen, zu sammeln, zu befördern, zu lagern, zu behandeln, zu verarbeiten, zu verwenden, zu beseitigen oder in Verkehr zu bringen sind, mit Ausnahme derjenigen tierischen Nebenprodukte, die zur

Verbrennung, Lagerung auf einer Deponie oder Verwendung in einer Biogas- oder Kompostieranlage bestimmt sind,

3. Stoffe, die,

   a) bestimmt sind für die Verwendung als Einzelfuttermittel gemäß Artikel 3 Absatz 2 Buchstabe g der Verordnung (EG) Nr. 767/2009 des Europäischen Parlaments und des Rates vom 13. Juli 2009 über das Inverkehrbringen und die Verwendung von Futtermitteln, zur Änderung der Verordnung (EG) Nr. 1831/2003 des Europäischen Parlaments und des Rates und zur Aufhebung der Richtlinien 79/373/EWG des Rates, 80/511/EWG der Kommission, 82/471/EWG des Rates, 83/228/EWG des Rates, 93/74/EWG des Rates, 93/113/EG des Rates und 96/25/EG des Rates und der Entscheidung 2004/217/EG der Kommission (ABl. L 229 vom 1.9.2009, S. 1; L 192 vom 22.7.2011, S. 71), die zuletzt durch die Verordnung (EU) 2018/1903 (ABl. L 310 vom 6.12.2018, S. 22) geändert worden ist, und

   b) weder aus tierischen Nebenprodukten bestehen noch tierische Nebenprodukte enthalten,

4. Körper von Tieren, die nicht durch Schlachtung zu Tode gekommen sind, einschließlich von solchen Tieren, die zur Tilgung von Tierseuchen getötet wurden, soweit diese Tierkörper nach den in Nummer 2 genannten Rechtsvorschriften zu beseitigen oder zu verarbeiten sind,

5. Fäkalien, soweit sie nicht durch Nummer 2 erfasst werden, Stroh und andere natürliche nicht gefährliche land- oder forstwirtschaftliche Materialien, die in der Land- oder Forstwirtschaft oder zur Energieerzeugung aus einer solchen Biomasse durch Verfahren oder Methoden verwendet werden, die die Umwelt nicht schädigen oder die menschliche Gesundheit nicht gefährden,

6. Kernbrennstoffe und sonstige radioaktive Stoffe im Sinne des Atomgesetzes oder des Strahlenschutzgesetzes,

7. Abfälle, die unmittelbar beim Aufsuchen, Gewinnen und Aufbereiten sowie bei der damit zusammenhängenden Lagerung von Bodenschätzen in Betrieben anfallen, die der Bergaufsicht unterstehen und die nach dem Bundesberggesetz vom 13. August 1980 (BGBl. I S. 1310), das zuletzt durch Artikel 237 der Verordnung vom 19. Juni 2020 (BGBl. I S. 1328) geändert worden ist, in der jeweils geltenden Fassung und den auf Grund des Bundesberggesetzes erlassenen Rechtsverordnungen unter Bergaufsicht entsorgt werden,

8. gasförmige Stoffe, die nicht in Behältern gefasst sind,

9. Stoffe, sobald sie in Gewässer oder Abwasseranlagen eingeleitet oder eingebracht werden,

10. Böden am Ursprungsort (Böden in situ), einschließlich nicht ausgehobener, kontaminierter Böden und Bauwerke, die dauerhaft mit dem Grund und Boden verbunden sind,

11. nicht kontaminiertes Bodenmaterial und andere natürlich vorkommende Materialien, die bei Bauarbeiten ausgehoben wurden, sofern sichergestellt ist, dass die Materialien in ihrem natürlichen Zustand an dem Ort, an dem sie ausgehoben wurden, für Bauzwecke verwendet werden,

12. Sedimente, die zum Zweck der Bewirtschaftung von Gewässern, der Unterhaltung oder des Ausbaus von Wasserstraßen sowie der Vorbeugung gegen Überschwemmungen oder der

Abschwächung der Auswirkungen von Überschwemmungen und Dürren oder zur Landgewinnung innerhalb von Oberflächengewässern umgelagert werden, sofern die Sedimente nachweislich nicht gefährlich sind,

13. die Erfassung und Übergabe von Schiffsabfällen und Ladungsrückständen, soweit dies auf Grund internationaler oder supranationaler Übereinkommen durch Bundes- oder Landesrecht geregelt wird,

14. das Aufsuchen, Bergen, Befördern, Lagern, Behandeln und Vernichten von Kampfmitteln sowie

15. Kohlendioxid, das für den Zweck der dauerhaften Speicherung abgeschieden, transportiert und in Kohlendioxidspeichern gespeichert wird, oder das in Forschungsspeichern gespeichert wird.

(3) Die Vorschriften dieses Gesetzes gelten nach Maßgabe der besonderen Vorschriften des Strahlenschutzgesetzes und der auf Grund des Strahlenschutzgesetzes erlassenen Rechtsverordnungen auch für die Entsorgung von Abfällen, die infolge eines Notfalls im Sinne des Strahlenschutzgesetzes radioaktiv kontaminiert sind oder radioaktiv kontaminiert sein können.

§ 3 Begriffsbestimmungen

(1) [1]Abfälle im Sinne dieses Gesetzes sind alle Stoffe oder Gegenstände, derer sich ihr Besitzer entledigt, entledigen will oder entledigen muss. [2]Abfälle zur Verwertung sind Abfälle, die verwertet werden; Abfälle, die nicht verwertet werden, sind Abfälle zur Beseitigung.

(2) Eine Entledigung im Sinne des Absatzes 1 ist anzunehmen, wenn der Besitzer Stoffe oder Gegenstände einer Verwertung im Sinne der Anlage 2 oder einer Beseitigung im Sinne der Anlage 1 zuführt oder die tatsächliche Sachherrschaft über sie unter Wegfall jeder weiteren Zweckbestimmung aufgibt.

(3) [1]Der Wille zur Entledigung im Sinne des Absatzes 1 ist hinsichtlich solcher Stoffe oder Gegenstände anzunehmen,

1. die bei der Energieumwandlung, Herstellung, Behandlung oder Nutzung von Stoffen oder Erzeugnissen oder bei Dienstleistungen anfallen, ohne dass der Zweck der jeweiligen Handlung hierauf gerichtet ist, oder

2. deren ursprüngliche Zweckbestimmung entfällt oder aufgegeben wird, ohne dass ein neuer Verwendungszweck unmittelbar an deren Stelle tritt.

[2]Für die Beurteilung der Zweckbestimmung ist die Auffassung des Erzeugers oder Besitzers unter Berücksichtigung der Verkehrsanschauung zugrunde zu legen.

(4) Der Besitzer muss sich Stoffen oder Gegenständen im Sinne des Absatzes 1 entledigen, wenn diese nicht mehr entsprechend ihrer ursprünglichen Zweckbestimmung verwendet werden, auf Grund ihres konkreten Zustandes geeignet sind, gegenwärtig oder künftig das Wohl der Allgemeinheit, insbesondere die Umwelt, zu gefährden und deren Gefährdungspotenzial nur durch eine ordnungsgemäße und schadlose Verwertung oder gemeinwohlverträgliche Beseitigung nach den Vorschriften dieses Gesetzes und der auf Grund dieses Gesetzes erlassenen Rechtsverordnungen ausgeschlossen werden kann.

(5) [1]Gefährlich im Sinne dieses Gesetzes sind die Abfälle, die durch Rechtsverordnung nach § 48 Satz 2 oder auf Grund einer solchen Rechtsverordnung bestimmt worden sind. [2]Nicht gefährlich im Sinne dieses Gesetzes sind alle übrigen Abfälle.

(5a) [1]Siedlungsabfälle im Sinne von § 14 Absatz 1, § 15 Absatz 4, § 30 Absatz 6 Nummer 9 Buchstabe b sind gemischt und getrennt gesammelte Abfälle

1.   aus privaten Haushaltungen, insbesondere Papier und Pappe, Glas, Metall, Kunststoff, Bioabfälle, Holz, Textilien, Verpackungen, Elektro- und Elektronik-Altgeräte, Altbatterien und Altakkumulatoren sowie Sperrmüll, einschließlich Matratzen und Möbel, und

2.   aus anderen Herkunftsbereichen, wenn diese Abfälle auf Grund ihrer Beschaffenheit und Zusammensetzung mit Abfällen aus privaten Haushaltungen vergleichbar sind.

[2]Keine Siedlungsabfälle im Sinne des Satzes 1 sind

a)   Abfälle aus Produktion,

b)   Abfälle aus Landwirtschaft,

c)   Abfälle aus Forstwirtschaft,

d)   Abfälle aus Fischerei,

e)   Abfälle aus Abwasseranlagen,

f)   Bau- und Abbruchabfälle und

g)   Altfahrzeuge.

(6) [1]Inertabfälle im Sinne dieses Gesetzes sind mineralische Abfälle,

1.   die keinen wesentlichen physikalischen, chemischen oder biologischen Veränderungen unterliegen,

2.   die sich nicht auflösen, nicht brennen und nicht in anderer Weise physikalisch oder chemisch reagieren,

3.   die sich nicht biologisch abbauen und

4.   die andere Materialien, mit denen sie in Kontakt kommen, nicht in einer Weise beeinträchtigen, die zu nachteiligen Auswirkungen auf Mensch und Umwelt führen könnte.

[2]Die gesamte Auslaugbarkeit und der Schadstoffgehalt der Abfälle sowie die Ökotoxizität des Sickerwassers müssen unerheblich sein und dürfen insbesondere nicht die Qualität von Oberflächen- oder Grundwasser gefährden.

(6a) Bau- und Abbruchabfälle im Sinne dieses Gesetzes sind Abfälle, die durch Bau- und Abbruchtätigkeiten entstehen.

(7) Bioabfälle im Sinne dieses Gesetzes sind biologisch abbaubare pflanzliche, tierische oder aus Pilzmaterialien bestehende

1.   Garten- und Parkabfälle,

2.   Landschaftspflegeabfälle,

3.   Nahrungs- und Küchenabfälle aus privaten Haushaltungen, aus dem Gaststätten-, Kantinen- und Cateringgewerbe, aus Büros und aus dem Groß- und Einzelhandel sowie mit den genannten Abfällen vergleichbare Abfälle aus Nahrungsmittelverarbeitungsbetrieben und

4.   Abfälle aus sonstigen Herkunftsbereichen, die den in den Nummern 1 bis 3 genannten Abfällen nach Art, Beschaffenheit oder stofflichen Eigenschaften vergleichbar sind.

(7a) Lebensmittelabfälle im Sinne dieses Gesetzes sind alle Lebensmittel gemäß Artikel 2 der Verordnung (EG) Nr. 178/2002 des Europäischen Parlaments und des Rates vom 28. Januar 2002 zur Festlegung der allgemeinen Grundsätze und Anforderungen des Lebensmittelrechts, zur Errichtung der Europäischen Behörde für Lebensmittelsicherheit und zur Festlegung von Verfahren zur Lebensmittelsicherheit (ABl. L 31 vom 1.2.2002, S. 1), die zuletzt durch die Verordnung (EU) 2017/228 (ABl. L 35 vom 10.2.2017, S. 10) geändert worden ist, die zu Abfall geworden sind.

(7b) Rezyklate im Sinne dieses Gesetzes sind sekundäre Rohstoffe, die durch die Verwertung von Abfällen gewonnen worden sind oder bei der Beseitigung von Abfällen anfallen und für die Herstellung von Erzeugnissen geeignet sind.

(8) Erzeuger von Abfällen im Sinne dieses Gesetzes ist jede natürliche oder juristische Person,

1.   durch deren Tätigkeit Abfälle anfallen (Ersterzeuger) oder

2.   die Vorbehandlungen, Mischungen oder sonstige Behandlungen vornimmt, die eine Veränderung der Beschaffenheit oder der Zusammensetzung dieser Abfälle bewirken (Zweiterzeuger).

(9) Besitzer von Abfällen im Sinne dieses Gesetzes ist jede natürliche oder juristische Person, die die tatsächliche Sachherrschaft über Abfälle hat.

(10) Sammler von Abfällen im Sinne dieses Gesetzes ist jede natürliche oder juristische Person, die gewerbsmäßig oder im Rahmen wirtschaftlicher Unternehmen, das heißt, aus Anlass einer anderweitigen gewerblichen oder wirtschaftlichen Tätigkeit, die nicht auf die Sammlung von Abfällen gerichtet ist, Abfälle sammelt.

(11) Beförderer von Abfällen im Sinne dieses Gesetzes ist jede natürliche oder juristische Person, die gewerbsmäßig oder im Rahmen wirtschaftlicher Unternehmen, das heißt, aus Anlass einer anderweitigen gewerblichen oder wirtschaftlichen Tätigkeit, die nicht auf die Beförderung von Abfällen gerichtet ist, Abfälle befördert.

(12) Händler von Abfällen im Sinne dieses Gesetzes ist jede natürliche oder juristische Person, die gewerbsmäßig oder im Rahmen wirtschaftlicher Unternehmen, das heißt, aus Anlass einer anderweitigen gewerblichen oder wirtschaftlichen Tätigkeit, die nicht auf das Handeln mit Abfällen gerichtet ist, oder öffentlicher Einrichtungen in eigener Verantwortung Abfälle erwirbt und weiterveräußert; die Erlangung der tatsächlichen Sachherrschaft über die Abfälle ist hierfür nicht erforderlich.

(13) Makler von Abfällen im Sinne dieses Gesetzes ist jede natürliche oder juristische Person, die gewerbsmäßig oder im Rahmen wirtschaftlicher Unternehmen, das heißt, aus Anlass einer anderweitigen gewerblichen oder wirtschaftlichen Tätigkeit, die nicht auf das Makeln von Abfällen gerichtet ist, oder öffentlicher

Einrichtungen für die Bewirtschaftung von Abfällen für Dritte sorgt; die Erlangung der tatsächlichen Sachherrschaft über die Abfälle ist hierfür nicht erforderlich.

(14) [1]Abfallbewirtschaftung im Sinne dieses Gesetzes ist die Bereitstellung, die Überlassung, die Sammlung, die Beförderung sowie die Verwertung und die Beseitigung von Abfällen; die beiden letztgenannten Verfahren schließen die Sortierung der Abfälle ein. [2]Zur Abfallbewirtschaftung zählen auch die Überwachung der Tätigkeiten und Verfahren im Sinne des Satzes 1, die Nachsorge von Beseitigungsanlagen und die Tätigkeiten, die von Händlern und Maklern durchgeführt werden.

(15) Sammlung im Sinne dieses Gesetzes ist das Einsammeln von Abfällen, einschließlich deren vorläufiger Sortierung und vorläufiger Lagerung zum Zweck der Beförderung zu einer Abfallbehandlungsanlage.

(16) Getrennte Sammlung im Sinne dieses Gesetzes ist eine Sammlung, bei der ein Abfallstrom nach Art und Beschaffenheit des Abfalls getrennt gehalten wird, um eine bestimmte Behandlung zu erleichtern oder zu ermöglichen.

(17) [1]Eine gemeinnützige Sammlung von Abfällen im Sinne dieses Gesetzes ist eine Sammlung, die durch eine nach § 5 Absatz 1 Nummer 9 des Körperschaftsteuergesetzes in der Fassung der Bekanntmachung vom 15. Oktober 2002 (BGBl. I S. 4144), das zuletzt durch Artikel 8 des Gesetzes vom 22. Juni 2011 (BGBl. I S. 1126) geändert worden ist, in der jeweils geltenden Fassung steuerbefreite Körperschaft, Personenvereinigung oder Vermögensmasse getragen wird und der Beschaffung von Mitteln zur Verwirklichung ihrer gemeinnützigen, mildtätigen oder kirchlichen Zwecke im Sinne der §§ 52 bis 54 der Abgabenordnung dient. [2]Um eine gemeinnützige Sammlung von Abfällen handelt es sich auch dann, wenn die Körperschaft, Personenvereinigung oder Vermögensmasse nach Satz 1 einen gewerblichen Sammler mit der Sammlung beauftragt und dieser den Veräußerungserlös nach Abzug seiner Kosten und eines angemessenen Gewinns vollständig an die Körperschaft, Personenvereinigung oder Vermögensmasse auskehrt.

(18) [1]Eine gewerbliche Sammlung von Abfällen im Sinne dieses Gesetzes ist eine Sammlung, die zum Zweck der Einnahmeerzielung erfolgt. [2]Die Durchführung der Sammeltätigkeit auf der Grundlage vertraglicher Bindungen zwischen dem Sammler und der privaten Haushaltung in dauerhaften Strukturen steht einer gewerblichen Sammlung nicht entgegen.

(19) Kreislaufwirtschaft im Sinne dieses Gesetzes sind die Vermeidung und Verwertung von Abfällen.

(20) [1]Vermeidung im Sinne dieses Gesetzes ist jede Maßnahme, die ergriffen wird, bevor ein Stoff, Material oder Erzeugnis zu Abfall geworden ist, und dazu dient, die Abfallmenge, die schädlichen Auswirkungen des Abfalls auf Mensch und Umwelt oder den Gehalt an schädlichen Stoffen in Materialien und Erzeugnissen zu verringern. [2]Hierzu zählen insbesondere die anlageninterne Kreislaufführung von Stoffen, die abfallarme Produktgestaltung, die Wiederverwendung von Erzeugnissen oder die Verlängerung ihrer Lebensdauer sowie ein Konsumverhalten, das auf den Erwerb von abfall- und schadstoffarmen Produkten sowie die Nutzung von Mehrwegverpackungen gerichtet ist.

(21) Wiederverwendung im Sinne dieses Gesetzes ist jedes Verfahren, bei dem Erzeugnisse oder Bestandteile, die keine Abfälle sind, wieder für denselben Zweck verwendet werden, für den sie ursprünglich bestimmt waren.

(22) Abfallentsorgung im Sinne dieses Gesetzes sind Verwertungs- und Beseitigungsverfahren, einschließlich der Vorbereitung vor der Verwertung oder Beseitigung.

(23) [1]Verwertung im Sinne dieses Gesetzes ist jedes Verfahren, als dessen Hauptergebnis die Abfälle innerhalb der Anlage oder in der weiteren Wirtschaft einem sinnvollen Zweck zugeführt werden, indem sie entweder andere Materialien ersetzen, die sonst zur Erfüllung einer bestimmten Funktion verwendet worden wären, oder indem die Abfälle so vorbereitet werden, dass sie diese Funktion erfüllen. [2]Anlage 2 enthält eine nicht abschließende Liste von Verwertungsverfahren.

(23a) [1]Stoffliche Verwertung im Sinne dieses Gesetzes ist jedes Verwertungsverfahren mit Ausnahme der energetischen Verwertung und der Aufbereitung zu Materialien, die für die Verwendung als Brennstoff oder als anderes Mittel der Energieerzeugung bestimmt sind. [2]Zur stofflichen Verwertung zählen insbesondere die Vorbereitung zur Wiederverwendung, das Recycling und die Verfüllung.

(24) Vorbereitung zur Wiederverwendung im Sinne dieses Gesetzes ist jedes Verwertungsverfahren der Prüfung, Reinigung oder Reparatur, bei dem Erzeugnisse oder Bestandteile von Erzeugnissen, die zu Abfällen geworden sind, so vorbereitet werden, dass sie ohne weitere Vorbehandlung wieder für denselben Zweck verwendet werden können, für den sie ursprünglich bestimmt waren.

(25) Recycling im Sinne dieses Gesetzes ist jedes Verwertungsverfahren, durch das Abfälle zu Erzeugnissen, Materialien oder Stoffen entweder für den ursprünglichen Zweck oder für andere Zwecke aufbereitet werden; es schließt die Aufbereitung organischer Materialien ein, nicht aber die energetische Verwertung und die Aufbereitung zu Materialien, die für die Verwendung als Brennstoff oder zur Verfüllung bestimmt sind.

(25a) [1]Verfüllung im Sinne dieses Gesetzes ist jedes Verwertungsverfahren, bei dem geeignete nicht gefährliche Abfälle zur Rekultivierung von Abgrabungen oder zu bautechnischen Zwecken bei der Landschaftsgestaltung verwendet werden. [2]Abfälle im Sinne des Satzes 1 sind solche, die Materialien ersetzen, die keine Abfälle sind, die für die vorstehend genannten Zwecke geeignet sind und auf die für die Erfüllung dieser Zwecke unbedingt erforderlichen Mengen beschränkt werden.

(26) [1]Beseitigung im Sinne dieses Gesetzes ist jedes Verfahren, das keine Verwertung ist, auch wenn das Verfahren zur Nebenfolge hat, dass Stoffe oder Energie zurückgewonnen werden. [2]Anlage 1 enthält eine nicht abschließende Liste von Beseitigungsverfahren.

(27) [1]Deponien im Sinne dieses Gesetzes sind Beseitigungsanlagen zur Ablagerung von Abfällen oberhalb der Erdoberfläche (oberirdische Deponien) oder unterhalb der Erdoberfläche (Untertagedeponien). [2]Zu den Deponien zählen auch betriebsinterne Abfallbeseitigungsanlagen für die Ablagerung von Abfällen, in denen ein Erzeuger von Abfällen die Abfallbeseitigung am Erzeugungsort vornimmt.

(28) [1]Stand der Technik im Sinne dieses Gesetzes ist der Entwicklungsstand fortschrittlicher Verfahren, Einrichtungen oder Betriebsweisen, der die praktische Eignung einer Maßnahme zur Begrenzung von Emissionen in Luft, Wasser und Boden, zur Gewährleistung der Anlagensicherheit, zur Gewährleistung einer umweltverträglichen Abfallentsorgung oder sonst zur Vermeidung oder Verminderung von Auswirkungen auf die Umwelt zur Erreichung eines allgemein hohen Schutzniveaus für die Umwelt insgesamt gesichert erscheinen

lässt. [2]Bei der Bestimmung des Standes der Technik sind insbesondere die in Anlage 3 aufgeführten Kriterien zu berücksichtigen.

§ 4 Nebenprodukte

(1) Fällt ein Stoff oder Gegenstand bei einem Herstellungsverfahren an, dessen hauptsächlicher Zweck nicht auf die Herstellung dieses Stoffes oder Gegenstandes gerichtet ist, ist er als Nebenprodukt und nicht als Abfall anzusehen, wenn

1. sichergestellt ist, dass der Stoff oder Gegenstand weiter verwendet wird,
2. eine weitere, über ein normales industrielles Verfahren hinausgehende Vorbehandlung hierfür nicht erforderlich ist,
3. der Stoff oder Gegenstand als integraler Bestandteil eines Herstellungsprozesses erzeugt wird und
4. die weitere Verwendung rechtmäßig ist; dies ist der Fall, wenn der Stoff oder Gegenstand alle für seine jeweilige Verwendung anzuwendenden Produkt-, Umwelt- und Gesundheitsschutzanforderungen erfüllt und insgesamt nicht zu schädlichen Auswirkungen auf Mensch und Umwelt führt.

(2) Die Bundesregierung wird ermächtigt, nach Anhörung der beteiligten Kreise (§ 68) durch Rechtsverordnung mit Zustimmung des Bundesrates nach Maßgabe der in Absatz 1 genannten Anforderungen Kriterien zu bestimmen, nach denen bestimmte Stoffe oder Gegenstände als Nebenprodukt anzusehen sind, und Anforderungen zum Schutz von Mensch und Umwelt festzulegen.

§ 5 Ende der Abfalleigenschaft

(1) Die Abfalleigenschaft eines Stoffes oder Gegenstandes endet, wenn dieser ein Recycling oder ein anderes Verwertungsverfahren durchlaufen hat und so beschaffen ist, dass

1. er üblicherweise für bestimmte Zwecke verwendet wird,
2. ein Markt für ihn oder eine Nachfrage nach ihm besteht,
3. er alle für seine jeweilige Zweckbestimmung geltenden technischen Anforderungen sowie alle Rechtsvorschriften und anwendbaren Normen für Erzeugnisse erfüllt sowie
4. seine Verwendung insgesamt nicht zu schädlichen Auswirkungen auf Mensch oder Umwelt führt.

(2) [1]Die Bundesregierung wird ermächtigt, nach Anhörung der beteiligten Kreise (§ 68) durch Rechtsverordnung mit Zustimmung des Bundesrates nach Maßgabe der in Absatz 1 genannten Anforderungen die Bedingungen näher zu bestimmen, unter denen für bestimmte Stoffe und Gegenstände die Abfalleigenschaft endet. [2]Diese Bedingungen müssen ein hohes Maß an Schutz für Mensch und Umwelt sicherstellen und die umsichtige, sparsame und effiziente Verwendung der natürlichen Ressourcen ermöglichen. [3]In der Rechtsverordnung ist insbesondere zu bestimmen:

1. welche Abfälle der Verwertung zugeführt werden dürfen,
2. welche Behandlungsverfahren und -methoden zulässig sind,

3. die Qualitätskriterien, soweit erforderlich auch Schadstoffgrenzwerte, für Stoffe und Gegenstände im Sinne des Absatzes 1; die Qualitätskriterien müssen im Einklang mit den geltenden technischen Anforderungen, Rechtsvorschriften oder Normen für Erzeugnisse stehen,

4. die Anforderungen an Managementsysteme, mit denen die Einhaltung der Kriterien für das Ende der Abfalleigenschaft nachgewiesen wird, einschließlich der Anforderungen

    a) an die Qualitätskontrolle und die Eigenüberwachung und

    b) an eine Akkreditierung oder sonstige Form der Fremdüberwachung der Managementsysteme, soweit dies erforderlich ist, sowie

5. das Erfordernis und die Inhalte einer Konformitätserklärung.

Teil 2
Grundsätze und Pflichten der Erzeuger und Besitzer von Abfällen sowie der öffentlich-rechtlichen Entsorgungsträger

Abschnitt 1
Grundsätze der Abfallvermeidung und Abfallbewirtschaftung

§ 6 Abfallhierarchie

(1) Maßnahmen der Vermeidung und der Abfallbewirtschaftung stehen in folgender Rangfolge:

1. Vermeidung,

2. Vorbereitung zur Wiederverwendung,

3. Recycling,

4. sonstige Verwertung, insbesondere energetische Verwertung und Verfüllung,

5. Beseitigung..

(2) ¹Ausgehend von der Rangfolge nach Absatz 1 soll nach Maßgabe der §§ 7 und 8 diejenige Maßnahme Vorrang haben, die den Schutz von Mensch und Umwelt bei der Erzeugung und Bewirtschaftung von Abfällen unter Berücksichtigung des Vorsorge- und Nachhaltigkeitsprinzips am besten gewährleistet. ²Für die Betrachtung der Auswirkungen auf Mensch und Umwelt nach Satz 1 ist der gesamte Lebenszyklus des Abfalls zugrunde zu legen. ³Hierbei sind insbesondere zu berücksichtigen

1. die zu erwartenden Emissionen,

2. das Maß der Schonung der natürlichen Ressourcen,

3. die einzusetzende oder zu gewinnende Energie sowie

4. die Anreicherung von Schadstoffen in Erzeugnissen, in Abfällen zur Verwertung oder in daraus gewonnenen Erzeugnissen.

⁴Die technische Möglichkeit, die wirtschaftliche Zumutbarkeit und die sozialen Folgen der Maßnahme sind zu beachten.

(3) Die Anlage 5 enthält eine nicht abschließende Liste von Beispielen für Maßnahmen und wirtschaftliche Instrumente zur Schaffung von Anreizen für die Anwendung der Abfallhierarchie von Verwertungsverfahren.

Abschnitt 2
Kreislaufwirtschaft

§ 7 Grundpflichten der Kreislaufwirtschaft

(1) Die Pflichten zur Abfallvermeidung richten sich nach § 13 sowie den Rechtsverordnungen, die auf Grund der §§ 24 und 25 erlassen worden sind.

(2) ¹Die Erzeuger oder Besitzer von Abfällen sind zur Verwertung ihrer Abfälle verpflichtet. ²Die Verwertung von Abfällen hat Vorrang vor deren Beseitigung. ³Der Vorrang entfällt, wenn die Beseitigung der Abfälle den Schutz von Mensch und Umwelt nach Maßgabe des § 6 Absatz 2 Satz 2 und 3 am besten gewährleistet. ⁴Der Vorrang gilt nicht für Abfälle, die unmittelbar und üblicherweise durch Maßnahmen der Forschung und Entwicklung anfallen.

(3) ¹Die Verwertung von Abfällen, insbesondere durch ihre Einbindung in Erzeugnisse, hat ordnungsgemäß und schadlos zu erfolgen. ²Die Verwertung erfolgt ordnungsgemäß, wenn sie im Einklang mit den Vorschriften dieses Gesetzes und anderen öffentlich-rechtlichen Vorschriften steht. ³Sie erfolgt schadlos, wenn nach der Beschaffenheit der Abfälle, dem Ausmaß der Verunreinigungen und der Art der Verwertung Beeinträchtigungen des Wohls der Allgemeinheit nicht zu erwarten sind, insbesondere keine Schadstoffanreicherung im Wertstoffkreislauf erfolgt.

(4) ¹Die Pflicht zur Verwertung von Abfällen ist zu erfüllen, soweit dies technisch möglich und wirtschaftlich zumutbar ist, insbesondere für einen gewonnenen Stoff oder gewonnene Energie ein Markt vorhanden ist oder geschaffen werden kann. ²Die Verwertung von Abfällen ist auch dann technisch möglich, wenn hierzu eine Vorbehandlung erforderlich ist. ³Die wirtschaftliche Zumutbarkeit ist gegeben, wenn die mit der Verwertung verbundenen Kosten nicht außer Verhältnis zu den Kosten stehen, die für eine Abfallbeseitigung zu tragen wären.

§ 7a Chemikalien- und Produktrecht

(1) Natürliche oder juristische Personen, die Stoffe und Gegenstände, deren Abfalleigenschaft beendet ist, erstmals verwenden oder erstmals in Verkehr bringen, haben dafür zu sorgen, dass diese Stoffe oder Gegenstände den geltenden Anforderungen des Chemikalien- und Produktrechts genügen.

(2) Bevor für Stoffe und Gegenstände die in Absatz 1 genannten Rechtsvorschriften zur Anwendung kommen, muss ihre Abfalleigenschaft gemäß den Anforderungen nach § 5 Absatz 1 beendet sein.

§ 8 Rangfolge und Hochwertigkeit der Verwertungsmaßnahmen

(1) ¹Bei der Erfüllung der Verwertungspflicht nach § 7 Absatz 2 Satz 1 hat diejenige der in § 6 Absatz 1 Nummer 2 bis 4 genannten Verwertungsmaßnahmen Vorrang, die den Schutz von Mensch und Umwelt nach der Art und Beschaffenheit des Abfalls unter Berücksichtigung der in § 6 Absatz 2 Satz 2 und 3 festgelegten Kriterien am besten gewährleistet. ²Zwischen mehreren gleichrangigen Verwertungsmaßnahmen besteht ein Wahlrecht des Erzeugers oder Besitzers von Abfällen. ³Bei der Ausgestaltung der nach Satz 1 oder 2 durchzuführenden Verwertungsmaßnahme ist eine den Schutz von Mensch und Umwelt am besten

gewährleistende, hochwertige Verwertung anzustreben. [4]§ 7 Absatz 4 findet auf die Sätze 1 bis 3 entsprechende Anwendung.

(2) [1]Die Bundesregierung bestimmt nach Anhörung der beteiligten Kreise (§ 68) durch Rechtsverordnung mit Zustimmung des Bundesrates für bestimmte Abfallarten auf Grund der in § 6 Absatz 2 Satz 2 und 3 festgelegten Kriterien

1. den Vorrang oder Gleichrang einer Verwertungsmaßnahme und
2. Anforderungen an die Hochwertigkeit der Verwertung.

[2]Durch Rechtsverordnung nach Satz 1 kann insbesondere bestimmt werden, dass die Verwertung des Abfalls entsprechend seiner Art, Beschaffenheit, Menge und Inhaltsstoffe durch mehrfache, hintereinander geschaltete stoffliche und anschließende energetische Verwertungsmaßnahmen (Kaskadennutzung) zu erfolgen hat.

§ 9 Getrennte Sammlung und Behandlung von Abfällen zur Verwertung

(1) der Soweit dies zur Erfüllung der Anforderungen nach § 7 Absatz 2 bis 4 und § 8 Absatz 1 erforderlich ist, sind Abfälle getrennt zu sammeln und zu behandeln.

(2) Im Rahmen der Behandlung sind unter den in Absatz 1 genannten Voraussetzungen gefährliche Stoffe, Gemische oder Bestandteile aus den Abfällen zu entfernen und nach den Anforderungen dieses Gesetzes zu verwerten oder zu beseitigen.

(3) Eine getrennte Sammlung von Abfällen ist nicht erforderlich, wenn

1. die gemeinsame Sammlung der Abfälle deren Potential zur Vorbereitung zur Wiederverwendung, zum Recycling oder zu sonstigen Verwertungsverfahren unter Beachtung der Vorgaben des § 8 Absatz 1 nicht beeinträchtigt und wenn in diesen Verfahren mit einer gemeinsamen Sammlung verschiedener Abfallarten ein Abfallstrom erreicht wird, dessen Qualität mit dem Abfallstrom vergleichbar ist, der mit einer getrennten Sammlung erreicht wird,
2. die getrennte Sammlung der Abfälle unter Berücksichtigung der von ihrer Bewirtschaftung ausgehenden Umweltauswirkungen den Schutz von Mensch und Umwelt nicht am besten gewährleistet,
3. die getrennte Sammlung unter Berücksichtigung guter Praxis der Abfallsammlung technisch nicht möglich ist oder
4. die getrennte Sammlung im Vergleich zur gemeinsamen Sammlung für den Verpflichteten unverhältnismäßig hohe Kosten verursachen würde; dabei sind zu berücksichtigen:
   a) die Kosten nachteiliger Auswirkungen auf Mensch und Umwelt, die mit einer gemeinsamen Sammlung und der nachfolgenden Behandlung der Abfälle verbunden sind,
   b) die Möglichkeit von Effizienzsteigerungen bei der Abfallsammlung und -behandlung und
   c) die Möglichkeit, aus der Vermarktung der getrennt gesammelten Abfälle Erlöse zu erzielen.

(4) [1]Soweit Abfälle zur Vorbereitung zur Wiederverwendung oder zum Recycling getrennt gesammelt worden sind, ist eine energetische Verwertung nur zulässig für die Abfallfraktionen, die bei der nachgelagerten Behandlung der getrennt gesammelten Abfälle angefallen sind, und nur soweit die energetische Verwertung

dieser Abfallfraktionen den Schutz von Mensch und Umwelt unter Berücksichtigung der in § 6 Absatz 2 Satz 2 und 3 festgelegten Kriterien am besten oder in gleichwertiger Weise wie die Vorbereitung zur Wiederverwendung oder das Recycling gewährleistet. [2]§ 7 Absatz 4 gilt entsprechend.

§ 9a Vermischungsverbot und Behandlung gefährlicher Abfälle

(1) Die Vermischung, einschließlich der Verdünnung, gefährlicher Abfälle mit anderen Kategorien von gefährlichen Abfällen oder mit anderen Abfällen, Stoffen oder Materialien ist unzulässig.

(2) Abweichend von Absatz 1 ist eine Vermischung ausnahmsweise zulässig, wenn

1. sie in einer nach diesem Gesetz oder nach dem Bundes-Immissionsschutzgesetz hierfür zugelassenen Anlage erfolgt,

2. die Anforderungen an eine ordnungsgemäße und schadlose Verwertung nach § 7 Absatz 3 eingehalten werden und schädliche Auswirkungen der Abfallbewirtschaftung auf Mensch und Umwelt durch die Vermischung nicht verstärkt werden und

3. das Vermischungsverfahren dem Stand der Technik entspricht.

(3) [1]Sind gefährliche Abfälle in unzulässiger Weise vermischt worden, sind die Erzeuger und Besitzer der Abfälle verpflichtet, diese unverzüglich zu trennen, soweit die Trennung zur ordnungsgemäßen und schadlosen Verwertung der Abfälle nach § 7 Absatz 3 erforderlich ist. [2]Ist eine Trennung zum Zweck der ordnungsgemäßen und schadlosen Verwertung nicht erforderlich oder zwar erforderlich, aber technisch nicht möglich oder wirtschaftlich nicht zumutbar, sind die Erzeuger und Besitzer der gemischten Abfälle verpflichtet, diese unverzüglich in einer Anlage zu behandeln, die nach diesem Gesetz oder nach dem Bundes-Immissionsschutzgesetz hierfür zugelassen ist sollen

[...]

§ 13 Pflichten der Anlagenbetreiber

Die Pflichten der Betreiber von genehmigungsbedürftigen und nicht genehmigungsbedürftigen Anlagen nach dem Bundes-Immissionsschutzgesetz, diese so zu errichten und zu betreiben, dass Abfälle vermieden, verwertet oder beseitigt werden, richten sich nach den Vorschriften des Bundes-Immissionsschutzgesetzes.

§ 14 Förderung des Recyclings und der sonstigen stofflichen Verwertung

(1) Die Vorbereitung zur Wiederverwendung und das Recycling von Siedlungsabfällen sollen betragen:

1. spätestens ab dem 1. Januar 2020 insgesamt mindestens 50 Gewichtsprozent,

2. spätestens ab dem 1. Januar 2025 insgesamt mindestens 55 Gewichtsprozent,

3. spätestens ab dem 1. Januar 2030 insgesamt mindestens 60 Gewichtsprozent und

4. spätestens ab dem 1. Januar 2035 insgesamt mindestens 65 Gewichtsprozent.

(2) Die Vorbereitung zur Wiederverwendung, das Recycling und die sonstige stoffliche Verwertung von nicht gefährlichen Bau- und Abbruchabfällen mit Ausnahme von in der Natur vorkommenden Materialien, die in der Anlage zur Abfallverzeichnisverordnung mit dem Abfallschlüssel 17 05 04 gekennzeichnet sind, sollen spätestens ab dem 1. Januar 2020 mindestens 70 Gewichtsprozent betragen.

Abschnitt 3
Abfallbeseitigung

§ 15 Grundpflichten der Abfallbeseitigung..

(1) ¹Die Erzeuger oder Besitzer von Abfällen, die nicht verwertet werden, sind verpflichtet, diese zu beseitigen, soweit in § 17 nichts anderes bestimmt ist. ²Durch die Behandlung von Abfällen sind deren Menge und Schädlichkeit zu vermindern. ³Energie oder Abfälle, die bei der Beseitigung anfallen, sind hochwertig zu nutzen; § 8 Absatz 1 Satz 3 gilt entsprechend.

(2) ¹Abfälle sind so zu beseitigen, dass das Wohl der Allgemeinheit nicht beeinträchtigt wird. ²Eine Beeinträchtigung liegt insbesondere dann vor, wenn

1. die Gesundheit der Menschen beeinträchtigt wird,
2. Tiere oder Pflanzen gefährdet werden,
3. Gewässer oder Böden schädlich beeinflusst werden,
4. schädliche Umwelteinwirkungen durch Luftverunreinigungen oder Lärm herbeigeführt werden,
5. die Ziele oder Grundsätze und sonstigen Erfordernisse der Raumordnung nicht beachtet oder die Belange des Naturschutzes, der Landschaftspflege sowie des Städtebaus nicht berücksichtigt werden oder
6. die öffentliche Sicherheit oder Ordnung in sonstiger Weise gefährdet oder gestört wird.

(3) ¹Soweit dies zur Erfüllung der Anforderungen nach den Absätzen 1 und 2 erforderlich ist, sind Abfälle zur Beseitigung getrennt zu sammeln und zu behandeln. ²§ 9 Absatz 2 und 3 und § 9a gelten entsprechend.

(4) Die Ablagerung von Siedlungsabfällen auf Deponien darf spätestens ab dem 1. Januar 2035 höchstens 10 Gewichtsprozent des gesamten Siedlungsabfallaufkommens betragen.

[...]

Abschnitt 4
Öffentlich-rechtliche Entsorgung und Beauftragung Dritter

§ 19 Duldungspflichten bei Grundstücken

(1) ¹Die Eigentümer und Besitzer von Grundstücken, auf denen überlassungspflichtige Abfälle anfallen, sind verpflichtet, das Aufstellen von zur Erfassung notwendigen Behältnissen sowie das Betreten des Grundstücks zum Zweck des Einsammelns und zur Überwachung des Getrennthaltens und der Verwertung von Abfällen zu dulden. ²Die Bediensteten und Beauftragten der zuständigen Behörde dürfen Geschäfts- und Betriebsgrundstücke und Geschäfts- und Betriebsräume außerhalb der üblichen Geschäftszeiten sowie Wohnräume ohne Einverständnis des Inhabers nur zur Verhütung dringender Gefahren für die öffentliche Sicherheit und Ordnung betreten. ³Das Grundrecht auf Unverletzlichkeit der Wohnung (Artikel 13 Absatz 1 des Grundgesetzes) wird insoweit eingeschränkt.

(2) Absatz 1 gilt entsprechend für Rücknahme- und Sammelsysteme, die zur Durchführung von Rücknahmepflichten auf Grund einer Rechtsverordnung nach § 25 erforderlich sind.

[…]

Teil 3
Produktverantwortung

§ 23 Produktverantwortung

(1) ¹Wer Erzeugnisse entwickelt, herstellt, be- oder verarbeitet oder vertreibt, trägt zur Erfüllung der Ziele der Kreislaufwirtschaft die Produktverantwortung. ²Erzeugnisse sind möglichst so zu gestalten, dass bei ihrer Herstellung und ihrem Gebrauch das Entstehen von Abfällen vermindert wird und sichergestellt ist, dass die nach ihrem Gebrauch entstandenen Abfälle umweltverträglich verwertet oder beseitigt werden. ³Beim Vertrieb der Erzeugnisse ist dafür zu sorgen, dass deren Gebrauchstauglichkeit erhalten bleibt und diese nicht zu Abfall werden.

(2) Die Produktverantwortung umfasst insbesondere

1. die Entwicklung, die Herstellung und das Inverkehrbringen von Erzeugnissen, die ressourceneffizient, mehrfach verwendbar, technisch langlebig, reparierbar und nach Gebrauch zur ordnungsgemäßen, schadlosen und hochwertigen Verwertung sowie zur umweltverträglichen Beseitigung geeignet sind,

2. den vorrangigen Einsatz von verwertbaren Abfällen oder sekundären Rohstoffen, insbesondere Rezyklaten, bei der Herstellung von Erzeugnissen,

3. den sparsamen Einsatz von kritischen Rohstoffen und die Kennzeichnung der in den Erzeugnissen enthaltenen kritischen Rohstoffe, um zu verhindern, dass diese Erzeugnisse zu Abfall werden sowie sicherzustellen, dass die kritischen Rohstoffe aus den Erzeugnissen oder den nach Gebrauch der Erzeugnisse entstandenen Abfällen zurückgewonnen werden können,

4. die Stärkung der Wiederverwendung von Erzeugnissen, insbesondere die Unterstützung von Systemen zur Wiederverwendung und Reparatur,

5. die Senkung des Gehalts an gefährlichen Stoffen sowie die Kennzeichnung von schadstoffhaltigen Erzeugnissen, um sicherzustellen, dass die nach Gebrauch der Erzeugnisse entstandenen Abfälle umweltverträglich verwertet oder beseitigt werden,

6. den Hinweis auf Rückgabe-, Wiederverwendungs-, Verwertungs- und Beseitigungsmöglichkeiten oder -pflichten und Pfandregelungen durch Kennzeichnung der Erzeugnisse,

7. die Rücknahme der Erzeugnisse und der nach Gebrauch der Erzeugnisse entstandenen Abfälle sowie deren nachfolgende umweltverträgliche Verwertung oder Beseitigung,

8. die Übernahme der finanziellen oder der finanziellen und organisatorischen Verantwortung für die Bewirtschaftung der nach Gebrauch der Erzeugnisse entstandenen Abfälle,

9. die Information und Beratung der Öffentlichkeit über Möglichkeiten der Vermeidung, Verwertung und Beseitigung von Abfällen, insbesondere über Anforderungen an die Getrenntsammlung sowie Maßnahmen zur Verhinderung der Vermüllung der Umwelt,

10. die Beteiligung an Kosten, die den öffentlichrechtlichen Entsorgungsträgern und sonstigen juristischen Personen des öffentlichen Rechts für die Reinigung der Umwelt und die anschließende umweltverträgliche Verwertung und Beseitigung der nach Gebrauch der aus den von einem Hersteller oder Vertreiber in Verkehr gebrachten Erzeugnissen entstandenen Abfälle entstehen sowie

11. eine Obhutspflicht hinsichtlich der vertriebenen Erzeugnisse, insbesondere die Pflicht, beim Vertrieb der Erzeugnisse, auch im Zusammenhang mit deren Rücknahme oder Rückgabe, dafür zu sorgen, dass die Gebrauchstauglichkeit der Erzeugnisse erhalten bleibt und diese nicht zu Abfall werden.

(3) Im Rahmen der Produktverantwortung nach den Absätzen 1 und 2 sind neben der Verhältnismäßigkeit der Anforderungen entsprechend § 7 Absatz 4 die sich aus anderen Rechtsvorschriften ergebenden Regelungen zur Produktverantwortung und zum Schutz von Mensch und Umwelt sowie die Festlegungen des Unionsrechts über den freien Warenverkehr zu berücksichtigen.

(4) ¹Die Bundesregierung bestimmt durch Rechtsverordnungen auf Grund der §§ 24 und 25, welche Verpflichteten die Produktverantwortung nach den Absätzen 1 und 2 wahrzunehmen haben. ²Sie legt zugleich fest, für welche Erzeugnisse und in welcher Art und Weise die Produktverantwortung wahrzunehmen ist.

[…]

Teil 6
Überwachung

§ 47 Allgemeine Überwachung

(1) ¹Die Vermeidung nach Maßgabe der auf Grund der §§ 24 und 25 erlassenen Rechtsverordnungen und die Abfallbewirtschaftung unterliegen der Überwachung durch die zuständige Behörde. ²Für den Vollzug der nach den §§ 24 und 25 ergangenen Rechtsverordnungen sind die §§ 6, 7 Absatz 1 bis 3, § 8 Absatz 2 und die §§ 9 und 10 des Marktüberwachungsgesetzes vom 9. Juni 2021 (BGBl. I S. 1723) entsprechend anzuwenden. ³Die nach Satz 2 verpflichteten Personen sind verpflichtet, das Betreten von Geschäfts- und Betriebsgrundstücken und -räumen außerhalb der üblichen Geschäftszeiten sowie das Betreten von Wohnräumen zu gestatten, wenn dies zur Verhütung dringender Gefahren für die öffentliche Sicherheit oder Ordnung erforderlich ist. ⁴Das Grundrecht auf Unverletzlichkeit der Wohnung (Artikel 13 Absatz 1 des Grundgesetzes) wird insoweit eingeschränkt.

(2) ¹Die zuständige Behörde überprüft in regelmäßigen Abständen und in angemessenem Umfang Erzeuger von gefährlichen Abfällen, Anlagen und Unternehmen, die Abfälle entsorgen, sowie Sammler, Beförderer, Händler und Makler von Abfällen. ²Die Überprüfung der Tätigkeiten der Sammler und Beförderer von Abfällen erstreckt sich auch auf den Ursprung, die Art, die Menge und den Bestimmungsort der gesammelten und beförderten Abfälle.

(3) ¹Auskunft über Betrieb, Anlagen, Einrichtungen und sonstige der Überwachung unterliegende Gegenstände haben den Bediensteten und Beauftragten der zuständigen Behörde auf Verlangen zu erteilen

1. Erzeuger und Besitzer von Abfällen,

2. zur Abfallentsorgung Verpflichtete,

3. Betreiber sowie frühere Betreiber von Unternehmen oder Anlagen, die Abfälle entsorgen oder entsorgt haben, auch wenn diese Anlagen stillgelegt sind, sowie

4. Sammler, Beförderer, Händler und Makler von Abfällen.

²Die nach Satz 1 zur Auskunft verpflichteten Personen haben den Bediensteten und Beauftragten der zuständigen Behörde zur Prüfung der Einhaltung ihrer Verpflichtungen nach den §§ 7 und 15 das Betreten der Grundstücke sowie der Geschäfts- und Betriebsräume zu den üblichen Geschäftszeiten, die Einsicht in Unterlagen und die Vornahme von technischen Ermittlungen und Prüfungen zu gestatten. ³Die nach Satz 1 zur Auskunft verpflichteten Personen sind ferner verpflichtet, zu diesen Zwecken das Betreten von Geschäfts- und Betriebsgrundstücken und -räumen außerhalb der üblichen Geschäftszeiten sowie das Betreten von Wohnräumen zu gestatten, wenn dies zur Verhütung dringender Gefahren für die öffentliche Sicherheit oder Ordnung erforderlich ist. ⁴Das Grundrecht auf Unverletzlichkeit der Wohnung (Artikel 13 Absatz 1 des Grundgesetzes) wird insoweit eingeschränkt.

(4) Betreiber von Verwertungs- und Abfallbeseitigungsanlagen oder von Anlagen, in denen Abfälle mitverwertet oder mitbeseitigt werden, haben diese Anlagen den Bediensteten oder Beauftragten der zuständigen Behörde zugänglich zu machen, die zur Überwachung erforderlichen Arbeitskräfte, Werkzeuge und Unterlagen zur Verfügung zu stellen und nach Anordnung der zuständigen Behörde Zustand und Betrieb der Anlage auf eigene Kosten prüfen zu lassen.

(5) Für die nach dieser Vorschrift zur Auskunft verpflichteten Personen gilt § 55 der Strafprozessordnung entsprechend.

(6) Die behördlichen Überwachungsbefugnisse nach den Absätzen 1 bis 5 erstrecken sich auch auf die Prüfung, ob bestimmte Stoffe oder Gegenstände gemäß den Voraussetzungen der §§ 4 und 5 nicht oder nicht mehr als Abfall anzusehen sind.

(7) ¹Für alle zulassungspflichtigen Deponien stellen die zuständigen Behörden in ihrem Zuständigkeitsbereich Überwachungspläne und Überwachungsprogramme zur Durchführung der Absätze 1 bis 4 auf. ²Satz 1 gilt nicht für Deponien für Inertabfälle und Deponien, die eine Aufnahmekapazität von 10 Tonnen oder weniger je Tag und eine Gesamtkapazität von 25 000 Tonnen oder weniger haben. ³Zur Überwachung nach Satz 1 gehören insbesondere auch die Überwachung der Errichtung, Vor-Ort-Besichtigungen, die Überwachung der Emissionen und die Überprüfung interner Berichte, Folgedokumente sowie Messungen und Kontrollen, die Überprüfung der Eigenkontrolle, die Prüfung der angewandten Techniken und der Eignung des Umweltmanagements der Deponie. ⁴Die Bundesregierung wird ermächtigt, nach Anhörung der beteiligten Kreise (§ 68) durch Rechtsverordnung mit Zustimmung des Bundesrates die Einzelheiten zum Inhalt der Überwachungspläne und Überwachungsprogramme nach Satz 1 zu bestimmen.

(8) ¹Die Länder übermitteln dem Bundesministerium für Umwelt, Naturschutz und nukleare Sicherheit nach Anforderung Informationen über die Umsetzung der Richtlinie 2010/75/EU des Europäischen Parlaments und des Rates vom 24. November 2010 über Industrieemissionen (integrierte Vermeidung und Verminderung der Umweltverschmutzung) (Neufassung) (ABl. L 334 vom 17.12.2010, S. 17), insbesondere über repräsentative

Daten über Emissionen und sonstige Arten von Umweltverschmutzung, über Emissionsgrenzwerte sowie über die Anwendung des Standes der Technik. [2]Die Länder stellen diese Informationen auf elektronischem Wege zur Verfügung. [3]Art und Form der von den Ländern zu übermittelnden Informationen sowie der Zeitpunkt ihrer Übermittlung richten sich nach den Anforderungen, die auf der Grundlage von Artikel 72 Absatz 2 der Richtlinie 2010/75/EU festgelegt werden. [4]§ 5 Absatz 1 Satz 3 und Absatz 2 bis 6 des Gesetzes zur Ausführung des Protokolls über Schadstofffreisetzungs- und -verbringungsregister vom 21. Mai 2003 sowie zur Durchführung der Verordnung (EG) Nr. 166/2006 vom 6. Juni 2007 (BGBl. I S. 1002), das durch Artikel 1 des Gesetzes vom 9. Dezember 2020 (BGBl. I S. 2873) geändert worden ist, gilt entsprechend.

(9) [1]Die zuständige Behörde kann anordnen, dass der Betreiber einer Deponie ihr Daten zu übermitteln hat, die in einem Durchführungsrechtsakt nach Artikel 72 Absatz 2 der Richtlinie 2010/75/EU aufgeführt sind und die zur Erfüllung der Berichtspflicht nach Absatz 8 erforderlich sind, soweit der zuständigen Behörde solche Daten nicht bereits auf Grund anderer Vorschriften vorliegen. [2]§ 3 Absatz 1 Satz 2 und § 5 Absatz 2 bis 6 des Gesetzes zur Ausführung des Protokolls über Schadstofffreisetzungs- und -verbringungsregister vom 21. Mai 2003 sowie zur Durchführung der Verordnung (EG) Nr. 166/2006 vom 6. Juni 2007 (BGBl. I S. 1002), das durch Artikel 1 des Gesetzes vom 9. Dezember 2020 (BGBl. I S. 2873) geändert worden ist, gelten entsprechend.

§ 48 Abfallbezeichnung, gefährliche Abfälle

[1]An die Entsorgung sowie die Überwachung gefährlicher Abfälle sind nach Maßgabe dieses Gesetzes besondere Anforderungen zu stellen. [2]Zur Umsetzung von Rechtsakten der Europäischen Union wird die Bundesregierung ermächtigt, nach Anhörung der beteiligten Kreise (§ 68) durch Rechtsverordnung mit Zustimmung des Bundesrates die Bezeichnung von Abfällen sowie gefährliche Abfälle zu bestimmen und die Bestimmung gefährlicher Abfälle durch die zuständige Behörde im Einzelfall zuzulassen.

§ 49 Registerpflichten

(1) Die Betreiber von Anlagen oder Unternehmen, die Abfälle in einem Verfahren nach Anlage 1 oder Anlage 2 entsorgen (Entsorger von Abfällen), haben ein Register zu führen, in dem hinsichtlich der Vorgänge nach Anlage 1 oder Anlage 2 folgende Angaben verzeichnet sind:

1. die Menge, die Art und der Ursprung sowie
2. die Bestimmung, die Häufigkeit der Sammlung, die Beförderungsart sowie die Art der Verwertung oder Beseitigung, einschließlich der Vorbereitung vor der Verwertung oder Beseitigung, soweit diese Angaben zur Gewährleistung einer ordnungsgemäßen Abfallbewirtschaftung von Bedeutung sind.

(2) [1]Entsorger, die Abfälle behandeln oder lagern, haben die nach Absatz 1 erforderlichen Angaben, insbesondere die Bestimmung der behandelten oder gelagerten Abfälle, auch für die weitere Entsorgung zu verzeichnen, soweit dies erforderlich ist, um auf Grund der Zweckbestimmung der Abfallentsorgungsanlage eine ordnungsgemäße Entsorgung zu gewährleisten. [2]Satz 1 gilt entsprechend für die weitere Verwendung von Erzeugnissen, Materialien und Stoffen, die aus der Vorbereitung zur Wiederverwendung, aus dem Recycling

oder einem sonstigen Verwertungsverfahren hervorgegangen sind. [3]Entsorger nach Satz 1 werden durch Rechtsverordnung nach § 52 Absatz 1 Satz 1 bestimmt.

(3) Die Pflicht nach Absatz 1, ein Register zu führen, gilt auch für die Erzeuger, Besitzer, Sammler, Beförderer, Händler und Makler von gefährlichen Abfällen.

(4) Auf Verlangen der zuständigen Behörde sind die Register vorzulegen oder Angaben aus diesen Registern mitzuteilen.

(5) In ein Register eingetragene Angaben oder eingestellte Belege über gefährliche Abfälle haben die Erzeuger, Besitzer, Händler, Makler und Entsorger von Abfällen mindestens drei Jahre, die Beförderer von Abfällen mindestens zwölf Monate jeweils ab dem Zeitpunkt der Eintragung oder Einstellung in das Register gerechnet aufzubewahren, soweit eine Rechtsverordnung nach § 52 keine längere Frist vorschreibt.

(6) Die Registerpflichten nach den Absätzen 1 bis 3 gelten nicht für private Haushaltungen.

§ 50 Nachweispflichten

(1) [1]Die <u>Erzeuger</u>, <u>Besitzer</u>, <u>Sammler</u>, <u>Beförderer</u> und <u>Entsorger von gefährlichen Abfällen</u> haben sowohl der zuständigen Behörde gegenüber als auch untereinander die <u>ordnungsgemäße Entsorgung gefährlicher Abfälle nachzuweisen</u>. [2]Der Nachweis wird geführt

1. vor Beginn der Entsorgung in Form einer Erklärung des Erzeugers, Besitzers, Sammlers oder Beförderers von Abfällen zur vorgesehenen Entsorgung, einer Annahmeerklärung des Abfallentsorgers sowie der Bestätigung der Zulässigkeit der vorgesehenen Entsorgung durch die zuständige Behörde und

2. über die durchgeführte Entsorgung oder Teilabschnitte der Entsorgung in Form von Erklärungen der nach Satz 1 Verpflichteten über den Verbleib der entsorgten Abfälle.

(2) [1]Die Nachweispflichten nach Absatz 1 gelten nicht für die Entsorgung gefährlicher Abfälle, welche die Erzeuger oder Besitzer von Abfällen in eigenen Abfallentsorgungsanlagen entsorgen, wenn diese Entsorgungsanlagen in einem engen räumlichen und betrieblichen Zusammenhang mit den Anlagen oder Stellen stehen, in denen die zu entsorgenden Abfälle angefallen sind. [2]Die Registerpflichten nach § 49 bleiben unberührt.

(3) [1]Die Nachweispflichten nach Absatz 1 gelten nicht bis zum Abschluss der Rücknahme oder Rückgabe von Erzeugnissen oder der nach Gebrauch der Erzeugnisse verbleibenden gefährlichen Abfälle, die einer verordneten Rücknahme oder Rückgabe nach § 25 unterliegen. [2]Eine Rücknahme oder Rückgabe von Erzeugnissen und der nach Gebrauch der Erzeugnisse verbleibenden Abfälle gilt spätestens mit der Annahme an einer Anlage zur weiteren Entsorgung, ausgenommen Anlagen zur Zwischenlagerung der Abfälle, als abgeschlossen, soweit die Rechtsverordnung, welche die Rückgabe oder Rücknahme anordnet, keinen früheren Zeitpunkt bestimmt.

(4) Die Nachweispflichten nach Absatz 1 gelten nicht für private Haushaltungen.

§ 51 Überwachung im Einzelfall

(1) [1]Die zuständige Behörde kann anordnen, dass die Erzeuger, Besitzer, Sammler, Beförderer, Händler, Makler oder Entsorger von Abfällen, jedoch ausgenommen private Haushaltungen,

1. Register oder Nachweise zu führen und vorzulegen oder Angaben aus den Registern mitzuteilen haben, soweit Pflichten nach den §§ 49 und 50 nicht bestehen, oder

2. bestimmten Anforderungen entsprechend § 10 Absatz 2 Nummer 2 und 3 sowie 5 bis 8 nachzukommen haben.

[2]Durch Anordnung nach Satz 1 kann auch bestimmt werden, dass Nachweise und Register elektronisch geführt und Dokumente in elektronischer Form nach § 3a Absatz 2 Satz 2 und 3 des Verwaltungsverfahrensgesetzes vorzulegen sind.

(2) [1]Ist der Erzeuger, Besitzer, Sammler, Beförderer, Händler, Makler oder Entsorger von Abfällen Entsorgungsfachbetrieb im Sinne des § 56 oder auditierter Unternehmensstandort im Sinne des § 61, so hat die zuständige Behörde dies bei Anordnungen nach Absatz 1, insbesondere auch im Hinblick auf mögliche Beschränkungen des Umfangs oder des Inhalts der Nachweispflicht, zu berücksichtigen. [2]Dies umfasst vor allem die Berücksichtigung der vom Umweltgutachter geprüften und im Rahmen der Teilnahme an dem Gemeinschaftssystem für das Umweltmanagement und die Umweltbetriebsprüfung (EMAS) erstellten Unterlagen.

§ 52 Anforderungen an Nachweise und Register

(1) [1]Die Bundesregierung wird ermächtigt, nach Anhörung der beteiligten Kreise (§ 68) durch Rechtsverordnung mit Zustimmung des Bundesrates zur Erfüllung der sich aus den §§ 49 bis 51 ergebenden Pflichten die näheren Anforderungen an die Form, den Inhalt sowie das Verfahren zur Führung und Vorlage der Nachweise, Register und der Mitteilung bestimmter Angaben aus den Registern festzulegen sowie die nach § 49 Absatz 2 verpflichteten Anlagen oder Unternehmen zu bestimmen. [2]Durch Rechtsverordnung nach Satz 1 kann auch bestimmt werden, dass

1. der Nachweis nach § 50 Absatz 1 Satz 2 Nummer 1 nach Ablauf einer bestimmten Frist als bestätigt gilt oder eine Bestätigung entfällt, soweit jeweils die ordnungsgemäße Entsorgung gewährleistet bleibt,

2. auf Verlangen der zuständigen Behörde oder eines früheren Besitzers Belege über die Durchführung der Entsorgung der Behörde oder dem früheren Besitzer vorzulegen sind,

3. für bestimmte Kleinmengen, die nach Art und Beschaffenheit der Abfälle auch unterschiedlich festgelegt werden können, oder für einzelne Abfallbewirtschaftungsmaßnahmen, Abfallarten oder Abfallgruppen bestimmte Anforderungen nicht oder abweichende Anforderungen gelten, soweit jeweils die ordnungsgemäße Entsorgung gewährleistet bleibt,

4. die zuständige Behörde unter dem Vorbehalt des Widerrufs auf Antrag oder von Amts wegen Verpflichtete ganz oder teilweise von der Führung von Nachweisen oder Registern freistellen kann, soweit die ordnungsgemäße Entsorgung gewährleistet bleibt,

5. die Register in Form einer sachlich und zeitlich geordneten Sammlung der vorgeschriebenen Nachweise oder der Belege, die in der Entsorgungspraxis gängig sind, geführt werden,

6. die Nachweise und Register bis zum Ablauf bestimmter Fristen aufzubewahren sind sowie

7. bei der Beförderung von Abfällen geeignete Angaben zum Zweck der Überwachung mitzuführen sind.

(2) Durch Rechtsverordnung nach Absatz 1 kann auch angeordnet werden, dass

1. Nachweise und Register elektronisch zu führen und Dokumente in elektronischer Form gemäß § 3a Absatz 2 Satz 2 und 3 des Verwaltungsverfahrensgesetzes vorzulegen sind,

2. die zur Erfüllung der in Nummer 1 genannten Pflichten erforderlichen Voraussetzungen geschaffen und vorgehalten werden sowie

3. den zuständigen Behörden oder den beteiligten Nachweispflichtigen bestimmte Angaben zu den technischen Voraussetzungen nach Nummer 2, insbesondere die erforderlichen Empfangszugänge sowie Störungen der für die Kommunikation erforderlichen Einrichtungen, mitgeteilt werden.

§ 53 Sammler, Beförderer, Händler und Makler von Abfällen

(1) ¹Sammler, Beförderer, Händler und Makler von Abfällen haben die Tätigkeit ihres Betriebes vor Aufnahme der Tätigkeit der zuständigen Behörde anzuzeigen, es sei denn, der Betrieb verfügt über eine Erlaubnis nach § 54 Absatz 1. ²Die zuständige Behörde bestätigt dem Anzeigenden unverzüglich schriftlich den Eingang der Anzeige. ³Zuständig ist die Behörde des Landes, in dem der Anzeigende seinen Hauptsitz hat.

(2) ¹Der Inhaber eines Betriebes im Sinne des Absatzes 1 sowie die für die Leitung und Beaufsichtigung des Betriebes verantwortlichen Personen müssen zuverlässig sein. ²Der Inhaber, soweit er für die Leitung des Betriebes verantwortlich ist, die für die Leitung und Beaufsichtigung des Betriebes verantwortlichen Personen und das sonstige Personal müssen über die für ihre Tätigkeit notwendige Fach- und Sachkunde verfügen.

(3) ¹Die zuständige Behörde kann die angezeigte Tätigkeit von Bedingungen abhängig machen, sie zeitlich befristen oder Auflagen für sie vorsehen, soweit dies zur Wahrung des Wohls der Allgemeinheit erforderlich ist. ²Sie kann Unterlagen über den Nachweis der Zuverlässigkeit und der Fach- und Sachkunde vom Anzeigenden verlangen. ³Sie hat die angezeigte Tätigkeit zu untersagen, wenn Tatsachen bekannt sind, aus denen sich Bedenken gegen die Zuverlässigkeit des Inhabers oder der für die Leitung und Beaufsichtigung des Betriebes verantwortlichen Personen ergeben, oder wenn die erforderliche Fach- oder Sachkunde nach Absatz 2 Satz 2 nicht nachgewiesen wurde.

(4) ¹Nachweise aus einem anderen Mitgliedstaat der Europäischen Union oder einem anderen Vertragsstaat des Abkommens über den Europäischen Wirtschaftsraum über die Erfüllung der Anforderungen nach Absatz 2 stehen inländischen Nachweisen gleich, wenn aus ihnen hervorgeht, dass die betreffenden Anforderungen oder die auf Grund ihrer Zielsetzung im Wesentlichen vergleichbaren Anforderungen des Ausstellungsstaates erfüllt sind. ²Gleichwertige Nachweise nach Satz 1 sind auf Verlangen der zuständigen Behörde im Original oder in Kopie vorzulegen. ³Eine Beglaubigung der Kopie sowie eine beglaubigte deutsche Übersetzung können verlangt werden.

(5) Hinsichtlich der Überprüfung der erforderlichen Fach- und Sachkunde nach Absatz 2 Satz 2 eines Anzeigenden aus einem anderen Mitgliedstaat der Europäischen Union oder einem anderen Vertragsstaat des

Abkommens über den Europäischen Wirtschaftsraum gilt § 36a Absatz 1 Satz 2, Absatz 2 und 4 Satz 4 der Gewerbeordnung entsprechend; bei vorübergehender und nur gelegentlicher Tätigkeit eines in einem anderen Mitgliedstaat der Europäischen Union oder in einem anderen Vertragsstaat des Abkommens über den Europäischen Wirtschaftsraum niedergelassenen Dienstleistungserbringers gilt hinsichtlich der erforderlichen Fach- und Sachkunde § 13a Absatz 2 Satz 2 bis 5 und Absatz 3 der Gewerbeordnung entsprechend.

(6) Die Bundesregierung wird ermächtigt, nach Anhörung der beteiligten Kreise (§ 68) durch Rechtsverordnung mit Zustimmung des Bundesrates für die Anzeige und Tätigkeit der Sammler, Beförderer, Händler und Makler von Abfällen, für Sammler und Beförderer von Abfällen insbesondere unter Berücksichtigung der Besonderheiten der jeweiligen Verkehrsträger, Verkehrswege oder der jeweiligen Beförderungsart,

1. Vorschriften zu erlassen über die Form, den Inhalt und das Verfahren zur Erstattung der Anzeige, über Anforderungen an die Zuverlässigkeit, die Fach- und Sachkunde und deren Nachweis,

2. anzuordnen, dass das Verfahren zur Erstattung der Anzeige elektronisch zu führen ist und Dokumente in elektronischer Form gemäß § 3a Absatz 2 Satz 2 und 3 des Verwaltungsverfahrensgesetzes vorzulegen sind,

3. bestimmte Tätigkeiten von der Anzeigepflicht nach Absatz 1 auszunehmen, soweit eine Anzeige aus Gründen des Wohls der Allgemeinheit nicht erforderlich ist,

4. Anforderungen an die Anzeigepflichtigen und deren Tätigkeit zu bestimmen, die sich aus Rechtsvorschriften der Europäischen Union ergeben, sowie

5. anzuordnen, dass bei der Beförderung von Abfällen geeignete Unterlagen zum Zweck der Überwachung mitzuführen sind.

§ 54 Sammler, Beförderer, Händler und Makler von gefährlichen Abfällen

(1) [1]Sammler, Beförderer, Händler und Makler von gefährlichen Abfällen bedürfen der Erlaubnis. [2]Die zuständige Behörde hat die Erlaubnis zu erteilen, wenn

1. keine Tatsachen bekannt sind, aus denen sich Bedenken gegen die Zuverlässigkeit des Inhabers oder der für die Leitung und Beaufsichtigung des Betriebes verantwortlichen Personen ergeben, sowie

2. der Inhaber, soweit er für die Leitung des Betriebes verantwortlich ist, die für die Leitung und Beaufsichtigung des Betriebes verantwortlichen Personen und das sonstige Personal über die für ihre Tätigkeit notwendige Fach- und Sachkunde verfügen.

[3]Zuständig ist die Behörde des Landes, in dem der Antragsteller seinen Hauptsitz hat. [4]Die Erlaubnis nach Satz 1 gilt für die Bundesrepublik Deutschland.

(2) Die zuständige Behörde kann die Erlaubnis mit Nebenbestimmungen versehen, soweit dies zur Wahrung des Wohls der Allgemeinheit erforderlich ist.

(3) Von der Erlaubnispflicht nach Absatz 1 Satz 1 ausgenommen sind

1. öffentlich-rechtliche Entsorgungsträger sowie

2. Entsorgungsfachbetriebe im Sinne von § 56, soweit sie für die erlaubnispflichtige Tätigkeit zertifiziert sind.

(4) [1]Erlaubnisse aus einem anderen Mitgliedstaat der Europäischen Union oder einem anderen Vertragsstaat des Abkommens über den Europäischen Wirtschaftsraum stehen Erlaubnissen nach Absatz 1 Satz 1 gleich, soweit sie ihnen gleichwertig sind. [2]Bei der Prüfung des Antrags auf Erlaubnis nach Absatz 1 Satz 1 stehen Nachweise aus einem anderen Mitgliedstaat der Europäischen Union oder einem anderen Vertragsstaat des Abkommens über den Europäischen Wirtschaftsraum inländischen Nachweisen gleich, wenn aus ihnen hervorgeht, dass der Antragsteller die betreffenden Anforderungen des Absatzes 1 Satz 2 oder die auf Grund ihrer Zielsetzung im Wesentlichen vergleichbaren Anforderungen des Ausstellungsstaates erfüllt. [3]Unterlagen über die gleichwertige Erlaubnis nach Satz 1 und sonstige Nachweise nach Satz 2 sind der zuständigen Behörde vor Aufnahme der Tätigkeit im Original oder in Kopie vorzulegen. [4]Eine Beglaubigung der Kopie sowie eine beglaubigte deutsche Übersetzung können verlangt werden.

(5) Hinsichtlich der Überprüfung der erforderlichen Fach- und Sachkunde nach Absatz 1 Satz 2 Nummer 2 eines Antragstellers aus einem anderen Mitgliedstaat der Europäischen Union oder einem anderen Vertragsstaat des Abkommens über den Europäischen Wirtschaftsraum gilt § 36a Absatz 1 Satz 2, Absatz 2 und 4 Satz 4 der Gewerbeordnung entsprechend; bei vorübergehender und nur gelegentlicher Tätigkeit eines in einem anderen Mitgliedstaat der Europäischen Union oder in einem anderen Vertragsstaat des Abkommens über den Europäischen Wirtschaftsraum niedergelassenen Dienstleistungserbringers gilt hinsichtlich der erforderlichen Fach- und Sachkunde § 13a Absatz 2 Satz 2 bis 5 und Absatz 3 der Gewerbeordnung entsprechend.

(6) [1]Erlaubnisverfahren nach Absatz 1 und 4 können über eine einheitliche Stelle abgewickelt werden. [2]§ 42a des Verwaltungsverfahrensgesetzes findet für das Verfahren nach den Absätzen 1 und 4 Anwendung, sofern der Antragsteller Staatsangehöriger eines Mitgliedstaates der Europäischen Union oder eines anderen Vertragsstaates des Abkommens über den Europäischen Wirtschaftsraum ist oder als juristische Person in einem dieser Staaten seinen Sitz hat.

(7) Die Bundesregierung wird ermächtigt, nach Anhörung der beteiligten Kreise (§ 68) durch Rechtsverordnung mit Zustimmung des Bundesrates für die Erlaubnispflicht und Tätigkeit der Sammler, Beförderer, Händler und Makler von gefährlichen Abfällen, für Sammler und Beförderer von gefährlichen Abfällen, insbesondere unter Berücksichtigung der Besonderheiten der jeweiligen Verkehrsträger, Verkehrswege oder Beförderungsart,

1. Vorschriften zu erlassen über die Antragsunterlagen, die Form, den Inhalt und das Verfahren zur Erteilung der Erlaubnis, die Anforderungen an die Zuverlässigkeit, Fach- und Sachkunde sowie deren Nachweis, die Fristen, nach denen das Vorliegen der Voraussetzungen erneut zu überprüfen ist,

2. anzuordnen, dass das Erlaubnisverfahren elektronisch zu führen ist und Dokumente in elektronischer Form gemäß § 3a Absatz 2 Satz 2 und 3 des Verwaltungsverfahrensgesetzes vorzulegen sind,

3. bestimmte Tätigkeiten von der Erlaubnispflicht nach Absatz 1 auszunehmen, soweit eine Erlaubnis aus Gründen des Wohls der Allgemeinheit nicht erforderlich ist,

4. Anforderungen an die Erlaubnispflichtigen und deren Tätigkeit zu bestimmen, die sich aus Rechtsvorschriften der Europäischen Union ergeben, sowie

5. anzuordnen, dass bei der Beförderung von Abfällen geeignete Unterlagen zum Zweck der Überwachung mitzuführen sind.

§ 55 Kennzeichnung der Fahrzeuge

(1) ¹Sammler und Beförderer haben Fahrzeuge, mit denen sie Abfälle in Ausübung ihrer Tätigkeit auf öffentlichen Straßen befördern, vor Antritt der Fahrt mit zwei rückstrahlenden weißen Warntafeln gemäß Satz 3 zu versehen (A-Schilder). ²Satz 1 gilt nicht für Sammler und Beförderer, die im Rahmen wirtschaftlicher Unternehmen Abfälle sammeln oder befördern. ³Hinsichtlich der Anforderungen an die Kennzeichnung der Fahrzeuge gilt § 10 des Abfallverbringungsgesetzes vom 19. Juli 2007 (BGBl. I S. 1462) in der jeweils geltenden Fassung entsprechend.

(2) Die Bundesregierung wird ermächtigt, in einer Rechtsverordnung nach § 53 Absatz 6 oder § 54 Absatz 7 Ausnahmen von der Kennzeichnungspflicht nach Absatz 1 Satz 1 vorzusehen.

(3) Rechtsvorschriften, die aus Gründen der Sicherheit im Zusammenhang mit der Beförderung gefährlicher Güter erlassen sind, bleiben unberührt.

[...]

Teil 8

Betriebsorganisation, Betriebsbeauftragter für Abfall

und Erleichterungen für auditierte Unternehmensstandorte

§ 58 Mitteilungspflichten zur Betriebsorganisation

(1) ¹Besteht bei Kapitalgesellschaften das vertretungsberechtigte Organ aus mehreren Mitgliedern oder sind bei Personengesellschaften mehrere vertretungsberechtigte Gesellschafter vorhanden, so ist der zuständigen Behörde anzuzeigen, wer von ihnen nach den Bestimmungen über die Geschäftsführungsbefugnis für die Gesellschaft die Pflichten des Betreibers einer genehmigungsbedürftigen Anlage im Sinne des § 4 des Bundes-Immissionsschutzgesetzes oder die Pflichten des Besitzers im Sinne des § 27 wahrnimmt, die ihm nach diesem Gesetz und nach den auf Grund dieses Gesetzes erlassenen Rechtsverordnungen obliegen. ²Die Gesamtverantwortung aller Organmitglieder oder Gesellschafter bleibt hiervon unberührt.

(2) Der Betreiber einer genehmigungsbedürftigen Anlage im Sinne des § 4 des Bundes-Immissionsschutzgesetzes, der Besitzer im Sinne des § 27 oder im Rahmen ihrer Geschäftsführungsbefugnis die nach Absatz 1 Satz 1 anzuzeigende Person hat der zuständigen Behörde mitzuteilen, auf welche Weise sichergestellt ist, dass die Vorschriften und Anordnungen, die der Vermeidung, Verwertung und umweltverträglichen Beseitigung von Abfällen dienen, beim Betrieb beachtet werden.

§ 59 Bestellung eines Betriebsbeauftragten für Abfall

(1) ¹Betreiber von genehmigungsbedürftigen Anlagen im Sinne des § 4 des Bundes-Immissionsschutzgesetzes, Betreiber von Anlagen, in denen regelmäßig gefährliche Abfälle anfallen, Betreiber ortsfester Sortier-,

Verwertungs- oder Abfallbeseitigungsanlagen, Besitzer im Sinne des § 27 sowie Betreiber von Rücknahmesystemen und -stellen, die von den Besitzern im Sinne des § 27 eingerichtet worden sind oder an denen sie sich beteiligen, haben unverzüglich einen oder mehrere Betriebsbeauftragte für Abfall () zu bestellen, sofern dies im Hinblick auf die Art oder die Größe der Anlagen oder die Bedeutung der abfallwirtschaftlichen Tätigkeit, insbesondere unter Berücksichtigung von Art oder Umfang der Rücknahme der Abfälle und der damit verbundenen Besitzerpflichten, erforderlich ist wegen der

1. anfallenden, zurückgenommenen, verwerteten oder beseitigten Abfälle,
2. technischen Probleme der Vermeidung, Verwertung oder Beseitigung oder
3. Eignung der Produkte oder Erzeugnisse, die bei oder nach bestimmungsgemäßer Verwendung Probleme hinsichtlich der ordnungsgemäßen und schadlosen Verwertung oder umweltverträglichen Beseitigung hervorrufen.

[2]Das Bundesministerium für Umwelt, Naturschutz und nukleare Sicherheit bestimmt nach Anhörung der beteiligten Kreise (§ 68) durch Rechtsverordnung mit Zustimmung des Bundesrates die Betreiber von Anlagen nach Satz 1, die Besitzer nach Satz 1 sowie die Betreiber von Rücknahmesystemen und -stellen nach Satz 1, die Abfallbeauftragte zu bestellen haben. [3]Durch Rechtsverordnung nach Satz 2 kann auch bestimmt werden, welche Besitzer von Abfällen und welche Betreiber von Rücknahmesystemen und -stellen, für die Satz 1 entsprechend gilt, Abfallbeauftragte zu bestellen haben.

(2) Die zuständige Behörde kann anordnen, dass Betreiber von Anlagen nach Absatz 1 Satz 1, Besitzer nach Absatz 1 Satz 1 und Betreiber von Rücknahmesystemen und -stellen nach Absatz 1 Satz 1, für die die Bestellung eines Abfallbeauftragten nicht durch Rechtsverordnung nach Absatz 1 Satz 2 und 3 vorgeschrieben ist, einen oder mehrere Abfallbeauftragte zu bestellen haben, soweit sich im Einzelfall die Notwendigkeit der Bestellung aus den in Absatz 1 Satz 1 genannten Gesichtspunkten ergibt.

(3) Ist nach § 53 des Bundes-Immissionsschutzgesetzes ein Immissionsschutzbeauftragter oder nach § 64 des Wasserhaushaltsgesetzes ein Gewässerschutzbeauftragter zu bestellen, so können diese auch die Aufgaben und Pflichten eines Abfallbeauftragten nach diesem Gesetz wahrnehmen.

§ 60 Aufgaben des Betriebsbeauftragten für Abfall

(1) [1]Der Abfallbeauftragte berät den zur Bestellung Verpflichteten und die Betriebsangehörigen in Angelegenheiten, die für die Abfallvermeidung und Abfallbewirtschaftung bedeutsam sein können. [2]Er ist berechtigt und verpflichtet,

1. den Weg der Abfälle von ihrer Entstehung oder Anlieferung bis zu ihrer Verwertung oder Beseitigung zu überwachen,
2. die Einhaltung der Vorschriften dieses Gesetzes und der auf Grund dieses Gesetzes erlassenen Rechtsverordnungen sowie die Erfüllung erteilter Bedingungen und Auflagen zu überwachen, insbesondere durch Kontrolle der Betriebsstätte und der Art und Beschaffenheit der bewirtschafteten Abfälle in regelmäßigen Abständen, Mitteilung festgestellter Mängel und Vorschläge zur Mängelbeseitigung,
3. die Betriebsangehörigen aufzuklären

a) über Beeinträchtigungen des Wohls der Allgemeinheit, welche von den Abfällen oder der abfallwirtschaftlichen Tätigkeit ausgehen können,

b) über Einrichtungen und Maßnahmen zur Verhinderung von Beeinträchtigungen des Wohls der Allgemeinheit unter Berücksichtigung der für die Vermeidung, Verwertung und Beseitigung von Abfällen geltenden Gesetze und Rechtsverordnungen,

4. hinzuwirken auf die Entwicklung und Einführung

a) umweltfreundlicher und abfallarmer Verfahren, einschließlich Verfahren zur Vermeidung, ordnungsgemäßen und schadlosen Verwertung oder umweltverträglichen Beseitigung von Abfällen,

b) umweltfreundlicher und abfallarmer Erzeugnisse, einschließlich Verfahren zur Wiederverwendung, Verwertung oder umweltverträglichen Beseitigung nach Wegfall der Nutzung, sowie

5. bei der Entwicklung und Einführung der in Nummer 4 Buchstabe a und b genannten Verfahren mitzuwirken, insbesondere durch Begutachtung der Verfahren und Erzeugnisse unter den Gesichtspunkten der Abfallbewirtschaftung,

6. bei Anlagen, in denen Abfälle anfallen, verwertet oder beseitigt werden, zudem auf Verbesserungen des Verfahrens hinzuwirken.

(2) Der Abfallbeauftragte erstattet dem zur Bestellung Verpflichteten jährlich einen schriftlichen Bericht über die nach Absatz 1 Satz 2 Nummer 1 bis 5 getroffenen und beabsichtigten Maßnahmen.

(3) ¹Auf das Verhältnis zwischen dem zur Bestellung Verpflichteten und dem Abfallbeauftragten finden § 55 Absatz 1, 1a, 2 Satz 1 und 2, Absatz 3 und 4 und die §§ 56 bis 58 des Bundes-Immissionsschutzgesetzes entsprechende Anwendung. ²Das Bundesministerium für Umwelt, Naturschutz und nukleare Sicherheit wird ermächtigt, nach Anhörung der beteiligten Kreise (§ 68) durch Rechtsverordnung mit Zustimmung des Bundesrates vorzuschreiben, welche Anforderungen an die Fachkunde und Zuverlässigkeit des Abfallbeauftragten zu stellen sind.

[...]

Anlage 1 Beseitigungsverfahren – Auszug –

D1 Ablagerungen in oder auf dem Boden (zum Beispiel Deponien)

D2 Behandlung im Boden (zum Beispiel biologischer Abbau von flüssigen oder schlammigen Abfällen im Erdreich)

D3 Verpressung (zum Beispiel Verpressung pumpfähiger Abfälle in Bohrlöcher, Salzdome oder natürliche Hohlräume)

D4 Oberflächenaufbringung (zum Beispiel Ableitung flüssiger oder schlammiger Abfälle in Gruben, Teiche oder Lagunen)

D5 Speziell angelegte Deponien (zum Beispiel Ablagerung in abgedichteten, getrennten Räumen, die gegeneinander und gegen die Umwelt verschlossen und isoliert werden)

D6 Einleitung in ein Gewässer mit Ausnahme von Meeren und Ozeanen

D7 Einleitung in Meere und Ozeane einschließlich Einbringung in den Meeresboden

D8 Biologische Behandlung, die nicht an anderer Stelle in dieser Anlage beschrieben ist und durch die Endverbindungen oder Gemische entstehen, die mit einem der in D 1 bis D 12 aufgeführten Verfahren entsorgt werden

D9 Chemisch-physikalische Behandlung, die nicht an anderer Stelle in dieser Anlage beschrieben ist und durch die Endverbindungen oder Gemische entstehen, die mit einem der in D 1 bis D 12 aufgeführten Verfahren entsorgt werden (zum Beispiel Verdampfen, Trocknen, Kalzinieren)

D10 Verbrennung an Land

D11 Verbrennung auf See

D12 Dauerlagerung (zum Beispiel Lagerung von Behältern in einem Bergwerk)

D13 Vermengung oder Vermischung vor Anwendung eines der in D 1 bis D 12 aufgeführten Verfahren

D14 Neuverpacken vor Anwendung eines der in D 1 bis D 13 aufgeführten Verfahren

[...]

Anlage 2 Verwertungsverfahren – Auszug –

R1 Hauptverwendung als Brennstoff oder als anderes Mittel der Energieerzeugung

R2 Rückgewinnung und Regenerierung von Lösemitteln

R3 Recycling und Rückgewinnung organischer Stoffe, die nicht als Lösemittel verwendet werden (einschließlich der Kompostierung und sonstiger biologischer Umwandlungsverfahren)

R4 Recycling und Rückgewinnung von Metallen und Metallverbindungen

R5 Recycling und Rückgewinnung von anderen anorganischen Stoffen

R6 Regenerierung von Säuren und Basen

R7 Wiedergewinnung von Bestandteilen, die der Bekämpfung von Verunreinigungen dienen

R8 Wiedergewinnung von Katalysatorenbestandteilen

R9 Erneute Ölraffination oder andere Wiederverwendungen von Öl

R10 Aufbringung auf den Boden zum Nutzen der Landwirtschaft oder zur ökologischen Verbesserung

R11 Verwendung von Abfällen, die bei einem der in R 1 bis R 10 aufgeführten Verfahren gewonnen werden

R12 Austausch von Abfällen, um sie einem der in R 1 bis R 11 aufgeführten Verfahren zu unterziehen

[...]

Anlage 5 (zu § 6 Absatz 3) Beispiele für wirtschaftliche Instrumente und andere Maßnahmen zur Schaffung von Anreizen für die Anwendung der Abfallhierarchie

1. Gebühren und Beschränkungen für die Ablagerung von Abfällen auf Deponien und die Verbrennung von Abfällen als Anreiz für Abfallvermeidung und Recycling, wobei die Ablagerung von Abfällen auf Deponien die am wenigsten bevorzugte Abfallbewirtschaftungsoption bleibt,

2. verursacherbezogene Gebührensysteme, in deren Rahmen Abfallerzeugern ausgehend von der tatsächlich verursachten Abfallmenge Gebühren in Rechnung gestellt werden und die Anreize für die getrennte Sammlung recycelbarer Abfälle und für die Verringerung gemischter Abfälle schaffen,

3. steuerliche Anreize für die Spende von Produkten, insbesondere von Lebensmitteln und Textilien,

4. Produktverantwortung für verschiedene Arten von Abfällen und Maßnahmen zur Optimierung der Wirksamkeit, Kosteneffizienz und Steuerung dieser Produktverantwortung,

5. Pfandsysteme und andere Maßnahmen zur Förderung der effizienten Sammlung gebrauchter Erzeugnisse, Materialien und Stoffe,

6. solide Planung von Investitionen in die Infrastruktur zur Abfallbewirtschaftung, auch über die Unionsfonds,

7. ein auf Nachhaltigkeit ausgerichtetes öffentliches Beschaffungswesen zur Förderung einer besseren Abfallbewirtschaftung und des Einsatzes von recycelten Erzeugnissen, Materialien und Stoffen,

8. schrittweise Abschaffung von Subventionen, die nicht mit der Abfallhierarchie vereinbar sind,

9. Einsatz steuerlicher Maßnahmen oder anderer Mittel zur Förderung des Absatzes von Erzeugnissen, Materialien und Stoffen, die zur Wiederverwendung vorbereitet oder recycelt wurden,

10. Förderung von Forschung und Innovation im Bereich moderner Recycling- und Generalüberholungstechnologie,

11. Nutzung der besten verfügbaren Verfahren der Abfallbehandlung,

12. wirtschaftliche Anreize für Behörden, insbesondere zur Förderung der Abfallvermeidung und zur verstärkten Einführung von Systemen der getrennten Sammlung, bei gleichzeitiger Vermeidung der Förderung der Ablagerung von Abfällen auf Deponien und der Verbrennung von Abfällen,

13. Kampagnen zur Sensibilisierung der Öffentlichkeit, insbesondere in Bezug auf die Abfallvermeidung, die getrennte Sammlung und die Vermeidung von Vermüllung, sowie durchgängige Berücksichtigung dieser Fragen im Bereich Aus- und Weiterbildung,

14. Systeme für die Koordinierung, auch mit digitalen Mitteln, aller für die Abfallbewirtschaftung zuständigen Behörden,

15. Förderung des fortgesetzten Dialogs und der Zusammenarbeit zwischen allen Interessenträgern der Abfallbewirtschaftung sowie Unterstützung von freiwilligen Vereinbarungen und der Berichterstattung über Abfälle durch Unternehmen.

Verpackungsgesetz (VerpackG)

Gesetz über das Inverkehrbringen, die Rücknahme und die hochwertige Verwertung von Verpackungen
zuletzt geändert durch Art. 24 Gesetz vom 10.08.2021 (BGBl. I S. 3436) m.W.v. 01.01.2024
– Nichtamtliche Fassung (Auszug) –

Abschnitt 1
Allgemeine Vorschriften

§ 1 Abfallwirtschaftliche Ziele

(1) [1]Dieses Gesetz legt Anforderungen an die Produktverantwortung nach § 23 des Kreislaufwirtschaftsgesetzes für Verpackungen fest. [2]Es bezweckt, die Auswirkungen von Verpackungsabfällen auf die Umwelt zu vermeiden oder zu verringern. [3]Um dieses Ziel zu erreichen, soll das Gesetz das Verhalten der Verpflichteten so regeln, dass Verpackungsabfälle vorrangig vermieden und darüber hinaus einer Vorbereitung zur Wiederverwendung oder dem Recycling zugeführt werden. [4]Dabei sollen die Marktteilnehmer vor unlauterem Wettbewerb geschützt werden.

(2) Durch eine gemeinsame haushaltsnahe Sammlung von Verpackungsabfällen und weiteren stoffgleichen Haushaltsabfällen sollen zusätzliche Wertstoffe für ein hochwertiges Recycling gewonnen werden.

(3) [1]Der Anteil der in Mehrweggetränkeverpackungen abgefüllten Getränke soll mit dem Ziel der Abfallvermeidung gestärkt und das Recycling von Getränkeverpackungen in geschlossenen Kreisläufen gefördert werden. [2]Zur Überprüfung der Wirksamkeit der in diesem Gesetz vorgesehenen Mehrwegförderung ermittelt das Bundesministerium für Umwelt, Naturschutz und nukleare Sicherheit jährlich den Anteil der in Mehrweggetränkeverpackungen abgefüllten Getränke und gibt die Ergebnisse bekannt. [3]Ziel ist es, einen Anteil von in Mehrweggetränkeverpackungen abgefüllten Getränken in Höhe von mindestens 70 Prozent zu erreichen. [4]Von den kalenderjährlich erstmals in Verkehr gebrachten Einwegkunststoffgetränkeflaschen sind ab dem 1. Januar 2025 mindestens 77 Masseprozent und ab dem 1. Januar 2029 mindestens 90 Masseprozent zum Zweck des Recyclings getrennt zu sammeln; ausgenommen davon sind Einwegkunststoffgetränkeflaschen nach § 30a Absatz 3.

(4) [1]Mit diesem Gesetz soll außerdem das Erreichen der europarechtlichen Zielvorgaben der Richtlinie 94/62/EG über Verpackungen und Verpackungsabfälle sichergestellt werden. [2]Danach sind von den im Geltungsbereich dieses Gesetzes anfallenden Verpackungsabfällen jährlich mindestens 65 Masseprozent zu verwerten und mindestens 55 Masseprozent zu recyceln. [3]Dabei muss das Recycling der einzelnen Verpackungsmaterialien mindestens für Holz 15, für Kunststoffe 22,5, für Metalle 50 und für Glas sowie Papier und Karton 60 Masseprozent erreichen, wobei bei Kunststoffen nur Material berücksichtigt wird, das durch Recycling wieder zu Kunststoff wird. [4]Bis spätestens 31. Dezember 2025 sind von den im Geltungsbereich dieses Gesetzes anfallenden Verpackungsabfällen jährlich mindestens 65 Masseprozent zu recyceln, bis spätestens

31. Dezember 2030 mindestens 70 Masseprozent. [5]Dabei muss das Recycling der einzelnen Verpackungsmaterialien bis spätestens 31. Dezember 2025 mindestens für Holz 25, für Aluminium und Kunststoffe 50, für Eisenmetalle und Glas 70 sowie für Papier und Karton 75 Masseprozent erreichen; bis spätestens 31. Dezember 2030 mindestens für Holz 30, für Kunststoffe 55, für Aluminium 60, für Glas 75, für Eisenmetalle 80 sowie für Papier und Karton 85 Masseprozent. [6]Zum Nachweis des Erreichens der Zielvorgaben nach den Sätzen 2 bis 5 führt die Bundesregierung die notwendigen Erhebungen durch und veranlasst die Information der Öffentlichkeit und der Marktteilnehmer.

§ 2 Anwendungsbereich

(1) Dieses Gesetz gilt für alle Verpackungen.

(2) [1]Soweit dieses Gesetz keine abweichenden Vorschriften enthält, sind das Kreislaufwirtschaftsgesetz, mit Ausnahme von § 54, und die auf der Grundlage des Kreislaufwirtschaftsgesetzes oder des bis zum 31. Mai 2012 geltenden Kreislaufwirtschafts- und Abfallgesetzes erlassenen Rechtsverordnungen in der jeweils geltenden Fassung anzuwenden. [2]§ 17 Absatz 2 und 3, § 19 Absatz 2, § 27, § 47 Absatz 1 bis 6, § 50 Absatz 3, § 60 Absatz 1 Satz 2 Nummer 2 und die §§ 62 und 66 des Kreislaufwirtschaftsgesetzes gelten entsprechend.

(3) Soweit auf Grund anderer Rechtsvorschriften besondere Anforderungen an Verpackungen, an die Entsorgung von Verpackungsabfällen oder an die Beförderung von verpackten Waren oder von Verpackungsabfällen bestehen, bleiben diese Anforderungen unberührt.

(4) Die Vorschriften des Gesetzes gegen Wettbewerbsbeschränkungen bleiben unberührt.

(5) Die Befugnis des Bundes, der Länder, der Kreise und der Gemeinden, Dritte bei der Nutzung ihrer Einrichtungen oder Grundstücke sowie der Sondernutzung öffentlicher Straßen zur Vermeidung und Verwertung von Abfällen zu verpflichten, bleibt unberührt.

§ 3 Begriffsbestimmungen

(1) [1]Verpackungen sind aus beliebigen Materialien hergestellte Erzeugnisse zur Aufnahme, zum Schutz, zur Handhabung, zur Lieferung oder zur Darbietung von Waren, die vom Rohstoff bis zum Verarbeitungserzeugnis reichen können, vom Hersteller an den Vertreiber oder Endverbraucher weitergegeben werden und

1. typischerweise dem Endverbraucher als Verkaufseinheit aus Ware und Verpackung angeboten werden (Verkaufsverpackungen); als Verkaufsverpackungen gelten auch Verpackungen, die erst beim Letztvertreiber befüllt werden, um

   a) die Übergabe von Waren an den Endverbraucher zu ermöglichen oder zu unterstützen (Serviceverpackungen) oder

   b) den Versand von Waren an den Endverbraucher zu ermöglichen oder zu unterstützen (Versandverpackungen),

2. eine bestimmte Anzahl von Verkaufseinheiten nach Nummer 1 enthalten und typischerweise dem Endverbraucher zusammen mit den Verkaufseinheiten angeboten werden oder zur Bestückung der Verkaufsregale dienen (Umverpackungen) oder

3. die Handhabung und den Transport von Waren in einer Weise erleichtern, dass deren direkte Berührung sowie Transportschäden vermieden werden, und typischerweise nicht zur Weitergabe an den Endverbraucher bestimmt sind (Transportverpackungen); Container für den Straßen-, Schienen-, Schiffs- oder Lufttransport sind keine Transportverpackungen.

[2]Die Begriffsbestimmung für Verpackungen wird durch die in der Anlage 1 genannten Kriterien ergänzt; die dort aufgeführten Gegenstände sind Beispiele für die Anwendung dieser Kriterien.

(2) Getränkeverpackungen sind geschlossene oder überwiegend geschlossene Verkaufsverpackungen für flüssige Lebensmittel im Sinne von Artikel 2 der Verordnung (EG) Nr. 178/2002 des Europäischen Parlaments und des Rates vom 28. Januar 2002 zur Festlegung der allgemeinen Grundsätze und Anforderungen des Lebensmittelrechts, zur Errichtung der Europäischen Behörde für Lebensmittelsicherheit und zur Festlegung von Verfahren zur Lebensmittelsicherheit (ABl. L 31 vom 1.2.2002, S. 1), die zuletzt durch die Verordnung (EU) Nr. 2019/1381 (ABl. L 231 vom 6.9.2019, S. 1) geändert worden ist, die zum Verzehr als Getränk bestimmt sind.

(3) Mehrwegverpackungen sind Verpackungen, die dazu konzipiert und bestimmt sind, nach dem Gebrauch mehrfach zum gleichen Zweck wiederverwendet zu werden und deren tatsächliche Rückgabe und Wiederverwendung durch eine ausreichende Logistik ermöglicht sowie durch geeignete Anreizsysteme, in der Regel durch ein Pfand, gefördert wird.

(4) Einwegverpackungen sind Verpackungen, die keine Mehrwegverpackungen sind.

(4a) Einwegkunststoffverpackungen sind Einwegverpackungen, die ganz oder teilweise aus Kunststoff bestehen.

(4b) Einwegkunststofflebensmittelverpackungen sind Einwegkunststoffverpackungen, also Behältnisse wie Boxen mit oder ohne Deckel, für Lebensmittel, die

1. dazu bestimmt sind, unmittelbar verzehrt zu werden, entweder vor Ort oder als Mitnahme-Gericht,
2. in der Regel aus der Verpackung heraus verzehrt werden und
3. ohne weitere Zubereitung wie Kochen, Sieden oder Erhitzen verzehrt werden können;

keine Einwegkunststofflebensmittelverpackungen in diesem Sinne sind Getränkeverpackungen, Getränkebecher, Teller sowie Tüten und Folienverpackungen, wie Wrappers, mit Lebensmittelinhalt.

(4c) Einwegkunststoffgetränkeflaschen sind Getränkeverpackungen in Flaschenform, einschließlich ihrer Verschlüsse und Deckel, mit einem Füllvolumen von bis zu 3,0 Litern, die zugleich die Voraussetzungen einer Einwegkunststoffverpackung erfülle

(5) Verbundverpackungen sind Verpackungen, die aus zwei oder mehr unterschiedlichen Materialarten bestehen, die nicht von Hand getrennt werden können.

(6) Restentleerte Verpackungen sind Verpackungen, deren Inhalt bestimmungsgemäß ausgeschöpft worden ist.

(7) Schadstoffhaltige Füllgüter sind die in der Anlage 2 näher bestimmten Füllgüter.

(8) Systembeteiligungspflichtige Verpackungen sind mit Ware befüllte Verkaufs- und Umverpackungen, die nach Gebrauch typischerweise beim privaten Endverbraucher als Abfall anfallen.

(9) [1]Inverkehrbringen ist jede entgeltliche oder unentgeltliche Abgabe an Dritte im Geltungsbereich dieses Gesetzes mit dem Ziel des Vertriebs, des Verbrauchs oder der Verwendung. [2]Nicht als Inverkehrbringen gilt die Abgabe von im Auftrag eines Dritten befüllten Verpackungen an diesen Dritten, wenn die Verpackung ausschließlich mit dem Namen oder der Marke des Dritten oder beidem gekennzeichnet ist.

(10) Endverbraucher ist derjenige, der die Ware in der an ihn gelieferten Form nicht mehr gewerbsmäßig in Verkehr bringt.

(11) [1]Private Endverbraucher sind private Haushaltungen und diesen nach der Art der dort typischerweise anfallenden Verpackungsabfälle vergleichbare Anfallstellen. [2]Vergleichbare Anfallstellen im Sinne von Satz 1 sind insbesondere Gaststätten, Hotels, Raststätten, Kantinen, Verwaltungen, Kasernen, Krankenhäuser, Bildungseinrichtungen, karitative Einrichtungen, Niederlassungen von Freiberuflern, typische Anfallstellen des Kulturbereichs wie Kinos, Opern und Museen, sowie des Freizeitbereichs wie Ferienanlagen, Freizeitparks und Sportstadien. [3]Vergleichbare Anfallstellen im Sinne von Satz 1 sind außerdem landwirtschaftliche Betriebe und Handwerksbetriebe, deren Verpackungsabfälle mittels haushaltsüblicher Sammelgefäße sowohl für Papier, Pappe und Karton als auch für Kunststoff-, Metall- und Verbundverpackungen, jedoch maximal mit einem 1 100-Liter-Umleerbehälter je Sammelgruppe, im haushaltsüblichen Abfuhrrhythmus entsorgt werden können.

(12) Vertreiber ist jeder, der, unabhängig von der Vertriebsmethode oder Handelsstufe, Verpackungen gewerbsmäßig in Verkehr bringt.

(13) Letztvertreiber ist derjenige Vertreiber, der Verpackungen an den Endverbraucher abgibt.

(14) Hersteller ist derjenige Vertreiber, der Verpackungen erstmals gewerbsmäßig in Verkehr bringt. Als Hersteller gilt auch derjenige, der Verpackungen gewerbsmäßig in den Geltungsbereich dieses Gesetzes einführt.

(14a) Bevollmächtigter ist jede im Geltungsbereich dieses Gesetzes niedergelassene natürliche oder juristische Person oder rechtsfähige Personengesellschaft, die ein Hersteller ohne Niederlassung im Geltungsbereich dieses Gesetzes beauftragt hat, in eigenem Namen sämtliche Aufgaben wahrzunehmen, um die Herstellerpflichten nach diesem Gesetz zu erfüllen.

(14b) [1]Elektronischer Marktplatz ist eine Website oder jedes andere Instrument, mit dessen Hilfe Informationen über das Internet zur Verfügung gestellt werden und die oder das es Vertreibern, die nicht Betreiber des Marktplatzes sind, ermöglicht, Waren in eigenem Namen in Verkehr zu bringen. [2]Betreiber eines elektronischen Marktplatzes ist jede natürliche oder juristische Person oder rechtsfähige Personengesellschaft, die einen elektronischen Marktplatz unterhält und es Vertreibern ermöglicht, über diesen Marktplatz Waren in Verkehr zu bringen.

(14c) [1]Fulfilment-Dienstleister ist jede natürliche oder juristische Person oder rechtsfähige Personengesellschaft, die im Rahmen einer Geschäftstätigkeit mindestens zwei der folgenden Dienstleistungen für Vertreiber im Geltungsbereich dieses Gesetzes anbietet: Lagerhaltung, Verpacken, Adressieren und Versand von Waren, an denen sie kein Eigentumsrecht hat. [2]Post-, Paketzustell- oder sonstige Frachtverkehrsdienstleister gelten nicht als Fulfilment-Dienstleister.

(15) Registrierter Sachverständiger ist, wer

1. nach § 36 der Gewerbeordnung öffentlich bestellt ist,

2. als Umweltgutachter oder Umweltgutachterorganisation auf Grund einer Zulassung nach den §§ 9 und 10 oder nach Maßgabe des § 18 des Umweltauditgesetzes in der Fassung der Bekanntmachung vom 4. September 2002 (BGBl. I S. 3490), das zuletzt durch Artikel 3 des Gesetzes vom 25. November 2015 (BGBl. I S. 2092) geändert worden ist, in der jeweils geltenden Fassung, in dem Bereich tätig werden darf, der näher bestimmt wird durch Anhang I Abschnitt E Abteilung 38 der Verordnung (EG) Nr. 1893/2006 des Europäischen Parlaments und des Rates vom 20. Dezember 2006 zur Aufstellung der statistischen Systematik der Wirtschaftszweige NACE Revision 2 und zur Änderung der Verordnung (EWG) Nr. 3037/90 des Rates sowie einiger Verordnungen der EG über bestimmte Bereiche der Statistik (ABl. L 393 vom 30.12.2006, S. 1), die zuletzt durch die Verordnung (EG) Nr. 295/2008 (ABl. L 97 vom 9.4.2008, S. 13) geändert worden ist, in der jeweils geltenden Fassung,

3. seine Befähigung durch eine Akkreditierung der nationalen Akkreditierungsstelle in einem allgemein anerkannten Verfahren hat feststellen lassen oder

4. in einem anderen Mitgliedstaat der Europäischen Union oder in einem anderen Vertragsstaat des Abkommens über den Europäischen Wirtschaftsraum niedergelassen ist und eine Tätigkeit im Inland nur vorübergehend und gelegentlich ausüben will und seine Berufsqualifikation vor Aufnahme der Tätigkeit entsprechend den §§ 13a und 13b der Gewerbeordnung hat nachprüfen lassen; Verfahren nach dieser Nummer können über eine einheitliche Stelle abgewickelt werden,

und von der Zentralen Stelle in dem Prüferregister nach § 27 geführt wird.

(16) [1]System ist eine privatrechtlich organisierte juristische Person oder rechtsfähige Personengesellschaft, die mit Genehmigung nach § 18 in Wahrnehmung der Produktverantwortung der beteiligten Hersteller die in ihrem Einzugsgebiet beim privaten Endverbraucher als Abfall anfallenden restentleerten Verpackungen flächendeckend erfasst und einer Verwertung zuführt. [2]Einzugsgebiet im Sinne von Satz 1 ist jeweils das gesamte Gebiet eines Landes, in dem systembeteiligungspflichtige Verpackungen eines beteiligten Herstellers in Verkehr gebracht werden.

(17) Systemprüfer sind Wirtschaftsprüfer, die gemäß § 20 Absatz 4 von den Systemen benannt worden sind und gemäß § 20 Absatz 2 Satz 1 die Zwischen- und Jahresmeldungen der Systeme prüfen und bestätigen.

(18) Zentrale Stelle ist die nach § 24 zu errichtende Stiftung.

(19) Werkstoffliche Verwertung ist die Verwertung durch Verfahren, bei denen stoffgleiches Neumaterial ersetzt wird oder das Material für eine weitere stoffliche Nutzung verfügbar bleibt.

(20) Wertstoffhof ist eine zentrale Sammelstelle zur getrennten Erfassung von Abfällen verschiedener Materialien, die typischerweise bei privaten Endverbrauchern anfallen.

(21) Kunststoff ist ein Werkstoff bestehend aus einem Polymer nach Artikel 3 Nummer 5 der Verordnung (EG) Nr. 1907/2006 des Europäischen Parlaments und des Rates vom 18. Dezember 2006 zur Registrierung, Bewertung, Zulassung und Beschränkung chemischer Stoffe (REACH), zur Schaffung einer Europäischen

Chemikalienagentur, zur Änderung der Richtlinie 1999/45/EG und zur Aufhebung der Verordnung (EWG) Nr. 793/93 des Rates, der Verordnung (EG) Nr. 1488/94 der Kommission, der Richtlinie 76/769/EWG des Rates sowie der Richtlinien 91/155/EWG, 93/67/EWG, 93/105/EG und 2000/21/EG der Kommission (ABl. L 396 vom 30.12.2006, S. 1), die zuletzt durch die Verordnung (EU) 2021/57 (ABl. L 24 vom 26.1.2021, S. 19) geändert worden ist, in der jeweils geltenden Fassung, dem möglicherweise Zusatzstoffe oder andere Stoffe zugesetzt wurden und der als Hauptstrukturbestandteil von Endprodukten fungieren kann; ausgenommen sind Werkstoffe aus natürlichen Polymeren, die nicht chemisch modifiziert wurden.

§ 4 Allgemeine Anforderungen an Verpackungen

Verpackungen sind so zu entwickeln, herzustellen und zu vertreiben, dass

1. Verpackungsvolumen und -masse auf das Mindestmaß begrenzt werden, das zur Gewährleistung der erforderlichen Sicherheit und Hygiene der zu verpackenden Ware und zu deren Akzeptanz durch den Verbraucher angemessen ist;

2. ihre Wiederverwendung oder Verwertung möglich ist und die Umweltauswirkungen bei der Wiederverwendung, der Vorbereitung zur Wiederverwendung, dem Recycling, der sonstigen Verwertung oder der Beseitigung der Verpackungsabfälle auf ein Mindestmaß beschränkt bleiben;

3. bei der Beseitigung von Verpackungen oder Verpackungsbestandteilen auftretende schädliche und gefährliche Stoffe und Materialien in Emissionen, Asche oder Sickerwasser auf ein Mindestmaß beschränkt bleiben;

4. die Wiederverwendbarkeit von Verpackungen und der Anteil von sekundären Rohstoffen an der Verpackungsmasse auf ein möglichst hohes Maß gesteigert wird, welches unter Berücksichtigung der Gewährleistung der erforderlichen Sicherheit und Hygiene der zu verpackenden Ware und unter Berücksichtigung der Akzeptanz für den Verbraucher technisch möglich und wirtschaftlich zumutbar ist.

§ 5 Beschränkungen des Inverkehrbringens

(1) ¹Das Inverkehrbringen von Verpackungen oder Verpackungsbestandteilen, bei denen die Konzentration von Blei, Cadmium, Quecksilber und Chrom VI kumulativ den Wert von 100 Milligramm je Kilogramm überschreitet, ist verboten. ²Satz 1 gilt nicht für

1. Mehrwegverpackungen in eingerichteten Systemen zur Wiederverwendung,

2. Kunststoffkästen und -paletten, bei denen die Überschreitung des Grenzwertes nach Satz 1 allein auf den Einsatz von Sekundärrohstoffen zurückzuführen ist und die die in der Anlage 3 festgelegten Anforderungen erfüllen,

3. Verpackungen, die vollständig aus Bleikristallglas hergestellt sind, und

4. aus sonstigem Glas hergestellte Verpackungen, bei denen die Konzentration von Blei, Cadmium, Quecksilber und Chrom VI kumulativ den Wert von 250 Milligramm je Kilogramm nicht überschreitet und bei deren Herstellung die in der Anlage 4 festgelegten Anforderungen erfüllt werden.

(2) [1]Letztvertreibern ist ab dem 1. Januar 2022 das Inverkehrbringen von Kunststofftragetaschen, mit oder ohne Tragegriff, mit einer Wandstärke von weniger als 50 Mikrometern, die dazu bestimmt sind, in der Verkaufsstelle mit Waren gefüllt zu werden, verboten. [2]Satz 1 gilt nicht für Kunststofftragetaschen mit einer Wandstärke von weniger als 15 Mikrometern, sofern diese die übrigen Voraussetzungen nach Artikel 3 Nummer 1d der Richtlinie 94/62/EG des Europäischen Parlaments und des Rates vom 20. Dezember 1994 über Verpackungen und Verpackungsabfälle (ABl. L 365 vom 31.12.1994, S. 10), die zuletzt durch die Richtlinie (EU) 2018/852 (ABl. L 150 vom 14.6.2018, S. 141) geändert worden ist, erfüllen.

(3) Beschränkungen des Inverkehrbringens von Verpackungen nach § 3 der Einwegkunststoffverbotsverordnung vom 20. Januar 2021 (BGBl. I S. 95) in der jeweils geltenden Fassung bleiben unberührt.

§ 6 Kennzeichnung zur Identifizierung des Verpackungsmaterials

[1]Verpackungen können zur Identifizierung des Materials, aus dem sie hergestellt sind, mit den in der Anlage 5 festgelegten Nummern und Abkürzungen gekennzeichnet werden. [2]Die Verwendung von anderen als den in der Anlage 5 festgelegten Nummern und Abkürzungen zur Kennzeichnung der gleichen Materialien ist nicht zulässig.

Abschnitt 2
Inverkehrbringen von systembeteiligungspflichtigen Verpackungen

§ 7 Systembeteiligungspflicht

(1) [1]Hersteller von systembeteiligungspflichtigen Verpackungen haben sich mit diesen Verpackungen zur Gewährleistung der flächendeckenden Rücknahme vor dem Inverkehrbringen an einem oder mehreren Systemen zu beteiligen. [2]Dabei haben sie Materialart und Masse der zu beteiligenden Verpackungen sowie die Registrierungsnummer nach § 9 Absatz 3 Satz 2 anzugeben. [3]Die Systeme haben den Herstellern eine erfolgte Beteiligung unter Angabe von Materialart und Masse der beteiligten Verpackungen unverzüglich schriftlich oder elektronisch zu bestätigen; dies gilt auch, wenn die Beteiligung durch einen beauftragten Dritten nach § 35 Absatz 1 vermittelt wurde.

(2) [1]Abweichend von Absatz 1 Satz 1 kann ein Hersteller von systembeteiligungspflichtigen Serviceverpackungen von den Vorvertreibern dieser Serviceverpackungen verlangen, dass sie sich hinsichtlich der von ihnen gelieferten unbefüllten Serviceverpackungen an einem oder mehreren Systemen beteiligen. [2]Der ursprünglich nach Absatz 1 Satz 1 verpflichtete Hersteller kann von demjenigen Vorvertreiber, auf den die Systembeteiligungspflicht übergeht, eine Bestätigung über die erfolgte Systembeteiligung verlangen. [3]Mit der Übertragung der Systembeteiligungspflicht gehen auch die Herstellerpflichten nach den §§ 9 bis 11 insoweit auf den verpflichteten Vorvertreiber über; der Hersteller nach Absatz 1 Satz 1 bleibt jedoch zusätzlich selbst zur Registrierung gemäß § 9 verpflichtet.

(3) [1]Soweit in Verkehr gebrachte systembeteiligungspflichtige Verpackungen wegen Beschädigung oder Unverkäuflichkeit nicht an den Endverbraucher abgegeben werden, kann der Hersteller die von ihm für die Systembeteiligung geleisteten Entgelte von den betreffenden Systemen zurückverlangen, wenn er die Verpackungen zurückgenommen und einer Verwertung entsprechend den Anforderungen des § 16 Absatz 5 zugeführt

hat. [2]Die Rücknahme und anschließende Verwertung sind in jedem Einzelfall in nachprüfbarer Form zu dokumentieren. [3]In diesem Fall gelten die betreffenden Verpackungen nach Erstattung der Beteiligungsentgelte nicht mehr als in Verkehr gebracht.

(4) Wird die Genehmigung eines Systems vor Ablauf des Zeitraums, für den sich ein Hersteller an diesem System beteiligt hat, nach § 18 Absatz 3 widerrufen, so gilt die Systembeteiligung ab dem Zeitpunkt der Wirksamkeit des Widerrufs als nicht vorgenommen.

(5) [1]Soweit durch die Aufnahme einer systembeteiligungspflichtigen Verpackung in ein System zu befürchten ist, dass die umweltverträgliche Abfallbewirtschaftung, insbesondere die Durchführung einer ordnungsgemäßen und schadlosen Verwertung, erheblich beeinträchtigt oder das Wohl der Allgemeinheit, insbesondere die Gesundheit, gefährdet wird, kann die Zentrale Stelle die Aufnahme der systembeteiligungspflichtigen Verpackung im Einzelfall wegen Systemunverträglichkeit untersagen. [2]Die Untersagung ist aufzuheben, wenn ein System oder der Hersteller die Systemverträglichkeit der betreffenden Verpackung nachweist.

(6) Es ist Systembetreibern nicht gestattet, Vertreibern ein Entgelt oder sonstige wirtschaftliche Vorteile für den Fall zu versprechen oder zu gewähren, dass die Vertreiber Hersteller von systembeteiligungspflichtigen Verpackungen an ihr System vermitteln.

(7) [1]Hersteller dürfen systembeteiligungspflichtige Verpackungen nicht in Verkehr bringen, wenn sie sich mit diesen Verpackungen nicht gemäß Absatz 1 Satz 1 an einem System beteiligt haben. [2]Nachfolgende Vertreiber dürfen systembeteiligungspflichtige Verpackungen nicht zum Verkauf anbieten und Betreiber eines elektronischen Marktplatzes dürfen das Anbieten von systembeteiligungspflichtigen Verpackungen zum Verkauf nicht ermöglichen, wenn sich die Hersteller mit diesen Verpackungen nicht gemäß Absatz 1 Satz 1 an einem System beteiligt haben. [3]Fulfilment-Dienstleister dürfen keine der in § 3 Absatz 14c Satz 1 genannten Tätigkeiten in Bezug auf systembeteiligungspflichtige Verpackungen erbringen, wenn sich die Hersteller mit diesen Verpackungen nicht gemäß Absatz 1 Satz 1 an einem System beteiligt haben; umfasst die Tätigkeit eines Fulfilment-Dienstleisters das Verpacken von Waren in systembeteiligungspflichtige Versandverpackungen, so gilt der Vertreiber der Waren, für den der Fulfilment-Dienstleister tätig wird, hinsichtlich der Versandverpackungen als Hersteller nach Absatz 1 Satz 1.

§ 8 Branchenlösung

(1) [1]Die Pflicht eines Herstellers nach § 7 Absatz 1 entfällt, soweit er die von ihm in Verkehr gebrachten systembeteiligungspflichtigen Verpackungen bei nach § 3 Absatz 11 Satz 2 und 3 den privaten Haushaltungen gleichgestellten Anfallstellen, die von ihm entweder selbst oder durch zwischengeschaltete Vertreiber in nachprüfbarer Weise beliefert werden, unentgeltlich zurücknimmt und einer Verwertung entsprechend den Anforderungen des § 16 Absatz 1 bis 3 zuführt (Branchenlösung). [2]Der Hersteller muss durch Bescheinigung eines registrierten Sachverständigen nachweisen, dass er oder ein von ihm hierfür beauftragter Dritter

1. bei allen von ihm nach Satz 1 belieferten Anfallstellen eine geeignete branchenbezogene Erfassungsstruktur eingerichtet hat, die eine regelmäßige unentgeltliche Rücknahme aller von ihm dort in Verkehr gebrachten systembeteiligungspflichtigen Verpackungen gewährleistet,

2. schriftliche Bestätigungen aller von ihm nach Satz 1 belieferten Anfallstellen über deren Einbindung in diese Erfassungsstruktur vorliegen hat und

3. die Verwertung der zurückgenommenen Verpackungen entsprechend den Anforderungen des § 16 Absatz 1 bis 3 gewährleistet.

[3]Ein Zusammenwirken mehrerer Hersteller aus einer Branche, die gleichartige Waren vertreiben, ist zulässig; in diesem Fall haben sie eine natürliche oder juristische Person oder rechtsfähige Personengesellschaft als Träger der Branchenlösung zu bestimmen. [4]Satz 1 gilt nicht für Hersteller von mit Getränken befüllten Einweggetränkeverpackungen, die nach § 31 Absatz 4 keiner Pfandpflicht unterliegen.

(2) [1]Der Beginn sowie jede wesentliche Änderung der Branchenlösung sind der Zentralen Stelle mindestens einen Monat vor ihrem Wirksamwerden durch den Hersteller oder im Fall des Zusammenwirkens nach Absatz 1 Satz 3 durch den Träger der Branchenlösung schriftlich anzuzeigen. [2]Der Anzeige sind folgende Informationen und Unterlagen beizufügen:

1. die Bescheinigung nach Absatz 1 Satz 2 einschließlich aller Bestätigungen nach Absatz 1 Satz 2 Nummer 2,

2. die Angabe des Datums, an dem die Finanzierungsvereinbarung nach § 25 Absatz 1 Satz 2 abgeschlossen wurde, und

3. im Fall des Zusammenwirkens nach Absatz 1 Satz 3 eine Liste aller die Branchenlösung betreibenden Hersteller.

[3]Bei einer Anzeige von Änderungen der Branchenlösung genügt es, wenn sich die nach Satz 2 beizufügenden Unterlagen auf die geänderten Umstände beziehen.

(3) [1]Der Hersteller oder im Fall des Zusammenwirkens nach Absatz 1 Satz 3 der Träger der Branchenlösung hat die Rücknahme und Verwertung entsprechend den Vorgaben des § 17 Absatz 1 und 2 in nachprüfbarer Form zu dokumentieren und durch einen registrierten Sachverständigen prüfen und bestätigen zu lassen. [2]In dem Mengenstromnachweis sind zusätzlich die Anfallstellen nach Absatz 1 Satz 1 adressgenau zu bezeichnen; außerdem sind dem Mengenstromnachweis schriftliche Nachweise aller Anfallstellen nach Absatz 1 Satz 1 über die bei ihnen angelieferten Mengen an systembeteiligungspflichtigen Verpackungen des jeweiligen Herstellers beizufügen. [3]Der Mengenstromnachweis ist spätestens bis zum 1. Juni des auf den Berichtszeitraum folgenden Kalenderjahres schriftlich bei der Zentralen Stelle zu hinterlegen.

(4) Die Pflichten nach § 15 Absatz 4 gelten für die eine Branchenlösung betreibenden Hersteller entsprechend.

(5) Die Zentrale Stelle kann von dem Hersteller oder im Fall des Zusammenwirkens nach Absatz 1 Satz 3 von dem Träger der Branchenlösung die Leistung einer Sicherheit entsprechend § 18 Absatz 4 verlangen.

§ 9 Registrierung

(1) [1]Hersteller von mit Ware befüllten Verpackungen sind verpflichtet, sich vor dem Inverkehrbringen der Verpackungen bei der Zentralen Stelle registrieren zu lassen. [2]Änderungen von Registrierungsdaten sowie die dauerhafte Aufgabe der Herstellertätigkeit sind der Zentralen Stelle unverzüglich mitzuteilen.

(2) [1]Bei der Registrierung nach Absatz 1 Satz 1 sind die folgenden Angaben zu machen:

1. Name, Anschrift und Kontaktdaten des Herstellers (insbesondere Postleitzahl und Ort, Straße und Hausnummer, Land, Telefonnummer sowie die europäische oder nationale Steuernummer);

2. im Falle einer Bevollmächtigung nach § 35 Absatz 2:
   a) Name, Anschrift und Kontaktdaten des Bevollmächtigten entsprechend Nummer 1 sowie
   b) die schriftliche Beauftragung durch den Hersteller;

3. Angabe einer vertretungsberechtigten natürlichen Person;

4. nationale Kennnummer und E-Mail-Adresse des Herstellers; im Falle einer Bevollmächtigung die gleichen Angaben zum Bevollmächtigten;

5. Markennamen, unter denen der Hersteller seine Verpackungen in Verkehr bringt;

6. Angaben zu den Verpackungen, die der Hersteller in Verkehr bringt, aufgeschlüsselt nach systembeteiligungspflichtigen Verpackungen gemäß § 3 Absatz 8, den jeweiligen Verpackungen gemäß § 15 Absatz 1 Satz 1 Nummer 1 bis 5 und Einweggetränkeverpackungen, die gemäß § 31 der Pfandpflicht unterliegen;

7. Erklärung, dass sämtliche Angaben nach diesem Absatz der Wahrheit entsprechen.

[2]Hersteller nach § 7 Absatz 1 Satz 1 haben darüber hinaus eine Erklärung abzugeben, dass sie ihre Rücknahmepflichten durch Beteiligung an einem oder mehreren Systemen oder durch eine oder mehrere Branchenlösungen erfüllen; im Falle einer vollständigen Übertragung der Systembeteiligungspflicht gemäß § 7 Absatz 2 auf einen oder mehrere Vorvertreiber haben sie stattdessen zu erklären, dass sie nur bereits systembeteiligte Serviceverpackungen in Verkehr bringen

(3) [1]Die erstmalige Registrierung sowie Änderungsmitteilungen haben über das auf der Internetseite der Zentralen Stelle zur Verfügung gestellte elektronische Datenverarbeitungssystem zu erfolgen. [2]Die Zentrale Stelle bestätigt die Registrierung und teilt dem Hersteller seine Registrierungsnummer mit. [3]Sie kann nähere Anweisungen zum elektronischen Registrierungsverfahren erteilen sowie für die sonstige Kommunikation mit den Herstellern die elektronische Übermittlung, eine bestimmte Verschlüsselung sowie die Eröffnung eines Zugangs für die Übermittlung elektronischer Dokumente vorschreiben.

(4) [1]Die Zentrale Stelle veröffentlicht die registrierten Hersteller mit den in Absatz 2 Nummer 1, 2 Buchstabe a und Nummern 5 und 6 genannten Angaben sowie mit der Registrierungsnummer und dem Registrierungsdatum im Internet. [2]Bei Herstellern, deren Registrierung beendet ist, ist zusätzlich das Datum des Marktaustritts anzugeben. [3]Die im Internet veröffentlichten Daten sind dort drei Jahre nach Ablauf des Jahres, in dem die Registrierung des Herstellers endet, zu löschen.

(5) [1]Hersteller dürfen Verpackungen nicht in Verkehr bringen, wenn sie nicht oder nicht ordnungsgemäß nach Absatz 1 registriert sind. [2]Vertreiber dürfen Verpackungen nicht zum Verkauf anbieten und Betreiber

eines elektronischen Marktplatzes dürfen das Anbieten von Verpackungen zum Verkauf nicht ermöglichen, wenn die Hersteller dieser Verpackungen nicht oder nicht ordnungsgemäß nach Absatz 1 registriert sind. [3]Fulfilment-Dienstleister dürfen keine der in § 3 Absatz 14c Satz 1 genannten Tätigkeiten in Bezug auf Verpackungen erbringen, wenn die Hersteller dieser Verpackungen nicht oder nicht ordnungsgemäß nach Absatz 1 registriert sind.

§ 10 Datenmeldung

(1) [1]Hersteller nach § 7 Absatz 1 Satz 1 sind verpflichtet, die im Rahmen einer Systembeteiligung getätigten Angaben zu den Verpackungen unverzüglich auch der Zentralen Stelle unter Nennung mindestens der folgenden Daten zu übermitteln:

1. Registrierungsnummer;
2. Materialart und Masse der beteiligten Verpackungen;
3. Name des Systems, bei dem die Systembeteiligung vorgenommen wurde;
4. Zeitraum, für den die Systembeteiligung vorgenommen wurde.

[2]Änderungen der Angaben sowie eventuelle Rücknahmen gemäß § 7 Absatz 3 Satz 1 sind der Zentralen Stelle entsprechend zu melden.

(2) Die Zentrale Stelle kann für die Datenmeldung nach Absatz 1 einheitliche elektronische Formulare zur Verfügung stellen und nähere Verfahrensanweisungen erteilen.

(3) Die Zentrale Stelle kann Systemen die Möglichkeit einräumen, die sich auf ihr System beziehenden Datenmeldungen elektronisch abzurufen.

§ 11 Vollständigkeitserklärung

(1) [1]Hersteller nach § 7 Absatz 1 Satz 1 sind verpflichtet, jährlich bis zum 15. Mai eine Erklärung über sämtliche von ihnen im vorangegangenen Kalenderjahr erstmals in Verkehr gebrachten Verkaufs- und Umverpackungen nach den Vorgaben des Absatzes 3 zu hinterlegen (Vollständigkeitserklärung). [2]Die Vollständigkeitserklärung bedarf der Prüfung und Bestätigung durch einen registrierten Sachverständigen oder durch einen gemäß § 27 Absatz 2 registrierten Wirtschaftsprüfer, Steuerberater oder vereidigten Buchprüfer.

(2) [1]Die Vollständigkeitserklärung hat Angaben zu enthalten

1. zu Materialart und Masse aller im vorangegangenen Kalenderjahr erstmals in Verkehr gebrachten systembeteiligungspflichtigen Verpackungen;
2. zu Materialart und Masse aller im vorangegangenen Kalenderjahr erstmals mit Ware befüllt in Verkehr gebrachten Verkaufs- und Umverpackungen, die typischerweise nicht beim privaten Endverbraucher als Abfall anfallen;
3. zur Beteiligung an einem oder mehreren Systemen hinsichtlich der im vorangegangenen Kalenderjahr erstmals in Verkehr gebrachten systembeteiligungspflichtigen Verpackungen;
4. zu Materialart und Masse aller im vorangegangenen Kalenderjahr über eine oder mehrere Branchenlösungen nach § 8 zurückgenommenen Verpackungen;

5. zu Materialart und Masse aller im vorangegangenen Kalenderjahr gemäß § 7 Absatz 3 zurückgenommenen Verpackungen;

6. zur Erfüllung der Verwertungsanforderungen hinsichtlich der im vorangegangenen Kalenderjahr zurückgenommenen Verkaufs- und Umverpackungen nach § 15 Absatz 1 Satz 1 Nummer 2;

7. zur Erfüllung der Verwertungsanforderungen hinsichtlich der im vorangegangenen Kalenderjahr gemäß § 7 Absatz 3 zurückgenommenen Verpackungen.

[2]Die Angaben nach Satz 1 sind nach den in § 16 Absatz 2 genannten Materialarten aufzuschlüsseln; sonstige Materialien sind jeweils zu einer einheitlichen Angabe zusammenzufassen.

(3) [1]Die Vollständigkeitserklärung ist zusammen mit den zugehörigen Prüfberichten elektronisch bei der Zentralen Stelle zu hinterlegen. [2]Die Bestätigung nach Absatz 1 Satz 2 ist mit einer qualifizierten elektronischen Signatur gemäß § 2 des Signaturgesetzes zu versehen. [3]Die Zentrale Stelle kann nähere Anweisungen zum elektronischen Hinterlegungsverfahren erteilen sowie für die sonstige Kommunikation mit den Hinterlegungspflichtigen die Verwendung bestimmter elektronischer Formulare und Eingabemasken, eine bestimmte Verschlüsselung sowie die Eröffnung eines Zugangs für die Übermittlung elektronischer Dokumente vorschreiben. [4]Die Zentrale Stelle kann zusätzlich die Hinterlegung der Systembeteiligungsbestätigungen nach § 7 Absatz 1 Satz 3 und der Dokumente nach § 7 Absatz 3 Satz 2 verlangen. [5]Bei Vorliegen von Anhaltspunkten für eine Unrichtigkeit oder Unvollständigkeit der hinterlegten Vollständigkeitserklärung kann sie vom Hersteller die Hinterlegung weiterer für die Prüfung im Einzelfall erforderlicher Unterlagen verlangen.

(4) [1]Von der Pflicht nach Absatz 1 Satz 1 ist befreit, wer systembeteiligungspflichtige Verpackungen der Materialarten Glas von weniger als 80 000 Kilogramm, Papier, Pappe und Karton von weniger als 50 000 Kilogramm sowie der übrigen in § 16 Absatz 2 genannten Materialarten von weniger als 30 000 Kilogramm im vorangegangenen Kalenderjahr erstmals in Verkehr gebracht hat. [2]Die Zentrale Stelle oder die zuständige Landesbehörde kann auch bei Unterschreiten der Schwellenwerte nach Satz 1 jederzeit verlangen, dass eine Vollständigkeitserklärung gemäß den Vorgaben der Absätze 1 bis 3 zu hinterlegen ist.

§ 12 Ausnahmen

(1) Die Vorschriften dieses Abschnitts gelten nicht für Verpackungen, die nachweislich nicht im Geltungsbereich dieses Gesetzes an Endverbraucher abgegeben werden.

(2) Die Vorschriften dieses Abschnitts, mit Ausnahme von § 9, gelten nicht für

1. Mehrwegverpackungen,

2. Einweggetränkeverpackungen, die nach § 31 der Pfandpflicht unterliegen,

3. Verkaufsverpackungen schadstoffhaltiger Füllgüter.

Abschnitt 3
Sammlung, Rücknahme und Verwertung

§ 13 Getrennte Sammlung

Beim privaten Endverbraucher als Abfall anfallende restentleerte Verpackungen sind, unbeschadet der Vorgaben nach der Gewerbeabfallverordnung, einer vom gemischten Siedlungsabfall getrennten Sammlung gemäß den nachfolgenden Vorschriften zuzuführen.

§ 14 Pflichten der Systeme zur Sammlung, Verwertung und Information

(1) [1]Die Systeme sind verpflichtet, im Einzugsgebiet der beteiligten Hersteller eine vom gemischten Siedlungsabfall getrennte, flächendeckende Sammlung aller restentleerten Verpackungen bei den privaten Endverbrauchern (Holsystem) oder in deren Nähe (Bringsystem) oder durch eine Kombination beider Varianten in ausreichender Weise und für den privaten Endverbraucher unentgeltlich sicherzustellen. [2]Die Sammelsysteme müssen geeignet sein, alle bei den privaten Endverbrauchern anfallenden restentleerten Verpackungen bei einer regelmäßigen Leerung aufzunehmen. [3]Die Sammlung ist auf Abfälle privater Endverbraucher zu beschränken. [4]Mehrere Systeme können bei der Einrichtung und dem Betrieb ihrer Sammelstrukturen zusammenwirken.

(2) Die von den Systemen erfassten Abfälle sind einer Verwertung gemäß den Anforderungen des § 16 Absatz 1 Satz 1, Absatz 2 und Absatz 4 Satz 1 zuzuführen.

(3) [1]Unbeschadet der Regelung in § 22 Absatz 9 sind die Systeme verpflichtet, die privaten Endverbraucher in angemessenem Umfang über Sinn und Zweck der getrennten Sammlung von Verpackungsabfällen, die hierzu eingerichteten Sammelsysteme und die erzielten Verwertungsergebnisse zu informieren. [2]Im Hinblick auf Einwegkunststoffverpackungen müssen die Systeme darüber hinaus über Folgendes informieren:

1. über die Auswirkungen einer Vermüllung auf die Umwelt, insbesondere auf die Meeresumwelt, sowie

2. über Maßnahmen zur Vermeidung dieser Vermüllung, insbesondere über die Verfügbarkeit von Mehrwegverpackungen als Alternative zu den in Teil G des Anhangs der Richtlinie (EU) 2019/904 des Europäischen Parlaments und des Rates vom 5. Juni 2019 über die Verringerung der Auswirkungen bestimmter Kunststoffprodukte auf die Umwelt (ABl. L 155 vom 12.6.2019, S. 1) genannten Einwegkunststoffverpackungen.

[3]Die Information hat in regelmäßigen Zeitabständen zu erfolgen und soll sowohl lokale als auch überregionale Maßnahmen beinhalten. [4]Bei der Vorbereitung der Informationsmaßnahmen sind die Einrichtungen der kommunalen Abfallberatung und Verbraucherschutzorganisationen zu beteiligen.

(4) [1]Die Systeme haben die folgenden Informationen auf ihren Internetseiten zu veröffentlichen und regelmäßig zu aktualisieren:

1. ihre Eigentums- und Mitgliederverhältnisse,

2. die von den beteiligten Herstellern geleisteten Entgelte je in Verkehr gebrachter systembeteili-
   gungspflichtiger Verpackung oder je Masseeinheit an systembeteiligungspflichtigen Verpackungen und

3. das Verfahren, das sie zur Auswahl der Abfallbewirtschaftungseinrichtungen verwenden, soweit
   diese nicht nach den Vorgaben des § 23 ausgewählt werden.

[2]Dies gilt nicht, wenn es sich um ein Geschäftsgeheimnis handelt. [3]Die Zentrale Stelle kann bei Zweifeln an
dem Vorliegen eines Geschäftsgeheimnisses von den Systemen eine Begründung in Textform verlangen, wa-
rum es sich bei der nicht veröffentlichten Information um ein Geschäftsgeheimnis handelt.

§ 15 Pflichten der Hersteller und Vertreiber zur Rücknahme und Verwertung

(1) [1]Hersteller und in der Lieferkette nachfolgende Vertreiber von

1. Transportverpackungen,

2. Verkaufs- und Umverpackungen, die nach Gebrauch typischerweise nicht bei privaten Endverbrauchern als Abfall anfallen,

3. Verkaufs- und Umverpackungen, für die wegen Systemunverträglichkeit nach § 7 Absatz 5 eine
   Systembeteiligung nicht möglich ist, und

4. Verkaufsverpackungen schadstoffhaltiger Füllgüter

sind verpflichtet, gebrauchte, restentleerte Verpackungen der gleichen Art, Form und Größe wie die von
ihnen in Verkehr gebrachten am Ort der tatsächlichen Übergabe oder in dessen unmittelbarer Nähe unentgeltlich zurückzunehmen. [2]Für Letztvertreiber beschränkt sich die Rücknahmepflicht nach Satz 1 auf Verpackungen, die von solchen Waren stammen, die der Vertreiber in seinem Sortiment führt. [3]Im Rahmen wiederkeh-
render Belieferungen kann die Rücknahme auch bei einer der nächsten Anlieferungen erfolgen. [4]Hersteller
und in der Lieferkette nachfolgende Vertreiber können untereinander sowie mit den Endverbrauchern, sofern
es sich bei diesen nicht um private Haushaltungen handelt, abweichende Vereinbarungen über den Ort der
Rückgabe und die Kostenregelung treffen.

(2) [1]Ist einem Hersteller oder in der Lieferkette nachfolgenden Vertreiber von Verpackungen nach Absatz 1
Satz 1 Nummer 3 und 4 eine umwelt- und gesundheitsverträgliche Rücknahme am Ort der tatsächlichen
Übergabe oder in dessen unmittelbarer Nähe nicht möglich, kann die Rücknahme auch in einer zentralen An-
nahmestelle erfolgen, wenn diese in einer für den Rückgabeberechtigten zumutbaren Entfernung zum Ort der
tatsächlichen Übergabe liegt und zu den geschäftsüblichen Öffnungszeiten des Vertreibers zugänglich ist.
[2]Letztvertreiber von Verpackungen nach Absatz 1 Satz 1 Nummer 3 und 4 müssen die Endverbraucher durch
deutlich erkennbare und lesbare Schrifttafeln in der Verkaufsstelle und im Versandhandel durch andere geeignete Maßnahmen auf die Rückgabemöglichkeit hinweisen.

(3) [1]Hersteller und in der Lieferkette nachfolgende Vertreiber, die Verpackungen nach Absatz 1 Satz 1 zurücknehmen, sind verpflichtet, diese einer Wiederverwendung oder einer Verwertung gemäß den Anforderungen des § 16 Absatz 5 zuzuführen. [2]Die Anforderungen nach Satz 1 können auch durch die Rückgabe an einen Vorvertreiber erfüllt werden. [3]Über die Erfüllung der Rücknahme- und Verwertungsanforderungen ist
Nachweis zu führen. [4]Hierzu sind jährlich bis zum 15. Mai die im vorangegangenen Kalenderjahr in Verkehr

gebrachten sowie zurückgenommenen und verwerteten Verpackungen in nachprüfbarer Form zu dokumentieren. [5]Die Dokumentation ist aufgeschlüsselt nach Materialart und Masse zu erstellen. [6]Zur Bewertung der Richtigkeit und Vollständigkeit der Dokumentation sind geeignete Mechanismen zur Selbstkontrolle einzurichten. [7]Die Dokumentation ist der zuständigen Landesbehörde, auf deren Gebiet der Hersteller oder Vertreiber ansässig ist, auf Verlangen vorzulegen.

(4) [1]Falls kein System eingerichtet ist, gelten die Rücknahmepflicht nach Absatz 1 Satz 1 und die Hinweispflicht nach Absatz 2 Satz 2 in Bezug auf systembeteiligungspflichtige Verpackungen entsprechend. [2]Für Letztvertreiber mit einer Verkaufsfläche von weniger als 200 Quadratmetern beschränkt sich die Rücknahmepflicht nach Satz 1 auf Verpackungen der Marken, die der Vertreiber in seinem Sortiment führt; im Versandhandel gelten als Verkaufsfläche alle Lager- und Versandflächen. [3]Die nach den Sätzen 1 und 2 zurückgenommenen Verpackungen sind einer Wiederverwendung oder einer Verwertung entsprechend den Anforderungen des § 16 Absatz 1 bis 3 zuzuführen. [4]Die Anforderungen nach Satz 3 können auch durch die Rückgabe an einen Vorvertreiber erfüllt werden. [5]Über die Erfüllung der Rücknahme- und Verwertungsanforderungen ist ein Nachweis entsprechend den Vorgaben in Absatz 3 Satz 4 bis 5 zu führen und der zuständigen Landesbehörde, auf deren Gebiet der Hersteller oder Vertreiber ansässig ist, auf Verlangen vorzulegen.

§ 16 Anforderungen an die Verwertung

(1) [1]Die Systeme haben die durch die Sammlung nach § 14 Absatz 1 erfassten restentleerten Verpackungen nach Maßgabe des § 8 Absatz 1 Satz 1 des Kreislaufwirtschaftsgesetzes vorrangig einer Vorbereitung zur Wiederverwendung oder dem Recycling zuzuführen. [2]Soweit die Abfälle nach Satz 1 nicht verwertet werden, sind sie dem zuständigen öffentlich-rechtlichen Entsorgungsträger nach Maßgabe des § 17 Absatz 1 Satz 2 des Kreislaufwirtschaftsgesetzes zu überlassen.

(2) [1]Die Systeme sind verpflichtet, im Jahresmittel mindestens folgende Anteile der bei ihnen beteiligten Verpackungen der Vorbereitung zur Wiederverwendung oder dem Recycling zuzuführen:

1. 80 Masseprozent bei Glas; ab dem 1. Januar 2022 90 Masseprozent,
2. 85 Masseprozent bei Papier, Pappe und Karton; ab dem 1. Januar 2022 90 Masseprozent,
3. 80 Masseprozent bei Eisenmetallen; ab dem 1. Januar 2022 90 Masseprozent,
4. 80 Masseprozent bei Aluminium; ab dem 1. Januar 2022 90 Masseprozent,
5. 75 Masseprozent bei Getränkekartonverpackungen; ab dem 1. Januar 2022 80 Masseprozent,
6. 55 Masseprozent bei sonstigen Verbundverpackungen (ohne Getränkekartonverpackungen); ab dem 1. Januar 2022 70 Masseprozent.

[2]Kunststoffe sind zu mindestens 90 Masseprozent einer Verwertung zuzuführen. [3]Dabei sind mindestens 65 Prozent und ab dem 1. Januar 2022 70 Prozent dieser Verwertungsquote durch werkstoffliche Verwertung sicherzustellen.

(3) [1]Bei Verbundverpackungen nach Absatz 2 Satz 1 Nummer 5 und 6 ist insbesondere das Recycling der Hauptmaterialkomponente sicherzustellen, soweit nicht das Recycling einer anderen Materialkomponente den Zielen der Kreislaufwirtschaft besser entspricht. [2]Soweit Verbundverpackungen einem eigenen Verwertungsweg zugeführt werden, ist ein eigenständiger Nachweis der Quoten nach Absatz 2 Satz 1 Nummer 5 und 6

zulässig. [3]Für Verbundverpackungen, die im Strom einer der in Absatz 2 Satz 1 und 2 genannten Hauptmaterialarten erfasst und einer Verwertung zugeführt werden, sind die Quoten nach Absatz 2 Satz 1 Nummer 5 und 6 durch geeignete Stichprobenerhebungen nachzuweisen. [4]Wenn die Hauptmaterialkomponente einen Masseanteil von 95 Prozent an der Verbundverpackung überschreitet, ist die nach Satz 3 einer Verwertung zugeführte Verbundverpackung vollständig auf die Quote der Hauptmaterialart anzurechnen.

(4) [1]Die Systeme sind verpflichtet, im Jahresmittel mindestens 50 Masseprozent der im Rahmen der Sammlung der restentleerten Kunststoff-, Metall- und Verbundverpackungen nach § 14 Absatz 1 insgesamt erfassten Abfälle dem Recycling zuzuführen. [2]Im Falle einer einheitlichen Wertstoffsammlung im Sinne des § 22 Absatz 5 bezieht sich die Recyclingquote auf den Anteil des Sammelgemisches, der entsprechend dem Verhältnis der Kunststoff-, Metall- und Verbundverpackungen zu den stoffgleichen Nichtverpackungen in der einheitlichen Wertstoffsammlung den Systemen zur Verwertung zuzuordnen ist.

(5) Die gemäß § 15 Absatz 1 Satz 1 zurückgenommenen Verpackungen sind nach Maßgabe des § 8 Absatz 1 des Kreislaufwirtschaftsgesetzes vorrangig einer Vorbereitung zur Wiederverwendung oder dem Recycling zuzuführen.

(6) Verpackungsabfälle, die im Einklang mit der Verordnung (EG) Nr. 1013/2006 des Europäischen Parlaments und des Rates vom 14. Juni 2006 über die Verbringung von Abfällen (ABl. L 190 vom 12.7.2006, S. 1), die zuletzt durch die Verordnung (EU) 2020/2174 (ABl. L 433 vom 22.12.2020, S. 11) geändert worden ist, in der jeweils geltenden Fassung und mit der Verordnung (EG) Nr. 1418/2007 der Kommission vom 29. November 2007 über die Ausfuhr von bestimmten in Anhang III oder IIIA der Verordnung (EG) Nr. 1013/2006 des Europäischen Parlaments und des Rates aufgeführten Abfällen, die zur Verwertung bestimmt sind, in bestimmte Staaten, für die der OECD-Beschluss über die Kontrolle der grenzüberschreitenden Verbringung von Abfällen nicht gilt (ABl. L 316 vom 4.12.2007, S. 6), die zuletzt durch die Verordnung (EU) Nr. 733/2014 (ABl. L 197 vom 4.7.2014, S. 10) geändert worden ist, in der jeweils geltenden Fassung aus der Europäischen Union ausgeführt werden, dürfen für die Erfüllung der Anforderungen nach den Absätzen 1 bis 5 und der Zielvorgaben nach § 1 Absatz 4 Satz 2 und 3 nur berücksichtigt werden, wenn nachprüfbare Beweise vorliegen, dass die Verwertung unter Bedingungen erfolgt ist, die im Wesentlichen denen entsprechen, die in den einschlägigen europäischen Vorschriften vorgesehen sind.

(7) Die Bundesregierung überprüft innerhalb von drei Jahren nach dem 1. Januar 2022 die Verwertungsergebnisse mit dem Ziel einer weiteren Erhöhung der materialspezifischen Verwertungsquoten in Absatz 2 Satz 1 und 2 und der Recyclingquote in Absatz 4 Satz 1.

§ 17 Nachweispflichten

(1) [1]Die Systeme haben die Verwertung der durch die Sammlung nach § 14 Absatz 1 Satz 1 erfassten restentleerten Verpackungen kalenderjährlich in nachprüfbarer Form zu dokumentieren (Mengenstromnachweis). [2]Grundlage des Mengenstromnachweises sind die an einem System beteiligten Mengen an Verpackungen sowie vollständig dokumentierte Angaben über die erfassten und über die der Vorbereitung zur Wiederverwendung, dem Recycling, der werkstofflichen oder der energetischen Verwertung zugeführten Mengen. [3]Die dem Mengenstromnachweis zugrunde liegenden Entsorgungsnachweise müssen mindestens den

Auftraggeber, das beauftragte Entsorgungsunternehmen sowie die Masse der entsorgten Abfälle unter Angabe des Abfallschlüssels und der Abfallbezeichnung nach der Anlage zur Abfallverzeichnis-Verordnung enthalten. [4]Der Mengenstromnachweis ist nach den in § 16 Absatz 2 Satz 1 und 2 genannten Materialarten aufzuschlüsseln; sonstige Materialien sind jeweils zu einer einheitlichen Angabe zusammenzufassen. [5]Verbundverpackungen, die gemäß § 16 Absatz 3 Satz 4 verwertet wurden, sind der entsprechenden Hauptmaterialart zuzuordnen. [6]Im Mengenstromnachweis ist außerdem darzustellen, welche Mengen in den einzelnen Ländern erfasst wurden. [7]Zur Bewertung der Richtigkeit und Vollständigkeit des Mengenstromnachweises haben die Systeme geeignete Mechanismen zur Selbstkontrolle einzurichten.

(2) [1]Der Mengenstromnachweis ist durch einen registrierten Sachverständigen zu prüfen und zu bestätigen. [2]Die Prüfung des Mengenstromnachweises umfasst insbesondere auch die Überprüfung der den Angaben nach Absatz 1 Satz 2 zugrunde liegenden Dokumente.

(3) [1]Die Systeme haben den Mengenstromnachweis spätestens bis zum 1. Juni des auf den Berichtszeitraum folgenden Kalenderjahres elektronisch bei der Zentralen Stelle zu hinterlegen. [2]Die Bestätigung nach Absatz 2 Satz 1 ist mit einer qualifizierten elektronischen Signatur zu versehen. [3]Die Zentrale Stelle kann für die Hinterlegung die Verwendung bestimmter elektronischer Formulare und Eingabemasken sowie eine bestimmte Verschlüsselung vorschreiben. [4]Die zugehörigen Dokumente sind auf Verlangen der Zentralen Stelle im Original nachzureichen.

[...]

Abschnitt 6

Getränkeverpackungen

§ 30a Mindestrezyklatanteil bei bestimmten Einwegkunststoffgetränkeflaschen

(1) [1]Hersteller von Einwegkunststoffgetränkeflaschen, die hauptsächlich aus Polyethylenterephthalat bestehen, dürfen diese Flaschen ab dem 1. Januar 2025 nur in Verkehr bringen, wenn sie jeweils zu mindestens 25 Masseprozent aus Kunststoffrezyklaten bestehen. [2]Ab dem 1. Januar 2030 dürfen Hersteller von sämtlichen Einwegkunststoffgetränkeflaschen diese Flaschen nur in Verkehr bringen, wenn sie jeweils zu mindestens 30 Masseprozent aus Kunststoffrezyklaten bestehen.

(2) [1]Ein Hersteller von Einwegkunststoffgetränkeflaschen kann die Vorgaben nach Absatz 1 auch dadurch erfüllen, dass die Gesamtmasse der von ihm in einem Kalenderjahr in Verkehr gebrachten Einwegkunststoffgetränkeflaschen einen entsprechenden Kunststoffrezyklatanteil aufweist. [2]In diesem Fall hat er Art und Masse der von ihm für die Flaschenproduktion eingesetzten Kunststoffrezyklate sowie der insgesamt für die Flaschenproduktion verwendeten Kunststoffe in nachprüfbarer Form zu dokumentieren. [3]Die Dokumentation ist der zuständigen Landesbehörde, auf deren Gebiet der Hersteller ansässig ist, auf Verlangen vorzulegen.

(3) Die Absätze 1 und 2 finden keine Anwendung auf Einwegkunststoffgetränkeflaschen,

1. bei denen der Flaschenkörper aus Glas oder Metall besteht und lediglich die Verschlüsse, Deckel, Etiketten, Aufkleber oder Umhüllungen aus Kunststoff sind;

2. die für flüssige Lebensmittel für besondere medizinische Zwecke gemäß Artikel 2 Absatz 2 Buchstabe g der Verordnung (EU) Nr. 609/2013 des Europäischen Parlaments und des Rates vom 12. Juni 2013 über Lebensmittel für Säuglinge und Kleinkinder, Lebensmittel für besondere medizinische Zwecke und Tagesrationen für gewichtskontrollierende Ernährung und zur Aufhebung der Richtlinie 92/52/EWG des Rates, der Richtlinien 96/8/EG, 1999/21/EG, 2006/125/EG und 2006/141/EG der Kommission, der Richtlinie 2009/39/EG des Europäischen Parlaments und des Rates sowie der Verordnungen (EG) Nr. 41/2009 und (EG) Nr. 953/2009 des Rates und der Kommission (ABl. L 181 vom 29.6.2013, S. 35), die zuletzt durch die Verordnung (EU) 2017/1091 (ABl. L 158 vom 21.6.2017, S. 5) geändert worden ist, bestimmt sind und dafür verwendet werden.

§ 31 Pfand- und Rücknahmepflichten für Einweggetränkeverpackungen

(1) [1]Hersteller von mit Getränken befüllten Einweggetränkeverpackungen sind verpflichtet, von ihren Abnehmern ein Pfand in Höhe von mindestens 0,25 Euro einschließlich Umsatzsteuer je Verpackung zu erheben. [2]Das Pfand ist von jedem weiteren Vertreiber auf allen Handelsstufen bis zur Abgabe an den Endverbraucher zu erheben. [3]Die Einweggetränkeverpackungen sind vor dem Inverkehrbringen dauerhaft, deutlich lesbar und an gut sichtbarer Stelle als pfandpflichtig zu kennzeichnen. [4]Die Hersteller nach Satz 1 sind verpflichtet, sich an einem bundesweit tätigen, einheitlichen Pfandsystem zu beteiligen, das den Teilnehmern die Abwicklung von Pfanderstattungsansprüchen untereinander ermöglicht und auf einer Internetseite in geeignetem Umfang Informationen für den Endverbraucher zum Rücknahme- und Sammelsystem für pfandpflichtige Einweggetränkeverpackungen und zur Verwertung der zurückgenommenen Verpackungen veröffentlicht.

(2) [1]Vertreiber von mit Getränken befüllten Einweggetränkeverpackungen sind verpflichtet, restentleerte Einweggetränkeverpackungen am Ort der tatsächlichen Übergabe oder in dessen unmittelbarer Nähe zu den geschäftsüblichen Öffnungszeiten unentgeltlich zurückzunehmen und das Pfand zu erstatten. [2]Ohne eine Rücknahme der Verpackung darf das Pfand nicht erstattet werden. [3]Die Rücknahmepflicht nach Satz 1 beschränkt sich auf Einweggetränkeverpackungen der jeweiligen Materialarten Glas, Metall, Papier/Pappe/Karton und Kunststoff einschließlich sämtlicher Verbundverpackungen aus diesen Hauptmaterialarten, die der rücknahmepflichtige Vertreiber in seinem Sortiment führt. [4]Für Vertreiber mit einer Verkaufsfläche von weniger als 200 Quadratmetern beschränkt sich die Rücknahmepflicht nach Satz 1 auf Einweggetränkeverpackungen der Marken, die der Vertreiber in seinem Sortiment führt; im Versandhandel gelten als Verkaufsfläche alle Lager- und Versandflächen. [5]Beim Verkauf aus Automaten hat der Letztvertreiber die Rücknahme durch geeignete Rückgabemöglichkeiten in zumutbarer Entfernung zu den Verkaufsautomaten zu gewährleisten. [6]Im Versandhandel hat der Letztvertreiber die Rücknahme durch geeignete Rückgabemöglichkeiten in zumutbarer Entfernung zum Endverbraucher zu gewährleisten.

(3) [1]Die nach Absatz 2 Satz 1 zurückgenommenen Einweggetränkeverpackungen sind durch den Zurücknehmenden einer Verwertung entsprechend den Anforderungen des § 16 Absatz 5 zuzuführen. [2]Die Anforderungen des § 16 Absatz 5 können auch durch die Rückgabe der restentleerten Einweggetränkeverpackungen an einen Vorvertreiber erfüllt werden. [3]§ 15 Absatz 1 Satz 4 und Absatz 3 Satz 3 bis 7 gelten entsprechend.

(4) ¹Die <u>Absätze 1 bis 3</u> finden <u>keine Anwendung auf</u>

1. Getränkeverpackungen, die nachweislich nicht dazu bestimmt sind, im Geltungsbereich dieses Gesetzes an den Endverbraucher abgegeben zu werden;

2. Getränkeverpackungen mit einem Füllvolumen von weniger als 0,1 Litern;

3. Getränkeverpackungen mit einem Füllvolumen von mehr als 3,0 Litern;

4. Getränkekartonverpackungen, sofern es sich um Blockpackungen, Giebelpackungen oder Zylinderpackungen handelt;

5. Getränke-Polyethylen-Schlauchbeutel-Verpackungen;

6. Folien-Standbodenbeutel;

7. Getränkeverpackungen, die eines der folgenden Getränke enthalten:

    a) Sekt, Sektmischgetränke mit einem Sektanteil von mindestens 50 Prozent und schäumende Getränke aus alkoholfreiem oder alkoholreduziertem Wein;

    b) Wein und Weinmischgetränke mit einem Weinanteil von mindestens 50 Prozent und alkoholfreien oder alkoholreduzierten Wein;

    c) weinähnliche Getränke und Mischgetränke, auch in weiterverarbeiteter Form, mit einem Anteil an weinähnlichen Erzeugnissen von mindestens 50 Prozent;

    d) Alkoholerzeugnisse, die nach § 1 Absatz 1 des Alkoholsteuergesetzes vom 21. Juni 2013 (BGBl. I S. 1650, 1651), das zuletzt durch Artikel 241 der Verordnung vom 31. August 2015 (BGBl. I S. 1474) geändert worden ist, in der jeweils geltenden Fassung, der Alkoholsteuer unterliegen, es sei denn, es handelt sich um Erzeugnisse, die gemäß § 1 Absatz 2 des Alkopopsteuergesetzes vom 23. Juli 2004 (BGBl. I S. 1857), das zuletzt durch Artikel 6 des Gesetzes vom 21. Dezember 2010 (BGBl. I S. 2221) geändert worden ist, in der jeweils geltenden Fassung, der Alkopopsteuer unterliegen;

    e) sonstige alkoholhaltige Mischgetränke mit einem Alkoholgehalt von mindestens 15 Prozent;

    f) Milch und Milchmischgetränke mit einem Milchanteil von mindestens 50 Prozent;

    g) sonstige trinkbare Milcherzeugnisse gemäß § 2 Absatz 1 Nummer 2 des Milch- und Margarinegesetzes vom 25. Juli 1990 (BGBl. I S. 1471), das zuletzt durch Artikel 2 des Gesetzes vom 18. Januar 2019 (BGBl. I S. 33) geändert worden ist, in der jeweils geltenden Fassung, insbesondere Joghurt und Kefir, wenn den sonstigen trinkbaren Milcherzeugnissen kein Stoff zugesetzt ist, der in der Anlage 8 der Fruchtsaft- und Erfrischungsgetränke- und Teeverordnung vom 24. Mai 2004 (BGBl. I S. 1016), die zuletzt durch Artikel 1 der Verordnung vom 18. Mai 2020 (BGBl. I S. 1075) geändert worden ist, in der jeweils geltenden Fassung aufgeführt ist;

    h) Fruchtsäfte und Gemüsesäfte;

    i) Fruchtnektare ohne Kohlensäure und Gemüsenektare ohne Kohlensäure;

    j) diätetische Getränke im Sinne des § 1 Absatz 2 Nummer 1 Buchstabe c der Diätverordnung in der Fassung der Bekanntmachung vom 28. April 2005 (BGBl. I S. 1161), die zuletzt durch

Artikel 60 der Verordnung vom 31. August 2015 (BGBl. I S. 1474) geändert worden ist, in der jeweils geltenden Fassung, die ausschließlich für Säuglinge oder Kleinkinder angeboten werden.

[2]Die Ausnahme nach Satz 1 Nummer 7 gilt nicht, wenn die in Satz 1 Nummer 7 Buchstabe a bis e, h und i genannten Getränke sowie ab dem 1. Januar 2024 außerdem die in Buchstabe f und g genannten Getränke in Einwegkunststoffgetränkeflaschen abgefüllt sind; § 30a Absatz 3 gilt entsprechend. [3]Ferner gilt die Ausnahme nach Satz 1 Nummer 7 nicht, wenn die in Satz 1 Nummer 7 genannten Getränke in Getränkedosen abgefüllt sind.

(5) [1]Hersteller nach Absatz 1 Satz 1 sowie Vertreiber nach Absatz 2 Satz 1 sind verpflichtet, die finanziellen und organisatorischen Mittel vorzuhalten, um ihren Pflichten nach diesem Gesetz nachzukommen. [2]Zur Bewertung ihrer Finanzverwaltung zur ordnungsgemäßen Erfüllung ihrer Pflichten nach diesem Gesetz haben sie geeignete Mechanismen zur Selbstkontrolle einzurichten.

§ 32 Hinweispflichten

(1) Letztvertreiber von mit Getränken befüllten Einweggetränkeverpackungen, die gemäß § 31 Absatz 1 Satz 1 der Pfandpflicht unterliegen, sind verpflichtet, die Endverbraucher in der Verkaufsstelle durch deutlich sicht- und lesbare, in unmittelbarer Nähe zu den Einweggetränkeverpackungen befindliche Informationstafeln oder -schilder mit dem Schriftzeichen „EINWEG" darauf hinzuweisen, dass diese Verpackungen nach der Rückgabe nicht wiederverwendet werden.

(2) [1]Letztvertreiber von mit Getränken befüllten Mehrweggetränkeverpackungen sind verpflichtet, die Endverbraucher in der Verkaufsstelle durch deutlich sicht- und lesbare, in unmittelbarer Nähe zu den Mehrweggetränkeverpackungen befindliche Informationstafeln oder -schilder mit dem Schriftzeichen „MEHRWEG" auf die Wiederverwendbarkeit dieser Verpackungen hinzuweisen. [2]Satz 1 gilt nicht für Mehrweggetränkeverpackungen, deren Füllvolumen mehr als 3,0 Liter beträgt oder die eines der in § 31 Absatz 4 Nummer 7 aufgeführten Getränke enthalten.

(3) Im Versandhandel sind die Hinweise nach den Absätzen 1 und 2 in den jeweils verwendeten Darstellungsmedien entsprechend zu geben.

(4) Die nach den Absätzen 1 bis 3 vorgeschriebenen Hinweise müssen in Gestalt und Schriftgröße mindestens der Preisauszeichnung für das jeweilige Produkt entsprechen.

(5) Die Absätze 1 bis 3 gelten nicht für Letztvertreiber, die gemäß § 4 Absatz 3 Nummer 3 bis 5 der Preisangabenverordnung in der Fassung der Bekanntmachung vom 12. November 2021 (BGBl. I S. 4921), in der jeweils geltenden Fassung bezüglich der von ihnen in Verkehr gebrachten Getränkeverpackungen von der Pflicht zur Angabe des Grundpreises befreit sind.

Abschnitt 7
Minderung des Verbrauchs bestimmter Einwegverpackungen

§ 33 Mehrwegalternative für Einwegkunststofflebensmittelverpackungen und Einweggetränkebecher

(1) [1]Letztvertreiber von Einwegkunststofflebensmittelverpackungen und von Einweggetränkebechern, die jeweils erst beim Letztvertreiber mit Waren befüllt werden, sind ab dem 1. Januar 2023 verpflichtet, die in diesen Einwegverpackungen angebotenen Waren am Ort des Inverkehrbringens jeweils auch in Mehrwegverpackungen zum Verkauf anzubieten. [2]Die Letztvertreiber dürfen dabei die Verkaufseinheit aus Ware und Mehrwegverpackung nicht zu einem höheren Preis oder zu schlechteren Bedingungen anbieten als die Verkaufseinheit aus der gleichen Ware und einer Einwegverpackung. [3]Satz 1 und 2 gelten nicht für den Vertrieb durch Verkaufsautomaten, die in Betrieben zur Versorgung der Mitarbeiter nicht öffentlich zugänglich aufgestellt sind.

(2) [1]Letztvertreiber nach Absatz 1 Satz 1 sind verpflichtet, die Endverbraucher in der Verkaufsstelle durch deutlich sicht- und lesbare Informationstafeln oder -schilder auf die Möglichkeit, die Waren in Mehrwegverpackungen zu erhalten, hinzuweisen. [2]Im Fall einer Lieferung von Waren ist dieser Hinweis in den jeweils verwendeten Darstellungsmedien entsprechend zu geben.

(3) Abweichend von § 15 Absatz 1 Satz 2 beschränkt sich die Rücknahmepflicht für Letztvertreiber nach Absatz 1 Satz 1 auf diejenigen Mehrwegverpackungen, die sie in Verkehr gebracht haben.

§ 34 Erleichterungen für kleine Unternehmen und Verkaufsautomaten

(1) [1]Letztvertreiber nach § 33 Absatz 1 Satz 1 mit insgesamt nicht mehr als fünf Beschäftigten, deren Verkaufsfläche 80 Quadratmeter nicht überschreitet, können die Pflicht nach § 33 Absatz 1 Satz 1 auch erfüllen, indem sie dem Endverbraucher anbieten, die Waren in von diesem zur Verfügung gestellte Mehrwegbehältnisse abzufüllen; im Fall einer Lieferung von Waren gelten als Verkaufsfläche zusätzlich alle Lager- und Versandflächen. [2]Bei der Feststellung der Zahl der Beschäftigten sind Teilzeitbeschäftigte mit einer regelmäßigen wöchentlichen Arbeitszeit von nicht mehr als 20 Stunden mit 0,5 und von nicht mehr als 30 Stunden mit 0,75 zu berücksichtigen. [3]§ 33 Absatz 1 Satz 2 gilt entsprechend.

(2) [1]Beim Vertrieb durch Verkaufsautomaten können Letztvertreiber die Pflicht nach § 33 Absatz 1 Satz 1 auch erfüllen, indem sie dem Endverbraucher anbieten, die Waren in von diesem zur Verfügung gestellte Mehrwegbehältnisse abzufüllen. [2]§ 33 Absatz 1 Satz 2 gilt entsprechend.

(3) [1]Letztvertreiber, welche die Erleichterung nach Absatz 1 oder 2 in Anspruch nehmen, sind verpflichtet, die Endverbraucher in der Verkaufsstelle durch deutlich sicht- und lesbare Informationstafeln oder -schilder auf das Angebot, die Waren in vom Endverbraucher zur Verfügung gestellte Mehrwegbehältnisse abzufüllen, hinzuweisen. [2]Im Falle einer Lieferung von Waren ist dieser Hinweis in den jeweils verwendeten Darstellungsmedien entsprechend zu geben.

[...]

Abfallverbringungsgesetz (AbfVerbrG)

Gesetz zur Ausführung der Verordnung (EG) Nr. 1013/2006 des Europäischen Parlaments und des Rates vom 14. Juni 2006 über die Verbringung von Abfällen 1) und des Basler Übereinkommens vom 22. März 1989 über die Kontrolle der grenzüberschreitenden Verbringung gefährlicher Abfälle und ihrer Entsorgung 2)
zuletzt geändert durch Art. 4 Gesetz vom 02.03.2023 (BGBl. 2023 I Nr. 56) m.W.v. 09.03.2023
– Nichtamtliche Fassung (Auszug) –

§ 1 Geltungsbereich
Dieses Gesetz gilt für:
1. die Verbringung von Abfällen in das, aus dem oder durch das Bundesgebiet,
2. die Verbringung von Abfällen zwischen Orten im Bundesgebiet, die mit einer Durchfuhr durch andere Staaten verbunden ist,
3. die Verbringung von Abfällen, bei deren Notifizierung eine deutsche zuständige Behörde gemäß Artikel 15 Buchstabe f Nr. ii der Verordnung (EG) Nr. 1013/2006 als ursprüngliche zuständige Behörde im ursprünglichen Versandstaat zu beteiligen ist, sowie
4. die mit der Verbringung verbundene Verwertung oder Beseitigung.

§ 2 Grundsatz der Autarkie
(1) [1]Bei Abfällen, die aus dem Bundesgebiet verbracht werden sollen und zur Beseitigung bestimmt sind, hat die Beseitigung im Inland Vorrang vor der Beseitigung im Ausland. [2]Sofern eine Beseitigung von Abfällen im Ausland entsprechend Satz 1 und den Bestimmungen der Verordnung (EG) Nr. 1013/2006 zulässig ist, hat die Beseitigung in einem Mitgliedstaat der Europäischen Union Vorrang vor der Beseitigung in einem anderen Staat.

(2) Absatz 1 gilt in Ausführung von Artikel 3 Abs. 5 der Verordnung (EG) Nr. 1013/2006 entsprechend für gemischte Siedlungsabfälle (Abfallschlüssel 20 03 01), die in privaten Haushaltungen eingesammelt worden sind, auch wenn dabei solche Abfälle anderer Erzeuger mit eingesammelt worden sind.

[...]

§ 5 Pflichten im Rahmen der allgemeinen Informationspflichten
(1) Bei Verbringungen, die von Artikel 18, auch in Verbindung mit Artikel 37 Abs. 3, Artikel 38 Abs. 1, Artikel 40 Abs. 3, Artikel 42 Abs. 1, Artikel 44 Abs. 1, Artikel 45, Artikel 46 Abs. 1, Artikel 47 oder Artikel 48, der Verordnung (EG) Nr. 1013/2006 erfasst werden,
1. hat die Person, die die Verbringung veranlasst, sicherzustellen, dass das von ihr an den entsprechenden Stellen soweit wie möglich ausgefüllte und unterzeichnete in Anhang VII der Verordnung (EG) Nr. 1013/2006 enthaltene Dokument mitgeführt wird,

2. hat der <u>Beförderer</u> das in Anhang VII der Verordnung (EG) Nr. 1013/2006 enthaltene Dokument an den ihn betreffenden Stellen auszufüllen, es bei der Übernahme der betreffenden Abfälle zu unterzeichnen, es mitzuführen und es gegebenenfalls einem weiteren Beförderer oder dem Empfänger bei der Übergabe der Abfälle auszuhändigen; dabei trifft die <u>Pflicht zur Mitführung</u> und <u>Aushändigung</u> auch die <u>den Transport unmittelbar durchführende Person</u>,

3. hat der Empfänger, soweit er nicht Betreiber der Verwertungsanlage oder des Labors ist, das in Anhang VII der Verordnung (EG) Nr. 1013/2006 enthaltene Dokument nach Unterzeichnung gemäß Artikel 18 Abs. 1 Buchstabe b der Verordnung (EG) Nr. 1013/2006 dem Betreiber der Verwertungsanlage oder des Labors bei der Übergabe der Abfälle auszuhändigen, und

4. haben die Person, die die Verbringung veranlasst, und der Empfänger vor Beginn einer Verbringung einen Vertrag gemäß Artikel 18 Abs. 2 Unterabs. 1 der Verordnung (EG) Nr. 1013/2006 zu schließen und diesen mindestens drei Jahre ab dem Zeitpunkt des Beginns der Verbringung aufzubewahren; davon ausgenommen sind Abfälle nach Artikel 3 Abs. 4 der Verordnung (EG) Nr. 1013/2006.

(2) [1]Der <u>Betreiber einer Anlage, die die Abfälle erhält</u>, hat unverzüglich die Abfälle und das mitgeführte Dokument zu prüfen, das in Anhang VII der Verordnung (EG) Nr. 1013/2006 enthalten ist. [2]Falls diese Prüfung ergibt, dass die Abfälle nicht dem mitgeführten Dokument oder dem Vertrag gemäß Artikel 18 Abs. 2 Unterabs. 1 der Verordnung (EG) Nr. 1013/2006 entsprechen, hat der Betreiber unverzüglich die zuständige Behörde gemäß § 14 Abs. 1 Satz 1 zu unterrichten.

(3) [1]Der <u>Betreiber eines Labors</u>, das die Abfälle erhält, hat unverzüglich die Abfälle und das mitgeführte Dokument zu prüfen, das in Anhang VII der Verordnung (EG) Nr. 1013/2006 enthalten ist. [2]Falls diese Prüfung ergibt, dass die Abfälle nicht dem mitgeführten Dokument entsprechen oder die Menge der Abfälle die Menge überschreitet, die gemäß Artikel 3 Abs. 4 der Verordnung (EG) Nr. 1013/2006 erlaubt ist, hat der Betreiber unverzüglich die zuständige Behörde gemäß § 14 Abs. 1 Satz 1 zu unterrichten.

(4) Für die elektronische Mitführung, Ausfüllung und Unterzeichnung gilt Artikel 26 Abs. 3 der Verordnung (EG) Nr. 1013/2006 bezüglich Absatz 1 Nr. 1, 2 und 3 entsprechend.

[...]

§ 8 Ergänzende Bestimmungen zu den Rücknahmeverpflichtungen

(1) [1]Soweit eine Rücknahmeverpflichtung gemäß Artikel 22 Abs. 2 Unterabs. 1 oder Abs. 3 Unterabs. 1 oder Artikel 24 Abs. 2 Buchstabe c, d oder e der Verordnung (EG) Nr. 1013/2006 eine zuständige Behörde im Bundesgebiet trifft, obliegt die Erfüllung der Verpflichtung dem Land, in dem die Verbringung begonnen hat. [2]Soweit Behörden mehrerer Länder zuständig wären, haben die betroffenen Länder eine zuständige Behörde zu bestimmen. [3]Soweit sich keine zuständige Behörde bestimmen oder so rechtzeitig ermitteln lässt, dass der Rücknahmeverpflichtung fristgemäß nachgekommen werden kann, obliegt die Verpflichtung dem Land, das bei sukzessiver Zuordnung dieser Fälle zu der alphabetisch geordneten Liste der Länderbezeichnungen als

nächstes zuständig ist. [4]Die Länder können die Erfüllung der Verpflichtung einer gemeinsamen Einrichtung übertragen.

(2) [1]Soweit eine Verpflichtung zur Übernahme von Kosten der Rücknahme gemäß Artikel 23 oder 25 der Verordnung (EG) Nr. 1013/2006 für Abfälle besteht, die aus dem Bundesgebiet verbracht werden sollen oder werden, trifft diese Verpflichtung auch die Person, die eine Verbringung veranlasst, vermittelt oder durchgeführt hat oder in sonstiger Weise daran beteiligt war, und den Erzeuger der Abfälle. [2]Abweichend von Satz 1 trifft diese Verpflichtung nicht

1. den Erzeuger der Abfälle, falls er nachweisen kann, dass er bei der Abgabe der Abfälle an eine dritte Person im Inland ordnungsgemäß gehandelt hat und an der Verbringung nicht beteiligt gewesen ist, und

2. Einrichtungen oder Börsen von Selbstverwaltungskörperschaften oder Verbänden der Wirtschaft, welche die Abfälle zur Verwertung vermittelt haben, soweit dies auf den Austausch von Adressen veröffentlichter Angebote und Nachfragen beschränkt ist.

[3]Diejenigen, die zur Übernahme von Kosten für die Rücknahme verpflichtet sind, sind untereinander nach den Grundsätzen der Gesamtschuld zum Ausgleich verpflichtet.

(3) [1]Die Kosten, die den zuständigen Behörden im Zusammenhang mit der Rücknahme und der Verwertung oder Beseitigung oder der Verwertung oder Beseitigung auf andere Weise entstehen, hat die kostenpflichtige Person gemäß Artikel 23 oder 25 der Verordnung (EG) Nr. 1013/2006 in Verbindung mit Absatz 2 zu tragen. [2]Es kann bestimmt werden, dass die kostenpflichtige Person die voraussichtlichen Kosten, die im Zusammenhang mit der Rücknahme oder der Verwertung oder Beseitigung auf andere Weise entstehen, im Voraus zu zahlen hat.

(4) [1]Soweit eine kostenpflichtige Person gemäß Artikel 23 oder 25 der Verordnung (EG) Nr. 1013/2006 in Verbindung mit Absatz 2 nicht in Anspruch genommen werden kann, trägt das Land, in dem die nach Absatz 1 Satz 1 bis 3 zuständige Behörde liegt, die Kosten für die Rücknahme oder die Verwertung oder Beseitigung auf andere Weise, abzüglich der von den Verursachenden und sonstigen erstattungspflichtigen dritten Personen gegenüber der nach Absatz 1 zuständigen Behörde erstatteten Kosten. [2]Für Fälle der Erfüllung der Rücknahmeverpflichtung durch eine gemeinsame Einrichtung gemäß Absatz 1 Satz 4 können die Länder eine Kostenverteilung vereinbaren.

(5) Widerspruch und Anfechtungsklage gegen Entscheidungen betreffend die Rückführung der Abfälle oder die Festsetzung von Kosten nach Absatz 3 haben keine aufschiebende Wirkung.

[...]

§ 10 Kennzeichnung der Fahrzeuge

(1) [1]<u>Beförderer</u> und den Transport unmittelbar <u>durchführende Personen</u> <u>haben Fahrzeuge</u>, mit denen sie <u>Abfälle auf öffentlichen Straßen</u> <u>befördern</u>, <u>vor Antritt der Fahrt</u> mit <u>zwei rechteckigen</u>, <u>rückstrahlenden</u>, <u>weißen Warntafeln</u> von <u>mindestens 40 Zentimetern Breite und mindestens 30 Zentimetern Höhe</u> zu versehen. [2]Die <u>Warntafeln</u> müssen in <u>schwarzer Farbe</u> die <u>Aufschrift „A"</u> (Buchstabenhöhe 20 Zentimeter, Schriftstärke

2 Zentimeter) tragen. [3]Die Warntafeln müssen während der Beförderung außen am Fahrzeug deutlich sichtbar angebracht sein, und zwar vorn und hinten. [4]Bei Zügen muss die hintere Tafel an der Rückseite des Anhängers angebracht sein.

(2) Absatz 1 gilt nicht für Fahrzeuge, mit denen Abfälle im Rahmen wirtschaftlicher Unternehmen, das heißt, aus Anlass einer anderweitigen gewerblichen oder wirtschaftlichen Tätigkeit, die nicht auf die Beförderung von Abfällen gerichtet ist, befördert werden.

(3) Die Bundesregierung wird ermächtigt, in einer Rechtsverordnung nach § 53 Absatz 6 oder § 54 Absatz 7 des Kreislaufwirtschaftsgesetzes Ausnahmen von der Kennzeichnungspflicht nach Absatz 1 zuzulassen.

[...]

§ 14 Zuständige Behörden

(1) [1]Für Maßnahmen im Zusammenhang mit der Verbringung von Abfällen in das Bundesgebiet und der damit verbundenen Verwertung oder Beseitigung, einschließlich der Pflichten, die für die zuständige Behörde am Bestimmungsort gemäß Verordnung (EG) Nr. 1013/2006 gelten, ist die Behörde des Landes zuständig, in dem die Abfälle erstmals verwertet oder beseitigt werden sollen oder werden. [2]Für Maßnahmen im Zusammenhang mit der Verbringung von Abfällen aus dem Bundesgebiet und der damit verbundenen Verwertung oder Beseitigung, einschließlich der Pflichten, die für die zuständige Behörde am Versandort gemäß Verordnung (EG) Nr. 1013/2006 gelten, ist die Behörde des Landes zuständig, in dem die Verbringung der Abfälle beginnen soll oder beginnt.

(2) Zusätzlich zu Absatz 1 sind auch die Behörden des Landes, in dessen Gebiet sich die Abfälle befinden, befugt, Verbringungen von Abfällen in das, aus dem oder durch das Bundesgebiet zu kontrollieren. Befugt sind auch die in § 11 Abs. 2 Satz 2 genannten Bundesbehörden.

(3) [1]Für das betreffende Gebiet zuständige Behörde gemäß Artikel 22 Abs. 9 der Verordnung (EG) Nr. 1013/2006 ist die Landesbehörde, die für das Gebiet zuständig ist, in dem die Verbringung, die nicht abgeschlossen werden kann, entdeckt wurde. [2]Für das betreffende Gebiet zuständige Behörde gemäß Artikel 24 Abs. 7 der Verordnung (EG) Nr. 1013/2006 und zuständige Behörde im Staat der Zollstelle gemäß Artikel 35 Abs. 6, auch in Verbindung mit Artikel 37 Abs. 2 Unterabs. 2 und Artikel 37 Abs. 5, Artikel 38 Abs. 7, Artikel 42 Abs. 5, auch in Verbindung mit Artikel 45, Artikel 47 und Artikel 48 Abs. 1, sowie Artikel 44 Abs. 5, auch in Verbindung mit Artikel 48 Abs. 2, der Verordnung (EG) Nr. 1013/2006 ist die Landesbehörde, die für das Gebiet zuständig ist, in dem die illegale Verbringung entdeckt wurde.

(4) [1]Für die Entscheidung über Abfallverbringungen, die durch das Bundesgebiet erfolgen sollen oder erfolgen, und die damit verbundene Verwertung oder Beseitigung, die dem Verfahren der vorherigen schriftlichen Notifizierung und Zustimmung unterliegen, ist das Umweltbundesamt zuständig. [2]Das Umweltbundesamt ist auch für weitere Pflichten zuständig, die für die Behörden gelten, welche gemäß Verordnung (EG) Nr. 1013/2006 die für die Durchfuhr zuständigen Behörden sind.

[...]

§ 17 Zollstellen

Das Bundesministerium für Umwelt, Naturschutz und nukleare Sicherheit gibt im Einvernehmen mit der Generalzolldirektion gemäß Artikel 55 der Verordnung (EG) Nr. 1013/2006 die Zollstellen* für die Bundesrepublik Deutschland bekannt, über die Abfälle beim Eingang oder beim Verlassen der Europäischen Gemeinschaft** verbracht werden dürfen.

§ 18 Bußgeldvorschriften

(1) Ordnungswidrig handelt, wer vorsätzlich oder fahrlässig

1. entgegen § 4 Abs. 1 eine vollziehbare Auflage nicht, nicht richtig, nicht vollständig oder nicht rechtzeitig erfüllt oder nicht sicherstellt, dass eine dort genannte Person eine solche Auflage erfüllt,

2. entgegen § 4 Abs. 2 Satz 1 Nr. 1 nicht sicherstellt, dass eine dort genannte Unterlage mitgeführt wird,

3. entgegen § 4 Abs. 2 Satz 1 Nr. 2 oder 3 das Begleitformular nicht, nicht richtig, nicht vollständig oder nicht rechtzeitig aushändigt,

4. entgegen § 4 Abs. 3 eine Unterlage nicht oder nicht rechtzeitig vorlegt,

5. entgegen § 4 Abs. 4 Satz 2 oder § 5 Abs. 2 Satz 2 oder Abs. 3 Satz 2 die zuständige Behörde nicht oder nicht rechtzeitig unterrichtet,

6. entgegen § 4 Abs. 5 eine Verwertung oder Beseitigung nicht oder nicht rechtzeitig abschließt,

7. entgegen § 4 Abs. 6 eine Information oder Unterlage nicht, nicht richtig, nicht vollständig oder nicht rechtzeitig übermittelt,

7a. entgegen § 5 Absatz 1 Nummer 1 nicht sicherstellt, dass ein dort genanntes Dokument mit geführt wird,

8. entgegen § 5 Absatz 1 Nummer 2 oder Nummer 3 das dort genannte Dokument nicht, nicht richtig oder nicht vollständig mitführt oder nicht oder nicht rechtzeitig aushändigt,

9. entgegen § 5 Abs. 1 Nr. 4 einen Vertrag nicht, nicht richtig oder nicht rechtzeitig schließt,

10. einer Rechtsverordnung nach § 6 Nr. 1 oder 2 zuwiderhandelt, soweit sie für einen bestimmten Tatbestand auf diese Bußgeldvorschrift verweist,

11. entgegen § 10 Absatz 1 Satz 1 ein Fahrzeug nicht, nicht richtig, nicht vollständig oder nicht rechtzeitig mit Warntafeln versieht,

12. entgegen § 12 Abs. 3 Satz 1 in Verbindung mit § 47 Absatz 3 Satz 1 des Kreislaufwirtschaftsgesetzes eine Auskunft nicht, nicht richtig, nicht vollständig oder nicht rechtzeitig erteilt,

13. entgegen § 12 Absatz 3 Satz 1 in Verbindung mit § 47 Absatz 3 Satz 2 oder Satz 3 des Kreislaufwirtschaftsgesetzes das Betreten eines Grundstückes oder eines Wohn-, Geschäfts- oder

---

* vgl. www.bmub.bund.de/N38785
** vgl. Artikel 4 Verordnung (EU) Nr. 952/2013 (Zollkodex der Union)

Betriebsraumes, die Einsicht in eine Unterlage oder die Vornahme einer technischen Ermittlung oder Prüfung nicht gestattet,

14. entgegen § 12 Abs. 3 Satz 1 in Verbindung mit § 47 Absatz 4 des Kreislaufwirtschaftsgesetzes Arbeitskräfte, Werkzeuge oder Unterlagen nicht zur Verfügung stellt,

15. entgegen § 12 Abs. 4 eine Unterlage nicht oder nicht rechtzeitig aushändigt,

16. entgegen § 12 Abs. 5 Satz 2 eine Information nicht, nicht richtig, nicht vollständig oder nicht rechtzeitig übermittelt,

17. einer vollziehbaren Anordnung nach § 13 Satz 2 zuwiderhandelt oder

18. einer unmittelbar geltenden Vorschrift in Rechtsakten der Europäischen Gemeinschaft oder der Europäischen Union über die Verbringung von Abfällen zuwiderhandelt, die

    a) bestimmt, dass eine Verbringung nur so lange erfolgen darf, wie die Zustimmungen aller zuständigen Behörden gültig sind, oder dass die Ausfuhr oder Einfuhr von Abfällen verboten ist,

    b) bestimmt, dass Abfälle während der Verbringung nicht mit anderen Abfällen vermischt werden dürfen, oder

    c) inhaltlich einem in Nummer 2 bis 5, 7 bis 10, 16 oder 17 bezeichneten Tatbestand entspricht, soweit eine Rechtsverordnung nach Absatz 6 für einen bestimmten Tatbestand auf diese Bußgeldvorschrift verweist.

(2) Ordnungswidrig handelt, wer vorsätzlich oder fahrlässig eine illegale Verbringung im Sinne des Artikels 2 Nummer 35 Buchstabe d, e oder Buchstabe g Ziffer iii der Verordnung (EG) Nr. 1013/2006

1. von gefährlichen Abfällen im Sinne des Artikels 3 Nummer 2 der Richtlinie 2008/98/EG oder

2. von Abfällen im Sinne des Artikels 3 Nummer 1 der Richtlinie 2008/98/EG, die keine gefährlichen Abfälle im Sinne des Artikels 3 Nummer 2 der Richtlinie 2008/98/EG sind,

durchführt.

(3) Der Versuch einer Ordnungswidrigkeit nach Absatz 1 Nr. 18 Buchstabe a kann geahndet werden.

(4) Die Ordnungswidrigkeit kann in den Fällen des Absatzes 1 Nummer 1, 6, 10, 17 und 18 Buchstabe a und b und des Absatzes 2 Nummer 1 mit einer Geldbuße bis zu fünfzigtausend Euro, in den Fällen des Absatzes 1 Nummer 5, 9, 12, 13 und 14 und des Absatzes 2 Nummer 2 mit einer Geldbuße bis zu zwanzigtausend Euro und in den übrigen Fällen mit einer Geldbuße bis zu zehntausend Euro geahndet werden.

(5) Verwaltungsbehörde im Sinne des § 36 Abs. 1 Nr. 1 des Gesetzes über Ordnungswidrigkeiten ist das Bundesamt für Logistik und Mobilität bei Transporten von Abfällen auf der Straße, soweit die Zuwiderhandlung in einem Unternehmen begangen wird, das im Inland weder seinen Sitz noch eine geschäftliche Niederlassung hat, und soweit die betroffene Person im Inland keinen Wohnsitz hat.

(6) Soweit dies zur Durchsetzung der Rechtsakte der Europäischen Gemeinschaft oder der Europäischen Union erforderlich ist, wird das Bundesministerium für Umwelt, Naturschutz und nukleare Sicherheit ermächtigt, durch Rechtsverordnung ohne Zustimmung des Bundesrates die Tatbestände zu bezeichnen, die als Ordnungswidrigkeit nach Absatz 1 Nr. 18 geahndet werden können. [...]

Verordnung (EU) Nr. 952/2013 (Zollkodex der Union)

Verordnung (EU) Nr. 952/2013 des Europäischen Parlaments und des Rates vom 9. Oktober 2013 zur Festlegung des Zollkodex der Union (Neufassung)
letzte berücksichtigte Änderungen: VO (EU) 2022/2399 vom 23.11.2022
– Nichtamtliche Fassung (Auszug) –

TITEL I
ALLGEMEINE VORSCHRIFTEN

KAPITEL 1
Geltungsbereich der zollrechtlichen Vorschriften, Auftrag des Zolls und Begriffsbestimmungen

Artikel 1
Gegenstand und Anwendungsbereich

(1)   Diese Verordnung enthält den Zollkodex der Union (im Folgenden "Zollkodex"), in dem die allgemeinen Vorschriften und Verfahren festgelegt sind, die auf die in das und aus dem Zollgebiet der Union verbrachten Waren Anwendung finden.

Unbeschadet des Völkerrechts und internationaler Übereinkünfte sowie der Unionsrechtsvorschriften in anderen Bereichen gilt der Zollkodex einheitlich im ganzen Zollgebiet der Union.

(2)   Bestimmte zollrechtliche Vorschriften können im Rahmen von Rechtsvorschriften über bestimmte Bereiche oder von internationalen Übereinkünften außerhalb des Zollgebiets der Union gelten.

(3)   Bestimmte zollrechtliche Vorschriften, einschließlich der darin vorgesehenen Vereinfachungen, gelten für den Handel mit Unionswaren zwischen Teilen des Zollgebiets der Union, für die die Richtlinie 2006/112/EG oder die Richtlinie 2008/118/EG gilt, und Teilen des genannten Gebiets, für die diese Richtlinien nicht gelten, beziehungsweise für den Handel zwischen Teilen des genannten Gebiets, für die diese Richtlinien nicht gelten.

Artikel 2
Befugnisübertragung

Die Kommission wird ermächtigt, delegierte Rechtsakte gemäß Artikel 284 zu erlassen, durch die die zollrechtlichen Vorschriften und deren Vereinfachung, die beim Handel mit Unionswaren gemäß Artikel 1 Absatz 3 Anwendung finden, in Bezug auf die Zollanmeldung, den Nachweis des zollrechtlichen Status, die Anwendung des internen Unionsversandverfahrens, sofern eine ordnungsgemäße Anwendung der betreffenden fiskalischen Maßnahmen davon nicht berührt wird, präzisiert werden. Diese Rechtsakte können den besonderen Umständen des Handels mit Unionswaren Rechnung tragen, an dem nur ein Mitgliedstaat beteiligt ist.

Artikel 3
Auftrag der Zollbehörden

Die Zollbehörden sind in erster Linie dafür zuständig, den internationalen Handel der Union zu überwachen und dadurch zu einem fairen und liberalisierten Handel, zur Umsetzung der externen Aspekte des Binnenmarkts, der gemeinsamen Handelspolitik und der anderen Politiken der Union in handelsrelevanten Bereichen sowie zur Sicherheit der Lieferkette insgesamt beizutragen. * Die Zollbehörden treffen Maßnahmen, die insbesondere Folgendes zum Ziel haben:

a)   den Schutz der finanziellen Interessen der Union und ihrer Mitgliedstaaten,

b)   den Schutz der Union vor unlauterem und illegalem Handel bei gleichzeitiger Unterstützung der legalen Wirtschaftstätigkeit,

c)   die Gewährleistung von Schutz und Sicherheit der Union und ihrer Bewohner sowie des Schutzes der Umwelt, gegebenenfalls in enger Zusammenarbeit mit anderen Behörden und

d)   die Wahrung eines angemessenen Gleichgewichts zwischen Zollkontrollen und der Erleichterung des legalen Handels.

Artikel 4
Zollgebiet

(1)   Zum Zollgebiet der Union gehören die folgenden Gebiete, einschließlich ihrer Küstenmeere, ihrer inneren Gewässer und ihrer Lufträume:

–   das Gebiet des Königreichs Belgien, das Gebiet der Republik Bulgarien,

–   das Gebiet der Tschechischen Republik,

–   das Gebiet des Königreichs Dänemark mit Ausnahme der Färöer und Grönlands,

–   das Gebiet der Bundesrepublik Deutschland mit Ausnahme der Insel Helgoland sowie des Gebiets von Büsingen (Vertrag vom 23. November 1964 zwischen der Bundesrepublik Deutschland und der Schweizerischen Eidgenossenschaft),

–   das Gebiet der Republik Estland,

–   das Gebiet Irlands,

–   das Gebiet der Hellenischen Republik,

–   das Gebiet des Königreichs Spanien mit Ausnahme von Ceuta und Melilla,

–   das Gebiet der Französischen Republik mit Ausnahme der französischen überseeischen Länder und Hoheitsgebiete, auf welche der Vierte Teil des AEUV Anwendung findet,

–   das Gebiet der Republik Kroatien,

–   das Gebiet der Italienischen Republik mit Ausnahme der Gemeinde Livigno,

–   das Gebiet der Republik Zypern nach Maßgabe der Beitrittsakte von 2003,

–   das Gebiet der Republik Lettland,

–   das Gebiet der Republik Litauen,

---

* vgl. Artikel 206 AEUV (Vertrag über die Arbeitsweise der Europäischen Union)

- das Gebiet des Großherzogtums <u>Luxemburg</u>,
- das Gebiet <u>Ungarns</u>,
- das Gebiet <u>Maltas</u>,
- das Gebiet des Königreichs der <u>Niederlande</u> in Europa,
- das Gebiet der Republik <u>Österreich</u>,
- das Gebiet der Republik <u>Polen</u>,
- das Gebiet der <u>Portugiesischen Republik</u>,
- das Gebiet <u>Rumäniens</u>,
- das Gebiet der Republik <u>Slowenien</u>,
- das Gebiet der <u>Slowakischen Republik</u>,
- das Gebiet der Republik <u>Finnland</u>,
- das Gebiet des Königreichs <u>Schweden</u> und
- das Gebiet des <u>Vereinigten Königreichs Großbritannien und Nordirland</u>* sowie die <u>Kanalinseln</u> und die <u>Insel Man</u>.

(2) Die <u>folgenden Gebiete</u>, einschließlich ihrer Küstenmeere, ihrer inneren Gewässer und ihrer Lufträume, die außerhalb des Gebiets der Mitgliedstaaten liegen, <u>gelten</u> unter Berücksichtigung der für sie geltenden Verträge und Übereinkünfte <u>als Teil des Zollgebiets der Union</u>:

a) FRANKREICH

   das Gebiet des <u>Fürstentums Monaco</u> im Sinne des am 18. Mai 1963 in Paris unterzeichneten Zollübereinkommens (Journal officiel de la République française (Amtsblatt der Französischen Republik) vom 27. September 1963, S. 8679);

b) ZYPERN

   das Gebiet der <u>Hoheitszonen Akrotiri und Dhekelia</u> des Vereinigten Königreichs im Sinne des am 16. August 1960 in Nikosia unterzeichneten Vertrags zur Gründung der Republik Zypern (United Kingdom Treaty Series No 4 (1961) Cmnd. 1252).

Artikel 5
Begriffsbestimmungen

Für den Zollkodex gelten folgende Begriffsbestimmungen:

1. "<u>Zollbehörden</u>" sind die für die Anwendung der zollrechtlichen Vorschriften zuständigen Zollverwaltungen der Mitgliedstaaten und sonstige nach einzelstaatlichem Recht zur Anwendung bestimmter zollrechtlicher Vorschriften ermächtigte Behörden.

2. Zu den "<u>zollrechtlichen Vorschriften</u>" gehören alle folgenden Rechtsinstrumente:

   a) der Zollkodex sowie die auf Unionsebene und auf einzelstaatlicher Ebene zu seiner Ergänzung oder Durchführung erlassenen Vorschriften,

---

* vgl. „ABKOMMEN über den Austritt des Vereinigten Königreichs Großbritannien und Nordirland aus der Europäischen Union und der Europäischen Atomgemeinschaft (2019/C 384 I/01)"

b)   der Gemeinsame Zolltarif*,

c)   die Rechtsvorschriften über das Unionssystem der Zollbefreiungen,

d)   internationale Übereinkünfte, die zollrechtliche Vorschriften enthalten, soweit sie in der Union anwendbar sind,

e)   die Verordnung (EU) 2022/2399 des Europäischen Parlaments und des Rates und die zu ihrer Ergänzung oder Durchführung erlassenen Bestimmungen.

3.   "Zollkontrollen" sind spezifische Handlungen, die die Zollbehörden zur Gewährleistung der Einhaltung der zollrechtlichen und sonstigen Vorschriften über Eingang, Ausgang, Versand, Beförderung, Lagerung und Endverwendung von Waren, die zwischen dem Zollgebiet der Union und Ländern oder Gebieten außerhalb dieses Gebiets befördert werden, sowie über das Vorhandensein von Nicht-Unionswaren und Waren in der Endverwendung und deren Beförderung innerhalb des Zollgebiets der Union vornehmen.

[...]

7.   "Risiko" ist die Wahrscheinlichkeit, dass im Zusammenhang mit dem Eingang, dem Ausgang, dem Versand, der Beförderung oder der Endverwendung von zwischen dem Zollgebiet der Union und Ländern oder Gebieten außerhalb dieses Gebiets beförderten Waren oder mit im Zollgebiet der Union befindlichen Nicht-Unionswaren, ein Ereignis und die Auswirkungen eintreten, durch die

a)   die vorschriftsmäßige Anwendung von Maßnahmen der Union oder ihrer Mitgliedstaaten verhindert wird,

b)   die finanziellen Interessen der Union und ihrer Mitgliedstaaten bedroht werden oder

c)   die Sicherheit und der Schutz der Union und ihrer Bewohnern, die Gesundheit von Menschen, Tieren oder Pflanzen, die Umwelt oder die Verbraucher gefährdet werden.

8.   "Zollformalitäten" sind alle Vorgänge, die von einer Person und von den Zollbehörden durchgeführt werden müssen, um den Zollvorschriften Genüge zu tun.

[...]

12.   "Zollanmeldung" ist die Handlung, durch die eine Person in der vorgeschriebenen Art und Weise die Absicht bekundet, Waren in ein bestimmtes Zollverfahren überzuführen, gegebenenfalls unter Angabe der dafür in Anspruch zu nehmenden besonderen Regelung.

[...]

---

* vgl. Verordnung (EWG) Nr. 2658/87 über die zolltarifliche und statistische Nomenklatur sowie den Gemeinsamen Zolltarif: «Bestimmte besondere Gemeinschaftsregelungen können im Rahmen der Kombinierten Nomenklatur nicht behandelt werden; es ist deshalb erforderlich, zusätzliche gemeinschaftliche Unterteilungen zu schaffen und diese in einen Integrierten Tarif der Europäischen Gemeinschaften (Taric) aufzunehmen.»; «Die Kombinierte Nomenklatur zusammen mit den Zollsätzen, den anderen Abgaben und den im TARIC oder anderen Gemeinschaftsregelungen enthaltenen zolltariflichen Maßnahmen bilden den [...] Gemeinsamen Zolltarif, der bei der Einfuhr von Waren in die Gemeinschaft anzuwenden ist.» (Art. 4 Abs. 1 VO (EWG) Nr. 2658/87)

16. "Zollverfahren" sind die folgenden Verfahren, in die Waren nach dem Zollkodex übergeführt werden können:

    a)   Überlassung zum zollrechtlich freien Verkehr,

    b)   besondere Verfahren,

    c)   Ausfuhr.

17. "vorübergehende Verwahrung" ist das vorübergehende Lagern von Nicht-Unionswaren unter zollamtlicher Überwachung in dem Zeitraum zwischen ihrer Gestellung und ihrer Überführung in ein Zollverfahren oder ihrer Wiederausfuhr.

18. "Zollschuld" ist die Verpflichtung einer Person, den aufgrund der geltenden zollrechtlichen Vorschriften für eine bestimmte Ware vorgesehenen Betrag der Einfuhr- oder Ausfuhrabgaben zu entrichten.

19. "Zollschuldner" ist eine zur Erfüllung der Zollschuld verpflichtete Person.

20. "Einfuhrabgaben" sind die für die Einfuhr von Waren zu entrichtenden Abgaben.

21. "Ausfuhrabgaben" sind die für die Ausfuhr von Waren zu entrichtenden Abgaben.

22. "Zollrechtlicher Status" ist der Status von Waren als Unionswaren oder Nicht-Unionswaren.

23. "Unionswaren" sind Waren, die

    a)   im Zollgebiet der Union vollständig gewonnen oder hergestellt wurden und bei deren Herstellung keine aus Ländern oder Gebieten außerhalb des Zollgebiets der Union eingeführten Waren verwendet wurden,

    b)   aus Ländern oder Gebieten außerhalb des Zollgebiets der Union in dieses Gebiet verbracht und zum zollrechtlich freien Verkehr überlassen wurden,

    c)   im Zollgebiet der Union entweder ausschließlich aus Waren nach Buchstabe b oder aus Waren nach den Buchstaben a und b gewonnen oder hergestellt wurden.

24. "Nicht-Unionswaren" sind andere als die unter Nummer 23 genannten Waren und Waren, die den zollrechtlichen Status als Unionswaren verloren haben.

25. "Risikomanagement" ist die systematische Ermittlung von Risiken, auch durch Stichproben, und die Anwendung aller für die Risikobegrenzung erforderlichen Maßnahmen.

26. "Überlassung von Waren" ist die Handlung, durch die die Zollbehörden Waren für das Zollverfahren zur Verfügung stellen, in das die betreffenden Waren übergeführt werden.

27. Die "zollamtliche Überwachung" besteht aus allgemeinen Maßnahmen der Zollbehörden mit dem Ziel, die Einhaltung der zollrechtlichen Vorschriften und gegebenenfalls der sonstigen Vorschriften zu gewährleisten, die für Waren gelten, die solchen Maßnahmen unterliegen.

28. "Erstattung" ist die Rückzahlung eines entrichteten Einfuhr- oder Ausfuhrabgabenbetrags.

29. "Erlass" ist die Befreiung von der Verpflichtung zur Entrichtung eines noch nicht entrichteten Einfuhr- oder Ausfuhrabgabenbetrags.

30. "Veredelungserzeugnisse" sind in die Veredelung übergeführte Waren, die Veredelungsvorgängen unterzogen worden sind.

31. Eine "<u>im Zollgebiet der Union ansässige Person</u>" ist

    a) eine <u>natürliche Person</u>, die ihren gewöhnlichen Wohnsitz im Zollgebiet der Union hat,

    b) eine <u>juristische Person</u> oder eine Personenvereinigung, die ihren eingetragenen Sitz, ihren Hauptsitz oder ihre ständige Niederlassung im Zollgebiet der Union hat.

32. "<u>Ständige Niederlassung</u>" ist eine dauerhafte Niederlassung, in der die erforderlichen Personal- und Sachmittel ständig vorhanden sind und über die die zollrelevanten Vorgänge einer Person vollständig oder teilweise abgewickelt werden.

33. "<u>Gestellung</u>" ist die Mitteilung an die Zollbehörden, dass Waren bei der Zollstelle oder an einem anderen von den Zollbehörden bezeichneten oder zugelassenen Ort eingetroffen sind und für Zollkontrollen zur Verfügung stehen.

34. "<u>Besitzer der Waren</u>" ist die Person, die Eigentümer der Waren ist oder eine ähnliche Verfügungsbefugnis besitzt beziehungsweise in deren tatsächlicher Verfügungsgewalt sich die Waren befinden.

35. "<u>Inhaber des Verfahrens</u>" ist

    a) die Person, die die Zollanmeldung abgibt oder in deren Auftrag diese Anmeldung abgegeben wird, oder

    b) die Person, der die Rechte und Pflichten hinsichtlich eines Zollverfahrens übertragen wurden.

36. "<u>Handelspolitische Maßnahmen</u>" sind als Teil der gemeinsamen Handelspolitik in Form von Unionsvorschriften über den internationalen Handel mit Waren festgelegte nichttarifäre Maßnahmen.

37. Als "<u>Veredelungsvorgänge</u>" gelten

    a) die <u>Bearbeitung</u> von Waren einschließlich der <u>Montage</u>, der <u>Zusammensetzung</u> und des <u>Anbringens</u> an andere Waren,

    b) die <u>Verarbeitung</u> von Waren,

    c) die <u>Zerstörung</u> von Waren,

    d) die <u>Ausbesserung</u> von Waren einschließlich ihrer <u>Instandsetzung</u> und <u>Regulierung</u>,

    e) die Verwendung von Waren, die nicht in die Veredelungserzeugnisse eingehen, sondern die Herstellung der Veredelungserzeugnisse ermöglichen oder erleichtern, selbst wenn sie hierbei vollständig oder teilweise verbraucht werden (Produktionshilfsmittel).

38. "<u>Ausbeute</u>" ist die Menge oder der Prozentsatz der Veredelungserzeugnisse, die beziehungsweise der bei der Veredelung einer bestimmten Menge von in ein Veredelungsverfahren übergeführten Waren gewonnen wird.

39. "<u>Entscheidung</u>" ist eine Handlung der Zollbehörden auf dem Gebiet des Zollrechts zur Regelung eines Einzelfalls mit Rechtswirkung für die betreffende Person oder die betreffenden Personen.

40. "<u>Beförderer</u>" ist

    a) im Zusammenhang mit dem Eingang von Waren die Person, die die Waren in das Zollgebiet der Union verbringt oder für die Verbringung der Waren in das Zollgebiet der Union verantwortlich ist. Jedoch

    i)   ist im kombinierten Verkehr der "Beförderer" die Person, die das Beförderungsmittel betreibt, das sich, sobald es in das Zollgebiet der Union verbracht worden ist, als aktives Beförderungsmittel von selbst fortbewegt,

    ii)   ist im See- oder Luftverkehr im Rahmen einer Chartervereinbarung oder einer vertraglichen Vereinbarung der "Beförderer" die Person, die einen Vertrag über die tatsächliche

  b)   im Zusammenhang mit dem Ausgang von Waren die Person, die die Waren aus dem Zollgebiet der Union verbringt oder für die Verbringung der Waren aus dem Zollgebiet der Union verantwortlich ist. Jedoch

    i)   ist im kombinierten Verkehr, wenn das aktive Beförderungsmittel, das das Zollgebiet der Union verlässt, nur ein anderes Beförderungsmittel befördert, das sich nach dem Eintreffen des aktiven Beförderungsmittels an seinem Bestimmungsort als aktives Beförderungsmittel von selbst fortbewegt, der "Beförderer" die Person, die das Beförderungsmittel betreibt, das sich von selbst fortbewegt, sobald das Beförderungsmittel, das das Zollgebiet der Union verlässt, an seinem Bestimmungsort eingetroffen ist,

    ii)   ist im See- oder Luftverkehr im Rahmen einer Chartervereinbarung oder einer vertraglichen Vereinbarung der "Beförderer" die Person, die einen Vertrag über die tatsächliche Verbringung der Waren aus dem Zollgebiet der Union abschließt und einen Fracht- oder Luftfrachtbrief ausstellt.

41.   "Einkaufsprovision" ist ein Betrag, den ein Importeur einer für ihn auftretenden Person dafür zahlt, dass diese ihn beim Kauf der zu bewertenden Waren vertritt.

TITEL II
GRUNDLAGEN FÜR DIE ANWENDUNG VON EINFUHR- ODER AUSFUHRABGABEN UND SONSTIGEN FÜR DEN WARENVERKEHR VORGESEHENEN MASSNAHMEN

[...]

Artikel 61
Ursprungsnachweis

(1) Wenn in der Zollanmeldung aufgrund zollrechtlicher Vorschriften ein Ursprung angegeben wird, können die Zollbehörden vom Anmelder einen Ursprungsnachweis für die Waren verlangen.

(2) Wenn aufgrund zollrechtlicher oder anderer Unionsvorschriften zu bestimmten Bereichen Ursprungsnachweise für Waren vorgelegt werden, können die Zollbehörden bei begründeten Zweifeln weitere Nachweise verlangen, die notwendig sind, um zu gewährleisten, dass die Ursprungsangaben den einschlägigen Unionsvorschriften entsprechen.

(3) Wenn dies für Zwecke des Handels erforderlich ist, kann gemäß den im Bestimmungsland oder -gebiet geltenden Ursprungsregeln oder einer anderen Methode zur Feststellung des Landes, in dem die Waren

vollständig gewonnen oder hergestellt oder ihrer letzten wesentlichen Be- oder Verarbeitung unterzogen wurden, ein Ursprungsnachweis in der Union ausgestellt werden.

[...]

KAPITEL 3
Zollwert der Waren

Artikel 69
Geltungsbereich

Der Zollwert von Waren wird für die Anwendung des Gemeinsamen Zolltarifs und nichttarifärer Maßnahmen, die in Unionsvorschriften zu bestimmten Bereichen des Warenverkehrs geregelt sind, nach den Artikeln 70 und 74 ermittelt.

Artikel 70
Zollwertbestimmung auf der Grundlage des Transaktionswerts

(1) Die vorrangige Grundlage für den Zollwert von Waren ist der Transaktionswert, das heißt der für die Waren bei einem Verkauf zur Ausfuhr in das Zollgebiet der Union tatsächlich gezahlte oder zu zahlende Preis, der erforderlichenfalls anzupassen ist.

(2) Der tatsächlich gezahlte oder zu zahlende Preis ist die vollständige Zahlung, die der Käufer an den Verkäufer oder der Käufer an einen Dritten zugunsten des Verkäufers für die eingeführten Waren leistet oder zu leisten hat, und schließt alle Zahlungen ein, die als Voraussetzung für den Verkauf der eingeführten Waren tatsächlich geleistet werden oder zu leisten sind.

(3) Der Transaktionswert ist anwendbar, wenn alle folgenden Voraussetzungen erfüllt sind:

    a) Es bestehen keine Einschränkungen hinsichtlich der Verfügung über die oder Nutzung der Waren durch den Käufer, ausgenommen solche, die

        i) durch das Gesetz oder von den Behörden in der Union auferlegt oder verlangt werden, oder

        ii) das Gebiet abgrenzen, innerhalb dessen die Waren weiterverkauft werden können, oder

        iii) sich auf den Zollwert der Waren nicht wesentlich auswirken,

    b) der Verkauf oder der Preis unterliegt keinen Bedingungen oder Leistungen, deren Wert im Hinblick auf die zu bewertenden Waren nicht bestimmt werden kann,

    c) dem Verkäufer kommt kein Anteil des Erlöses aus späteren Weiterverkäufen, Verfügungen oder Verwendungen der Waren durch den Käufer unmittelbar oder mittelbar zugute, es sei denn, eine angemessene Anpassung ist möglich,

    d) der Käufer und der Verkäufer sind nicht verbunden oder die Verbindung hat den Preis nicht beeinflusst.

Artikel 71
Bestandteile des Transaktionswerts

(1) Bei der Ermittlung des Zollwerts nach Artikel 70 sind dem für die eingeführten Waren tatsächlich gezahlten oder zu zahlenden Preis hinzuzurechnen:

a) die folgenden Kosten, soweit diese dem Käufer entstehen, aber nicht in dem für die Waren tatsächlich gezahlten oder zu zahlenden Preis enthalten sind:

    i) Provisionen und Maklerlöhne, ausgenommen Einkaufsprovisionen,

    ii) Kosten von Umschließungen, die für Zollzwecke als Einheit mit den betreffenden Waren angesehen werden, und

    iii) Verpackungskosten, und zwar sowohl Material- als auch Arbeitskosten,

b) der entsprechend aufgeteilte Wert folgender Gegenstände und Leistungen, die unmittelbar oder mittelbar vom Käufer unentgeltlich oder zu ermäßigten Preisen zur Verwendung im Zusammenhang mit der Herstellung und dem Verkauf zur Ausfuhr der zu bewertenden Waren geliefert oder erbracht worden sind, soweit dieser Wert nicht in dem tatsächlich gezahlten oder zu zahlenden Preis enthalten ist:

    i) der in den eingeführten Waren enthaltenen Materialien, Bestandteile, Teile und dergleichen,

    ii) der bei der Herstellung der eingeführten Waren verwendeten Werkzeuge, Matrizen, Gussformen und dergleichen,

    iii) der bei der Herstellung der eingeführten Waren verbrauchten Materialien, und

    iv) der für die Herstellung der eingeführten Waren notwendigen Techniken, Entwicklungen, Entwürfe, Pläne und Skizzen, die außerhalb der Union erarbeitet worden sind,

c) Lizenzgebühren für die zu bewertenden Waren, die der Käufer entweder unmittelbar oder mittelbar nach den Bedingungen des Kaufgeschäfts für die zu bewertenden Waren zu zahlen hat, soweit diese Lizenzgebühren nicht im tatsächlich gezahlten oder zu zahlendem Preis enthalten sind,

d) der Wert jeglicher Erlöse aus späteren Weiterverkäufen, sonstigen Überlassungen oder Verwendungen der eingeführten Waren, die unmittelbar oder mittelbar dem Verkäufer zugute kommen, und

e) die folgenden Kosten bis zum Ort des Verbringens der Waren in das Zollgebiet der Union:

    i) Beförderungs- und Versicherungskosten für die eingeführten Waren und

    ii) Ladekosten sowie Kosten für die Behandlung der eingeführten Waren, die mit ihrer Beförderung zusammenhängen.

(2) Zuschläge zu dem nach Absatz 1 tatsächlich gezahlten oder zu zahlenden Preis dürfen nach diesem Artikel nur auf der Grundlage objektiver und quantifizierbarer Angaben vorgenommen werden.

(3) Zuschläge zu dem tatsächlich gezahlten oder zu zahlenden Preis dürfen bei der Ermittlung des Zollwerts nur vorgenommen werden, wenn dies in diesem Artikel vorgesehen ist.

Artikel 72

Nicht in den Zollwert einbezogene Bestandteile

Bei der Ermittlung des Zollwerts nach Artikel 70 ist nichts von dem Folgenden einzurechnen:

a) Beförderungskosten für die eingeführten Waren nach deren Eingang in das Zollgebiet der Union,

b) Zahlungen für den Bau, die Errichtung, die Montage, die Instandhaltung oder die technische Unterstützung, sofern diese Tätigkeiten an den eingeführten Waren, wie Industrieanlagen, Maschinen oder Ausrüstungen, nach dem Eingang in das Zollgebiet der Union vorgenommen werden,

c) Zinsen, die im Rahmen einer vom Käufer abgeschlossenen Finanzierungsvereinbarung in Bezug auf den Kauf der eingeführten Waren zu zahlen sind, unabhängig davon, ob der Kredit vom Verkäufer, von einer Bank oder von einer anderen Person zur Verfügung gestellt worden ist, vorausgesetzt, dass die Finanzierungsvereinbarung schriftlich abgeschlossen worden ist und der Käufer auf Verlangen nachweist, dass folgende Bedingungen erfüllt sind:

  i) solche Waren werden tatsächlich zu dem Preis verkauft, der als tatsächlich gezahlter oder zu zahlender Preis angemeldet worden ist,

  ii) der geltend gemachte Zinssatz ist nicht höher als der übliche Zinssatz für derartige Geschäfte in dem Land und in dem Zeitpunkt, in dem der Kredit zur Verfügung gestellt wurde,

d) Kosten für das Recht auf Vervielfältigung der eingeführten Waren in der Union,

e) Einkaufsprovisionen,

f) Einfuhrabgaben und andere in der Union aufgrund der Einfuhr oder des Verkaufs der Waren zu zahlende Abgaben,

g) unbeschadet des Artikels 71 Absatz 1 Buchstabe c Zahlungen des Käufers für das Recht auf Vertrieb oder Wiederverkauf der eingeführten Waren, wenn diese Zahlungen nicht eine Bedingung für den Verkauf der eingeführten Waren zur Ausfuhr in die Union sind.

Artikel 73

Vereinfachung

Die Zollbehörden können auf Antrag bewilligen, dass die folgenden Beträge auf der Grundlage besonderer Kriterien festgelegt wird, wenn es sich zu dem Zeitpunkt, zu dem die Zollanmeldung angenommen wird, nicht bestimmen lässt:

a) Beträge, die gemäß Artikel 70 Absatz 2 in den Zollwert einzurechnen sind, und

b) Beträge im Sinne der Artikel 71 und 72.

Artikel 74

Nachrangige Methoden der Zollwertbestimmung

(1) Kann der Zollwert von Waren nicht nach Artikel 70 bestimmt werden, so werden die Voraussetzungen des Absatzes 2 Buchstaben a bis d nacheinander geprüft, bis der erste Buchstabe erreicht ist, nach dem der Zollwert der Waren bestimmt werden kann.

Die Reihenfolge der Anwendung der Buchstaben c und d des Absatzes 2 wird auf Ersuchen des Anmelders umgekehrt.

(2) Der Zollwert nach Absatz 1 ist

    a) der Transaktionswert gleicher Waren, die zur Ausfuhr in das Zollgebiet der Union verkauft und zu demselben oder annähernd demselben Zeitpunkt wie die zu bewertenden Waren ausgeführt wurden,

    b) der Transaktionswert ähnlicher Waren, die zur Ausfuhr in das Zollgebiet der Union verkauft und zu demselben oder annähernd demselben Zeitpunkt wie die zu bewertenden Waren ausgeführt wurden,

    c) der der Wert auf der Grundlage des Preises je Einheit, zu dem die eingeführten Waren oder eingeführte gleiche oder gleichartige Waren in der größten Menge insgesamt im Zollgebiet der Union an Personen verkauft werden, die nicht mit den Verkäufern verbunden sind, oder

    d) der errechnete Wert, bestehend aus der Summe folgender Elemente:

        i) Kosten oder Wert des Materials, der Herstellung sowie sonstiger Be- oder Verarbeitungen, die bei der Erzeugung der eingeführten Waren anfallen,

        ii) Betrag für Gewinn und Gemeinkosten, der dem Betrag entspricht, der üblicherweise von Herstellern im Ausfuhrland bei Verkäufen von Waren der gleichen Art oder Beschaffenheit wie die zu bewertenden Waren zur Ausfuhr in die Union angesetzt wird,

        iii) Kosten oder Wert aller anderen in Artikel 71 Absatz 1 Buchstabe e genannten Elemente.

(3) Kann der Zollwert nicht nach Absatz 1 bestimmt werden, so erfolgt die Bestimmung auf der Grundlage von im Zollgebiet der Union verfügbaren Daten und unter Einsatz sinnvoller Hilfsmittel entsprechend den Grundsätzen und allgemeinen Bestimmungen aller folgenden Rechtsinstrumente:

    a) des Übereinkommens zur Durchführung von Artikel VII des Allgemeinen Zoll- und Handelsabkommens,

    b) des Artikels VII des Allgemeinen Zoll- und Handelsabkommens,

    c) dieses Kapitels.

[...]

KAPITEL 2
Ankunft der Waren

Abschnitt 1
Eingang von Waren in das Zollgebiet der Union

Artikel 133
Meldung der Ankunft eines Seeschiffs oder eines Luftfahrzeugs

(1) Der Betreiber eines Seeschiffs oder eines Luftfahrzeugs, das im Zollgebiet der Union eintrifft, meldet der ersten Eingangszollstelle die Ankunft des Beförderungsmittels.

Liegen den Zollbehörden Informationen über die Ankunft eines Seeschiffs oder eines Luftfahrzeugs vor, können sie auf die Meldung gemäß Unterabsatz 1 verzichten.

(2) Die Zollbehörden können akzeptieren, dass für die Meldung der Ankunft des Beförderungsmittels Hafen- oder Flughafensysteme oder andere verfügbare Methoden der Informationsübermittlung verwendet werden.

Artikel 134
Zollamtliche Überwachung

(1) Waren, die in das Zollgebiet der Union verbracht werden, unterliegen ab dem Zeitpunkt ihres Eingangs der zollamtlichen Überwachung und können Zollkontrollen unterzogen werden. Sie unterliegen gegebenenfalls Verboten und Beschränkungen, die unter anderem aus folgenden Gründen gerechtfertigt sein können: Aufrechterhaltung der öffentlichen Sittlichkeit, Ordnung oder Sicherheit, Schutz der Gesundheit und des Lebens von Menschen, Tieren oder Pflanzen, Schutz der Umwelt, Schutz des nationalen Kulturguts von künstlerischem, geschichtlichem oder archäologischem Wert, Schutz des gewerblichen Eigentums – wozu auch Kontrollen in Bezug auf Drogenausgangsstoffe, Waren, die bestimmte Rechte des geistigen Eigentums verletzen, und Bargeld gehören – sowie Durchführung von Maßnahmen zur Erhaltung und Bewirtschaftung der Fischereiressourcen oder von handelspolitischen Maßnahmen.

Sie bleiben so lange unter zollamtlicher Überwachung, wie dies für die Ermittlung ihres zollrechtlichen Status erforderlich ist, und sie dürfen daraus nicht ohne Erlaubnis der Zollbehörden entfernt werden.

Unbeschadet des Artikels 254 unterliegen Unionswaren nicht mehr der zollamtlichen Überwachung, sobald ihr zollrechtlicher Status festgestellt ist.

Nicht-Unionswaren bleiben unter zollamtlicher Überwachung, bis sich ihr zollrechtlicher Status ändert oder sie aus dem Zollgebiet der Union verbracht oder zerstört werden.

(2) Der Besitzer von Waren unter zollamtlicher Überwachung kann mit Zustimmung der Zollbehörden jederzeit eine Beschau der Waren vornehmen oder Proben und Muster entnehmen, insbesondere um ihre Einreihung in den Zolltarif, ihren Zollwert oder ihren zollrechtlichen Status zu ermitteln.

Artikel 135
Beförderung zum zugelassenen Ort

(1) Wer Waren in das Zollgebiet der Union verbringt, hat diese unverzüglich und gegebenenfalls nach Maßgabe der von den Zollbehörden festgelegten Einzelheiten auf dem von ihnen bezeichneten Verkehrsweg zu der von diesen Behörden bezeichneten Zollstelle oder zu einem anderen von diesen Behörden bezeichneten oder zugelassenen Ort oder in eine Freizone zu befördern.

(2) Werden Waren in eine Freizone verbracht, so hat dies unmittelbar zu erfolgen, und zwar entweder auf dem See- oder Luftweg oder aber auf dem Landweg, ohne einen anderen Teil des Zollgebiets der Union zu durchqueren, wenn die betreffende Freizone unmittelbar an die Landesgrenze zwischen einem Mitgliedstaat und einem Drittland stößt.

(3) Übernimmt eine andere Person nach dem Verbringen der Waren in das Zollgebiet der Union die Verantwortung für die Beförderung dieser Waren, so gehen die Verpflichtungen nach den Absätzen 1 und 2 auf diese andere Person über.

(4) Waren, die sich noch außerhalb des Zollgebiets der Union befinden, aber von den Zollbehörden eines Mitgliedstaats aufgrund eines mit dem betreffenden Land oder Gebiet außerhalb des Zollgebiets der Union geschlossenen Abkommens einer Zollkontrolle unterzogen werden können, werden wie in das Zollgebiet der Union verbrachte Waren behandelt.

(5) Die Absätze 1 und 2 stehen der Anwendung besonderer Regeln in Bezug auf in Grenzgebieten oder in Rohrleitungen und Kabeln beförderte Waren sowie sonstigen wirtschaftlich unbedeutenden Verkehr wie Briefe, Postkarten und Drucksachen oder deren elektronischen Entsprechungen auf anderen Datenträgern oder in Bezug auf von Reisenden mitgeführte Waren nicht entgegen, sofern die Möglichkeiten für die zollamtliche Überwachung und für Zollkontrollen dadurch nicht beeinträchtigt werden.

(6) Absatz 1 gilt nicht für Beförderungsmittel und die darauf beförderten Waren, die die Hoheitsgewässer oder den Luftraum des Zollgebiets der Union lediglich ohne Zwischenstopp in diesem Zollgebiet durchqueren.

Artikel 136
Luft- und Seeverkehr innerhalb der Union

Die Artikel 127 bis 130 und 133, Artikel 135 Absatz 1 und die Artikel 137, 139 bis 141 und die Artikel 144 bis 149 gelten nicht für Nicht-Unionswaren und Waren im Sinne des Artikels 155, die im Verlauf einer Beförderung zwischen zwei im Zollgebiet der Union gelegenen Orten auf dem See- oder Luftweg dieses Gebiet vorübergehend verlassen haben, sofern die Beförderung auf direktem Wege ohne Zwischenstopp außerhalb des Zollgebiets der Union erfolgt.

Artikel 137
Beförderung unter besonderen Umständen

(1) Kann die Verpflichtung nach Artikel 135 Absatz 1 infolge eines unvorhersehbaren Ereignisses oder höherer Gewalt nicht erfüllt werden, so unterrichtet die Person, die diese Verpflichtung zu erfüllen hat, oder eine andere in ihrem Auftrag handelnde Person unverzüglich die Zollbehörden. Hat das unvorhersehbare Ereignis

oder die höhere Gewalt nicht zum vollständigen Verlust der Waren geführt, so ist den Zollbehörden auch der genaue Ort anzugeben, an dem sich die Waren befinden.

(2) Ist ein Schiff oder Luftfahrzeug im Sinne des Artikels 135 Absatz 6 infolge eines unvorhersehbaren Ereignisses oder höherer Gewalt zum Anlegen oder vorübergehenden Aufenthalt im Zollgebiet der Union gezwungen, ohne dass die Verpflichtung nach Artikel 135 Absatz 1 erfüllt werden kann, so unterrichtet die Person, die das Schiff oder Luftfahrzeug in das Zollgebiet der Union verbracht hat, oder eine andere in ihrem Auftrag handelnde Person unverzüglich die Zollbehörden.

(3) Die Zollbehörden bestimmen, welche Maßnahmen zu treffen sind, um die zollamtliche Überwachung der in Absatz 1 genannten Waren oder — unter den in Absatz 2 genannten Umständen — des Schiffs oder Luftfahrzeugs und der sich darauf befindenden Waren zu ermöglichen und gegebenenfalls zu gewährleisten, dass diese Waren zu einem späteren Zeitpunkt zu einer Zollstelle oder einem anderen von ihnen bezeichneten oder zugelassenen Ort befördert werden.

Artikel 138
Übertragung von Durchführungsbefugnissen

Die Kommission legt im Wege von Durchführungsrechtsakten die Verfahrensregeln fest für:

a) die Ankunftsmeldung gemäß Artikel 133,

b) die Beförderung von Waren gemäß Artikel 135 Absatz 5.

Diese Durchführungsrechtsakte werden nach dem Prüfverfahren gemäß Artikel 285 Absatz 4 erlassen.

Abschnitt 2
Gestellung, Entladung und Beschau der Waren

Artikel 139
Gestellung der Waren

(1) Die in das Zollgebiet der Union verbrachten Waren sind bei ihrer Ankunft bei der bezeichneten Zollstelle oder an einem anderen von den Zollbehörden bezeichneten oder zugelassenen Ort oder in der Freizone unverzüglich von einer der folgenden Personen zu gestellen,

a) der Person, die die Waren in das Zollgebiet der Union verbracht hat,

b) der Person, in deren Namen oder in deren Auftrag die Person handelt, die die Waren in dieses Gebiet verbracht hat,

c) der Person, die die Verantwortung für die Beförderung der Waren nach dem Verbringen in das Zollgebiet der Union übernommen hat.

(2) Waren, die auf dem See- oder Luftweg in das Zollgebiet der Union verbracht werden und für die Beförderung an Bord des Beförderungsmittels bleiben, sind nur in dem Hafen oder Flughafen zu gestellen, in dem sie ab- oder umgeladen werden. In das Zollgebiet der Union verbrachte Waren, die während ihrer Beförderung von einem Beförderungsmittel ab- und wieder in dasselbe Beförderungsmittel eingeladen werden, um das Ab- oder Einladen anderer Waren zu ermöglichen, werden jedoch im Hafen oder Flughafen nicht gestellt.

(3) Ungeachtet der Verpflichtungen der in Absatz 1 genannten Person können die Waren auch gestellt werden

   a) von einer Person, die die Waren unverzüglich in ein Zollverfahren überführt,

   b) vom Bewilligungsinhaber für den Betrieb von Lagerstätten oder von einer Person, die eine Tätigkeit in einer Freizone ausübt.

(4) Die Person, die die Waren gestellt, hat auf die summarische Eingangsanmeldung oder – in den Fällen gemäß Artikel 130 – die Zollanmeldung oder die Anmeldung zur vorübergehenden Verwahrung, die jeweils für diese Waren abgegeben wurde, Bezug zu nehmen, es sei denn, die Verpflichtung zur Abgabe einer summarischen Eingangsmeldung gilt nicht.

(5) Wurden Nicht-Unionswaren gestellt, für die keine summarische Eingangsanmeldung abgegeben wurde, so hat eine der in Artikel 127 Absatz 4 genannten Personen unbeschadet des Artikels 127 Absatz 6 unverzüglich eine solche Anmeldung oder an ihrer Stelle eine Zollanmeldung oder eine Anmeldung zur vorübergehenden Verwahrung abzugeben, es sei denn die Verpflichtung zur Abgabe dieser Anmeldung gilt nicht.

(6) Absatz 1 steht der Anwendung von Sonderregeln in Bezug auf in Grenzgebieten oder in Rohrleitungen und Kabeln beförderte Waren sowie sonstigen wirtschaftlich unbedeutenden Verkehr wie Briefe, Postkarten und Drucksachen oder deren elektronischen Entsprechungen auf anderen Datenträgern oder in Bezug auf von Reisenden mitgeführte Waren nicht entgegen, sofern die Möglichkeiten für die zollamtliche Überwachung und für Zollkontrollen dadurch nicht beeinträchtigt werden.

(7) Die gestellten Waren dürfen nicht ohne Zustimmung der Zollbehörden vom Ort der Gestellung entfernt werden.

Artikel 140
Entladung und Beschau der Waren

(1) Die Waren dürfen nur mit Bewilligung der Zollbehörden an den von diesen bezeichneten oder zugelassenen Orten von ihren Beförderungsmitteln ab- oder umgeladen werden.

Diese Bewilligung ist jedoch nicht erforderlich, wenn ein sofortiges Abladen sämtlicher oder eines Teils der Waren wegen unmittelbarer Gefahr geboten ist. In diesem Fall sind unverzüglich die Zollbehörden zu unterrichten.

(2) Die Zollbehörden können jederzeit ein Abladen und Auspacken der Waren verlangen, um eine Beschau der Waren oder des Beförderungsmittels vorzunehmen oder Proben und Muster zu entnehmen.

Artikel 141
Warenbeförderung im Versand

(1) Artikel 135 Absätze 2 bis 6 sowie die Artikel 139, 140 und 144 bis 149 finden keine Anwendung, wenn sich die Waren beim Verbringen in das Zollgebiet der Union bereits im Versandverfahren befinden.

(2) Die Artikel 140 und 144 bis 149 finden auf Nicht-Unionswaren, die im Rahmen eines Versandverfahrens befördert werden, Anwendung, sobald diese Waren einer Bestimmungszollstelle im Zollgebiet der Union nach den einschlägigen Vorschriften für das Versandverfahren gestellt worden sind.

Artikel 142
Befugnisübertragung

Die Kommission wird ermächtigt, delegierte Rechtsakte gemäß Artikel 284 zu erlassen, um die Bedingungen für die Bewilligung der Orte nach Artikel 139 Absatz 1 festzulegen.

Artikel 143
Übertragung von Durchführungsbefugnissen

Die Kommission legt im Wege von Durchführungsrechtsakten die Verfahrensregeln für die Gestellung der Waren gemäß Artikel 139 fest.

Diese Durchführungsrechtsakte werden nach dem Prüfverfahren gemäß Artikel 285 Absatz 4 erlassen.

[...]

KAPITEL 2
Überführung von Waren in ein Zollverfahren

[...]

Abschnitt 2
Standard-Zollanmeldungen

Artikel 162
Inhalt einer Standardzollanmeldung

Standard-Zollanmeldungen müssen alle Angaben enthalten, die zur Anwendung der Vorschriften über das Zollverfahren, zu dem die Waren angemeldet werden, erforderlich sind.

Artikel 163
Unterlagen

(1) Alle nach den Vorschriften über das Zollverfahren, zu dem die Waren angemeldet werden, erforderlichen Unterlagen müssen zum Zeitpunkt der Abgabe der Zollanmeldung im Besitz des Anmelders sein und für die Zollbehörden bereitgehalten werden.

Die erforderlichen Unterlagen für die anwendbaren, im Anhang der Verordnung (EU) 2022/2399 aufgeführten Nichtzollformalitäten der Union gelten zum Zeitpunkt der Abgabe der Zollanmeldung als im Besitz des Anmelders befindlich und für die Zollbehörden verfügbar, wenn diese Behörden in der Lage sind, gemäß Artikel 10 Absatz 1 Buchstaben a und c der genannten Verordnung die notwendigen Daten aus den entsprechenden Nichtzollsystemen der Union über das Single-Window-System der Europäischen Union für den Austausch von Bescheinigungen im Zollbereich zu erhalten.

(2) Die Unterlagen sind nach Maßgabe des Unionsrechts oder soweit für die Zollkontrollen erforderlich den Zollbehörden vorzulegen.

(3) In bestimmten Fällen können Wirtschaftsbeteiligte die Unterlagen erstellen, sofern sie von den Zollbehörden hierzu ermächtigt werden.

Artikel 164
Befugnisübertragung

Die Kommission wird ermächtigt, delegierte Rechtsakte gemäß Artikel 284 zu erlassen, in denen die Regeln für die Erteilung der Bewilligung gemäß Artikel 163 Absatz 3 festgelegt werden.

Artikel 165
Übertragung von Durchführungsbefugnissen

Die Kommission legt im Wege von Durchführungsrechtsakten die Verfahrensregeln für Folgendes fest:

a)   für die Abgabe der Standard-Zollanmeldung gemäß Artikel 162,

b)   für die Vorlage der Unterlagen gemäß Artikel 163 Absatz 1.

Diese Durchführungsrechtsakte werden nach dem Prüfverfahren gemäß Artikel 285 Absatz 4 erlassen.

Abschnitt 3
Vereinfachte Zollanmeldungen

Artikel 166
Vereinfachte Zollanmeldung

(1)   Die Zollbehörden können zulassen, dass eine Person Waren aufgrund einer vereinfachten Zollanmeldung, in der auf bestimmte der in Artikel 162 genannten Angaben oder der in Artikel 163 genannten Unterlagen verzichtet werden kann, in ein Zollverfahren überführt.

(2)   Eine regelmäßige Inanspruchnahme der vereinfachten Zollanmeldung nach Absatz 1 muss von den Zollbehörden bewilligt werden.

Artikel 167
Ergänzende Zollanmeldung

(1)   Im Falle einer vereinfachten Zollanmeldung nach Artikel 166 oder einer Anschreibung in der Buchführung des Anmelders gemäß Artikel 182 gibt der Anmelder bei der zuständigen Zollstelle innerhalb einer bestimmten Frist eine ergänzende Anmeldung mit den Angaben ab, die für das betreffende Zollverfahren erforderlich sind.

Im Falle einer vereinfachten Zollanmeldung nach Artikel 166 müssen die erforderlichen Unterlagen innerhalb einer bestimmten Frist im Besitz des Anmelders sein und für die Zollbehörden bereitgehalten werden.

Die ergänzende Anmeldung kann globaler, periodischer oder zusammenfassender Art sein.

(2)   Die Verpflichtung zur Abgabe einer ergänzenden Anmeldung gilt in folgenden Fällen nicht:

a)   wenn die Waren in ein Zolllagerverfahren übergeführt wurden,

b)   in anderen bestimmten Fällen.

(3)   Die Zollbehörden können unter den folgenden Bedingungen auf die Abgabe einer ergänzenden Anmeldung verzichten:

a)   Die vereinfachte Zollanmeldung bezieht sich auf Waren, deren Wert und Menge unter dem statistischen Schwellenwert liegen,

b) die vereinfachte Zollanmeldung enthält bereits sämtliche Informationen, die für das betreffende Zollverfahren erforderlich sind, und

c) die vereinfachte Zollanmeldung wird nicht mittels einer Anschreibung in der Buchführung des Anmelders vorgenommen.

(4) Die in Artikel 166 genannte vereinfachte Zollanmeldung oder die Anschreibung in der Buchführung des Anmelders gemäß Artikel 182 und die ergänzende Zollanmeldung gelten zusammen als eine untrennbare Willenserklärung, die zum Zeitpunkt der Annahme der vereinfachten Zollanmeldung nach Artikel 172 beziehungsweise zum Zeitpunkt der Anschreibung der Waren in der Buchführung des Anmelders wirksam wird.

(5) Der Ort, an dem die ergänzende Zollanmeldung abzugeben ist, gilt für die Zwecke des Artikels 87 als Ort der Abgabe der Zollanmeldung.

[...]

TITEL VII
BESONDERE VERFAHREN

[...]

KAPITEL 2
Versand

Abschnitt 1
Externer und interner Versand

Artikel 226
Externer Versand

(1) Im externen Versandverfahren können Nicht-Unionswaren zwischen zwei innerhalb des Zollgebiets der Union gelegenen Orten befördert werden, ohne Folgendem zu unterliegen:

a) Einfuhrabgaben,

b) sonstigen Abgaben nach anderen geltenden Vorschriften oder

c) handelspolitischen Maßnahmen, soweit diese nicht den Eingang oder den Ausgang von Waren in das oder aus dem Zollgebiet der Union untersagen.

(2) In bestimmten Fällen werden Unionswaren in das externe Versandverfahren übergeführt.

(3) Die Beförderung nach Absatz 1 erfolgt auf eine der folgenden Arten:

a) im externen Unionsversandverfahren,

b) nach dem TIR-Übereinkommen, sofern sie:

    i) außerhalb des Zollgebiets der Union begonnen hat oder enden soll,

    ii) zwischen zwei innerhalb des Zollgebiets der Union gelegenen Orten über das Gebiet eines nicht zum Zollgebiet der Union gehörenden Landes oder Gebiets erfolgt,

c) nach dem ATA-Übereinkommen/Übereinkommen von Istanbul, sofern sie als Versand durchgeführt wird

d) aufgrund des Rheinmanifestes (Artikel 9 der revidierten Rheinschifffahrtsakte),

e) mit Vordruck 302 nach dem am 19. Juni 1951 in London unterzeichneten Abkommen zwischen den Parteien des Nordatlantikvertrags über die Rechtsstellung ihrer Streitkräfte,

f) im Rahmen des Postsystems nach den einschlägigen Vorschriften des Weltpostvereins, sofern sie von oder für Rechnung von Inhabern der aus diesen Vorschriften erwachsenden Rechte und Pflichten durchgeführt wird.

Artikel 227
Interner Versand

(1) Im internen Versandverfahren können nach den Bedingungen von Absatz 2 Unionswaren zwischen zwei innerhalb des Zollgebiets der Union gelegenen Orten ohne Änderung ihres zollrechtlichen Status über ein anderes, außerhalb des Zollgebiets gelegenes Land oder Gebiet befördert werden.

(2) Die Beförderung nach Absatz 1 erfolgt auf eine der folgenden Arten:

a) im internen Unionsversandverfahren, sofern diese Möglichkeit in einer internationalen Übereinkunft vorgesehen ist,

b) nach dem TIR-Übereinkommen,

c) nach dem ATA-Übereinkommen/Übereinkommen von Istanbul, sofern sie als Versand durchgeführt wird,

d) aufgrund des Rheinmanifestes (Artikel 9 der revidierten Rheinschifffahrtsakte),

e) mit Vordruck 302 nach dem am 19. Juni 1951 in London unterzeichneten Abkommen zwischen den Parteien des Nordatlantikvertrags über die Rechtsstellung ihrer Streitkräfte,

f) im Rahmen des Postsystems nach den einschlägigen Vorschriften des Weltpostvereins, sofern die Waren von oder für Rechnung von Inhabern der aus diesen Vorschriften erwachsenden Rechte und Pflichten befördert werden.

Artikel 228
Einziges Gebiet für Versandzwecke

Werden Waren zwischen zwei innerhalb des Zollgebiets der Union gelegenen Orten im Einklang mit dem TIR-Übereinkommen, dem ATA-Übereinkommen/Übereinkommen von Istanbul, mit Vordruck 302 oder im Rahmen des Postsystems befördert, so gilt das Zollgebiet der Union für die Zwecke dieser Beförderung als ein einziges Gebiet.

Artikel 229
Ausschluss von Personen von TIR-Transporten

(1) Entscheiden die Zollbehörden eines Mitgliedstaats, eine Person von TIR-Transporten nach Artikel 38 des TIR-Übereinkommens auszuschließen, so gilt diese Entscheidung für das gesamte Zollgebiet der Union, die von dieser Person vorgelegten Carnets TIR werden somit von keiner Zollstelle akzeptiert.

(2) Ein Mitgliedstaat teilt seine Entscheidung nach Absatz 1 zusammen mit dem Datum von dessen Geltungsbeginn den anderen Mitgliedstaaten und der Kommission mit.

Artikel 230
Zugelassener Empfänger für TIR-Zwecke

Die Zollbehörden können einer Person, als "zugelassener Empfänger" bezeichnet, auf Antrag bewilligen, Waren, die im Einklang mit dem TIR-Übereinkommen befördert werden, an einem zugelassenen Ort zu empfangen, womit das Verfahren gemäß Artikel 1 Buchstabe d des TIR-Übereinkommens endet.

Artikel 231
Befugnisübertragung

Die Kommission wird ermächtigt, delegierte Rechtsakte gemäß Artikel 284 zu erlassen, um Folgendes festzulegen:

a) die bestimmten Fälle, in denen die Unionswaren gemäß Artikel 226 Absatz 2 in das externe Versandverfahren überzuführen sind,

b) die Bedingungen für die Erteilung der Bewilligung gemäß Artikel 230.

Artikel 232
Übertragung von Durchführungsbefugnissen

Die Kommission legt im Wege von Durchführungsrechtsakten die Verfahrensregeln für die Anwendung von Artikel 226 Absatz 3 Buchstaben b bis f und Artikel 227 Absatz 2 Buchstaben b bis f im Zollgebiet der Union unter Berücksichtigung der Erfordernisse der Union fest.

Diese Durchführungsrechtsakte werden nach dem Prüfverfahren gemäß Artikel 285 Absatz 4 erlassen.

[...]

KAPITEL 3
Lagerung

Abschnitt 1
Gemeinsame Vorschriften

Artikel 237
Geltungsbereich

(1) In der Lagerung können Nicht-Unionswaren innerhalb des Zollgebiets der Union gelagert werden, ohne Folgendem zu unterliegen:

a) Einfuhrabgaben,

b) sonstigen Abgaben nach anderen geltenden Vorschriften oder

c) handelspolitischen Maßnahmen, soweit diese nicht den Eingang oder den Ausgang von Waren in das oder aus dem Zollgebiet der Union untersagen.

(2) Unionswaren können in Übereinstimmung mit den zollrechtlichen Vorschriften oder den Unionsrechtsvorschriften für bestimmte Bereiche oder im Hinblick auf eine Entscheidung über die Erstattung oder den Erlass von Einfuhrabgaben in das Zolllager- oder das Freizonenverfahren übergeführt werden.

(3) Sofern ein wirtschaftlicher Bedarf besteht und die zollamtliche Überwachung nicht beeinträchtigt wird, können die Zollbehörden die Lagerung von Unionswaren in einem Zolllager bewilligen. Diese Waren gelten nicht als in das Zolllager übergeführt.

Artikel 238
Dauer der Lagerung

(1) Der Verbleib von Waren in der Lagerung ist zeitlich nicht begrenzt.

(2) Unter außergewöhnlichen Umständen können die Zollbehörden eine Frist für die Erledigung der Lagerung setzen, insbesondere wenn die Waren nach ihrer Beschaffenheit und Art bei langfristiger Lagerung eine Bedrohung für die Gesundheit von Menschen, Tieren oder Pflanzen oder für die Umwelt darstellen.

Artikel 239
Übertragung von Durchführungsbefugnissen

Die Kommission legt im Wege von Durchführungsrechtsakten die Verfahrensregeln für die Überführung von Unionswaren in das Zolllager- oder in das Freizonenverfahren gemäß Artikel 237 Absatz 2 fest.

Diese Durchführungsrechtsakte werden nach dem Prüfverfahren gemäß Artikel 285 Absatz 4 erlassen.

Abschnitt 2
Zolllager

Artikel 240
Lagerung im Zolllager

(1) Im Zolllagerverfahren können Nicht-Unionswaren unter zollamtlicher Überwachung in für diesen Zweck durch die Zollbehörden zugelassenen Räumlichkeiten oder sonstigen Stätten ("Zolllager") gelagert werden.

(2) Die Zolllager können entweder von jedermann ("öffentliche Zolllager") oder vom Inhaber der Zolllagerbewilligung ("private Zolllager") zur Zolllagerung von Waren genutzt werden.

(3) Die in das Zolllager übergeführten Waren können vorübergehend aus dem Zolllager entfernt werden. Das Entfernen bedarf, außer bei höherer Gewalt, einer vorherigen Bewilligung durch die Zollbehörden.

Artikel 241
Veredelung

(1) Sofern ein wirtschaftliches Bedürfnis besteht und die zollamtliche Überwachung nicht beeinträchtigt wird, können die Zollbehörden die aktive Veredelung oder die Endverwendung unter den für diese Verfahren geltenden Voraussetzungen in den Räumlichkeiten eines Zolllagers bewilligen.

(2) Die in Absatz 1 genannten Waren gelten als nicht in das Zolllagerverfahren übergeführt.

Artikel 242
Pflichten des Bewilligungsinhabers oder des Inhabers des Verfahrens

(1) Der Bewilligungsinhaber und der Inhaber des Verfahrens sind dafür verantwortlich, dass

    a) die Waren im Zolllagerverfahren nicht der zollamtlichen Überwachung entzogen werden und

b) die Pflichten, die sich aus der Lagerung der Waren im Zolllagerverfahren ergeben, erfüllt werden.

(2) Abweichend von Absatz 1 kann in der Bewilligung für ein öffentliches Zolllager vorgesehen werden, dass die in Absatz 1 Buchstaben a oder b genannten Verantwortlichkeiten ausschließlich dem Inhaber des Verfahrens obliegen.

(3) Der Inhaber des Verfahrens ist für die Erfüllung der Pflichten verantwortlich, die sich aus der Überführung der Waren in das Zolllagerverfahren ergeben.

[…]

KAPITEL 5
Veredelung

Abschnitt 1
Allgemeine Vorschriften

Artikel 255
Ausbeute

Die Zollbehörden setzen entweder die Ausbeute oder die durchschnittliche Ausbeute des Veredelungsvorgangs oder gegebenenfalls die Methode zur Bestimmung der Ausbeute fest, es sei denn, in den für bestimmte Bereiche geltenden Unionsvorschriften ist die Ausbeute bereits festgelegt.

Die Ausbeute oder die durchschnittliche Ausbeute wird anhand der tatsächlichen Verhältnisse bestimmt, unter denen sich die Veredelungsvorgänge vollziehen oder vollziehen sollen. Der Ausbeutesatz kann bei Bedarf in Übereinstimmung mit Artikel 28 angepasst werden.

Abschnitt 2
Aktive Veredelung

Artikel 256
Geltungsbereich

(1) Unbeschadet des Artikels 223 können Nicht-Unionswaren in der aktiven Veredelung im Zollgebiet der Union Veredelungsvorgängen unterzogen werden, ohne Folgendem zu unterliegen:

a) Einfuhrabgaben,

b) sonstigen Abgaben nach anderen geltenden Vorschriften oder

c) handelspolitischen Maßnahmen, soweit diese nicht den Eingang oder den Ausgang von Waren in das oder aus dem Zollgebiet der Union untersagen.

(2) Die aktive Veredelung kann außer im Falle der Ausbesserung und Zerstörung nur dann angewendet werden, wenn unbeschadet der Verwendung von Produktionshilfsmitteln festgestellt werden kann, dass die in das Verfahren übergeführten Waren in den Veredelungserzeugnissen enthalten sind.

Im Fall des Artikels 223 kann das Verfahren angewendet werden, wenn nachgeprüft werden kann, dass die für Ersatzwaren vorgesehenen Voraussetzungen erfüllt sind.

(3) In Ergänzung zu den Absätzen 1 und 2 kann die aktive Veredelung auch genutzt werden für alle Waren,

a) die Veredelungsvorgängen unterzogen werden sollen, um sicherzustellen, dass sie bei der Überlassung zum zollrechtlich freien Verkehr den für sie geltenden technischen Anforderungen genügen,

b) die üblichen Behandlungen nach Artikel 220 unterzogen werden sollen.

Artikel 257
Frist für die Erledigung

(1) Die Zollbehörden setzen die Frist fest, innerhalb deren die aktive Veredelung gemäß Artikel 215 zu erledigen ist.

Diese Frist beginnt mit der Überführung der Nicht-Unionswaren in das Verfahren und berücksichtigt den Zeitaufwand, der für die Veredelungsvorgänge und die Erledigung des Verfahrens erforderlich ist.

(2) Die Zollbehörden können die in Absatz 1 angegebene Frist auf begründeten Antrag des Bewilligungsinhabers um einen angemessenen Zeitraum verlängern.

In der Bewilligung kann festgelegt werden, dass die Fristen, die während eines Monats, Vierteljahres oder Halbjahres beginnen, jeweils am letzten Tag eines darauf folgenden Monats, Vierteljahres oder Halbjahres ablaufen.

(3) Bei der vorzeitigen Ausfuhr nach Artikel 223 Absatz 2 Buchstabe c wird in der Bewilligung die Frist festgelegt, innerhalb deren die Nicht-Unionswaren zur aktiven Veredelung angemeldet werden müssen, wobei die für die Beschaffung und Beförderung in das Zollgebiet der Union erforderliche Zeit berücksichtigt wird.

Die Frist nach Unterabsatz 1 wird in Monaten angegeben und beträgt höchstens sechs Monate. Sie beginnt mit dem Tag der Annahme der Ausfuhranmeldung für die aus den entsprechenden Ersatzwaren hergestellten Veredelungserzeugnisse.

(4) Auf Antrag des Bewilligungsinhabers kann die Sechsmonatsfrist gemäß Absatz 3 nach ihrem Ablauf verlängert werden, vorausgesetzt die Gesamtfrist beträgt nicht mehr als zwölf Monate.

Artikel 258
Vorübergehende Wiederausfuhr für die weitere Veredelung

Die Zollbehörden können auf Antrag bewilligen, dass alle oder ein Teil der in die aktive Veredelung übergeführten Waren oder der Veredelungserzeugnisse vorübergehend wiederausgeführt werden, um außerhalb des Zollgebiets der Union unter Erfüllung der Voraussetzungen für die passive Veredelung ergänzenden Veredelungsvorgängen unterzogen zu werden.

Abschnitt 3
Passive Veredelung

Artikel 259
Geltungsbereich

(1) In der passiven Veredelung können Unionswaren zur Durchführung von Veredelungsvorgängen vorübergehend aus dem Zollgebiet der Union ausgeführt werden. Die aus diesen Waren entstandenen Veredelungserzeugnisse können unter vollständiger oder teilweiser Befreiung von den Einfuhrabgaben in den zollrechtlich freien Verkehr übergeführt werden, und zwar auf Antrag des Bewilligungsinhabers oder einer anderen Person, die im Zollgebiet der Union ansässig ist, sofern diese Person die Zustimmung des Bewilligungsinhabers eingeholt hat und die Voraussetzungen der Bewilligung erfüllt sind.

(2) Die passive Veredelung ist nicht zulässig für Unionswaren,

a) deren Ausfuhr zur Erstattung oder zum Erlass der Einfuhrabgaben führt,

b) die vor der Ausfuhr aufgrund ihrer Endverwendung abgabenfrei oder zu einem ermäßigten Abgabensatz in den zollrechtlich freien Verkehr übergeführt wurden, solange die Zwecke dieser Endverwendung nicht erfüllt sind, es sei denn, diese Waren müssen ausgebessert werden,

c) deren Ausfuhr zur Gewährung von Ausfuhrerstattungen führt,

d) für die aufgrund ihrer Ausfuhr im Rahmen der Gemeinsamen Agrarpolitik ein anderer finanzieller Vorteil als die in Buchstabe c genannten Erstattungen gewährt wird.

(3) Die Zollbehörden setzen die Frist fest, innerhalb deren die vorübergehend ausgeführten Waren als Veredelungserzeugnisse wieder in das Zollgebiet der Union eingeführt und zum zollrechtlich freien Verkehr überlassen werden müssen, damit eine vollständige oder teilweise Befreiung von den Einfuhrabgaben gewährt werden kann. Sie können diese Frist auf begründeten Antrag des Bewilligungsinhabers um einen angemessenen Zeitraum verlängern.

Artikel 260
Kostenlos ausgebesserte Waren

(1) Wird den Zollbehörden nachgewiesen, dass die Waren entweder aufgrund einer vertraglichen oder gesetzlichen Gewährleistungspflicht oder wegen eines Fabrikations- oder Materialfehlers kostenlos ausgebessert wurden, so ist eine vollständige Befreiung von den Einfuhrabgaben zu gewähren.

(2) Absatz 1 findet keine Anwendung, wenn der Fabrikations- oder Materialfehler bereits bei der ersten Überlassung der Waren zum zollrechtlich freien Verkehr berücksichtigt worden ist.

Artikel 260a
Im Rahmen von internationalen Abkommen ausgebesserte oder veränderte Waren

(1) Für Veredelungserzeugnisse, die aus – in das Verfahren der passiven Veredelung übergeführten – Waren entstehen, wird eine vollständige Befreiung von den Einfuhrabgaben gewährt, wenn den Zollbehörden nachgewiesen wird, dass

a) diese Waren in einem Land oder Gebiet außerhalb des Zollgebiets der Union, mit dem die Union ein internationales Abkommen über eine solche Befreiung geschlossen hat, ausgebessert oder verändert wurden, und

b) die Voraussetzungen für die Befreiung vom Einfuhrzoll, die in dem in Buchstabe a genannten Abkommen festgelegt sind, erfüllt sind.

(2) Absatz 1 gilt weder für Veredelungserzeugnisse, die aus Ersatzwaren im Sinne des Artikels 223 entstehen, noch für Ersatzerzeugnisse im Sinne der Artikel 261 und 262.

Artikel 261
Standardaustausch

(1) Im Standardaustausch kann ein eingeführtes Erzeugnis ("Ersatzerzeugnis") nach den Absätzen 2 bis 5 an die Stelle eines Veredelungserzeugnisses treten.

(2) Die Zollbehörden bewilligen den Standardaustausch auf Antrag, wenn der Veredelungsvorgang in der Ausbesserung schadhafter Unionswaren besteht, die nicht unter Maßnahmen der Gemeinsamen Agrarpolitik oder die besonderen Regelungen für bestimmte landwirtschaftliche Verarbeitungserzeugnisse fallen.

(3) Die Ersatzerzeugnisse müssen denselben achtstelligen KN-Code, dieselbe Handelsqualität und dieselben technischen Merkmale aufweisen wie die schadhaften Waren, wenn diese ausgebessert worden wären.

(4) Wurden die schadhaften Waren vor der Ausfuhr gebraucht, so müssen auch die Ersatzerzeugnisse gebraucht sein.

Die Zollbehörden sehen von den Anforderungen des Unterabsatzes 1 ab, wenn das Ersatzerzeugnis aufgrund einer vertraglichen oder gesetzlichen Gewährleistungspflicht oder wegen eines Material- oder Fabrikationsfehlers kostenlos geliefert wurde.

(5) Die für die Veredelungserzeugnisse geltenden Vorschriften finden auf die Ersatzerzeugnisse Anwendung.

Artikel 262
Vorzeitige Einfuhr von Ersatzerzeugnissen

(1) Die Zollbehörden bewilligen unter von ihnen festgelegten Voraussetzungen und auf Antrag des Beteiligten die Einfuhr der Ersatzerzeugnisse vor der Ausfuhr der schadhaften Waren.

Bei der vorzeitigen Einfuhr der Ersatzerzeugnisse ist eine Sicherheit in Höhe des Einfuhrabgabenbetrags zu leisten, der zu entrichten wäre, wenn die schadhaften Waren nicht gemäß Absatz 2 ausgeführt werden.

(2) Für schadhafte Waren beträgt die Frist für die Ausfuhr zwei Monate ab dem Tag, an dem die Zollbehörden die Zollanmeldung für die Ersatzerzeugnisse zur Überlassung zum zollrechtlich freien Verkehr angenommen haben.

(3) Wenn die schadhaften Waren aufgrund außergewöhnlicher Umstände nicht innerhalb der in Absatz 2 genannten Frist ausgeführt werden können, so können die Zollbehörden auf begründeten Antrag des Bewilligungsinhabers eine Verlängerung dieser Frist um einen angemessenen Zeitraum gewähren.

TITEL VIII
VERBRINGUNG VON WAREN AUS DEM ZOLLGEBIET DER UNION

KAPITEL 1
Formalitäten vor dem Ausgang von Waren

Artikel 263
Abgabe einer Vorabanmeldung

(1) Für Waren, die aus dem Zollgebiet der Union verbracht werden, ist innerhalb eines bestimmten Zeitraums vor dem Verbringen der Waren aus dem Zollgebiet der Union eine Vorabanmeldung bei der zuständigen Zollstelle abzugeben.

(2) Die Verpflichtung gemäß Absatz 1 gilt nicht

   a) für Beförderungsmittel und die darauf beförderten Waren, die die Gewässer oder den Luftraum des Zollgebiets der Union lediglich ohne Zwischenstopp in diesem Zollgebiet durchqueren, oder

   b) in anderen bestimmten, durch die Art der Waren oder die Verkehrsart hinreichend begründeten oder in internationalen Übereinkünften vorgeschriebenen Fällen.

(3) Die Vorabanmeldung erfolgt mittels

   a) einer Zollanmeldung, sofern die Waren, die aus dem Zollgebiet der Union verbracht werden, in ein Zollverfahren übergeführt werden, für das eine solche Anmeldung erforderlich ist.

   b) einer Wiederausfuhranmeldung gemäß Artikel 270,

   c) der summarischen Ausgangsanmeldung gemäß Artikel 271.

(4) Die Vorabanmeldung enthält alle Angaben, die für eine Risikoanalyse zu Zwecken des Schutzes und der Sicherheit erforderlich sind.

[...]

KAPITEL 2
Formalitäten beim Ausgang von Waren

Artikel 267
Zollamtliche Überwachung und Formalitäten beim Ausgang

(1) Waren, die aus dem Zollgebiet der Union verbracht werden, unterliegen der zollamtlichen Überwachung und können Zollkontrollen unterzogen werden. Die Zollbehörden können gegebenenfalls den Weg, über den die Waren aus dem Zollgebiet der Union zu verbringen sind, und die hierfür einzuhaltende Frist bestimmen.

(2) Waren, die aus dem Zollgebiet der Union verbracht werden, werden beim Ausgang von einer der folgenden Personen gestellt,

   a) der Person, die die Waren aus dem Zollgebiet der Union verbringt,

   b) der Person, in deren Namen oder für deren Rechnung die Person, die die Waren aus dem Zollgebiet der Union verbringt, handelt,

c) der Person, die die Verantwortung für die Beförderung der Waren vor ihrem Ausgang aus dem Zollgebiet der Union übernimmt.

(3) Waren, die aus dem Zollgebiet der Union verbracht werden, unterliegen gegebenenfalls Folgendem:

a) der Erstattung beziehungsweise dem Erlass von Einfuhrabgaben,

b) der Zahlung von Ausfuhrerstattungen,

c) der Erhebung von Ausfuhrabgaben,

d) den nach den geltenden Vorschriften für sonstige Abgaben vorgeschriebenen Formalitäten,

e) der Anwendung von Verboten und Beschränkungen, die unter anderem aus folgenden Gründen gerechtfertigt sein können: Aufrechterhaltung der öffentlichen Sittlichkeit, Ordnung oder Sicherheit, Schutz der Gesundheit und des Lebens von Menschen, Tieren oder Pflanzen, Schutz der Umwelt, Schutz des nationalen Kulturguts von künstlerischem, geschichtlichem oder archäologischem Wert und der Schutz des gewerblichen Eigentums, einschließlich Kontrollen gegen Drogenausgangsstoffe, Waren, die bestimmte Rechte des geistigen Eigentums verletzen, und Bargeld, sowie Durchführung von Maßnahmen zur Erhaltung und Bewirtschaftung der Fischereiressourcen und von handelspolitischen Maßnahmen.

(4) Die Waren werden von den Zollbehörden mit der Maßgabe zum Ausgang überlassen, sie in demselben Zustand aus dem Zollgebiet der Union zu verbringen, in dem sie sich

a) bei der Annahme der Zollanmeldung oder der Wiederausfuhranmeldung oder

b) bei der Abgabe der summarischen Ausgangsanmeldung befanden.

[...]

Durchführungsverordnung (EU) 2015/2447

Durchführungsverordnung (EU) 2015/2447 der Kommission vom 24. November 2015 mit Einzelheiten zur Umsetzung von Bestimmungen der Verordnung (EU) Nr. 952/2013 des Europäischen Parlaments und des Rates zur Festlegung des Zollkodex der Union
letzte berücksichtigte Änderung: VO (EU) 2024/635 vom 02.02.2024 und
Berichtigung ABl. L 90428 vom 22.07.2024 ((EU) 2024/2502024/250)
– Nichtamtliche Fassung (Auszug) –

KAPITEL 2
Warenursprung

Abschnitt 1
Nachweis des nichtpräferenziellen Ursprungs

Artikel 57
Ursprungszeugnis für Erzeugnisse, für die besondere nichtpräferenzielle Einfuhrregelungen gelten
(Artikel 61 Absätze 1 und 2 des Zollkodex)

(1) Ursprungszeugnisse für Erzeugnisse mit Ursprung in einem Drittland, für das besondere nichtpräferenzielle Einfuhrregelungen gelten, werden — sofern in den Regelungen auf diesen Artikel verwiesen wird — nach dem Muster in Anhang 22-14 entsprechend den dort festgelegten technischen Spezifikationen ausgestellt.

(2) Ursprungszeugnisse werden von den zuständigen Behörden des Drittlandes, in dem die Erzeugnisse, für die besondere nichtpräferenzielle Einfuhrregelungen gelten, ihren Ursprung haben, oder von einer zuverlässigen, von diesen Behörden dazu ermächtigten Stelle (Ausstellungsbehörden) ausgestellt, sofern der Ursprung der Erzeugnisse gemäß Artikel 60 des Zollkodex bestimmt wurde.

Die Ausstellungsbehörden bewahren von jedem ausgestellten Ursprungszeugnis eine Kopie auf.

(3) Ursprungszeugnisse werden ausgestellt, bevor die Erzeugnisse, auf die sie sich beziehen, in dem Ursprungsdrittland zur Ausfuhr angemeldet werden.

(4) Abweichend von Absatz 3 können Ursprungszeugnisse ausnahmsweise auch nach der Ausfuhr der Waren, auf die sie sich beziehen, ausgestellt werden, wenn sie aufgrund eines Irrtums, unverschuldeten Versehens oder besonderer Umstände nicht bei der Ausfuhr ausgestellt wurden.

Die Ausstellungsbehörden dürfen ein Ursprungszeugnis gemäß Absatz 1 nur dann nachträglich ausstellen, wenn sie sich vergewissert haben, dass die Angaben im Antrag des Ausführers mit den entsprechenden Ausfuhrunterlagen übereinstimmen.

Artikel 58
Übermittlung von Informationen im Rahmen der Verwaltungszusammenarbeit in Bezug auf besondere nichtpräferenzielle Einfuhrregelungen
(Artikel 61 des Zollkodex)

(1) Ist in den besonderen nichtpräferenziellen Einfuhrregelungen für bestimmte Erzeugnisse die Verwendung des in Artikel 57 festgelegten Ursprungszeugnisses vorgesehen, so hängt die Anwendung dieser Regelungen davon ab, dass ein Verfahren der Verwaltungszusammenarbeit eingerichtet wurde, sofern in den betreffenden Einfuhrregelungen nichts anderes bestimmt ist.

Zur Einrichtung dieses Verfahrens der Verwaltungszusammenarbeit übermitteln die betreffenden Drittländer der Kommission Folgendes:

a) die Namen und Anschriften der Ausstellungsbehörden sowie Musterabdrücke der von diesen Behörden verwendeten Stempel;

b) die Namen und Anschriften der Regierungsbehörden, bei denen eine nachträgliche Überprüfung von Ursprungszeugnissen gemäß Artikel 59 zu beantragen ist.

Die Kommission übermittelt den zuständigen Behörden der Mitgliedstaaten die obengenannten Angaben.

(2) Übermittelt ein Drittland der Kommission die in Absatz 1 genannten Angaben nicht, so verweigern die zuständigen Behörden in der Union die Anwendung der besonderen nichtpräferenziellen Einfuhrregelungen.

Artikel 59
Nachträgliche Überprüfung der Ursprungszeugnisse für Erzeugnisse, für die besondere nichtpräferenzielle Einfuhrregelungen gelten
(Artikel 61 des Zollkodex)

(1) Die Überprüfung der in Artikel 57 genannten Ursprungszeugnisse erfolgt gemäß diesem Artikel nach der Annahme der Zollanmeldung (nachträgliche Überprüfung).

(2) Wenn die Zollbehörden begründete Zweifel an der Echtheit eines Ursprungszeugnisses oder an der Richtigkeit der darin enthaltenen Angaben haben oder wenn sie stichprobenweise nachträgliche Überprüfungen durchführen, so ersuchen sie die in Artikel 58 Absatz 1 Buchstabe b genannte Behörde zu prüfen, ob das Ursprungszeugnis echt ist und/oder ob die Ursprungsangabe zutreffend und entsprechend Artikel 60 des Zollkodex bestimmt wurde.

Dazu senden die Zollbehörden das Ursprungszeugnis oder eine Kopie davon an die in Artikel 58 Absatz 1 Buchstabe b genannte Behörde zurück. Wurde mit der Zollanmeldung eine Rechnung vorgelegt, so wird dem zurückgesandten Ursprungszeugnis die Originalrechnung oder eine Kopie davon beigefügt.

Die Zollbehörden nennen gegebenenfalls die Gründe für die nachträgliche Überprüfung und teilen alle ihnen bekannten Umstände mit, die auf die Unrichtigkeit der Angaben in dem Ursprungszeugnis schließen lassen oder seine Echtheit in Frage stellen.

(3) Die in Artikel 58 Absatz 1 Buchstabe b genannte Behörde teilt den Zollbehörden die Ergebnisse der Überprüfungen so schnell wie möglich mit.

Geht innerhalb von sechs Monaten nach Übermittlung eines Ersuchens gemäß Absatz 2 keine Antwort ein, so verweigern die Zollbehörden die Anwendung der besonderen nichtpräferenziellen Einfuhrregelung für das fragliche Erzeugnis.

Abschnitt 2
Präferenzieller Ursprung

Artikel 60

Für die Zwecke dieses Abschnitts gelten die Begriffsbestimmungen in Artikel 37 der Delegierten Verordnung (EU) 2015/2446.

Unterabschnitt 1
Verfahren zur Erleichterung der Ausstellung oder Ausfertigung von Ursprungsnachweisen

Artikel 61
Lieferantenerklärungen und ihre Verwendung
(Artikel 64 Absatz 1 des Zollkodex)

(1) Stellt ein Lieferant dem Ausführer oder einem anderen Wirtschaftsbeteiligten die Angaben zur Verfügung, die erforderlich sind, um die Ursprungseigenschaft von Waren gemäß den Vorschriften über Präferenzregelungen im Handel zwischen der Union und bestimmten Ländern festzustellen (Präferenzursprungseigenschaft), so tut er dies in Form einer Lieferantenerklärung.

Außer in den Fällen nach Artikel 62 wird für jede Warensendung eine separate Lieferantenerklärung ausgefertigt.

(1a) Sind im Handel zwischen den Vertragsparteien des Regionalen Übereinkommens über Pan-Europa-Mittelmeer-Präferenzursprungsregeln (im Folgenden das „PEM-Übereinkommen") zwei oder mehr Systeme von Ursprungsregeln anwendbar, so kann der Präferenzursprung der Waren nach einem System oder mehreren Systemen von Ursprungsregeln bestimmt werden.

Die Lieferanten geben den Rechtsrahmen an, der zur Bestimmung des Warenursprungs herangezogen wurde. Fehlt eine solche Angabe des Rechtsrahmens, so gilt grundsätzlich die Annahme, dass laut Lieferantenerklärung das PEM-Übereinkommen zur Bestimmung des Warenursprungs herangezogen wurde.

(1b) Für die Zwecke des Handels zwischen den Vertragsparteien des PEM-Übereinkommens können die Ausführer die Lieferantenerklärungen als Belege für den Antrag auf Ausstellung einer Warenverkehrsbescheinigung oder für die Ausfertigung einer Ursprungserklärung gemäß den parallel zu den Ursprungsregeln des PEM-Übereinkommens anwendbaren Übergangsregeln für den Ursprung verwenden, wenn

a) in den Lieferantenerklärungen die Ursprungseigenschaft für Erzeugnisse der Kapitel 1, 3 und 16 (für verarbeitete Fischereierzeugnisse) sowie 25 bis 97 des Harmonisierten Systems nach den Ursprungsregeln des PEM-Übereinkommens angegeben wird und

b) keine Kumulierung mit Vertragsparteien des PEM-Übereinkommens, die ausschließlich das PEM-Übereinkommen anwenden, erfolgt.

Der Ausführer trifft alle erforderlichen Maßnahmen, um sicherzustellen, dass die Voraussetzungen für die Ausstellung oder Ausfertigung eines Ursprungsnachweises nach einem bestimmten System von Ursprungsregeln erfüllt sind.

(2) Der Lieferant gibt die Erklärung auf der Rechnung für die Sendung, auf dem Lieferschein oder einem anderen Handelspapier ab, in dem die betreffenden Waren so genau bezeichnet sind, dass die Feststellung der Nämlichkeit möglich ist.

(3) Der Lieferant kann die Erklärung jederzeit vorlegen, auch nachdem die Waren bereits geliefert worden sind.

Artikel 62
Langzeit-Lieferantenerklärung
(Artikel 64 Absatz 1 des Zollkodex)

(1) Liefert ein Lieferant einem Ausführer oder einem anderen Wirtschaftsbeteiligten regelmäßig Warensendungen und ist die Ursprungseigenschaft der Waren all dieser Sendungen voraussichtlich gleich, so kann der Lieferant für alle folgenden Sendungen dieser Waren eine einzige Erklärung zur Verfügung stellen (Langzeit-Lieferantenerklärung). Eine Langzeit-Lieferantenerklärung kann eine Geltungsdauer von bis zu zwei Jahren ab dem Tag ihrer Ausfertigung haben.

(1a) Sind im Handel zwischen den Vertragsparteien des PEM-Übereinkommens zwei oder mehr Systeme von Ursprungsregeln anwendbar, so kann der Präferenzursprung der Waren nach einem System oder mehreren Systemen von Ursprungsregeln bestimmt werden.

Die Lieferanten geben den Rechtsrahmen an, der zur Bestimmung des Warenursprungs herangezogen wurde. Fehlt eine solche Angabe des Rechtsrahmens, so gilt grundsätzlich die Annahme, dass laut Lieferantenerklärung das PEM-Übereinkommen zur Bestimmung des Warenursprungs herangezogen wurde.

(1b) Für die Zwecke des Handels zwischen den Vertragsparteien des PEM-Übereinkommens können die Ausführer die Lieferantenerklärungen als Belege für den Antrag auf Ausstellung einer Warenverkehrsbescheinigung oder für die Ausfertigung einer Ursprungserklärung gemäß den parallel zum PEM-Übereinkommen anwendbaren Übergangsregeln für den Ursprung verwenden, wenn

    a)   in den Lieferantenerklärungen die Ursprungseigenschaft für Erzeugnisse der Kapitel 1, 3 und 16 (für verarbeitete Fischereierzeugnisse) sowie 25 bis 97 des Harmonisierten Systems nach den Ursprungsregeln des PEM-Übereinkommens angegeben wird und

    b)   keine Kumulierung mit Vertragsparteien des PEM-Übereinkommens, die ausschließlich das PEM-Übereinkommen anwenden, erfolgt.

Der Ausführer trifft alle erforderlichen Maßnahmen, um sicherzustellen, dass die Voraussetzungen für die Ausstellung oder Ausfertigung eines Ursprungsnachweises nach einem bestimmten System von Ursprungsregeln erfüllt sind.

(2) Eine Langzeit-Lieferantenerklärung kann rückwirkend für Waren ausgefertigt werden, die vor der Ausfertigung der Erklärung geliefert wurden. Eine solche Langzeit-Lieferantenerklärung kann eine Geltungsdauer

von bis zu einem Jahr vor dem Tag ihrer Ausfertigung haben. In diesem Fall endet die Geltungsdauer am Tag der Ausfertigung der Langzeit-Lieferantenerklärung.

(3) Der Lieferant informiert den Ausführer oder den Wirtschaftsbeteiligten unverzüglich, wenn die Langzeit-Lieferantenerklärung für einige oder alle gelieferten oder zu liefernden Warensendungen ungültig ist.

Artikel 63
Ausfertigung von Lieferantenerklärungen
(Artikel 64 Absatz 1 des Zollkodex)

(1) Für Erzeugnisse, die die Präferenzursprungseigenschaft erlangt haben, werden die Lieferantenerklärungen gemäß Anhang 22-15 ausgefertigt. Langzeit-Lieferantenerklärungen für solche Erzeugnisse werden gemäß Anhang 22-16 ausgefertigt.

(2) Für Erzeugnisse, die in der Union be- oder verarbeitet wurden, ohne die Präferenzursprungseigenschaft erlangt zu haben, werden die Lieferantenerklärungen gemäß Anhang 22-17 ausgefertigt. Langzeit-Lieferantenerklärungen für solche Erzeugnisse werden gemäß Anhang 22-18 ausgefertigt.

(3) Lieferantenerklärungen sind vom Lieferanten handschriftlich zu unterzeichnen. Werden sowohl die Lieferantenerklärung als auch die Rechnung elektronisch erstellt, so können sie elektronisch authentisiert werden, oder der Lieferant kann sich gegenüber dem Ausführer oder dem Wirtschaftsbeteiligten schriftlich verpflichten, die volle Verantwortung für jede Lieferantenerklärung zu übernehmen, die ihn so ausweist, als ob er sie handschriftlich unterzeichnet hätte.

[...]

Artikel 66
Prüfung der Lieferantenerklärungen
(Artikel 64 Absatz 1 des Zollkodex)

(1) Stellt ein Lieferant dem Ausführer oder einem anderen Wirtschaftsbeteiligten die Angaben zur Verfügung, die erforderlich sind, um die Ursprungseigenschaft von Waren gemäß den Vorschriften über Präferenzregelungen im Handel zwischen der Union und bestimmten Ländern festzustellen (Präferenzursprungseigenschaft), so tut er dies in Form einer Lieferantenerklärung.

Außer in den Fällen nach Artikel 62 wird für jede Warensendung eine separate Lieferantenerklärung ausgefertigt.

(2) Der Lieferant gibt die Erklärung auf der Rechnung für die Sendung, auf dem Lieferschein oder einem anderen Handelspapier ab, in dem die betreffenden Waren so genau bezeichnet

KAPITEL 3
Zollwert der Waren

Artikel 128
Transaktionswert
(Artikel 70 Absatz 1 des Zollkodex)

(1) Der Transaktionswert der zur Ausfuhr in das Zollgebiet der Union verkauften Waren wird zum Zeitpunkt der Annahme der Zollanmeldung aufgrund des unmittelbar vor dem Verbringen der Waren in das Zollgebiet erfolgten Verkaufs bestimmt.

(2) Wurden die Waren zur Ausfuhr in das Zollgebiet der Union verkauft, und zwar nicht bevor sie in das Zollgebiet verbracht werden, sondern während sie sich in vorübergehender Verwahrung oder in einem anderen besonderen Verfahren als dem internen Versand, der Endverwendung oder der passiven Veredelung befinden, so wird der Transaktionswert aufgrund dieses Verkaufs bestimmt.

Artikel 129
Tatsächlich gezahlter oder zu zahlender Preis
(Artikel 70 Absätze 1 und 2 des Zollkodex)

(1) Der tatsächlich gezahlte oder zu zahlende Preis im Sinne des Artikels 70 Absätze 1 und 2 des Zollkodex schließt alle Zahlungen ein, die vom Käufer als Bedingung für den Verkauf der eingeführten Waren an eine der folgenden Personen tatsächlich geleistet werden oder zu leisten sind:

a) an den Verkäufer,

b) an einen Dritten zugunsten des Verkäufers,

c) an einen mit dem Verkäufer verbundenen Dritten,

d) an einen Dritten, wobei die Zahlung zur Erfüllung einer Verpflichtung des Verkäufers gegenüber dem Dritten erfolgt.

Zahlungen können auch durch Kreditbriefe oder verkehrsfähige Wertpapiere erfolgen und unmittelbar oder mittelbar durchgeführt werden.

(2) Tätigkeiten, die der Käufer oder ein mit ihm verbundenes Unternehmen auf eigene Rechnung durchführt, einschließlich Tätigkeiten für den Absatz der Waren, außer denjenigen, für die in Artikel 71 des Zollkodex eine Anpassung vorgesehen ist, gelten nicht als mittelbare Zahlung an den Verkäufer.

Artikel 130
Preisnachlässe
(Artikel 70 Absätze 1 und 2 des Zollkodex)

(1) Preisnachlässe werden bei der Bestimmung des Zollwerts gemäß Artikel 70 Absatz 1 des Zollkodex berücksichtigt, wenn der Kaufvertrag zum Zeitpunkt der Annahme der Zollanmeldung deren Anwendung und Höhe ausweist.

(2) Preisnachlässe für frühzeitige Zahlung werden bei Waren berücksichtigt, für die der Preis zum Zeitpunkt der Annahme der Zollanmeldung noch nicht gezahlt wurde.

(3) Preisnachlässe aufgrund von Vertragsänderungen nach dem Zeitpunkt der Annahme der Zollanmeldung werden nicht berücksichtigt.

Artikel 131
Teillieferungen
(Artikel 70 Absatz 1 des Zollkodex)

(1) Sind Waren, die zu einem Zollverfahren angemeldet werden, Teil einer größeren Menge gleicher, in einer einzigen Transaktion erworbener Waren, so wird der tatsächlich gezahlte oder zu zahlende Preis im Sinne des Artikels 70 Absatz 1 des Zollkodex anteilsmäßig aufgrund des Preises der erworbenen Gesamtmenge berechnet.

(2) Eine anteilsmäßige Aufteilung des tatsächlich gezahlten oder zu zahlenden Preises erfolgt auch im Fall eines Teilverlustes oder einer Beschädigung der Waren vor ihrer Überlassung zum zollrechtlich freien Verkehr.

Artikel 132
Preisanpassungen für schadhafte Waren
(Artikel 70 Absatz 1 des Zollkodex)

Eine Anpassung des für die Waren tatsächlich gezahlten oder zu zahlenden Preises durch den Verkäufer zugunsten des Käufers kann bei der Ermittlung des Zollwerts gemäß Artikel 70 Absatz 1 des Zollkodex berücksichtigt werden, wenn die folgenden Bedingungen erfüllt sind:

a) die Waren waren zum Zeitpunkt der Annahme der Zollanmeldung zur Überlassung zum zollrechtlich freien Verkehr schadhaft;

b) der Verkäufer hat die Anpassung zum Ausgleich der Schadhaftigkeit vorgenommen, um entweder

 i) eine vor der Annahme der Zollanmeldung eingegangene vertragliche Verpflichtung zu erfüllen;

 ii) einer für die Waren geltenden gesetzlichen Gewährleistungspflicht nachzukommen;

c) die Anpassung wird innerhalb eines Jahres nach dem Datum der Annahme der Zollanmeldung vorgenommen.

Artikel 133
Bewertung von Bedingungen und Leistungen
(Artikel 70 Absatz 3 Buchstabe b des Zollkodex)

Unterliegt der Verkauf oder der Preis eingeführter Waren einer Bedingung oder der Erbringung einer Leistung, deren Wert im Hinblick auf die zu bewertenden Waren bestimmt werden kann, so gilt dieser Wert als Teil des tatsächlich gezahlten oder zu zahlenden Preises, sofern die Bedingung oder Leistung nicht im Zusammenhang steht mit

a) einer Tätigkeit, für die Artikel 129 Absatz 2 gilt;

b) einem Element des Zollwerts gemäß Artikel 71 des Zollkodex.

[...]

KAPITEL 5
Veredelung

Aktive Veredelung

Artikel 324
Besondere Fälle der Erledigung der aktiven Veredelung IM/EX
(Artikel 215 des Zollkodex)

(1) Für die Zwecke der Erledigung der aktiven Veredelung IM/EX gilt Folgendes als Wiederausfuhr:

a) Lieferung der Veredelungserzeugnisse an Personen, die gemäß Artikel 128 Absatz 1 Buchstabe a der Verordnung (EG) Nr. 1186/2009 des Rates (25) nach Maßgabe des Wiener Übereinkommens vom 18. April 1961 über diplomatische Beziehungen, des Wiener Übereinkommens vom 24. April 1963 über konsularische Beziehungen, sonstige konsularische Vereinbarungen oder der New Yorker Konvention vom 16. Dezember 1969 über Spezialmissionen Anspruch auf Befreiung von den Einfuhrabgaben haben;

b) Lieferung der Veredelungserzeugnisse an die im Gebiet eines Mitgliedstaats stationierten Truppen anderer Länder, falls dieser Mitgliedstaat nach Artikel 131 Absatz 1 der Verordnung (EG) Nr. 1186/2009 eine besondere Befreiung von den Einfuhrabgaben gewährt;

c) Lieferung von Luftfahrzeugen;

d) Lieferung von Raumfahrzeugen und dazugehörender Ausrüstung;

e) Lieferung von Hauptveredelungserzeugnissen, für die der Erga-omnes-Einfuhrzollsatz mit „frei" angegeben ist oder für die eine Luftfahrttauglichkeitsbescheinigung im Sinne des Artikels 1 der Verordnung (EG) Nr. 1147/2002 des Rates ausgestellt wurde;

f) vorschriftsmäßige Verfügung über Nebenveredelungserzeugnissen, die aus Gründen des Umweltschutzes nicht unter zollamtlicher Überwachung zerstört werden dürfen.

(2) Absatz 1 gilt nicht,

a) wenn die in die aktive Veredelung IM/EX übergeführten Nicht-Unionswaren bei einer Anmeldung zur Überlassung zum zollrechtlich freien Verkehr einer Agrar- oder handelspolitischen Maßnahme, einem vorläufigen oder endgültigen Antidumpingzoll, einem Ausgleichszoll, einer Schutzmaßnahme oder einer zusätzlichen Abgabe infolge einer Aussetzung von Zugeständnissen unterliegen würden;

Absatz 1 gilt jedoch in den Fällen, in denen die in die aktive Veredelung IM/EX übergeführten Nicht-Unionswaren, bei einer Anmeldung zur Überlassung in den zollrechtlich freien Verkehr einer vorherigen Überwachung durch die Union unterliegen würden, sofern der Inhaber der Bewilligung der aktiven Veredelung IM/EX die Datenelemente gemäß der entsprechenden Überwachungsmaßnahme zur Verfügung stellt.

b) wenn für in die aktive Veredelung IM/EX übergeführte Nichtursprungswaren eine Zollschuld nach Artikel 78 Absatz 1 des Zollkodex entstehen würde, wenn der Inhaber der Bewilligung beabsichtigt, die Veredelungserzeugnisse wiederauszuführen.

(3) Im Fall von Absatz 1 Buchstabe c lässt die Überwachungszollstelle die Erledigung der aktiven Veredelung IM/EX zu, sobald die in das Verfahren übergeführten Waren zum ersten Mal für die Herstellung, Reparatur einschließlich Wartung, Änderung oder Umrüstung von Luftfahrzeugen oder Teilen davon verwendet werden, vorausgesetzt, die Aufzeichnungen des Inhabers des Verfahrens ermöglichen eine Prüfung der ordnungsgemäßen Anwendung und Durchführung des Verfahrens.

(4) Im Fall von Absatz 1 Buchstabe d lässt die Überwachungszollstelle die Erledigung der aktiven Veredelung IM/EX zu, sobald die in das Verfahren übergeführten Waren zum ersten Mal für die Herstellung, Reparatur einschließlich Wartung, Änderung oder Umrüstung von Satelliten, deren Abschussgeräte und Bodenstationsausrüstung oder Teilen davon, die Bestandteil des Systems sind, verwendet werden, vorausgesetzt, die Aufzeichnungen des Inhabers des Verfahrens ermöglichen eine Prüfung der ordnungsgemäßen Anwendung und Durchführung des Verfahrens.

(5) Im Fall von Absatz 1 Buchstabe e lässt die Überwachungszollstelle die Erledigung der aktiven Veredelung IM/EX zu, sobald die in das Verfahren übergeführten Waren zum ersten Mal für Veredelungsvorgänge im Zusammenhang mit den gelieferten Veredelungserzeugnissen oder Teilen davon verwendet werden, vorausgesetzt, die Aufzeichnungen des Inhabers des Verfahrens ermöglichen eine Prüfung der ordnungsgemäßen Anwendung und Durchführung des Verfahrens.

(6) Im Fall von Absatz 1 Buchstabe f weist der Inhaber der aktiven Veredelung nach, dass die Erledigung der aktiven Veredelung IM/EX nach den normalen Regeln unmöglich oder unwirtschaftlich ist.

Artikel 325
Veredelungserzeugnisse oder Waren, die als zum zollrechtlich freien Verkehr überlassen gelten
(Artikel 215 des Zollkodex)

(1) Wurde in der Bewilligung der aktiven Veredelung IM/EX angegeben, dass die Veredelungserzeugnisse oder die in die aktive Veredelung übergeführten Waren als zum zollrechtlich freien Verkehr überlassen gelten, wenn sie bei Ablauf der Frist für die Erledigung des Verfahrens nicht in ein anschließendes Zollverfahren übergeführt oder wiederausgeführt wurden, gilt die Zollanmeldung zur Überlassung zum zollrechtlich freien Verkehr zum Zeitpunkt des Ablaufs der Frist für die Erledigung des Verfahrens als abgegeben und angenommen und die Überlassung als bewilligt.

(2) In den in Absatz 1 genannten Fällen werden die Veredelungserzeugnisse oder die in die aktive Veredelung IM/EX übergeführten Waren zu Unionswaren, sobald sie in den Wirtschaftskreislauf gelangen.

ANHANG B
FORMATE UND CODES DER GEMEINSAMEN DATENANFORDERUNGEN FÜR ANMELDUNGEN, MITTEILUNGEN UND NACHWEISE DES ZOLLRECHTLICHEN STATUS VON UNIONSWAREN
(Artikel 2 Absatz 2

[...]

TITEL II   Codes betreffend die gemeinsamen Datenanforderungen für Anmeldungen und Mitteilungen

CODES

(1) Einführung:
Dieser Titel enthält die in elektronischen Zollanmeldungen und Mitteilungen zu verwendenden Codes.

12 11 000 000 Lager

12 11 002 000 Art des Lagers
Kennzeichen für die Lagerart:

R	Öffentliches Zolllager Typ I
S	Öffentliches Zolllager Typ II
T	Öffentliches Zolllager Typ III
U	Privates Zolllager
V	Verwahrungslager für die vorübergehende Verwahrung von Waren
Y	Anderes als Zolllager
Z	Zollfreizone

[...]

14 01 000 000 Lieferbedingungen

14 01 035 000 INCOTERMS-Code

Folgende Codes und Angaben sind einzutragen:

Erstes Unterfeld	Bedeutung	Zweites Unterfeld
Incoterms-Code	Incoterms — ICC/ECE	Anzugebender Ort
Codes für alle Beförderungsarten		
EXW (Incoterms 2020)	Ab Werk	Vereinbarter Ort der Lieferung
FCA (Incoterms 2020)	Frei Frachtführer	Vereinbarter Ort der Lieferung
CPT (Incoterms 2020)	Fracht bezahlt bis	Vereinbarter Bestimmungsort
CIP (Incoterms 2020)	Fracht und Versicherung bezahlt bis	Vereinbarter Bestimmungsort
DPU (Incoterms 2020)	Geliefert benannter Ort entladen	Vereinbarter Bestimmungsort
DAP (Incoterms 2020)	Geliefert benannter Ort	Vereinbarter Bestimmungsort
DDP (Incoterms 2020)	Geliefert verzollt	Vereinbarter Bestimmungsort
DAT (Incoterms 2010)	Geliefert Terminal	Vereinbarter Terminal am Hafen oder Bestimmungsort
Für die Beförderung auf See und auf Binnenwasserwegen geltende Codes		
FAS (Incoterms 2020)	Frei Längsseite Schiff	Vereinbarter Verladehafen
FOB (Incoterms 2020)	Frei an Bord	Vereinbarter Verladehafen
CFR (Incoterms 2020)	Kosten und Fracht	Vereinbarter Bestimmungshafen
CIF (Incoterms 2020)	Kosten, Versicherung und Fracht	Vereinbarter Bestimmungshafen
XXX	Andere Lieferbedingungen als vorstehend angegeben	Genaue Angabe der im Vertrag enthaltenen Bedingungen

14 02 000 000 Beförderungskosten

14 02 038 000 Zahlungsart

Die nachstehenden Codes sind zu verwenden:

A   Barzahlung

B   Kreditkarte

C   Scheckzahlung

D   Andere (z. B. Kontoabbuchung)

H   Elektronischer Zahlungsverkehr

Ja   Konto beim Beförderer

Z   Keine Vorauszahlung

14 03 000 000 Zölle und Abgaben

14 03 039 000 Art der Abgabe

Die folgenden Codes sind zu verwenden:

A00	Einfuhrzoll
A30	Endgültige Antidumpingzölle
A35	Vorläufige Antidumpingzölle
A40	Endgültige Ausgleichszölle
A45	Vorläufige Ausgleichszölle
B00	Mehrwertsteuer
C00	Ausfuhrzoll
E00	Im Namen anderer Länder erhobene Abgaben

14 03 038 000 Zahlungsart

Die Mitgliedstaaten können die folgenden Codes verwenden:

A	Barzahlung
B	Kreditkarte
C	Scheckzahlung
D	Andere (z. B. Abbuchung vom Konto eines Zollagenten)
E	Zahlungsaufschub
G	Zahlungsaufschub — Mehrwertsteuersystem (Artikel 211 der Richtlinie 2006/112/EG)
H	Elektronischer Zahlungsverkehr
J	Zahlung durch die Postverwaltung (Postsendungen) oder durch andere öffentlich-rechtliche Körperschaften
K	Verbrauchsteuergutschriften oder -rückzahlungen
O	Sicherheit bei einer Interventionsstelle
P	Barhinterlegung auf das Konto eines Zollagenten
R	Sicherheit für den zu zahlenden Betrag
S	Einzelsicherheit
T	Sicherheit für Rechnung eines Zollagenten
U	Sicherheit für Rechnung des Beteiligten (Dauergenehmigung)
V	Sicherheit für Rechnung des Beteiligten (Einzelgenehmigung)

TIR-Übereinkommen

ZOLLÜBEREINKOMMEN ÜBER DEN INTERNATIONALEN WARENTRANSPORT MIT CARNETS TIR (TIR-ÜBER-EINKOMMEN VON 1975) gem. Beschluss des Rates vom 28. Mai 2009 über die Veröffentlichung einer konsolidierten Fassung des Zollübereinkommens über den internationalen Warentransport mit Carnets TIR (TIR-Übereinkommen) vom 14. November 1975 mit den seither vorgenommenen Änderungen (2009/477/EG)

letzte berücksichtigte Änderung: gem. Notifizierung durch den UN-Verwahrer (ABl. L 244 vom 08.09.2012 S. 1)

– Nichtamtliche Fassung (Auszug) –

KAPITEL I
ALLGEMEINES

a) Begriffsbestimmungen

Artikel 1

Im Sinne dieses Übereinkommens bedeutet der Begriff:

a) „TIR-Transport" die Beförderung von Waren von einer Abgangszollstelle bis zu einer Bestimmungszollstelle im Rahmen des in diesem Übereinkommen festgelegten sogenannten TIR-Verfahrens;

b) „TIR-Versand" den Streckenteil eines TIR-Transports, der in einer Vertragspartei von einer Abgangszollstelle oder Eingangszollstelle (Durchgangszollstelle) bis zu einer Bestimmungszollstelle oder Ausgangszollstelle (Durchgangszollstelle) erfolgt;

c) „Beginn eines TIR-Versands", dass die Vorführung des Straßenfahrzeugs, des Lastzugs oder des Behälters zusammen mit der Ladung und dem zugehörigen Carnet TIR zur Kontrolle bei der Abgangszollstelle oder Eingangszollstelle (Durchgangszollstelle) erfolgt ist und die Zollstelle das Carnet TIR angenommen hat;

d) „Beendigung eines TIR-Versands", dass die Vorführung des Straßenfahrzeugs, des Lastzugs oder des Behälters zusammen mit der Ladung und dem zugehörigen Carnet TIR zur Kontrolle bei der Bestimmungszollstelle oder Ausgangszollstelle (Durchgangszollstelle) erfolgt ist;

e) „Erledigung eines TIR-Versands" die Bestätigung der ordnungsgemäßen Beendigung eines TIR-Versands in einer Vertragspartei durch die Zollbehörden. Sie wird von den Zollbehörden anhand eines Vergleichs der bei der Bestimmungszollstelle oder Ausgangszollstelle (Durchgangszollstelle) verfügbaren Angaben oder Informationen mit denjenigen, die bei der Abgangszollstelle oder Eingangszollstelle (Durchgangszollstelle) verfügbar sind, festgestellt;

f) „Eingangs- und Ausgangsabgaben" die Zölle und alle anderen Abgaben, Steuern, Gebühren und sonstigen Belastungen, die anlässlich oder im Zusammenhang mit der Einfuhr oder Ausfuhr von Waren erhoben werden, ohne die Gebühren und Belastungen, die dem Betrag nach ungefähr auf die Kosten der erbrachten Dienstleistungen beschränkt sind;

g) „Straßenfahrzeuge" nicht nur Straßenkraftfahrzeuge, sondern auch alle Anhänger und Sattelanhänger, die dazu bestimmt sind, von derartigen Fahrzeugen gezogen zu werden;

h) „Lastzüge" miteinander verbundene Fahrzeuge, die als Einheit im Straßenverkehr eingesetzt sind;

j) „Behälter" eine Transportausrüstung (Möbeltransportbehälter, abnehmbarer Tank oder anderes ähnliches Gerät), die

  i) einen zur Aufnahme von Waren bestimmten, ganz oder teilweise geschlossenen Hohlkörper darstellt;

  ii) von dauerhafter Beschaffenheit und daher genügend widerstandsfähig ist, um wiederholt verwendet werden zu können;

  iii) besonders dafür gebaut ist, um den Transport von Waren durch ein oder mehrere Verkehrsmittel ohne Umladung des Inhalts zu erleichtern;

  iv) so gebaut ist, dass sie leicht gehandhabt werden kann, insbesondere bei der Umladung von einem Verkehrsmittel auf ein anderes;

  v) so gebaut ist, dass sie leicht beladen und entladen werden kann, und

  vi) einen Rauminhalt von mindestens einem Kubikmeter hat;

  „abnehmbare Karosserien" gelten als Behälter;

k) „Abgangszollstelle" diejenige Zollstelle einer Vertragspartei, bei welcher der TIR-Transport einer Gesamtladung oder einer Teilladung beginnt;

l) „Bestimmungszollstelle" diejenige Zollstelle einer Vertragspartei, bei welcher der TIR-Transport einer Gesamtladung oder einer Teilladung endet;

m) „Durchgangszollstelle" diejenige Zollstelle einer Vertragspartei, über die ein Straßenfahrzeug, ein Lastzug oder ein Behälter im Rahmen eines TIR-Transports in diese Vertragspartei verbracht wird oder diese verlässt;

n) „Personen" sowohl natürliche als auch juristische Personen;

o) „Inhaber" eines Carnet TIR diejenige Person, für die ein Carnet TIR gemäß den einschlägigen Bestimmungen des Übereinkommens ausgestellt und in deren Namen eine Zollanmeldung in Form eines Carnet TIR vorgenommen worden ist, wodurch die Absicht zum Ausdruck gebracht wurde, Waren bei der Abgangszollstelle dem TIR-Verfahren zuzuführen. Der Inhaber ist verantwortlich für die Vorführung des Straßenfahrzeugs, des Lastzugs oder des Behälters zusammen mit der Ladung und dem zugehörigen Carnet TIR bei der Abgangszollstelle, der Durchgangszollstelle und der Bestimmungszollstelle sowie für die ordnungsgemäße Einhaltung der anderen einschlägigen Bestimmungen des Übereinkommens;

p) „außergewöhnlich schwere oder sperrige Waren" alle schweren oder sperrigen Gegenstände, die wegen ihres Gewichts, ihrer Ausmaße oder ihrer Beschaffenheit gewöhnlich nicht in einem geschlossenen Straßenfahrzeug oder Behälter befördert werden;

q) „bürgender Verband" einen Verband, der von den Zollbehörden einer Vertragspartei zugelassen ist, um für die Benutzer des TIR-Verfahrens die Bürgschaft zu übernehmen.

r) „internationale Organisation" eine vom Verwaltungsausschuss zugelassene Organisation, die die Verantwortlichkeit für die wirksame Gestaltung und Funktionsweise eines internationalen Bürgschaftssystems übernimmt.

b) Geltungsbereich

Artikel 2

Dieses Übereinkommen gilt für Warentransporte, bei denen die Waren ohne Umladung über eine oder mehrere Grenzen von einer Abgangszollstelle einer Vertragspartei bis zu einer Bestimmungszollstelle einer anderen oder derselben Vertragspartei in Straßenfahrzeugen, Lastzügen oder Behältern befördert werden, wenn auf einem Teil der Strecke zwischen Beginn und Ende des TIR-Transports die Beförderung im Straßenverkehr erfolgt.

Artikel 3

Voraussetzung für die Anwendung dieses Übereinkommens ist,

a) dass der Warentransport durchgeführt wird:

i) mit Straßenfahrzeugen, Lastzügen oder Behältern, die vorher nach den in Kapitel III Abschnitt a festgelegten Bedingungen zugelassen sind, oder

ii) mit anderen Straßenfahrzeugen, Lastzügen oder Behältern, sofern die in Kapitel III Abschnitt c festgelegten Bedingungen beachtet werden, oder

iii) mit Straßenfahrzeugen oder Spezialfahrzeugen wie Bussen, Kränen, Kehrmaschinen, Betonmischmaschinen usw., die ausgeführt werden und daher selbst als Waren gelten und die unter den in Kapitel III Abschnitt c festgelegten Bedingungen selbständig von einer Abgangszollstelle zu einer Bestimmungszollstelle gelangen. Transportieren solche Fahrzeuge andere Waren, so finden die unter Ziffer i oder ii genannten Bedingungen entsprechend Anwendung;

b) dass für den Warentransport eine Bürgschaft von Verbänden geleistet wird, die nach Artikel 6 zugelassen worden sind, und der Transport unter Verwendung eines Carnet TIR durchgeführt wird, das dem in Anlage 1 wiedergegebenen Muster entspricht.

c) Grundsätzliche Bestimmungen

Artikel 4

Für Waren, die im TIR-Verfahren befördert werden, wird eine Entrichtung oder Hinterlegung von Eingangs- oder Ausgangsabgaben bei den Durchgangszollstellen nicht gefordert.

Artikel 5

(1) Für Waren, die im TIR-Verfahren unter Zollverschluss mit Straßenfahrzeugen, Lastzügen oder Behältern befördert werden, wird eine Beschau bei den Durchgangszollstellen grundsätzlich nicht vorgenommen.

(2) Um Missbräuche zu verhindern, können die Zollbehörden jedoch in Ausnahmefällen und insbesondere, wenn der Verdacht auf eine Unregelmäßigkeit besteht, bei den Durchgangszollstellen eine Beschau der Waren vornehmen.

KAPITEL II
AUSGABE DER CARNETS TIR
HAFTUNG DER BÜRGENDEN VERBÄNDE

Artikel 6

(1) Jede Vertragspartei kann Verbänden die Bewilligung erteilen, entweder selbst oder durch die mit ihnen in Verbindung stehenden Verbände Carnets TIR auszugeben und die Bürgschaft zu übernehmen, solange die in Anlage 9 Teil I niedergelegten Mindestvoraussetzungen und -erfordernisse erfüllt werden. Die Bewilligung wird widerrufen, wenn die in Anlage 9 Teil I aufgeführten Mindestvoraussetzungen und -erfordernisse nicht mehr erfüllt sind.

(2) Ein Verband wird in einem Land nur zugelassen, wenn seine Bürgschaft sich auch auf die in diesem Lande entstehenden Verbindlichkeiten aus Warentransporten mit Carnet TIR erstreckt, die von ausländischen Verbänden ausgegeben worden sind, die derselben internationalen Organisation wie der bürgende Verband angehören.

(2 bis) Der Verwaltungsausschuss lässt eine internationale Organisation nach Absatz 2 zur Übernahme der Verantwortlichkeit für die wirksame Gestaltung und Funktionsweise eines internationalen Bürgschaftssystems zu, sofern sie diese Verantwortlichkeit annimmt.

(3) Ein Verband gibt Carnets TIR nur an Personen aus, denen die Zulassung zum TIR-Verfahren von den zuständigen Behörden der Vertragsparteien, in deren Hoheitsgebiet sie ihren Wohnsitz oder Geschäftssitz haben, nicht verweigert worden ist.

(4) Zum TIR-Verfahren können nur Personen zugelassen werden, die die in Anlage 9 Teil II festgelegten Mindestvoraussetzungen und -erfordernisse erfüllen. Die Zulassung wird unbeschadet des Artikels 38 widerrufen, wenn die Erfüllung dieser Kriterien nicht mehr sichergestellt ist.

(5) Die Zulassung zum TIR-Verfahren erfolgt nach dem in Anlage 9 Teil II festgelegten Verfahren.

Artikel 7

Carnet TIR-Vordrucke, die den bürgenden Verbänden von den mit ihnen in Verbindung stehenden ausländischen Verbänden oder von internationalen Organisationen zugesandt werden, sind von Eingangs- und Ausgangsabgaben sowie von Einfuhr- und Ausfuhrverboten und Einfuhr- und Ausfuhrbeschränkungen befreit.

Artikel 8

(1) Der bürgende Verband verpflichtet sich, bis zum Höchstbetrag der übernommenen Bürgschaft die fälligen Eingangs- oder Ausgangsabgaben und Steuern zuzüglich etwaiger Verzugszinsen, die nach den Zollgesetzen oder sonstigen Zollvorschriften der Vertragspartei zu entrichten sind, in der eine Unregelmäßigkeit im Zusammenhang mit einem TIR-Versand festgestellt worden ist, zu zahlen. Der bürgende Verband haftet mit den Personen, die die vorgenannten Beträge schulden, gesamtschuldnerisch für die Entrichtung dieser Beträge.

(2) Sehen die Gesetze und anderen Vorschriften einer Vertragspartei die Entrichtung der Eingangs- oder Ausgangsabgaben in den in Absatz 1 genannten Fällen nicht vor, so hat sich der bürgende Verband zu verpflichten, unter den gleichen Bedingungen eine Zahlung in Höhe der Eingangs- oder Ausgangsabgaben zuzüglich etwaiger Verzugszinsen zu leisten.

(3) Jede Vertragspartei setzt den Höchstbetrag fest, der nach den Absätzen 1 und 2 vom bürgenden Verband für jedes Carnet TIR gegebenenfalls gefordert werden kann.

(4) Die Haftung des bürgenden Verbandes gegenüber den Behörden des Landes, in dem sich die Abgangszollstelle befindet, beginnt, wenn das Carnet TIR von der Zollstelle angenommen worden ist. In den weiteren Ländern, durch die die Waren im TIR-Verfahren noch befördert werden, beginnt die Haftung mit dem Verbringen der Waren in diese Länder oder mit der Annahme des Carnet TIR durch die Zollstelle, bei der der TIR-Transport wiederaufgenommen wird, wenn er gemäß Artikel 26 Absätze 1 und 2 ausgesetzt worden ist.

(5) Die Haftung des bürgenden Verbandes erstreckt sich nicht nur auf die im Carnet TIR angeführten Waren, sondern auch auf Waren, die zwar im Carnet TIR nicht angeführt sind, sich aber unter Zollverschluss in einem Teil des Fahrzeugs oder einem Behälter befinden. Sie erstreckt sich nicht auf andere Waren.

(6) Die im Carnet TIR über die Waren enthaltenen Angaben gelten für die Festsetzung der in den Absätzen 1 und 2 genannten Abgaben bis zum Beweise des Gegenteils als richtig.

Artikel 9

(1) Der bürgende Verband setzt die Gültigkeitsdauer des Carnet TIR fest und bestimmt dabei den letzten Gültigkeitstag, nach dem das Carnet der Abgangszollstelle nicht mehr zur Annahme vorgelegt werden kann.

(2) Sofern das Carnet gemäß Absatz 1 bis spätestens zum letzten Gültigkeitstag von der Abgangszollstelle angenommen worden ist, bleibt es bis zur Beendigung des TIR-Versands bei der Bestimmungszollstelle gültig.

Artikel 10

(1) Die Erledigung eines TIR-Versands hat unverzüglich zu erfolgen.

(2) Haben die Zollbehörden einer Vertragspartei einen TIR-Versand erledigt, so können sie vom bürgenden Verband die Entrichtung der in Artikel 8 Absätze 1 und 2 genannten Beträge nicht mehr verlangen, es sei denn, dass die Bescheinigung über die Beendigung des TIR-Versands missbräuchlich oder betrügerisch erwirkt worden oder keine Beendigung erfolgt ist.

Artikel 11

(1) Ist ein TIR-Versand nicht erledigt worden, so können die zuständigen Behörden vom bürgenden Verband die Entrichtung der in Artikel 8 Absätze 1 und 2 genannten Beträge nur verlangen, wenn sie dem bürgenden Verband innerhalb eines Jahres nach der Annahme des Carnet TIR durch die Zollbehörden die Nichterledigung schriftlich mitgeteilt haben. Das gleiche gilt, wenn die Bescheinigung über die Beendigung des TIR-Versands missbräuchlich oder betrügerisch erwirkt worden ist, jedoch beträgt die Frist in diesen Fällen zwei Jahre.

(2) Die zuständigen Behörden haben bei Fälligkeit der in Artikel 8 Absätze 1 und 2 genannten Beträge deren Zahlung soweit möglich zunächst von der Person oder den Personen zu verlangen, die diese unmittelbar schulden, bevor der bürgende Verband zur Zahlung dieser Beträge in Anspruch genommen wird.

(3) An den bürgenden Verband kann die Aufforderung zur Zahlung der in Artikel 8 Absätze 1 und 2 genannten Beträge frühestens drei Monate und spätestens zwei Jahre nach dem Tage der Mitteilung an den Verband, dass der TIR-Versand nicht erledigt oder die Bescheinigung über die Beendigung des TIR-Versands gefälscht oder missbräuchlich oder betrügerisch erwirkt wurde, gerichtet werden. Wird ein TIR-Verfahren bzw. die Zahlungsverpflichtung der in Absatz 2 genannten Person oder Personen innerhalb der oben genannten Zweijahresfrist Gegenstand eines Verwaltungs- oder Gerichtsverfahrens, so hat jede Zahlungsaufforderung innerhalb eines Jahres ab dem Datum zu erfolgen, an dem die Entscheidung der zuständigen Behörden oder Gerichte vollstreckbar wird.

(4) Der bürgende Verband hat die geltend gemachten Beträge binnen drei Monaten nach dem Tag der Zahlungsaufforderung zu entrichten.

(5) Die entrichteten Beträge werden dem bürgenden Verband erstattet, wenn innerhalb von zwei Jahren nach dem Tag der Zahlungsaufforderung ein die zuständigen Behörden zufriedenstellender Nachweis darüber erbracht worden ist, dass bei dem betreffenden Transport keine Unregelmäßigkeit begangen wurde. Die Zweijahresfrist kann in Übereinstimmung mit der nationalen Gesetzgebung verlängert werden.

KAPITEL III
WARENTRANSPORT MIT CARNETS TIR

a) Zulassung von Fahrzeugen und Behältern

Artikel 12

Die Abschnitte a und b dieses Kapitels gelten nur dann, wenn jedes Straßenfahrzeug hinsichtlich seiner Bauart und Ausrüstung den in Anlage 2 dieses Übereinkommens festgelegten Bedingungen entspricht und nach dem in Anlage 3 dieses Übereinkommens festgelegten Verfahren zugelassen worden ist. Das Verschlussanerkenntnis (die Zulassungsbescheinigung) hat dem Muster der Anlage 4 zu entsprechen.

Artikel 13

(1) Die Abschnitte a und b dieses Kapitels gelten nur dann, wenn die Behälter nach den in Anlage 7 Teil I festgelegten Bedingungen gebaut und nach dem in Teil II der genannten Anlage festgelegten Verfahren zugelassen worden sind.

(2) Bei Behältern, die zum Warentransport unter Zollverschluss zugelassen sind in Übereinstimmung mit dem Zollabkommen über Behälter von 1956, den im Zusammenhang damit im Rahmen der Vereinten Nationen getroffenen Übereinkünften, dem Zollübereinkommen über Behälter von 1972 oder den gegebenenfalls dieses Übereinkommen ersetzenden oder ändernden internationalen Übereinkünften, ist davon auszugehen, dass sie den Vorschriften des Absatzes 1 entsprechen; sie sind ohne erneute Zulassung für den Transport im TIR-Verfahren anzuerkennen.

Artikel 14

(1) Jede Vertragspartei behält sich das Recht vor, die Zulassung von Straßenfahrzeugen oder Behältern, die den Vorschriften der Artikel 12 und 13 nicht entsprechen, nicht als gültig anzuerkennen. Die Vertragsparteien werden jedoch eine Verzögerung der Beförderung vermeiden, wenn die festgestellten Mängel von geringer Bedeutung sind und keine Schmuggelgefahr besteht.

(2) Straßenfahrzeuge oder Behälter, die den für ihre Zulassung maßgebenden Bedingungen nicht mehr entsprechen, dürfen erst dann wieder zum Warentransport unter Zollverschluss verwendet werden, wenn ihr ursprünglicher Zustand wiederhergestellt oder das Fahrzeug bzw. der Behälter erneut zugelassen worden ist.

b) Durchführung des Transports mit Carnets TIR

Artikel 15

(1) Für die vorübergehende Einfuhr von Straßenfahrzeugen, Lastzügen oder Behältern, die für den Warentransport im TIR-Verfahren benutzt werden, ist kein besonderes Zolldokument erforderlich. Eine Sicherheitsleistung wird für die Straßenfahrzeuge, Lastzüge oder Behälter nicht gefordert.

(2) Absatz 1 hindert eine Vertragspartei nicht zu verlangen, dass die Bestimmungszollstelle die nach innerstaatlichem Recht vorgesehenen Förmlichkeiten vornimmt, um sicherzustellen, dass nach Abschluss des TIR-Versands das Straßenfahrzeug, der Lastzug oder Behälter wiederausgeführt wird.

Artikel 16

Straßenfahrzeuge oder Lastzüge, die einen TIR-Transport durchführen, müssen vorne und hinten eine rechteckige, den Merkmalen der Anlage 5 entsprechende Tafel mit der Aufschrift „TIR" tragen. Diese Tafeln müssen so angebracht sein, dass sie gut sichtbar sind. Sie müssen abnehmbar sein oder so angebracht oder gestaltet sein, dass sie umgedreht, abgedeckt oder zusammengeklappt werden können oder es auf andere Weise erkennen lassen, dass kein TIR-Transport durchgeführt wird.

Artikel 17

(1) Für jedes Straßenfahrzeug oder jeden Behälter ist ein gesondertes Carnet TIR auszufertigen. Ein einzelnes Carnet kann aber für einen Lastzug oder für mehrere Behälter ausgefertigt werden, die auf einem

einzigen Straßenfahrzeug oder einem Lastzug verladen sind. In einem solchen Fall muss in dem Warenmanifest des Carnet TIR der Inhalt jedes zu einem Lastzug gehörenden Fahrzeugs oder jedes Behälters gesondert aufgeführt sein.

(2) Das Carnet TIR gilt nur für eine Fahrt. Es muss mindestens so viele abtrennbare Annahme- und Erledigungsabschnitte enthalten, wie für den betreffenden Transport erforderlich sind.

Artikel 18

Ein TIR-Transport darf über mehrere Abgangs- und Bestimmungszollstellen durchgeführt werden; die Gesamtzahl der Abgangs- und Bestimmungszollstellen darf jedoch vier nicht überschreiten. Das Carnet TIR darf bei den Bestimmungszollstellen erst vorgelegt werden, wenn es von allen Abgangszollstellen angenommen worden ist.

Artikel 19

Die Waren und das Straßenfahrzeug, der Lastzug oder der Behälter sind der Abgangszollstelle mit dem Carnet TIR vorzuführen. Die Zollbehörden des Ausgangslandes treffen die erforderlichen Maßnahmen, um sich von der Richtigkeit des Warenmanifests zu überzeugen und um die Zollverschlüsse anzulegen oder die unter ihrer Verantwortung von hierzu ermächtigten Personen angelegten Zollverschlüsse zu prüfen.

Artikel 20

Die Zollbehörden können für die Fahrt durch ihr Land eine Frist festsetzen und verlangen, dass das Straßenfahrzeug, der Lastzug oder der Behälter eine vorgeschriebene Fahrtstrecke einhält.

Artikel 21

Das Straßenfahrzeug, der Lastzug oder der Behälter sind mit der Warenladung und dem zugehörigen Carnet TIR jeder Durchgangszollstelle und den Bestimmungszollstellen zur Kontrolle vorzuführen.

Artikel 22

(1) Die Durchgangszollstellen jeder Vertragspartei anerkennen in der Regel die von den Zollbehörden der anderen Vertragsparteien angelegten unverletzten Zollverschlüsse, es sei denn, dass eine Beschau der Waren nach Artikel 5 Absatz 2 vorgenommen wird. Die Zollbehörden können jedoch, wenn dies für die Kontrolle erforderlich ist, zusätzlich ihre eigenen Zollverschlüsse anlegen.

(2) Die von einer Vertragspartei so anerkannten Zollverschlüsse genießen in ihrem Gebiet den gleichen Rechtsschutz wie die nationalen Zollverschlüsse.

Artikel 23

Die Zollbehörden dürfen nur in Ausnahmefällen

- die Straßenfahrzeuge, Lastzüge oder Behälter in ihrem Land auf Kosten des Transportunternehmers begleiten lassen,
- unterwegs eine Kontrolle und eine Beschau der Warenladung der Straßenfahrzeuge, Lastzüge oder Behälter vornehmen.

Artikel 24

Nehmen die Zollbehörden eine Beschau der Warenladung eines Straßenfahrzeugs, eines Lastzugs oder eines Behälters bei einer Durchgangszollstelle oder unterwegs vor, so müssen sie auf den Carnet-TIR-Abschnitten, die in ihrem Land benutzt werden, auf den entsprechenden Stammblättern und auf den im Carnet TIR verbleibenden Abschnitten die neu angelegten Zollverschlüsse und die Art der durchgeführten Kontrollen vermerken.

Artikel 25

Werden Zollverschlüsse in anderen als den in den Artikeln 24 und 35 genannten Fällen unterwegs verletzt oder werden Waren ohne Verletzung der Zollverschlüsse vernichtet oder beschädigt, so wird nach der in Anlage 1 enthaltenen Anleitung für die Verwendung des Carnet TIR verfahren und das im Carnet TIR enthaltene Protokoll aufgenommen; die innerstaatlichen Rechtsvorschriften bleiben unberührt.

Artikel 26

(1) Berührt ein Transport mit Carnet TIR auf einer Teilstrecke das Gebiet eines Staates, der nicht Vertragspartei dieses Übereinkommens ist, so wird der TIR-Transport während der Durchfahrt durch dieses Gebiet ausgesetzt. In einem solchen Fall erkennen die Zollbehörden der Vertragsparteien, durch deren Gebiet die Waren anschließend befördert werden, für die Fortsetzung des TIR-Transports das Carnet TIR an, sofern die Zollverschlüsse und/oder die Nämlichkeitszeichen unversehrt geblieben sind. Sind die Zollverschlüsse nicht unversehrt geblieben, so können die Zollbehörden das Carnet TIR für die Fortsetzung des TIR-Transports nach Artikel 25 anerkennen.

(2) Das Gleiche gilt für den Teil der Strecke, auf dem der Inhaber des Carnet TIR im Gebiet einer Vertragspartei das Carnet nicht verwendet, weil sich einfachere Verfahren für den Zollgutversand anbieten oder die Inanspruchnahme eines solchen Verfahrens nicht erforderlich ist.

(3) In solchen Fällen gelten die Zollstellen, bei denen der TIR-Transport ausgesetzt oder wiederaufgenommen wird, als Durchgangszollstelle beim Ausgang bzw. Durchgangszollstelle beim Eingang.

Artikel 27

Vorbehaltlich der Bestimmungen dieses Übereinkommens, insbesondere des Artikels 18, kann die ursprünglich angegebene Bestimmungszollstelle durch eine andere Bestimmungszollstelle ersetzt werden.

Artikel 28

(1) Die Beendigung eines TIR-Versands ist unverzüglich durch die Zollbehörden zu bescheinigen. Die Beendigung eines TIR-Versands kann unter Vorbehalt oder ohne Vorbehalt bescheinigt werden; wird die Beendigung unter Vorbehalt bescheinigt, so muss der Vorbehalt sich auf Tatsachen beziehen, die den TIR-Versand selbst betreffen. Diese Tatsachen sind auf dem Carnet TIR deutlich zu vermerken.

(2) Werden Waren einem anderen Zollverfahren oder einem anderen zollamtlichen Überwachungsverfahren zugeführt, so dürfen Zuwiderhandlungen im Rahmen dieses anderen Zollverfahrens oder dieses anderen

zollamtlichen Überwachungsverfahrens dem Inhaber des Carnet TIR als solchem oder einer in seinem Namen handelnden Person nicht zugerechnet werden.

c) Bestimmungen über den Transport außergewöhnlich schwerer oder sperriger Waren

Artikel 29

(1) Dieser Abschnitt gilt nur für den Transport von außergewöhnlich schweren oder sperrigen Waren im Sinne des Artikels 1 Buchstabe p.

(2) Bei Anwendung dieses Abschnitts können außergewöhnlich schwere oder sperrige Waren je nach der Entscheidung der Abgangszollstelle mit Fahrzeugen oder Behältern ohne Zollverschluss befördert werden.

(3) Dieser Abschnitt wird nur angewandt, wenn nach Ansicht der Abgangszollstelle die Nämlichkeit der außergewöhnlich schweren oder sperrigen Waren sowie des gegebenenfalls mitbeförderten Zubehörs sich an Hand einer vorhandenen Beschreibung ohne weiteres festhalten lässt oder sich diese Waren mit Zollverschlüssen oder Nämlichkeitszeichen versehen lassen, so dass sie weder ersetzt noch entfernt werden können, ohne eindeutige Spuren zu hinterlassen.

Artikel 30

Alle Bestimmungen dieses Übereinkommens, von denen die besonderen Vorschriften dieses Abschnitts nicht abweichen, gelten auch für den Transport außergewöhnlich schwerer oder sperriger Waren im TIR-Verfahren.

Artikel 31

Die Haftung des bürgenden Verbandes erstreckt sich nicht nur auf die im Carnet TIR angeführten Waren, sondern auch auf Waren, die zwar im Carnet TIR nicht angeführt sind, sich aber auf der Ladefläche oder zwischen den im Carnet TIR angeführten Waren befinden.

Artikel 32

Das verwendete Carnet TIR muss auf dem Umschlag und auf allen Abschnitten in englischer oder französischer Sprache in hervorgehobenen Buchstaben den Vermerk „Außergewöhnlich schwere oder sperrige Waren" tragen.

Artikel 33

Die Abgangszollstelle kann verlangen, dass Ladelisten, Fotografien, Pläne usw., die für die Nämlichkeitssicherung der beförderten Waren erforderlich sind, dem Carnet TIR beigefügt werden. In diesem Falle versieht sie diese Papiere mit ihrem Stempel, heftet je eine Ausfertigung auf der Rückseite des Carnet-TIR-Umschlagblatts an und vermerkt dies in allen Warenmanifesten.

Artikel 34

Die Durchgangszollstellen jeder Vertragspartei erkennen die von den zuständigen Behörden der anderen Vertragsparteien angebrachten Zollverschlüsse und/oder Nämlichkeitszeichen an. Sie können jedoch zusätzlich Zollverschlüsse und/oder Nämlichkeitszeichen anbringen, müssen aber auf den in ihrem Land benutzten Carnet-TIR-Abschnitten, auf den entsprechenden Stammblättern und auf den im Carnet TIR verbleibenden Abschnitten die neu angebrachten Zollverschlüsse und/oder Nämlichkeitszeichen vermerken.

Artikel 35

Müssen die Zollbehörden bei einer Durchgangszollstelle oder unterwegs wegen einer Beschau der Warenladung Zollverschlüsse abnehmen oder Nämlichkeitszeichen entfernen, so vermerken sie auf den in ihrem Land benutzten Carnet-TIR-Abschnitten, auf den entsprechenden Stammblättern und auf den im Carnet TIR verbleibenden Abschnitten die neu angebrachten Zollverschlüsse und/oder Nämlichkeitszeichen.

KAPITEL IV
UNREGELMÄßIGKEITEN

Artikel 36

Wer gegen die Bestimmungen dieses Übereinkommens verstößt, macht sich nach den Rechtsvorschriften des Landes strafbar, in dem die Zuwiderhandlung begangen wurde.

Artikel 37

Kann nicht ermittelt werden, wo die Unregelmäßigkeit begangen worden ist, so gilt sie als im Gebiet der Vertragspartei begangen, in dem sie festgestellt wird.

Artikel 38

(1) Jede Vertragspartei ist berechtigt, eine Person, die sich einer schweren Zuwiderhandlung gegen die für den internationalen Warentransport geltenden Zollgesetze oder sonstigen Zollvorschriften schuldig gemacht hat, vorübergehend oder dauernd von den Erleichterungen dieses Übereinkommens auszuschließen.

(2) Dieser Ausschluss ist den zuständigen Behörden der Vertragspartei, in deren Hoheitsgebiet die betreffende Person ihren Wohnsitz oder Geschäftssitz hat, dem (den) Verband (Verbänden) des Landes oder des Zollgebietes, in dem die Zuwiderhandlung begangen worden ist, und der TIR-Kontrollkommission innerhalb einer Woche mitzuteilen.

Artikel 39

Wird die Durchführung eines TIR-Versands im Übrigen als vorschriftsmäßig anerkannt, so gilt Folgendes:

1. Die Vertragsparteien lassen geringfügige Abweichungen bei der Erfüllung der mit der Frist und der Fahrtstrecke zusammenhängenden Verpflichtungen unberücksichtigt.

2. Auch Abweichungen zwischen den im Warenmanifest des Carnet TIR enthaltenen Angaben und dem Inhalt des Straßenfahrzeugs, des Lastzugs oder des Behälters werden nicht als Zuwiderhandlungen des Carnet-TIR-Inhabers im Sinne dieses Übereinkommens betrachtet, wenn ein die zuständigen Behörden zufriedenstellender Nachweis erbracht wird, dass diese Abweichungen nicht auf Fehlern beruhen, die beim Verladen oder Versand der Waren oder beim Ausfüllen des Warenmanifests wissentlich oder fahrlässig begangen worden sind.

Artikel 40

Die Zollverwaltungen des Abgangs- und Bestimmungslandes lasten gegebenenfalls dort festgestellte Abweichungen dem Carnet-TIR-Inhaber nicht an, wenn diese Abweichungen Zollverfahren betreffen, die vor oder nach einem TIR-Transport stattgefunden haben und an denen der Inhaber des Carnet nicht beteiligt war.

Artikel 41

Ist ein die Zollbehörden zufriedenstellender Nachweis erbracht worden, dass die im Warenmanifest eines Carnet TIR aufgeführten Waren durch Unfall oder höhere Gewalt untergegangen oder unwiederbringlich verlorengegangen sind oder dass sie aufgrund ihrer Beschaffenheit durch natürlichen Schwund fehlen, so wird Befreiung von den üblicherweise zu erhebenden Zöllen und Abgaben gewährt.

Artikel 42

Auf begründeten Antrag einer Vertragspartei hin erteilen ihr die zuständigen Behörden der Vertragsparteien, die durch einen TIR-Transport berührt sind, alle verfügbaren, für die Anwendung der Artikel 39, 40 und 41 erforderlichen Auskünfte.

Artikel 42a

Die zuständigen Behörden treffen in enger Zusammenarbeit mit den Verbänden alle erforderlichen Maßnahmen, um die ordnungsgemäße Verwendung der Carnets TIR sicherzustellen. Zu diesem Zweck können sie geeignete nationale und internationale Kontrollmaßnahmen treffen. Die von den zuständigen Behörden in diesem Zusammenhang getroffenen nationalen Kontrollmaßnahmen sind umgehend der TIR-Kontrollkommission mitzuteilen, die ihre Übereinstimmung mit dem Übereinkommen prüft. Internationale Kontrollmaßnahmen werden vom Verwaltungsausschuss beschlossen.

Artikel 42b

Die zuständigen Behörden der Vertragsparteien erteilen den zugelassenen Verbänden gegebenenfalls die Auskünfte, die sie benötigen, um ihrer nach Anlage 9 Teil I Absatz 1 Buchstabe f Ziffer iii eingegangenen Verpflichtung nachkommen zu können.

In Anlage 10 ist festgelegt, welche Auskünfte in besonderen Fällen zu erteilen sind.

KAPITEL V
ERLÄUTERUNGEN

Artikel 43

Die Erläuterungen in Anlage 6 und Anlage 7 Teil III enthalten Auslegungen einiger Bestimmungen dieses Übereinkommens und seiner Anlagen. Sie geben auch einige empfohlene Praktiken wieder.

KAPITEL VI
VERSCHIEDENES

Artikel 44

Jede Vertragspartei gewährt den beteiligten bürgenden Verbänden Erleichterungen für die Überweisung der erforderlichen Zahlungsmittel

a)   zur Entrichtung der Beträge, die von Behörden der Vertragsparteien aufgrund von Artikel 8 gefordert werden und

b)   zur Bezahlung der Carnet-TIR-Vordrucke, die den bürgenden Verbänden von den mit ihnen in Verbindung stehenden ausländischen Verbänden oder von internationalen Organisationen zugesandt werden.

Artikel 45

Jede Vertragspartei veröffentlicht ein Verzeichnis der zur Durchführung eines TIR-Versands zugelassenen Abgangszollstellen, Durchgangszollstellen und Bestimmungszollstellen. Benachbarte Vertragsparteien verständigen sich im gegenseitigen Einvernehmen über die entsprechenden Grenzzollstellen und deren Öffnungszeiten.

Artikel 46

(1)   Für die in diesem Übereinkommen vorgesehenen Amtshandlungen der Zollbehörden werden keine Gebühren erhoben, es sei denn, dass die Amtshandlungen außerhalb der normalerweise hierfür vorgesehenen Tage, Stunden oder Orte stattfinden.

(2)   Die Vertragsparteien werden soweit wie möglich die Zollabfertigung leicht verderblicher Waren bei den Zollstellen erleichtern.

Artikel 47

(1)   Dieses Übereinkommen schließt weder die nach innerstaatlichen Vorschriften vorgesehenen Beschränkungen oder Kontrollen aus Gründen der öffentlichen Moral, öffentlichen Sicherheit, Hygiene oder öffentlichen Gesundheit sowie veterinärpolizeilichen oder pflanzenschutzrechtlichen Maßnahmen noch die Erhebung von Gebühren aus, die nach diesen Vorschriften zu erheben sind.

(2)   Dieses Übereinkommen steht der Anwendung anderer innerstaatlicher oder internationaler Vorschriften über den Transport nicht entgegen.

Artikel 48

Dieses Übereinkommen schließt nicht aus, dass Vertragsparteien, die eine Zoll- oder Wirtschaftsunion bilden, besondere Vorschriften für Warentransporte erlassen, die in ihren Gebieten beginnen, enden oder durch diese hindurchführen, vorausgesetzt, dass diese Vorschriften die in diesem Übereinkommen vorgesehenen Erleichterungen nicht einschränken.

Artikel 49

Dieses Übereinkommen steht der Anwendung weitergehender Erleichterungen, die die Vertragsparteien entweder durch einseitige Vorschriften oder im Rahmen zwei- oder mehrseitiger Übereinkommen gegenwärtig oder künftig gewähren, nicht entgegen, vorausgesetzt, dass die auf diese Weise gewährten Erleichterungen die Anwendung dieses Übereinkommens und insbesondere die Durchführung eines TIR-Versands nicht behindern.

Artikel 50

Auf Antrag erteilen die Vertragsparteien einander die für die Anwendung dieses Übereinkommens erforderlichen Auskünfte, insbesondere über die Zulassung der Straßenfahrzeuge und Behälter und deren Konstruktionsmerkmale.

Artikel 51

Die Anlagen dieses Übereinkommens sind Bestandteil des Übereinkommens.

KAPITEL VII
SCHLUSSBESTIMMUNGE

Artikel 52
Unterzeichnung, Ratifikation, Annahme, Genehmigung und Beitritt

(1) Alle Staaten, die Mitglieder der Vereinten Nationen oder einer ihrer Sonderorganisationen oder der Internationalen Atomenergie-Organisation oder Vertragsparteien des Statuts des Internationalen Gerichtshofes sind, sowie alle anderen von der Generalversammlung der Vereinten Nationen eingeladenen Staaten können Vertragsparteien dieses Übereinkommens werden,

    a)   indem sie es ohne Vorbehalt der Ratifikation, Annahme oder Genehmigung unterzeichnen;

    b)   indem sie eine Ratifikations-, Annahme- oder Genehmigungsurkunde hinterlegen, nachdem sie es vorbehaltlich der Ratifikation, Annahme oder Genehmigung unterzeichnet haben oder

    c)   indem sie eine Beitrittsurkunde hinterlegen.

(2) Dieses Übereinkommen liegt für die in Absatz 1 genannten Staaten beim Büro der Vereinten Nationen in Genf vom 1. Januar 1976 bis einschließlich 31. Dezember 1976 zur Unterzeichnung auf. Danach liegt es für sie zum Beitritt auf.

(3) Nach den Absätzen 1 und 2 können Zoll- und Wirtschaftsunionen zur gleichen Zeit wie alle ihre Mitgliedstaaten oder zu jedem beliebigen Zeitpunkt, nachdem alle ihre Mitgliedstaaten Vertragsparteien dieses

Übereinkommens geworden sind, ebenfalls Vertragsparteien werden. Diese Unionen haben jedoch kein Stimmrecht.

(4) Die Ratifikations-, Annahme-, Genehmigungs- oder Beitrittsurkunden werden beim Generalsekretär der Vereinten Nationen hinterlegt.

Artikel 53
Inkrafttreten

(1) Dieses Übereinkommen tritt sechs Monate nach dem Tag in Kraft, an dem fünf der in Artikel 52 Absatz 1 genannten Staaten es ohne Vorbehalt der Ratifikation, Annahme oder Genehmigung unterzeichnet oder ihre Ratifikations-, Annahme-, Genehmigungs- oder Beitrittsurkunde hinterlegt haben.

(2) Nachdem fünf der in Artikel 52 Absatz 1 genannten Staaten das Übereinkommen ohne Vorbehalt der Ratifikation, Annahme oder Genehmigung unterzeichnet oder ihre Ratifikations-, Annahme-, Genehmigungs- oder Beitrittsurkunde hinterlegt haben, tritt es für alle neuen Vertragsparteien sechs Monate nach dem Tag in Kraft, an dem sie ihre Ratifikations-, Annahme-, Genehmigungs- oder Beitrittsurkunde hinterlegt haben.

(3) Jede Ratifikations-, Annahme-, Genehmigungs- oder Beitrittsurkunde, die nach dem Inkrafttreten einer Änderung dieses Übereinkommens hinterlegt wird, gilt als für dieses Übereinkommen in der geänderten Fassung hinterlegt.

(4) Jede Urkunde dieser Art, die nach der Annahme einer Änderung, aber vor deren Inkrafttreten hinterlegt wird, gilt als am Tage des Inkrafttretens der Änderung für dieses Übereinkommen in der geänderten Fassung hinterlegt.

Artikel 54
Kündigung

(1) Jede Vertragspartei kann dieses Übereinkommen durch Notifikation an den Generalsekretär der Vereinten Nationen kündigen.

(2) Die Kündigung wird fünfzehn Monate nach Eingang der Notifikation beim Generalsekretär der Vereinten Nationen wirksam.

(3) Die Gültigkeit der Carnets TIR, die vor dem Tage, an dem die Kündigung wirksam wird, von einer Abgangszollstelle angenommen worden sind, wird durch die Kündigung nicht berührt, und die Haftung der bürgenden Verbände nach den Bedingungen dieses Übereinkommens bleibt bestehen.

Artikel 55
Außerkrafttreten

Beträgt die Zahl der Staaten, die Vertragsparteien sind, nach Inkrafttreten dieses Übereinkommens während zwölf aufeinander folgenden Monaten weniger als fünf, so tritt dieses Übereinkommen am Ende dieses Zeitraums von zwölf Monaten außer Kraft.

Artikel 56
Außerkraftsetzung des TIR-Übereinkommens von 1959

(1) Dieses Übereinkommen setzt mit seinem Inkrafttreten das TIR-Übereinkommen von 1959 in den Beziehungen zwischen den Vertragsparteien außer Kraft und tritt an dessen Stelle.

(2) Die nach den Bedingungen des TIR-Übereinkommens von 1959 für Straßenfahrzeuge und Behälter ausgestellten Verschlussanerkenntnisse (Zulassungsbescheinigungen) werden von den Vertragsparteien dieses Übereinkommens für den Warentransport unter Zollverschluss innerhalb ihrer Gültigkeitsdauer oder unter Vorbehalt der Erneuerung anerkannt, sofern die Fahrzeuge und Behälter nach wie vor den Bedingungen entsprechen, unter denen sie ursprünglich zugelassen worden sind.

Artikel 57
Beilegung von Streitigkeiten

(1) Streitigkeiten zwischen zwei oder mehreren Vertragsparteien über die Auslegung oder Anwendung dieses Übereinkommens werden möglichst durch Verhandlungen zwischen ihnen oder auf andere Weise beigelegt.

(2) Streitigkeiten zwischen zwei oder mehreren Vertragsparteien über die Auslegung oder Anwendung dieses Übereinkommens, die nicht auf die in Absatz 1 vorgesehene Weise beigelegt werden können, werden auf Antrag einer von ihnen einem wie folgt zusammengesetzten Schiedsgericht vorgelegt: Jede der am Streitfall beteiligten Parteien ernennt einen Schiedsrichter, und diese Schiedsrichter ernennen einen weiteren Schiedsrichter als Schiedsgerichtsvorsitzenden. Hat eine der Parteien drei Monate nach Erhalt des Antrags noch keinen Schiedsrichter ernannt oder haben die Schiedsrichter noch keinen Vorsitzenden gewählt, so kann jede der Parteien den Generalsekretär der Vereinten Nationen ersuchen, einen Schiedsrichter oder den Schiedsgerichtsvorsitzenden zu ernennen.

(3) Die Entscheidung des nach Absatz 2 gebildeten Schiedsgerichts ist für die am Streitfall beteiligten Parteien bindend.

(4) Das Schiedsgericht beschließt seine eigene Geschäftsordnung.

(5) Das Schiedsgericht entscheidet mit Stimmenmehrheit.

(6) Jede Streitfrage, die sich zwischen den am Streitfall beteiligten Parteien wegen der Auslegung und Durchführung des Schiedsspruches ergeben sollte, kann von einer der Parteien dem Schiedsgericht, das den Spruch gefällt hat, zur Entscheidung vorgelegt werden.

Artikel 58
Vorbehalte

(1) Jeder Staat kann bei der Unterzeichnung oder Ratifikation dieses Übereinkommens oder bei seinem Beitritt erklären, dass er sich an die Absätze 2 bis 6 des Artikels 57 des Übereinkommens nicht gebunden fühlt. Die anderen Vertragsparteien sind gegenüber jeder Vertragspartei, die einen solchen Vorbehalt macht, an diese Absätze nicht gebunden.

(2) Jede Vertragspartei, die einen Vorbehalt nach Absatz 1 macht, kann ihn durch die Notifikation an den Generalsekretär der Vereinten Nationen jederzeit zurücknehmen.

(3) Abgesehen von den Vorbehalten nach Absatz 1 ist gegenüber diesem Übereinkommen kein Vorbehalt zulässig.

Artikel 58a
Verwaltungsausschuss

Es wird ein aus allen Vertragsparteien bestehender Verwaltungsausschuss eingerichtet. Seine Zusammensetzung, seine Aufgaben und seine Geschäftsordnung sind in Anlage 8 aufgeführt.

Artikel 58b
TIR-Kontrollkommission

Der Verwaltungsausschuss richtet als nachgeordnetes Organ eine TIR-Kontrollkommission ein, die in seinem Namen die ihr durch das Übereinkommen und den Ausschuss übertragenen Aufgaben erfüllt. Ihre Zusammensetzung, ihre Aufgaben und ihre Geschäftsordnung sind in Anlage 8 aufgeführt.

Artikel 59
Verfahren zur Änderung dieses Übereinkommens

(1) Dieses Übereinkommen kann mit seinen Anlagen auf Vorschlag einer Vertragspartei nach dem in diesem Artikel vorgesehenen Verfahren geändert werden.

(2) Jeder Vorschlag für eine Änderung dieses Übereinkommens wird vom Verwaltungsausschuss geprüft, der sich gemäß der Geschäftsordnung in Anlage 8 aus allen Vertragsparteien zusammensetzt. Jeder derartige auf der Sitzung des Verwaltungsausschusses geprüfte oder ausgearbeitete und vom Ausschuss mit einer Zweidrittelmehrheit seiner anwesenden und abstimmenden Mitglieder angenommene Änderungsvorschlag wird den Vertragsparteien durch den Generalsekretär der Vereinten Nationen zur Annahme mitgeteilt.

(3) Jeder nach Absatz 2 mitgeteilte Änderungsvorschlag tritt vorbehaltlich der Bestimmungen von Artikel 60 für alle Vertragsparteien drei Monate nach Ablauf einer Frist von zwölf Monaten nach dem Datum der Mitteilung in Kraft, wenn während dieser Frist kein Staat, der Vertragspartei ist, dem Generalsekretär der Vereinten Nationen einen Einwand gegen den Änderungsvorschlag notifiziert hat.

(4) Ist nach Absatz 3 ein Einwand gegen einen Änderungsvorschlag notifiziert worden, so gilt die Änderung als nicht angenommen und bleibt ohne jede Wirkung.

Artikel 60
Sonderverfahren zur Änderung der Anlagen 1, 2, 3, 4, 5, 6, 7, 8, 9 und 10

(1) Jeder nach Artikel 59 Absätze 1 und 2 geprüfte Vorschlag für eine Änderung der Anlagen 1, 2, 3, 4, 5, 6, 7, 8, 9 und 10 tritt an dem Tag in Kraft, den der Verwaltungsausschuss bei Annahme des Vorschlages festsetzt, es sei denn, dass zu einem früheren Zeitpunkt, den der Verwaltungsausschuss bei gleicher Gelegenheit festsetzt, ein Fünftel der Staaten, die Vertragsparteien sind, oder fünf dieser Staaten — je nachdem, welche Zahl geringer ist — dem Generalsekretär der Vereinten Nationen notifizieren, dass sie Einwände gegen die

Änderung erheben. Die in diesem Absatz erwähnten Daten setzt der Verwaltungsausschuss mit einer Zwei-drittelmehrheit seiner anwesenden und abstimmenden Mitglieder fest.

(2) Die gemäß Absatz 1 angenommene Änderung tritt bei ihrem Inkrafttreten für alle Vertragsparteien an die Stelle aller bisherigen Bestimmungen, auf die sie sich bezieht.

Artikel 61
Ersuchen, Mitteilungen und Einwände

Der Generalsekretär der Vereinten Nationen unterrichtet alle Vertragsparteien und alle in Artikel 52 Absatz 1 bezeichneten Staaten von allen Ersuchen, Mitteilungen und Einwänden aufgrund der Artikel 59 und 60 und vom Datum des Inkrafttretens einer Änderung.

Artikel 62
Revisionskonferenz

(1) Ein Staat, der Vertragspartei ist, kann durch Notifikation an den Generalsekretär der Vereinten Nationen die Einberufung einer Konferenz zur Revision dieses Übereinkommens verlangen.

(2) Eine Revisionskonferenz, zu der alle Vertragsparteien und alle in Artikel 52 Absatz 1 bezeichneten Staaten eingeladen werden, wird vom Generalsekretär der Vereinten Nationen einberufen, wenn innerhalb von sechs Monaten nach dem Datum, an dem der Generalsekretär der Vereinten Nationen die Notifikation vorgenommen hat, mindestens ein Viertel der Staaten, die Vertragsparteien sind, ihm ihr Einverständnis mit dem Ersuchen mitteilt.

(3) Eine Revisionskonferenz, zu der alle Vertragsparteien und alle in Artikel 52 Absatz 1 bezeichneten Staaten eingeladen werden, wird vom Generalsekretär der Vereinten Nationen auch dann einberufen, wenn der Verwaltungsausschuss ein diesbezügliches Ersuchen notifiziert hat. Der Verwaltungsausschuss entscheidet mit der Mehrheit seiner anwesenden und abstimmenden Mitglieder, ob ein solches Ersuchen an den Generalsekretär der Vereinten Nationen gerichtet werden soll.

(4) Wird eine Konferenz nach Absatz 1 oder Absatz 3 einberufen, so unterrichtet der Generalsekretär der Vereinten Nationen alle Vertragsparteien entsprechend und fordert sie auf, innerhalb von drei Monaten die Vorschläge vorzulegen, die auf der Konferenz geprüft werden sollen. Der Generalsekretär der Vereinten Nationen übermittelt allen Vertragsparteien mindestens drei Monate vor Beginn der Konferenz die vorläufige Tagesordnung und den Wortlaut dieser Vorschläge.

Artikel 63
Notifikationen

Außer den Notifikationen und Mitteilungen nach den Artikeln 61 und 62 notifiziert der Generalsekretär der Vereinten Nationen allen in Artikel 52 bezeichneten Staaten

a) die Unterzeichnungen, Ratifikationen, Annahmen, Genehmigungen und Beitritte nach Artikel 52;

b) die Zeitpunkte des Inkrafttretens dieses Übereinkommens nach Artikel 53;

c) die Kündigungen nach Artikel 54;

d) das Außerkrafttreten dieses Übereinkommens nach Artikel 55;

e)   die Vorbehalte nach Artikel 58.

Artikel 64
Verbindliche Wortlaute

Nach dem 31. Dezember 1976 wird die Urschrift dieses Übereinkommens beim Generalsekretär der Vereinten Nationen hinterlegt, der allen Vertragsparteien und allen in Artikel 52 Absatz 1 bezeichneten Staaten, die keine Vertragsparteien sind, beglaubigte Abschriften übersendet.

Anhang 1: AEUV und EUV

Vertrag über die Arbeitsweise der Europäischen Union (AEUV)

(letzte berücksichtige Änderung: ABl. EU L 112/21 vom 24.04.2012 m.W.v. 01.07.2013) – Auszug –

Artikel 28 AEUV

(ex-Artikel 23 EGV)

(1) Die Union umfasst eine Zollunion, die sich auf den gesamten Warenaustausch erstreckt; sie umfasst das Verbot, zwischen den Mitgliedstaaten Ein- und Ausfuhrzölle und Abgaben gleicher Wirkung zu erheben, sowie die Einführung eines Gemeinsamen Zolltarifs gegenüber dritten Ländern.

(2) Artikel 30 und Kapitel 3 dieses Titels gelten für die aus den Mitgliedstaaten stammenden Waren sowie für diejenigen Waren aus dritten Ländern, die sich in den Mitgliedstaaten im freien Verkehr befinden.

Artikel 29 AEUV

(ex-Artikel 24 EGV)

Als im freien Verkehr eines Mitgliedstaats befindlich gelten diejenigen Waren aus dritten Ländern, für die in dem betreffenden Mitgliedstaat die Einfuhrförmlichkeiten erfüllt sowie die vorgeschriebenen Zölle und Abgaben gleicher Wirkung erhoben und nicht ganz oder teilweise rückvergütet worden sind.

Artikel 30 AEUV

(ex-Artikel 25 EGV)

Ein- und Ausfuhrzölle oder Abgaben gleicher Wirkung sind zwischen den Mitgliedstaaten verboten. Dieses Verbot gilt auch für Finanzzölle.

Artikel 31 AEUV

(ex-Artikel 26 EGV)

Der Rat legt die Sätze des Gemeinsamen Zolltarifs auf Vorschlag der Kommission fest.

Artikel 32 AEUV

(ex-Artikel 27 EGV)

Ein- Bei der Ausübung der ihr aufgrund dieses Kapitels übertragenen Aufgaben geht die Kommission von folgenden Gesichtspunkten aus:

a)   der Notwendigkeit, den Handelsverkehr zwischen den Mitgliedstaaten und dritten Ländern zu fördern;

b)   der Entwicklung der Wettbewerbsbedingungen innerhalb der Union, soweit diese Entwicklung zu einer Zunahme der Wettbewerbsfähigkeit der Unternehmen führt;

c)   dem Versorgungsbedarf der Union an Rohstoffen und Halbfertigwaren; hierbei achtet die Kommission darauf, zwischen den Mitgliedstaaten die Wettbewerbsbedingungen für Fertigwaren nicht zu verfälschen;

d)   der Notwendigkeit, ernsthafte Störungen im Wirtschaftsleben der Mitgliedstaaten zu vermeiden und eine rationelle Entwicklung der Erzeugung sowie eine Ausweitung des Verbrauchs innerhalb der Union zu gewährleisten.

[...]

Artikel 34 AEUV

(ex-Artikel 28 EGV)

Mengenmäßige Einfuhrbeschränkungen sowie alle Maßnahmen gleicher Wirkung sind zwischen den Mitgliedstaaten verboten.

Artikel 35 AEUV

(ex-Artikel 29 EGV)

Mengenmäßige Ausfuhrbeschränkungen sowie alle Maßnahmen gleicher Wirkung sind zwischen den Mitgliedstaaten verboten.

Artikel 36 AEUV

(ex-Artikel 30 EGV)

Die Bestimmungen der Artikel 34 und 35 stehen Einfuhr-, Ausfuhr- und Durchfuhrverboten oder -beschränkungen nicht entgegen, die aus Gründen der öffentlichen Sittlichkeit, Ordnung und Sicherheit, zum Schutze der Gesundheit und des Lebens von Menschen, Tieren oder Pflanzen, des nationalen Kulturguts von künstlerischem, geschichtlichem oder archäologischem Wert oder des gewerblichen und kommerziellen Eigentums gerechtfertigt sind. Diese Verbote oder Beschränkungen dürfen jedoch weder ein Mittel zur willkürlichen Diskriminierung noch eine verschleierte Beschränkung des Handels zwischen den Mitgliedstaaten darstellen.

[...]

Art. 191 AEUV

(ex-Artikel 174 EGV)

(1) Die Umweltpolitik der Union trägt zur Verfolgung der nachstehenden Ziele bei:

- – Erhaltung und Schutz der Umwelt sowie Verbesserung ihrer Qualität;
- – Schutz der menschlichen Gesundheit;
- – umsichtige und rationelle Verwendung der natürlichen Ressourcen;
- – Förderung von Maßnahmen auf internationaler Ebene zur Bewältigung regionaler oder globaler Umweltprobleme und insbesondere zur Bekämpfung des Klimawandels.

(2) Die Umweltpolitik der Union zielt unter Berücksichtigung der unterschiedlichen Gegebenheiten in den einzelnen Regionen der Union auf ein hohes Schutzniveau ab. Sie beruht auf den Grundsätzen der Vorsorge und Vorbeugung, auf dem Grundsatz, Umweltbeeinträchtigungen mit Vorrang an ihrem Ursprung zu bekämpfen, sowie auf dem Verursacherprinzip.

Im Hinblick hierauf umfassen die den Erfordernissen des Umweltschutzes entsprechenden Harmonisierungsmaßnahmen gegebenenfalls eine Schutzklausel, mit der die Mitgliedstaaten ermächtigt werden, aus nicht wirtschaftlich bedingten umweltpolitischen Gründen vorläufige Maßnahmen zu treffen, die einem Kontrollverfahren der Union unterliegen.

(3) Bei der Erarbeitung ihrer Umweltpolitik berücksichtigt die Union

- – die verfügbaren wissenschaftlichen und technischen Daten;
- – die Umweltbedingungen in den einzelnen Regionen der Union;
- – die Vorteile und die Belastung aufgrund des Tätigwerdens bzw. eines Nichttätigwerdens;

- die wirtschaftliche und soziale Entwicklung der Union insgesamt sowie die ausgewogene Entwicklung ihrer Regionen.

(4) Die Union und die Mitgliedstaaten arbeiten im Rahmen ihrer jeweiligen Befugnisse mit dritten Ländern und den zuständigen internationalen Organisationen zusammen. Die Einzelheiten der Zusammenarbeit der Union können Gegenstand von Abkommen zwischen dieser und den betreffenden dritten Parteien sein.

Unterabsatz 1 berührt nicht die Zuständigkeit der Mitgliedstaaten, in internationalen Gremien zu verhandeln und internationale Abkommen zu schließen.

[...]

Artikel 206 AEUV

(ex-Artikel 133 EGV)

Durch die Schaffung einer Zollunion nach den Artikeln 28 bis 32 trägt die Union im gemeinsamen Interesse zur harmonischen Entwicklung des Welthandels, zur schrittweisen Beseitigung der Beschränkungen im internationalen Handelsverkehr und bei den ausländischen Direktinvestitionen sowie zum Abbau der Zollschranken und anderer Schranken bei.

Artikel 207 AEUV

(ex-Artikel 133 EGV)

(1) Die gemeinsame Handelspolitik wird nach einheitlichen Grundsätzen gestaltet; dies gilt insbesondere für die Änderung von Zollsätzen, für den Abschluss von Zoll- und Handelsabkommen, die den Handel mit Waren und Dienstleistungen betreffen, und für die Handelsaspekte des geistigen Eigentums, die ausländischen Direktinvestitionen, die Vereinheitlichung der Liberalisierungsmaßnahmen, die Ausfuhrpolitik sowie die handelspolitischen Schutzmaßnahmen, zum Beispiel im Fall von Dumping und Subventionen. Die gemeinsame Handelspolitik wird im Rahmen der Grundsätze und Ziele des auswärtigen Handelns der Union gestaltet.

(2) Das Europäische Parlament und der Rat erlassen durch Verordnungen gemäß dem ordentlichen Gesetzgebungsverfahren die Maßnahmen, mit denen der Rahmen für die Umsetzung der gemeinsamen Handelspolitik bestimmt wird.

(3) Sind mit einem oder mehreren Drittländern oder internationalen Organisationen Abkommen auszuhandeln und zu schließen, so findet Artikel 218 vorbehaltlich der besonderen Bestimmungen dieses Artikels Anwendung.

Die Kommission legt dem Rat Empfehlungen vor; dieser ermächtigt die Kommission zur Aufnahme der erforderlichen Verhandlungen. Der Rat und die Kommission haben dafür Sorge zu tragen, dass die ausgehandelten Abkommen mit der internen Politik und den internen Vorschriften der Union vereinbar sind.

Die Kommission führt diese Verhandlungen im Benehmen mit einem zu ihrer Unterstützung vom Rat bestellten Sonderausschuss und nach Maßgabe der Richtlinien, die ihr der Rat erteilen kann. Die Kommission erstattet dem Sonderausschuss sowie dem Europäischen Parlament regelmäßig Bericht über den Stand der Verhandlungen.

(4) Über die Aushandlung und den Abschluss der in Absatz 3 genannten Abkommen beschließt der Rat mit qualifizierter Mehrheit.

Über die Aushandlung und den Abschluss eines Abkommens über den Dienstleistungsverkehr, über Handelsaspekte des geistigen Eigentums oder über ausländische Direktinvestitionen beschließt der Rat einstimmig, wenn das betreffende Abkommen Bestimmungen enthält, bei denen für die Annahme interner Vorschriften Einstimmigkeit erforderlich ist.

Der Rat beschließt ebenfalls einstimmig über die Aushandlung und den Abschluss von Abkommen in den folgenden Bereichen:

a) Handel mit kulturellen und audiovisuellen Dienstleistungen, wenn diese Abkommen die kulturelle und sprachliche Vielfalt in der Union beeinträchtigen könnten;

b) Handel mit Dienstleistungen des Sozial-, des Bildungs- und des Gesundheitssektors, wenn diese Abkommen die einzelstaatliche Organisation dieser Dienstleistungen ernsthaft stören und die Verantwortlichkeit der Mitgliedstaaten für ihre Erbringung beinträchtigen könnten.

(5) Für die Aushandlung und den Abschluss von internationalen Abkommen im Bereich des Verkehrs gelten der Dritte Teil Titel VI sowie Artikel 218.

(6) Die Ausübung der durch diesen Artikel übertragenen Zuständigkeiten im Bereich der gemeinsamen Handelspolitik hat keine Auswirkungen auf die Abgrenzung der Zuständigkeiten zwischen der Union und den Mitgliedstaaten und führt nicht zu einer Harmonisierung der Rechtsvorschriften der Mitgliedstaaten, soweit eine solche Harmonisierung in den Verträgen ausgeschlossen wird.

[...]

Vertrag über die Europäische Union (EUV)
(letzte berücksichtige Änderung: ABl. EU L 112/21 vom 24.04.2012 m.W.v. 01.07.2013) – Auszug –

TITEL III
BESTIMMUNGEN ÜBER DIE ORGANE
Artikel 13 EUV

(1) Die Union verfügt über einen institutionellen Rahmen, der zum Zweck hat, ihren Werten Geltung zu verschaffen, ihre Ziele zu verfolgen, ihren Interessen, denen ihrer Bürgerinnen und Bürger und denen der Mitgliedstaaten zu dienen sowie die Kohärenz, Effizienz und Kontinuität ihrer Politik und ihrer Maßnahmen sicherzustellen.

Die Organe der Union sind
- das Europäische Parlament,
- der Europäische Rat,
- der Rat,
- die Europäische Kommission (im Folgenden „Kommission"),
- der Gerichtshof der Europäischen Union,
- die Europäische Zentralbank,
- der Rechnungshof.

(2) Jedes Organ handelt nach Maßgabe der ihm in den Verträgen zugewiesenen Befugnisse nach den Verfahren, Bedingungen und Zielen, die in den Verträgen festgelegt sind. Die Organe arbeiten loyal zusammen.

(3) Die Bestimmungen über die Europäische Zentralbank und den Rechnungshof sowie die detaillierten Bestimmungen über die übrigen Organe sind im Vertrag über die Arbeitsweise der Europäischen Union enthalten.

(4) Das Europäische Parlament, der Rat und die Kommission werden von einem Wirtschafts- und Sozialausschuss sowie einem Ausschuss der Regionen unterstützt, die beratende Aufgaben wahrnehmen.

Artikel 14 EUV

(1) Das Europäische Parlament wird gemeinsam mit dem Rat als Gesetzgeber tätig und übt gemeinsam mit ihm die Haushaltsbefugnisse aus. Es erfüllt Aufgaben der politischen Kontrolle und Beratungsfunktionen nach Maßgabe der Verträge. Es wählt den Präsidenten der Kommission.

(2) Das Europäische Parlament setzt sich aus Vertretern der Unionsbürgerinnen und Unionsbürger zusammen. Ihre Anzahl darf 750 nicht überschreiten, zuzüglich des Präsidenten. Die Bürgerinnen und Bürger sind im Europäischen Parlament degressiv proportional, mindestens jedoch mit sechs Mitgliedern je Mitgliedstaat vertreten. Kein Mitgliedstaat erhält mehr als 96 Sitze.

Der Europäische Rat erlässt einstimmig auf Initiative des Europäischen Parlaments und mit dessen Zustimmung einen Beschluss über die Zusammensetzung des Europäischen Parlaments, in dem die in Unterabsatz 1 genannten Grundsätze gewahrt sind.

(3) Die Mitglieder des Europäischen Parlaments werden in allgemeiner, unmittelbarer, freier und geheimer Wahl für eine Amtszeit von fünf Jahren gewählt.

(4) Das Europäische Parlament wählt aus seiner Mitte seinen Präsidenten und sein Präsidium.

Artikel 15 EUV

(1) Der Europäische Rat gibt der Union die für ihre Entwicklung erforderlichen Impulse und legt die allgemeinen politischen Zielvorstellungen und Prioritäten hierfür fest. Er wird nicht gesetzgeberisch tätig.

(2) Der Europäische Rat setzt sich zusammen aus den Staats- und Regierungschefs der Mitgliedstaaten sowie dem Präsidenten des Europäischen Rates und dem Präsidenten der Kommission. Der Hohe Vertreter der Union für Außen- und Sicherheitspolitik nimmt an seinen Arbeiten teil.

(3) Der Europäische Rat tritt zweimal pro Halbjahr zusammen; er wird von seinem Präsidenten einberufen. Wenn es die Tagesordnung erfordert, können die Mitglieder des Europäischen Rates beschließen, sich jeweils von einem Minister oder — im Fall des Präsidenten der Kommission — von einem Mitglied der Kommission unterstützen zu lassen. Wenn es die Lage erfordert, beruft der Präsident eine außerordentliche Tagung des Europäischen Rates ein.

(4) Soweit in den Verträgen nichts anderes festgelegt ist, entscheidet der Europäische Rat im Konsens.

(5) Der Europäische Rat wählt seinen Präsidenten mit qualifizierter Mehrheit für eine Amtszeit von zweieinhalb Jahren; der Präsident kann einmal wiedergewählt werden. Im Falle einer Verhinderung oder einer schweren Verfehlung kann der Europäische Rat ihn im Wege des gleichen Verfahrens von seinem Amt entbinden.

(6) Der Präsident des Europäischen Rates

    a)   führt den Vorsitz bei den Arbeiten des Europäischen Rates und gibt ihnen Impulse,

    b)   sorgt in Zusammenarbeit mit dem Präsidenten der Kommission auf der Grundlage der Arbeiten des Rates „Allgemeine Angelegenheiten" für die Vorbereitung und Kontinuität der Arbeiten des Europäischen Rates,

    c)   wirkt darauf hin, dass Zusammenhalt und Konsens im Europäischen Rat gefördert werden,

    d)   legt dem Europäischen Parlament im Anschluss an jede Tagung des Europäischen Rates einen Bericht vor.

Der Präsident des Europäischen Rates nimmt auf seiner Ebene und in seiner Eigenschaft, unbeschadet der Befugnisse des Hohen Vertreters der Union für Außen- und Sicherheitspolitik, die Außenvertretung der Union in Angelegenheiten der Gemeinsamen Außen- und Sicherheitspolitik wahr.

Der Präsident des Europäischen Rates darf kein einzelstaatliches Amt ausüben.

Artikel 16 EUV

(1) Der Rat wird gemeinsam mit dem Europäischen Parlament als Gesetzgeber tätig und übt gemeinsam mit ihm die Haushaltsbefugnisse aus. Zu seinen Aufgaben gehört die Festlegung der Politik und die Koordinierung nach Maßgabe der Verträge.

(2) Der Rat besteht aus je einem Vertreter jedes Mitgliedstaats auf Ministerebene, der befugt ist, für die Regierung des von ihm vertretenen Mitgliedstaats verbindlich zu handeln und das Stimmrecht auszuüben.

(3) Soweit in den Verträgen nichts anderes festgelegt ist, beschließt der Rat mit qualifizierter Mehrheit.

(4) Ab dem 1. November 2014 gilt als qualifizierte Mehrheit eine Mehrheit von mindestens 55 % der Mitglieder des Rates, gebildet aus mindestens 15 Mitgliedern, sofern die von diesen vertretenen Mitgliedstaaten zusammen mindestens 65 % der Bevölkerung der Union ausmachen.

Für eine Sperrminorität sind mindestens vier Mitglieder des Rates erforderlich, andernfalls gilt die qualifizierte Mehrheit als erreicht.

Die übrigen Modalitäten für die Abstimmung mit qualifizierter Mehrheit sind in Artikel 238 Absatz 2 des Vertrags über die Arbeitsweise der Europäischen Union festgelegt.

(5) Die Übergangsbestimmungen für die Definition der qualifizierten Mehrheit, die bis zum 31. Oktober 2014 gelten, sowie die Übergangsbestimmungen, die zwischen dem 1. November 2014 und dem 31. März 2017 gelten, sind im Protokoll über die Übergangsbestimmungen festgelegt.

(6) Der Rat tagt in verschiedenen Zusammensetzungen; die Liste dieser Zusammensetzungen wird nach Artikel 236 des Vertrags über die Arbeitsweise der Europäischen Union angenommen.

Als Rat „Allgemeine Angelegenheiten" sorgt er für die Kohärenz der Arbeiten des Rates in seinen verschiedenen Zusammensetzungen. In Verbindung mit dem Präsidenten des Europäischen Rates und mit der Kommission bereitet er die Tagungen des Europäischen Rates vor und sorgt für das weitere Vorgehen.

Als Rat „Auswärtige Angelegenheiten" gestaltet er das auswärtige Handeln der Union entsprechend den strategischen Vorgaben des Europäischen Rates und sorgt für die Kohärenz des Handelns der Union.

(7) Ein Ausschuss der Ständigen Vertreter der Regierungen der Mitgliedstaaten ist für die Vorbereitung der Arbeiten des Rates verantwortlich.

(8) Der Rat tagt öffentlich, wenn er über Entwürfe zu Gesetzgebungsakten berät und abstimmt. Zu diesem Zweck wird jede Ratstagung in zwei Teile unterteilt, von denen der eine den Beratungen über die Gesetzgebungsakte der Union und der andere den nicht die Gesetzgebung betreffenden Tätigkeiten gewidmet ist.

(9) Der Vorsitz im Rat in allen seinen Zusammensetzungen mit Ausnahme des Rates „Auswärtige Angelegenheiten" wird von den Vertretern der Mitgliedstaaten im Rat unter Bedingungen, die gemäß Artikel 236 des Vertrags über die Arbeitsweise der Europäischen Union festgelegt werden, nach einem System der gleichberechtigten Rotation wahrgenommen.

Artikel 17 EUV

(1) Die Kommission fördert die allgemeinen Interessen der Union und ergreift geeignete Initiativen zu diesem Zweck. Sie sorgt für die Anwendung der Verträge sowie der von den Organen kraft der Verträge erlassenen Maßnahmen. Sie überwacht die Anwendung des Unionsrechts unter der Kontrolle des Gerichtshofs der Europäischen Union. Sie führt den Haushaltsplan aus und verwaltet die Programme. Sie übt nach Maßgabe der Verträge Koordinierungs-, Exekutiv- und Verwaltungsfunktionen aus. Außer in der Gemeinsamen Außen- und Sicherheitspolitik und den übrigen in den Verträgen vorgesehenen Fällen nimmt sie die Vertretung der Union nach außen wahr. Sie leitet die jährliche und die mehrjährige Programmplanung der Union mit dem Ziel ein, interinstitutionelle Vereinbarungen zu erreichen.

(2) Soweit in den Verträgen nichts anderes festgelegt ist, darf ein Gesetzgebungsakt der Union nur auf Vorschlag der Kommission erlassen werden. Andere Rechtsakte werden auf der Grundlage eines Kommissionsvorschlags erlassen, wenn dies in den Verträgen vorgesehen ist.

(3) Die Amtszeit der Kommission beträgt fünf Jahre.

Die Mitglieder der Kommission werden aufgrund ihrer allgemeinen Befähigung und ihres Einsatzes für Europa unter Persönlichkeiten ausgewählt, die volle Gewähr für ihre Unabhängigkeit bieten.

Die Kommission übt ihre Tätigkeit in voller Unabhängigkeit aus. Die Mitglieder der Kommission dürfen unbeschadet des Artikels 18 Absatz 2 Weisungen von einer Regierung, einem Organ, einer Einrichtung oder jeder anderen

Stelle weder einholen noch entgegennehmen. Sie enthalten sich jeder Handlung, die mit ihrem Amt oder der Erfüllung ihrer Aufgaben unvereinbar ist.

(4) Die Kommission, die zwischen dem Zeitpunkt des Inkrafttretens des Vertrags von Lissabon und dem 31. Oktober 2014 ernannt wird, besteht einschließlich ihres Präsidenten und des Hohen Vertreters der Union für Außen- und Sicherheitspolitik, der einer der Vizepräsidenten der Kommission ist, aus je einem Staatsangehörigen jedes Mitgliedstaats.

(5) Ab dem 1. November 2014 besteht die Kommission, einschließlich ihres Präsidenten und des Hohen Vertreters der Union für Außen- und Sicherheitspolitik, aus einer Anzahl von Mitgliedern, die zwei Dritteln der Zahl der Mitgliedstaaten entspricht, sofern der Europäische Rat nicht einstimmig eine Änderung dieser Anzahl beschließt.

Die Mitglieder der Kommission werden unter den Staatsangehörigen der Mitgliedstaaten in einem System der strikt gleichberechtigten Rotation zwischen den Mitgliedstaaten so ausgewählt, dass das demografische und geografische Spektrum der Gesamtheit der Mitgliedstaaten zum Ausdruck kommt. Dieses System wird vom Europäischen Rat nach Artikel 244 des Vertrags über die Arbeitsweise der Europäischen Union einstimmig festgelegt.

(6) Der Präsident der Kommission

a) legt die Leitlinien fest, nach denen die Kommission ihre Aufgaben ausübt,

b) beschließt über die interne Organisation der Kommission, um die Kohärenz, die Effizienz und das Kollegialitätsprinzip im Rahmen ihrer Tätigkeit sicherzustellen,

c) ernennt, mit Ausnahme des Hohen Vertreters der Union für Außen- und Sicherheitspolitik, die Vizepräsidenten aus dem Kreis der Mitglieder der Kommission.

Ein Mitglied der Kommission legt sein Amt nieder, wenn es vom Präsidenten dazu aufgefordert wird. Der Hohe Vertreter der Union für Außen- und Sicherheitspolitik legt sein Amt nach dem Verfahren des Artikels 18 Absatz 1 nieder, wenn er vom Präsidenten dazu aufgefordert wird.

(7) Der Europäische Rat schlägt dem Europäischen Parlament nach entsprechenden Konsultationen mit qualifizierter Mehrheit einen Kandidaten für das Amt des Präsidenten der Kommission vor; dabei berücksichtigt er das Ergebnis der Wahlen zum Europäischen Parlament. Das Europäische Parlament wählt diesen Kandidaten mit der Mehrheit seiner Mitglieder. Erhält dieser Kandidat nicht die Mehrheit, so schlägt der Europäische Rat dem Europäischen Parlament innerhalb eines Monats mit qualifizierter Mehrheit einen neuen Kandidaten vor, für dessen Wahl das Europäische Parlament dasselbe Verfahren anwendet.

Der Rat nimmt, im Einvernehmen mit dem gewählten Präsidenten, die Liste der anderen Persönlichkeiten an, die er als Mitglieder der Kommission vorschlägt. Diese werden auf der Grundlage der Vorschläge der Mitgliedstaaten entsprechend den Kriterien nach Absatz 3 Unterabsatz 2 und Absatz 5 Unterabsatz 2 ausgewählt.

Der Präsident, der Hohe Vertreter der Union für Außen- und Sicherheitspolitik und die übrigen Mitglieder der Kommission stellen sich als Kollegium einem Zustimmungsvotum des Europäischen Parlaments. Auf der Grundlage dieser Zustimmung wird die Kommission vom Europäischen Rat mit qualifizierter Mehrheit ernannt.

(8) Die Kommission ist als Kollegium dem Europäischen Parlament verantwortlich. Das Europäische Parlament kann nach Artikel 234 des Vertrags über die Arbeitsweise der Europäischen Union einen Misstrauensantrag gegen die Kommission annehmen. Wird ein solcher Antrag angenommen, so müssen die Mitglieder der Kommission geschlossen ihr Amt niederlegen, und der Hohe Vertreter der Union für Außen- und Sicherheitspolitik muss sein im Rahmen der Kommission ausgeübtes Amt niederlegen.

Artikel 18 EUV

(1) Der <u>Europäische Rat</u> ernennt mit qualifizierter Mehrheit und mit Zustimmung des Präsidenten der Kommission den Hohen Vertreter der Union für Außen- und Sicherheitspolitik. Der Europäische Rat kann die Amtszeit des Hohen Vertreters nach dem gleichen Verfahren beenden.

(2) Der <u>Hohe Vertreter</u> leitet die <u>Gemeinsame Außen- und Sicherheitspolitik der Union</u>. Er trägt durch seine Vorschläge zur Festlegung dieser Politik bei und führt sie im Auftrag des Rates durch. Er handelt ebenso im Bereich der Gemeinsamen Sicherheits- und Verteidigungspolitik.

(3) Der Hohe Vertreter führt den Vorsitz im Rat „Auswärtige Angelegenheiten".

(4) Der Hohe Vertreter ist einer der Vizepräsidenten der Kommission. Er sorgt für die Kohärenz des auswärtigen Handelns der Union. Er ist innerhalb der Kommission mit deren Zuständigkeiten im Bereich der Außenbeziehungen und mit der Koordinierung der übrigen Aspekte des auswärtigen Handelns der Union betraut. Bei der Wahrnehmung dieser Zuständigkeiten in der Kommission und ausschließlich im Hinblick auf diese Zuständigkeiten unterliegt der Hohe Vertreter den Verfahren, die für die Arbeitsweise der Kommission gelten, soweit dies mit den Absätzen 2 und 3 vereinbar ist.

Artikel 19 EUV

(1) Der <u>Gerichtshof der Europäischen Union</u> umfasst den Gerichtshof, das Gericht und Fachgerichte. Er sichert die Wahrung des Rechts bei der Auslegung und Anwendung der Verträge.

Die Mitgliedstaaten schaffen die erforderlichen Rechtsbehelfe, damit ein wirksamer Rechtsschutz in den vom Unionsrecht erfassten Bereichen gewährleistet ist.

(2) Der Gerichtshof besteht aus einem Richter je Mitgliedstaat. Er wird von Generalanwälten unterstützt.

Das Gericht besteht aus mindestens einem Richter je Mitgliedstaat.

Als Richter und Generalanwälte des Gerichtshofs und als Richter des Gerichts sind Persönlichkeiten auszuwählen, die jede Gewähr für Unabhängigkeit bieten und die Voraussetzungen der Artikel 253 und 254 des Vertrags über die Arbeitsweise der Europäischen Union erfüllen. Sie werden von den Regierungen der Mitgliedstaaten im gegenseitigen Einvernehmen für eine Amtszeit von sechs Jahren ernannt. Die Wiederernennung ausscheidender Richter und Generalanwälte ist zulässig.

(3) Der Gerichtshof der Europäischen Union entscheidet nach Maßgabe der Verträge

    a)   über Klagen eines Mitgliedstaats, eines Organs oder natürlicher oder juristischer Personen;

    b)   im Wege der Vorabentscheidung auf Antrag der einzelstaatlichen Gerichte über die Auslegung des Unionsrechts oder über die Gültigkeit der Handlungen der Organe;

in allen anderen in den Verträgen vorgesehenen Fällen.

Anhang 2: ADSp (2017)

Allgemeine Deutsche Spediteurbedingungen 2017 (ADSp 2017)
– Nichtamtlich –

Präambel

Die Allgemeinen Deutschen Spediteurbedingungen 2017 (ADSp 2017) werden zur Anwendung ab dem 1. Januar 2017 empfohlen vom Bundesverband der Deutschen Industrie (BDI), Bundesverband Großhandel, Außenhandel, Dienstleistungen (BGA), Bundesverband Güterkraftverkehr Logistik und Entsorgung (BGL), Bundesverband Möbelspedition und Logistik (AMÖ), Bundesverband Wirtschaft, Verkehr und Logistik (BWVL), Deutschen Industrie- und Handelskammertag (DIHK), Deutschen Speditions- und Logistikverband (DSLV) und Handelsverband Deutschland (HDE). Diese Empfehlung ist unverbindlich. Es bleibt den Vertragsparteien unbenommen, vom Inhalt dieser Empfehlung abweichende Vereinbarungen zu treffen.

1.   Begriffsbestimmungen

1.1   Ablieferung
Der Begriff der Ablieferung umfasst auch die Auslieferung bei Lagergeschäften.

1.2   Auftraggeber
Die Rechtsperson, die mit dem Spediteur einen Verkehrsvertrag abschließt.

1.3   Diebstahlgefährdetes Gut
Gut, das einem erhöhten Raub- und Diebstahlrisiko ausgesetzt ist, wie Geld, Edelmetalle, Schmuck, Uhren, Edelsteine, Kunstgegenstände, Antiquitäten, Scheckkarten, Kreditkarten oder andere Zahlungsmittel, Wertpapiere, Valoren, Dokumente, Spirituosen, Tabakwaren, Unterhaltungselektronik, Telekommunikationsgeräte, EDV-Geräte und -Zubehör sowie Chip-Karten.

1.4   Empfänger
Die Rechtsperson, an die das Gut nach dem Verkehrsvertrag oder aufgrund wirksamer Weisung des Auftraggebers oder eines sonstigen Verfügungsberechtigten abzuliefern ist.

1.5   Fahrzeug
Ein zum Transport von einem Gut auf Verkehrswegen eingesetztes Beförderungsmittel.

1.6   Gefährliche Güter
Güter, von denen auch im Rahmen einer normal verlaufenden Beförderung, Lagerung oder sonstigen Tätigkeit eine unmittelbare Gefahr für Personen, Fahrzeuge und Rechtsgüter Dritter ausgehen kann. Gefährliche Güter sind insbesondere die Güter, die in den Anwendungsbereich einschlägiger Gefahrgutgesetze und -verordnungen sowie gefahrstoff-, wasser- oder abfallrechtlicher Vorschriften fallen.

1.7   Lademittel
Mittel zur Zusammenfassung von Packstücken und zur Bildung von Ladeeinheiten, z. B. Paletten, Container, Wechselbrücken, Behälter.

1.8   Ladestelle/Entladestelle
Die postalische Adresse, soweit die Parteien nicht eine genauere Ortsbestimmung getroffen haben.

1.9   Leistungszeit

Die Zeit (Datum, Uhrzeit), zu der eine bestimmte Leistung zu erbringen ist, z. B. ein Zeitfenster oder ein Zeitpunkt.

1.10   Packstücke

Einzelstücke oder vom Auftraggeber zur Abwicklung des Auftrags gebildete Einheiten mit und ohne Lademittel, die der Spediteur als Ganzes zu behandeln hat (Frachtstücke im Sinne von §§ 409, 431, 504 HGB).

1.11   Schadenfall / Schadenereignis

Ein Schadenfall liegt vor, wenn ein Geschädigter aufgrund eines äußeren Vorgangs einen Anspruch aus einem Verkehrsvertrag oder anstelle eines verkehrsvertraglichen Anspruchs geltend macht; ein Schadenereignis liegt vor, wenn aufgrund eines äußeren Vorgangs mehrere Geschädigte aus mehreren Verkehrsverträgen Ansprüche geltend machen.

1.12   Schnittstelle

Nach Übernahme und vor Ablieferung des Gutes durch den Spediteur jede Übergabe des Gutes von einer Rechtsperson auf eine andere, jede Umladung von einem Fahrzeug auf ein anderes, jede (Zwischen-)Lagerung.

1.13   Spediteur

Die Rechtsperson, die mit dem Auftraggeber einen Verkehrsvertrag abschließt. Spediteure in diesem Sinne sind insbesondere Frachtführer im Sinne von § 407 HGB, Spediteure im Sinne von § 453 HGB, Lagerhalter im Sinne von § 467 HGB und Verfrachter im Sinne von §§ 481, 527 HGB.

1.14   Verkehrsverträge

Verträge des Spediteurs über alle Arten von Tätigkeiten, gleichgültig ob sie Speditions-, Fracht-, Seefracht-, Lager- oder sonstige üblicherweise zum Speditionsgewerbe gehörende Geschäfte (z. B. Zollabwicklung, Sendungsverfolgung, Umschlag) betreffen. Diese umfassen auch speditionsübliche logistische Leistungen, wenn diese mit der Beförderung oder Lagerung von Gütern in Zusammenhang stehen, insbesondere Tätigkeiten wie Bildung von Ladeeinheiten, Kommissionieren, Etikettieren und Verwiegen von Gütern und Retourenabwicklung. Als Frachtverträge gelten auch Lohnfuhrverträge über die Gestellung bemannter Kraftfahrzeuge zur Verwendung nach Weisung des Auftraggebers.

1.15   Verlader

Die Rechtsperson, die das Gut nach dem Verkehrsvertrag oder aufgrund wirksamer Weisung zur Beförderung übergibt.

1.16   Vertragswesentliche Pflichten

Pflichten, deren Erfüllung die ordnungsgemäße Durchführung des Verkehrsvertrags (Ziffer 1.14) erst ermöglicht und auf deren Einhaltung der Vertragspartner regelmäßig vertrauen darf.

1.17   Wertvolles Gut

Gut mit einem tatsächlichen Wert am Ort und zur Zeit der Übernahme von mindestens 100 Euro/kg.

1.18   Zeitfenster

Vereinbarter Leistungszeitraum für die Ankunft des Spediteurs an der Lade- oder der Entladestelle.

1.19   Zeitpunkt

Vereinbarter Leistungszeitpunkt für die Ankunft des Spediteurs an der Lade- oder der Entladestelle.

2.   Anwendungsbereich

2.1   Die ADSp gelten für alle Verkehrsverträge des Spediteurs als Auftragnehmer.

2.2   Gesetzliche Bestimmungen, von denen im Wege vorformulierter Vertragsbedingungen nicht abgewichen werden darf, gehen den ADSp vor.

2.3   Die ADSp gelten nicht für Geschäfte, die ausschließlich zum Gegenstand haben

2.3.1   Verpackungsarbeiten,

2.3.2   die Beförderung und Lagerung von abzuschleppendem oder zu bergendem Gut,

2.3.3   die Beförderung und Lagerung von Umzugsgut im Sinne von § 451 HGB,

2.3.4   Lagerung und Digitalisierung von Akten; Akten sind alle Arten von verkörperten und digitalisierten Geschäftspapieren, Dokumenten, Datenträgern sowie von gleichartigen der Sammlung von Informationen dienenden Sachen,

2.3.5   Schwer- oder Großraumtransporte, deren Durchführung eine verkehrsrechtliche Transporterlaubnis bzw. Ausnahmegenehmigung erfordert, Kranleistungen und damit zusammenhängende Montagearbeiten.

2.4   Die ADSp finden keine Anwendung auf Verkehrsverträge mit Verbrauchern i.S.v. § 13 BGB[*].

3.   Pflichten des Auftraggebers bei Auftragserteilung; Informationspflichten, besondere Güterarten

3.1   Der Auftraggeber unterrichtet den Spediteur rechtzeitig über alle ihm bekannten, wesentlichen, die Ausführung des Auftrages beeinflussenden Faktoren. Hierzu zählen

3.1.1   Adressen, Art und Beschaffenheit des Gutes, das Rohgewicht (inklusive Verpackung und vom Auftraggeber gestellte Lademittel) oder die anders angegebene Menge, Kennzeichen, Nummern, Anzahl und Art der Packstücke, besondere Eigenschaften des Gutes (wie lebende Tiere, Pflanzen, Verderblichkeit), der Warenwert (z. B. für zollrechtliche Zwecke oder eine Versicherung des Gutes nach Ziffer 21), und Lieferfristen,

3.1.2   alle öffentlich-rechtlichen, z. B. zollrechtlichen, außenwirtschaftsrechtlichen (insbesondere waren-, personen- oder länderbezogenen Embargos) und sicherheitsrechtlichen Verpflichtungen,

3.1.3   im Falle von Seebeförderungen alle nach den seerechtlichen Sicherheitsbestimmungen (z. B. SOLAS) erforderlichen Daten in der vorgeschriebenen Form,

3.1.4   Dritten gegenüber bestehende gewerbliche Schutzrechte, z. B. marken- und lizenzrechtliche Beschränkungen, die mit dem Besitz des Gutes verbunden sind, sowie gesetzliche oder behördliche Hindernisse, die der Auftragsabwicklung entgegenstehen,

3.1.5   besondere technische Anforderungen an das Beförderungsmittel und spezielle Ladungssicherungsmittel, die der Spediteur gestellen soll.

---

[*] § 13 BGB: «Verbraucher ist jede natürliche Person, die ein Rechtsgeschäft zu Zwecken abschließt, die überwiegend weder ihrer gewerblichen noch ihrer selbständigen beruflichen Tätigkeit zugerechnet.»

3.2 Bei gefährlichem Gut hat der Auftraggeber rechtzeitig dem Spediteur in Textform die Menge, die genaue Art der Gefahr und – soweit erforderlich – die zu ergreifenden Vorsichtsmaßnahmen mitzuteilen. Handelt es sich um Gefahrgut im Sinne des Gesetzes über die Beförderung gefährlicher Güter oder um sonstige Güter, für deren Beförderung oder Lagerung besondere gefahrgut- oder abfallrechtliche Vorschriften bestehen, so hat der Auftraggeber die für die ordnungsgemäße Durchführung des Auftrags erforderlichen Angaben, insbesondere die Klassifizierung nach dem einschlägigen Gefahrgutrecht, mitzuteilen und spätestens bei Übergabe des Gutes die erforderlichen Unterlagen zu übergeben.

3.3 Bei wertvollem oder diebstahlgefährdetem Gut hat der Auftraggeber im Auftrag den Spediteur in Textform über Art und Wert des Gutes und das bestehende Risiko zu informieren, so dass der Spediteur über die Annahme des Auftrags entscheiden oder angemessene Maßnahmen für eine sichere und schadenfreie Abwicklung des Auftrags treffen kann. Nimmt er diesen Auftrag an, ist der Spediteur verpflichtet, geeignete Sicherungsmaßnahmen zum Schutz des Gutes zu ergreifen.

3.4 Der Auftraggeber hat dem Spediteur alle Urkunden und sonstigen Unterlagen zur Verfügung zu stellen und Auskünfte (z. B. Eintarifierung) zu erteilen, die insbesondere für die ordnungsgemäße Zoll- oder sonstige gesetzlich vorgeschriebene Behandlung – hierzu zählen auch Sicherheitskontrollen z. B. für Luftfrachtsendungen – des Gutes notwendig sind.

4.   Rechte und Pflichten des Spediteurs

4.1 Der Spediteur hat die Interessen des Auftraggebers wahrzunehmen. Er hat den ihm erteilten Auftrag auf offensichtliche Mängel zu prüfen und dem Auftraggeber alle ihm bekannten Gefahrumstände für die Ausführung des Auftrages unverzüglich anzuzeigen. Erforderlichenfalls hat er Weisungen einzuholen.

4.2 Der Spediteur hat dafür Sorge zu tragen, dass die von ihm zur Transportabwicklung eingesetzten Fahrzeuge, Ladungssicherungsmittel und, soweit die Gestellung von Lademitteln vereinbart ist, diese in technisch einwandfreiem Zustand sind, den gesetzlichen Vorschriften und den im Verkehrsvertrag gestellten Anforderungen für das Gut entsprechen. Fahrzeuge und Lademittel sind mit den üblichen Vorrichtungen, Ausrüstungen oder Verfahren zum Schutz gegen Gefahren für das Gut, insbesondere Ladungssicherungsmitteln, auszustatten. Fahrzeuge sollen schadstoffarm, lärmreduziert und energiesparend sein.

4.3 Der Spediteur hat zuverlässiges und entsprechend der Tätigkeit fachlich geschultes, geeignetes und ordnungsgemäß beschäftigtes Fahrpersonal und, soweit erforderlich, mit Fahrerbescheinigung einzusetzen.

4.4 Der Spediteur hat auf einem fremden Betriebsgelände eine dort geltende und ihm bekanntgemachte Haus-, Betriebs- oder Baustellenordnung zu befolgen. § 419 HGB bleibt unberührt.

4.5 Der Spediteur ist berechtigt, die zollamtliche Abwicklung von der Erteilung einer schriftlichen Vollmacht abhängig zu machen, die ihm eine direkte Vertretung ermöglicht.

4.6   Wird der Spediteur mit der grenzüberschreitenden Beförderung des Gutes oder der Import- oder Exportabfertigung beauftragt, so beinhaltet dieser Auftrag im Zweifel auch die zollamtliche oder sonst gesetzlich vorgeschriebene Behandlung des Gutes, wenn ohne sie die grenzüberschreitende Beförderung bis zum Bestimmungsort nicht ausführbar ist.
Er darf hierbei

4.6.1   Verpackungen öffnen, wenn dies zum Zweck der Durchführung einer gesetzlich vorgeschriebenen Kontrolle (z. B. Spediteur als Reglementierter Beauftragter) erforderlich ist, und anschließend alle zur Auftragsabwicklung erforderlichen Maßnahmen treffen, z. B. das Gut neu verpacken,

4.6.2   die zollamtlich festgesetzten Abgaben auslegen.

4.7   Bei einem Güter- oder Verspätungsschaden hat der Spediteur auf Verlangen des Auftraggebers oder Empfängers diesem unverzüglich alle zur Sicherung von Schadensersatzansprüchen erforderlichen und ihm bekannten Informationen zu verschaffen.

4.8   Der dem Spediteur erteilte Auftrag umfasst mangels ausdrücklicher Vereinbarung nicht

4.8.1   die Gestellung und den Tausch von Paletten oder sonstigen Lademitteln,

4.8.2   die Ver- und Entladung der Güter, es sei denn, aus den Umständen oder der Verkehrssitte ergibt sich etwas anderes,

4.8.3   ein Umladeverbot (§ 486 HGB findet keine Anwendung),

4.8.4   die Bereitstellung eines Sendungsverfolgungssystems, es sei denn, dies ist branchenüblich, wobei Ziffer 14 unberührt bleibt

4.8.5   Retouren, Umfuhren und verdeckte Beiladungen.
Werden in Abweichung vom Auftrag vom Auftraggeber ein oder mehrere weitere Packstücke zum Transport übergeben und nimmt der Spediteur dieses oder diese Packstücke zum Transport an, so schließen der Spediteur und der Auftraggeber über dieses Gut einen neuen Verkehrsvertrag ab. Bei Retouren oder verdeckten Beiladungen gelten mangels abweichender Vereinbarungen die Bestimmungen des ursprünglichen Verkehrsvertrages. Ziffer 5.2 bleibt unberührt.

4.9   Weitergehende Leistungs- und Informationspflichten, z. B. über Qualitätsmanagementmaßnahmen und deren Einhaltung (Audits) sowie Monitoring- und Bewertungssysteme und Leistungskennzahlen, bedürfen der ausdrücklichen
Vereinbarung.

5.   Kontaktperson, elektronische Kommunikation und Dokumente

5.1   Auf Verlangen einer Vertragspartei benennt jede Vertragspartei für den Empfang von Informationen, Erklärungen und Anfragen für die Vertragsabwicklung eine oder mehrere Kontaktpersonen und teilt Namen und Kontaktadressen der anderen Partei mit. Diese Angaben sind bei Veränderung zu aktualisieren. Bestimmt eine Partei keine Kontaktperson, gilt diejenige Person als Kontaktperson, die den Verkehrsvertrag für die Partei abgeschlossen hat. Über das Gesetz hinausgehende Informationspflichten, z. B. über Maßnahmen des Spediteurs im Falle von Störungen, insbesondere einer drohenden Verspätung in der Übernahme oder Ablieferung, bei Beförderungs- oder Ablieferungshindernissen, bei Schäden am Gut oder anderen Störungen (Notfallkonzept) bedürfen der ausdrücklichen Vereinbarung.

5.2   Mangels ausdrücklicher Vereinbarung bedürfen vertragliche Erklärungen des Lager- und Fahrpersonals zu ihrer Wirksamkeit der Genehmigung der jeweiligen Vertragspartei.

5.3   Der Auftraggeber hat dafür Sorge zu tragen, dass der Verlader oder Empfänger für den Auftraggeber die an der Lade- oder Entladestelle zur Abwicklung des Verkehrsvertrags erforderlichen Erklärungen abgibt und tatsächliche Handlungen, wie die Übergabe oder Übernahme des Gutes, vornimmt.

5.4   Wenn dies zwischen dem Auftraggeber und dem Spediteur vereinbart ist, werden die Parteien per EDI (Electronic Data Interchange)/DFÜ (Datenfernübertragung) Sendungsdaten einschließlich der Rechnungserstellung übermitteln bzw. empfangen. Die übermittelnde Partei trägt die Gefahr für den Verlust, die Vollständigkeit und die Richtigkeit der übermittelten Daten.

5.5   Bei einer Vereinbarung nach Ziffer 5.4 stellen die Parteien sicher, dass das eigene IT-System betriebsbereit ist und die üblichen Sicherheits- und Kontrollmaßnahmen durchgeführt werden, um den elektronischen Datenaustausch vor dem Zugriff Dritter zu schützen sowie der Veränderung, dem Verlust oder der Zerstörung elektronisch übermittelter Daten vorzubeugen. Jede Partei ist verpflichtet, der anderen Partei rechtzeitig Änderungen ihres IT-Systems mitzuteilen, die Auswirkungen auf den elektronischen Datenaustausch haben können.

5.6   Elektronisch oder digital erstellte Dokumente, insbesondere Ablieferachweise, stehen schriftlichen Dokumenten gleich.

Zudem ist jede Partei berechtigt, schriftliche Dokumente lediglich elektronisch oder digital zu archivieren und unter Beachtung der gesetzlichen Vorschriften die Originale zu vernichten.

6.   Verpackungs- und Kennzeichnungspflichten des Auftraggebers

6.1   Das Gut ist vom Auftraggeber zu verpacken und, soweit dies erforderlich ist, mit deutlich und haltbar angebrachten Kennzeichen für ihre auftragsgemäße Behandlung zu versehen. Alte Kennzeichen sind zu entfernen oder unkenntlich zu machen. Gleiches gilt für Packstücke.

6.2   Darüber hinaus ist der Auftraggeber verpflichtet,

6.2.1   zu e i n e r Sendung gehörende Packstücke als zusammengehörig erkennbar zu kennzeichnen,

6.2.2   Packstücke – soweit erforderlich – so herzurichten, dass ein Zugriff auf den Inhalt ohne Hinterlassen äußerlich sichtbarer Spuren nicht möglich ist.

7   Ladungssicherungs- und Kontrollpflichten des Spediteurs

7.1   Erfolgt die Ver- oder Entladung an mehr als einer Lade- oder Entladestelle, stellt der Spediteur nach Abschluss der beförderungssicheren Verladung eines Gutes die Ladungssicherung durchgehend bis zur letzten Entladestelle sicher.

7.2   Der Spediteur ist verpflichtet, an jeder Schnittstelle Kontrollen durchzuführen. Er hat das Gut auf Vollzähligkeit und Identität sowie äußerlich erkennbare Schäden und Unversehrtheit von Label, Plomben und Verschlüssen zu überprüfen und Unregelmäßigkeiten zu dokumentieren.

8   **Quittung**

8.1   Der Spediteur hat die Übernahme des Gutes – gegebenenfalls mit Vorbehalt – zu quittieren. Mit der Übernahmequittung bestätigt der Spediteur im Zweifel nur die Anzahl und Art der Packstücke, nicht jedoch deren Inhalt, Wert, Gewicht oder anders angegebene Menge.

8.2   Bei vorgeladenen oder geschlossenen Ladeeinheiten wie Containern oder Wechselbrücken und vorab vom Auftraggeber übermittelten Daten gilt die Richtigkeit einer Übernahmequittung über Anzahl und Art der geladenen Packstücke als widerlegt, wenn der Spediteur dem Auftraggeber unverzüglich (Mengen-) Differenzen und Beschädigungen meldet, nachdem er die Ladeeinheit entladen hat.

8.3   Als Ablieferungsnachweis hat der Spediteur vom Empfänger eine Ablieferungsquittung über die im Auftrag oder in sonstigen Begleitpapieren genannten Packstücke zu verlangen. Weigert sich der Empfänger, die Ablieferungsquittung zu erteilen, so hat der Spediteur Weisung einzuholen.

Der Auftraggeber kann die Herausgabe der Ablieferungsquittung innerhalb eines Jahres nach Ablieferung des Gutes verlangen.

8.4   Als Übernahme- oder Ablieferungsquittung dienen alle die Auftragsdurchführung nachweisenden, unterzeichneten Dokumente, wie Lieferscheine, Spediteurübernahmescheine, Fracht- und Seefrachtbriefe, Ladescheine oder Konnossemente.

8.5   Die Übernahme- oder Ablieferungsquittung kann auch elektronisch oder digital erstellt werden, es sei denn, der Auftraggeber verlangt die Ausstellung eines Fracht- oder Seefrachtbriefs, Ladescheins oder Konnossements.

9.   **Weisungen**

Der Spediteur ist verpflichtet, jede ihm nach Vertragsschluss erteilte Weisung über das Gut zu beachten, es sei denn, die Ausführung der Weisung droht Nachteile für den Betrieb seines Unternehmens oder Schäden für die Auftraggeber oder Empfänger anderer Sendungen mit sich zu bringen. Beabsichtigt der Spediteur, eine ihm erteilte Weisung nicht zu befolgen, so hat er denjenigen, der die Weisung gegeben hat, unverzüglich zu benachrichtigen.

10.   **Frachtüberweisung, Nachnahme**

Die Mitteilung des Auftraggebers, der Auftrag sei unfrei abzufertigen oder z. B. nach Maßgabe der Incoterms[*] für Rechnung des Empfängers oder eines Dritten auszuführen, berührt nicht die Verpflichtung des Auftraggebers gegenüber dem Spediteur, die Vergütung sowie die sonstigen Aufwendungen (Frachten, Zölle und sonstige Abgaben) zu tragen. Nachnahmeweisungen z. B. nach § 422 HGB, Art. 21 CMR bleiben unberührt.

11.   **Nichteinhaltung von Lade- und Entladezeiten, Standgeld**

11.1   Hat der Auftraggeber das Gut zu verladen oder entladen, ist er verpflichtet, die vereinbarte, ansonsten eine angemessene Lade- oder Entladezeit einzuhalten.

---

[*] © Internationale Handelskammer (ICC) – „Incoterms® 2020 englisch-deutsch" (ISBN: 978-3-929621-73-0)

11.2 Wird im Straßengüterverkehr für die Gestellung eines Fahrzeugs ein Zeitpunkt oder ein Zeitfenster vereinbart oder vom Spediteur avisiert, ohne dass der Auftraggeber, Verlader oder Empfänger widerspricht, beträgt die Lade- oder Entladezeit bei Komplettladungen (nicht jedoch bei schüttbaren Massengütern) unabhängig von der Anzahl der Sendungen pro Lade- oder Entladestelle bei Fahrzeugen mit 40 Tonnen zulässigem Gesamtgewicht pauschal jeweils maximal 2 Stunden für die Verladung bzw. die Entladung. Bei Fahrzeugen mit niedrigerem Gesamtgewicht reduzieren sich diese Zeiten einzelfallbezogen in angemessenen Umfang.

11.3 Die Lade- oder Entladezeit beginnt mit der Ankunft des Straßenfahrzeugs an der Lade- oder Entladestelle (z. B. Meldung beim Pförtner) und endet, wenn der Auftraggeber oder Empfänger seinen Verpflichtungen vollständig nachgekommen ist.

Ist für die Gestellung des Straßenfahrzeugs an der Lade- oder Entladestelle eine konkrete Leistungszeit vereinbart, so beginnt die Lade- oder Entladezeit nicht vor der für die Gestellung vereinbarten Uhrzeit.

11.4 Wird die Lade- oder Entladezeit aufgrund vertraglicher Vereinbarung oder aus Gründen, die nicht dem Risikobereich des Spediteurs zuzurechnen sind, überschritten, hat der Auftraggeber dem Spediteur das vereinbarte, ansonsten ein angemessenes Standgeld als Vergütung zu zahlen.

11.5 Die vorstehenden Bestimmungen finden entsprechende Anwendung, wenn der Spediteur verpflichtet ist, das Gut zu ver- oder entladen und der Auftraggeber ausschließlich verpflichtet ist, das Gut zur Verladung bereitzustellen oder nach Entladung entgegenzunehmen.

12. Leistungshindernisse, höhere Gewalt

12.1 Kann der Spediteur das Gut nicht oder nicht rechtzeitig übernehmen, so hat er dies dem Auftraggeber oder Verlader unverzüglich anzuzeigen und entsprechende Weisungen einzuholen. § 419 HGB findet entsprechende Anwendung.

Der Auftraggeber bleibt berechtigt, den Verkehrsvertrag zu kündigen, ohne dass der Spediteur berechtigt ist, Ansprüche nach § 415 Abs. 2 HGB geltend zu machen.

12.2 Leistungshindernisse, die nicht dem Risikobereich einer Vertragspartei zuzurechnen sind, befreien die Vertragsparteien für die Dauer der Störung und den Umfang ihrer Wirkung von den Leistungspflichten. Als solche Leistungshindernisse gelten höhere Gewalt, Unruhen, kriegerische oder terroristische Akte, Streiks und Aussperrungen, Blockade von Beförderungswegen sowie sonstige unvorhersehbare, unabwendbare und schwerwiegende Ereignisse.

Im Falle eines Leistungshindernisses ist jede Vertragspartei verpflichtet, die andere Partei unverzüglich zu unterrichten; der Spediteur ist zudem verpflichtet, Weisungen des Auftraggebers einzuholen.

13. Ablieferung

13.1 Wird nach Ankunft an der Entladestelle erkennbar, dass die Entladung nicht innerhalb der Entladezeit durchgeführt werden kann, hat der Spediteur dies dem Auftraggeber unverzüglich anzuzeigen und entsprechende Weisungen einzuholen. § 419 HGB findet Anwendung.

13.2 Kann der Spediteur die vereinbarte Leistungszeit oder – mangels Vereinbarung – eine angemessene Zeit für die Ablieferung des Gutes nicht einhalten, hat er Weisungen bei seinem Auftraggeber oder dem Empfänger einzuholen.

13.3 Wird der Empfänger in seiner Wohnung, in dem Geschäftsraum oder in einer Gemeinschaftseinrichtung, in der der Empfänger wohnt, nicht angetroffen, kann das Gut, soweit nicht offenkundige Zweifel an deren Empfangsberechtigung bestehen, abgeliefert werden

13.3.1 in der Wohnung an einen erwachsenen Familienangehörigen, eine in der Familie beschäftigten Person oder einen erwachsenen ständigen Mitbewohner,

13.3.2 in Geschäftsräumen an eine dort beschäftigte Person,

13.3.3 in Gemeinschaftseinrichtungen dem Leiter der Einrichtung oder einem dazu ermächtigten Vertreter.

13.4 Wenn der Spediteur mit dem Auftraggeber oder Empfänger eine Vereinbarung getroffen hat, wonach die Ablieferung ohne körperliche Übergabe an den Empfänger erfolgen soll (z. B. Nacht-, Garagen- oder Bandanlieferung), erfolgt die Ablieferung mit der tatsächlichen Bereitstellung des Gutes am vereinbarten Ort.

13.5 Die Ablieferung darf nur unter Aufsicht des Auftraggebers, Empfängers oder eines dritten Empfangsberechtigten erfolgen. Die Ziffern 13.3 und 13.4 bleiben unberührt.

14. Auskunfts- und Herausgabepflicht des Spediteurs

14.1 Der Spediteur ist verpflichtet, dem Auftraggeber die erforderlichen Nachrichten zu geben, auf Verlangen über den Stand des Geschäftes Auskunft zu geben und nach dessen Ausführung Rechenschaft abzulegen; zur Offenlegung der Kosten ist er jedoch nur verpflichtet, wenn er für Rechnung des Auftraggebers tätig wird.

14.2 Der Spediteur ist verpflichtet, dem Auftraggeber alles, was er zur Ausführung des Geschäfts erhält und was er aus der Geschäftsführung erlangt, herauszugeben.

15. Lagerung

15.1 Der Auftraggeber hat das Gut, soweit erforderlich, zu verpacken und zu kennzeichnen und Urkunden zur Verfügung zu stellen sowie alle Auskünfte zu erteilen, die der Spediteur zur sachgerechten Lagerung benötigt.

15.2 Die Lagerung erfolgt nach Wahl des Spediteurs in dessen eigenen oder, soweit dies nicht vertraglich ausgeschlossen ist, in fremden Lagerräumen. Lagert der Spediteur bei einem fremden Lagerhalter ein, so hat er dessen Namen und den Lagerort dem Auftraggeber unverzüglich schriftlich bekanntzugeben oder, falls ein Lagerschein ausgestellt ist, auf diesem zu vermerken.

15.3 Der Spediteur hat für die ordnungsgemäße Instandhaltung und Pflege von Lagerhallen und anderen Lagerflächen, der Zufahrten auf den Betriebsflächen und die Sicherung des Gutes, insbesondere gegen Diebstahl, zu sorgen. Weitergehende Sicherungsmaßnahmen, die z. B. über die gesetzlichen Brandschutzvorschriften hinausgehen, bedürfen der ausdrücklichen Vereinbarung.

15.4 Mangels abweichender Vereinbarung

15.4.1	beginnt die Übernahme des Gutes zur Lagerung mit dem Beginn der Entladung des Fahrzeugs durch den Spediteur und die Auslieferung des Gutes endet mit dem Abschluss der Verladung durch den Spediteur,
15.4.2	erfolgt die Bestandsführung durch das Lagerverwaltungssystem des Spediteurs,
15.4.3	erfolgt eine physische Inventur pro Jahr. Auf Weisung des Auftraggebers führt der Spediteur weitere physische Inventuren gegen Aufwandserstattung durch.
15.5	Der Spediteur verpflichtet sich, bei Übernahme des Gutes, wenn ihm angemessene Mittel zur Überprüfung zur Verfügung stehen, eine Eingangskontrolle nach Art, Menge und Beschaffenheit des Gutes, Zeichen, Nummern, Anzahl der Packstücke sowie äußerlich erkennbare Schäden gemäß § 438 HGB durchzuführen.
15.6	Zur Sicherung des Gutes sind regelmäßig Kontrollen durch geeignetes Personal des Spediteurs durchzuführen.
15.7	Bei Fehlbeständen und zu befürchtenden Veränderungen am Gut hat der Spediteur den Auftraggeber unverzüglich zu informieren und Weisung einzuholen. § 471 Abs. 2 HGB bleibt unberührt.
15.8	Weitergehende Leistungs- und Informationspflichten bedürfen der ausdrücklichen Vereinbarung.

16. Vergütung

Mit der vereinbarten Vergütung, die die Kosten der Beförderung und Lagerung einschließt, sind alle nach dem Verkehrsvertrag zu erbringenden Leistungen abgegolten. Nachforderungen für im regelmäßigen Verlauf der Beförderung oder Lagerhaltung anfallende und zum Zeitpunkt der Angebotsabgabe vorhersehbare Kosten können nicht gesondert geltend gemacht werden, es sei denn, es ist etwas anderes vereinbart. Kalkulationsfehler gehen zu Lasten des Kalkulierenden. §§ 412, 418, 419, 491, 492 588 bis 595 HGB und vergleichbare Regelungen aus internationalen Übereinkommen bleiben unberührt.

17. Aufwendungs- und Freistellungsansprüche

17.1	Der Spediteur hat Anspruch auf Ersatz der Aufwendungen, die er den Umständen nach für erforderlich halten durfte und nicht zu vertreten hat, insbesondere Beiträge zu Havereiverfahren, Detention- oder Demurrage-Kosten, Nachverpackungen zum Schutz des Gutes.
17.2	Wenn der Auftraggeber den Spediteur beauftragt, Gut in Empfang zu nehmen und bei der Ablieferung an den Spediteur Frachten, Wertnachnahmen, Zölle, Steuern oder sonstige Abgaben oder Spesen gefordert werden, ist der Spediteur berechtigt, aber nicht verpflichtet, diese – soweit er sie den Umständen nach für erforderlich halten durfte – auszulegen und vom Auftraggeber Erstattung zu verlangen, es sei denn, es ist etwas anderes vereinbart worden.
17.3	Von Aufwendungen wie Frachtforderungen, Beiträgen zu Havereiverfahren, Zöllen, Steuern und sonstigen Abgaben, die an den Spediteur, insbesondere als Verfügungsberechtigten oder als Besitzer fremden Gutes gestellt werden, hat der Auftraggeber den Spediteur auf Aufforderung zu befreien, wenn sie der Spediteur nicht zu vertreten hat.

18.   Rechnungen, fremde Währungen

18.1   Vergütungsansprüche des Spediteurs erfordern den Zugang einer den gesetzlichen Anforderungen genügenden Rechnung oder Zahlungsaufstellung. Mangels abweichender Vereinbarung erfordert die Fälligkeit bei unstreitiger Ablieferung nicht die Vorlage eines Ablieferungsnachweises.

18.2   Der Spediteur ist berechtigt, von ausländischen Auftraggebern oder Empfängern nach seiner Wahl Zahlung in ihrer Landeswährung oder in Euro zu verlangen.

18.3   Schuldet der Spediteur fremde Währung oder legt er fremde Währung aus, so ist er berechtigt, entweder Zahlung in der fremden Währung oder in Euro zu verlangen. Verlangt er Zahlung in Euro, so erfolgt die Umrechnung zu dem am Tage der Zahlung des Spediteurs amtlich festgesetzten Kurs, den der Spediteur nachzuweisen hat.

18.4   Eine Zahlungsabwicklung im Gutschriftenverfahren ist ausdrücklich zu vereinbaren. Im Zweifel hat der Auftraggeber Gutschriften nach Leistungserbringung sofort zu erteilen. Ziff. 18.1 Satz 1 findet auf das Gutschriftenverfahren keine Anwendung.

19   Aufrechnung, Zurückbehaltung

Gegenüber Ansprüchen aus dem Verkehrsvertrag und damit zusammenhängenden außervertraglichen Ansprüchen ist eine Aufrechnung oder Zurückbehaltung nur zulässig, wenn der Gegenanspruch fällig, unbestritten, entscheidungsreif oder rechtskräftig festgestellt ist.

20.   Pfand- und Zurückbehaltungsrecht

20.1   Zur Absicherung seiner Forderungen aus verkehrsvertraglichen Leistungen darf der Spediteur sich auf die ihm zustehenden gesetzlichen Pfand- und Zurückbehaltungsrechte berufen.

20.2   Die Pfandverwertung erfolgt nach den gesetzlichen Bestimmungen mit der Maßgabe, dass

20.2.1   bei Ausübung des gesetzlichen Pfandrechts des Frachtführers oder Verfrachters die Androhung des Pfandverkaufs und die erforderlichen Benachrichtigungen an den Empfänger zu richten sind,

20.2.2   an die Stelle der in § 1234 BGB bestimmten Frist von einem Monat die von einer Woche tritt.

20.3   Der Auftraggeber ist berechtigt, die Ausübung des Pfandrechts zu untersagen, wenn er dem Spediteur ein hinsichtlich seiner Forderungen gleichwertiges Sicherungsmittel (z. B. selbstschuldnerische Bankbürgschaft) einräumt.

21   Versicherung des Gutes

21.1   Der Spediteur besorgt die Versicherung des Gutes (z. B. Transport- oder Lagerversicherung) bei einem Versicherer seiner Wahl, wenn der Auftraggeber ihn damit vor Übergabe des Gutes beauftragt.

21.2   Der Spediteur hat die Versicherung des Gutes zu besorgen, wenn dies im Interesse des Auftraggebers liegt. Der Spediteur darf dies insbesondere vermuten, wenn

21.2.1   der Spediteur bei einem früheren Verkehrsvertrag im Rahmen noch laufender Geschäftsbeziehung eine Versicherung besorgt hat,

21.2.2   der Auftraggeber im Auftrag einen „Warenwert für eine Versicherung des Gutes" angegeben hat.

21.3   Die Vermutung des Interesses an der Eindeckung einer Versicherung nach Ziffer 21.2 besteht insbesondere nicht, wenn

21.3.1 der Auftraggeber die Eindeckung untersagt,

21.3.2 der Auftraggeber ein Spediteur, Frachtführer oder Lagerhalter ist.

21.4 Der Spediteur hat bei der Besorgung einer Versicherung Weisungen des Auftraggebers insbesondere hinsichtlich Versicherungssumme und der zu deckenden Gefahren zu befolgen. Erhält er keine Weisung, hat der Spediteur nach pflichtgemäßem Ermessen über Art und Umfang der Versicherung zu entscheiden und sie zu marktüblichen Bedingungen abzuschließen.

21.5 Kann der Spediteur wegen der Art der zu versichernden Güter oder aus einem anderen Grund keinen Versicherungsschutz eindecken, hat der Spediteur dies dem Auftraggeber unverzüglich mitzuteilen.

21.6 Besorgt der Spediteur nach Vertragsabschluss auf Weisung des Auftraggebers eine Versicherung, übernimmt er die Einziehung eines Entschädigungsbetrags oder sonstige Tätigkeiten bei Abwicklung von Versicherungsfällen und Havareien, so steht ihm auch ohne Vereinbarung eine ortsübliche, ansonsten angemessene Vergütung neben dem Ersatz seiner Auslagen zu.

22. **Haftung des Spediteurs, Abtretung von Ersatzansprüchen**

22.1 Der Spediteur haftet für Schäden nach Maßgabe der gesetzlichen Vorschriften. Es gelten jedoch die folgenden Regelungen, soweit zwingende oder AGB-feste Rechtsvorschriften nichts anderes bestimmen.

22.2 In allen Fällen, in denen der Spediteur nach den Ziffern 23.3 und 24 verschuldensabhängig für Verlust oder Beschädigung des Gutes (Güterschäden) haftet, hat er statt Schadenersatz Wert- und Kostenersatz entsprechend den §§ 429, 430, 432 HGB zu leisten.

22.3 Bei Inventurdifferenzen kann der Spediteur bei gleichzeitigen Fehl- und Mehrbeständen desselben Auftraggebers zur Ermittlung des Wertersatzes in den von Ziffer 24 erfassten Fällen eine wertmäßige Saldierung des Lagerbestands vornehmen.

22.4 Hat der Spediteur aus einem Schadenfall, für den er nicht haftet, Ansprüche gegen einen Dritten oder hat der Spediteur gegen einen Dritten seine eigene Haftung übersteigende Ersatzansprüche, so hat er diese Ansprüche dem Auftraggeber auf dessen Verlangen abzutreten, es sei denn, dass der Spediteur aufgrund besonderer Abmachung die Verfolgung der Ansprüche für Rechnung und Gefahr des Auftraggebers übernimmt. §§ 437, 509 HGB bleiben unberührt.

23. **Haftungsbegrenzungen**

23.1 Die Haftung des Spediteurs für Güterschäden in seiner Obhut gemäß § 431 Abs. 1, 2 und 4 HGB ist mit Ausnahme von Schäden aus Seebeförderungen und verfügten Lagerungen der Höhe nach wie folgt begrenzt:

23.1.1 auf 8,33 Sonderziehungsrechte für jedes Kilogramm, wenn der Spediteur

– Frachtführer im Sinne von § 407 HGB,

– Spediteur im Selbsteintritt, Fixkosten- oder Sammelladungsspediteur im Sinne von §§ 458 bis 460 HGB

oder

– Obhutsspediteur im Sinne von § 461 Abs. 1 HGB ist;

23.1.2 auf 2 statt 8,33 Sonderziehungsrechte für jedes Kilogramm, wenn der Auftraggeber mit dem Spediteur einen Verkehrsvertrag über eine Beförderung mit verschiedenartigen Beförderungsmitteln unter Einschluss einer Seebeförderung geschlossen hat und der Schadenort unbekannt ist.

Bei bekanntem Schadenort bestimmt sich die Haftung nach § 452a HGB unter Berücksichtigung der Haftungsausschlüsse und Haftungsbegrenzungen der ADSp.

23.1.3 Übersteigt die Haftung des Spediteurs aus Ziffer 23.1.1. einen Betrag von 1,25 Millionen Euro je Schadenfall, ist seine Haftung außerdem begrenzt aus jedem Schadenfall höchstens auf einen Betrag von 1,25 Millionen Euro oder 2 Sonderziehungsrechte für jedes Kilogramm, je nachdem, welcher Betrag höher ist.

23.2 Die Haftung des Spediteurs bei Güterschäden in seiner Obhut ist bei einem Verkehrsvertrag über eine Seebeförderung und bei grenzüberschreitenden Beförderungen auf den für diese Beförderung gesetzlich festgelegten Haftungshöchstbetrag begrenzt. Ziffer 25 bleibt unberührt.

23.3 In den von Ziffern 23.1 und 23.2 nicht erfassten Fällen (wie § 461 Abs. 2 HGB, §§ 280 ff BGB) ist die Haftung des Spediteurs für Güterschäden entsprechend § 431 Abs. 1, 2 und 4 HGB der Höhe nach begrenzt

23.3.1 bei einem Verkehrsvertrag über eine Seebeförderung oder eine Beförderung mit verschiedenartigen Beförderungsmitteln unter Einschluss einer Seebeförderung auf 2 Sonderziehungsrechte für jedes Kilogramm,

23.3.2 bei allen anderen Verkehrsverträgen auf 8,33 Sonderziehungsrechte für jedes Kilogramm.

23.3.3 Außerdem ist die Haftung des Spediteurs begrenzt aus jedem Schadenfall höchstens auf einen Betrag von 1,25 Millionen Euro.

23.4 Die Haftung des Spediteurs für andere als Güterschäden mit Ausnahme von Schäden bei verfügten Lagerungen, Personenschäden und Sachschäden an Drittgut ist der Höhe nach begrenzt auf das Dreifache des Betrags, der bei Verlust des Gutes nach Ziffer 23.3.1 bzw. 23.3.2 zu zahlen wäre. Außerdem ist die Haftung des Spediteurs begrenzt aus jedem Schadenfall höchstens auf einen Betrag von 125.000 Euro.

23.4.1 Die §§ 413 Abs. 2, 418 Abs. 6, 422 Abs. 3, 431 Abs. 3, 433, 445 Abs. 3, 446 Abs.2, 487 Abs. 2, 491 Abs. 5, 520 Abs. 2, 521 Abs. 4, 523 HGB sowie entsprechende Haftungsbestimmungen in internationalen Übereinkommen, von denen im Wege vorformulierter Vertragsbedingungen nicht abgewichen werden darf, bleiben unberührt.

23.4.2 Ziffer 23.4 findet keine Anwendung auf gesetzliche Vorschriften wie Art. 25 MÜ, Art. 5 CIM oder Art. 20 CMNI, die die Haftung des Spediteurs erweitern oder zulassen, diese zu erweitern.

23.5 Übersteigt die Haftung des Spediteurs aus den Ziffern 23.1, 23.3 und 23.4 einen Betrag von 2,5 Millionen Euro je Schadenereignis, ist seine Haftung unabhängig davon, wie viele Ansprüche aus einem Schadenereignis erhoben werden, außerdem begrenzt höchstens auf 2,5 Millionen Euro je Schadenereignis oder 2 Sonderziehungsrechte für jedes Kilogramm der verlorenen und beschädigten Güter, je nachdem, welcher Betrag höher ist; bei mehreren Geschädigten haftet der Spediteur anteilig im Verhältnis ihrer Ansprüche.

24.   **Haftungsbegrenzungen bei verfügter Lagerung, Inventuren und Wertdeklaration**

24.1   Die Haftung des Spediteurs bei Güterschäden ist bei einer verfügten Lagerung der Höhe nach begrenzt

24.1.1   entsprechend § 431 Abs. 1, 2 und 4 HGB auf 8,33 Sonderziehungsrechte für jedes Kilogramm,

24.1.2   höchstens 35.000 Euro je Schadenfall.

24.1.3   Besteht der Schaden eines Auftraggebers in einer Differenz zwischen Soll- und Ist-Bestand des Lagerbestands, ist die Haftung des Spediteurs abweichend von Ziffer 24.1.2 der Höhe nach auf 70.000 Euro pro Jahr begrenzt, unabhängig von Anzahl und Form der durchgeführten Inventuren und von der Zahl der für die Inventurdifferenz ursächlichen Schadenfälle.

24.2   Der Auftraggeber kann gegen Zahlung eines zu vereinbarenden Zuschlags vor Einlagerung in Textform einen Wert zur Erhöhung der Haftung angeben, der die in Ziffer 24.1 bestimmten Höchstbeträge übersteigt. In diesem Fall tritt der jeweils angegebene Wert an die Stelle des betreffenden Höchstbetrages

24.3   Die Haftung des Spediteurs für andere als Güterschäden mit Ausnahme von Personenschäden und Sachschäden an Drittgut ist bei einer verfügten Lagerung begrenzt auf 35.000 Euro je Schadenfall.

24.4   Die Haftung des Spediteurs – mit Ausnahme von Personenschäden und Sachschäden an Drittgut – ist in jedem Fall, unabhängig davon, wie viele Ansprüche aus einem Schadenereignis erhoben werden, bei einer verfügten Lagerung auf 2,5 Millionen Euro je Schadenereignis begrenzt; bei mehreren Geschädigten haftet der Spediteur anteilig im Verhältnis ihrer Ansprüche. Ziffer 24.2 bleibt unberührt.

25.   **Haftungsausschluss bei See- und Binnenschiffsbeförderungen**

25.1   Gemäß § 512 Abs. 2 Nr. 1 HGB ist vereinbart, dass der Spediteur in seiner Stellung als Verfrachter ein Verschulden seiner Leute und der Schiffsbesatzung nicht zu vertreten hat, wenn der Schaden durch ein Verhalten bei der Führung oder der sonstigen Bedienung des Schiffes, jedoch nicht bei der Durchführung von Maßnahmen, die überwiegend im Interesse der Ladung getroffen wurden, oder durch Feuer oder Explosion an Bord eines Schiffes entstanden ist.

25.2   Gemäß Art. 25 Abs. 2 CMNI ist vereinbart, dass der Spediteur in seiner Stellung als Frachtführer oder ausführender Frachtführer nicht für Schäden haftet, die

25.2.1   durch eine Handlung oder Unterlassung des Schiffsführers, Lotsen oder sonstiger Rechtspersonen im Dienste des Schiffes oder eines Schub- oder Schleppbootes bei der nautischen Führung oder der Zusammenstellung oder Auflösung eines Schub- oder Schleppverbandes verursacht werden, vorausgesetzt, der Spediteur hat seine Pflichten nach Art. 3 Abs. 3 CMNI hinsichtlich der Besatzung erfüllt, es sei denn, die Handlung oder Unterlassung wird in der Absicht, den Schaden herbeizuführen, oder leichtfertig und in dem Bewusstsein begangen, dass ein solcher Schaden mit Wahrscheinlichkeit eintreten werde,

25.2.2   durch Feuer oder Explosion an Bord des Schiffes verursacht worden, ohne dass nachgewiesen wird, dass das Feuer oder die Explosion durch ein Verschulden des Spediteurs, des ausführenden Frachtführers oder ihrer Bediensteten oder Beauftragten oder durch einen Mangel des Schiffes verursacht wurde,

25.2.3	auf vor Beginn der Reise bestehende Mängel seines oder eines gemieteten oder gecharterten Schiffes zurückzuführen sind, wenn er beweist, dass die Mängel trotz Anwendung gehöriger Sorgfalt vor Beginn der Reise nicht zu entdecken waren.
25.3	Ziffer 22.4 bleibt unberührt.

26. Außervertragliche Ansprüche

Die vorstehenden Haftungsausschlüsse und -begrenzungen finden nach Maßgabe der §§ 434, 436 HGB auch auf außervertragliche Ansprüche Anwendung. Ziffer 23.4.1 findet entsprechende Anwendung.

27. Qualifiziertes Verschulden

27.1	Die in den Ziffern 22.2, 22.3, 23.3 und 23.4 i.V.m. 23.5, 24 sowie 26 genannten Haftungsausschlüsse und -begrenzungen gelten nicht, wenn der Schaden verursacht worden ist
27.1.1	durch Vorsatz oder grobe Fahrlässigkeit des Spediteurs oder seiner Erfüllungsgehilfen oder
27.1.2	durch Verletzung vertragswesentlicher Pflichten, wobei Ersatzansprüche in letzterem Fall begrenzt sind auf den vorhersehbaren, typischen Schaden.
27.2	Abweichend von Ziffer 27.1.2 entfallen die Haftungsbegrenzungen in Ziffer 24.1 und 24.2 nur bei einer grob fahrlässigen oder vorsätzlichen Verletzung vertragswesentlicher Pflichten.
27.3	§§ 435, 507 HGB bleiben in ihrem jeweiligen Anwendungsbereich unberührt.
27.4	Ziffer 27.1 findet keine Anwendung auf gesetzliche Vorschriften wie Art. 25 MÜ, Art. 36 CIM oder Art. 20, 21 CMNI, die die Haftung des Spediteurs erweitern oder zulassen, diese zu erweitern, oder die Zurechnung des Verschuldens von Leuten oder sonstigen Dritten ausdehnen.

28. Haftungsversicherung des Spediteurs

28.1	Der Spediteur ist verpflichtet, bei einem Versicherer seiner Wahl eine Haftungsversicherung zu marktüblichen Bedingungen abzuschließen und aufrecht zu erhalten, die mindestens im Umfang der Regelhaftungssummen seine verkehrsvertragliche Haftung nach den ADSp und nach dem Gesetz abdeckt. Die Vereinbarung einer Höchstersatzleistung je Schadenfall, Schadenereignis und Jahr ist zulässig; ebenso die Vereinbarung einer angemessenen Selbstbeteiligung des Spediteurs.
28.2	Der Spediteur hat dem Auftraggeber auf Verlangen das Bestehen eines gültigen Haftungsversicherungsschutzes durch die Vorlage einer Versicherungsbestätigung nachzuweisen. Erbringt er diesen Nachweis nicht innerhalb einer angemessenen Frist, kann der Auftraggeber den Verkehrsvertrag außerordentlich kündigen.
28.3	Der Spediteur darf sich gegenüber dem Auftraggeber auf die Haftungsbestimmungen der ADSp nur berufen, wenn er bei Auftragserteilung einen ausreichenden Versicherungsschutz vorhält.

29. Auftraggeberhaftung

29.1	Die Haftung des Auftraggebers aus §§ 414, 455, 468 und 488 HGB ist begrenzt auf 200.000 Euro je Schadenereignis.

29.2 Die vorstehende Haftungsbegrenzung findet keine Anwendung bei Personenschäden, also Verletzung des Lebens, des Körpers oder der Gesundheit, oder wenn der Schaden verursacht worden ist durch Vorsatz oder grobe Fahrlässigkeit des Auftraggebers oder seiner Erfüllungsgehilfen oder durch Verletzung vertragswesentlicher Pflichten, wobei Ersatzansprüche in letzterem Fall begrenzt sind auf den vorhersehbaren, typischen Schaden.

30. Anzuwendendes Recht, Erfüllungsort, Gerichtsstand

30.1 Für die Rechtsbeziehung zwischen Spediteur und Auftraggeber gilt deutsches Recht.

30.2 Der Erfüllungsort ist für alle Beteiligten der Ort derjenigen Niederlassung des Spediteurs, an die der Auftrag oder die Anfrage gerichtet ist.

30.3 Der Gerichtsstand für alle Rechtsstreitigkeiten, die aus dem Verkehrsvertrag, seiner Anbahnung oder im Zusammenhang damit entstehen, ist für alle Beteiligten, soweit sie Kaufleute sind, entweder der Ort der Niederlassung des Auftraggebers oder derjenigen Niederlassung des Spediteurs, an die der Auftrag oder die Anfrage gerichtet ist. Die vorstehende Gerichtsstandsvereinbarung gilt im Fall der Art. 31 CMR und 46 § 1 CIM als zusätzliche Gerichtsstandsvereinbarung, im Falle der Art. 39 CMR, 33 MÜ, 28 WA nicht.

31. Geheimhaltung

Die Parteien sind verpflichtet, sämtliche ihnen bei der Durchführung des Verkehrsvertrages bekannt werdenden, nicht öffentlich zugänglichen Informationen vertraulich zu behandeln. Die Informationen dürfen ausschließlich zum Zwecke der Leistungserbringung genutzt werden. Die Parteien haben andere Rechtspersonen, deren sie sich bei Erfüllung ihrer verkehrsvertraglichen Pflichten bedienen, diese Geheimhaltungsverpflichtung aufzuerlegen.

32. Compliance

32.1 Der Spediteur verpflichtet sich, Mindestlohnvorschriften und Vorschriften über Mindestbedingungen am Arbeitsplatz einzuhalten und bestätigt dies auf Verlangen des Auftraggebers in Textform. Der Spediteur stellt den Auftraggeber von seiner Haftung auf den Mindestlohn frei, wenn der Spediteur oder ein im Rahmen des Verkehrsvertrages mit dem Auftraggeber eingesetzter Nachunternehmer oder Entleiher Arbeitnehmern nicht den gesetzlichen Mindestlohn zahlt und der Auftraggeber in Anspruch genommen wird.

32.2 Der Spediteur hat im Fall von Beförderungen sicherzustellen, dass er oder der die Beförderung ausführende Unternehmer

32.2.1 im Anwendungsbereich des GüKG Inhaber einer Erlaubnis nach § 3 GüKG oder einer Berechtigung nach § 6 GüKG oder einer Gemeinschaftslizenz ist oder eine solche Erlaubnis, Berechtigung oder Lizenz nicht unzulässig verwendet,

32.2.2 im Anwendungsbereich des GüKG bei der Beförderung Fahrpersonal einsetzt, das die Voraussetzungen des § 7b Abs. 1 Satz 1 GüKG erfüllt,

32.2.3 auf Anforderung alle bei der Beförderung gesetzlich mitzuführenden Dokumente vorlegt, soweit der Auftraggeber oder Dritte gesetzlichen Kontrollpflichten genügen müssen.

32.3   Der Spediteur oder der die Beförderung ausführende Unternehmer ist verpflichtet, die Tätigkeit seines Fahrpersonals so zu organisieren, dass die vorgeschriebenen Arbeits-, Lenk- und Ruhezeiten eingehalten werden können. Es besteht ein generelles Alkohol- und Drogenverbot beim Führen des Fahrzeugs.

32.4   Beide Parteien verpflichten sich, die für ihr Unternehmen geltenden gesetzlichen Vorschriften einzuhalten. Sie unterstützen und achten die Grundsätze des „Global Compact" („UNGC"), der allgemeinen Erklärung der Menschenrechte der Vereinten Nationen und die Erklärung der International Labor Organization über grundlegende Prinzipien und Rechte bei der Arbeit von 1998 („Declaration on Fundamental Principles and Rights at Work") in Übereinstimmung mit nationalen Gesetzen und Gepflogenheiten. Insbesondere werden beide Parteien in ihren Unternehmen

32.4.1 keine Kinder beschäftigen oder Zwangsarbeiter einsetzen,

32.4.2 die jeweiligen nationalen Gesetze und Regelungen über Arbeitszeiten, Löhne und Gehälter und sonstige Arbeitgeberverpflichtungen einhalten,

32.4.3 die geltenden Arbeits- und Gesundheitsbestimmungen einhalten und für ein sicheres und gesundheitsförderliches Arbeitsumfeld sorgen, um die Gesundheit der Beschäftigten zu erhalten und Unfälle, Verletzungen sowie arbeitsbedingte Erkrankungen zu vermeiden,

32.4.4 jegliche Diskriminierung aufgrund Rasse, Religion, Behinderung, Alter, sexueller Orientierung oder Geschlecht unterlassen,

32.4.5 die internationalen Antikorruptionsstandards, wie sie im UNGC und lokalen Antikorruptions- und -bestechungsgesetzen festgelegt sind, beachten,

32.4.6 alle geltenden Umweltgesetze und -regelungen einhalten,

32.4.7 ihren Geschäftspartnern und Nachunternehmern antragen, die zuvor genannten Grundsätze auch ihrem Handeln zugrunde zu legen.

Stichwortverzeichnis